湖北省
机械设备成套局志
1959-2006

HUBEI SHENG JIXIE SHEBEI CHENGTAO JU ZHI

HUBEI SHENG
JIXIE SHEBEI
CHENGTAO JU ZHI

湖北省公共资源交易监督管理局 主编

中国文史出版社

图书在版编目（CIP）数据

湖北省机械设备成套局志：1959—2006 / 湖北省公共资源交易监督管理局编. ——北京：中国文史出版社，2016.11

ISBN 978-7-5034-8433-9

Ⅰ. ①湖…　Ⅱ. ①湖…　Ⅲ. ①机械工业－工业企业－经济史－湖北－1959－2006　Ⅳ. ①F426.4

中国版本图书馆 CIP 数据核字（2016）第 264886 号

责任编辑：马合省　卢祥秋

出版发行：中国文史出版社

网　　址：www. chinawenshi. net

社　　址：北京西城区太平桥大街 23 号　　　邮　编：100811

电　　话：010-66173572　　66168268　　66192736（发行部）

传　　真：010-66192703

印　　制：武汉市金港彩印有限公司

经　　销：全国新华书店

开　　本：889×1194　1/16

印　　张：34.5（彩插：3.5）　　　　字　数：850 千字

版　　次：2016 年 11 月第 1 版

印　　次：2016 年 12 月第 1 次印刷

定　　价：180.00 元

《湖北省机械设备成套局志》(1959-2006)
编纂委员会

主　　任：周松青　　　　丁贵桥

副 主 任：刘　鸣　　　赵康林　　　石定雄　　　张鲁江

　　　　　乐绍山　　　刘顶芳

委　　员：钟　鸣　　　周显发　　　方龙瑶　　　陈　辉

　　　　　朱　红(女)　赵　木　　　曹卫中　　　张　萍(女)

　　　　　项方兴　　　徐英侠(女)　黄礼义　　　梅德华

　　　　　徐晓光　　　黄　敏　　　方　松　　　罗　微(女)

　　　　　肖　晗

执行主编：杨昌清

编辑人员：张维齐　　　张　喻(女)　杜昱佳(女)

国家物资部部长柳随年题词

面向成套行业
加强成套服务

陈邦柱
一九九五年七月

1995年7月，国内贸易部部长陈邦柱题词

解放思想 转变观念 开拓设备成套事业新局面

杨树德 一九九九年六月

1999年6月，国家国内贸易局局长杨树德题词

发挥成套
設备优势，
服务湖北
经济建設。

郭树言

一九九二·九·廿

1992年9月20日，湖北省省长郭树言题词

1998年5月22日，省委常委、常务副省长邓道坤（右一）在省政府副秘书长胡运钊（右二）陪同下，到湖北成套局视察指导工作，并听取局领导班子工作情况汇报

2001年11月20日，省委常委、常务副省长周坚卫（左二）在省政府副秘书长夏贤忍（左一）、省经贸委副主任杜哲兴（左三）陪同下，到湖北成套局视察指导工作

2002年9月20日，省长罗清泉（左五）出席湖北成套局组织实施的国际招标项目——华中科技大学PET应用与研究中心签字仪式，湖北成套局副局长甄建桥出席（左一）

2003年3月5日，副省长任世茂（前右一）到湖北成套局视察指导工作

2003年4月17日，省委常委、省纪委书记黄远志（前右二）到湖北成套局调研招标投标和源头治腐工作情况。省监察厅副厅长万世荣陪同调研

2003年4月，省发改委主任李宗柏（右二）到湖北成套局检查指导工作，并在局领导陪同下参观局电子评标室

湖北成套局机关办公大楼（1976年规划选址，1977年动工兴建，1979年竣工验收，1980年投入使用）

二楼服务大厅

办公室一角

湖北成套局机关大院

局域网控制室

项目档案室

电子评标室

开标大厅

专家评标室

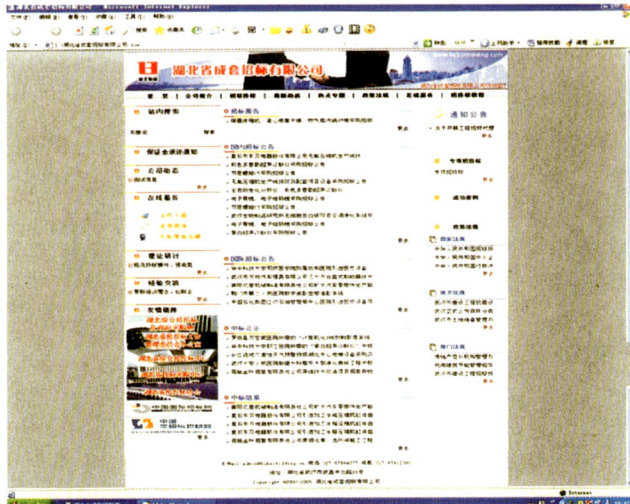

局域网网页

资格证书

资证字甲级第 028 号

湖北省机械设备成套局：

　　根据物资部、国家计划委员会、机械电子工业部颁发的《机电设备成套单位资格审查暂行办法》规定，经资格审查，批准你单位为甲级机电设备成套单位，特此颁发证书。

发证机关：

一九九二年 七月廿五日

1992年7月25日，国家物资部、机械电子工业部批准湖北成套局为甲级机电设备成套单位

60年代至80年代期间，第二汽车制造厂新建、扩建工程所需成套设备均由设备成套部门组织供应

武钢一米七轧机生产线主体装备由日本提供。1975年至1980年期间，其国内配套设备由湖北成套局在国家机械设备成套总局领导下成套安排生产、成套组织供应

"三三〇工程"是葛洲坝水利枢纽工程的代名词——因纪念毛泽东1958年3月30日视察长江而得名。该工程1、2、3号发电机组（2×17万kW+1×125万kW）和2号、3号船闸所需设备由设备成套部门组织供应

装机总容量为62.5万kW的湖北荆门热电厂，设备成套部门在1975—1977年期间为其提供了大量先进适用的技术装备

1975年至1976年，青山热电厂列入国家成套项目，湖北成套局与省电力部门协同配合，为其提供了大量成套设备

80年代，湖北省化工厂净化部分装置由设备成套部门成套安排生产、成套组织供货

1975年开始筹备建设的鄂城钢铁厂所需成套设备，均由设备成套部门组织供应

70年代，通过设备成套部门装备建成的湖北拖拉机厂总装生产线

从50年代末至80年代，华新水泥厂所需国内成套设备均由设备成套部门组织供应

80年代，湖北化纤集团有限公司技术改造工程所需成套设备，均由设备成套部门组织供应

60年代至80年代的黄石大冶钢厂扩建工程所需设备均由设备成套部门组织供应

通过设备成套部门在70年代成套安排生产和成套组织供应建成的沉湖泵站

1987年4月16日，国家机械工业委员会在四川成都召开国家重点项目现场服务组和总代表工作会议，湖北成套局驻二汽现场服务组受到国家机械工业委员会的表彰。图为二汽现场服务组与会代表上台领奖时的情景

1989年7月，湖北成套局副局长傅积霖（左一）在黄麦岭酸肥工程国内设备分包仪式上签字

1991年6月20日动工兴建的湖北荆襄大峪口矿肥结合工程是全国成套系统设备材料联合总承包试点项目

（一）招标资质

1997年4月30号，国家四部委颁发的甲级建设工程设备招标资格证书

国家商务部颁发的电机产品甲级资格证书

国家和省有关部门颁发的工程招标、药品招标、政府采购招标、
技术改造项目设备招标和进出口企业资格证书

（二）设备招标

　　1993年5月7日，三峡工程施工用电（陈家冲）220kV变电站所需设备由湖北成套局、湖北省设备招标办公室实施国内公开招标采购并获得圆满成功

　　1993年5月7日，在三峡工程施工用电（陈家冲）220kV变电站所需设备开标会上，湖北成套局局长徐振华接受宜昌三峡电视台记者采访

1993年9月27日，《中国三峡工程报》第六版

1993年11月15日，华新水泥股份有限公司钢丝绳芯输送带开标评标会结束时，与会领导和评标专家合影留念

从1995年开始，东风汽车公司及各专业分厂所需设备均由湖北省设备招标办公室实施招标采购。图为1995年7月12日东风汽车公司车身厂高位仓库及地面滑撬输送机开标评标会现场

1996年4月28日，为东风汽车公司铸造二厂高压开关柜组织的评标会现场

1997年9月18日，湖北化纤（集团）有限公司高低压开关设备开标会上，与会专家评委正在进行评标

1998年9月8日，黄石镀铝薄板有限公司一米钢带连续热镀铝生产机组开标会现场

1999年8月28日，湖北洋丰股份有限公司——氮磷钾工程大型工艺设备开标评标会

2000年1月5日，武汉航空公司天河机场综合楼电梯开标仪式

自90年代中期开始，武钢炼钢厂喷煤二期改造、第三炼钢厂扩建等一大批技改项目设备均通过湖北省设备招标办公室招标采购

2001年，湖北双环科技股份有限公司油改煤技改工程大量设备通过湖北省设备招标办公室招标采购

2002年1月10日，大冶市人民医院老干部病房大楼中央空调安装工程开标会在湖北成套局开标大厅举行

2002年9月25日，华新水泥厂2500吨/日熟料生产线技改项目粉体库设备开标会

2002年10月16日，枣阳化工工业有限公司国内设备招标开标仪式

2003年4月10日，襄樊五二五泵业有限公司机械加工设备国内公开招标开标仪式

2004年3月15日，武汉市滨湖机械厂环境试验设备国内公开招标开标大会

2004年6月4日，武汉市中医医院医疗设备开标评标会现场

（三）工程招标

2005年12月15日，湖北成套局所属湖北省成套招标有限公司应邀出席由武汉市人民政府举行的武汉轨道交通一号线二期工程开工仪式

湖北成套招标项目——武汉销品茂商城

湖北成套招标项目——武汉中国光谷光电子大市场

湖北成套招标项目——东风汽车工业投资有限公司研发信息中心产品设计楼

湖北成套招标项目——武汉市博物馆

湖北成套招标项目——湖北高速公路

湖北成套招标项目——汉阳体育中心

湖北成套招标项目——武汉大学中南医院综合楼

湖北成套招标项目——湖北省人民医院综合楼

（四）国际招标

2001年7月20日，湖北银河纺织股份有限公司全自动络筒机国际招标开标大会现场

2001年9月25日，东风汽车公司发动机厂数控凸轮磨床国际招标开标会现场

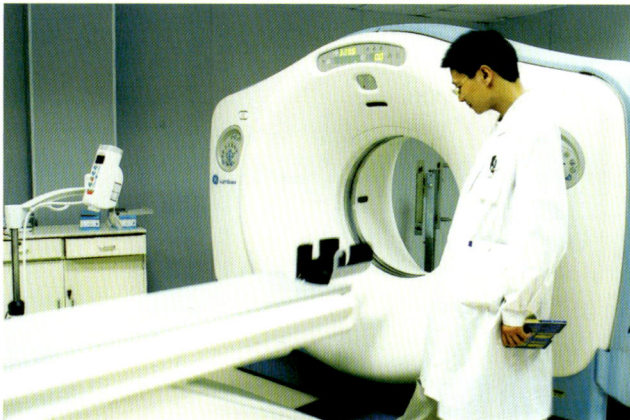

2003年4月11日，华中科技大学同济医学院附属医院通过国际招标采购的16排CT（GE）

2003年11月5日，人民日报社武汉印务中心印刷设备国际招标开标仪式

2003年11月10日，湖北省广彩印刷股份有限公司高速五色UV胶印机国际公开招标开标仪式

2003年11月23日，湖北三环锻压机床有限公司数控铣削加工中心国际公开招标开标仪式

2004年9月16日，大冶特种钢厂技改项目通过湖北成套招标公司采用国际招标引进的16MN精锻机组

湖北日报报业集团高速轮转多色胶印生产线、报刊发行系统、无线胶订联动线、高速四色对开胶印等进口设备，均系2005—2006年期间通过湖北成套招标公司进行国际公开招标采购

（五）政府采购

1989年5月19日，湖北省首次政府采购省直机关公务用车开标评标会现场情景。《人民日报》《中国财经报》《中国政府采购报》《湖北日报》等新闻媒体对这次政府采购均作了报道

1999年3月10日，省委组织部干部培训中心变压器、高低压开关柜开评标会现场

1999年3月23日，湖北省公安厅交通警察总队电梯开标评标会现场

1999年10月26日，湖北省民政厅救灾储备中心综合楼电梯开标评标会现场

2000年11月22日，湖北省人民政府办公大楼弱电和消防系统开标仪式现场

2000年至2001年，湖北省人民
及灯具、会议系统设施等，均由湖

2000年，湖北剧场电梯、中央空调系统、观众座椅、舞
台机械等，均是通过湖北省招标招标办公室公开招标采购

大楼所需的电梯、空调、塑钢门窗
召标办公室通过招标方式进行采购

2001年8月8日，湖北省计生系统政府采购医疗设备和车辆宣教设备开标
会现场及投标样车

2001年12月17日，十堰市政府采购神定河污水处理项目设备开标评标会现场

2003年4月8日，湖北省教育厅水果湖社区青少年教育综合大楼电梯国内公开招标开标大会现场

（一）资格证书

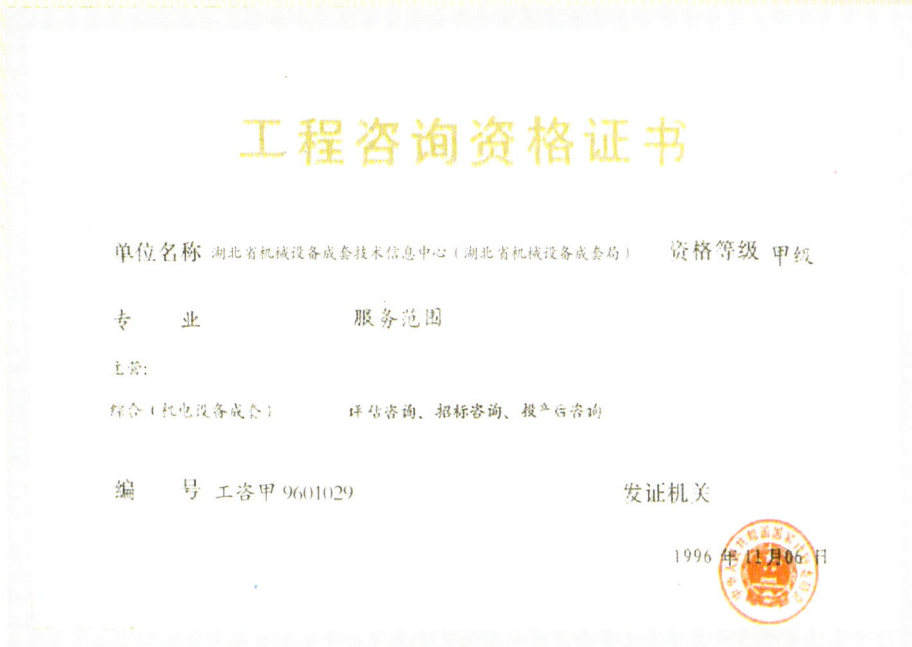

工程咨询资格证书

单位名称 湖北省机械设备成套技术信息中心（湖北省机械设备成套局）　资格等级 甲级

专　业　　　　服务范围

主营：

综合（机电设备成套）　　评估咨询、招标咨询、投产后咨询

编　号 工咨甲 9601029　　　　　发证机关

1996 年 11 月 06 日

1996年11月6日，国家计划委员会颁发的甲级工程咨询资格证书

（二）项目选录

洪湖市德炎水产食品有限公司淡水水产品深加工项目

黄（石）黄（梅）高速公路蕲春服务区

襄樊海威路桥物资有限责任公司改性沥青生产基地项目

1991年9月20—25日，全国设备成套局长工作会议在云南昆明召开，湖北成套局局长王文春出席会议。图为会议开幕式现场

1992年11月1—4日，由湖北成套局发起并主办的中南六省区设备成套协作会议在宜昌召开。这次会议对进一步推进和发展中南六省区设备成套协作起到了积极作用。图为会议研讨交流情景

全国省市设备成套局长工作会议
1995元月　武汉

　　1995年1月9日，由湖北成套局承办的全国省市设备成套局长工作会议在武汉召开。国家物资部及省委、省政府有关领导出席会议并与会议代表合影

　　2005年8月17—19日，湖北成套局赴京参加"中国机电产品招标成果暨优秀中标企业设备及技术展览会"。此次展览由商务部、国家发展改革委员会、中国机电设备招标中心联合主办

1986年4月，部分业务骨干在局技术资料室查阅设备技术参数，并相互切磋在工作中遇到的专业技术难题

1998年1月，国家计委、国内贸易部在四川省成都举办首期"建设工程设备招投标高级研修班"。国家计委政策研究室副主任戴桂英（左三）为研修班讲课。湖北成套局派员参加了这次研修班学习

2005年7月，湖北成套局举办《中华人民共和国招标投标法》专题讲座

2005年8月，湖北成套局举办《中华人民共和国政府采购法》专题讲座

2006年6月，湖北成套局组织机关档案工作规范化建设讲座和OA办公系统演示培训。湖北省档案局专家饶柏先（左一）正在讲解机关档案工作的规范化建设问题

中國基本建設

CHINA CAPITAL CONSTRUCTION

1988 **3**

中国招标

CHINA TENDERING

中华人民共和国国家发展和改革委员会　主管

经济人文

2006年

5/6-1

Brilliance Auto　一路有我 华晨汽车

阁瑞斯MPV 来自华晨

轿车底盘　舒适商务

2006年世界园艺博览会指定公务用车
2005年中国国际金融论坛唯一指定商务用车

中国十大影响力品牌——商务车影响力领军品牌
2005年搜狐SOHU汽车年度盛世大选质量满意度车型

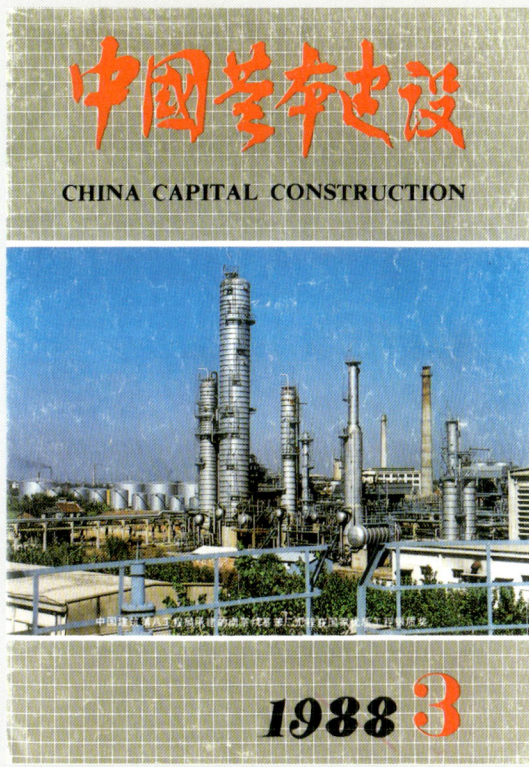

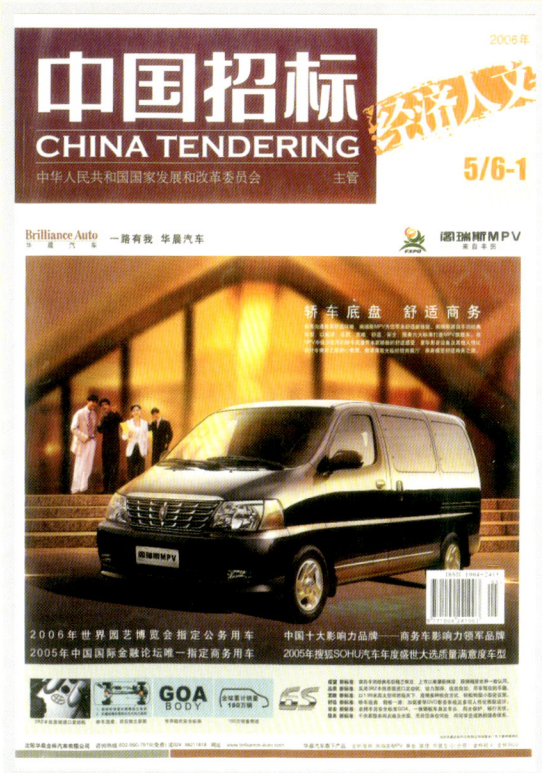

　　长期以来，湖北成套局一批干部职工注重对设备成套、招标投标、政府采购工作的对外宣传和相关理论及实践问题的研究，先后在《中国基本建设》《中国招标》《投资与建设》《成套纵横》等国家和省级报刊杂志上发表了大量文章，内容涉及理论研究、实践探索、业务交流、操作实务多个方面。其中有的文章引起国家有关部门的关注，并在相关全国性会议上交流

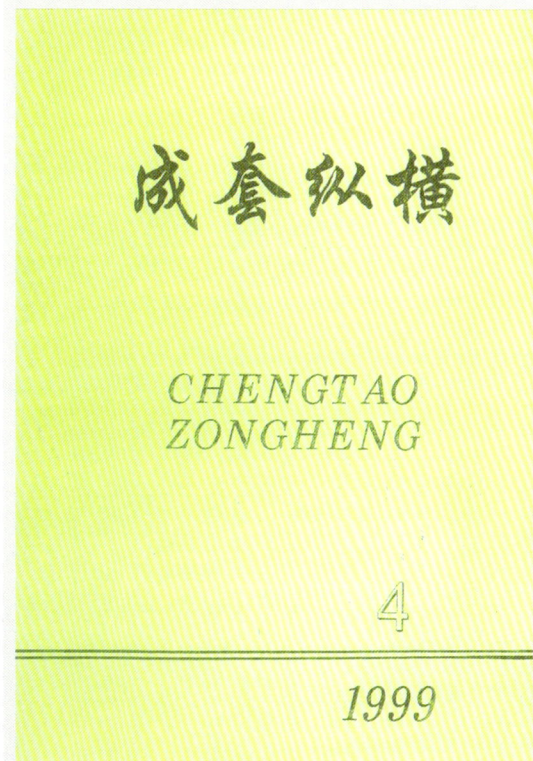

6
1990

投资与建设

成套纵横

CHENGTAO
ZONGHENG

4

1999

1991年6月，湖北成套局召开庆祝中国共产党建党七十周年大会

1992年5月，湖北成套局机关党委召开部分中青年干部座谈会，征求对进一步加强和改进机关党建工作的意见及建议

2001年6月，湖北成套局召开庆祝中国共产党建党八十周年大会，同时举行"七一"新党员入党宣誓

2005年3月，湖北成套局举行新时期保持共产党员先进性问题专题报告会

2005年8月23日，湖北成套局召开纪念抗日战争胜利60周年座谈会。图为抗日老战士（从左至右）刘照书、王孟礼、王永录、杨金祥、盛林。局长刘源超，副局长蔡龙书，纪检组长、机关党委书记董培志出席座谈会

2005年11月，湖北成套局组织全体党员干部赴革命老区红安接受"缅怀革命先烈，重温入党誓词，增强党性观念，做好本职工作"的革命传统教育

2006年3月29日，湖北成套局组织党员干部和职工，赴洪湖瞿家湾接受革命传统教育，在洪湖瞿家湾革命纪念馆，大家专注地聆听讲解并在湘鄂西苏区瞿家湾革命烈士纪念碑前合影

2006年4月21日，湖北成套局党组中心学习组召开学习贯彻党章研讨会

1991年，湖北成套局参加省直机关工委统一组织的"湖北省直机关共产党员义务活动服务日"活动

1992年，湖北成套局举行"水果湖地区文明市民先进事迹报告会"

1993年3月，湖北成套局组织开展"学雷锋为民服务活动日"

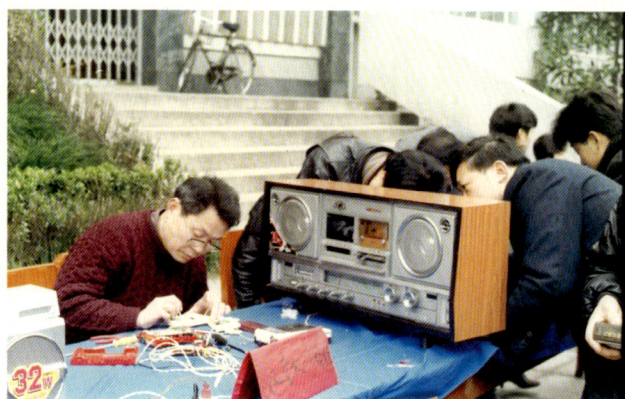

为社区居民维修家电

2006年8月，湖北成套局团支部成立吴天祥小组

2006年12月，湖北省综合招投标中心启动"创青年文明号 树行业新形象"活动

2006年12月，湖北成套局举行《公民道德建设实施纲要》专题讲座

2006年12月，湖北成套局召开局系统创建文明单位动员大会（左起：纪检组长董培志、副局长刘鸣、局长刘源超、副局长蔡龙书、主任饶建国）

1991年，干部职工参加冬季拔河比赛

1992年，组织干部职工学习太极拳

2005年，参加省直机关体协体育舞蹈友谊赛，并荣获巾帼组团体舞一等奖。图为比赛现场情景

2005年，参加水果湖北环社区《法制永相随 幸福千万家》文化活动

1993年，举办职工书法、绘画展览

在2006年新春联欢会上，局领导班子成员参加歌咏比赛

比赛前的演练——《没有共产党就没有新中国》合唱

2006年新春联欢会上的女声小合唱

1993年3月，湖北成套局组织干部职工到洪山区刘隔村义务植树

1994年2月，湖北成套局驻江陵县马山镇
联山村工作队员与当地镇领导班子成员合影

2005年，湖北成套局驻崇阳县白霓村工作队向村
群众了解情况

2006年，湖北省人口计生委、湖北成套局、湖北省残疾人联合会联合举行"关爱女孩助学暨帮困助残捐赠仪式"

图为捐赠现场情景

驻村小学生们用上了安全卫生的"幸福水"

湖北成套局团员青年参加水果湖街道办事处组织的义务献血活动

驻村小学用上"希望桌"后喜形于色的学生们

2005年，湖北成套局召开离退休老干部工作会议，传达学习中央和省委关于做好离退休老干部工作的文件精神，听取对进一步加强和改进离退休老干部服务工作的意见和建议

2005年，老同志在避暑地游览

2005年，离退休老同志到宜昌参观长江三峡工程。图为大家参观结束时的合影

2006年，部分离退休老领导、老同志在局办公大楼门前合影

老同志在老干活动室娱乐

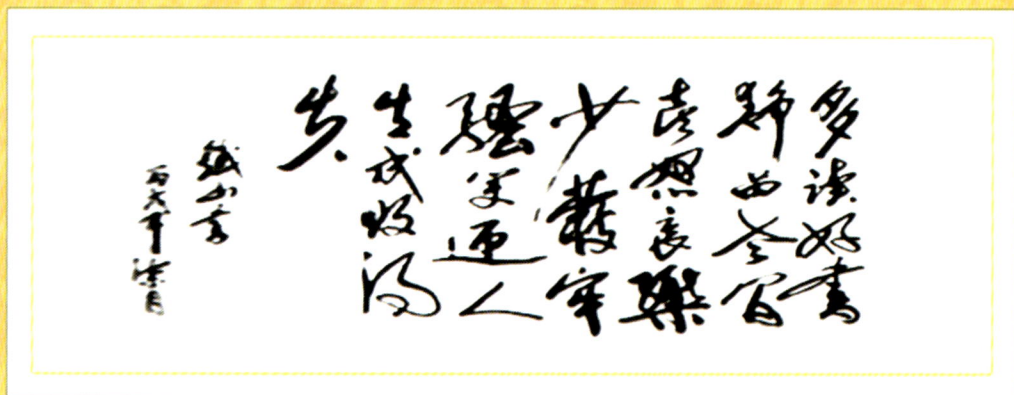

老同志书法作品

"八五"重点建设

先进支援单位

湖北省人民政府
一九九六年

1996年，湖北省人民政府授予湖北成套局"八五"重点建设"先进支援单位"荣誉称号

档案工作目标管理

省一级

湖北省档案局颁发

有效期五年

湖北成套局步入档案工作目标管理"省一级"先进行列。图为2006年湖北省档案局颁发的奖牌

省直机关园林绿化

红旗单位

湖北省直属机关绿化委员会
二〇〇三年三月

2003年，湖北省直机关园林绿化委员会授予湖北成套局"省直机关园林绿化红旗单位"荣誉称号

省直农村小康建设

先进工作队

湖北省农村小康建设工作队领导小组
2006年2月

2006年2月，湖北省农村小康建设工作队领导小组授予湖北成套局"省直农村小康建设先进工作队"荣誉称号

文明单位

A CIVILIZED UNIT

中共武汉市武昌区委员会
武汉市武昌区人民政府

中共武汉市武昌区委员会、武汉市武昌区人民政府授予湖北成套局2005—2006年度区级"文明单位"荣誉称号

2000年12月6—10日，国家经贸委、国内贸易局、设备成套管理局在北京召开"设备成套局管理体制改革工作会议"。湖北省人民政府副秘书长胡运钊（右二）、省委组织部经干处处长蔡勇（左一）、湖北成套局局长王佑民（右一）出席会议，并进行了湖北成套局的下放地方交接工作。图为交接签字后，湖北与会代表与国家部委有关领导合影

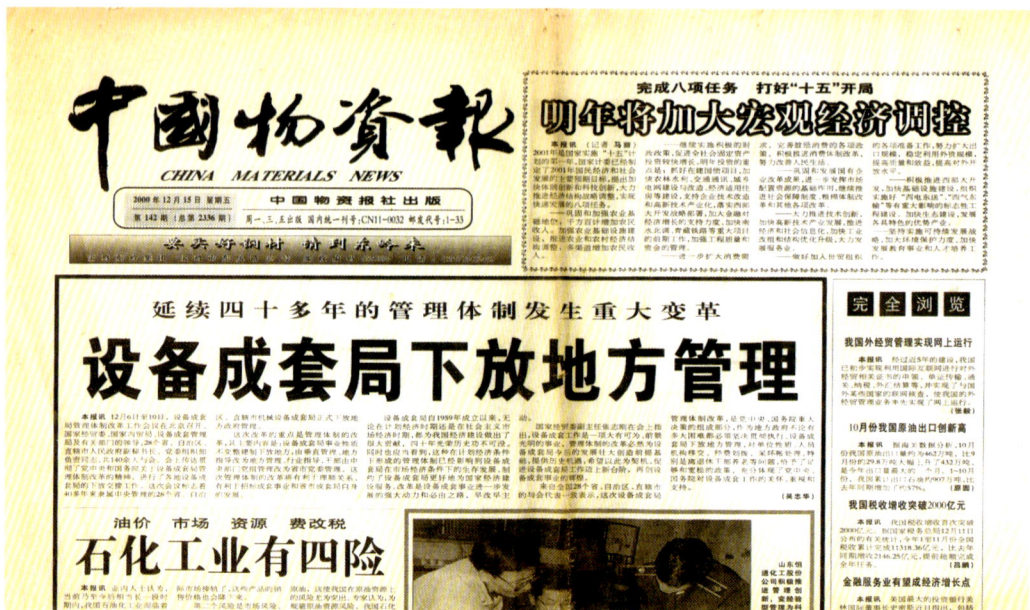

2000年12月15日，《中国物资报》头版头条报道

2006年12月19日，在湖北成套局现有基础上组建的湖北省招投标管理办公室正式挂牌。图为省委常委、常务副省长周坚卫（右一）到管理办公室视察指导工作，湖北省招投标管理办公室主任刘源超陪同

2006年12月19日，湖北省招标投标工作管理委员会第一次全体会议在湖北省招投标管理办公室多功能会议厅举行。省委常委、常务副省长周坚卫出席会议并作重要讲话，会议由省政府副秘书长李新华主持。图为会议现场情景

刘　学

王永录

王荣钧

王文春

徐振华

王佑民

刘源超

2016年6月22日，《湖北设备成套与招标志》（1959-2006）编纂委员会邀请省方志办有关专家和原成套局部分离退休老领导、老同志对书稿进行了评审，会后根据评审意见对全书进行了修改、充实和完善，并将书名更名为《湖北省机械设备成套局志》（1959-2006）。局长丁贵桥、副局长乐绍山出席评审会。

序　一

　　湖北是我国近代工业的发源地之一。中华人民共和国成立后，湖北因其独特的区位优势和资源优势，被国家列为经济建设重点投资的省份之一。"一五"期间，国家把湖北的武汉、大冶列为全国工业战略基地之一，将苏联援建的156项重点建设项目中的3项安排在武汉，即武汉钢铁公司一期工程、武汉重型机床厂、青山热电厂一期工程。随后，国家又安排了长江大桥、武汉肉类联合加工厂、武昌造船厂、武汉锅炉厂以及大冶有色金属公司冶炼厂和部分矿山工程建设等一大批重点工程。20世纪六七十年代，国家续建武汉钢铁公司、兴建葛洲坝水利枢纽工程，开展江汉油田、荆门炼油厂、第二汽车制造厂建设。在当时资源短缺的计划经济体制下，这些项目所需的国内机电设备采购和供应，绝大多数都是通过国家在湖北设立的专职设备成套机构——湖北省机械设备成套局负责与国家部委衔接，并实行国家指令性计划成套安排生产和成套组织供应的。这些项目的建成投产，为湖北国民经济发展奠定了比较坚实的物质技术基础。在保障国家重点项目建设的同时，湖北成套局还为全国的成套项目组织提供了数以万计的由湖北机械制造企业生产的机电设备，既支援了全国各地社会主义经济建设，又促进了湖北地方机械工业的发展。

　　改革开放以后，随着国家经济体制从计划经济向社会主义市场经济体制的转变，湖北成套局始终坚持为经济建设服务的宗旨，以市场为导向，不断探索设备成套工作的新思路、新途径、新办法。通过深化内部改革，调整服务方向，拓展工作领域，逐步构筑形成了以设备成套、招标投标、政府采购、工程咨询、技术服务为主体的基本业务框架，特别是招标采购，成为市场经济体制下湖北设备成套工作最主要的方面，范围覆盖工程、货物和服务三大领域，项目遍及国民经济二十多个行业，为国家和湖北的经济社会发展作出了新的贡献。

习近平总书记强调要"高度重视修史修志"，李克强总理也两次为地方志工作作出批示，指出"修志问道，以启未来"。湖北机械设备成套局历经 40 多年的变迁，理应有一部能够较为全面、准确反映湖北设备成套事业发展历程的志书，为后世留下堪存堪鉴的宝贵历史资料。湖北省公共资源交易监督管理局组织编撰人员数易寒暑、几度钩沉，编纂成《湖北省机械设备成套局志》（1959—2006），现在付梓，凝聚着成套局几代人心血的文化宿愿故而得以最终实现。

本志以大量翔实的史料为基础，全面记录了湖北成套局的创立、发展、改革的全过程，具有鲜明的时代特点、省域特点和行业特点。它的出版问世，填补了湖北机械设备成套事业发展历史的空白，是湖北机械设备成套事业文化建设史上的一座里程碑。

原中共湖北省委常委、常务副省长 周坚卫

序　二

　　《湖北省机械设备成套局志》（1959—2006）在各方面的热情关怀和大力支持下，经过修志人员的辛勤笔耕，终于付梓了。在此，我代表湖北省公共资源交易监督管理局，向为编纂志书工作给予支持和帮助的有关部门、各位专家，尤其是离退休老领导、老同志表示衷心的感谢！

　　湖北省机械设备成套局（以下简称湖北成套局）成立于 1959 年，是全国设备成套系统成立最早的省局之一，截至 2006 年湖北省委、省政府决定撤销湖北成套局，同时组建湖北省招投标管理办公室（现更名为湖北省公共资源交易监督管理局），湖北成套局共走过了 47 个春秋。47 年来，湖北成套局根据国家不同时期的建设方针，为国家和地方基本建设项目组织设备成套并提供技术服务，对保证工程项目的顺利建成和迅速发挥投资效益作出了积极的贡献。在共和国和湖北的经济建设发展史上留下了值得记载的一页。

　　我国历来有修史编志、存史资治的优良传统。编纂《湖北省机械设备成套局志》（1959—2006），全面、客观、系统地记述这段历史，是我们这一代人义不容辞的责任。为此，2012 年初，根据湖北省地方志编纂委员会办公室的批复，为弥补第一届《湖北省志》有关设备成套和招标采购内容的缺失、空白，局党组正式启动了《湖北省机械设备成套局志》（1959—2006）的编纂工作。

　　"志乃信史"，真实、准确是志书的生命和价值所系。由于湖北成套局机构人员多次变动，导致部分史料文档散落遗失，给资料收集与考证带来诸多困难。编纂人员以求真务实的态度和严谨细致的作风，广集博征，数十次走访在原成套局工作的老前辈和离退休老领导、老同志，并请教多位专家学者，三次会审，五易其稿，终于完成了这部大型志书，不仅为《湖北省志》增添了新的卷帙，也进一步丰富了全国设备成套、招标投标和政府采购的史料。

《湖北省机械设备成套局志》（1959—2006）翔实、客观地记载了湖北成套局的发展历程，并辅以重要历史图片，形象地再现了湖北设备成套与招标工作的辉煌业绩。该志倾注着几代成套人艰苦创业、无私奉献的心血和汗水，凝聚着几代成套人与时俱进、革新图强的智慧和力量。通览全志，我们能在历史的纵深感中清晰地看到湖北设备成套事业发展和壮大的轨迹。

温史思治，修志谋远。今天，我们正在进行的公共资源交易监管事业是一项改革与创新的事业，没有现成道路可走，没有固定模式可搬，需要我们艰苦探索，不断总结经验、开拓进取，也需要从历史中吸取养分，更好地服务于当前的工作。《湖北省机械设备成套局志》（1959—2006）的编纂出版，为有志于研究湖北设备成套与招标采购发展史的人员提供了大量翔实的史料和数据；也为我们现在从事全省公共资源交易招投标综合监管工作提供了有益的借鉴和启示；还可以作为对干部职工进行光荣传统、优良作风教育的好教材。我相信，随着全省公共资源交易监管事业的深入发展，《湖北省机械设备成套局志》（1959—2006）必能更好地发挥"存史、资治、教化"的作用。

湖北省公共资源交易监督管理局局长 丁贵桥

凡　例

一、《湖北省机械设备成套局志》（1959—2006）以马列主义、毛泽东思想、邓小平理论、"三个代表"重要思想和科学发展观为指导，深入贯彻习近平总书记系列重要讲话精神，坚持辩证唯物主义和历史唯物主义立场、观点和方法，力求实事求是地全面系统记述湖北设备成套机构诞生、发展、改革、壮大的历史进程和辉煌成就，着重记述了中国共产党十一届三中全会以后湖北设备成套工作在改革开放中开创的良好业绩，并注重突出行业特色、时代特色和地方特色。

二、本志记述时限，上限自 1959 年湖北设备成套机构成立起，下限至 2006 年湖北省机械设备成套局撤销为止。文内省称年代如 "80 年代" "90 年代" 均为 20 世纪。

三、本志为专业志书，采用章节体结构，遵循 "事以类从" 原则设置篇目层次。志首设大事记和概述，大事记以编年体为主，辅以记事本末体，一事一记。志末设附录，收录重要文献和部分历史资料。

四、本志采用述、记、志、传、图、表、录等体裁，以志为主，辅以图片。

五、人物记述坚持生不立传和重在业绩的原则，对自 1959 年以来为湖北设备成套事业发展作出较大贡献的人物以卒年月为序，分别以传略形式入志；对受到国家部委、湖北省委省政府、湖北省直机关工委和湖北成套局党组表彰的先进个人列表收录。

五、本志行文中，机构名、文件名、会议名等一般用全称。过长的名称需多次出现，首次出现用全称，后用规范简称，如湖北省机械设备成套局、湖北省计划委员会等，分别简称为湖北成套局、省计委等。

六、本志采用规范的语体文、记述体，称谓用第三人称书写，时间通用公元纪年。年、月、日和有关统计数字用阿拉伯数字表述。简化字、标点符号、专业名词、计量单位等均执行国家现行的统一规定。

　　七、本志资料主要来源于国家和省档案馆藏、历史文献、年鉴、报刊、文件、局工作总结和各级领导讲话以及实地采访实录。文中一般不注明出处，不作注解。凡由个人提供的口碑资料，均经甄别核实。

目　录

第三章
122—134 技术服务

第四章

135-255

招标采购

第五章
256–266 **多种经营**

大事记

1959 年 1 月—2006 年 12 月

>>>>

1959 年

1月2日 中共中央批转第一机械工业部（简称"一机部"，下同）党组《关于成立机电设备成套总公司的报告》，同意各省市区成立机电设备成套公司，除受当地有关部门领导外，在业务上接受一机部机电设备成套总公司领导。

6月1日 湖北省机电设备成套公司（简称"湖北成套公司"）在武昌中南路湖北省建筑一公司办公楼挂牌并正式对外办公。

7月9—16日 湖北成套公司经理李业伍主持召开湖北省第一批成套供应项目设备分交工作会议。

10月 共青团湖北成套公司支部委员会正式成立。

当年 公司组织开展了机组成套，以主机为中心的一条龙生产协作大竞赛。

1960 年

1月4日 中共湖北省委机关工作检查团听取湖北成套公司成立以来工作情况汇报。

1月5日 国家副主席董必武到建设中的成套项目——武汉钢铁公司视察。

1月 湖北成套公司对省内企业生产的成套设备开展专项调查，重点检查供销、计划、调拨三个环节，共检查了32个生产企业，历时1个多月。当年应交设备3059台（件），通过检查落实2876台（件）。

2月7日 中共中央副主席、全国人大常委会委员长朱德到建设中的成套项目——武汉钢铁公司视察。

2月14—17日 湖北成套公司经理李业伍参加在武汉召开的中南地区机电产品订货会议。

2月 湖北成套公司与辽宁、上海机电设备成套公司开展比、学、赶、帮、超的社会主义群众性竞赛运动，提出了"文不过夜、事不过日、不让设备过年"的战斗口号。

5月7日 湖北成套公司经理李业伍赴京参加全国机电产品供应会。

5月14—17日 湖北成套公司赴北京、河北机电设备成套公司学习考察。

6月1日 中共湖北省直属机关工作委员会以〔1960〕工机党字第10号文通知：经省委批准，姚世英任湖北省机电设备成套公司副经理。

6月 为贯彻中共中央和中共湖北省委提出的"以钢为纲、全面跃进"的方针，经湖北省建委批准，湖北成套公司组织召开了由成套项目单位和部分厂矿企业主管人员参加的成套设备简易投产现场会。会议总结了1959年25个成套项目的简易投产经验，推广了重庆电厂、四川化工厂等厂矿简易投产的做法。

9月13—15日 湖北成套公司经理刘义滨赴京参加全国机电设备成套公司经理会议。

9月 经上级党委批准，中共湖北省机电设备成套公司支部委员会成立。

11月 湖北成套公司经理刘义滨率有关科室人员，赴浙江、上海机电设备成套公司学习考察，并借鉴上海成套公司"三抓三带"的经验，开展了以狠抓成套项目设备供应合同按期交货为中心的大战40天活动。

1961 年

4月10—17日 湖北成套公司召开全省停缓建项目设备代保管工作会议。

9月16—25日 湖北成套公司经理刘义滨赴京参加全国机电设备成套局长会议。

11月25日 中共湖北省委以〔1961〕编

字第 68 号文批准:湖北省机电设备成套公司由事业单位改为行政单位,更名为"湖北省机械工业厅机电设备成套局"。机构编制 30 人,实有人数 42 人。

11 月　经中共湖北省委批准,刘义滨任湖北省机械工业厅机电设备成套局局长,免去省机电设备成套公司经理职务。姚世英任湖北省机械工业厅机电设备成套局副局长,免去省机电设备成套公司副经理职务。

1962 年

6 月 8 日　全省机电设备成套工作会议在武汉召开。会议传达贯彻了 5 月全国机电设备成套局长会议精神。

8 月 11 日　湖北成套局召开全省地方项目设备分交会议,编制 1963 年设备需要清单。122 个建设单位参加了会议。

8 月 15 日　湖北成套局隶属关系改由湖北省计委领导。

9 月 14 日　湖北省第一家通过成套安排生产、成套组织设备供应兴建的化肥厂——武汉制氨厂竣工投产。

11 月 7 日　中共湖北省直属机关委员会批示:同意设立中共湖北省机电设备成套局支部委员会。

12 月 5—7 日　湖北成套局召开全省停缓建项目设备代保管工作会议。

当年　经中共中央编制委员会审核,湖北省编制委员会批准,湖北省机电设备成套局机构编制为 120 人。

1963 年

1 月 26 日　湖北成套局印发 1963 年全局

工作要点,其中强调要加强财务监管,健全组织机构,抓好业务基础建设。

7 月 6—22 日　湖北成套局局长刘义滨赴京参加全国机电设备成套局长会议。

8 月 30 日　国家计委、国家经委和国家物资总局、一机部联合通知:湖北成套局储备科 54 名职工整建制移交中国机电设备公司中南分公司管理。

11 月 6 日　湖北成套局制定并印发《湖北省机电设备成套局与建设单位业务联系制度》等三项管理办法。

12 月 13 日　武汉重型机床厂研制的中国第一台工作台直径 6.3 米立式车床通过国家鉴定。该厂是苏联援建的 156 项重点项目之一,湖北成套局参与了国产设备的成套。

1964 年

1 月 8—28 日　全国机电设备成套局长会议在北京召开。党和国家领导人毛泽东、刘少奇、邓小平、彭真、李富春、薄一波、罗瑞卿、杨尚昆等接见了全体会议代表,并与代表合影留念。湖北成套局局长刘义滨荣幸接受会见。

2 月 28 日　中共湖北省委以〔1964〕组字 226 干任字第 42 号文通知:经中南局批准,刘贺先任湖北省机电设备成套局副局长。

3 月 17 日　湖北成套局制定了《关于做好设备成套技术管理工作的意见》。

3 月 23 日　湖北省编委以〔1964〕编办字第 179 号文批准,湖北省机电设备成套局内设机构为项目处、产品处、政治处、办公室。

4 月 10 日　湖北省人民委员会以〔1964〕鄂编字第 96 号通知:接国务院国编字第 758 号文批复,批准湖北省机电设备成套局改为厅

（局）一级机构。

4月18日 湖北成套局通过对华新水泥厂、武汉制氨厂等12个成套项目的实地调查，提出了进一步加强项目管理、产品管理、技术管理工作的意见和建议，并上报机械设备成套总局。

6月1日 一机部以机干字第435号文通知：湖北省机电设备成套局行政编制核定为90人，内设机构为办公室（下设行政财务科）、政治工作室、项目处、产品处。

8月5日 向机械设备成套总局上报了《湖北省1965年成套供应设备项目建设名单》。

8月13日 副局长刘贺先主持召开由办公室、项目处、产品处负责人参加的打歼灭战试点项目工作调度会，强调要统一认识、统一步调，改进方法，重点抓好武汉机床附件厂、武汉制氨厂、华新水泥厂新矿山等项目的设备补套、成套预订货工作。

10月7日 中共湖北省委同意刘贺先、刘义滨、杨金祥组成湖北省机电设备成套局分党组，刘贺先任分党组副书记。

12月16日 启用湖北成套局分党组新印章。

1965 年

3月12日 机械设备成套总局核准湖北成套局机构编制为82人。

3月20日 中共中央以〔1965〕135干任字第86号文批准，刘学任湖北省机电设备成套局局长。

3月25日至4月7日 湖北成套局局长刘学参加在北京召开的全国机电设备成套局长会议。

7月5日 中共湖北省委任命刘学为湖北省机电设备成套局分党组书记。

1966 年

3月7日 中共湖北省直属机关委员会以〔1966〕第22组字第005号文批示：吴健民任湖北省机电设备成套局党支部书记。

6月 "文化大革命"开始，湖北成套局成立"文化大革命"领导小组。

1967 年

1月23日 中央军委向全国发出"支左"命令。武汉军区接此命令，派出军代表艾印平进驻湖北成套局。

1月 湖北成套局部分人员造反，挂牌批斗局长刘学、副局长刘贺先，并夺了成套局的权。

7月20日 湖北成套局造反派在局内进行了第二次全面夺权，局领导班子成员遭批斗，挂黑牌、跪砖头，被围攻殴打。

1968 年

1月 经湖北省革命委员会批准，湖北省机电设备成套局革命委员会领导小组正式成立（造反派掌权），并启用新印章，项目处处长吴健民任革命委员会领导小组组长，李全禄、何孝宁、江华学任革命委员会领导小组副组长。

12月28日 湖北省革命委员会决定成立省直机关斗批改指挥部，湖北成套局全体干部职工随湖北省直属机关一级单位到黄陂县集中搞斗批改运动（在四团二连），湖北成套局副局长刘贺先担任连队斗批改领导小组组长。湖北成套局革命委员会领导小组自行消失，设备成套工作处于瘫痪状态。

1969 年

9 月　湖北成套局全体干部职工赴沙洋省直机关"五七"干校边劳动边搞斗批改。

1970 年

4 月 3 日　青山热电厂第 4 期扩建工程 7 号 5 万千瓦机组建成并网发电。该工程共安装 2 机 2 炉，容量为 10 万千瓦。该厂在总结材料上反映，通过成套供应的设备技术先进、匹配良好。

4 月　国家重点成套项目、全国五大碱厂之一、年产纯碱和氯化铵各 18 万吨的湖北化肥厂开工兴建。

12 月　举世瞩目的、装机容量为 271.5 万千瓦的国家重点成套项目——葛洲坝水利枢纽工程破土动工。

1972 年

5 月 30 日　国务院以国发〔1972〕第 40 号文批转国家计委、建委、财政部《关于加强基本建设管理的几项意见》，要求各省市区要建立强有力的设备成套工作机构。

6 月　湖北省开始执行国务院批转的国家计委、建委、财政部《关于加强基本建设管理的几点意见》：基本建设项目所需设备，实行成套供应；生产周期长的大型、专用设备，按照长期计划实行预安排；工业基础薄弱的地区，由工业基础较好的地区按计划、按项目成套供应；成套设备的生产和供应工作，要加强领导，按分级管理的原则，结合生产，建立专职机构。

12 月　湖北省革命委员会以鄂革〔1972〕

第 274 号文批准成立湖北省革命委员会物资局机械设备成套局。张继芝任局长，盛林、王孟礼任副局长。

1973 年

9 月　国家计委下达 1974 年基本建设任务，湖北有 83 个单项工程列入成套项目计划。

10—12 月　中央和省分别在保定、郑州、邯郸、襄樊召开机电设备订货会议。湖北成套局派员参加了会议，会上共安排各类设备订货 21126 台（件）、632.847 吨、448.518 千米，其中统配、部管机电产品 1907 台（件）、267.5 吨、85.7 千米。

12 月　邓小平到建设中的国家成套项目——武钢视察。

1974 年

9 月 7 日　武钢一米七轧机工程破土动工。国家决定该工程所需国内配套设备由设备成套部门组织供应。

12 月 26 日　国家重点成套项目第二汽车制造厂两吨半越野车形成小批量生产能力，并在生产线上出车 55 辆。

1975 年

1 月　国家成立武钢一米七轧机工程建设指挥部，湖北成套局为指挥部成员单位。

4 月　机械设备成套总局会同冶金、水电等部门在武汉召开一米七轧机国内配套设备分交会议。湖北成套局分管领导和冶金组负责人参加了会议。

7 月 15 日　根据国务院〔1974〕第 91 号

文件精神，湖北省革命委员会决定将"湖北省革命委员会物资局机械设备成套局"更名为"湖北省革命委员会机械设备成套局"。

7月　中共湖北省委任命刘学为湖北省机械设备成套局局长，刘贺先、司友三为副局长。

10月20日　经湖北省革命委员会鄂革〔1975〕第68号文件批准，成立湖北省革命委员会机械设备成套局，即日启用湖北省革命委员会机械设备成套局印章。

10月25—27日　湖北成套局、机械工业局联合召开全省机电产品订货会议。参加会议的有地市机械局局长、53家供货企业和生产主管部门的代表，共64人。会议传达学习了国务院〔1974〕第91号文件精神，商讨了进一步改进设备成套工作的意见和办法。一机部工作组成员杨安平与会指导，省机械工业局副局长郝国藩出席会议，湖北成套局局长刘学主持会议并讲话。

10月31日　湖北成套局与水利电力局联合向省计委、工办、农办报送了《关于对湖北省大型农业电力排灌站地方成套项目实行省内设备预安排的报告》。

11月28日　机械设备成套总局以〔1975〕成军字第61号文通知湖北成套局：为进一步贯彻国发〔1974〕第91号文件精神，加强对军工成套项目的管理，经研究决定从1976年起，对三、四、五、六机部，军工动员，民航总局，中国科学院（军工组）等单位的成套项目实行总局与分局分级管理。通知要求配备政治条件好、业务工作较熟的人员，承担军工成套项目的管理工作。

12月24日　中共湖北省委以鄂文〔1975〕第27号文批复：同意成立中国共产党湖北省机械设备成套局临时委员会，由刘学、刘贺先、秦复浩、司友三、张继芝、刘

桐等六人组成。

1976 年

1月8日　经国家统计局批准，国家建委、一机部下发《关于执行"国家基本建设项目成套设备交货季报"的通知》，要求从1976年开始建立成套设备交货报表和统计制度。

1月23—26日　湖北成套局、机械工业局联合召开会议，专题部署落实武钢一米七轧机工程、湖北化肥厂所需二类、下放机电产品的生产安排及合同签订工作。

2月9日　湖北省国防工业办公室研究决定，将第三、第四、第五、第八机械工业部所属的八个军工项目的成套供应工作整体移交湖北成套局管理。

同日　湖北成套局、机械工业局向各地市机械工业局及有关生产企业转发国家建委、一机部下发《关于执行"国家基本建设项目成套设备交货季报"的通知》。

2月17日　接国家建委、财政部通知，核拨湖北成套局1976年基本建设投资14万元，其中包括新建办公室1400平方米。

3月19日　局长刘学主持召开全体干部职工大会，传达贯彻国家计委、国家建委《关于集中力量保投产、保重点项目建设的通知》精神。会议强调要按照《通知》提出的"形成局部优势，力争全歼、速决，按期建成"的要求，全力做好投产项目和重点项目的设备供应工作。

4月3日　中共湖北省委任命范景新为湖北省机械设备成套局副局长。

同日　为加强对国防军工项目的管理，湖北成套局即日成立军工成套项目组。

5月14—17日　国家成套总局副局长杨洛

林率工作组来湖北调研考察，湖北成套局副局长刘贺先陪同调研。

5月24—27日　湖北成套局、机械工业局联合召开青山、荆门电厂等七个重点项目所需下放、二类机电产品的订货会议。

6月21日　湖北成套局向中共湖北省工交核心领导小组呈送专题报告，要求核心领导小组明确一名成员分管设备成套工作。

7月5日　湖北成套局召开全体干部职工大会，传达学习国家计委、建委、国务院环境保护领导小组印发的《关于加强环境保护工作的报告》。会议要求，各业务处室要充分利用所掌握的技术情报信息，主动配合有关部门在成套设备的设计、制造和设备选型中，积极采用国内外的新技术、新材料、新工艺、新设备，防止和减少"三废"排放，降低环境污染。

8月　机械设备成套总局倪益谨、孙立夫等人，分三批到湖北成套局蹲点调研，至本年底结束。

1977 年

1月下旬　国务院钢铁领导小组在武钢召开一米七轧机工程建设情况汇报会，局长刘学汇报了成套设备排产订货情况。

1月　从本年开始，对省内成套项目，凡省内能生产的设备，实行成套安排生产、组织成套供应的办法，从分配成套走向生产成套。

同月　按照"以农业为基础、工业为主导"的总方针和集中力量打歼灭战的原则，湖北省计委以鄂革计基字〔1977〕第1号文批准下达了1977年地方成套项目计划，共安排项目80个，其中计划本年建成的53个，涉及煤炭、小水电、农排、硫铁矿等多个行业。省计委同时决定对地方成套项目所需设备实行生产预安排。

3月16日　湖北机械工业局、成套局联合下发通知，要求各有关单位统筹安排，认真抓好成套项目的设备生产、调度和发运工作。

3月下旬　经国务院批准，机械工业部在北京召开地方"五小"工业设备生产座谈会。湖北成套局局长刘学参加会议并提交了《湖北省组织供应"五小"工业成套设备的基本情况及对进一步加快发展"五小"工业设备制造的几点建议》的书面材料。

5月11日　湖北成套局转发机械设备成套总局《关于进行一九七八年国家成套项目调查的通知》，要求省直各有关局、委按照通知要求，在认真筛选和综合平衡的基础上，提出本系统要求列入1978年国家成套项目和地方成套项目的建议名单。

5月14日　机械设备成套总局副局长杨洛林来湖北成套局检查当年计划建成投产项目所需设备的生产计划、材料供应、工艺协作和生产调度等工作落实情况。

5月17日　机械设备成套总局发出通知，要求各地成套局建立国家成套项目情况简报制度。据此，湖北成套局决定创办《成套情况简报》，对国家和地方成套项目的设备订货、到货情况和工程建设进度及建设中存在的主要问题等按季（月）定期向国家和省有关部门报送。

5月　国家建委、一机部、冶金部在武汉钢铁公司召开国内配套设备现场会，湖北成套局副局长刘贺先参加会议并汇报了武钢一米七轧机工程配套设备的安排落实情况。

6月17日　局长刘学、副局长刘贺先走访省机械工业局领导和有关处室，要求该局进一步加强生产调度，督促有关生产企业尽早落实原材料和配套产品的供应，确保国家成套项目所需设备生产任务的落实。

11月6日 中国人民建设银行武汉市分行为湖北成套局提供设备周转资金100万元。

12月10日 国家建委设计局、机械设备成套总局在湖南长沙召开成套设备与设计工作配合座谈会。湖北成套局冶金项目主管、湖北省冶金设计院技术负责人参加了会议。

1978年

2月3日 机械设备成套总局在湖北成套局上报的《关于近三年来设备成套工作的检查总结报告》上作出重要批示，对报告所提出的意见和建议给予充分肯定。

同月 传达国家副主席李先念在1978年全国计划工作会议上对设备成套工作的重要指示精神。

3月9日 由成套部门提供国内配套设备的武汉钢铁公司第二炼钢厂3座30吨氧气顶吹转炉全部建成投产。

3月中旬 机械设备成套总局在北京召开项目管理工作会议，湖北成套局在会上交流了计划建成投产项目的设备分交及管理工作情况。

3月23日 湖北成套局、机械工业局召开全省建成投产项目设备调度会。会议要求各有关单位通力协作，继续贯彻集中力量打歼灭战的方针，按时间节点推进落实电力、燃料、运输、军工项目的设备生产和供应工作。

3月 局党组会议研究决定：为有利于项目、产品管理，合并项目一处、二处，下设行业组，并配备国家成套、地方成套项目的综合专职人员，撤销局办公室综合组，建立技术室。

4月 湖北成套局组织工作专班分赴4个地区，历经3个市26个县，对103个项目的设备到货、验收、安装、试运行等各环节情况开展全面调查，在此基础上对部分新增、关键设备进行了调度和安排，确保了一批项目按计划建成投产。

5月6—11日 湖北省计委、成套局、机械工业局在武汉联合召开地市成套项目设备订货会议，对全省在建的161个小水电、煤炭、农排、硫铁矿等地方成套项目所需缺口设备进行了成套预安排。

5月8日 湖北成套局传达贯彻机械设备成套总局在苏州召开的成套项目管理工作会议精神。

6月8日 经机械设备成套总局批复同意，湖北成套局办公大楼破土动工，建筑面积3200平方米，总投资120.7万元。

6月26日至7月2日 经国务院批准，"五五"后两年重点国家成套项目设备预安排会议在河南安阳召开。湖北成套局副局长刘贺先率项目、产品处负责人一行7人参加了会议。

9月25日 国家重点成套项目武汉钢铁公司冷轧机厂建成试生产。

10月16日 受机械设备成套总局委托，湖北成套局组织各省、市、区成套局（公司）的局长（经理）共30余人，到武钢1700冷热板轧机工程参观学习。

11月2日晚 湖北省计委领导王珏、刘书智、韩兰轩听取湖北成套局关于地方设备成套工作情况的汇报。

12月13日 青山热电厂11号机组建成投产。它是湖北省第一台20万千瓦汽轮发电机组（燃油锅炉）。至此，该厂通过成套装备已安装10台机组，成为湖北最大的火力发电厂。

1979 年

3 月　根据机械设备成套总局、湖北省计委的部署安排，湖北成套局先后两次召开停缓建成套项目专项清理工作会议。

4 月 19 日　中共中央副主席、全国人大常务委员会委员长叶剑英到正在建设中的国家重点成套项目——葛洲坝水利枢纽工地视察。

5 月 4—9 日　湖北成套局、机械工业局联合召开了由有关地市工业局、专业公司及 43 家生产企业参加的停缓建国家成套项目设备调查落实工作会议。

5 月 10 日　根据国家计委、国家建委印发的《关于做好基本建设前期工作的通知》，湖北成套局向省计委、建委专题报告，建议在地方成套项目建设中参照该通知精神，做好设备预安排工作。

5 月　中共湖北省委任命王永录为湖北省机械设备成套局副局长。

6 月 16—18 日　国家机械设备成套总局在江苏无锡召开《设备成套情况》通讯员座谈会。项钦长作为湖北成套局通讯员参加了会议。

7 月 20—28 日　湖北成套局局长刘学赴京参加在北京召开的全国设备成套局长工作会议。

7 月　湖北成套局与机械工业局联合编辑发行《湖北省机械产品简明目录》（上、下二册）。

8 月　局党组会议研究决定：为有利工作，将项目处分为项目一处（分管国家成套项目）、项目二处（分管地方成套项目）。

9 月 2 日　湖北省计委、湖北成套局联合召开由地市计委负责人参加的"全省设备成套项目计划工作座谈会"。会议要求各地市计委要明确专人对口与成套局联系，使设备成套工作与地市计委工作有机衔接。

10 月 19 日　国家机械设备成套总局在《设备成套情况》第十三期简报上刊载：湖北成套局同红旗电缆厂紧密联系，认真抓好国家成套项目所需电缆的生产取得显著成绩。

10 月　国家机械设备成套总局主办的《成套体制改革研究》（第一期）专刊，刊登了湖北成套局撰写的文章——《关于设备成套工作改革的设想》。

11 月　国家机械设备成套总局召开设备成套业务工作会议，会期 11 天。湖北成套局副局长刘照书参加会议并作大会交流发言。

12 月 9 日　在全国设备成套业务工作会议期间，中南五省（湖北、湖南、河南、广东、广西）成套局讨论通过了《中南五省成套服务网试行办法》。

12 月 24 日　湖北成套局召开局长办公会议，传达贯彻国家机械设备成套总局下发的《关于在设备成套工作中试行经济合同制的意见》，会议对试点项目、试点办法、试点内容、服务费收取等作出了具体规定。

1980 年

1 月 15 日　湖北省计委、建委批转国家《关于基本建设项目实行经济合同组织设备成套供应和开展服务工作的试行办法》。随后，湖北成套局就贯彻试行办法的安排和措施，分别向省计委、建委作了专题汇报。

1 月 19 日　湖北省机械工业局、成套局联合转发一机部《关于安排 1980 年第一批国家成套项目所需机电产品的通知》。

1 月　国家机械设备成套总局批复，同意湖北成套局对沙市荧光灯厂所需设备实行经济合同制试点。

2 月 5 日　湖北省计委听取成套局关于湖

北设备成套工作改革方案的汇报。

3月17日　湖北成套局制定并印发《产品情报工作试行办法》。

4月16—29日　国家机械设备成套总局与煤炭部在淮南矿区联合举办煤炭行业设备成套知识短期培训班。湖北成套局派员参加了培训学习。

5月5日　湖北成套局派员参加国家机械设备成套总局在天津开办的第一期干部轮训班。

5月10—11日　国家机械设备成套总局在江苏扬州召开设备成套调研通讯工作会议。湖北成套局项钦长参加会议并汇报了湖北局调研工作情况和下一步工作安排。

5月31日　湖北成套局为中南设备成套网召集人，在武汉召开中南五省（区）成套网协作工作会议。

6月17日　国家机械设备成套总局来湖北成套局调研重点建设项目的设备成套工作情况。

9月6日　国家机械设备成套总局以成干字第167号文批复：同意湖北成套局增设综合处，人员从总编制内调剂解决。

9月22—26日　国家机械设备成套总局召集北京、上海、江苏、湖北等八省、市成套局，在北京研讨机组成套工作。湖北成套局就本省机组种类、质量、技术装备水平、服务内容等，在会上作了研讨发言。

9月　湖北成套局组织业务人员学习《国家基本建设成套项目设备成套工作暂行条例》。

10月7—20日　湖北成套局应邀参加五一〇八厂等部分军工建设项目的工程预验收会议。

11月5日　经局党组会议研究决定：将地方成套项目处的工作流程改为一条龙管理办法，即从项目工作到产品工作统一管理；撤销政治处，成立人事教育科，附属办公室，工作由局党组直接领导。

11月9—21日　全国设备成套业务工作会议在北京召开。湖北成套局局长王永录参加会议，并在会上介绍了湖北经济合同制试点工作进展情况。

12月　湖北成套局由武昌水果湖洪山路23号搬迁到水果湖路60号（现中北路28号）新建的办公楼办公。

1981 年

1月　从当年开始，对经济合同试点项目，按照国家确定"多服务，少收费，方便用户"的原则，向建设单位收取一定的手续费。国家成套项目，直接结算的收费0.3%～0.5%；三角结算的收费1.5%；地方成套项目，参照物资部门收费标准，同建设单位商定。

3月9日　局长办公会议审议通过《湖北省机械设备成套局一九八一年工作要点》，提出要全面总结沙市荧光灯厂、荆沙棉纺厂两个项目的经济合同制试点经验，发挥示范引领作用。

3月18日　湖北成套局派员参加一机部、国家物资总局在沈阳召开的1981年统配和部分部管机械产品订货会议。

4月3日　湖北省计委、经委、建委、建设银行湖北省分行、成套局联合下发《关于加强对地方基本建设项目设备统一管理的通知》（鄂计基字〔1981〕第151号），强调湖北成套局是负责组织国家和地方基本建设项目所需设备供应的专职机构，各有关部门要密切配合，严格基本建设程序，加强管理，共同做好设备成套工作。

4月16日　湖北成套局派员参加国家机械设备成套总局在天津举办的第三期经济管理研究班。

4月21—27日　国家机械设备成套总局召开技术情报工作座谈会。湖北成套局项钦长在会上作交流发言。

5月　国家机械设备成套总局批准任命湖北成套局工程师5名。

7月5日　湖北成套局、中国人民建设银行湖北省分行联合颁发《关于加强地方基本建设项目设备统一管理的实施办法》。

7月30日　国家重点成套项目——葛洲坝二江电厂1号机组（容量为17万千瓦）于上午11时并网发电，设备运行情况良好。中共中央副主席、中央政治局常委、中央军委常委王震，国务院副总理谷牧、薄一波等先后到工地视察。

8月11日　湖北成套局设立技术经济情报室，同时启用新印鉴。

8月13日　《湖北成套情报》创刊。

9月21日　国家机械设备成套总局以成发〔1981〕第108号文通知：经国务院国任字第84号文通知，国务院于1981年9月3日任命王永录为湖北省机械设备成套局局长。

同月　湖北成套局组织由局长、处长分别带队的5个工作组，分赴6个地区、6个县市，对在建、停产建设项目进行了为期25天的调查。在综合分析的基础上向湖北省计委报送专题调研报告，内容涉及在建、停产建项目的建设情况、存在的突出问题和解决办法及建议。

10月3日　中共湖北省委组织部以鄂组干字〔1981〕第461号文通知：经省委批准，王永录任湖北省机械设备成套局党组书记。

10月10日　湖北成套局派员参加国家机械设备成套总局第二期干训班学习。

11月11日　湖北省第一轻工业局、湖北成套局联合下发通知，要求一轻系统基本建设项目或"挖、革、改"项目所需的机械设备，原则上委托湖北成套局进行成套安排、成套供应。

11月17—21日　湖北成套局召开地市设备成套工作会议。地市计委分管设备成套工作的负责人参加了会议。会议明确要发挥计划的调控作用，进一步加强和改进地市设备成套工作。

11月26日　湖北成套局颁发《关于加强地市设备成套工作的试行办法》。

12月12日　国外引进、国内配套的武钢一米七轧机工程通过验收交付生产。国家建委副主任李景昭在验收大会上指出：经过两年多试生产考核，证明工艺和设备都是先进的、工程质量是好的。

12月　湖北成套局先后与轻工局、纺织局、城建局联合发文，要求共同做好系统内所属项目的设备成套工作。

同月　国家机械设备成套总局王幼华一行来湖北成套局调研经济合同制试点工作。

1982年

2月5日　为了向全国成套项目更好地推介湖北生产企业和机电产品，湖北省机械工业局、湖北成套局联合下发《关于编印湖北省机械产品目录的通知》，具体编撰工作由成套局技术情报室负责。

3月1日　湖北成套局派员参加了国家机械设备成套总局在上海举办的电器控制系统成套设备技术交流会。

4月10日　湖北成套局召开副处级以上干部会议，集中学习国家建委、国家计委《关于缩短建设工期，提高投资效益的若干规定》。会后，结合湖北成套工作的实际情况，制定了贯彻落实的七条措施，并上报国家机械设备成套总局。

6月2日　机械工业部以〔1982〕机成字第136号文通知各地成套局：根据国务院关于机构改革的决定，原国家机械设备成套总局改属机械工业部领导，其工作任务不变；各地成套局（公司）领导体制不变，仍受地方和部双重领导，以部为主，经费由成套总局核拨，编制由总局审定。

6月20—21日　中共中央总书记胡耀邦先后视察在建中的成套项目——葛洲坝三江电站和国家重点成套项目——第二汽车制造厂。

9月21—26日　机械设备成套管理局在北京召开机械设备成套业务工作会议。湖北成套局杨金祥、罗少华参加了会议。

10月9日　国务院副总理万里到国家重点成套项目葛洲坝工地视察。

11月9日　国务院副总理姚依林到国家重点成套项目葛洲坝工地视察。

1983 年

2月4日　湖北成套局首次召开思想政治工作座谈会，专题研讨如何围绕设备成套工作改革，进一步加强和改进思想政治工作。

2月25日至3月5日　机械工业部在天津召开干部工作座谈会。湖北成套局局长王永录参加了会议。

3月23日　局党组会议审议并原则通过《一九八三至一九八五年职工教育规划》。

3月下旬　机械设备成套管理局崔蕴谦一行来湖北成套局考核领导班子。

6月4日　湖北成套局传达贯彻机械设备成套管理局5月下旬在西南铝加工厂召开的现场服务工作会议精神。

6月8日　《成套情况简报》更名为《湖北成套工作简报》。

6月17日　机械工业部以〔1983〕机干字函第756号通知：王荣钧、徐振华任湖北省机械设备成套局副局长，王永录继任局长，司友三任顾问。

6月　湖北成套局走访省电力、交通、冶金、化工、水利等12家设计院（所）。

7月底至8月初　全国基本建设会议在北京召开，期间穿插召开了保重点设备成套工作会议。湖北成套局局长王永录参加并在会上作交流发言。

8月30日至9月6日　在全省基本建设会议上，副局长王荣钧就设备成套工作如何适应基本建设管理体制的改革作书面交流发言。

9月5日　湖北成套局向全省各项目主管厅局发出《关于做好国家大中型基本建设和更新改造项目所需机电设备成套供应工作的通知》。

9月10日　湖北成套局即日编印以反映产品质量为主要内容的《成套工作情况反映》。

9月26日　根据机械设备成套管理局9月13日在北京召开的国家重点建设项目管理和产品管理工作座谈会精神，湖北成套局重新修订并印发了项目管理和产品管理工作流程。

10月16日　机械设备成套管理局以〔1983〕成字第199号文批复，同意湖北省机械设备成套局内设机构为办公室、综合处（包括技术情报）、项目处、产品处、人事科。

11月17—22日　机械设备成套管理局在昆明三聚磷酸钠厂召开技术服务现场会。湖北成套局副局长王荣钧参加会议并交流了湖北局现场服务工作情况。

1984 年

2月2日　根据中央和省委的要求，湖北

成套局开始在全局范围内制定岗位责任制，历时一个半月。

2月20日　中共湖北省直属机关委员会以鄂直党〔1984〕第9号文批复，同意成立湖北省机械设备成套局机关支部委员会。

2月27日　为抓好质量信息反馈，及时处理设备质量问题，进一步深化成套技术服务，湖北成套局作出决定：从当年开始，每年5月和11月为定期走访月。

3月6日　受机械部设备成套管理局委托，湖北成套局从该年度开始，负责代办国家重点建设项目所需湖北产区生产的载重汽车的统订和计划调拨业务。

3月7日　为加强技术情报工作，湖北成套局从即日起创办《机械产品动态》。第一期刊登的是"湖北省1983年机械设备优质产品名单"。该《动态》报机械设备成套管理局，发全国成套系统各单位和省有关部门及建设单位。

3月17日　印发《湖北省机械设备成套局各处室主要任务和职责》。

4月7日　湖北省计委、经委、财政厅、建设银行湖北分行、湖北成套局联合转发国家计委、国家经委、财政部、中国人民建设银行、机械工业部〔1984〕机成联字第1号文《按合理工期组织建设的大中型项目成套设备承包责任制试行办法》。

4月上旬　根据国家计委通知要求，副局长王荣钧带领项目处、产品处负责人，会同中国石油化工设备成套公司、化工部设备总公司有关工程技术人员到荆襄磷矿矿务局王集工程实地调查，重点了解了项目设计、建筑、安装及库存设备情况。该矿是为山西化肥厂引进硝酸磷肥配套的国家重点建设工程。

5月23—28日　机械设备成套管理局在北京丰台召开"十省市成套局长、经理座谈会"

（北京、河北、辽宁、上海、江苏、浙江、山东、湖北、广东、甘肃），重点研讨在基本建设实行投资包干的新形势下设备成套工作的改革方向。湖北成套局局长王永录参加会议并交流发言。

6月25日至7月5日　湖北成套局局长王永录赴京参加全国成套局（公司）、各专业成套公司局长、经理会议。

7月4日　接国家建筑材料工业局〔1984〕建材机字第616号文件，该文件要求此后凡国家计划中按合理工期组织建设的建材大中型项目，以及其他大中型建材项目和限额以上的更新改造措施项目的所需设备，都应纳入成套组织供应；各省、市、自治区建材局（公司）及有关建设单位，在整个建设过程中要与成套部门协作配合，共同做好建材项目的设备成套工作。

7月20—23日　机械设备成套管理局在北京召开环保设备成套工作座谈会，要求各省市区成套局加强与地方环保部门的协作，积极主动做好环保建设项目的设备成套工作。会后，湖北成套局就此项工作与省环境保护局进行了协商，并达成共识。

8月15日　机械设备成套管理局批复，同意湖北成套局成立局属湖北省机械设备成套承包公司、湖北省机械设备成套服务公司，不新增编制，所需人员从内部调配解决。

8月　机械设备成套管理局在大连召开成套系统设备调剂会议，湖北成套局成交的设备金额约400万元，居全国第2位。

11月14日　湖北成套局与环境保护局联合召开"环保工程武汉服务中心"筹备工作会议，会议重点讨论了环保工程武汉服务中心的章程及下一步业务开展事宜。

11月20日　根据国家部委有关规定，湖

北成套局制定印发了《湖北省成套设备承包经济责任制试行办法》。

12月10日　组织全局干部职工学习国务院《关于改革建筑业和基本建设管理体制若干问题的暂行规定》，该《规定》提出要大力推行工程招标承包制；设备成套单位要逐步过渡为独立核算、自负盈亏，具有法人地位的经济实体。

12月25日　根据机械工业部颁发的《关于改革设备成套部门管理体制工作中有关财务管理若干问题的暂行规定》，各省、市、区成套局（公司）的财务管理自1985年起实行差额预算管理，即差额拨款、经费包干、以收抵支、超收留成的管理办法。

1985 年

1月4日　印发《湖北省机械设备成套局业务工作整改措施》。

1月16日　湖北成套局党组决定，局、处两级干部实行任期制，任期两年，按干部管理权限分别由上级和本局考核后决定连任或免职。

1月20日　《湖北省机械设备成套工作史略》正式定稿并报省计委。

1月25日至2月5日　全国设备成套局长（经理）工作会议在北京召开。湖北成套局副局长王荣钧参加了会议。

2月25日　机械工业部以〔1985〕机干任字第69号文通知：经部讨论决定，王荣钧任湖北成套局局长，王永录、司友三离休。

3月20日　湖北省乡镇企业管理局、湖北成套局联合下发通知，强调要加强乡镇企业所需设备的成套供应工作。

3月28日　湖北成套局召开全局干部职工

大会，传达机械工业部党组关于调整湖北成套局领导班子的任免文件，王荣钧任湖北成套局党组书记、局长。

同月　接机械工业部党组文件通知，郭一凡、王佑民任湖北成套局党组成员。

4月9日　中共湖北省直属机关委员会以鄂直党组字〔1985〕第32号文批复：同意成立中共湖北省机械设备成套局机关总支部委员会。

4月30日　中共湖北省委书记关广富在湖北成套局上报的《湖北省机械设备成套局党组十条约法》报告上作出重要批示并给予充分肯定。

7月8日　局务会议讨论并通过了《湖北省机械设备成套局设备储备贷款使用和管理办法》。

7月15日　中国机械设备成套工程公司与湖北成套局签订合作协议书，共同承担第二汽车制造厂的设备成套供应工作。

7月　湖北成套局向省计委专题报告，要求省计委为地方成套项目解决部分指令性计划材料，以保证地方成套项目的设备资源和产品价格优势。同年8月，湖北省计委划拨专项材料1250吨，其中铝、铜各200吨。

8月5日　湖北成套局印发《湖北省机械设备成套局"七五"期间干部教育规划》。

8月28日　中国自行设计、以国内配套设备为主装备建成的第一座大型伸臂式桥吊码头——武钢工业港9号码头建成。

9月29日　湖北成套局机关工会即日成立。

10月7日　根据机械工业部转发的国务院批转财政部的《关于开展税收、财务大检查报告的通知》，湖北成套局对全局税收、财务大检查工作作出具体安排。

10月　经湖北省计委领导同意，湖北成套局组织召开了全省小水电基建项目设备成套座谈会。

11月2日　经共青团湖北省直属机关委员会批准，建立共青团湖北省机械设备成套局支部委员会。

11月5日　中国石油化工设备成套公司与湖北成套局签订石化项目合作协议书。

11月13日　中国人民建设银行湖北省分行推荐湖北成套局加入湖北省投资学会。

12月3日　中国重型机械工程成套总公司矿山公司与湖北成套局签订矿山项目合作协议书。

12月19日　湖北成套局与中国机床设备成套总公司签订联合承包协议，共同负责第二汽车制造厂项目的设备成套工作。

12月26日　湖北省机械工业厅、湖北成套局联合印发通知，要求各有关单位切实做好重点项目所需指令性计划产品订货工作。

1986年

1月14日　为保障国家重点工程顺利进行，局长王荣钧主持召开局务会议，专题研究如何做好第二汽车制造厂"七五"技术改造项目的服务工作。会议决定：根据联合承包协议规定，部机床公司派出驻厂总代表，湖北成套局派驻副总代表，由江明枝担任；为便于工作开展，项目处组建"二汽项目工作组"，由黄仲坚、张维齐、史佳三人组成；设备处、技术服务处各派一名联络员参与该项目工作。

1月　开始执行《国家重点任务成套项目所需设备安排生产、订货和管理的具体工作细则》。

3月　机械设备成套管理局来湖北成套局，就项目管理、成套机构向经济实体过渡等问题进行专题调研。

4月8日　机械工业部在江苏仪征化纤公司召开保重点成套项目现场服务工作交流会，丁孝浓副部长出席并主持会议。湖北成套局江明枝、张维齐参加会议。

4月8—11日　全省建筑业和基本建设管理体制改革座谈会在武昌召开。局长王荣钧就深化成套工作改革、推行项目设备承包责任制作大会交流发言。

4月28日　湖北成套局党组研究决定，设立"湖北省机械设备成套局荆门市联络处"，其编制、经费等由荆门市计委解决，业务对口联系由项目处具体负责。

5月3日　国务院副总理李鹏、水利电力部部长钱正英到正在建设中的成套项目——青山热电厂工地视察。

5月4日　建立《成套情况简报》稿件利用情况定期通报制度。

7月20日　《当代湖北基本建设》出版发行，其中"设备成套供应"章节由湖北成套局负责撰写。该书是省计委和省城乡建设厅根据中央宣传部关于编写《当代中国》丛书的指示精神，按照国家计委的具体布置统一组织编写的。

8月11日　为加强对外宣传，湖北成套局明确由技术服务处对口联系国家计委主管的《中国基本建设》杂志社。

9月12日　湖北成套局以鄂成办字〔1986〕第26号文向机械工业部财会司、机械设备成套管理局分别报送了《关于向企业化过渡问题的报告》（附收入、流动资金、固定资产调查表）。该报告明确提出：湖北成套局目前不具备向企业化过渡的条件，要求机械工业部结合近几年来设备成套工作改革的实际，区别各省、市、区成套部门的不同情况，制定过渡的具体条件和办法。报告还建议过渡期内，仍保持事业单位的建制和行政管理职能，内部实行企业化经营与管理。

9月19日 机械工业部以〔1986〕机干任字第103号文通知，傅积霖任湖北成套局副局长。

9月23日 机械工业部党组以〔1986〕机党函字第74号文通知，傅积霖任湖北成套局党组成员。

10月 开展"七五"期间大中型基建和限额以上技术项目专项调查，历时一个多月。

10月 机械工业部批准王文春任湖北成套局党组书记、局长。

12月10日 湖北成套局首次为应城联碱厂所需专用设备实施招标。

12月16日 接机械设备成套管理局《关于尽快开展成套设备招标工作的通知》，副局长傅积霖主持召开专题会议研究部署，要求总结经验，有针对性加强宣传和引导，继续探索开展大型、专用、非标准设备的招标工作。

1987 年

1月2日 湖北省计委印发《关于我省重点建设项目所需机械设备纳入成套供应的通知》，要求凡列入国家和省"七五"计划的重点建设项目都应同时列入省的成套供应计划；湖北成套局应按质、按量、按工期要求提供成套设备，并开展技术咨询及现场服务工作，以促进项目按时建成投产，发挥投资效益。

1月3日 机械设备成套管理局主编的《成套工作情况》（招投标工作专刊）第一期报道：湖北省成套局首次进行专用成套设备招标获得成功。

1月26日 湖北省计委以〔1987〕第44号文批复：同意湖北省机械设备成套局成立省机械设备成套供应公司。公司性质为局属二级

全民所有制企业单位，经济上实行独立核算，人员编制为10人，人员、业务活动用房及经费在成套局内部调整安排。

1月 湖北省机械设备成套局工程学会研究组成立。

2月17—20日 湖北省计委、成套局召开1987年地方重点成套项目所需指令性计划和指导性计划排产会。

3月 根据国家计委关于"凡国家确定的按合理工期组织建设的重点项目都要设立联络员"的要求，湖北成套局决定从本年开始，建立重点建设项目联络员制度。联络员在业务上受国家计委指导，主要职责是反映工程建设、设备成套工作中存在的困难和问题，及时向国家和省有关部门提出意见和建议。

4月16日 国家机械委在四川成都召开派驻国家重点项目现场服务组和总代表工作会议，湖北成套局副局长徐振华、项目一处处长江明枝等参加会议。湖北成套局派驻的第二汽车厂现场服务组及现场服务人员张维齐受到大会表彰。

5月11—17日 湖北成套局承办"机械工业会计学会与华东、中南大组第二次学术座谈会"。

5月31日 国家机械委有关事业单位职称改革工作会议在长沙召开。湖北成套局局长王文春、办公室主任郭一凡、副总工程师李忠保参加会议。

5月 湖北省机械工业厅征求成套局对省内企业产品质量的意见。湖北成套局根据用户反馈的信息，提出了五点建议：进一步调整产品结构，增产适销对路产品；强化工艺责任制，落实工艺标准；建立健全企业内部质量内控指标制度，推行全面质量管理；加强对重点、主导产品的质量检测和监管；完善相关质量配套

制度建设。

6月5—8日　湖北成套局首次召开地市联络处业务工作座谈会，传达学习国务院和国家机械委领导关于加强设备成套工作的指示精神，讨论通过了《地方联络处设备成套工作暂行条例》。

6月6日　国家机械委办公厅以机办成〔1987〕第120号文通知，同意对湖北第二汽车制造厂派驻现场服务组。

6月7日　湖北成套局职称改革领导小组即日成立。

6月17日　机械设备成套管理局以机委〔1987〕成人字第84号文批复：同意湖北省机械设备成套局在不增加人员编制的前提下，内部机构由原四处一室调整为六处一室，即综合技术处、项目一处、项目二处、设备处、财务处、人事处、办公室。

7月15日　国家机械委6月19日公布：全国机械工业全行业骨干企业、重点企业共2147个，其中湖北107个（骨干企业33个，重点企业74个）。为进一步扶持省内企业发展，同日，副局长傅积霖主持召开专题会议，要求综合处、设备处及时了解全省骨干企业、重点企业的产品供销、售后服务情况，新产品的发展及价格信息等，以便在同等条件下优选本省机电产品，以此促进地方机械工业的发展。

8月6日　接建设部通知，此后凡国家和省、市计划确定的城市建设项目（包括煤气、供水、排水及污染处理等）所需的设备，全部由国家机械委中国重型机械工程成套公司矿山公司归口并组织有关省、市成套局，按照工程设计所附设备清册，采取招标、"货比三家"方式择优订货，统一成套组织供应。随后，湖北成套局与省建设厅取得联系，双方表示要积极配合国家机械委矿山公司，发挥各自优势，共同做好城市建设项目的设备成套供应工作。

8月26日　经国家机械委批准同意，湖北成套局、中国重型机械设备成套总公司联合向武汉钢铁公司派驻现场服务组，组长江明枝，副组长汪洪。

12月　全国机械工业工作会议在北京召开，同时套开了全国机械设备成套局长会议。湖北成套局局长王文春参加会议。

1988年

1月20日　湖北省城乡建设厅、湖北成套局联合转发城乡建设环境保护部计划财务局《关于城市建设固定资产投资项目所需设备纳入成套供应的通知》。

3月2日　中国石油化工设备成套公司、湖北成套局，就共同做好湖北应城化肥厂年产2.5万吨合成氨技术改造项目的设备成套供应工作签署联合承包协议。

3月25日　湖北成套局上报的《1987年成套项目统计年报》荣获全国成套系统优胜奖。

4月1—9日　机械设备成套管理局在福州召开全国成套系统设备招标投标研讨会。湖北成套局李忠保参加会议并就开展设备招标工作提出了意见和建议。

8月1日　接物资部、机械电子工业部通知（物成字第96号文），各省、市、自治区成套局（公司）改为受物资部和地方政府双重领导，以物资部为主，是由物资部核拨事业经费的直属机构。

9月19日　即日组织开展设备成套业务知识系列讲座，主要内容包括工业技术基础理论一般知识；产品的制造、标准和产品的使用知识；一般项目的工艺流程，主要设备及相应设备的国内主要生产厂、质量、价格、行情等。

整个讲座历时 3 个多月，所有业务人员年龄在 50 岁以下的均参加了由局统一命题的书面考试。

11 月 27 日 湖北省计委、水利厅、湖北成套局联合向国家有关部委报告，要求将湖北大型农业排灌泵站建设所需机电设备（主机部分）列入国家合同订购计划。

12 月 13 日 由湖北成套局提供成套设备和技术服务的汉口煤气工程进入试生产送气收尾阶段，5000 户居民首批用上了管道煤气。

12 月 30 日 制定印发《关于湖北省地方重点建设技措项目所需机电产品的管理意见》。

12 月 31 日 印发《关于改革职工医疗费管理办法的暂行规定》。

当年 据国家物资部统计，1988 年湖北成套外供量居全国设备成套系统第四位。

1989 年

1 月 11—14 日 在中国机电设备成套服务中心、中国机电设备招标中心和中国机械设备成套工程学会在南宁召开的全国机电设备招标发展研讨会上，湖北成套局与会代表杨昌清作研讨发言，题目为《当前我国机电设备招标环境的分析及对策思考》。

3 月 14—16 日 湖北省计委、湖北成套局联合召开会议，安排落实全省地方成套项目所需专项设备生产计划。省机械工业厅、水利厅和 16 个生产厂家的负责人共 40 余人参加会议。

3 月 16 日 湖北成套局应邀加入"全国省市机床协作理事会"。

3 月 21—25 日 机电部所属中国机床总公司和湖北成套局在襄樊联合召开"第二汽车制造厂 EQ153 八吨柴油车项目重点设备现场调度会"。出席会议的有为 EQ153 项目提供设备的 54 家生产厂、设计院（所）主管生产和经营的

负责人，以及机电部机床工具司、生产司、中国汽车工业公司和二汽的有关领导，共 62 个单位 153 名代表参加。这次调度会对保障国家重点项目按合理工期顺利建设起到了重要的推动作用。

6 月 13 日 全省第六次企业技术进步工作会议在武汉召开。湖北成套局副局长傅积霖应邀作《做好设备成套工作 更好地为全省技术改造项目服务》的交流发言。

6 月中旬 根据物资部〔1989〕物成字第175 号文《关于对设备成套行业进行调查的通知》，湖北成套局组织工作专班，对湖北地区的各成套经营单位进行了全面调查，并向物资部办公厅报送了专题调查报告，呼吁国家有关部门要加强对国家重点项目的计划管理，把一些关系国计民生的国家重点项目列入设备成套供应。

6 月 27—30 日 荆州地区田关泵站的 6 台机组一次性试车成功，随后又连续运行 3 次 1908 个台时，运转正常。在同年 10 月初省政府召开的全省水利工作会议上，省水利厅充分肯定了湖北成套局为治理"水袋子"、促进湖北农业生产发展所作出的贡献。

8 月 16 日 物资部以〔1989〕物函成字第190 号文，对湖北成套局上报的《关于请求赋予部分物资经营权的紧急报告》予以复函：为加强设备成套工作，各省（区、市）计委每年从计划中分配给成套系统少量钢材、生铁、焦炭等材料，用于建设项目非标、专用设备和短线产品的制造，这是保证国家和地方重点建设项目设备成套工作的一项重要措施。根据物资部、机械电子工业部〔1988〕物成字第 96 号文件的精神，近期内各省、自治区、直辖市设备成套局（公司）的性质、任务不变。为保持成套工作的连续性，宜暂时保留这种做法，并请

省局积极向省有关部门汇报，争取支持，以便更好地发挥成套部门在设备供应中的主渠道作用。据此，湖北成套局按有关规定在武汉市工商管理部门办理了经营钢材的手续。

8月25日 局部署安排中华人民共和国成立40周年系列庆祝活动。

同日 湖北成套局成立计划生育工作领导小组。

9月1日 为纪念中国设备成套机构成立30周年，机械设备成套管理局为全国成套系统从事设备成套工作满30年的164名成套工作者颁发了荣誉证书，湖北成套局罗少华、史可久两人获此殊荣。

10月3日 物资部、机械电子部派驻的二汽现场服务组正式进驻建设工地，服务组由中国机床总公司和湖北成套局联合组成，其工作方针是"抓质量、多服务、保工期"。

10月21日 湖北省人民政府办公厅《政府快报》（第213期）报道：湖北省本年成套设备外供量1—10月份比上年同期增长20%，居全国第四。

12月1日 国家物资部、机电部"七五"期间重要科技开发计划之一的信息系统工程——"全国常用机电产品信息数据库"正式建成，设在湖北成套局的湖北子库相期与之联网，并投入运行使用。

12月4日 湖北成套局决定撤销"湖北省机械设备成套供应公司"。

12月8日 湖北成套局成立大峪口、黄麦岭矿肥结合项目技术咨询小组，正、副组长分别由副局长傅积霖、副总工程师李忠保担任。

12月11日 湖北成套局开展党员重新登记工作，历时10天。全局86名党员全部申请登记，其中登记的党员85人，暂不登记的党员1人。

当年 湖北省人民政府吸收湖北成套局参加"省支持二汽发展轿车生产协调服务领导小组""省建设大峪口、黄麦岭矿肥结合项目领导小组""蒲圻造纸厂扩建工程协调领导小组"工作。

1990年

1月 湖北成套局印发《国家重点成套项目汽车中转、发运工作分工管理暂行办法》。

4月9日 从本月起执行《物资部直属机械设备成套事业单位会计制度》，即按照"权责发生制"的核算原则，设置会计科目，进行资金收付、成本费用和效益核算。

6月30日 为确保省地方小水电、农业排灌、化肥等重点建设成套项目所需设备的供应，湖北省计委下达了《1990年地方重点建设项目成套设备专项生产计划》。

7月17日 经国家和省有关部门批准，湖北成套局在全国率先成立物资供应站。

7月 由湖北成套局实行设备承包供应的湖北银矿联动负荷一次性试车成功。该矿生产能力为日处理矿石200吨，系全国八大银矿之一。

8月 湖北成套局在江苏溧阳县对荆襄大峪口、大悟黄麦岭矿肥结合两项工程的浮选机等设备进行了招标，这是湖北省首次为国家重点建设项目所需设备实施招标采购。中国原材料投资公司、化工部矿山局、物资部设备成套司、中国重机总公司、省两矿肥项目建设指挥部及办公室、化工部化学矿山规划设计院、化工部化学矿山设计研究院的领导全程参与了开标活动。

9月3—6日 机械设备成套管理局在青岛召开全国设备成套局长工作会议。湖北成套局局长王文春参加了会议。

同日 物资部副部长马毅民在全国设备成套局长工作会议上的讲话中指出：设备成套部门应加强同地方物资部门的协调配合，发挥综合优势，促进成套工作的发展。在这方面，河北、湖北、广东、江苏等省做得较好。成套司要积极宣传推广这方面的典型经验。

11 月 13 日 湖北省荆襄大峪口、大悟黄麦岭矿肥结合工程所需材料、设备实行联合供应总承包试点正式启动。

11 月 30 日 《中国物资报》头版头条报道：中央与地方联手保重点，国家物资部对湖北省荆襄大峪口、大悟黄麦岭矿肥结合工程所需材料、设备实行联合供应总承包试点。

12 月 27 日 物资部、湖北省人民政府印发《大峪口、黄麦岭矿肥结合工程试行材料、设备联合供应总承包纪要》。

12 月 28 日 根据物资部办公厅〔1990〕物厅科字第 249 号文、设备成套司物成办〔1990〕第 185 号文通知精神，湖北成套局下发通知，要求各处室、各经营部门认真学习国家计量法，尽快熟悉度、量、衡标记和用词，从 1991 年 1 月 1 日起，全部使用以国际单位制（SI）为基础，具有统一性、科学性的法定计量单位。

1991 年

1 月 16 日 湖北成套局组织全局干部职工学习讨论物资部印发的《关于加强设备成套系统管理的若干规定》（物成字〔1991〕第 4 号），并对贯彻落实该《规定》作出了具体安排。

1 月 20 日 省长郭树言在全省地市州县负责人会议上讲话中指出："在抓紧重点项目建设的过程中，要高度重视项目的设备成套工作，充分发挥设备成套部门在保证重点建设中的作用，省机械设备成套部门要认真做好国家和省重点建设项目的设备供应和成套技术服务工作，保证重点项目按期建成发挥效益"。

3 月 18 日 湖北省经委首次编发《我省技改项目设备成套工作开始起步》的简报，要求各地市州经贸委、省直各部门充分发挥设备成套专职机构的主渠道作用，为推进企业技术进步作出新贡献。

3 月 28 日 经湖北省计委审定同意，湖北成套局印发了《湖北省基本建设和限额以上技术改造项目设备成套管理办法》。

4 月 23 日 湖北省计委下达关于地方建设项目成套设备专项生产计划的通知，强调对地方建设项目所需的成套设备，湖北成套局应按专项生产计划的要求，统一组织订货，直供到建设项目。

5 月 6 日 根据工作需要，物资部、机械电子部以〔1991〕物成字第 85 号文通知，同意对武汉钢铁公司现场服务组组长进行调整：组长为姜铁山，副组长为王昌明。

6 月 21 日 由湖北成套局参与国内设备成套供应总承包的国家"八五"重点建设项目——大峪口矿肥结合工程正式破土动工。湖北成套副局长傅积霖、项目负责人詹建文等出席了开工仪式。

7 月 5 日 国务院副总理朱镕基视察国家重点成套项目葛洲坝电厂。

7 月 湖北成套局转发物资部颁布的《建设工程设备招标投标管理暂行办法》（物成字〔1991〕第 115 号）。这是国家建设工程领域推行设备招标投标的第一个规范性文件。

8 月 机械设备成套管理局来局宣布：为使湖北成套局新老班子交替平稳过渡，经管理局党组研究，局现届党组领导班子延长一年。

9 月 20—25 日 机械设备成套管理局在昆明召开"全国设备成套局长工作会议"。湖北成套局局长王文春参加会议并汇报了湖北成套工作情况。

11月27日 长江葛洲坝水利枢纽工程通过国家正式验收。设备成套部门为该工程1号、2号、3号机组，2号、3号船闸及5个修配厂提供了大量先进适用的机电设备，总价值近2亿元。

12月11—17日 湖北成套局和化工部第四设计院电控设备厂共同主办"成套系统化肥、乙烯工程研讨班"。

12月21日 局长王文春、副局长徐振华、处长郭一凡赴京参加全国成套系统财务工作会议。会上，湖北成套局就改革和完善财务核算体系，加强财务经济分析，建立适应市场经营的财务核算和监督体系等提出了意见和建议。

当年 湖北成套局实行新的成套项目机电产品订货合同。该合同是物资部机械设备成套司根据国务院关于在全国逐步推行经济合同示范文本制度的要求，结合设备成套工作的特点修订并经物资部审批后推行的示范文本。

1992年

1月25日 武汉冷柜厂生产的"蓝波—希岛"牌空调器被评为全国最受消费者欢迎的轻工产品。该厂从建厂初期开始，所需主体设备一直由湖北成套局组织供应。

1月 湖北成套局建立"湖北成套项目设备定点企业网络"。

2月29日 物资部以〔1992〕物任字第11号文通知，徐振华任湖北成套局局长，李忠保、王佑民任副局长。

同日 机械设备成套管理局党组以物成党组〔1992〕第10号文通知，徐振华任中共湖北成套局党组书记，李忠保、王佑民任湖北成套局党组成员。

2月29日至3月2日 中国机械设备成套工程协会第四次学术年会在北京召开，湖北成套局提交学术论文3篇，其中1篇在年会上宣读，并被收入《论文选编》。

3月12日 印发《湖北省机械设备成套局科技工作规划》，提出当时和此后一个时期科技工作的重点课题是：成套设备招标管理的系统技术和方法研究；设备成套项目管理系统的开发和应用；常用机电产品信息数据库的开发与完善。全局科技工作的组织协调、规划编制、项目申报、考核验收等由综合技术处负责。

3月26日 接机械设备成套管理局通知：经物资部审定，人事部核准，物资部派驻地方设备成套机构的事业编制总额控制在2610人范围内，其中湖北成套局事业编制为105人。

4月15日 机械设备成套管理局以物成综〔1992〕第94号文批复：同意湖北省机械设备成套局成立省机械设备物资供销处。

4月30日 国家计委、国内贸易部、机械工业部、国家技术监督局发布《建设工程设备招标资格管理办公室第一号公告》，认定湖北成套局为全国首批"建设工程设备招标甲级资格机构"。

5月18日 物资部、机械电子工业部以〔1992〕物成字第84号文通知，经审核，同意向湖北大悟黄麦岭磷矿工程、湖北大峪口矿肥结合工程派驻现场服务组。

6月9日 湖北省计委召开主任办公会议，专题听取湖北成套局局长徐振华关于设备成套工作情况的汇报。会议议定：建议省政府增补成套局为省支援三峡工程建设领导小组成员单位；同意湖北成套局参与省计委重点项目办公室的工作；省计委原编制下达的年度成套设备专项生产计划和每年划拨的 1500 吨钢材,此后保持不变;同意将宜昌成套办事处挂靠宜昌市计委。会后,省计委印发了《会议纪要》。列席这次办公会议的有成套局副局长李忠保、王佑民等。

7 月 1 日 国家重点成套项目武钢 7 号焦炉建成出焦。

7 月 5 日 在湖北第二汽车制造厂召开的柴油发动机厂初步建成投产大会上,该厂授予二汽现场服务组锦旗一面:建设柴发作贡献,无私支援情谊深。

7 月 25 日 经国家计委、物资部、机电部机电设备成套单位资格审查办公室评审,湖北成套局获得全国机电设备成套甲级单位资格证书。

8 月 4 日 机械设备成套管理局批复,同意湖北成套局在综合技术处的基础上组建"湖北省机电设备成套技术中心"。

8 月 13 日 湖北成套局召开外借资金回收专题会议,强调要加大清欠工作力度,严格执行《设备成套贷款使用和管理办法》,切实管理用好流动资金和储备贷款,防止国有资产流失。

9 月 15 日 湖北省机构编制委员会批复,同意成立湖北省设备招标办公室,负责省内重点项目所需国内成套设备的招标工作。

同日 中共湖北省委省直机关工委以鄂直工任〔1992〕第 59 号文批复:同意建立湖北省机械设备成套局机关党委。

9 月 18 日 即日启用"湖北省设备招标办公室"印章。

9 月 20 日 省长郭树言为湖北成套局题词:发挥成套设备优势,服务湖北经济建设。

9 月 机械设备成套管理局组织北京、江苏、广东、湖北等 17 个省市成套局局长,赴美国考察该国工程项目承包公司的运作模式、项目管理做法以及机电产品市场建设等情况。

10 月 4 日 湖北省人民政府增补湖北成套局为省重点项目建设领导小组成员单位。

10 月 7 日 湖北省科学技术委员会为湖北省机电设备成套技术中心核发"湖北省技术交易许可证"。

10 月 15 日 机械设备成套管理局批准成立"湖北省机电设备成套中心"。

11 月 1 日 机械设备成套管理局批复同意成立"湖北省机械设备成套局宜昌办事处"。办事处受湖北成套局和宜昌市计委双重领导,主要负责三峡工程和相关项目及宜昌市固定资产投资项目的设备成套工作。宜昌办事处是省局在省内设立的第一个办事处。

11 月 1—4 日 由湖北成套局发起并主持召开的中南六省区设备成套协作会议在宜昌召开。省计委党组成员、副主任许凤山出席会议并讲话。

11 月 3 日 湖北成套局宜昌办事处正式挂牌成立。

11 月 12 日 鄂直任〔1992〕第 71 号文批复:陈娣秀任湖北省机械设备成套局机关党委副书记。

11 月 15 日 湖北成套局以鄂成办字〔1992〕第 67 号文批准成立湖北省吉利综合服务公司,公司为独立核算、自负盈亏、自主经营的集体所有制企业,郭一凡任该公司经理(法人代表)。

11 月 16 日 国务院总理李鹏一行视察国家重点成套项目——葛洲坝电厂。

12 月 15 日 机械设备成套管理局以物成职改字〔1992〕第 7 号文批复:同意湖北省机械设备成套局高级专业技术职务数额为 12 人,中级职务数额为 48 人。

12 月 18 日 局务会议审议并通过了《湖北省机械设备成套局企业化管理试行办法》,此前多次讨论修改，并赴兄弟成套局学习调研。

12月22日　机械设备成套管理局以物成人〔1992〕第266号文批准，王佑民兼任湖北省设备招标办公室主任。

12月　局务会议讨论通过了新修订的《湖北省机械设备成套局二级核算管理试行办法》。

当年　国家物资部、机电部通报表彰武钢和"两矿"现场服务组。

1993 年

1月7日　湖北成套局向省计委上报《关于1992年地方成套项目计划执行情况和1993年成套项目及设备材料预安排的报告》。

2月27日　经共青团湖北省直机关工作委员会批准，同意共青团湖北省机械设备成套局机关支部委员会由何婵、闵洁、李劲三人组成。

5月29日　经设备成套管理局高级专业技术职务任职资格评审委员会评审，并报物资部审核，确认徐振华、王佑民、姚国玙、李义生、兰爱华具备相应高级专业技术职务任职资格。

5月　湖北成套局为三峡工程陈家冲施工变电站所需两台6.3万千伏安220KV/3.5KV大型变压器实施国内公开招标获得圆满成功。

7月10日　经湖北省有关部门批准，湖北成套局成立武汉水泥机械设备成套公司，公司为民主管理、自负盈亏、自主经营的集体所有制企业。离休老领导王永录任该公司经理，乔治任副经理。

7月16日　机械设备成套管理局批准设立"湖北省机械设备成套局十堰办事处"。

9月9日　三峡工程的永久设施——陈家冲施工变电所220KV六氟化硫断路器及高压隔离开关柜决标会在湖北成套局开标大厅圆满结束。

9月25日　国务院三峡工程建设委员会副主任郭树言、国务院三峡工程建设委员会办公室副主任漆林，分别在湖北成套局报送的《关于为三峡工程组织国内设备成套和开展设备招标的报告》上作出重要批示，并要求三峡开发总公司有关部门在工作中予以配合、支持。

11月20—25日　中南六省及部分省市设备成套局局长工作研讨会在海南海口市召开。湖北成套局局长徐振华参加了会议。

12月21—23日　1994年度成套系统改革工作座谈会在上海召开。湖北成套局局长徐振华参加了会议。

12月28日　国内贸易部以内贸任字〔1994〕第104号文批准，任命詹建文为湖北成套局副局长。

同日　机械设备成套管理局党组以内贸党字〔1994〕第2号文批准，任命詹建文为湖北成套局党组成员。

1994 年

1月1日　湖北成套局制定出台《承包管理试行办法》，该《办法》规定项目处室、招标办和企业化试点单位实行五费（工资、奖金、差旅、邮电办公、业务费）合一考核，执行局统一的财务会计制度，并在财务设立账户，实行分户核算。

2月19日　湖北成套局黄冈地区联络处即日成立。

3月21日　接机械设备成套管理局通知，各省、自治区、直辖市机械设备成套局及重庆市机械设备成套局确定为差额拨款的事业单位。

3月25日　经局领导批准，局内部综合性信息简报《信息摘编》创刊。

4月26—28日　由湖北成套局承办的全国

成套系统党风廉政建设工作会议在武汉召开。

5月7日 由湖北成套局代拟的规范性文件《湖北省建设工程设备招标投标管理暂行办法》(送审稿)正式上报省计委。

5月9日 首次编印《湖北省机械设备成套局、湖北设备招标办公室单位简介》。该《简介》通过大量实例全面展示了成套局在服务国家和地方经济社会发展中所取得的显著成绩和综合实力。

6月20日 根据机械设备成套管理局关于加强对经营工作规范化管理的紧急通知要求,湖北成套局召开党组扩大会议,对近年来全局经营工作情况讲行了全面分析和研究,为规避经营风险,会议决定:经营工作必须贯彻"依法经营,合法经营"的方针,对不属于本单位经营范围的产品或国家限制经营的业务,必须先办理合法手续才能经营;重要的经济合同要由分管局长亲自把关并向主要领导报告,有关参与决策者均应签署明确的书面意见,以存档备查;严格按照"企业财务通则""企业会计准则",加强财务管理和监督。

7月1日 根据国家和省有关文件精神,局长办公会议审议通过了《湖北省机械设备成套局关于在经济活动中严禁损害国家和单位利益的暂行规定》。

7月26日 机械设备成套管理局批准湖北成套局成立工程系列中级职务评审委员会。主任委员:詹建文;委员:江平、杨永康、扈懋积、江明枝、姚国玛、郑远甫、姜铁山、周汉秋、严平方、杨全正、熊仕勇、李习涛、何源远、杨昌清。

7月27日 中国机电设备成套服务中心在长春召集北京、上海、湖北等省、市、区成套局分管汽车产品经营的负责人,专题协商并发起成立"中国机电设备成套服务中心汽车经营联合体"。会议推选湖北成套局物资供销处为筹备小组成员成员单位。局长徐振华参加了会议。

8月24日 机械设备成套管理局下达湖北成套局1994年财务收支计划:业务毛收入400万元,业务支出280万元,业务净收益120万元。

9月5日 湖北成套局召开全局干部职工大会,传达学习国内贸易部部长张皓若在全国物资厅局长座谈会上的讲话精神,动员全局干部职工进一步解放思想,转变观念,把"吃计划饭""吃政策饭""吃差价饭"改变为"吃市场饭""吃辛苦饭""吃服务饭",实现设备成套工作的第二次创业。

9月20—25日 湖北成套局局长徐振华在湖南参加中南地区设备成套协作会议。

10月21日 国内贸易部、机械工业部以内贸成字〔1994〕第240号文通知:从1994年起,现场服务组由内贸部、机械部联合派驻。经审核,同意对长江三峡工程、湖北大峪口矿肥结合工程、武钢3个重点建设单位派驻现场服务组。

11月10日 中共湖北省直属机关工会工作委员会以鄂直工组〔1994〕第21号文批准:同意成立湖北省机械设备成套局工会第四届委员会。

11月15—16日 受仙桃市杨林尾泵站指挥部委托,省设备招标办公室对其所需的3台3.1米大型轴流泵、3台3000KW立式同步电动机的主机设备实施了国内有限竞争性招标采购。此次招标邀请了国内水泵制造厂六家、电机制造厂四家,均系国家定点大中型企业。6台设备中标价格共低于设计概算141万元,节约率为17.4%。

11月17日 湖北省计委印发《湖北省建设项目设备招标投标管理暂行办法》(鄂计基管字〔1994〕第1115号)。

11月28日　湖北成套局即日起执行机械设备成套管理局印发的《省局重要政务活动报告制度》《关于加强设备成套系统政务信息及宣传工作的几点意见》和《设备成套系统公文处理暂行办法》。

12月6日　湖北成套招标项目——三峡工程陈家冲施工变电站一次性投入运行成功，比额定工期提前3个月，为12月10日的三峡工程正式开工典礼和以后的施工提供了电力供应保证。中央电视台《新闻联播》对此作了报道。

12月21—23日　1994年度成套系统改革工作座谈会在上海召开。局长徐振华参加了会议。

12月28日　机械设备成套管理局授予湖北成套局"全国省市设备成套系统先进单位"荣誉称号。

12月　湖北省计委对仙桃市杨林尾泵站的招标采购工作予以充分肯定。该委在上报省委、省政府的《情况通报》中指出：这是湖北省多年来大型水利基建工程第一次采用公开招标方法采购。整个招标过程严格按照国家有关规定操作，充分体现了"公开、公正、公平"的招标原则。

1995 年

1月5日　内贸部副部长马毅民来湖北成套局视察，局长徐振华代表局领导班子汇报了湖北设备成套工作情况。马毅民对湖北局工作给予充分肯定，并对下步工作提出了要求。

1月9—13日　全国省市设备成套局长工作会议在武汉召开。

2月7日　《中国商报》头版头条报道：湖北省机械设备成套局——设备招标规范化，后期服务标准化。

3月2日　《中国物资报》头版头条报道：湖北省机械设备成套局坚持主渠道地位辟新路——深化成套改革，推进设备招标。

3月29日　湖北成套局党组会议研究决定：省设备招标办公室内设项目一处、项目二处、项目三处、综合处，并从即日起启用新印章。

4月10—16日　机械设备成套管理局所属的国贸机电设备成套有限公司第一次股东会议在河南郑州召开。湖北成套局是该公司股东单位之一。局长徐振华、副局长王佑民参加了会议。

6月14日　国内贸易部授予詹建文"全国设备成套系统1995年度有突出贡献的中青年管理专家"荣誉称号。

6月20日　根据国内贸易部统一安排，湖北成套局对开展"小金库"自清自查自纠工作作出具体部署。

8月24日　局长徐振华主持召开党组扩大会议，按照国内贸易部部长陈邦柱关于抓好"四个一工程"（即一个好班子、一个好思路、一个好机制、一个好队伍）的要求，对进一步加强局领导班子建设、干部作风建设和业务基础建设等进行了讨论和研究，提出了贯彻落实的具体措施。

9月1日　根据国内贸易部统一安排，湖北成套局部署开展治理"体外循环"专项工作。

10月6日　湖北省计委向有关部门致函，推荐湖北成套局协助做好湖北省化肥厂改、扩建工程的设备采购工作。

10月16日　湖北省人民政府办公厅致函中国石油化工总公司办公厅，要求该公司支持省机械设备成套局、省设备招标办公室参与做好荆门石化总厂催化裂解石化工程的设备成套、设备招标工作。

11月3日　根据国内贸易部的部署，湖北

成套局成立税收财务物价大检查工作专班，专班设在财务处。这次检查分为自查、重点检查、总结整改三个阶段，历时 2 个多月。当年 12 月，经机械设备成套管理局抽查，湖北成套局没有偷逃税款、隐匿截留收入、非法转移国有资产等违反财经法纪行为。

11 月 10 日　由成套部门提供成套设备和国内配套设备的中国第一座具有 90 年代国际先进水平的环形火炉在武钢正式建成投产。

12 月 1 日　湖北省计委下发《关于加强建设项目设备招标投标管理工作的通知》，强调凡重点建设项目所需设备采购，原则上委托省设备招标办公室实行公开招标或邀请招标的方式组织进行。

12 月 20 日　局务会议审定通过《湖北省机械设备成套局"九五"发展规划》，《规划》提出主要奋斗目标是：全局承包（含联合承包）的项目，平均每年达到 50 个，与"八五"期间平均每年承包数 40 个相比，增长 25%；全局承包（含联合承包）的项目总金额达到 6 亿元，与"八五"期间 4.88 亿元相比，增长 23%；每年设备招标金额占当年成套设备供应总金额的 60%～80%；经营销售总额达到 1.5 亿元，平均每年 3000 万元；全局经济效益以 1995 年成套管理局下达的 410 万元为起点，每年增长 10%～15%，业务人员 1996 年纯收入每人平均 2 万元，到 2000 年，净收入达到 3.5 万元。

1996 年

1 月 26 日　湖北成套局大院煤气管道正式通气。

2 月 1—4 日　机械设备成套管理局在北京召开 1995 年全国成套局长工作会议和中国机械设备成套工程协会成立大会。湖北成套局局长徐振华参加了会议。

3 月 13 日　国内贸易部以内贸任字〔1996〕第 59 号文通知：任命王佑民为湖北成套局局长；免去徐振华湖北成套局局长职务。

3 月 14 日　湖北成套局制定下发《关于干部、职工聘任聘用制的实施办法》。

3 月　截至本月底，设备招标金额首次突破亿元大关。

4 月 1 日　机械设备成套管理局党组任命王佑民为湖北成套局党组书记。

4 月 25 日　湖北成套局讨论并通过了《湖北省机械设备成套局业务部门目标管理办法》。

5 月 16 日　接国内贸易部、机械工业部通知，同意湖北成套局向东风汽车公司、湖北昌丰化纤工业有限公司 2 个国家重点建设项目派驻现场服务组。

6 月 25 日　根据《省人民政府办公厅关于调整省重点建设领导小组成员的通知》，局长王佑民兼任省重点建设领导小组副组长。

6 月 27 日　局长办公会议审议通过了《湖北省机械设备成套局行管部门目标管理办法》（鄂成办字〔1996〕第 18 号）。

7 月 10 日　国内贸易部、机械工业部印发《建设工程设备成套招标机构资格管理试行办法》，规定乙级机构资格由所在地区计委会同成套局、机械厅（局）负责审核认证。

7 月 22—26 日　机械设备成套管理局在山西太原召开"全国成套系统扭亏增盈座谈会"。湖北成套局局长王佑民参加了会议。

8 月 3 日　湖北日报头版消息：《排捞 11 昼夜　挽回损失逾 12 亿元　杨林尾泵站显神威》，该项目系省"八五"期间兴建的重点水利建设成套项目。

8 月 8 日　机械设备成套管理局任命詹建文为湖北省设备招标办公室副主任。

9月18日　湖北省人民政府授予湖北成套局"湖北省'八五'重点建设先进支援单位"荣誉称号。

11月　国家计委核准湖北成套局为具有甲级资格的工程咨询单位。

12月6日　物资部纪检组组长靳玉德来湖北成套局调研考察。

12月底　湖北成套局在二汽现场召开二汽项目1995年招标工作座谈会,二汽总厂负责人顾林生、各专业厂及设备处等相关部门共70余人出席会议。湖北成套局副局长詹建文出席会议并讲话。这次会议达到了预期的宣传效果,为承接二汽后续招标任务起到了重要作用。

1997年

3月　湖北成套局与省技术进出口公司合作,在参加由亚洲银行贷款的华新水泥有限公司5号窑所需设备的国际投标中获得成功。

4月30日　国家建设工程设备招标资格管理办公室在《人民日报》发出第一号公告,湖北省机械设备成套局(湖北省设备招标办公室)获建设工程设备招标甲级资格证书,成为湖北省唯一获得该资格的单位。

5月12日　湖北省人民政府研究室在报省委、省政府领导的《送阅件》(第13期)上刊登:《湖北成套局设备招标"甲"证在手　全面推行潜力可挖》。该文指出:设备招标工作不能单纯用市场的办法来开展,需要国家和省有关部门重视、支持,综合运用经济政策、计划指导和必要的行政管理等措施予以推行。

5月　中共湖北省直机关工委常务副书记杨三爽一行来湖北成套局调研精神文明建设工作,对局机关党的建设工作予以充分肯定,并就进一步抓好文明单位创建提出了指导意见。

6月10日　湖北省设备招标办公室首批通过全省事业单位法人登记。

6月11日　湖北成套局副局长詹建文主持召开各业务处室负责人会议,研究部署"九五"期间重大技改项目的开发工作。会议强调要充分发挥成套局整体优势,加大技改项目的承揽力度,为湖北企业技术进步服好务。

8月2日　湖北省人民政府办公厅以鄂政办〔1997〕第83号文印发了《关于调整省支援三峡工程建设委员会组成人员的通知》,湖北成套局局长王佑民为省三峡工程建设委员会组成人员。

8月17日　国家机械委办公厅以机办成〔1997〕第180号文通知北京、天津、山西、湖北、江苏、浙江省成套局(公司),要求各单位切实做好现场服务工作,并定期向国家机械委反馈有关建设现场的信息。

8月18日　经湖北省机构编制委员会办公室核准,湖北省机械设备成套局符合湖北省人民政府第106号的规定,准予事业单位法人登记,主要职责是负责基本建设和技术改造项目设备成套、设备招标和工作咨询。

9月5日　中共湖北省委常委、组织部部长黄远志来湖北成套局视察指导工作。

10月9日　国内贸易部以内贸任字〔1997〕第152号文通知,任命黄仲坚为湖北成套局副局长。

同日　国内贸易部设备成套管理局党组以内贸成党组字〔1997〕第42号文通知,任命黄仲坚为湖北成套局党组成员。

12月7日　华新水泥股份有限公司致函湖北省设备招标办公室,称该办公室在华新2000T/D熟料扩建工程、4000T/D节能环保技改工程的设备招标中,坚持公平、公正、公开的原则,维护了招投标主体各方的合法权益,并表示在以后的项目中再次合作。

12 月　为加快内部机制转换，湖北成套局在反复论证、慎重研究的基础上，出台了《内部分配管理试行办法》。

1998 年

1 月 12 日　湖北成套局制定出台《湖北省成套局各处室目标管理办法》《湖北省成套局中层干部和工作人员管理试行办法》。

2 月 11 日　机械设备成套管理局印发《关于成套系统进一步推进企业化管理和实行局长目标经营责任制的意见》，从 1998 年开始，各省、市、区成套局全面推行局长目标经营责任制。

2 月 16—18 日　全国设备成套局长工作会议在福建漳州市召开。湖北成套局局长王佑民参加了会议。

3 月 10 日　机械设备成套管理局批复，同意湖北成套局设立"湖北省设备监理中心"，中心为局属自收自支事业单位。

3 月 27 日　国内贸易部下达 1998 年劳动工资计划，其中安排给湖北成套局职工人数计划 105 人，工资总额计划 96.47 万元。

同日　中共湖北省委常委、常务副省长邓道坤莅临湖北成套局视察指导工作，省人民政府副秘书长胡运钊陪同。

12 月 3 日　湖北省计委安排湖北成套局 1998 年基建投资计划 35 万元，专项用于低压配电改造。

12 月 4 日　湖北省计委以鄂计资字〔1998〕第 1282 号文批复，同意湖北省机械设备成套局新建职工住宅总建筑面积 5500 平方米，资金来源按 1998 年省政府专题会议纪要（27）号及国家和省有关规定筹集。

1999 年

1 月　全国设备成套局长工作会议在北京召开。湖北成套局局长王佑民参加了会议。

2 月 23 日　湖北成套局传达贯彻国家国内贸易局杨树德局长、何家成副局长、黄海总经济师在全国设备成套局长工作会议上的讲话精神。

3 月 5 日　湖北省人民政府同意增补湖北成套局为"省加快农村电网建设（改造）领导小组成员单位"。

3 月　湖北成套局与中技国际招标公司合作并组成投标联合体，在对华新水泥粉磨工程寻求国际招标代理机构的招标中一举中标，中标总金额为 283.7 万美元。

4 月 7 日　机械设备成套管理局局长赵杰与湖北成套局局长王佑民签订《成套局长目标经营责任书》。

5 月　湖北成套局为《中国设备成套四十年》大型文稿撰稿。

7 月 22 日　由机械设备成套管理局举办的"纪念全国成套系统四十周年招待会"在北京举行。中共中央政治局常委、北京市委书记贾庆林致电祝贺。湖北成套局局长王佑民参加了招待会。

10 月 29 日　中共湖北省委常委、常务副省长邓道坤听取局长王佑民关于设备成套局管理体制改革情况的汇报。

11 月 8 日　中技国际招标公司授权委托湖北成套局代表该公司在湖北境内开发属经贸部 1999 年第 1 号令所规定的特定产品国际招标业务。

11 月 15 日　湖北省计委、财政厅、扶贫办、广电局联合下发文件，明确湖北省设备招标办公室为湖北省村村通广播电视工程设备的招标代理机构。

12月3日　全省"村村通"设备实行政府采购公开招标。

12月21日　湖北成套局副局长黄仲坚主持召开专题会议研究部署加强和改进国债专项资金技术改造项目的招标代理工作。

12月　为纪念改革开放20周年，局机关党委、工会、共青团组织"回首沧桑巨变"征文、摄影、书法比赛活动。

2000年

1月1日　湖北成套局颁发《招标业务内部管理暂行办法》（试行），对招标项目开发、实施、后期服务、监督管理等作了全面、系统的规范。

2月28日　湖北成套局制定《关于实行党风廉政建设责任制的实施办法》。

同日　《湖北省机械设备成套局经营管理办法》（试行）印发实施。

3月21日　全国机械设备成套局长会议在江苏南京召开，会议强调，2000年各省局必须根据现代企业制度的要求，建立完善的经营管理、人事劳资和财务管理制度，进行全面的企业化改革。会后，湖北成套局进一步修订细化了目标经营责任制，规定除继续坚持以指标完成额为考核标准以外，还要辅以其他动态因素作为软指标加以考核，以确保业务量和盈利的持续增长。

4月7日　由湖北省设备招标办公室和湖北省机电设备成套中心共同出资组建的湖北省成套招标有限公司，经省工商局登记注册并正式运营。

4月13日　中共湖北省委组织部致函湖北

省设备招标办公室，对该办公室为省委组织部干部培训中心实施的设备招标，以及项目主管人员认真负责、服务热情的工作作风予以充分肯定。

5月9日　湖北省教育厅在上报教育部、省委办公厅、省人大办公厅、省政府办公厅、省政协办公厅的《情况反映》上指出：5月8日，省设备招标办公室在省教育厅举行了全省第二批素质教育配套工程设备政府采购的公开招标。此次招标采购活动严格按照招标管理程序，充分体现了公平、公正、公开、择优的竞标原则，受到了社会的好评。

5月29日至6月2日　国家计委政策法规司、机械设备成套管理局在西安举办招标投标法和招标投标业务高级国际培训班，湖北成套局派员参加了培训。

6月6—8日　湖北成套局副局长黄仲坚赴京参加2000年全国成套系统信息工作会议暨中国招标投标网新闻发布会。

6月28日　湖北成套局陈娣秀被省直机关工委授予"湖北省直机关模范党务工作者"荣誉称号。

6月29日　根据机械设备成套管理局的部署安排，湖北成套局部署开展清产核资工作。

7月27日　湖北省文化厅致函湖北省设备招标办公室，感谢该办公室通过招标为湖北剧场扩建工程提供了技术先进、质量上乘的设备和优良的技术服务。

8月3日　根据建设部第79号令《工程建设项目招标代理机构资格认定办法》，湖北成套局决定申报工程建设项目招标代理机构资质。

8月11日　受湖北省人民政府基建办公室委托，湖北省设备招标办公室对其办公大楼所需机电设备进行了招标采购。

8月　接中共湖北省委组织部通知，甄建

桥任湖北成套局副局长、党组成员。

9月4日 湖北成套局传达贯彻国家经贸委在北戴河召开的全国成套系统体制改革座谈会精神。

9月16日 局党组印发新修订的《关于加强和改进思想政治工作的实施细则》,该细则包括总则、指导方针与原则、主要任务与内容、有关制度与方法、经费保障与考评等,其中"六项制度"内容被省直机关工委转发。

9月22日 湖北成套局首次召开部分青年干部座谈会,传达学习中办发〔2000〕第20号文件,推荐选拔优秀年轻干部。

9月25日 应湖北省卫生厅和第二届武博会组委会的要求,湖北成套局在武汉国际会展中心为东风汽车公司发动机厂的数控机床、恩施州中心医院所需彩超实施了公开招标。

10月15日 局长王佑民主持召开副处以上干部会议,传达贯彻10月8日机械设备成套管理局下发的《关于做好设备成套系统体制改革工作的通知》精神,要求全局干部职工,特别是处以上党员干部要讲政治,顾大局,做到队伍不散、业务不断、秩序不乱、资产不流失。

11月7日 局长办公会议审议局域网建设方案。

11月23日 湖北成套局在全面总结历年设备招标工作的基础上,针对存在的突出问题,制定出台了规范机电设备招标的内部管理制度和办法。

12月6—10日 国家经贸委在京召开设备成套局管理体制改革工作会议。

12月14日 经湖北省药监局审批,湖北成套局所属的省成套招标有限公司获省药监局颁发的"药品招标代理资格证书"。

12月25日 中共湖北省委省直机关工作委员会以鄂直工任〔2000〕第72号文批复,同意甄建桥兼任湖北省机械设备成套局机关党委书记,免去王佑民兼任的湖北省机械设备成套局机关党委书记的职务。

当年 湖北成套局机关工会被省直机关工会评为"先进职工之家""省直机关工会财务工作先进单位"。

2001 年

1月16日 机械设备成套管理局批复:同意将湖北省机电设备技术信息中心更名为湖北省投资工程咨询中心,王佑民任中心法人代表。

1月 湖北成套局召开纪念《中华人民共和国招标投标法》颁布实施一周年座谈会。

2月6日 根据局业务工作发展需要,局党组决定撤销办公室,成立综合办公室;撤销房产处,成立行政处;材料处更名为项目一处。

3月12日 湖北成套局作出《关于严格执行招标工作程序 严肃招标纪律的暂行规定》。

3月20日 湖北成套局举办机电产品进出口国际招标知识讲座,主讲人为省经贸委机电办主任吴建平。

3月30日 为保持工作的延续性,机械设备成套管理局下发了《关于设备成套系统2000年经营目标完成情况的通报》,湖北等23个省局均完成了经营目标任务。

4月3日 湖北省发展计划委员会、省人民政府法制办在省计委召开《湖北省招标投标管理条例》立法座谈会。湖北成套局就理顺招投标管理体制,明确综合管理和行业管理职责,推行强制招标制度,加强评标专家库建设等提出了意见和建议。

4月20日 印发新修订的《湖北省机械设备成套局档案和保密工作制度汇编》。

4月 湖北省发展计划委员会、省人民政

府法制办先后来湖北成套局进行地方招投标法规立法调研。

同月 在原有评标专家库基础上进行系统更新扩充并按专家专业分类的评标专家库正式投入使用。

5月8日 省长办公会议研究湖北成套局管理体制改革问题。湖北成套局局长王佑民，副局长黄仲坚、甄建桥列席会议。

5月9日 湖北成套局主持编写的湖北出版（集团）总社所属的湖北出版文化城主体工程智能建筑系统的招标文件，受到建设部智能建筑专家委员会专家——中国科学院自动化研究所安全防范与智能楼宇专家组研究员陈龙的好评，他认为这本招标文件略作修改后，可作为全国智能建筑系统规范化的招标文本参照使用。

5月13日 湖北成套局组织全局党员干部参观全省党风廉政建设和反腐斗争成果展览。

5月15日 湖北省机构编制委员会批复，湖北成套局下放地方后现有工作职责不变，业务归口省经贸委管理和指导。

5月 机电产品国际招标正式启动。

5月10日至6月10日 开展"党风廉政建设宣传教育月"系列活动。

6月7日 中共湖北省委组织部同意将成套局副处以上干部的培训工作纳入省直机关党政干部培训序列。

6月24日 湖北省文化重点建设工程——湖北省出版文化城主体工程智能化系统设备开标评标会在省设备招标办公室举行。

7月20日 湖北成套局印发源头治腐工作实施方案。

7月23日 国家经贸委通过其《今日要报》，以《湖北成套招标工作成效显著》为题，将湖北成套局上半年招标工作情况向国务院办公厅作了专报。

7月24日 中共湖北省委常委、常务副省长邓道坤在成套局上报的《2001年上半年工作总结》上作出重要批示，充分肯定了局现届领导班子的工作，并对成套局下放后的工作提出了要求。

8月17日 中华人民共和国国家经济贸易委员会第10号公告：湖北省成套招标有限公司具有技术改造项目设备甲级招标代理机构的资格。

10月8日 财政部以财建〔2001〕第575号文印发《关于划转地方设备成套管理局物资管理事业费指标的通知》，中央财政划转湖北成套局的事业费指标为105万元，其中原有基数45万元，新增指标60万元。

11月6日 湖北成套局印发《关于局机关工作人员和专业技术人员考核实施试行办法》。

11月8日 印发《湖北省机械设备成套局党组成员党风廉政建设岗位职责》（试行）。

11月20日 中共湖北省委常委、常务副省长周坚卫到湖北成套局视察调研。省政府副秘书长夏贤忍、省经贸委副主任杜哲兴陪同调研。

11月 湖北成套局组织干部职工分期分批集中学习《湖北省招标投标综合管理办法》（第219号省长令）。

12月5日 经国家建设部审批，湖北省成套招标有限公司具备"工程招标代理机构甲级资质"。

当年 湖北成套局为全省储备粮库防水工程编制的招标文件，被湖南、河南、贵州等11个省市的粮建办公室作为范本推广使用。

当年 湖北省纠正行业不正之风办公室先后两次在《楚天风纪》上发表专文，详细报道了湖北成套局药品招标工作情况，特别是对实行项目交叉审查负责制的做法给予高度评价，并将其作为一条重要经验上报国务院纠风办。

2002 年

1月7日 湖北省人民政府办公厅印发《湖北省机械设备成套局机构编制方案》。

1月7日 湖北成套局党组作出《关于我局职工在经济活动中严禁损害国家和单位利益的暂行规定》。

1月 中共湖北省委组织部以鄂组干〔2001〕第552号文件和湖北省人事厅鄂人公任〔2002〕第5号文件，分别核定了湖北成套局的厅级、处级非领导职数。

3月22日 中共湖北省委任命王佑民为湖北成套局局长、党组书记；任命黄仲坚、甄建桥为湖北成套局副局长、党组成员。

3月27日 湖北成套局党组向省直机关工委报送《湖北省机械设备成套局党组关于2002年开展争创"五好"领导班子活动的规划》。

3月28日 湖北成套局部署开展学、查、改活动。

4月23日 副局长黄仲坚、甄建桥赴京向国家机电产品进出口办公室汇报机电产品国际招标工作情况。

4月24日 中共湖北省委常委、常务副省长邓道坤，省政府副秘书长胡运钊，省监察厅厅长王宗儒，省卫生厅副厅长张克勤，省纪委纠风室主任黄呈晓，湖北成套局局长王佑民等出席由省成套招标有限公司主持的湖北省省（部）属12家医疗机构2002年第一期药品集中采购开标仪式。

4月26日 中共湖北省委省直机关工委以鄂直工组〔2002〕第32号文批复：同意吴格非任中共湖北省机械设备成套局机关委员会专职

副书记。

4月29日 湖北成套局向省委组织部汇报并报送了《湖北成套局机构改革竞争上岗工作情况》。

5月21—31日 国家经贸委企业监督专员马最良一行3人，在对湖北省华强化工厂（809厂）氯化丁基橡胶药用瓶塞生产线等6个国债贴息技改项目进行实地考察了解后，在向省经贸委交换意见中高度评价了省成套招标有限公司的招标代理工作。

6月3日 《湖北成套工作简报》更名为《湖北成套与招标》。

6月19日 中国共产党湖北省机械设备成套局机关委员会召开机关党委换届大会。

7月19日 湖北省经济贸易委员会授予湖北省成套招标有限公司"2001年度湖北省机电产品国际招标先进单位"称号。

7月29日 湖北省成套招标有限公司以国际竞争性公开招标的方式，为华中科技大学同济医学院引进了由美国GE公司生产的、目前世界上最先进的医学影像诊断仪器——正电子发射型计算机断层显像系统（简称PET）。中标价为372万美元，比原概算450万美元节约78万美元，节资率为17.3%。

7月 副省长韩忠学来湖北成套局视察指导工作，强调要发挥设备成套主渠道作用，为湖北"工业兴省，工业强省"多作贡献。

8月7日 中共湖北省委组织部以鄂组干〔2002〕第305号文通知，郑远甫任湖北成套局助理巡视员。

9月20日 省长罗清泉出席成套招标项目——华中科技大学PET应用与研究中心签字仪式。湖北成套局副局长甄建桥出席了签字仪式。

9月 重新修订印发《关于加强评标专家库使用和管理的试行办法》。

同月　纪念湖北省设备招标办公室成立10周年。据统计,招标办10年来累计完成招标项目650个,实施公开招标1121次,实现中标金额36亿元,节省建设资金4.5亿元。

10月15日　中共湖北省委组织部以鄂组干〔2002〕第383号文通知:刘鸣任湖北成套局副局长、党组成员。

同日　中共湖北省委组织部以鄂组干〔2002〕第384号文通知:董培志任湖北成套局纪检组组长、党组成员。

12月9日　湖北成套局副局长黄仲坚组织召开业务处室负责人会议,要求进一步规范政府采购行为,以更高的工作效率和服务质量迎接《政府采购法》的颁布实施。

12月27日　受湖北省文化厅委托,湖北省成套招标有限公司为全省"网吧"监控管理软件和系统建设单位进行了公开招标。湖北是全国首次公开在网上对网吧管理软件和系统建设单位进行招标的省份。

当年　围绕国家实施的"西气东送"工程,首次开展了宜昌、鄂州、大冶、黄陂、新洲、江夏等地市的天然气项目的工程招标,涉及投资6亿多元。

2003 年

1月3日　经湖北成套局和冶钢集团公司的共同努力,国家海关总署为冶钢与意大利DANIELI公司签订的KOCKS轧机和大盘卷生产线的进口设备一次性减免关税1882万元。

1月28日下午　湖北成套局举行"机关干部职工春节联欢会"。局领导王佑民、黄仲坚、甄建桥、刘鸣、董培志、郑远甫出席联欢会。会前,湖北省计委副主任肖爱民一行专程来局,向全局干部职工致以节日问候和新春祝福。

1月　湖北省人事厅以鄂人公任〔2003〕第7号文件,印发了成套局机关工作人员依照国家公务员管理过渡资格审查的批复。

2月16日　湖北省直机关工委表彰并授予湖北成套局"2001—2002年度省直机关干部教育培训先进单位"称号。

2月19日　湖北成套局成功地为全省第一个电子政务建设项目——武汉市电子政务网络系统平台进行了国内公开招标,中标金额为730万元,与设计概算相比,节省投资1270万元,节资率为63.5%。

3月3日　再次修订和发布《中共湖北省机械设备成套局党组关于党组成员行为规范的规定》。

同日　国家经济贸易委员会以〔2003〕第24号文公告,表彰2001—2002年度工商领域企业固定资产投资项目招标工作先进个人,湖北省成套招标有限公司总经理甄建桥受到表彰。

3月5日　副省长任世茂一行到湖北成套局考察调研。

3月8日　由湖北成套局副局长刘鸣负责组织策划、湖北电视台参与拍摄的CD影像宣传片——《发挥成套招标优势　服务湖北经济发展》制作完成,时长12分钟。

4月17日　中共湖北省委常委、省纪委书记黄远志来湖北成套局实地调研并参观了开评标室和局域网站。黄远志在听取局领导班子工作汇报后指出:成套局要按照组织严密、程序严谨、标准严格、纪律严明的要求,不断完善和规范招标代理行为和政府采购工作,在全省发挥示范和引领作用。

4月18日　《中国新闻出版报》在第一版以《优质便捷　堪称一流》为题报道了湖北省出版文化城的建设情况。该项目所需国内设备,均由湖北省成套招标有限公司实施国内公开招标采购。

4月23日　湖北省最大的文化建设项目——湖北省出版文化城正式开业迎典。省委副书记邓道坤为湖北省出版文化城揭牌。湖北成套局局长王佑民、工程服务处处长李卜清应邀出席了庆典揭牌仪式。

5月20日　湖北成套局副局长刘鸣向武汉市人民政府领导汇报并报送《关于为武汉市重点建设项目开展招标服务的报告》，武汉市委副书记、代市长李宪生对此作出批示，要求市有关部门予以配合支持。

5月30日　湖北成套局主编的《湖北成套与招标》简报（第11期）报道：湖北省宣恩洞坪水利水电枢纽工程所需的水轮发电机组、220kV电力变压器、组合电器、阀门、拦污栅、启闭机等通过国内公开招标采购，中标金额为7672万元，与设计概算相比节约投资2328万元，节资率为23.88%。

6月2日　印发《关于进一步加强招标采购业务规范化管理的通知》。

6月24日　全省建设"四个中心"（行政服务中心、综合招投标中心、国库集中收付中心和经济发展投诉中心）暨政务公开现场会在黄石召开。湖北成套局局长王佑民、处长周显发参加了会议。

6月　全局有11人参加国家计委组织的《中华人民共和国招标投标法》实务培训班学习，另有21人参加武汉市城建局组织的土建招标岗前培训。

同月　中央政治局委员、中共湖北省委书记俞正声实地考察成套招标项目——武汉市电子政务网络系统平台。

8月12日　湖北成套局在编、在册的46名机关干部参加了由省人事厅统一组织的国家

公务员任职资格过渡考试。

8月25日　湖北成套局印发《湖北省机械设备成套局固定资产管理办法》（试行稿）。

8月　为实现湖北省内企业优势整合，努力形成具有现代服务业业态特征的新型设备成套工作，湖北省成套招标有限公司与中国轻工业武汉设计工程有限责任公司以股份制为纽带，联合组建了"湖北省成套项目管理有限公司"。

9月17日　湖北省成套招标有限公司为武汉市广电局硬盘播出系统数字化电视改造工程所需设备实施国内公开招标。这是全国广电系统第一个委托中介代理机构组织的招标。此前，全国广电系统的货物招标均在业内进行。

9月　省政府副秘书长胡运钊听取湖北成套局副局长刘鸣关于省政府采购中心和省综合招投标中心组建工作情况的汇报。

10月10日　湖北成套招标项目——省级政府采购县乡两级传染病机构建设项目所需医疗设备公开招标获得圆满成功。此次政府采购项目委托金额为5804.7万元，实际中标金额4634.458万元，比预算节约资金1170.242万元，节资率为20.16%。其中部分设备投标价格比市场价低40%以上。

10月20日　省长罗清泉主持召开省长办公室会议，研究省政府采购中心、省综合招投标中心的组建工作。

10月23日　中国机电设备招标中心、中国机械设备成套工程协会授予湖北成套局"2001—2002年度机电设备招标与成套业务先进单位"称号。

11月26日　根据省机构编制委员会《关于省政府采购中心机构编制方案的批复》，省政府采购中心为省政府直属副厅级事业单位，业务上接受省财政厅的监督管理。

同日　湖北省人民政府批示同意，湖北成

套局业务归口省发展改革委员会管理。

12月9日 中共湖北省直属机关妇女工作委员会以鄂直妇组〔2003〕第13号文批复：同意成立湖北省机械设备成套局机关妇女委员会，第一届妇女委员会由闵洁、徐英侠、汪红三人组成，闵洁任主任。

12月12日 湖北成套局被武昌公安分局评为"武昌区内保工作先进单位"。

2004 年

1月6日 经湖北省机构编制委员会批准，同意组建"湖北省综合招投标中心"，挂靠湖北成套局。

2月28日至3月1日 全国招标中心系统工作会议在北京召开。这次会议是在2003年国务院机构改革、招标中心划归国家发展改革委后召开的第一次系统工作会议。湖北成套局局长王佑民参加会议。

3月5日 湖北成套局与武昌区人民检察院签署《共同开展预防职务犯罪工作会议纪要》。

3月15日 湖北省政府采购中心、湖北省综合招投标中心挂牌成立。省人民政府副秘书长胡运钊，省监察厅、财政厅、湖北成套局等领导出席了挂牌仪式。

4月1日 经国家商务部审批，湖北省成套招标有限公司获得"国际招标机构甲级资质"。

4月14日 湖北省九宫山风力发电有限责任公司通过招标方式对其风力发电场建设项目公开选择招标代理机构，湖北省成套招标有限公司与中技国际招标公司联合投标并一举中标。

5月17日 中共湖北省委组织部印发《关于省政府采购中心、省综合招投标中心干部管理有关问题的通知》（鄂组干函〔2004〕第109号）。

5月24日 湖北省政府采购中心正式组建运行。中心内设综合处、采购一处、采购二处。

5月25日 湖北成套局召开新组建的省政府采购中心、省综合招投标中心全体工作人员大会。省人民政府副秘书长胡运钊、省委组织部部务委员蔡勇、省委组织部经干处处长陈邦强出席会议。局长王佑民主持会议。

5月 国务院纠风办检查组莅临湖北成套局检查指导药品招标工作。

6月1日 湖北成套局机关各处室、省政府采购中心、省综合招投标中心从6月上旬开始，分期分批参加《中华人民共和国行政许可法》学习培训。

6月29日 湖北省综合招投标中心向省纪委、省监察厅专题报告，建议以省名义尽快出台中心交易办法。

7月12日 中共湖北省委组织部以鄂组干〔2004〕第363号文通知：蔡龙书任湖北成套局党组成员、副局长。

7月16—18日 局党组中心组在麻城市龟峰山庄组织学习江泽民总书记"三个代表"重要思想，局系统副处长以上干部参加了学习研讨。

7月17—18日 湖北成套局党组利用双休日组织副处以上干部集中学习《中国共产党党内监督条例（试行）》和《中国共产党纪律处分条例》。

8月24日 湖北省发展改革委以鄂发改投资〔2004〕第814号文批复，同意建设湖北招标网及综合招投标管理系统，建设内容包括招标网门户网站、网站维护及管理系统、专家管理系统、会员管理及会员服务、办公自动化系统、档案管理及报表中心、电子邮件系统、在线招标及评标业务管理系统等9个子项的开发建设。

8月 中共湖北省委组织部以〔2004〕第414号文通知，调甄建桥到中共荆门市委工作。

9月12日 经省委组织部批准，湖北成套局副局长黄仲坚兼任湖北省综合招投标中心主任。

9月13日 中共湖北省委组织部以鄂组干〔2004〕第455号文通知：黄仲坚兼任省综合招投标中心主任；饶建国任湖北成套局党组成员，省政府采购中心主任，试用期一年。

9月21日 湖北省监察厅、财政厅来湖北成套局进行财务大检查。

9月 湖北省人民政府吸收湖北成套局和省政府采购中心为"省重点建设项目领导小组成员单位"。

10月18日 湖北成套局制定出台《关于加强干部职工学历学位管理工作的规定》。

10月 湖北省发展改革委批复，同意湖北成套局在办公楼6楼开标大厅南北两端改造加层，增加开评标场所建筑面积340平方米。

同月 国家发改委所属的中国机电设备招标中心、中国机械设备成套工程协会授予湖北成套局"2001—2002年度机电设备招标与成套业务先进单位"称号。

12月15日 经有关部门批准，局属"湖北省投资工程咨询中心"更名为"湖北省成套投资工程咨询中心"。

当年 在扶持民营经济发展中，先后为湖北经纬化纤有限公司、武汉楚天激光、武汉市新华彩印、宜昌劲森电子公司等39个项目的所需设备实施招标采购，中标金额4.01亿元，节省投资1200万元。

2005年

1月11日 湖北成套局向省电子政务工作领导小组专题报告，要求将成套局"湖北招标网"列入省电子政务建设总体设计及实施方案中，使其在建立管理高效、科学决策、服务规范的智能化电子政府中发挥应有的作用。

1月13日 湖北省人民政府办公厅在湖北成套局报送的《2004年工作总结和2005年工作安排》上批示：湖北成套局2004年的工作成效明显，2005年的工作思路明确，重点突出。

1月21日 经国家发改委复核，湖北省成套招标有限公司为"工程咨询甲级资质"单位。

1月 湖北成套局提出2005年目标任务：全年完成政府采购、招标服务、工程咨询、项目管理总金额45亿元，同比增长17%，其中招标采购完成35亿元（含政府采购6亿元），同比增长45%。

2月16日 省委副书记、省长罗清泉在全省政府系统廉政工作电视电话会议上强调，要进一步抓好综合招投标中心的建设，逐步将包括水利、交通、城建在内的所有招投标项目纳入中心规范运作。

3月18日 湖北成套局机关委员会印发《湖北省机械设备成套局、省政府采购中心、省综合招投标中心关于加强社会主义精神文明建设的意见》。

同日 中共湖北省委以鄂发干〔2005〕第32号文通知，刘源超任省机械设备成套局局长、党组成员、书记，职务任职时间自2005年2月27日起计算。免去王佑民省机械设备成套局局长、党组成员、书记职务。

4月12—13日 全国招标中心系统工作会议在北京召开。湖北成套局局长刘源超、副局长黄仲坚参加了会议，刘源超在会上作交流发言。

4月20日 湖北省发展改革委主任李宗柏

召集委机关 8 个业务处室的负责人，听取局长刘源超关于湖北成套工作情况汇报。副局长刘鸣、蔡龙书，项目一处处长黄汉民，项目二处处长陈防安等参加了会议。

4 月 29 日　为整合省级平台资源，湖北成套局向省人民政府专题报告，建议将"湖北省建设工程招投标交易管理中心"整建制并入"湖北省综合招投标中心"。

6 月 3 日　中共湖北省委保持共产党员先进性教育活动领导小组办公室在其编印的《工作简报》（第 141 期）上报道：《湖北成套局着力整改提高　确保教育活动成效》。

6 月 7—13 日　湖北成套局副局长蔡龙书带队赴广东、湖南、深圳成套局（国际招标中心）学习调研。

6 月 19—27 日　湖北成套局副局长黄仲坚带队赴四川、云南成套局学习考察。

6 月　根据国家和省有关规定，湖北成套局共出售直管房 128 套，"房屋所有权证""国有土地使用证"均发到职工手中。

7 月 3 日　湖北成套局发文部署开展建设节约型机关活动。

7 月底至 8 月初　湖北省编办、省成套局、省政府采购中心组织赴陕西、新疆、宁夏、青海成套局考察学习招投标管理工作。

8 月 17—19 日　湖北成套局赴京参加由商务部、国家发展改委委联合主办，中国机电设备招标中心承办的中国招标成果暨优秀中标企业设备及技术展览会。

9 月 22 日　湖北成套局印发《关于局属经营性公司（中心）与局机关剥离的实施办法》。

9 月 30 日　湖北省发展改革委致函国家发展改革委法规司，建议国家发展改革委法规司参照对广东成套局的做法，支持湖北成套局加入中国招标投标协会，并吸收该局负责人刘源超为中国招标投标协会的常务理事。

10 月 8 日　湖北成套局召开局属经营性公司（中心）与局机关剥离工作动员大会。局长刘源超作动员讲话，副局长蔡龙书宣布剥离工作方案。

10 月 17 日　中共湖北省委常委、常务副省长周坚卫听取省源头治腐工作领导小组办公室关于全省招投标工作情况的汇报。湖北成套局局长刘源超、省综合招投标中心副主任李卜清列席了会议。

10 月 24 日　宁夏财政厅、成套局来湖北成套局考察。

11 月 9 日　湖北省人民政府印发《关于进一步规范省级招标投标工作的通知》（鄂政发〔2005〕第 41 号）。

同日　湖北省发展改革委到湖北成套局就成立湖北省招投标协会事宜进行协商。

11 月 18 日　湖北成套局举行省成套招标有限公司迁址仪式，省发展改革委副主任黄国安、湖北成套局局长刘源超出席揭牌仪式并致词，国家建设部建筑管理处致电祝贺。

12 月 15 日　湖北成套局举行由局机关、省政府采购中心、省综合招投标中心及省成套招标有限公司全体工作人员参加的局系统副处级领导职位竞争上岗大会。

12 月　湖北省成套招标有限公司被湖北省统计局授予"湖北省分行业十强企业"称号。

2006 年

1 月 4 日　湖北省发展改革委主任李宗柏、副主任刘兆麟听取成套局领导班子工作情况汇报。

1 月 13 日　召开 2006 年局系统工作会议。

局长刘源超作《团结奋进乘胜而上努力开创全局系统各项工作新局面》的工作报告。会议由巡视员黄仲坚主持。副局长刘鸣、蔡龙书，纪检组长董培志，省政府采购中心主任饶建国出席了会议。

1月26日 中共湖北省委常委、常务副省长周坚卫听取湖北成套局工作情况汇报。局长刘源超，巡视员黄仲坚，副局长刘鸣、蔡龙书参加了汇报。

1月 中共湖北省委副书记杨永良在湖北成套局报送的汇报提纲上批示，对成套局提出的机构改革方案表示赞同。

同月 经湖北省发展改革委审核，同意湖北成套局上报的《湖北省综合招投标中心开评标场地改造加层工程方案》。

2月6日 中央政治局委员、省委书记俞正声听取局长刘源超关于成套局机构改革情况的汇报。

2月 局长办公会议讨论并原则通过《湖北省机械设备成套局局系统2006—2010年人才队伍建设规划》。

3月1日 湖北省综合招投标中心正式对外试运行。

3月17日 湖北成套局召开"自身建设年活动"动员大会并举行2006年度工作目标管理责任书签定仪式。局长刘源超作动员报告，副局长刘鸣、蔡龙书，纪检组长董培志，省政府采购中心主任饶建国，巡视员黄仲坚出席会议。

3月27日 中共湖北省委常委、常务副省长周坚卫与党组书记、局长刘源超签订《省机械设备成套局2006年工作目标管理责任书》，主要职能工作目标是：加紧省招标投标工作管理委员会办公室的组建工作，力争第二季度挂牌成立并正式开展工作；整合招标投标平台资源，做好省建设工程招标投标交易管理中心并入省综合招投标中心的相关工作；筹建湖北省招标投标协会，加强行业自律；进一步扩大政府集中采购规模，力争全年政府集中采购总金额突破10亿元；省综合招投标中心全年进场交易金额争取达到100亿元。

3月 湖北成套局驻省直崇阳小康点被中共湖北省委新农村建设领导小组评为"全省新农村小康建设先进工作队"。

4月14—15日 全国招标中心系统工作会议在北京召开，国家发改委副主任欧新黔出席会议并讲话，湖北成套局局长刘源超、湖北成套招标有限公司总经理黄仲坚参加会议并作交流发言。

4月25日 中国招投标协会秘书长关键、副秘书长刘协和一行专程来鄂调研，听取湖北成套局对制定《中华人民共和国招标投标法实施条例》的意见和建议。湖北成套局就成立统一、独立、权威的招投标管理机构、完善招投标行政监督体制以及建立招投标集中交易平台等提出了建议和要求。

4月27日 湖北省成套招标有限公司召开2006年度工作会议，并与各部门签订经营（工作）目标管理责任书。公司总经理黄仲坚出席会议并讲话，会议由副总经理刘顶芳主持。

4月28日 受国家发展改革委法规司的委托，中国招标投标协会在湖南长沙组织召开《中华人民共和国招标投标法实施条例》立法调研座谈会，湖北成套局副局长刘鸣参加了会议。刘鸣建议，在国家层面应尽快建立招投标综合监管机构，以保障招投标交易活动规范有序运行。

5月31日 经国家财政部审批，湖北省成套招标有限公司获"政府采购代理甲级资质证书"。

5月 湖北省综合招投标中心网站投入运行，OA办公系统也投入试运行。

6月19日 湖北省综合招投标中心以鄂综招〔2006〕第5号文向省纪委、监察厅、纠风办报送《湖北省药品集中招标采购实施方案》。

7月5日 湖北省综合招投标中心向省纠风办、省卫生厅报送《湖北省综合招投标中心赴四川考察并商谈引进该省药品集中采购交易监管平台情况的汇报》。

7—10月 湖北成套局会同省发展改革委、统计局，对2003年以来全省招投标工作情况开展专项调查。此次调查在湖北乃至全国是第一次。

7月 经省委组织部批准，湖北成套局副局长蔡龙书兼任湖北省综合招投标中心主任。

8月16日 湖北成套局颁发《关于加强和改进思想政治工作的实施细则》。

8月18日 湖北成套局举办《中华人民共和国政府采购法》专题讲座。

8月 湖北省纪委常委会审议通过了《关于违反招标投标法律法规行为纪律责任追究暂行规定》。此前，湖北成套局曾派员参与起草。

9月14日 中共湖北省委常委、常务副省长周坚卫听取省医疗机构药品集中招标采购指导委员会和监督委员会关于药品集中招标采购工作情况汇报。湖北成套局副局长兼省综合招投标中心主任蔡龙书参加会议并汇报了前段药品网上招标采购平台建设进展情况。

9月15日 中共湖北省委副书记宋育英听取局长刘源超关于成套局工作情况汇报。

10月19日 湖北省人民政府办公厅印发《湖北省招标投标工作管理委员会办公室机构编制方案》。批准组建"湖北省招标投标工作管理委员会办公室"，同时撤销"湖北省机械设备成套局"。

10月31日 中国机电设备招标中心在安徽合肥召开"全国招标中心系统事业单位改革座谈会"，湖北省招投标管理办公室应邀作大会交流发言：结合湖北实际找准自身定位积极主动适应事业单位改革需要。

11月27日 湖北省成套局荣获湖北省档案局颁发的"机关档案工作目标管理省一级"证书。

11月29日 中共湖北省委印发《关于成立省招标投标工作管理委员会办公室党组及刘源超等同志任职的通知》（鄂发干〔2006〕第179号）。根据鄂政办发〔2006〕第95号文件精神，省委决定：成立中共湖北省招标投标工作管理委员会办公室党组，同时撤销中共湖北省机械设备成套局党组。刘源超任管理委员会办公室主任、党组成员、书记；刘鸣、蔡龙书任管理委员会办公室副主任、党组成员；董培志任管理委员会办公室党组纪检组组长、党组成员；饶建国任管理委员会办公室党组成员；黄仲坚任管理委员会办公室巡视员；杨昌清任管理委员会办公室副巡视员。

12月4日 湖北省人民政府决定成立湖北省招标投标工作管理委员会，省委常委、常务副省长周坚卫任管委会主任，省招标投标管理委员会办公室主任刘源超任副主任，刘鸣为管委会成员。

12月19日 湖北省招标投标工作管理委员会第一次全体会议在省招投标管理办公室召开，省委常委、常务副省长周坚卫出席会议并作重要讲话。会议听取了管理办公室主任刘源超关于全省招投标市场管理工作情况的汇报，审议讨论了《湖北省招标投标工作管理委员会工作规则》。

同日 全国第一家省级招投标综合监管机

构——湖北省招投标管理办公室挂牌成立。

12 月 31 日　由原湖北成套局、湖北省知识产权局承办提出的《关于政府在招标中应加强知识产权保护的建议》被湖北省政协九届四十九次主席会议审议评为"全省 2006 年度优秀提案"。

建立机械设备成套工作机构，是国家在计
划经济体制下，针对当时资金匮乏、物资紧缺、
工业部门的构成相对简单的实际情况，为适应
社会主义新型工业化建设的需要，保障重点项
目顺利建设所采取的一项重大措施，也是中国
经济建设的一条成功经验。

>>>>

一

湖北省机械设备成套局（以下简称湖北成套局）的前身是1959年6月成立的湖北省机电设备成套公司，到2006年10月，湖北省委、省政府决定撤销成套局，同时成立湖北省招投标管理办公室，湖北成套局共走过了47年的历程。

47年来，伴随全国设备成套事业的发展，湖北设备成套工作大体经历了五个历史阶段。

（一）机构创建与发展时期（1959—1965）

新中国成立时，机械工业的基础十分薄弱。以总产量比较，中国与当时主要资本主义国家工业水平的差距至少在100年以上，即使与亚洲新兴独立国家印度相比，也多有不及。工业产业结构也极不合理，主要从事生产资料生产的重工业所占比重很低，1949年在全国工业总产值中，轻工业占73.6%，重工业仅占27.3%。工业的区域分布亦极不均衡，70%以上的重工业、轻工业畸形分布在东部沿海狭长地带，只有30%在内地。因此，根本谈不上设备成套生产、成套供应。

随着社会主义各项事业的发展，基本建设规模迅速扩大，特别是国家集中主要力量进行以苏联援建的156项工程为中心的、由限额以上的694个建设单位组成的工业建设，为社会主义工业化奠定了初步基础。从1952年到1955年，现代工业在全国工农业总产值的比重，由26.7%上升到33.6%，全国工业（包括手工业）中生产资料生产所占比重由35.6%上升到42.5%。尤其是机械制造业有了长足的发展，初步形成了40个制造系统，能制造1900多种比

较重要的产品，在数量上能满足国内建设的一半需要。到1958年，国内设备自给率提高到65%以上，基本上改变了主要依靠进口、国内配套的状况，开始进入了能用成套设备来装备工厂的阶段，给国内自行组织设备成套提供了一定的条件。但是，这种发展是不平衡的，具体反映在机械工业中制造出来的设备成套性较差，基本建设项目需用的设备有一大批不能配套成龙。一些新建设项目有的缺运输设备，有的缺供水设备，有的有了主机缺辅机，不能按计划建成投产。设备成套生产、成套供应工作成为制约基本建设的瓶颈。

1959年初，中共中央派出检查组分赴全国六大区调查设备成套供应情况，陈云同志亲自主持听汇报，调查报告指出："设备成套问题是我国目前经济中一个具有战略意义的重大问题"，"设备成套是一件复杂的工作。它已经成为目前我国新建企业能否迅速投入生产的一个决定性环节"，"一定要做好设备成套工作"，"为成千的工矿企业制造和供应成套设备而奋斗"。设备不能成套的原因，既有生产能力、计划安排问题，还有缺乏组织设备成套工作的部门问题。为了改变由需要部门和建设单位四处派人采购设备、拼套凑套的弊端，经中共中央批准，1959年1月设立了第一机械工业部机电设备成套总公司，并决定在各省、市设立成套公司。1959年6月，湖北省也成立了机电设备成套公司。到1961年底，全国除西藏外均成立了机电设备成套机构，并由事业单位改为行政单位，统一更名为机电设备成套局，成套系统工作人员达到1400多人，初步形成了一个比较完整的全国设备成套工作网络。

设备成套机构成立后，为迅速开展工作，首先制定了《设备成套公司章程》，对成套机构的性质、任务和工作方针等做了明确规定。其

次，颁布了《设备成套预订货的规定》，为确保重点建设，从1962年起，对部分重点项目需要的成套设备，在年度计划编制以前提前由各部门、各地区提出建设项目名单，经国家计委审定后，由机械制造部门按照项目需要，成套安排生产，并由成套部门组织成套供应。再次，确定了成套设备供应范围。根据各种机电设备和相关物资在国民经济中的重要程度及产需特点，将成套设备范围划分为国家统一分配和由部管理的设备（统称统配部管产品）；一机部销售办事处统一销售机电产品；一机部统一规划生产的电线、电缆、电瓷、高压阀门和高压管件；用户或施工单位不能自制的比较复杂的非标准设备。当时，按此范围制定的《成套设备供应范围总目录》共86类，包括394种机电产品。这些设备基本上能满足建设项目建成投产的需要。

据统计资料，1959年至1961年三年间，全国成套部门共组织了2493个建设项目的设备成套和496个项目的设备补套，所提供的设备占当时国内可供设备总量的25%以上。此阶段，湖北成套局按照"边组建、边学习、边工作、边总结、边提高"的工作方针，先后为116个建设项目组织了设备成套和设备补套，共计成套供应设备10168台件、308.5吨、317.7千米（电线、电缆）。

与此同时，湖北成套局成立后的另一项重要工作，是贯彻执行中共八届九中全会通过的对国民经济实行"调整、巩固、充实、提高"的八字方针，承担停缓建项目的设备退货、调整、收购、储存、改制利用等工作。仅1961年当年，就收购统配部管设备及小件产品10500多台件，其中调剂利用了1000多台件，既弥补了续建项目的缺口，又减少了因调整而造成的经济损失。

为更好地适应国民经济通过调整后迅速恢复发展的需要，1962年，国家进一步加强了设备成套工作，赋予成套机构更重的任务。当年5月9日，国务院在国家计委、一机部上报的《关于加强设备成套工作的报告》上批示：机械设备成套总局（依靠各地的设备成套机构）应当成为国家总管基本建设成套设备的专职机构。1964年1月8日，机械设备成套总局在京召开了全国设备成套局长会议。会议期间，党和国家领导人毛泽东及刘少奇、邓小平等接见了全体代表，国务院副总理李富春、薄一波在会上作了报告。这是新中国成立之后设备成套工作的一次盛会。会议在肯定全国设备成套工作成绩的基础上，进一步明确了设备成套机构的任务，统一了设备成套工作的一些做法，同时讨论交流了大庆石油会战和马钢车轮轮箍厂设备成套工作的经验。这次会议以后，全国成套事业进入了新的建设与发展阶段。

这一时期，设备成套工作与创建初期相比，最突出的变化是：职责任务进一步明确，国家规定从1963年起，凡国家基本建设计划内的需要成套设备的项目，不论大、中、小型，都应采取成套供应的办法，由设备成套机构组织供应；服务范围进一步扩大，由过去组织大量单机配套、机组和项目补套，发展到主要组织项目成套，并负责大型项目的设备全面成套，并拓展到多个行业；制度体系进一步完善，如严格按基建程序办事，坚持国家计划内的经过批准设计的重点项目列入设备成套项目；成套项目需要的设备，实行成套预安排、成套生产、成套供应；利用全国成套工作网组织设备生产、监督制造、催交调度；派驻工地现场工作组，就地解决设备短缺、技术质量等问题，这些制度的建立有力地保证了成套工作高效、高质量地完成。

在这同一时期，湖北成套局严格按照国家提出的"抓大型、保重点"的建设方针，对项目进行分类排队，首先保证重点项目和当年计划建成项目的设备成套。期间，共组织了125个成套项目（其中农业、轻工等关系人民衣食住行的项目45个），设备需要平均满足率为94.8%。同时，按照国家计委、建委和国家机械设备成套总局的统一部署，承担了全国40个打歼灭战项目的成套设备供应任务，确保了国家和湖北的一批重大项目按期建成投产。

（二）停滞与恢复时期（1966—1978）

"文化大革命"使整个国家和社会主义事业遭到新中国成立以来最严重的挫折和损失，也使设备成套事业遭到破坏。

1966年"文化大革命"开始后，设备成套工作受到严重的干扰和影响。作为全国成套工作的领导机关——国家机械设备成套总局处于半瘫痪状态。全国地方成套机构也受到冲击，除四川、浙江、陕西等省还保留机构外，其他省市成套机构大都被撤销，有的被削弱，人员下放或调离。这一期间，成套项目所需设备虽然仍实行分配指标，参加全国订货的办法，但由各地区、各部门自行组织成套设备。统计资料表明，1966—1972年，湖北共组织成套项目89个，供应设备61232台、12239.97吨、4287.2千米。由于"文化大革命"的影响，工作处于无序、混乱状态，设备落实较差。如1966年第一批安排的项目就有50%的设备不能落实，只好通过有关部门、基建单位利用库存闲置的设备解决了301台、6.13吨、1.04千米。

设备成套工作停顿以后，使设备资源大大分散，国家重点项目得不到保证，全国基本建设受到严重影响。为了改变这一状况，国家决定恢复设备成套工作，并采取了一系列重大措施：

重建国家机械设备成套机构。1974年9月，国务院以国发〔1974〕第91号文批示，要求建立、健全各级成套机构。1975年1月，由一机部产管局主管的民用项目、军工、综合三个处与部所属的发电、冶金、矿山、化工石油四个设备成套公司合并组成的机械设备成套总局正式成立，受国家建委、一机部共同领导。当年7月，湖北成套局也正式恢复。

重申"文化大革命"前设备成套工作的有效制度和方法。强调设备成套机构的主要任务是：根据国家确定的设备成套项目，组织设备成套机构参与设计审查，组织设备分交，安排设备制造，办理设备订货，做好调剂调度等。

重构全国设备成套网络。按照"目标一致、互为产需、紧密配合、通力协作"的原则，充分发挥该网在设备订货、催交、调度和设备质量问题处理等方面的作用。

湖北成套局恢复后，正值全省大规模经济建设时期。随着全国"三线"建设的展开，国家在作出继续建设西南的同时，逐步将"三线"建设向鄂西、湘西、豫西转移，湖北成为"三线"建设的重点省份之一。这一时期，湖北成套局举全局之力，重点组织了湖北化肥厂、湖北化纤厂、十堰东风轮胎厂、武汉汽轮发电机厂、襄阳轴承厂等"三线"工程建设项目的设备成套供应工作。同时，贯彻落实湖北省委提出的"大力进行'小三线'建设和积极发展地方'五小'工业"的指示精神，先后为小钢铁、小机械、小化肥、小煤炭、小水泥等220多个项目提供成套设备和相应技术服务。大小"三线"成套项目的建设促进了湖北以工业为主的经济建设的快速发展。

（三）初步改革与进一步发展时期（1979—1988）

1978年召开的中共十一届三中全会，开创了中国改革开放和社会主义现代化建设的新纪元。全国设备成套系统和其他行业一样步入了改革与进一步发展时期。为加强设备成套工作，1979年国务院决定成立国家机械设备成套总局（副部级），作为组织国家重点建设项目设备成套工作的领导机构，直属国务院，由国家建委代管。

设备成套工作的改革离不开中国整个经济体制改革。1979年全国贯彻中央"调整、改革、整顿、提高"的方针后，设备成套部门面临新的形势：实行国民经济调整，缩短基本建设战线，停建、缓建大批基本建设项目，成套部门的任务大幅度减少，蹲机关坐等国家下达成套项目任务的状况不复存在；国家改革经济体制，实行以计划经济为主充分重视市场调节为辅的方针，扩大企业自主权，机电产品进入市场，使各地各部门可以自己订购设备组织成套，原来那种计划高度集中，由成套部门一家搞成套的格局被打破，市场竞争已悄然萌生。在这种情况下，湖北成套局顺应改革开放的时代需要，认真贯彻全国设备成套业务工作会议精神，按照国家机械设备成套总局提出的设备成套工作"三个转变"的要求（即由过去坐机关、等上门，审查、把关、分配、订货转向为用户服务，走出机关，服务上门，主动承接任务；由过去主要为国家重点建设项目服务，转向同时为地方中小型项目和技术改造项目服务；由过去主要为能源、交通、国防、冶金工业建设项目服务，转向同时为农业、城乡人民消费品工业、食品、建材以及非工业项目服务），着力抓了以下几项工作：

做好停缓建成套项目的设备处置工作。按照国家机械设备成套总局和湖北省计委的要求，1979—1981年，共压缩停缓建国家成套项目8个，单项6个；地方成套项目38个。三年共退货3740台、367.6吨、280.8千米、28809千伏安；外供设备撤销70多份合同，180多台件，

涉及省内69家企业。期间，对退调变的设备和设备欠款等做了大量协调工作。为减少损失，还将其中部分设备调剂安排到农业、轻纺工业、建材等方面急需的建设项目上，得到湖北省计委、建委的充分肯定。

主动为建设项目服务。在工作作风上，坚持深入基层、深入企业、深入现场，主动上门服务；在业务方向上，既为国家重点建设项目服务，又为地方中小型项目服务，同时也为用户单台、单件、零星服务；在设备供应上，不受国家规定的目录限制，凡设计批准的设备都纳入成套；在服务范围上，不仅负责项目建设的"中间一段"，而且向建设前期和后期"两头延伸"。据统计，1980—1983年四年间，共为126个项目（其中地方项目94个）提供成套设备18348台件，1273.98吨，1028.6千米；零星服务3615台件，12吨，3.67千米。

推行承包经济责任制。根据国家建委印发的《关于试行基本建设合同制的通知》精神和国家机械设备成套总局下发的《关于在设备成套工作中试行经济合同制的意见》要求，从1980年初开始，湖北成套局每年都选择部分项目进行试点，实行有偿承包责任制，对其中具备条件的项目，试行设备全承包，即包括通用设备、专用、非标设备以及三类产品在内，全部纳入成套组织供应。通过推行经济合同制，有效调动了机关干部职工在订货、择优、提前交货、处理质量问题等方面的积极性和主动性，增强了责任感，改善了服务质量，取得了较好的效果。

这一阶段，国家计委、建委、经委颁发了《国家基本建设成套项目设备成套工作暂行条例》（以下简称《条例》）（建发成字〔1979〕第408号），规定："国家机械设备成套总局及其所属机构是负责国家基本建设成套项目的专职机构。在国家统一计划下，负责组织国家成套

项目所需设备的成套生产和供应"。湖北成套局转发了这一《条例》。湖北省计委、建委也下发通知,强调从 1981 年起凡国家和地方重点基本建设项目所需机电设备,原则上由成套局统一组织和供应,各建设单位不得自行签订设备订货合同。但由于当时基本建设战线缩短和生产资料作为商品开始进入市场,一家搞成套的局面已经被打破,《条例》的执行受到一定影响。

1984 年 7 月,国家计委、城乡建设环境保护部、中国人民建设银行、机械工业部、国家物资局在京联合召开了全国建筑业和基本建设管理体制改革座谈会,同时召开了全国成套局(公司)、各专业成套公司局长、经理会议,专题座谈研究设备成套工作在新形势下如何进一步改革的问题。会议提出其时和此后一个时期成套工作改革的中心内容是用经济办法代替用单纯行政办法组织设备成套。改革的具体内容是实现"七个转变":由按照设备清单代用户订货,转向实行成套设备承包制;由单台单件的供应成套,转向按机组、系统组织技术成套;由自上而下行政安排单一的设备资源,转向横向经营多渠道的设备资源;由一家组织成套转向多家联合经营成套;由行政办法、手工业管理转向经济办法、科学管理;由单纯设备供应转向开展技术服务,对设备全面负责;成套机构由事业费开支的行政单位转为经济自主、自负盈亏经济实体。这次会议的召开标志着全国设备成套工作的改革正式展开。会后,湖北成套局根据会议部署与要求,结合自身的实际情况,初步确立了湖北成套工作改革的目标、方向和路径,努力探索一条适应有计划商品经济的设备成套模式。

在组织设备成套的方法方面,按照 1984 年 3 月、11 月国家计委、经委、机械工业部等部门联合颁发的《按合同工期组织建设大中型项目承包责任制试行办法》和《机械工业部成套设备承包暂行条例》的要求,全面推行经济责任制,普遍采用有偿服务制,同时探索按设备费包干、目标承包等各种承包形式。

在成套项目的开拓方面,积极开展与国家部委所属的专业成套公司联合,共同承揽和组织国家及省重点建设项目的设备成套工作。1984—1988 年五年间,湖北成套局共组织成套项目 217 个,其中国家成套项目 103 个,地方项目 114 个。

在设备资源的落实方面,国家从 1985 年开始实行指令性计划、指导性计划和市场调节相结合的计划形式。到 1988 年,国家计委、国家物资部对重要产品的管理方式进行了重大调整,将当时国家计委管理的品种 523 种(其中统配 27 种、部管 496 种)按四类分别进行管理:实行指令性分配的品种,由原来的 343 种减少至 72 种;实行国家合同订购的品种 93 种;国家组织产需衔接的品种,由 183 种增加到 209 种;完全放开的品种为 149 种。面对指令性计划分配的品种数量减少,市场调节比重增大的新形势,湖北成套局采取多种渠道组织货源:凡列入成套计划的国家重点项目所需设备,属指令性和国家合同订购的产品,纳入国家指令性计划和合同订购任务,对其中通过招标选定中标的设备,安排主要原材料;属于产需衔接和自由采购部分,由成套局利用全国成套网、全国订货会等途径安排解决;凡列入成套计划的省重点项目所需设备,对省内能够生产供应的,纳入省计划安排制造,并作为重点产品管理,对专用、非标设备,在省内制造的,经过审核后,其生产所需材料由成套局从地方专项切块指标中解决,需要外省、市制造的,通过询价比价,择优安排。

在项目建设全过程的服务方面,坚持把"加强服务"作为成套工作的指导思想,广泛开展了"向两头延伸，全过程服务"工作，并根据国家和省重点项目的不同情况和要求，派驻现场服务组或联络员，就地组织调度，及时解决问题，搞好现场服务。

在业务范围的拓展方面，探索设备招标，起步开展融资性设备租赁业务，将单纯提供设备逐步发展为设备、技术、资金"一条龙"组织供应。围绕成套项目、小型技改项目和生产企业开展设备零星服务，年经营服务总金额由1984年的300万元发展到1988年的3600多万元。

（四）深化改革与加快发展时期（1989—1999）

1988年以后，根据国务院《关于深化物资体制改革方案的通知》精神，设备成套系统实行物资部和机械电子工业部双重领导，以物资部为主的管理体制。1993年，物资部和商业部合并成立国内贸易部，设备成套系统划归国内贸易部领导。

深化改革时期，在传统计划经济体制向社会主义市场经济体制的转变中，是湖北成套局面临困难、问题最多，面临生存与发展挑战最为严峻的时期。从外部客观环境看，随着国家经济体制改革的不断深入，建设项目进一步放开，项目投资主体呈现多元化；出于自身利益考虑，不少建设单位都愿意自己采购设备，建设项目市场竞争态势初步形成；机电产品绝大多数进入市场，且国家进一步压缩计划管理品种，1989年国家工业生产计划管理的品种为99种，其中完全指令性计划管理的2种，部分指令性计划管理的31种，指导性计划管理的66种。当年，国家已不再向各省市区下达成套项目指令性计划和合同订货的任务。从内部实际情况看，从1959年至1988年30年间，全国成套系统积累的资本金（包括固定基金、自有流动资金、事业发展基金、后备基金以及修理基金）总额只有6680万元，截至1993年底，积累的资本金接近或超过1000万的只有广东、山东、浙江、山西四个省局；500万～900万元的有湖北、湖南、北京、天津、吉林、江苏、云南七个省市局。且资本金总额中大部分又都是房屋等固定资产，流动资金占很小比重。同时，整个系统也还存在诸多通过自身努力难以解决的共同难题，突出的是缺乏国家投入的资本金和国家核定的流动资金，离退休老同志的费用逐年增多，没有正常、合理、有效的解决渠道，所需全部费用均由省局自己负担等等。

面对新的形势，湖北成套局以物资部、机械设备成套管理局关于加快改革的系列文件和会议精神为指引，确立了"稳住成套主业，开展设备招标，参与政府采购，发展工程咨询，探索设备监理，扩大市场经营"的业务方针，并以领导层思想认识的统一带动整个队伍思想的统一，经过广大干部职工团结拼搏，克难奋进，全局各项工作在这一特殊时期仍取得长足发展。

稳住成套主业。始终把开拓项目特别是重大项目作为扩大成套影响的主要标志和单位可持续发展的重要支撑。在主攻方向上，抢抓三峡工程建设的机遇，围绕国家安排的三峡地区经济发展规划项目（湖北省93个项目入列），湖北"八五"期间（1991—1995）实施的百万辆汽车发展工程、50个老工业基地以及"九五"期间（1996—2000）继续推进实施的"老工业基地振兴计划""轻纺工业振兴计划"工程，加大项目开拓力度，着力巩固设备成套主渠道地位。在方法上，坚持"一手抓计划，一手抓市场"，一方面，继续开展了与机电部所属的六个专业成套公司、化工部装备公司的联合，包括与省直行业主管部门及地市联络处的合作；另一方面，争取地方政府和省综合管理部门的支持，增强计划的调控、引导和推动作用，扩大传统的成套市场份额。同时，在内部加强业务手段的整合，集中力量承揽了三峡工程（部分）、武钢新三号高炉、一炼钢、二汽襄樊基地、鄂城钢铁公司、大冶钢铁公司改扩建工程、湖北化纤厂、黄麦岭和大峪口矿肥结合工程、华新水泥厂、葛洲坝水泥厂、三峡机场、宜昌聚脂切片工程等 70 多个重大项目。鉴于湖北成套局的工作实绩，1994 年，国内贸易部授予湖北成套局"全国省市设备成套系统先进单位"称号，1996 年，湖北省人民政府授予湖北成套局"湖北省'八五'重点建设先进支援单位"称号。

开展设备招标。湖北建设项目成套设备招标工作经历了从无到有、由点到面逐步发展的过程，大体上可以划分为三个阶段。

第一阶段为试点起步阶段（1986—1991）。1986 年选定应城联碱厂进行招标试点。此后，又陆续组织对国家重点建设项目荆襄大峪口、大悟黄麦岭建设项目所需设备进行了各种类型的招标试点，包括专用设备、批量大的通用设备和单项工程设备总承包招标。

第二阶段为组建机构和建章立制阶段（1992—1995）。1992 年，经省计委同意，省政府批准成立省级设备招标机构——湖北省设备招标办公室；1994 年，省计委颁发《湖北省建设工程设备招标投标管理办法》；1995 年，省计委又以鄂计基字〔1995〕第 1174 号文下发了《关于加强建设项目设备招标投标管理工作的通知》，强调凡建设项目设备采购应招标而未实行招标采购的，原则上不得列入年度固定资产投资计划。这一阶段，共为国家和地方 20 多个建设项目组织招（议）标 81 次，招（议）标设备 2444 台（套）、中标总金额 1.34 亿元，节约投资 1344 万元。

第三阶段为加快发展阶段（1996—2000）。这一阶段内部管理制度进一步健全。根据当时国家出台的有关机电设备招标投标的政策规定，建立了信息发布、标书制作、开标评标等诸环节的运行规则和操作流程，并针对易发、多发的问题设立了相应的质量控制点。成套技术服务优势进一步显现。从组织招标、签订经济合同、技术协议，生产监制，现场服务，直到建成投产，实行招标、订货、现场服务"一条龙"全过程服务，突出了"成套招标"特色。招标范围进一步扩大。1997 年开始，实施招标的项目已由企业拓展到党政机关，并在"智能化"等弱电工程中探索招标试点，先后为省委党校、省出版局文化城、省政府办公大楼、省公安厅等一批项目的楼宇自控系统、综合布线系统、防盗报警系统中的部分设备进行招标采购。重点项目招标的示范效应进一步放大。在三峡机场、华新水泥厂、昌丰化纤工业有限公司的招标中，多次邀请其他项目业主现场观摩，从而达到招标一家、影响一片的效果。

参与政府采购。90 年代中后期，随着国家招投标制度的广泛推广，深圳、重庆于 1997 年开始了以公开招标的方式为市级行政事业单位采购公务用车的政府采购招标的试点工作。此外，河北、北京、山东等其他一些省市也进行了政府采购招标的试点工作。从试点地区的情况看，招标采购节资率普遍为 10%～15%，少数项目达到 30% 甚至 50%。1998 年 4 月，湖北成套局、湖北设备招标办公室受省政府、省财政厅的委托，对湖北省副省级干部用车（16 辆奥迪 200C3V6-2）实施公开招标并获得圆满成功。以此为标志，政府采购在湖北迈出了尝试性的第一步。这一时期，湖北成套局共代理政府采购招标 26 次，中标成交额 26512.3528 万元，比原来财政预算安排资金节约 1808.8218

万元，平均节约率为 14.03%。

拓展市场经营。80 年代中后期，湖北成套局主要围绕建设和技改项目所需设备拾遗补缺，提供零星服务，经营总量不大。90 年代初期，全国设备成套局长工作会议再次明确，为了增强生存和发展的能力，允许成套部门围绕主业依法开展一定范围的经营活动。根据这次会议精神，湖北成套局提出了"合理、合法、合规、适度开展经营业务"的工作思路。1992 年邓小平南方谈话后，国家治理整顿结束，经济建设进入快速发展时期，局适时成立了机电设备成套中心、物资供应处、物资站、机床部等四个企业化管理单位，并制定了相应的配套政策。1994 年，这四个企业化管理单位共销售各类设备、材料价值 1500 多万元，毛收入超过当年全局毛收入的一半。90 年代中后期，积极推行代理代销制，与省内外 40 多家企业建立了合作关系，组建了"湖北成套网络企业产品联合销售供应中心"，着力发展了二汽等一批大用户。这一阶段，经营方式呈多样性，既销售设备，又销售钢材，既开拓项目招标，又组织设备调剂，既经营主机，又提供备件，在经营工作中体现出较强的灵活性。

在改革设备成套工作、加快业务发展的同时，这一时期，内部机制改革工作也全面展开：

在机构设置上，按照"精简、统一、效能"的原则，重点建立了以强化一线、精简二线为原则的内部机构设置管理办法和人事管理办法。通过联合办公、合署办公，一人兼多职，减少了推诿扯皮现象，提高了工作效率。

在人事改革上，实行各级领导任期目标责任制，做到人员能进能出，职务能上能下，报酬能高能低，中层干部从 1992 年开始改委任制为聘任制；专业技术人员实行资格和职务评聘分开，可以高资低聘、低资高聘或不聘。

在分配制度上，坚持按劳分配、效率优先、兼顾公平的原则。职工个人的收入与职务、岗位挂钩，与效益、实绩挂钩。为调动干部职工积极性，鼓励多创收，局里还设立单项奖、重大贡献奖，对有突出贡献者给予重奖。

在经营管理上，对业务部门充分放权，给予相应的经营决策权、用人权和奖励权，让他们放开手脚搞经营。局管理层面，主要把重点放在费用控制、资金运筹、投资决策、分账核算和内部银行管理等方面，努力为创收一线处室提供优质服务。

（五）管理体制改革与跨越式发展阶段（2000—2006）

改革开放以来，国家有关部门曾多次将设备成套局的管理体制改革工作提上日程，进行过多次的调查研究和酝酿，在内部的组织结构、管理模式和运行机制等方面也进行了一些改革和尝试，并取得了一定成效。但是，垂直领导、事企不分的管理体制一直没有改变。实践证明，这样的管理体制和状况不利于设备成套局的进一步发展。

2000 年，国家启动新一轮机构改革，国家经贸委委管国家局机构改革工作全面展开，在此背景下，设备成套局的管理体制改革工作成为一项迫切的任务。为使设备成套工作更好地为地方经济建设服务，8 月，国家经贸委党组研究后明确提出改变设备成套局现有的垂直管理的管理体制，实行地方管理的新体制。9 月20 日，国务院总理办公会议、9 月 21 日中共中央政治局常委会议讨论通过这一方案。12 月 6—10 日，国家经贸委在京召开了设备成套局管理体制改革工作会议，会议传达了中共中央和国务院关于设备成套局管理体制改革的精神，并进行了领导班子和人员的移交。这次管理体制改革的主要内容是：设备成套局事业性质不变整建制下放地方，由垂直管理、地方指导改为地方管理、行业指导。干部由中共中央部门党组管理改为省市党委管理。此次设备成套管理体制改革，中共中央、国务院和国家经贸委给予了相关的配套政策：保持设备成套局事业单位性质不变、一级厅局级别不变；原有事业经费基数不变，由中央财政划转给各地；借建行总行统贷统还的设备储备贷款余额据实予以核销。这次会议标志着设备成套局的管理体制揭开了新的一页，是设备成套事业发展史上的一次重大机遇。

这一时期，湖北成套局以机构下放为契机，一方面，结合本局的实际情况，积极争取省委、省政府和省相关部门的支持，制定成套局体制改革方案，做好改革和发展的各项工作。另一方面，充分发挥自身人才、技术、资质和服务等综合优势，全面融入地方经济建设体系。这一时期的改革、发展工作大致可分两个阶段。

第一阶段从2000年底到2004年底，这一阶段主要是围绕成套局管理体制改革、两个中心组建等工作开展的。

职能重新定位。2001年5月，省长办公会议研究了成套局的管理体制改革问题，会议议定了以下原则：管理体制改革后保持其名称不变，以避免造成新的职能交叉；保持正厅级事业单位不变，中央下达的编制数不变；根据成套局下放后国家经贸委对成套系统实行行业管理的精神，按照机构改革上下对口的原则，成套局业务归口省经贸委管理；成套局在职人员和离退休人员的组织、人事、劳动、财务关系分别划转省组织、人事、劳动、财政部门管理；中央划拨该局的事业经费，由省财政按划转经费基数全额拨付。会后，省政府下发了《省长办公会议纪要》（97号），依据该纪要，湖北成套局多次向省委、省政府领导汇报，并配合省编办等相关部门就机构编制方案做了大量前期调研和论证工作。2002年1月，省政府印发了《湖北省机械设备成套局机构编制方案》，赋予成套局六项工作任务。随后，省委、省政府组建了湖北成套局新一届党组和领导班子。

拓展业务领域。由于各种原因及多方面因素影响，湖北成套局在服务领域、业务规模、市场占有率上还有相当发展空间。工程咨询虽有资质，但工作一直没有实质性进展；招标虽是成套主业，但业务结构有待进一步优化：国际招标业务还未真正开展起来，区域性招标采购工作的覆盖面也不够广。机构下放后，省委、省政府进一步加大了对湖北成套局工作的支持力度，全局业务工作尤其是招标采购工作进入新的发展阶段。

招标资质由少到多。90年代末，局招标工作面临的一个最大困难是受国家资质管理多头的制约，而相关资质的审批又涉及国家多个部委。为了获得更多的业务资质，湖北成套局组建工作专班，于2000年着手各项招标资质的申报工作，到2003年底，局所属湖北成套招标有限公司先后获得国家经贸委、建设部、外经贸部、国家发改委、省财政厅和省药监局核准的技改项目设备招标（甲级）、工程建设招标（甲级）、机电产品进出口国际招标（甲级）、政府采购招标、药品招标等多项资质，系全省获得招标资质最多、招标资质等级最高的招标代理机构。

招标规模由小到大。机构下放后的2000—2004年这五年间，依托已有的各类招投标资质，先后为湖北化纤集团有限公司、100亿公斤湖北粮库、宜昌地化813工程等679个建设项目实施招标采购937次，委托招标金额共计92.16亿元，实际完成中标金额共计81.462亿元（含政府采购中标金额4.8799亿元），平均每年完成中标金额16.2924亿元。

招标范围由窄到宽。在过去单一设备招标的基础上，2000年开展了设计方案招标、货物招标、服务招标、安装招标。机电产品国际招标也于2001年5月正式开展。2002年涉足药品招标、工程招标。从2004年起，招标范围进一步拓展，服务触角向汉江河道整治、黄陂后湖大桥等一批交通基础设施项目延伸。当年还受省环保局委托，对"湖北省危险物集中处置项目法人"进行了公开招标。招标区域覆盖了全省大部分地区。

积极争取"两个中心"。2003年初获悉省里拟组省政府采购中心、省综合招投标中心后，湖北成套局及时向省有关部门汇报，并向省政府呈报了《关于将湖北省政府采购中心、湖北省综合招投标中心设在成套局的请示》报告，明确提出成套局符合履行集中采购机构职能和综合招投标中心机构职能的条件和要求，希望省政府将"两个中心"设在成套局。当年10月，省政府作出了关于将"两个中心"设在成套局的决定。随后，省编委印发了机构编制方案。次年3月，"两个中心"在成套局挂牌成立。"两个中心"的组建，为湖北设备成套事业的转型发展提供了重要契机。

第二阶段从2005年到2006年，这一阶段主要是围绕成套局机构改革、争取新的管理职能等工作开展的。

下放初期，省政府虽然赋予省成套局负责组织省内成套技术装备的开发应用及咨询、承担重大项目所需成套设备的经济评估、指导省内专业设备成套机构资质认定等一定工作职能，但随着形势的发展和变化，这些职能在实际工作中难以履行和落实到位，故业务工作仍以从事招标代理服务为主；而由于历史性、体制性等原因，多年来局属经营性公司一直与局机关融在一起，存在事企不分、人员混岗等问题。

鉴于这一实际情况，湖北成套局按照"认真抓好内部整改，主动进行机构改革，积极争取政府支持，谋求新的工作职能"的指导思想和"内强基础管理，外树行业形象，近抓业务开拓，长抓改革发展"的工作思路，一方面组成工作专班，就成套局职能定位、公司改革等问题进行深入研讨，形成了多套改革方案。为保证方案的缜密和可行，先后组织3个考察组赴广东、湖南、四川、云南、陕西、甘肃、青海、宁夏、新疆等省市区成套局学习考察，在此基础上完善细化，推进机构改革；另一方面着眼于建立"统一开放、竞争有序、阳光透明、运作规范、高效廉洁"的阳光型、服务型"窗口"，全力推进"两个中心"的建设和发展。

政府采购规模逐年扩展。根据省政府赋予的工作职能，省政府采购中心在做好集中采购目录内项目实施的同时，积极拓展业务范围，努力为省直各部门服务，先后为省公安厅反恐中心大楼、省委洪山礼堂改建及设备更新、省直机关公务员周转住宅楼等20余个委托项目实施了政府集中采购。2005年，中心全年共接受政府采购计划项目260项，预算金额8.6亿元；2006年，共接受政府计划采购项目187个，预算金额11.2亿元。为保证政府采购活动做到有规可循、有章可守，中心相继制定并出台了《招标文件范本式样》《招标公告式样》《招标邀请函式样》《开标工作规程》《评标工作规程》《业务费使用管理办法》《招标文件审核备案制度》《重大敏感项目协调制度》等一系列内部管理规则，使内部监控与外部监督有机结合起来，为政府采购进一步规范运作提供了制度保证。

中心交易平台建设稳步推进。为确保政府投资的水利、交通、能源、城建等建设项目和政府采购、产权交易、土地使用权出让、医疗器械、药品采购等能顺利进入中心公开交易，湖北成套局主动走出去，先后与省财政厅、建设厅、交通厅、水利厅、商务厅、教育厅、信息产业厅、卫生厅等有关行业主管部门进行联系与沟通，得到了相关部门的理解与支持。2006年3月1日，中心开始对外试运行，当年有400个项目进中心市场交易，交易金额突破103亿元。与此同时，投资400余万元用于中心软硬件设施建设，在基本满足开评标和纪检监察及有关行政主管部门进场设立窗口实施监督所需用房的基础上，2006年又对开评标场所进行了改造与扩建，OA办公系统及"湖北综合招投标及政府采购网"也于年底投入运行。此外，中心还承担了2006年湖北省药品集中采购平台建设和具体操作实施工作，并从当年开始，湖北在全国率先实行由政府承担平台建设和操作运行的全部费用，中心不收取药品采购商和药品生产厂家的任何费用。

局属招标公司实施整体剥离。为争取新的管理职能，2005年9月，湖北成套局报经省有关部门认可，制定下发了《关于局属经营性公司（中心）与局机关剥离的实施办法》。当年11月，对局属成套招标有限公司实施了整体剥离（职能剥离、单位剥离、法人代表剥离、人员剥离、资产剥离、财务剥离），剥离后的成套招标有限公司依照现代企业的组织架构，独立核算，自负盈亏，独立对外提供招投标服务。一年多来，公司在新的运行体制下，按照"打基础、带队伍、拓市场、创品牌"的工作思路，全面加强自身建设，积极参与市场竞争，先后为武钢、武汉轻轨二期、华新水泥、武汉天河机场等420多个建设项目实施了招标采购，完成中标金额41亿元。综合竞争能力得到进一步提升。

机构重新定位实现职能转型。针对招投标领域执法主体不明确、同体监督、管理不统一、体制不顺等实际问题，湖北成套局从规范省级招投标工作为切入点，多次向省委、省政府领导和省综合管理部门汇报，建议省政府出台相关文件，进一步推动省级综合招投标中心的项目进场交易工作，同时恳请省委、省政府利用成套局现有的编制、人员和硬件条件，成立独立、统一的招投标监督管理机构，以加强对招投标工作的综合监管。在省委、省政府领导和省综合管理部门的关心支持下，2005年11月，省政府以鄂政发〔2005〕第41号文下发了《关于进一步规范省级招标投标工作的通知》，该通知明确将1992年经省政府批准成立、挂靠成套局的省设备招标办公室改为省招标投标工作管理委员会办公室，同时明确了省级招投标的范围、省综合招投标中心的职责任务，并明确将湖北省建设工程招投标交易管理中心整建制并入省综合招投标中心。

围绕贯彻落实鄂政发〔2005〕第41号文件精神和要求，湖北成套局全力推进省招标投标工作管理委员会办公室的筹建工作。2006年10月，省政府正式下发了《关于印发湖北省招标投标工作管理委员会办公室机构编制方案的通知》，同意组建"湖北省招投标管理办公室"，同时撤销"湖北省机械设备成套局"。明确省招投标管理办公室既是省招标投标工作委员会的日常办事机构，同时又是省政府负责全省招投标市场的综合监督管理机构。

湖北省招投标管理办公室的成立，是省委、省政府对湖北招投标管理体制改革的一项重大创新。该机构的成立在全国产生较大影响，得到中纪委、监察部、国家发改委等部门的肯定，称其为招投标管理的"湖北模式"。

二

47年来，湖北成套局围绕国家在各个历史时期的建设任务，积极开展设备成套、招标采购等工作，在国家和湖北的经济社会发展中发挥了重要作用。

促进了国家和湖北的经济社会发展。47年来，湖北成套局通过设备成套、招标采购、询价比价等多种方式，共为1800多个建设项目组织提供各类机电设备687608台（件），阀门、钢铝线等以吨位计算的产品158540吨，电线、电缆36450千米，价值160多亿元。其中有武钢一米七轧机配套、第二汽车制造厂新建扩建工程等国家按合理工期组织建设的项目，有襄阳轴承厂、武汉汽车标准件厂等国家限上技改项目，有湖北化纤厂、西北口水库等国家大中型项目，有国家机械委特批的宜昌柴油机厂、湖北汽车电机厂等机械工业小型技改项目，也有荆州、新滩口泵站、襄樊热电厂等地方项目，涉及冶金、矿山、机械、交通、电力、水利、林业、石化、煤炭、电子、纺织、轻工、建材、城建、新闻、出版、农业、国防军工、民用航空等20多个行业。这些项目按期建成投产，使湖北加快形成了以汽车、冶金、电力、机械、化工、轻纺、建材为支柱的门类比较齐全的现代工业体系，有力促进了国家和湖北的经济社会发展。

保障了工程建设质量。设备质量与工程建设质量密切相关。湖北成套局在固定资产投资建设中，一般都参与工程设备设计及审查工作，及时了解设计意图，掌握有关的技术政策、主要生产工艺和所需技术装备的情况，严格按照设计要求选型选厂，做好设备订货的事前质量控制。在订货后，参与重大关键设备的现场监制，并根据项目建设进度科学合理调度，确保设备按期按质交付使用。在工程建成后期即设备投入试运行和正式投产后，湖北成套局又组织生产企业对工程项目进行技术质量回访，及时解决成套设备运行中的质量问题，从而加强了对工程建设的事后质量控制。湖北成套局47年来所承担的设备成套、招标代理、工程咨询和政府采购中，从来没有发生质量事故，在保障工程建设质量方面发挥了积极而有效的作用。

节省了巨额建设资金。由于设备成套机构是根据建设过程的不同阶段、不同环节，应用系统工程理论综合地把前期设计、设备排产订货、催交调度、运输安装、试车验收等各个环节的工作统筹安排，科学合理地组织供应、生产和配套，因此有利于缩短工期和控制工程设备的投资费用。据湖北省统计局提供的资料表明，1973—1977年，湖北机械工业、纺织工业、电力工业、化肥工业等基本建设项目平均建成投产率为56.1%，而同期列入设备成套的基建项目投产率为68.9%。尤其是从1986年开始，湖北成套局利用招投标手段，组织生产供应单位在产品质量、价格、服务等各方面进行公平竞争，更是有效帮助建设单位实现了计划实施过程中的投资控制。仅2001—2005年5年间，湖北成套局通过成套招标和政府采购方式，就为省财政和建设单位节省资金14.5亿元，平均节资率为12.06%。

三

47年来，特别是改革开放以来，作为国家基本建设的重要组成部分的设备成套工作，也随着政治经济体制的变化，发生了一系列深刻的变革。尤其是管理体制改革下放后，湖北成套局结合省域实际，积极探索以承担政府公共服务职能为主的新路子，努力做到与振兴湖北经济社会发展需要相契合，最终开创了一条具有"湖北特色"的发展路径。在改革与发展的实践中，湖北设备成套部门创造和积累了宝贵的经验，提供了一些有益的启示。

坚持为国家和地方重点建设服务，是设备成套部门的基本职责。在60年代、70年代，国家强调要集中力量打歼灭战，建设项目实行统一计划、分级管理，设备成套机构主要负责国家重点项目的设备成套，其他基本建设项目分别由省市区各部门自己组织设备成套。在这一时期，湖北成套局为国家和湖北的重点建设项目的顺利建成投产作出了历史性的贡献。进入80年代中期，随着国家经济体制改革的深入，国家重点项目不再作为指令性计划下达给成套部门，各省市区各部门的建设项目所需设备可以自行委托成套部门，也可以自己采购。虽然成套部门所处的客观环境发生了很大变化，但其根本"职责"、工作"重心"，服务的"主业"，始终没有改变。面对新的情况，湖北成套局改变服务方向，扩大服务领域，坚持以优质服务创信誉、求发展，紧紧抓住关系经济发展全局的重大项目，实行全过程、高水平、深层次服务，以保证重点的突出成绩，赢得建设单位和政府部门的信赖和支持。进入90年代后，湖北成套局大力开展设备招标工作，积极推行物资部门的基建材料配套承包与成套部门的机械设备成套承包相互衔接的联合承包，以此来扩大市场占有率，推进保证并支撑设备成套工作更好地完成，真正担负起确保重点建设的重任。正是因为履行了保重点建设这一基本职责，湖北成套局才赢得了应有的社会地位和发展机遇。

坚持依靠省委省政府的领导和支持，是设备成套工作得以顺利开展的根本保证。47年来，设备成套机构虽然隶属中央多个部委管理，但湖北的成套工作，始终得到省委、省政府领导的重视和支持。期间，省委、省政府、省计委、省经贸委的领导曾多次到湖北成套局调研指导工作，帮助解决成套工作中遇到的实际困难和问题。70年代至80年代的绝大多数年份，湖北省对建设项目设备成套任务一直纳入全省国民经济总体计划和项目年度计划，所需设备、材料资源也一直坚持跟固定资产投资计划走，而且基本采取以计划为主的做法。这一做法既保证了地方重点成套项目需要，同时也成为成套部门吸引项目的优势之一。特别是1992年省政府批准同意将湖北省设备招标办公室挂靠成套局，有力推动了湖北成套局从以设备成套为主到以招标采购为主的重大转变。2000年底全国成套系统整建制下放地方管理后，省委、省政府对成套机构两次改革、两次重新定位，并参照公务员管理办法解决工作人员和离退休老同志多方面待遇。省委、省政府的正确领导和大力支持，是湖北设备成套与招标工作得以顺利开展的根本保证。

坚持适应形势变化要求不断改革创新，是设备成套事业持续发展的不竭动力。80年代，设备成套工作改革的主要内容是变无偿服务为有偿服务，建立多种形式的经济承包合同制，开展广泛的横向联合等。90年代以后，根据中央部委关于设备成套系统要加快向企业化过渡的要求，重点围绕转换内部机制、增强经营活力、提高经济效益这一目标，着力进行了以机构、人事、财务、分配为主要内容的改革，先后制定出台了系列办法和措施，充分调动了干部职工干事创业的积极性、主动性和创造性。进入新世纪，湖北成套局进一步推进改革，积极探索符合本省本局实际的、以承担政府公共服务职能为主的发展模式。实践证明，只有与时俱进，深化改革，工作才能释放新的活力，事业才能开创新的局面。改革开放以来，湖北成套局在内部运行机制上的每一项突破，在职能定位上的每一次进展，在服务湖北经济社会发展上的每一点进步，都是解放思想、与时俱进、改革创新的结果。

第一章

①设备成套机构

SHEBEI CHENGTAO JIGOU

湖北成套局在 47 年的发展历程中，虽然经历了成立、撤销、恢复到合并、分离、单设的曲折道路，单位六易其名，隶属关系多次变动，但始终肩负着为国家和地方基本建设、技术改造项目及其他固定资产投资项目组织设备成套、提供技术服务和实施招标采购的职能。47 年来，湖北设备成套机构的演变及发展历程，既诠释了设备成套工作在当时国家计划分配体制下的客观需要，又彰显了设备成套、招标工作在各个历史时期经济建设中的特殊作用，同时也展示了湖北成套局的整体实力和综合优势，从而赢得了省委、省政府领导的认可和信赖，被省委、省政府重新定位并赋予其履行全省招投标市场综合监管这一更艰巨、更重大、更光荣的职责任务。

>>>>

第一节 机构演变

1959年1月2日，中共中央批转了第一机械工业部党组《关于成立机电设备成套总公司的报告》，同年3月，第一机械工业部机电设备成套总公司正式成立，隶属国家计委和第一机械工业部双重领导。1月20日，中央同意第一机械工业部党组1月8日《关于加强设备成套工作的报告》，要求各级党委、各国家机关有关党组都应切实抓好这项工作。据此，6月1日，中共湖北省委作出决定，由湖北省机械工业厅负责筹建湖北省机电设备成套公司，并于当天启用公司印鉴，正式挂牌对外办公。公司为事业单位，归口湖北省建委管理，业务上接受第一机械工业部机电设备成套总公司领导，事业编制37人。

1960年9月21日，国家建委、第一机械工业部向国务院上报了《关于各级机电设备成套公司由事业机构改为行政机构以及编制更名的报告》，12月28日，国务院批复：同意将各级机电设备成套公司改为行政机构；第一机械工业部机电设备成套总公司更名为"机电设备成套总局"，各省、市、区的机电设备成套公司更名为"机电设备成套局"。1961年1月3日，第一机械工业部向各省、市、区转发了国务院的批复，要求各地机电设备成套公司请示当地领导，争取尽快贯彻落实。据此，1961年11月25日，湖北省人民委员会批准，同意"湖北省机电设备成套公司"改为"湖北省机电设备成套局"，由事业单位划归行政单位，行政编制46人。

1962年5月14日，国家计委、第一机械工业部向国务院报送了《关于加强设备成套工作的报告》。5月19日，国务院批转了这个报告，明确一机部成套总局的隶属关系仍由国家计委和第一机械工业部双重领导。各省、市、区设备成套局，由第一机械工业部和省、市、区计委共同领导，并以机电设备成套总局领导为主。据此，从8月15日起，湖北成套局的业务、编制、干部、经费由机电设备成套总局统一管理，地方归口湖北省计委领导，行政编制120人。

1963年8月29日，国家计委党组致电湖北、安徽、江西、浙江等七省委，指出"几年来，设备成套机构在省委领导下做了不少工作，取得了一定成绩。在省委关怀和支持下，干部力量已经有所加强，但考虑到你省设备成套任务繁重，不少项目是国家计划内的重点工程，而成套局在工作上与地方各厅（局）的关系又十分密切，除请继续加强对设备成套工作的领导外，根据国务院批转的文件精神，建议将你省机电设备成套局改为厅（局）一级机构，并配备熟悉机械工业生产或基本建设工作的厅（局）级干部主持该局工作，以利于把设备成套任务更好地担当起来"。同年12月6日，经国家计委、第一机械工业部批准，自即日起正式启用"国家计划委员会、第一机械工业部机电设备成套总局"新印章，同时确定了全国各省、市、区设备成套局的机构级别。据此，1964 年 4 月 10 日，国务院以国编字第 758 号文批复，湖北省人委以〔1964〕鄂编字第 96 号文批准湖北成套局由正处级改为厅（局）一级机构，事业编制 90 人。

1966 年 8 月 1 日，中共中央八届十一中全会通过了《关于无产阶级文化大革命的决定》，由此，"无产阶级文化大革命"运动全面开始。作为全国设备成套工作的领导机关——机电设备成套总局大批干部下放到"五七"干校，只留少数人员留守机关，成套总局被改为成套组，实际上已失去了对全国成套系统的领导职能。湖北成套局也受到严重冲击。1967 年 7 月，成套局造反派在局内进行了全面夺权。1968 年 1 月，随着各地方革命委员会的相继成立，经湖北省革命委员会批准，湖北成套局革命领导小组正式成立（造反派掌权），同年 9 月成套局被撤销，12 月，局机关人员随省直机关下放到黄陂县集中参加"斗、批、改"运动，其业务工作交由湖北省革命委员会生产指挥组负责管理。1969 年，湖北成套局机关人员由黄陂县迁往沙洋湖北省革命委员会"五七"干校劳动，接受再教育。

由于设备成套工作停顿，使得设备资源不能合理使用，国家重点建设项目得不到保证，全国基本建设受到严重影响。1972 年 1 月，国家计委、第一机械工业部党组决定重新恢复设备成套工作。据此，1972 年 12 月 28 日，经湖北省革命委员会批准，将湖北省物资厅所属的"湖北省设备成套公司"改为"湖北省革命委员会物资局设备成套局"，隶属省物资厅领导，单位级别县级，由企业编制改为事业编制，编制人数 70 人。

1973 年 4 月，经国家计委批准，第一机械工业部成立发电、矿山、冶金、化工、石油设备成套公司。1974 年 6 月 24 日，国家建委、第一机械工业部联合向国务院提出了《关于加强基本建设项目设备成套工作的意见》的报告，9 月 27 日，国务院以国发〔1974〕第 91 号文批转了该报告，要求各省、市、区革委会和国务院各部进一步加强和改进设备成套工作，并采取相应必要措施，充实健全设备成套机构，尽快开展工作。1975 年 1 月 25 日，机械设备成套总局正式成立。1975 年 7 月 15 日，湖北省革命委员会决定，将"湖北省革命委员会物资局设备成套局"更名为"湖北省革命委员会机械设备成套局"，属省一级局，从湖北省物资局划出，归口湖北省计委、建委领导，事业编制 100 人。

1979 年 2 月 23 日，国务院以国发〔1979〕第 54 号文批准，同意将国家建委、第一机械工业部领导的机械设备成套总局改为国家机械设备成套总局，作为组织国家重点建设项目设备成套的直属机构，直属国务院，由国家建委代管，同时明确国家计委、经委、第一机械工业部也要加强对设备成套工作的领导。8 月 17 日，国家建委、国家机械设备成套总局下发了《关于各省、市、自治区机械设备成套部门管理体制若干问题的意见》，明确设备成套机构一般归口省建委、受国家机械设备成套总局和地方政府双重领导。据此，湖北成套局改受国家机械设备成套总局和湖北省人民政府双重领导，以国家机械设备成套总局管理为主，地方归口湖北省计委代管。

1981 年 4 月 3 日，国务院批准了国家机械委、国家建委的报告，拟"从 1981 年 4 月 15 日起，国家机械设备成套总局由国家建委代管改为国家机械委、国家建委代管，以国家机械委为主。国家机械设备成套总局是国务院机械设备成套工作的职能部门，研究制定设备成套工作的法规、制度和办法；各省、市、区成套局（公司）仍由国家机械设备成套总局和各地人民政府双重领导，以设备成套总局领导为主"。据此，湖北成套局仍实行由国家机械设备成套总局和湖北省人民政府双重领导，以设备成套总局管理为主，地方业务归口湖北省计委代管的领导体制。

1982年4月，根据五届全国人大常委会第23次会议审定通过了国家机构改革实施方案的决议。同年5月，第一机械工业部、农机部、国家仪表总局、国家机械设备成套总局合并成立了机械工业部，下设机械设备成套管理局，作为机械工业部的一个职能局。6月2日，机械工业部以机成字第136号文明确原机械设备成套机构改属机械工业部领导，其工作任务不变；各地成套局（公司）领导体制不变，单位名称、级别保持不变，受地方和部双重领导，以部为主，经费由机械设备成套管理局核拨，编制由部审定。11月11日，机械工业部以机成字第1002号文向各省、市、自治区人民政府提出了《关于省、市、自治区设备成套机构任务和管理体制的意见》，该文进一步明确：省、市、自治区成套局（公司）的隶属关系，仍按国务院国发〔1979〕第54号文件的规定，受地方和部双重领导，以部为主，是部事业费开支的直属机构；经费和基建投资仍由部核拨，人员编制由部审定；干部管理按中组部中组发〔1980〕第27号文件规定，由部负责到局、处两级，干部任免由部商地方决定，各类专业干部的业务技术职称由部统一审定。据此，湖北成套局的建制、名称、级别均未变动，地方仍归口湖北省计委代管。

1988年5月4日，国务院印发《关于深化物资体制改革方案的通知》，明确原国家机械委的机械设备成套机构，实行物资部和机械电子工业部双重领导，以物资部为主。8月1日，物

资部、机械电子工业部致函各省、市、自治区人民政府（物成字〔1988〕第96号文）：为了适应物资体制改革，以便更好地开展成套工作，现决定各省、市、自治区成套局（公司）改为受物资部和地方政府双重领导，以物资部为主，是由物资部核拨事业经费的直属机构；人员编制由物资部审定；局（公司）领导成员的任命和配备由物资部商地方决定；局（公司）的建制、名称、级别均保持不变。现阶段内部实行企业化管理。期间，湖北成套局机构保持相对稳定。

1991年6月，根据国家关于大力开展建设项目招投标的要求，湖北成套局向省政府上报了《关于成立湖北省设备招标办公室的请示》。1992年9月15日，湖北省机构编制委员会以鄂机编第81号文批复，同意成立湖北省设备招标办公室。从即日起，湖北成套局与省设备招标办公室合署办公，一套机构两块牌子。招标办公室主任由成套局一名副局长兼任。

1993年3月，八届全国人大一次会议对国务院机构进行重大改革，撤销物资部，将原物资部、商业部、国家粮食局合并组建国内贸易部。机械设备成套管理局受国内贸易部领导；各省、市、自治区成套局（公司）由国内贸易部和地方政府双重领导，以国内贸易部为主，为差额拨款事业单位。据此，湖北成套局除隶属关系有所调整外，其他均保持不变。

1998年2月，国家机构改革撤销国内贸易部，组建国家国内贸易局，原"国内贸易部机械设备成套管理局"更名为"国家国内贸易局机械设备成套管理局"，各省、市、自治区成套局（公司）受国家国内贸易局和地方双重领导，以国家国内贸易局管理为主。据此，湖北成套局隶属国家国内贸易局和省人民政府双重领导，以国内贸易局管理为主的管理体制，业务工作由湖北省计委代管未变。

图 1-1　湖北省机械设备成套局机构演变图

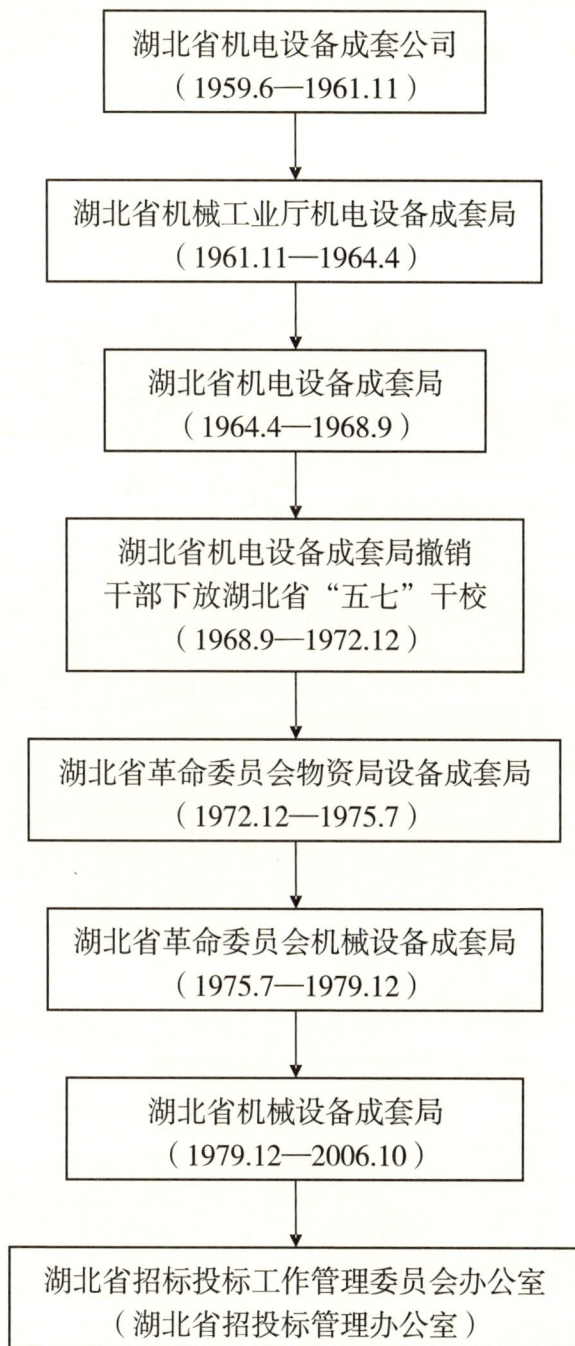

```
┌─────────────────────────────┐
│      湖北省机电设备成套公司       │
│      （1959.6—1961.11）       │
└─────────────────────────────┘
               │
               ▼
┌─────────────────────────────┐
│   湖北省机械工业厅机电设备成套局    │
│      （1961.11—1964.4）       │
└─────────────────────────────┘
               │
               ▼
┌─────────────────────────────┐
│       湖北省机电设备成套局        │
│      （1964.4—1968.9）        │
└─────────────────────────────┘
               │
               ▼
┌─────────────────────────────┐
│    湖北省机电设备成套局撤销        │
│   干部下放湖北省"五七"干校        │
│     （1968.9—1972.12）        │
└─────────────────────────────┘
               │
               ▼
┌─────────────────────────────┐
│  湖北省革命委员会物资局设备成套局   │
│     （1972.12—1975.7）        │
└─────────────────────────────┘
               │
               ▼
┌─────────────────────────────┐
│  湖北省革命委员会机械设备成套局     │
│     （1975.7—1979.12）        │
└─────────────────────────────┘
               │
               ▼
┌─────────────────────────────┐
│      湖北省机械设备成套局         │
│     （1979.12—2006.10）       │
└─────────────────────────────┘
               │
               ▼
┌─────────────────────────────┐
│ 湖北省招标投标工作管理委员会办公室  │
│   （湖北省招投标管理办公室）       │
└─────────────────────────────┘
```

图 1-2 2006 年湖北省机械设备成套局系统组织机构图

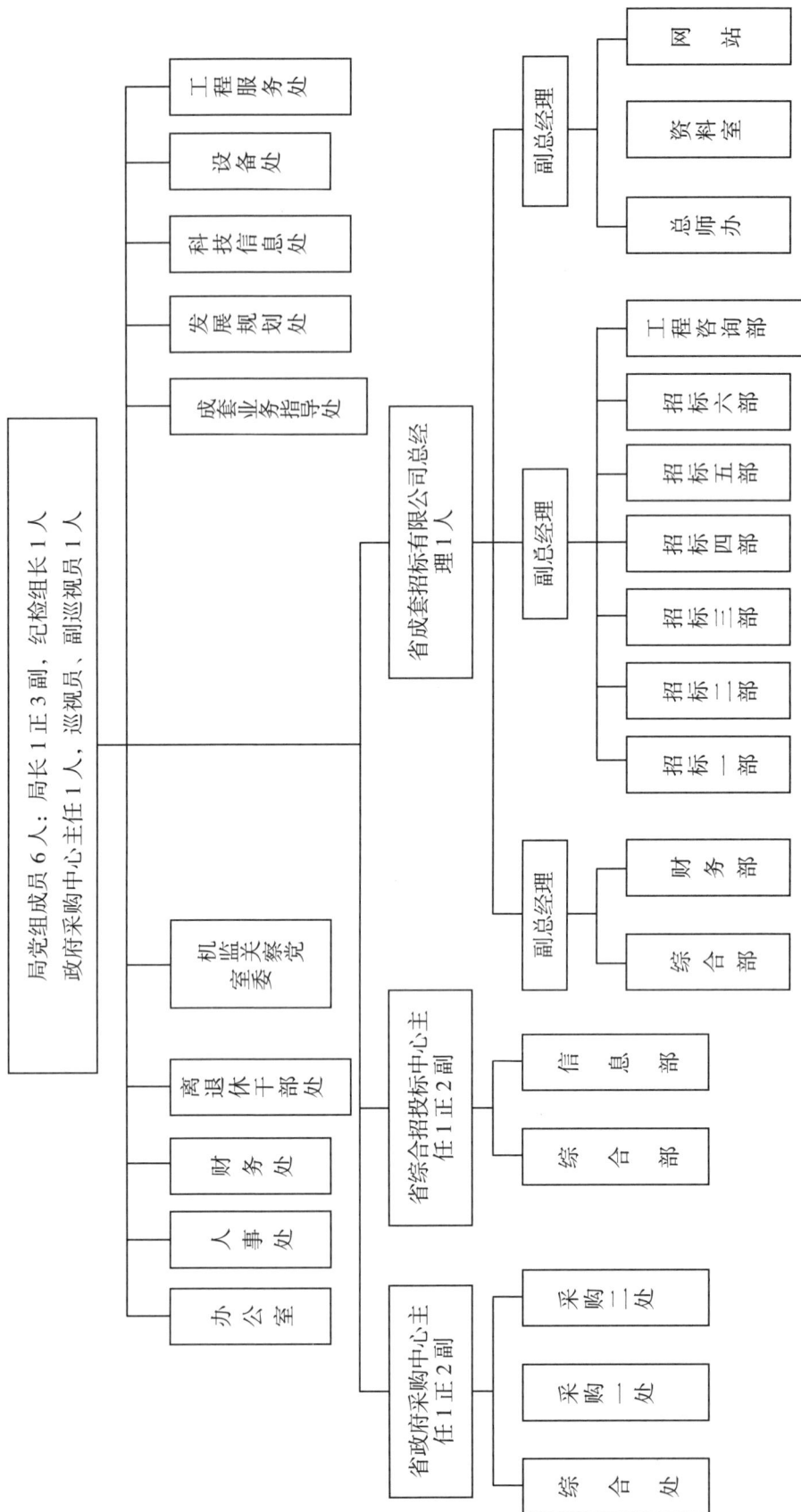

局党组成员 6 人：局长 1 正 3 副，纪检组长 1 人，
政府采购中心主任 1 人，巡视员、副巡视员 1 人

办公室
人事处
财务处
离退休干部处
党委监察室

省政府采购中心主任 1 正 2 副
综合处
采购一处
采购二处

省综合招投标中心主任 1 正 2 副
综合部
信息部

成套业务指导处
发展规划处
科技信息处
设备处
工程服务处

省成套招标有限公司总经理 1 人

副总经理
综合部
财务部

副总经理
招标一部
招标二部
招标三部
招标四部
招标五部
招标六部
工程咨询部

副总经理
总师办
资料室
网站

2000年12月，根据《国务院办公厅关于印发国家经贸委管理的国家局机构改革和国家经贸委机关内设机构调整方案的通知》（国办发〔2000〕第81号）和国家经贸委、中央机构编制委员会办公室、财政部、劳动和社会保障部等4部门联合下发的《关于原国家国内贸易局设备成套管理局管理体制改革的实施意见》（国经贸人事〔2001〕第827号）的有关精神，全国机械设备成套系统28个省、市、自治区机械设备成套局整建制下放地方管理。

2003年10月，湖北省人民政府印发《关于组建省政府采购中心、省综合招投标中心的通知》（鄂政发〔2003〕第39号），随后，省编委先后下发省政府采购中心、省综合招投标中心机构编制方案，明确省政府采购中心为省政府直属副厅级全额拨款事业单位，中心主任参加成套局党组，党群和后勤服务工作由省成套局党组统一管理；省综合招投标中心为全额拨款事业单位，挂靠省成套局，其内设机构按相当正处级机构对待。

2006年10月19日，湖北省人民政府办公厅下发《关于印发湖北省招标投标工作管理委员会办公室机构编制方案的通知》（鄂政办发〔2006〕第95号），批准组建"湖北省招标投标工作管理委员会办公室"，同时撤销"湖北省机械设备成套局"，明确省招投标管理办公室是省招标投标工作管理委员会的日常办事机构（正厅级），同时又是省政府负责全省招投标市场的综合监督管理机构。

湖北省机械设备成套局机构演变见图1-1。

2006年湖北成套局系统组织机构图见图1-2。

第二节　主要职责

湖北设备成套机构的职能，伴随着计划经济和社会主义市场经济两大经济体制的转换，根据国家不同时期的经济建设方针和产业政策，经历了一个不断调整、拓展、改革和发展的过程。

设备成套机构建立初期，湖北省机电设备成套公司的主要职责是：

1. 根据设备成套范围，编制年度和季度的设备配套计划。

2. 根据中央安排的计划，成套公司有权与生产厂签订生产合同，与使用单位签订供货合同，负责组织和供给成套设备。

3. 检查配套设备安排生产的情况，并督促交货。

4. 按成套目录，如期、如质、如量地供应成套设备，并按期向省市生产部门、建设部门、计划部门、大协作区办公厅及第一机械工业部提交报告。

5. 了解成套目录以外的设备供应情况，及时向建设部门及机械生产部门反映情况。

从1962年到1966年，由于国家采取系列措施加强设备成套工作，湖北省机电设备成套局的职能相应拓展，成套供应范围和服务范围逐步扩大，由过去组织大量单机配套、机组和项目补套，发展到主要组织项目成套，并担负起大型项目的设备全面成套。这一时期成套局的主要职责是：根据国家确定的成套项目，按照设计文件设备清单进行设备分交，即审定设备的需要数量、规格型号和设备供应范围，划分供应渠道，然后报机电成套总局，经全国平衡后，由机械制造部门成套地安排生产，并由成套部门组织供应。

从1972年设备成套工作重新恢复到1978年，湖北设备成套工作性质和职责任务基本没有改变，这期间国家和省计划部分每年都遴选一批重点项目交由成套局合理地安排使用有限资源，确保项目按期建成投产。

1979年国家机械设备成套总局成立后，湖北成套局的主要职责是：

1．在国家统一计划下，根据国家确定的成套项目，按照设计所需设备，组织设备分交，并按以需定产的原则，组织有关生产主管部门进行设备成套预安排、成套生产和供应。

2．协同生产主管部门在单机成套的基础上，积极发展机组成套、系统成套、车间成套，发展新产品，增产短线、缺门产品，不断提高设备的成套水平和技术水平。

3．对于国外引进的项目，派人参与谈判，并做好国内设备配套的衔接工作。

4．对国家成套项目安排的设备，统一组织调剂、调度。

中共十一届三中召开以后，随着基本建设管理体制、机械工业管理体制和物资管理体制改革的逐步深化，国家要求设备成套部门要积极创造条件，使设备成套工作由行政管理改为经济管理，并逐步向专业化、企业化的公司过渡，实行独立核算，自负盈亏。因此，设备成

套机构的职能和组织成套方式、方法也随着形势的变化发生改变。1984年11月，根据国家计委、城乡建设部、中国人民建设银行、机械工业部联合印发的《机械工业部成套设备承包暂行条例》的规定，湖北成套局的主要任务是：承包国家重点建设项目及计划内的其他基本建设和技术改造项目所需成套设备的供应和技术咨询业务。1988年8月，物资部、机械电子工业部联合致函各省、自治区、直辖市人民政府，明确各地成套局的主要任务是：负责组织本地区基本建设和技术改造项目所需设备的成套供应及成套服务；推行设备承包责任制和招标投标制。

进入90年代，随着社会主义市场经济体制的逐步确立，国家指令性计划分配产品大幅度减少，指导性计划和市场调节的比重日趋扩大，指令性计划最终取消。同时，建设项目进一步放开，项目投资主体呈现多元化，建设单位有权自主选购所需设备。为适应改革形势的要求，湖北成套局进一步转变职能，开始在建设项目中全面推行招标投标制。1992年9月，湖北省机构编制委员会批准成立"湖北省设备招标办公室"，负责省内重点项目所需国内成套设备的招标工作。1993年5月，根据国内贸易部有关通知，湖北成套局的主要任务是：为基本建设和技术改造项目提供成套设备和技术服务，开展设备招标、监理和咨询。1997年6月，湖北省机构编制委员会对省设备招标办公室的职责及服务范围再次作明确、具体的规定，即负责省内建设工程所需设备的招标工作。

2000年12月，全国各省、市、自治区成套局整建制下放地方管理。在国家国内贸易部设备成套管理局与湖北省人民政府签署的《湖北省机械设备成套局下放地方管理移交材料》

中，明确"为保证体制改革的顺利进行和平稳过渡，湖北省机械设备成套局承担的项目成套、招标、监理等职能不变，具备的相关资质继续有效"。

2002年1月，湖北省人民政府办公厅印发《湖北省机械设备成套局机构编制方案》，明确成套局主要职责是：

1. 贯彻执行国家有关方针政策和法律法规，研究全省设备成套工作的现状和趋势；编制全省设备成套工作的发展规划。

2. 组织省内成套技术装备的开发应用及咨询；负责指导机电设备信息的开发应用；组织成套机电设备的进出口贸易。

3. 指导省内专业设备成套机构资质认定工作。

4. 受省政府和有关部门委托，承担重大项目所属成套设备的经济评估、技术咨询工作。

5. 认真贯彻国家有关招标投标的法律法规，研究招标投标中的重大问题，向省政府和有关部门提出政策性建议。

6. 承办上级交办的其他事项。

2006年10月，湖北省机械设备成套局撤销，同时成立湖北省招投标管理办公室，其主要职责是负责全省招投标市场的综合监管工作。

第三节　内设机构

湖北成套局的内设机构是本着精简、效能的原则，根据各个历史时期的设备成套任务，结合实际工作需要，适应改革发展的需要，不断调整、变化，并逐步健全的。

1959年6月至1964年3月，湖北成套机构行政级别为县（处）级。创建初期，当时缺乏实践经验，全国各省、市、自治区成套部门的内设机构设置没有统一的规定，一般多根据国家和省下达的设备成套任务以及项目所涉足的行业自行确定。50年代末、60年代初，正值全国大规模推进新型工业化建设，湖北作为国家工业化建设的重要基地，在建项目特别是大中型项目较多，设备成套工作任务相对较重。湖北成套部门成立初期内设七个科室，即办公室、机械设备科、冶金设备科、电力设备科、轻工化工燃料设备科、地质建工林业设备科、邮电交通铁道设备科。随着设备成套供应范围和服务范围的扩大，以后又增设了党支部人保科、通用产品科、储运科、财务会计科。

从1964年4月国务院、湖北省人委批准湖北成套局升格为一级厅（局）到1968年9月成套局撤销的四年多时间里，其内设机构一直保持二室二处未有变动，即办公室（含行政财务科）、政治工作室（后改为政治处）、项目处、产品处。

1972年12月，湖北成套局恢复，改为湖北省革命委员会物资局设备成套局，内设一室三科，即办公室、项目科、产品科、人保科。

1975年7月，湖北成套局从湖北省物资

局划出,改为湖北省革命委员会机械设备成套局,其内部机构设置为:办公室、政治处、项目一处、项目二处、产品处。1978年增设技术室。

70年代末、80年代初,鉴于设备成套工作的发展变化,湖北成套局对内部职能处室进行多次调整:1979年11月,为有利于国家成套项目和地方成套项目的管理,将项目处分为项目一处(分管国家成套项目)、项目二处(分管地方成套项目)。1980年,着眼于进一步加强管理,又将地方成套项目处改为一条龙的管理办法,即从项目工作到产品工作统一管理,从而使两者衔接更加紧密,缩小了矛盾范围,加快了办事进度,解决了项目与产品的某些脱节问题,在一定程度上提高了工作质量和效率。同时,经国家机械设备成套总局批准,成立了"湖北省机械设备成套服务公司",对外开展服务工作,并在原技术室基础上组建了综合处(含财务)。1981年,经请示国家机械设备成套局同意,将两个成套项目处合并为一个处,原项目二处的产品组归口到产品处,设备成套服务公司对内属产品科,综合处的财务划归办公室,成立财务科。

1987年,国家机电产品市场进一步放开,建设项目所需设备除少量重要的通过国家计划订购安排之外,大量的都由市场调剂解决。为了增强市场开拓能力,扩大业务范围,加强服务深度,在原有工作任务基础上开展招标、投标、租赁等业务,更好地为国家和地方项目服务。湖北成套局在明确界定职能的前提下,撤销合并职能相近的机构,增设财务处、人事处,项目处一分为二,并将原技术服务处改为综合技术处,扩大职能,作为全局技术、业务、经营活动的参谋部和协调部。这次调整后,局内设机构为七个处室:

综合技术处:负责业务综合协调、技术咨询、技术情报、统计和组织招标、开展设备租赁;

项目一处:负责轻工、化工、纺织、商业、机械、汽车行业;

项目二处:负责冶金、建材、城建、军工行业和地方小水电、小火电;

设备处:负责组织设备供应(下属机械设备成套供应公司,负责组织地方小型项目和乡镇企业的设备成套供应);

财务处:负责经营、财务核算及管理;

人事处:负责干部管理、劳动工资发放、老干部工作;

办公室:负责文秘、机要档案、行政后勤(含食堂和招待所管理)。

从90年代初开始,国家在设备成套系统全面推行局长任期目标责任制,要求各单位从内部管理体制到经营机制都按企业化的模式进行运作。据此,湖北成套局根据湖北经济社会发展的实际需要,结合本局具体情况,建立了以"强化一线,精简二线"为原则的内部机构设置管理办法,先后在内部组织机构上实施了两次较大的调整和改革:

第一次是1992年报经物资部机械设备成套管理局批复同意后实施的内部机构改革,其机构设置为:

项目一处:负责机械、汽车、轻工、纺织、交通行业基本建设、技术改造项目国内机电设备的成套及重点建设项目的现场服务。

项目二处:负责冶金、建材、城建、农排、水电、电力、军工行业基建、技改建设项目国内机电设备的成套及重点建设项目的现场服务。

项目三处:为石油化工行业基建、技改建设项目提供国内成套装备和成套技术服务。

招标处:承办省内列入成套的基建、技改

建设项目所需机电设备的委托招标业务，负责投标单位的资格审查等。

综合技术处：负责成套业务综合计划、技术咨询、情报资料管理、统计报表，常用机电设备数据库报价。机电设备成套丙级单位资格审查和监督。

湖北省机电设备成套技术中心：在综合技术处的基础上组建的全民所有制的事业单位。该中心的主要服务范围是：参与项目的设计审查；提供机电设备技术经济信息；帮助设计单位进行机电设备的选型；对外开展设备咨询业务。

设备处（对外已登记注册为湖北省机械设备成套物资供销处）：除设备处负责组织供应湖北省内生产企业的机电设备，计划内汽车调拨外，供销处还主营计划外汽车，机、电仪设备；兼营成套设备租赁及仓储。

开发处：主要负责对省计委、经委、各厅局和地市联络处的联系，并面向湖北省九个经济开发区服务。

开发处下设物资站（已登记注册）负责组织供应生产机电设备的企业所需钢材、生铁及成套机电设备的租赁及咨询服务。

宜昌办事处：为三峡工程及相关建设项目提供优质的成套设备和成套技术服务，办事机构挂靠宜昌市计委。

同时还设有财务处、人事处、办公室等机构。

第二次是1998年报经国内贸易部机械设备成套管理局批复同意后实施的内部机构改革，其机构设置为：

办公室：协助局领导组织机关办公，局重要活动的督察；负责全局业务统计、调查研究，规章制度建设；负责对上级和友邻单位的联系；负责局文秘机要情况综合；负责局行政事务和后勤保障工作及办公大楼安全保卫；负责局水

电、房地产管理；负责承担本局各处室职责范围覆盖不到的其他工作；负责局机关党委日常工作。

项目一、二、三处：负责全省范围内的基本建设、技术改造、项目承揽、工程咨询、工程承包、项目管理、设备供应、设备监理、现场服务，并会同招投标处进行设备招标投标。

招投标处：推行工程项目设备招投标工作及工程咨询；编发招投标简报，编制招投标单位标书，投标单位资格审查，评标决标监督，组织开展合同签订后的协调服务；负责与招投标管理单位的联系；参与地方有关招投标法规的制定和相关政策的研究。积极承揽国际招标投标工作。

机电处（成套机床设备有限公司）：负责重点项目建设机电设备供应及招投标工作。开发建设机电市场，做好生产企业的联销代理工作，提高资金利用率。

设备处：负责机电产品的成套供应及生产企业的联销代理工作，开展特色机电产品的营销，开拓中、小型基本建设、技术改造、项目承揽及招投标工作和现场服务。

材料处（含信息中心）：负责工程设备的咨询；负责开发项目资源，将经营与招投标工作相结合。根据市场信息，做好原材料供应。加强库存物资的管理，做好相关业务的开发，提高资金周转率。

房产处（含招待所）：负责全局房屋出租、催、收房租（含水电费、招租电话费），并及时了解收款情况和日常管理；负责招待所管理。

财务处：贯彻执行国家和地方财经政策、法规、制度、纪律，并定期向局业务人员讲授有关项目管理和经营方面的财务知识；负责局财务、资金、票据管理和会计核算工作；负责全局财务计划，信贷借款计划，月报、季报及

经济分析，年度预、决算工作；做好经营单位的销售成本、销售收入和利润的核算；负责全局各项资金筹集，清理欠款，盘活资金，提高资金利用率工作；负责局企业法人营业执照的申报、登记、年检工作，协调好与工商、财政、税务部门的关系；协助有关部门做好养老保险、医疗保险、失业保险工作；监管局审计工作。

人事处：负责局机关内部机构编制、干部考察、调配、培训教育，人事劳资和专业技术职务评聘工作；负责检查全局职工执行劳动纪律、奖金分配、劳保福利待遇执行情况；负责局职工办理社会保险、医疗保险、失业保险工作；负责局纪检监察工作；负责局安全保卫工作；负责局离退休人员管理和生活服务工作。

进入 21 世纪，随着招标业务的快速扩张，湖北成套局于 2001 年 2 月撤销办公室，成立综合办公室，负责全局招标业务的指导、协调和管理以及相关基础建设工作。同时撤销房产处成立行政处，材料处更名为项目四处。

2002 年 1 月，根据湖北省人民政府批准的《湖北省机械设备成套局机构编制方案》（鄂政办发〔2001〕第 145 号），湖北成套局内部机构设置为：

办公室：组织、协调机关日常工作；负责有关文件的起草及局决定事项的交办、催办；负责制定并实施机关工作规则及办文办事制度；负责管理机关文秘、机要、档案、信息、宣传、文印工作；承担局领导交办的其他工作。

财务处：贯彻执行国家有关财务会计、国有资产管理、审计等法规和制度，并组织落实；负责局机关、所属单位的经费和其他资金的管理；负责资金筹集和融通；负责国有资产保值增值；负责局属资产经营责任制度的落实及其考核工作。

成套业务指导处：负责成套业务的综合管理；组织省内成套技术装备的开发和应用；组织指导成套设备的进出口贸易；承办局系统相关资质、证照的申报工作。

发展规划处：贯彻执行国家有关方针政策和法律法规，研究全省设备成套工作的现状和趋势；编制全省设备成套工作的发展规划，研究招标投标工作的重大问题，及时向省政府和有关部门提出政策性建议。

科技信息处：组织指导省内成套设备的经济评估、技术咨询工作；负责成套设备信息交流、发布和推广应用；负责成套招标投标信息网络的建设和管理。

设备处：会同省计委、省经贸委、省外经贸厅等部门的业务处室，组织指导和监督局直属单位的设备招标投标工作，负责对重大设备招标投标的文件进行审核和技术资料归档。

工程服务处：承担省设备招标办公室的日常工作。负责对中标设备安装工程进行指导和监督，提供技术咨询和服务。

人事处（挂离退休干部处牌子）：负责局机关和局直属单位队伍建设；组织拟定人力资源开发规划和人力资源管理制度；负责局机关和直属单位的机构编制、人事任免、劳动工作、保险福利、职称申报和教育培训工作。

机关党委（挂监察室牌子）：负责局机关和直属单位的党群工作；配合各处室做好职工思想政治工作；负责机关作风建设和精神文明建设；承担有关纪检监察方面的工作。

第四节 党组设置与领导班子配备

1964 年，湖北成套局机构建制由县（处）级升格为厅局级。当年 10 月 7 日，中共湖北省委决定设立湖北省机电设备成套局分党组，由刘贺先、刘义滨、杨金祥三人组成。刘贺先任分党组副书记。

1965 年 7 月 5 日，中共湖北省委任命刘学为湖北省机电设备成套局分党组书记，主持全面工作。

1972 年，设备成套工作恢复，成立湖北省物资局机械设备成套局，同时成立党委，由张继芝、盛林、王孟礼三人组成。张继芝任党委书记，主持全面工作。

1975 年 12 月 24 日，中共湖北省委以鄂文〔1975〕第 27 号文批复，同意成立中国共产党湖北省机械设备成套局临时委员会，由刘学、刘贺先、秦复浩、司友三、张继芝、刘桐等六人组成。刘学任临时委员会书记，主持全面工作。

1977 年，中共湖北省委批准成立中国共产党湖北省机械设备成套局党组，刘学任党组书记。此后 20 多年间，王永录、王荣钧、王文春、徐振华、王佑民、刘源超等六人先后任成套局党组书记，主持全面工作。

湖北省机械设备成套局历届领导班子成员任职情况表

湖北省机电设备成套公司
（1959 年 6 月至 1960 年 6 月）

姓名	行政职务	党内职务	任职时间
李叶伍	经理（省机械工业厅副厅长兼）	—	1959 年 6 月至 1960 年 6 月
刘义滨	副经理	省机械工业厅党组成员、公司支部书记	1959 年 6 月至 1960 年 6 月

湖北省机电设备成套公司
（1960 年 6 月至 1961 年 11 月）

姓名	行政职务	党内职务	任职时间
刘义滨	经理	省机械工业厅党组成员、公司支部书记	1960 年 6 月至 1961 年 11 月
姚世英	副经理	—	1960 年 6 月至 1961 年 11 月

湖北省机械工业厅机电设备成套局
（1961 年 11 月至 1964 年 4 月）

姓名	行政职务	党内职务	任职时间
刘义滨	局长	省机械工业厅党组成员	1961 年 11 月至 1964 年 4 月
姚世英	副局长	支部书记	1961 年 11 月至 1964 年 4 月
崔春荣	副局长	–	1961 年 11 月至 1964 年 4 月

湖北省机电设备成套局
（1964 年 4 月至 1968 年 5 月）

姓名	行政职务	党内职务	任职时间
刘学	局长	分党组书记	1965 年 3 月至 1968 年 5 月
刘贺先	副局长	分党组副书记	1964 年 10 月至 1968 年 5 月
杨金祥	–	分党组成员	1964 年 10 月至 1968 年 5 月
刘义滨	–	分党组成员	1964 年 10 月至 1968 年 5 月

湖北省物资局机械设备成套局
（1972 年 10 月至 1975 年 7 月）

姓名	行政职务	党内职务	任职时间
张继芝	局长	党委书记	1972 年 10 月至 1975 年 7 月
盛林	副局长	党委成员	1972 年 10 月至 1975 年 7 月
王孟礼	副局长	党委成员	1972 年 10 月至 1975 年 7 月

湖北省革命委员会机械设备成套局
（1975 年 7 月至 1979 年 5 月）

姓名	行政职务	党内职务	任职时间
刘学	局长	临时党委书记	1975 年 7 月至 1979 年 12 月
刘贺先	副局长	临时党委副书记	1975 年 7 月至 1978 年 8 月
司友三	副局长	临时党委委员	1975 年 7 月至 1979 年 12 月
范景新	副局长	临时党委委员	1976 年 4 月至 1978 年 12 月 （1978 年 12 月 12 日被中央组织部调到第四机工业部工作）
王永录	副局长	临时党委委员	1979 年 5 月至 1981 年 9 月
刘桐	副局长	临时党委委员	1979 年 8 月至 1981 年 9 月

湖北省机械设备成套局

（1979 年 5 月至 1979 年 12 月）

姓名	行政职务	党内职务	任职时间
刘学	局长	党组书记	1979 年 5 月至 1979 年 12 月
司友三	副局长	党组成员	1979 年 5 月至 1979 年 12 月
张继芝	–	党组成员	1979 年 5 月至 1979 年 12 月
刘桐	–	党组成员	1979 年 5 月至 1979 年 12 月

湖北省机械设备成套局

（1979 年 12 月至 1985 年 6 月）

姓名	行政职务	党内职务	任职时间
王永录	局长	党组书记	1981 年 9 月至 1985 年 6 月
刘照书	副局长	党组成员	1981 年 9 月至 1982 年 7 月
司友三	副局长	党组成员	1979 年 12 月至 1983 年 6 月 （1983 年 6 月至 1985 年 12 月，担任省成套局顾问）
王荣钧	副局长	党组成员	1983 年 6 月至 1985 年 6 月
徐振华	副局长	党组成员	1983 年 6 月至 1985 年 3 月
张继芝	–	党组成员	1981 年 9 月至 1981 年 12 月
刘桐	–	党组成员	1981 年 9 月至 1981 年 12 月

湖北省机械设备成套局

（1985 年 6 月至 1986 年 10 月）

姓名	行政职务	党内职务	任职时间
王荣钧	局长	党组书记	1985 年 6 月至 1986 年 10 月
徐振华	副局长	党组成员	1985 年 3 月至 1986 年 10 月
郭一凡	–	党组成员	1985 年 3 月至 1986 年 10 月
王佑民	–	党组成员	1985 年 3 月至 1986 年 10 月

湖北省机械设备成套局

（1986 年 10 月至 1992 年 3 月）

姓名	行政职务	党内职务	任职时间
王文春	局长	党组书记	1986 年 10 月至 1992 年 3 月
傅积霖	副局长	党组成员	1986 年 10 月至 1992 年 3 月

姓名	行政职务	党内职务	任职时间
徐振华	副局长	党组成员	1986 年 10 月至 1992 年 3 月
郭一凡	–	党组成员	1986 年 10 月至 1992 年 3 月
王佑民	–	党组成员	1986 年 10 月至 1992 年 3 月

湖北省机械设备成套局
（1992 年 3 月至 1996 年 3 月）

姓名	行政职务	党内职务	任职时间
徐振华	局长	党组书记	1992 年 3 月至 1996 年 3 月
王佑民	副局长	党组成员	1992 年 3 月至 1996 年 3 月（1992 年 12 月 21 日，经物资部批准，兼任湖北省设备招标办公室主任）
李忠保	副局长	党组成员	1992 年 3 月至 1993 年 3 月
詹建文	副局长	党组成员	1993 年 12 月至 1996 年 3 月

湖北省机械设备成套局
（1996 年 3 月至 2005 年 2 月）

姓名	行政职务	党内职务	任职时间
王佑民	局长	党组书记	1996 年 3 月至 2005 年 2 月
詹建文	副局长	党组成员	1996 年 3 月至 1999 年 3 月
黄仲坚	副局长	党组成员	1997 年 10 月至 2005 年 2 月
甄建桥	副局长	党组成员	2000 年 8 月至 2003 年 8 月
刘鸣	副局长	党组成员	2002 年 10 月至 2005 年 2 月
蔡龙书	副局长	党组成员	2004 年 7 月至 2005 年 2 月
饶建国	–	党组成员	2004 年 8 月至 2005 年 2 月
董培志	–	纪检组组长	2002 年 10 月至 2005 年 2 月

湖北省机械设备成套局
（2005 年 2 日至 2006 年 10 月）

姓名	行政职务	党内职务	任职时间
刘源超	局长	党组书记	2005 年 2 月至 2006 年 10 月
黄仲坚	副局长	党组成员	2005 年 2 月至 2005 年 12 月
刘鸣	副局长	党组成员	2005 年 2 月至 2006 年 10 月
蔡龙书	副局长	党组成员	2005 年 2 月至 2006 年 10 月
董培志	–	纪检组组长	2005 年 2 月至 2006 年 10 月

第五节　参与省有关领导小组

为充分发挥成套工作在地方经济建设中的作用，从80年代末期开始，湖北省人民政府先后吸收成套局为省有关工程建设领导小组成员单位。

1989年，吸收成套局参加省支持二汽发展轿车生产协调服务领导小组、省建设大峪口、黄麦岭矿肥结合项目领导小组、蒲圻造纸厂扩建工程协调领导小组工作。

1992年10月4日，增补成套局为省重点工程建设领导小组成员单位，局长徐振华为领导小组成员。

1996年6月25日，湖北省人民政府办公厅调整省重点工程建设领导小组成员，局长王佑民任省重点工程建设领导小组副组长。

1997年8月2日，湖北省人民政府办公厅以鄂政办〔1997〕第83号文印发了《关于调整省支援三峡工程建设委员会组成人员的通知》，湖北成套局局长王佑民为省支援三峡工程建设委员会组成人员。

1999年3月5日，湖北省人民政府同意增补湖北成套局为省加快农村电网建设（改造）领导小组成员单位。

2004年9月，湖北省人民政府吸收湖北成套局和省政府采购中心为省重点建设项目领导小组成员单位。

第六节　非常设机构

为完成某项综合性、特定性、临时性任务，湖北成套局在历史上曾设立过多种非常设性的组织机构。本节记载的是在成套局不同时期发挥过重要作用而存在时间较短的部分非常设机构。

1976年2月6日，局成立基建工作专班，总负责人为局长刘学，副局长范景新、司友三，具体负责人为办公室副主任邵天心、朱克难，成员由寇学东、王春庭、李国俊、武满如、汪杏琴、盛道轩等六人组成。

1993年7月5日，局成立"二五"普法领导小组，领导小组由分管局长、机关党总支、工会、团支部、办公室等有关人员组成，具体组织实施工作由机关党总支负责办理。

1994 年 8 月 15 日，根据内贸部统一部署和安排，局成立以局长徐振华为组长，人事处、财务处、纪检部门负责人参加的"消费基金检查"领导小组。此次检查的日常工作由财务处负责。

1996 年 8 月 30 日，根据国内贸易部和设备成套管理局关于治理经营活动中"体外循环"问题的通知要求，局成立局治理"体外循环"专项工作小组。王佑民任组长，詹建文任副组长，郑远甫、陈昌泽、董培志、罗南庆、闵洁为小组成员。

1996 年 12 月 26 日，局成立"三五"普法领导小组，领导小组由分管局长、机关党委、工会、人事处、办公室等部门的负责人组成，日常具体工作由机关党委负责。

1997 年 1 月 24 日，局成立工作人员年度考核领导小组，王佑民任组长，詹建文任副组长，郑远甫、董培志、杨昌清、吴格非为小组成员。

1997 年 1 月 28 日，局成立精神文明建设工作领导小组，日常具体工作由机关党委和人事处负责。

1997 年 7 月 23 日，局成立专项治理奢侈浪费工作领导小组。王佑民任组长，詹建文任副组长，李习涛、陈昌泽、董培志为小组成员。

1999 年 3 月 25 日，局成立"三讲"（讲学习、讲政治、讲正气）领导小组。王佑民任组长，黄仲坚任副组长，董培志、杨昌清为小组成员。领导小组办公室设在局人事处。

1999 年 7 月 23 日，局成立处理"法轮功"问题领导小组。领导小组由王佑民、黄仲坚、董培志、杨昌清等四人组成，领导小组办公室设在人事处，具体负责上下联系、要事上报等工作。

2000 年 12 月 12 日，根据省委有关文件精神，为了切实加强局领导班子建设，深入开展争创"学习好、团结好、纪律好、作风好、政绩好"的"五好"活动，经局党组研究，决定调整局领导班子争创"五好"活动领导小组。王佑民任组长，黄仲坚、甄建桥任副组长，董培志、杨昌清、高焕琴、乔治为小组成员。

2001 年 4 月 6 日，湖北成套局制定《关于领导干部廉洁自律专项清理工作实施方案》，并成立领导干部廉洁自律专项清理工作领导小组，王佑民担任组长，黄仲坚、甄建桥担任副组长，董培志、郑远甫、吴格非、杨昌清为小组成员。

2001 年 4 月 16 日，局成立"源头治腐"领导小组，王佑民任组长，黄仲坚、甄建桥任副组长，杨昌清、郑远甫、董培志、吴格非为小组成员。

2001 年 5 月 28 日，为贯彻落实"省直机关精神文明创建工作总结表彰暨'机关作风建设年'活动动员大会"精神，局成立机关作风建设领导小组。王佑民任组长，黄仲坚、甄建桥任副组长，董培志、郑远甫、杨昌清、吴格非小组成员。日常工作由机关党委、人事处负责。

2004 年 12 月，局成立"创建文明单位"领导小组，王佑民任组长，黄仲坚、刘鸣、蔡龙书、饶建国任副组长，政府采购中心、综合招投标中心副主任、局机关办公室、人事处、财务处、监察室、工会、机关党委等负责人为小组成员。

2004 年，局成立"争创党建工作先进单位"领导小组。王佑民任组长，刘鸣、蔡龙书、董培志、饶建国、黄仲坚任副组长，赵康林、胡海滨、李卜清、吴格非、杨昌清、李习涛、张洪泽、乔治为小组成员。

2005 年 1 月 26 日，根据中央《关于在全党开展以实践"三个代表"重要思想为主要内容的保持共产党员先进性教育活动的意见》精神和省委《关于印发〈全省第一批先进性教育活动实施方案〉的通知》的要求，局成立先进性教育活动领导小组。王佑民任组长，黄仲坚、刘鸣、蔡龙书、董培志、饶建国任副组长，赵康林、胡海滨、李卜清、吴格非、杨昌清为小组成员。

2006年3月15日，局成立"自身建设年"活动领导小组，刘源超任组长，刘鸣、蔡龙书、董培志、饶建国、黄仲坚任副组长，杨昌清、吴格非、赵康林、胡海滨、李卜清、刘顶芳、陈防安为小组成员。领导小组的主要任务是：负责全局系统开展"自身建设年"活动的工作部署、指导协调、督促检查及总结讲评等相关工作。

2006年5月23日，为进一步加强局机关档案工作业务建设，局成立机关档案管理争创"省一级"工作领导小组。刘源超任组长，董培志、杨昌清任副组长，李习涛、吴格非、乐绍山、李卜清、刘顶芳为小组成员。

2006年8月21日，局成立处置突发事件协调领导小组。董培志任组长，杨昌清任副组长，严平方、赵康林、李卜清、吴格非、李习涛、乔治、乐绍山、徐进、刘顶芳、徐英侠、肖晗、于德发为小组成员。协调领导小组在局党组统一领导下开展工作，根据省政府处置突发事件领导小组的要求，领导和部署成套局系统处置突发事件工作及完成省政府交办的其他有关工作。

第二章 机械设备成套

湖北成套局是为国家和湖北省的基本建设和技术改造项目组织设备成套供应和提供成套技术服务的专职机构。自 1959 年成立以来，按照国家不同时期的建设方针，先后为国家和地方的 1300 多个大中型建设项目组织供应了各类机电设备，涉及机械、冶金、电力、水利、石油、化工、建材、轻纺、电子、煤炭、交通、城建、军工等十多个行业。这些项目的建成投产，为湖北省的经济社会发展作出了巨大贡献。其中，武钢一米七轧机工程，年产 10 万辆载重汽车的第二汽车制造厂（现东风汽车公司）和总装机容量 271.5 万千瓦的三三〇工程（现葛洲坝水电站），被湖北人民称为"一二三"工程，是带动湖北钢铁、机械和水电工业发展的龙头工程。

第一节 设备成套概况

第一个五年计划期间，中国的机械工业还很薄弱，建设项目所需的成套设备主要依靠进口，国内只能制造一些配套设备。随着第一个五年计划的提前完成，机械工业有了较大的发展，产品品种、产量和生产技术水平有了很大的增长和提高，设备供应自给率逐步上升。与此同时，基本建设规模不断扩大，建设项目逐渐增多，需要大量的成套设备。但由于当时设备管理分散，造成一方面设备大量积压，另一方面设备严重不配套，基本建设周期拖长，给国民经济带来很大的浪费和损失，留下了许多后来长期难以解决的"胡子工程"。据统计，在1958年"大跃进"施工的大中型项目和上年结转的项目中，建成投产的仅有28项，大中型建设项目投产率由1957年的26.4%下降为10.7%，造成这种状况的原因虽然是多方面的，但其中许多项目是由于设备配套不齐而影响竣工投产的。在这样的客观形势下，为适应国家生产建设的发展，中共中央拟设立一个专门的机构来开展设备成套工作。为此，1959年1月中共中央决定在全国成立设备成套机构，当年6月，湖北省相应地成立了机械设备成套公司。

一、设备成套机构的任务

成套机构建立以后，国家多次对成套机构的性质、任务等作出明确规定。60年代初期，国务院对国家计委、一机部关于加强设备工作的报告作了批示，指出"设备成套局（依靠各地的设备成套机构）应当成为国家总管基本建设成套设备的专职机构"。70年代中期，国务院批转了国家建委、一机部《关于加强基本建设项目设备成套工作的意见》（国发〔1974〕第91号），明确指出：对基本建设项目需要的设备，实行成套地安排制造、成套地组织供应，是保证基本建设项目按计划建成投产的重要环节，是多快好省地进行社会主义建设的一个重要措施，对改进订货、促进机械工业发展具有重要作用。各地区各有关成套部门要认真总结经验，进一步加强对设备成套工作的领导，按照精兵简政的原则，建立健全有关部门和省、市、自治区的设备成套工作机构，尽快把工作开展起来。此后，国家有关部门也多次强调：机械设备成套工作是一项经济合理地开发、利用设备资源，为国民经济各部门装备成套设备，比较复杂的、系统的、综合性的组织工作。它以国家计划为前提，以项目设计为依据，组织生产、建设、分配各部门，通力协作，密切配合，对建设项目的所需设备，实行成套安排生产、成套组织供应，使项目尽快建成投产，发挥投资效益。

1985年以前，国家对基本建设成套项目实行分级管理，一些技术装备复杂的项目，由国家统一组织设备成套供应，一般性的地方项目由省成套机构在成套总局的支持下自行组织设备的成套供应。成套项目中，对生产周期长的大型专用设备，按长期计划和设计文件实行预安排，以保证建设进度的需要。

设备成套工作体现在设备供应上，要求做到三点：即按量、按质、按时交货，三者缺一都不符合对建设项目实行成套供应的要求。主要工作包括：根据批准的计划任务书，与设计单位进行衔接，了解设计情况，参加设计审查，提供设备选型意见等前期工作；进行设备分交，明确和核对列入成套供应的设备数量、订货技术条件、供货的时间安排；做好项目建设中期和后期管理工作，了解设备的生产和交货情况，进行必要的调度，做到按要求交货期交货，处理合同纠纷及设备的退货、调剂、变更工作，直至项目的试车投产及回访、信息反馈工作。

二、设备成套工作的基本程序

60 年代至 80 年代末期，设备成套工作的基本程序是：

1. 确定成套项目：经国家计委、经委、建委计划确定的，由设备成套总局统一组织供应设备的项目称国家成套项目。经省计委、经委、建委计划确定的，由湖北成套局组织供应设备的称地方成套项目。经确定列入成套的项目，具有必要的设计文件和技术资料，即可办理设备分交。

2. 开展前期工作：在项目破土动工之前，湖北成套局要做好设备成套的前期工作，主要有：参加设计审查、了解设计进度和存在的问题、熟悉工艺流程、主要设备用途。配合设计单位优化设备选型，推广使用节能、高效产品，对设计中选用的机组、系统成套及需要试制的新产品，与制造部门做好技术衔接工作，对制

造周期长的大型专业设备实行预安排。

3. 办理设备分交：设备分交的任务是确定供应范围，划分供应渠道，明确供应责任。设备成套机构会同项目单位，按批准的设计所附设备清单，商定由成套部门供应的设备和按建设进度的要求确定提供设备的时间，编制设备需要清册，用以明确成套部门对该建设项目承担供应设备的具体任务。

大中型项目的设备分交工作，在建设项目初步设计完成后（三段设计为技术设计）即可进行设备分交，一般采用"两段法"。第一段，在扩初设计批准后，先由主管项目的工程技术人员进行分交准备工作，先拟定分交清册的草稿和分交设备的草卡，再逐张核对技术参数是否完整或出错，无误后再正式由项目单位编制成套项目订货卡片和清册。国家成套项目的订货卡片在右上角注明所属行业，如"电力""水利""冶金"等，军工项目则以"01"—"015"区分。地方成套项目的订货卡片，在右上角注有"湖北"两个大字。同时在订货卡片上盖有"国家合理工期项目""国家重点项目""地方重点项目"等区分项目性质的印章，便于排产，分交清册和订货卡片均一式七份。第二段，待国家和省里固定资产投资计划确定后，按照基本建设程序，组织建设单位等部门进行设备总体分交或年度分交。根据施工图出图的情况和协议的规定，还要进行若干次补充分交。

4. 成套设备的排产、预安排与组织供应：成套项目所需设备的安排生产本着"安排工厂择优、安排生产优先、设备供应优先"的三优原则，按照国家合理工期、大中型、国家专项、地方项目等不同项目性质和设备类型，分别报部或省，纳入国家和省生产计划。具体办法为：

国家成套项目所需一机部（1981 年后该部先后改为国家机械委、机械工业部、机械电子

工业部）生产的产品，包括一机部生产其他部分配的产品，由一机部会同有关分配部门召开各省、市、自治区机械制造主管部门、设备成套部门等单位参加的排产会议，集中进行平衡排产，并请项目主管部门派代表参加会议，了解情况，商量解决排产中的问题。

省内国家直属、直供项目的设备订货卡片，湖北成套局办理设备分交后，送交设备成套总局。地方国家成套项目的设备订货卡片，在地方办理设备分交后，由省成套局会同机械制造部门提出本地生产建议，连同分交清册和设备订货卡片报设备成套总局。设备成套总局统一审核后，提交一机部的排产会议。排产按三级成套原则进行，即先在项目所在省、市、自治区划厂排产，后在协作区和全国范围划厂排产。排产结果由一机部正式下达任务，由各省、市、自治区机械制造部门、设备成套部门在地方组织订货。

湖北省地方成套项目所需下放产品，由省内负责解决。省内确实因技术问题不能生产的产品，由一机部统筹安排，各部直属、直供项目所需下放产品，仍从下放产品的上调量中加以解决。

一机部以外其他部生产分配的产品，在一机部产品排产会议的同时，由国家建委商请有关产品主管部门进行安排。大型、专用、非标设备和需要试制的新产品，由成套部门会同建设单位、设备制造厂和设计部门进行技术交底和衔接工作，报一机部下达专项生产计划。

湖北省地方成套项目所需设备，由省成套局编制成套项目设备年度需要计划，在国家预拨会前报省计委和有关分配部门平衡后安排生产。省内不能生产的设备由国家调入资源中优先满足成套项目需要，调入资源仍不能满足的设备，由省成套局会同有关生产主管部门向省

计委报告，另行安排解决。具体办法为：由成套局和物资局分别报送设备成套总局和国家物资总局申报解决；或省计委拨出部分物资，由产品分配部门组织协作加工安排解决。

1988年全国设备成套机构归属物资部管理后，物资部印发了《国家重点成套项目需要机电设备安排供应办法》和《国家合同订购机电产品管理办法》，据此，国家重点成套项目设备安排办法为：

国家重点成套项目所需设备，属指令性计划和国家合同订购产品，由物资部设备成套司负责汇总需要量，落实资源，组织订货；属于产需衔接和自由采购部分，由项目承包单位解决，确有困难的可委托中国机电设备成套服务中心组织协调。

成套设备要实行成套预安排。有条件的可按项目建设进度一次安排生产、分年进行交货；大型专用设备也可提前在设计任务书批准后进行安排。

对国家重点基建项目和重点技改项目所需成套设备，通过招标投标择优选定，中标的设备属于国家指令性和合同订购的产品纳入国家指令性计划和合同定购任务，并安排主要材料。

5. 成套项目的管理：其主要内容包括分产区、分单项工程建立项目台账并注明关键设备的标记；定期深入现场了解项目的施工进度、设备到货情况等，及时发现问题，尽量帮助解决或向有关部门反映；参加项目现场的调度会和办公会，及时做好设备的催交和调度；组织生产厂家到现场，指导安装调试和处理各种技术质量问题，处理设备缺件以及技术资料短缺等事宜；按规定做好项目的统计报表。

项目投产后，要及时清理有关资料，编目装订成卷宗，交给业务档案室归档。大中型项目管理的工作程序如图 2-1：

图 2-1　大中型项目管理的工作程序图

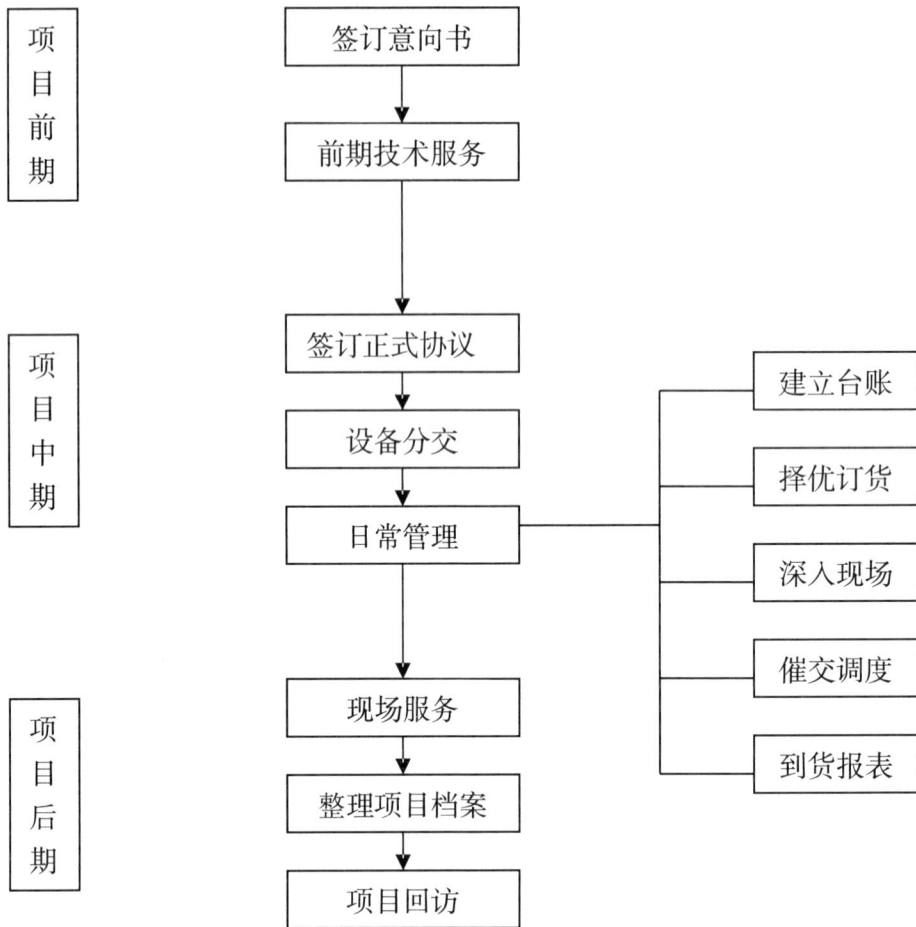

三、设备成套工作的行政规章

1979 年 8 月 17 日，国家基本建设委员会、国家计划委员会、国家经济委员会以〔1979〕建发成字第 408 号文下发了《关于颁发〈国家基本建设成套项目设备成套工作暂行条例〉的通知》。该《条例》是自全国设备成套机构成立以来国家颁布的第一部设备成套工作的行政规章，共 9 章 24 条。第一章总则，规定了国家机械设备成套总局及其所属机构是负责国家基本建设成套项目设备成套工作的专职机构。在国家统一计划下，负责组织国家成套项目所需设备的成套生产和供应。第二章国家成套项目的

确定，明确规定国家基本建设计划中，需要成套设备的建设项目（包括国外引进需要国内配套和重大革新改造的项目），原则上均可列为国家成套项目，由国家计委、国家经委、国家建委根据各部门、各地方的要求，结合长远计划分批审查确定；新建项目在计划（或设计）任务书批准后，或审查初步设计前确定。第三章设备成套范围，规定凡国家成套项目设计需要的设备，除现场自制和市场采购外，统配、二类及各部分配的机电设备原则上都纳入成套供应范围。第四章设备分交，规定国家成套项目的设备分交，由成套部门会同建设项目主管部门共同组织办理，并酌情邀请有关项目设计单

位、设备生产主管部门、建设银行等参加。地方国家成套项目，由地方成套局与地方主管部门组织办理，办理结果分别报成套总局和中央主管部门。第五章编制成套设备供应计划和安排生产，规定国家成套项目每年安排的设备，由成套总局与有关分配部门参照历年成套设备实际订货数占国家计划设备总资源的大体水平。结合当年实际情况确定一个总量（各类具体品种，根据成套项目需要安排），在这个范围内，成套总局根据国家批准的成套项目计划负责安排好当年需要的设备。确有困难时，可报国家计委、国家经委、国家建委研究，或增拨指标、

或调整建设计划。第六章成套设备的调剂调度，规定国家成套项目设备的调剂调度，由成套部门统一组织进行，并充分发挥成套网的作用，按照成套项目的建设进度，抓好设备的交货和调剂调度工作。第七章关于经济合同，随着国家经济体制改革逐步试行负有经济责任的合同制。第八章关于地方成套项目，明确各地成套局根据地方资源条件负责地方项目的设备成套工作，成套总局应组织各地方成套局互通有无，相互支援，协助解决地区不能生产的少量设备。第九章附则，明确设备成套工作的各项具体管理办法，由设备成套总局根据本条例另行制定。

第二节　项目设备成套

一、国家项目的设备成套

"一五"期间，国家在湖北投资建设的武汉钢铁公司一期工程、青山热电厂一期工程、武汉重型机床厂等一批重点工程，其主要设备都是由苏联和东欧国家提供的。1959 年，湖北省机电设备成套公司成立之后，主要完成这批项目的补套收尾工作，同时承担了 37 个新建项目的国内设备成套任务，全年组织统配部管设备 5666 台件。由于各部门协同配合与共同努力，当年建成投产的项目即占总施工的71.6%。

1960 年，设备供应采取划指标的办法，即按照"归口安排、统一下达、分户记账、分头订货、地方调剂"的订货方法，公司组织成套

项目 57 个，提供成套设备 9566 台件，项目覆盖冶金、石油、化工、机械、纺织、林业、水产、邮电、铁道、地质等十多个行业。成套项目的设备在数量、品种、规格的满足上，较一般建设项目为好。其中当年建成投产的项目有25 个（简易和部分），完成设备交货 7340 台，占全年任务的 77.5%。如长航局青山修船厂1958年破土动工时，施工用电和民工生活用水极为困难，1959 年 3 月列入成套项目后，在一年内通过成套供应设备，建成了 3.7 千米，输电能力为 6000 千伏安的双回路高压输电线路及日产6000 吨的自来水站，两项工程均于当年上半年建成投产。

1958 年至 1960 年以全民"大炼钢铁"为中心的"大跃进"运动造成国民经济比例严重

失调，1961 年中共中央提出"调整、巩固、充实、提高"的八字方针。当年，国家大幅削减基本建设投资，湖北省基本建设总投资为 5.32 亿元，比上年减少 10.66 亿元，下降 66.7%，其中停建、缓建的基本建设项目达 500 多个。当时只保留了青山热电厂 5 万千瓦机组安装、华新水泥厂、武汉钢铁公司的一号平炉系统工程、白莲河水电厂、湖北齿轮厂等少数成套项目。在确保重点项目设备成套供应的同时，公司还承担了大批停缓建项目设备的退货、收购、储备、改制工作，当年共收购停缓建项目库存和闲置的设备及小件产品 10500 多台件，价值 1 亿元左右，避免了大量设备的散失浪费，解决了部分建设项目的设备缺口。

从 1962 年开始，对成套项目实行由成套机构统一订货的办法，经过平衡，集中资源，按设计的要求，用成套安排生产、成套组织供应的方式，确保重点项目的设备成套供应。据统计，1962—1965 年四年间，湖北成套局共组织国家成套项目及单项工程 125 个，其中：1962 年有 18 个项目，其设备交货率为 96.2%；1963 年有 29 个项目，设备满足率为 84%，其中 100% 满足需要和保证施工进度的有 22 个项目；1964 年有 43 个项目，满足程度达 90% 以上；1965 年 35 个项目，满足水平达 99.9%。这些项目包括丹江、陵水、富水、白莲河等一批水电站；扩建青山、黄石两座大型火电厂，新建沙市、襄樊火电厂，110 千伏级的锅顶山等一大批输变电工程；武钢双二百（二百万吨铁、二百万吨钢）联合生产成套设备、大冶有色公司的矿山及冶炼工程、大冶钢厂扩建、鄂城钢厂的填平补齐项目；公安黄山头等一批较大的农业电排站、荆州等十四个农机大修厂；武汉肉联扩建万吨冷库、武汉综合制材厂、汉阳纸厂扩建及碱回收工程、应城盐矿、武汉国棉二厂、沙市棉纺印染厂、中南橡胶厂、鄂西化工厂、沙市农药厂、武汉制氨厂、应城膏矿、华新水泥厂扩建工程、湖北省拖拉机厂、武汉汽轮发电机厂以及在湖北的一批国防军工建设项目。

此时期，由于国民经济调整，国家财力、物力存在一些困难。为大力发展社会主义经济建设，1964 年国家作出了"集中力量打歼灭战"的战略部署。当年，国家计委、经委确定全国成套系统实施打歼灭战试点项目为 47 个，其中确定在湖北地区成套项目中组织成套打歼灭战试点有华新水泥厂、武汉机床厂、武汉机床附件厂、武汉汽车配件厂 4 个项目。同时，由湖北承担全国打歼灭战试点项目的设备供应任务有 40 个项目。为了完成国家下达的任务，湖北成套局从落实设备订货，检查生产进度及配套、指定专人负责进行。并按照国家计委、经委和设备成套总局的具体部署，积极争取有关领导部门的支持配合，使试点项目顺利进行。这一年，除做好国家安排的 4 个打歼灭战试点项目外，湖北成套局还结合湖北的实际情况，对成套项目分类排队，选定了 18 个打歼灭战试点项目（其中 11 个项目是当年计划建成项目），全年共为 22 个试点项目安排设备 1376 台，10.02 吨，14.62 千米。在组织设备供应中，根据轻重缓急，立足抓早、抓准、抓狠，以季当年、以月当季，台台落实、一台必争，千方百计保证项目工程进度的需要。如武汉机床附件厂生产四爪卡盘系列、直接分度头、万能分度头、万能工具磨床附件，投资 100 万元的措施费用，一年完成，建成后的规模年产 4.6 万件。该措施方案采用高效率多刀自动专用机床 14 台，统配定型产品 38 台和较多的短线精密机床。由于当时国内生产新设计试制任务繁重，14 台专用机床无法落实订货，在设备成套总局的支持下，代用了一部分专用机床。对当时国内不能生产的甲型半自动螺纹车床、乙型半自动螺纹车床，分别采用C616A和C616车床替代解决。

华新水泥厂新矿山是从1961年开始建设的，到1963年仅完成投资317.5万元，建设时间较长，进度也很慢，自1964年纳入成套项目之后，其所需设备不仅得到了成套地安排生产，并列为国家打歼灭战的试点项目，该厂共申请设备402台，10.02吨，14.62千米，据当年11月份统计，设备到货分别占订货数的91%、100%、100%。

70年代，湖北设备成套工作向大中型现代化工程建设项目提供先进技术装备，组织了具有70年代先进技术和工艺水平的武钢一米七轧机工程、湖北化肥厂、武汉石油化工厂、荆门热电厂和青山热电厂等一批国家重点项目的成套设备供应工作。

武钢一米七轧机工程：该工程是1972年8月经中共中央、国务院批准从国外引进的，是中国当期引进国外先进技术装备的最大工程。它由二炼钢（年产150万吨）、连铸（年产150万吨）、热轧（年产301万吨）、冷轧（年产100万吨）、硅钢片（年产7万吨）五个主体工程和相应的配套及附属工程共143个单机工程组成，其中连铸和冷轧从西德引进，热轧和硅钢片从日本引进，这四套设备均为世界70年代的先进水平，工艺先进、设备精密，具有大型化、自动化、高速化、连续化的特点。

工程建设规模宏大，工业厂房总建筑面积约70万平方米，安装设备总重量达15.86万吨，铺设电缆约5800千米，国内设备需要量大，配套设备总计6484台件、1334.6吨、444.8千米，且品种繁多，交货期紧，设备性能匹配要求高，是工程建设中的一个难题。对此，国家计委、国家经委十分重视，要求国务院有关部门紧密协作、积极提供分管的设备。据统计，涉及15

个部生产的产品约46000余吨，由成套部门组织供应的设备约11000台件，变压器220000千伏安，电缆700千米，阀门2500吨。承担设备的生产制造厂有800多家，分布在全国24个省、3个直辖市。湖北成套局在设备成套总局、省计委的领导下，成套地组织生产，成套地组织供应。

1975年，国家要求一米七轧机工程国内配套的设备分交和安排要打破常规，不受成套项目产品目录的限制。凡是设计清册上的标准设备，全部进行分交，负责供应。湖北成套局在工程建设期间共进行了八次设备分交，设计出来一批，抓紧分交一批。由于设计部分变更，就要及时进行补交分交。每次分交后，抓紧设备的生产落实工作。对设备缺口部分通过全国设备订货会或成套系统横向解决。1976年，为解决低压阀门的大量缺口，特别是大口径阀门的订货难题，湖北成套局通过报请批拨专项材料，到沈阳、江苏等地组织协作生产，最终得到解决。

这项工程建设体系庞大，要组织好百多个单项工程，上万台、成千吨的设备供应，必须有与之适应的科学管理方法。湖北成套局作为设备总供方，要同七八个承包单位的设备部门发生横向联系，采取分户供应。为统筹安排组织好设备供应，湖北成套局项目管理人员加强信息网络联系，与设计总负责单位武汉钢铁设计院取得密切联系，掌握动态设计，与各建设单位加强联系，掌握建设进度；与工程指挥部、建设单位设备处紧密联系，及时核对项目台账，掌握设备的订货、缺口、到货情况；与设备成套总局设备处、各省市成套部门、省机械局以及主要生产企业取得联系，掌握设备生产情况，把四面八方的信息汇集起来，再进行信息反馈、调度工作，抓好设备的生产供应，确保了武钢一米七轧机工程国内配套设备的需要。

整个工程于 1974 年 9 月破土动工。1978 年四季度，连铸车间、热轧厂、冷轧厂、硅钢片厂相继建成投产。1979 年进行试产和设备功能考核，并继续完成公用辅助设施（包括职工住宅和市政设施）的建设，1980 年 12 月正式投入生产，1981 年工程通过了国家有关部门的验收，总体评价是：建设速度快、工程质量优、能够生产出设计要求的产品。

湖北化肥厂：该厂是在 70 年代初期，中共中央提出"实现农业现代化"，国家化工部作出"化肥不进口、全靠自己干"的战略部署下开始建设的，是中国同期从国外引进的 13 套大型化肥成套装置之一。从美国引进合成氨装置，年生产能力 30 万吨；从荷兰引进尿素装置，年生产能力 48 万吨。装置的特点是：单系列、单机组、高转速、大型化、热能回收较充分、能耗低、自动化水平高、设备和工艺具有 70 年代世界先进水平。该厂 1975 年列入国家直属直供项目，其国内配套工程由八个设计院设计，涉及资料多又零散，湖北成套局派项目负责人与该厂设备主管到化工部第四设计院同设计人员并肩工作一个月，按工段对号清理，复核查清了全部已出设计的设备明细，避免了分交时设备漏报、错报、重报。还发现配气站设计要变更，为避免设备重订积压，就将原分交的设备清册不再使用，待设计变更完成后重新进行设备分交。该项目于 1979 年 7 月 28 日投料试车，8 月 10 日出产尿素，产品达到国内先进水平。

武汉石油化工厂：为缓和武汉地区能源紧张局面，1970 年国务院批准建设武汉石油化工厂第二期工程——催化裂化装置工程，主要生产设备有蒸馏设备一套，建设规模为年产 250 万吨炼油能力。该工程 1975 年 7 月正式动工，随后开展了基桩会战、土方会战、设备基础会战、重油罐区会战和催化区吊塔会战等。在设备供应上，湖北省成套局及早进行分交，1977 年集中安排设备 247 台件，当年 10 月就有 222 台件设备运抵现场，临时需求的 15 台急需设备，利用全国成套网络组织调度调剂，及时供应，促使该工程按计划建成投产并具备了原油加工能力。

荆门热电厂、青山热电厂：70 年代中期，国家经济建设突出存在电力问题。中共中央指出："要突出抓电"。电力不足也是湖北经济建设中的突出矛盾，不仅直接影响工农业生产，也影响人民生活。建设荆门热电厂、扩建青山热电厂是解决湖北电力不足和确保武钢一米七轧机工程用电需要的重大举措。为加快电力建设的速度，在中共湖北省委的领导下，湖北成套局集中力量，全力做好这两个项目的设备供应工作。

荆门热电厂：该厂是"文化大革命"后期新建的湖北第一座大型火力发电厂，装有 4 台汽轮发电机组，总容量 60 万千瓦。计划规模为 5 机 5 炉。总容量为 62.5 千瓦，工程投资总额 37496.60 万元。全部工程分两期进行。一期工程计划装机 3 炉，即一台 2.5 万千瓦背压汽轮机组和 2 台 10 万千瓦凝汽式汽轮机组，3 台燃油锅炉，装机总容量 22.5 万千瓦。设计年耗油量 50 万吨，年发电量 15.72 亿千瓦时，年供热量 2512.08 百万大卡。工程于 1975 年列入国家成套项目，1976 年 4 月 13 日动工，1975—1977 年三年间，湖北成套局共订设备 7455 台件，434.3 吨，374 千米，满足率为 100%。在组织设备供应中，湖北成套局与省电力部门、一机部中南产管处、省机电设备公司等单位协同配合，多次解决工程建设中临时急需的工业泵、空压机、热工元件、风机等设备。1978 年 8 月 23 日，2.5 万千瓦机组并网发电，11 月 12 日与荆门炼油厂热网并联供汽，12月6日第一台10万千瓦并网发电，1979年7月22日，第二台10万千瓦机组投产。因工程严格按照基本建设程序办事，设计、施工、设备等质量好，且建设速度快，1978年被水利电力部评为先进单位。

青山热电厂：该项目1974年春动工，1975年、1976年均列入国家成套项目，共订设备869台件，263.49吨，181.7千米，满足率为100%。在组织设备供应中，特别是进入设备安装阶段，湖北成套局与省电力部门通力协作，经常催交、组织调度，多次发函求援解决安装过程中急需的设备。如该厂在安装中急需低压阀门和开关板，生产厂一时因原材料供应不足，影响按期交货。湖北成套局组织专班四处求援，解决了14.7吨阀门，组织加工开关板74面，保证了工程建设进度的要求。2台10万千瓦凝汽式燃油机组，先后于1977年11月23日和1978年1月30日并网发电。1台220吨/时燃油锅炉，于1976年12月30日投产。青山热电厂的建设，为湖北火电工业建设积累了丰富的经验，它不仅是全省第一个大型火力发电基地，也是湖北电力基本建设队伍的培训基地。

80年代，湖北成套局分别为葛洲坝工程、二汽自备电厂一期工程、武钢9号码头、荆襄磷矿自备电站、襄阳轴承厂、武汉汽车标准件厂、江汉油田钻头厂、光化水泥厂、武汉煤气工程等200多个国家大中型和限上技改、节能项目组织了设备成套，其中有30多个成套项目，都是与国家部属的中机、石化、机床、冶金、建材等专业成套公司联合承包的。共计安排设备34246台（件）、7995.72吨、1584.91千米。

进入90年代，1990—1995年，共组织国家大中型基建及限上技改项目94个（其中国家确定按合理工期组织施工的项目5个），实际安排订货设备金额为31526.2万元，平均满足率为94.1%，缺口部分主要是订货技术条件不具备、设计变更和建设单位缺少资金而缓订。

湖北成套局从1975年开始，还承担了一大批国防军工成套项目的设备成套任务，共为〇六六基地、六〇五所、四〇三厂、四〇四厂、四七一厂、四六一厂、七〇九所、七一九所、六一〇所、一〇一所、七五二厂、七三三厂、一八一厂、七一〇厂、六八〇三厂、二八八厂、二三八厂、八二四厂、九八二厂、五一三七厂、五一〇八厂、八六〇五厂等项目提供各类机电设备3600多台件。这些项目分别隶属国家二机部、三机部、四机部、五机部、六机部、七机部、八机部，涉及兵器工业、舰船工业、航空工业、电子工业等多个行业。国防军工成套项目的完成，不仅为国防建设作出了贡献，也对湖北机械工业的发展产生了巨大的推动作用。

从1996年开始，湖北成套局的业务主要转向招标投标。

二、地方项目的设备成套

（一）管理办法

从70年代中期开始，湖北成套局由原来专门组织国家项目成套设备，发展到包含组织以本省机械产品资源为主的地方项目的设备成套供应工作。

1977年，经省计委、建委同意，湖北成套局印发了《湖北省地方成套项目管理试行办法》，共计七章十七条。在确定成套项目方面，该《办法》明确规定：各地市计委、各有关主管局在每年5、6月份，根据长远和年度计划，按照成套项目应具备的条件，提出本地区、本系统下一年度要求列入成套项目的建议。报省计委、建委并抄送省成套局。省成套局会同有关部门进行项目调查、弄清情况，并依据设计设备清单编制设备需求等资料，为综合平衡提供依据，同时提出准备列入成套项目的初步意见报省计委、建委审定。省计委、建委于每年7月份左右，召集省机械局、物资局、成套局、建设银行等有关部门，从投资、材料、设备、施工力量等方面组织成套项目的综合平衡，按照集中力量打歼灭战的方针，确定下一年度的地方成套项目。成套项目必须在生产计划下达前确定，以便于设备成套安排生产。对成套条件暂时不成熟的项目，则积极创造条件待下一批选定。

在成套安排生产、成套组织供应方面规定：成套项目所需设备，经过设备分交，凡属成套设备供应目录范围内的产品，均应成套地安排生产、成套地组织供应。具体供应办法为：

1. 省成套局根据设备分交审定的各项目设备申请量，编制全省项目年度设备申请计划报省计委。省计委组织机械制造部门将本省能生产和进行试制的产品研究确定后（包括非机械工业部门的生产由省物资局分配的机电产品），编制成套项目年度设备生产计划，由省计委和省机械局联合专项下达，并抄物资分配部门纳入分配计划，由机械局组织生产厂与成套局签订供货合同。

2. 成套项目所需的生产周期长、技术复杂的关键设备，实行长期预安排；成套项目需要的非一机系统生产的产品，不由省物资局分配的，由省成套局提出需要，有关主管局将指标切给成套局，由省成套局与生产厂直接订货。

3. 本省不能生产的部分产品，由省成套局报省物资局和机电公司，由省物资局和省机电公司从国家调入资源中优先解决，物资部门努力保证成套项目需要；省内不能生产的，而国家调入资源中又无法解决的，由省成套局和省物资局分别报请成套总局和物资总局帮助解决；或根据情况，由省提供物资，组织协作，加工予以解决。

80年代初期，为适应国民经济的调整，保证基本建设项目及时建成投产，形成完整的生产能力，发挥投资效果，省计委、建委、经委、建行联合下发了《关于加强对地方基本建设项目的设备统一管理的通知》（鄂计基字〔1981〕第151号），《通知》明确要求，凡湖北基建项目所需的设备，由省成套局统一管理，负责对项目单位所需设备的审核和落实；在地、市计委内确定人员负责与省成套局共同开展地、市设备成套工作；在地、市所属项目中，凡列入计划内的基建项目、基建性的贷款项目、更改资金安排的基建项目（含基建性质的挖潜、更新、改造）所需机械设备，实行成套地安排生产、成套地组织供应。根据这一《通知》，1981年11月26日，湖北成套局制定了《关于加强地市设备成套工作的试行办法》，共五章二十条。主要内容包括：地、市设备成套工作的依据和范围；地、市设备成套工作的任务；工作的联系与分工；省成套局对地市业务工作实行业务指导；财务及经费等。

80年代中期，1986年12月28日，湖北成套局印发了《湖北省机械设备成套局关于地方项目成套工作暂行规定》，该《规定》分总则、前期工作、业务谈判、成套工作等四个方面。同时根据当时成套工作的特点要求出台了《湖北省机械设备成套局设备工作细则》。并制定了地方成套项目工作流程分工图。

80年代末期，根据国务院国发〔1988〕第27号文《关于深化物资体制改革方案》的精神，经请示省计委同意，湖北成套局制定了《湖北省基本建设和限额以上技术改进项目设备成套管理办法》。该《办法》包括设备成套工作的任务、成套项目的确定、设备分交、设备排产订货、成套项目的管理、经济责任等。在设备排产订货方面，该《办法》提出：省成套局根据编制的设备分交清册负责排产订货。其中，国家项目所需的设备，按指令性计划和国家合同订购向物资部申报、排产、订货；省重点建设项目和续建项目的所需设备，属省指令性计划产品，由省成套局汇总提出申请数量，经省计委批准下达专项排产计划和计划材料补助指标，省成套局负责组织落实。为不使有限的资源分散使用，省专项安排的机电产品，只用于由省成套局组织成套供应的省重点项目。

成套项目中，凡能采取招标安排的设备，均采用招标、投标的形式择优选型、选厂，不能由行政管理部门和设计单位指定设备供应单位。对中标的设备生产企业，按设备核定所需用材数额，以计划材料补贴给生产企业。

（二）设备组织与供应

60年代初期，为促进湖北化肥工业发展，满足农业增长的需要，湖北成套局组织了10套小化肥设备的生产，其中有4座小化肥厂于1965年建成投产，形成1.2万吨合成氨、4.8万吨碳酸氢氨的生产能力，为当时湖北已有的60多座小化肥厂的建设奠定了基础。

1972年湖北设备成套工作恢复后，1973—1989年17年间，共组织地方成套项目795个，安排供应成套设备93218台（件），尤其是1977—1979年，这几年是湖北设备成套历史上组织地方成套项目最多的年份。1977年地方成套项目78个，1978年有161个，1979年有129个，分别占当年全部成套项目的84%、78.9%、79%。

在组织成套项目中，重点抓了小水电、农排、煤炭等项目的建设。

1.大中型电力排灌站的成套设备供应。1973年湖北成套机构恢复后即承担了全省电力排灌

站的设备成套工作。截至1989年底，全省装机4米立式大型轴流泵（配6000千瓦电机）、2.8米的大型轴流泵（配1600～3200千瓦电机）、1.6米的大泵（配800千瓦电机）的泵站的成套设备供应，全部由湖北省成套局负责。这一时期先后建立了一批大型区域泵站，如鄂城樊口泵站（4×6000千瓦）、洪湖高潭口泵站（10×1600千瓦）、武昌金口泵站（6×1600千瓦）、田关泵站（6×2800千瓦）、监利螺山泵站（6×1600千瓦）、仙桃排湖泵站（10×1600千瓦）、沙湖泵站（6×1600千瓦）、杨林尾泵站（3×3200千瓦）、潜江幸福闸泵站（4×1600千瓦），以及一大批单机800千瓦的泵站，如孝感野猪湖、应城爽河沟、云梦公路口、汉阳大军山、新洲武湖、圻春赤东、赤西湖、黄梅八一、公安玉湖、牛浪湖、石首冯家潭、松滋小南海、监利半路堤、潜江老新口、天门麻洋、枝江百里洲、嘉鱼鱼码头、浠水海口、蒲圻黄盖湖泵站等。通过这批泵站的建设，基本上解决了湖区渍水和岗地干旱的问题，保障了当地粮棉稳产，同时对湖区灭蚴，消灭血吸虫病及旱区人畜饮水发挥了一定的作用。

随着为电力排灌站电泵站配套的110千伏、35千伏输变电的建设，也为当地群众的用电带来了便利。经过几十年的运行，这些泵站的设备大都老化。进入21世纪后，国家又投入大量资金，对这些泵站进行了更新、改造，迄今这批泵站仍然在发挥着作用。

2.小型水电站的成套设备供应。湖北水利资源丰富，除了长江、汉江大江大河以外，鄂西、鄂东山区可供开发的水利资源很多。按照当时国家规定，单机6000千瓦、总装机12000千瓦以下的水电站为小水电站。小水电项目建设除了规划、勘查、设计、水工建设外，发电及其配套的水、电、油、气、机五大系统及其

输变电线路等设备也是重要的环节。

60 年代中期，湖北成套局曾组织了陆水、富水、白莲河及丹江口水电站的国家项目的大中型水电站的设备成套，具备和积累了水力发电站的设备成套供应工作经验。从 1974—1986 年，全省列入地方成套项目计划、实行成套设备供应的小水电项目总装机容量达 2000 多万千瓦，共计组织设备 41050 多台件，其中较大的水电站有恩施地区的恩施龙王淌，马尾沟，红庙水电站，建始野三河，鹤峰桃花山电站，咸丰丁寨、朝阳寺水电站，宣恩龙洞电站；宜昌地区的西北口水电站，兴山的猴子包、九冲河、湘坪河电站，宜都香客岩、熊渡电站，长阳七里庙、四方洞电站；襄阳地区的保康马桥、谷城金盆沟电站，随县封江口电站；郧阳地区的竹溪汇湾电站，郧西尚家河电站，竹山霍河电站；咸宁地区的通城百丈潭流域水电站，通山九宫山流域水电站，崇阳青山流域水电站，咸宁鸣水泉电站；黄冈地区罗田天堂电站，浠水白莲河流域水电站，英山张家咀电站；孝感地区的安陆解放山、应山飞沙河电站等。这批小水电站的建成投产，有效地弥补了大电网的不足，在改善农业生产条件，促进地方工业发展，壮大农村经济，提高农村生活，改变农村面貌等方面发挥了重要作用。随着水电站配套的水库建成，也减少了丰水季节的山洪暴发的危害。

在当时项目较多、建设单位缺乏相关经验的情况下，湖北省成套局根据其大同小异的特点，形成了标准化的设备需求目录，如小水电、排灌站都处于偏僻山区、湖区，考虑到投产后的维修问题，给每个站都配备了一批标准维修设备，包括车床、刨床、钻床、电焊机、本省产汽车等，不但就地解决了基本维修事宜，还为周边的农业机械维修提供了帮助，有的泵站还利用这些设备办起了小型粮油加工厂，既方便了农户，又增加了自身收入。

通过设备成套的供应，湖北成套局还把设备需求信息转达给省机械工业厅及相关生产企业，从而促进了湖北机械工业的发展，形成了一批为小水电、电力排灌站配套设备生产的企业，如红旗电缆厂、武汉电缆厂、武汉汽轮机厂、湖北变压器厂（湖北第二电机厂）、武汉变压器厂、武汉水泵厂、老河口变压器厂、湖北开关厂、武汉开关厂、枣阳开关厂、大冶电瓷厂、武汉起重机厂、咸宁起重机厂、蒲圻起重机厂、咸宁机械厂、黄陂启闭机厂、武汉鼓风机厂、应山风机厂、武汉空压机厂、武汉阀门厂、新洲阀门厂等。到 80 年代初期，湖北生产企业基本上可以满足小水电、电力排灌站所需设备 80%以上的需要。

3. 地方小煤炭的成套设备供应。作为湖北主要一次能源的煤炭，资源贫乏，产量低，60%以上靠调进，因此利用、开发本地的煤炭资源成为当务之急。由于资源贫乏，发展小煤炭成为湖北煤炭工业建设的主要途径，1974—1983 年，通过成套组织设备供应的小矿井共 53 对，形成生产能力 200 多万吨/年，为这批项目供应设备 8467 台，支援了地方能源工业的发展。

4. 中小城市水厂的成套设备供应。随着国民经济的发展和人民生活水平的提高，全省中小城市高层建筑日趋发展，迫切需要改善供水状况。1981—1985 年，湖北成套局对全省 15 座自来水厂组织了成套设备供应，共形成日供水 78 万吨的生产能力。

5. 轻工项目的成套设备供应。80 年代初期，为了配合国民经济调整，适当扩大轻工业生产能力，满足人民日益增长的物质生活的需要，湖北成套局组织了 4 个小啤酒厂、8 个冷库、6 个纺织厂的成套设备供应，形成了 1.6 万吨/年啤酒、1.2万吨冷藏能力及19万锭的棉纺生产能力。

进入90年代，1990—1995年，湖北成套局共组织地方成套项目94个，所供设备金额为27128.2万元。年度完成情况为：

1990年，组织地方基建及限下技改项目23个，实际安排供货设备金额为3769万元，占项目总需要量的93.5%。当年建成投产的项目有荆州地区田关泵站、孝感野猪湖泵站、沙洋11万伏变电站、鹤峰桃花山电站、湖北银矿等11个项目。如湖北银矿是年7月联动负荷一次性试车成功，12月采选工程又试车成功，形成日处理矿石200吨的生产能力。当年该矿进入全国八大银矿的行列，在为国家提供金银产品的同时，也为竹山县及整个郧阳地区的脱贫致富作出了贡献。

1991年，全省有28个建设项目纳入省地方成套计划，涉及水利、电力、冶金、化工、机械、汽车、纺织、轻工、建材、交通等10个行业。实际供货设备金额为3728万元，占项目总需要量的93.8%，其中各类阀门、电缆、锅炉、变压器等产品的满足率为100%。当年有来凤110千伏输变电工程、枝江熊渡水电站等14个项目建成投产。

1992年，组织地方成套项目37个，实际供货设备金额为3967万元，占项目总需要量的95.6%。当年有蒲圻造纸厂、武汉汽车配件厂等10个项目建成投产。新增能力为：年产胶印刊纸2万吨、商品浆1.5万吨；年产棉浆1.5万吨；年产活塞环3200万片、活塞2000万只、轴瓦330万片；年产离合器片1000万片、年产暖风机调节器30万台（套）；年产新盐10万吨；年产磷矿28万吨；年产重铬酸钠5000吨。

1993年，组织地方成套项目28个，实际供货设备金额为5107万元，占项目总需要量的92.5%。

1994年，组织地方成套项目27个，实际供货设备金额为6478.2万元，占项目总需要量的96%。

1995年，组织地方成套项目27个，实际供货设备金额4079万元，占项目总需要量的95.2%。

（三）纳入省计划管理程序的设备材料

80年代中期开始，国家对生产资料价格实行"双轨制"，开放钢材、水泥、汽车的销售市场，统配部管指令性计划产品逐渐减少，指导性计划和市场调节部分不断增加。由于当时基本建设规模过大，设备供应紧张，加之价格管理滞后，因此当时设备成套工作中存在的突出问题是落实订货难，尽管当时局承担的项目设备绝大多数还是靠指令性计划安排的，但多数生产厂家由于拿不到足够的指令性计划材料，交货期满足不了要求，价格上也存在问题。指导性计划和市场调节部分产品也存在订货难的问题，但更突出的是价格问题，成套部门在这部分产品价格上失去了竞争优势。在这种情况下，为解决地方项目的设备、材料资源，1985年，湖北成套局向省计委汇报并写了专题报告，在省计委和省物资厅的支持下，当年下达计划内钢材指标1150吨、生铁80吨、钢芯铝绞线100吨、电缆20千米、汽车16辆。这部分专项材料由省成套局按照建设项目的建设工期，统一组织安排项目所需的主机、通用和非标设备的生产及订货。

从1986年开始，省计委进一步加强对设备成套工作的领导，每年都责成湖北成套局按照基本建设程序，选定已具备一定条件的项目纳入地方重点建设项目计划，并将其作为全省国民经济计划的组成部分。同时随计划下达年度地方重点建设项目所需设备的专项生产计划。

为保证专项设备生产任务的完成，省计委决定从当年开始，每年从计划内安排钢材 1500 吨、生铁 200 吨补贴给有关生产企业，原材料由省成套局统一直供给生产企业。省计委同时规定，专项生产计划本着"立足本身，择优安排"的原则安排生产。凡省内不能生产的设备，省成套局根据建设项目的需要在全国组织订货，供应到建设单位。1986—1993 年，纳入省计划管理程序的地方成套项目 268 个（含结转项目），其中实际委托该局设备成套的有 198 个，涉及水利、电力、化工、纺织、轻工、冶金、医药、建材、交通、机械、汽车、城建等 12 个行业。1985—1994 年，省计委共从省计划内调拨钢材 14393 吨。详见表 2-1，1985—1994 年湖北省计委分配地方重点成套项目所需专项设备材料统计表。

表 2-1　1985—1994 年湖北省计委分配地方重点成套项目所需专项设备材料统计表

年份	名称					备注
	钢材(吨)	生铁(吨)	铝(吨)	铜(吨)	汽车(台)	
1985	1150	80	200	200	16	电缆 20 千米、钢芯铝绞线 100 吨
1986	1500	—	200	200	3	—
1987	1500	—	—	—	—	—
1988	1500	200	—	—	2	—
1989	1500	200	—	—	—	—
1990	1500	200	—	—	4	湖北省物资厅调拨计划内电缆 50 千米、导线 130 吨
1991	1500	200	—	—	3	—
1992	1500	—	—	—	—	—
1993	643	—	—	—	3	—
1994	1500	1500	—	—	3	—
合计	13793	2380	400	400	34	—

为管理好省分配的专项材料的订货、分拨，1987 年湖北成套局制定了《湖北省地方重点建设项目专项设备材料使用管理方法》，明确专项设备材料管理工作由局综合处负责，其工作范围与任务是：编制专项设备材料计划，并负责上报落实，组织实施；组织专项设备排产，负责材料定额的审订与有关企业签订专项设备及材料供应协议；对项目送交的订货卡片，确定地方专项的供应范围，加盖"地方专项"印章，并负责价格的审核；建立地方专项的设备材料台账，核对专项设备订货情况，负责材料的进货、仓储及调拨。在核实清理的基础上作好年度专项设备材料的年度总结；参加制定有关综合业务计划的实施方案。管理制度及办法；参加局业务调度会，了解各业务处室对专项设备材料工作的建议，不断改进和协调各方工作。

1990 年，湖北成套局在省物资厅、工商局的支持下成立了物资站，并在工商、税务部门注册登记，取得金属材料供应、分拨的资格。

省计委每年为地方重点建设项目专项安排

设备材料资源，对确保地方重点项目的建设、提高投资效益发挥了重要作用。如1988年省地方项目所需的8205.87万元设备中，列入计划的18个项目共需设备金额为5130.31万元，实际订货设备金额4686.39万元，订货率为91%，其中利用地方专项安排的设备资源3463万元，占18个项目订货金额的74%，占总需要量的68%，主要设备有：小水电，农排主机4万千瓦，工业锅炉10蒸吨/时，变压器13.7万千伏安，钢芯铝绞线80吨，电缆80千米，非标设备335吨。

据初步统计，计划材料创造的直接效益按材料差价计仅约50万元，但通过设备成套订货，节约设备投资约458万元，占18个项目总设备费的9%，其中小水电农排项目节约288万元，火电项目节约50万元，一般项目节约120万元。

例如小水电农排项目：

孝感野猪湖泵站当年设备费330万元，节约55万元，其中三台大型水泵节约30万元，三台电机节约15万元，配套设备节约10万元。云梦公路口泵站当年设备费214.5万元，节约40万元，其中6台电机节约30万元，配套设备节约10万元。广济马口泵站当年设备费149.68万元，节约20万元，其中2台电机节约10万元，配套设备节约10万元。田关泵站当年设备费690万元，节约78万元，其中大泵节约54万元，主变压器节约9万元，30吨导线节约15万元。鹤峰桃花山电站当年设备费364.59万元，节约10万元，其中吊车节约2.5万元，变压器节约3.6万元。宜都熊渡电站当年设备费574.84万元，节约40万元，其中水利启闭机节约10万元，高压柜节约5万元，变压器节约3.6万元。

火电项目襄樊电厂，当年设备费77万元，累计节约15万元，其中吊车节约3万元。还有

一般项目湖北银矿，当年设备费280万元，节约15万元，其中提升机节约6万元，球磨机节约3万元，破碎机节约3万元。应城联碱厂当年设备费295.3万元，节约20万元。

安排地方专项扶持了省内企业，因此也得到了企业的支持和配合。如湖北二电机厂专项计划变压器10万千伏安，实订13.7万千伏安，占该厂年计划的14%，该厂在当时原材料紧缺、涨价的情况下，设备价格基本稳定在年初的定价上，并按质按量保证工程急需；红旗电缆厂在有色金属普遍调价的情况下，凡成套已订合同价格只进行了政策性的调整；武汉水泵厂、武汉鼓风机厂、宜昌水泵厂主动给成套项目所需设备让利3%。

（四）设立地市联络处

为面向基层更好地服务省内中小型建设项目，1986年初，湖北成套局学习广东等省市成套局的经验，征得省计委领导的同意，在荆门市、老河口市、应城市计委建立了联络处，随后又在黄石市、襄樊市建立了联络处。当年底，湖北成套局制定下发了《关于地市设备成套工作联络处的试行办法》。该《办法》明确地市联络处的主要任务是：负责向省成套局提供本地区基建、技改项目规划和年度计划，对符合基建程序、设计、计划、资金落实的项目，可以列为成套意向，向省成套局提出。受省成套局委托，承揽本地区基建、技改所需机械设备的成套供应任务，配合省成套局进行成套项目协议的谈判，设备分交等工作。推荐本地区产品，提供制造企业的信息，如产品水平、性能、质量、价格、供应能力等。协助催交成套项目所订设备，督促企业售后服务等工作。对在建项目，配合省成套局进行现场服务，如了解项目的进度，反映建设单位对设备成套工作的意见及所供应设备存在的问题等。协助省成套局共

同解决，努力促进项目按期建成投产。根据本地区工作发展和条件的可能，办理省成套局委办的其他业务事项。当年该局还作出决定，根据1985年中共湖北省委召开的山区会议精神，对国务院核准的湖北省大别山区英山、罗田、红安、麻城、大悟、巴东和秦巴山区的房县等重点贫困县市的重点建设重点项目，给予重点扶持，并提供优惠服务。

1987年6月5—8日，湖北成套局首次召开地市联络处业务工作座谈会，各联络处与会代表一致表示积极向本地区建设单位做好宣传、承揽项目、按建设程序配合省成套局参与项目的设计审查；设备选型；设备分交以及设备供应等服务工作。会议还讨论通过了新修订的《湖北省机械设备成套局地市联络处设备成套工作暂行条例》。该《条例》包括总则，地市联络处的主要任务，工作联系和分工，联合承包的设备范围和形式，成套设备的分交、安排和供应，成套服务费分成，附则等7个方面，共23条。在成套设备的分交、安排和供应方面，该《条例》规定：成套项目在初步设计批准后，即可办理设备分交，由省成套局组织办理，地市联络处应经常了解项目设计和筹建工作的进度，为组织设备分交做好准备，同时督促建设单位向省成套局提供有关设计文件和技术资料，难度大的、生产周期长的设备，应争取在第一次分交，以免影响工程进度。设备分交后，按照国家和省的有关政策规定可以享受指令性计划的，由省成套局申报指令计划，其余的由省成套局通过指导性计划或全国成套网等组织安排。安排设备在质量价格、供货等方面坚持择优原则。据不完全统计，1987—1989年，通过地市联络处承揽的本地区计划的基建、技改项目共有11个，组织提供成套设备金额约2700万元。

90年代，为更好地为三峡工程建设组织机电设备成套服务工作，经设备管理局批准，1992年11月1日，湖北成套局在宜昌设立办事处，张大华、祝昭树先后担任办事处主任；为加强鄂西北地区的设备成套工作，经省计委批准，1993年11月1日，湖北成套局在十堰设立办事处，刘征南、柯玉国先后担任办事处主任。

三、经济合同制

根据国家经济体制改革的要求和国务院国发〔1979〕第54号文件关于国家成套总局在管理上要切实按照经济规律办事，积极创造条件向企业化过渡，逐步实行合同制的精神，1980年国家成套总局在部分基本建设项目的设备成套供应中进行了负有经济责任制的合同制试点。当年，湖北省成套局本着"多服务，少收费，有利生产，方便用户"的原则，开始在一部分项目的设备成套工作中，试行负有经济责任的合同制。

（一）合同制实行办法

1. 签订设备成套承包供应合同

基本建设项目在委托成套部门进行设备成套供应时，由建设单位和成套部门协商，签订负有经济责任的设备成套承包供应合同；建设单位和成套部门要严格执行合同，互相尊重对方的权益，发挥各自的积极性，保证国家建设项目按期建成投产，实现最好的经济效果。

2. 经济合同制项目的范围和条件

凡需要成套供应设备的国家和省、市、自治区基本建设项目（包括国外引进设备需要国内配套的项目和挖潜、革新、改造项目等）均可试行经济合同制。但需要具备下列条件：已经批准列入国家或省、市、自治区基本建设计划；有批准的计划任务书和设计文件。

承包方式可多种多样，可以由成套部门单

独承包,也可联合承包,还可联合设计部门、生产部门、物资供应部门、施工安装部门实行一条龙总承包。

3. 设备成套供应的范围

供应范围不受成套项目供应目录的限制,凡是建设项目设计文件所附设备清单所需要的机械设备均可列入成套供应的范围。需要非标设备的,经双方协商,成套部门也可以组织成套供应;经济合同制项目所需的设备,成套部门按照设计要求组织提供适用的、先进的、经济合理的成套技术装备;在国家计划指导下,实行成套安排生产,成套组织供应,并根据择优安排的原则,适当考虑就地就近。其中,国家分配的短缺产品,由有关部门分别纳入国家和省、市、自治区分配计划,一般产品利用市场调节解决;应从单机向机组、系统成套方向发展(包括控制系统成套)。

凡试行经济合同制组织设备成套供应的项目,经建设单位与成套部门协商同意后签订协议。协议书甲方为建设单位,乙方为成套部门,协议的主要内容应包括:委托组织成套供应的设备范围;提供设备清单、设备订货技术资料和图纸的日期;根据计划建设进度要求的设备交货期;有关价格、收费、结算和双方应承担的责任;协议的执行、检查和终止。

成套部门应按设备订货合同期督促供方按期交货,如逾期影响建设项目的建设进度,成套部门应按协议和合同中的规定承担相应的经济责任;成套部门供应的设备,如质量不符合国家、部或厂规定的标准,成套部门应按国家有关规定负责要求供方包修、包换、包退和赔偿经济损失;建设单位未按照协议和合同规定提供资料,由此而影响到设备生产,延期交付时,应由建设单位承担经济责任;凡按合同交货的设备,建设单位应在承付期内及时付款和组织验收。如逾期不付,则按协议和合同条款赔偿经济损失。如不按规定的时间验收,有关设备的缺损、质量问题则由建设单位自行负责。

(二)试点项目

1980年试点项目共计11个,委托设备费584.3万元。试点项目有:宜昌啤酒厂、沙市荧光灯厂、武汉禽蛋厂、十堰市冷库厂、沔阳县棉纺厂、黄梅县棉纺厂、荆沙棉二分厂、纺织改造(8家)项目、咸丰县化肥厂、新生玻璃厂、8605厂。

1981年试点项目共计6个,委托设备金额117.14万元。试点项目有:麻城县棉纺厂、十堰市蔬菜公司、荆门蛋库、随州冷库、浠水县水厂、沙市西区水厂。

1982年试点项目11个,委托设备金额453.51万元。试点项目有:老河口棉纺厂、孝感地区棉纺厂、钟祥县棉纺厂、潜江县棉纺厂、宜昌地区色织布厂、天门县啤酒厂、应城县啤酒厂、十堰市百二河水厂、鄂城樊口水厂、黄石砖瓦厂、荆门县纤维板厂。

1983年试点项目5个,委托设备金额421.08万元。试点项目有:湖北化纤厂、阳新苎麻纺织纺织厂、咸宁地区纺织厂、十堰市棉纺厂、宜昌三峡制药厂。

1984年试点项目8个,试点项目有当阳玻璃厂、武汉石油化工厂、第二汽车制造厂、江汉石油管理局、沔阳麦芽厂、应城石膏矿四分矿、武汉抗菌素厂、葛店化工厂。与前几年相比,这一年委托承包的大型项目占很大的比例。如二汽、武汉石化、江汉石油管理局等。其中,当阳玻璃厂委托承包设备金额达683万元。

沙市荧光灯厂委托设备费132.91万元,服务费收入2.29万元,罚款收入0.13万元,经费收入2.42万元。

荆沙棉二分厂委托设备金额费 186.95 万元，服务费收入 2.18 万元，罚款收入 3.27 万元，共计经费收入 5.45 万元。

（三）试点效果

1980—1983 年，湖北成套局推行承包经济责任制和有偿合同制试点项目共计 33 个。1984年以后，湖北成套局承揽项目大都采用委托承包的方式，即成套部门按承包设备价值的 1%至2%向成套项目单位收取服务费。1980—1983 年经济合同试点项目情况统计见表 2-2。

试行经济合同制以来，建设项目需要的设备，全部由成套部门负责组织生产供应，有利于保证项目按时建成投产；建设单位集中精力搞建设，减少人员满天飞，并且避免了设备多头申请、重订、多订，造成浪费，有利于节约基建开支；调动了成套部门的积极性，加强了责任心，有利于提高成套供应水平；可以发挥成套网的作用，在全国范围内开展协作，调剂余缺。

实行经济合同制是一件新的工作，涉及部门比较多，问题比较复杂。成套部门承担经济责任，业务工作增加，要收取一定服务费；要有一定的机动材料，解决临时急需设备的加工；要有一定的流动资金等。湖北成套局较好地适应和完成了这一工作。

四、发展横向联合

从 1984 年 5 月开始全国成套系统改革全面展开。其中设备成套工作改革的主要内容是变无偿服务为有偿服务、建立多种形式的经济承包合同制、发展横向联合。根据设备成套管理局的部署和要求，本着"经济互利、发挥优势、团结协作"的原则，湖北成套局从 1985 年起，积极建立和开展多层次、多渠道、多方位的内外联系和联合。由于处于探索阶段，有些条件尚不具备，主要以松散性的联合居多，紧密性的较少。在当时机电设备作为商品直接进入市场，国家指令性计划分配的比重逐步缩小，设备成套机构过多、过滥的情况下，发展横向联合对争取更多的项目、设备资源起到了重要的作用。

（一）与专业成套公司联合

80 年代初期，国家有关部委相继成立了一些专业性的成套公司，它们既带有专业性、行政性，同时又熟悉本行业的机电设备生产技术，同生产厂有着密切的联系，而且信息灵敏，综合实力较强，有些各部管理的项目，由专业成套公司出面与主管部门联系也优于其他成套部门，但专业成套公司地处京城，远离建设单位，日常管理和现场服务工作很不方便；地方成套部门靠近项目所在地，可以及时了解项目建设进度、设备需求状况以及参加设备到货验收，现场服务等工作。因此，与专业成套公司联合，可以优势互补，更好地为建设项目服务。

1985 年初，湖北成套局首先与机械工业部所属的石化专业成套公司联合，随后又与该部冶金、矿山、机床等专业成套公司联合。当年共对全省 14 个大中型项目实施了联合承包。1987 年，与部中机、石化、机床、冶金等专业成套司共同承包的大中小型成套项目达 27 个，占全年项目总数的 74%。与部专业成套公司的联合一直延续到 1993 年。

（二）与生产企业（集团）联合

为建立稳固的设备资源基地，湖北成套局于 1984 年 7 月开始与生产企业开展联合，当年签订联合协议的有 20 个生产企业，其中省内有武汉重型机床厂、武汉锅炉辅机厂、武汉仪表成套厂、宜昌水泵厂、沙市机床工业公司、宜昌运输机械厂等 16 家生产企业，省外有沈阳市通用机械工业公司、四川仪表总厂、四川省自贡工业泵厂、湖南电梯厂等4家生产企业。根据协议，生产厂保证优先安排成套项目订货的生产和供应；成套局则在产品价格、质量、交货期等相同的条件下优先与协议厂签订供货合同。同时为生产厂提供需求信息，帮助生产厂发展品种，提高质量。

这一时期，各种生产企业集团应运而生，这些集团一般都掌握主机设计、制造，对成套设备的质量、技术性能、交货期比较有保证。湖北成套局曾多次商议与有关生产企业集团的联合，但由于自身条件不具备，这项工作一直没有实质性的突破。

1985年9月17日，设备成套管理局下发《关于大力开展与生产企业联合工作的通知》（成备字〔1985〕第179号），根据《通知》要求，湖北成套局召开专门会议，交流总结前段工作经验，并确定了此后一个时期的联合对象、联合形式和内容。在联合的原则上，坚持从实际出发，属于紧缺、短线名牌产品的生产企业先行联合（如机床、导线、电缆、电梯等），并采取先付货款，给予对方支持，也可以报请设备成套管理局批准，为生产厂提供一定额度的低息贷款；对一般中长线产品的设备制造厂签订联合经销协议。当年，湖北成套局新增联合厂家8个，同时还与武汉仪表成套厂、一冶电气安装公司等企业联合，共同组建"成套仪表控制系统工程部"，并开展业务活动。截至1989年底，湖北成套局共与省内外67家生产企业建立并签订多种形式的联合协议。在联合的方式上，大都根据当时市场需求和生产厂不同产品的特点而定，其中松散性联合占绝大多数，协议期限一般为2年。

（三）与设计院联合

湖北成套局从1985年起开始派人与省内的一些设计院（所）接触，商谈联合，到1992年底达成合作协议的有5个设计院，即省机械工业厅设计院、省建材设计院、化工部第四设计院、武汉轻工业设计院、交通部第二航务工程勘察设计院。根据协议，设计院向成套部门提供项目可行性研究及设计进度动态信息，并向建设单位推荐成套局承包供应；成套局安排项目人员参与前期工作，协助设计院对主要工艺设备进行选型、选厂和询价，并及时提供设备技术经济资料，尤其是新技术、新产品资料。由于各种原因，与设计部门的合作内容大都局限于相互交流信息，原打算进行的联合承包项目计划未能实现。

（四）与成套部门联合

各省成套部门都有自己的优势，特别是对本省的设备资源、价格信息、产品质量、售后服务等方面都比较了解，且掌握部分资源。1984年成套系统全面改革正式展开以后，本着"平等互利、互通有无、扬长避短、共同发展"的原则，湖北成套局进一步加强了与兄弟成套局之间的横向联合，每年通过全国成套网络调剂、串换的设备都在100万元以上，其中1989年达到500多万元，大部分都是短线名牌产品。2000年底，全国成套系统下放地方管理后，湖北成套局仍与各省市区成套局保持密切联系。

表2-2 1980-1983年经济合同试点项目情况统计

单位：万元

项目名称	列成套的计划依据	协议执行起止日期	委托设备费	结算方式	服务费标准%	经费收入			项目承办人	项目批准人
						合计	服务费	（罚款）		
一、经济试点项目	33	—	1575	—	—	18.17	14.33	3.84	—	—
（一）1980年	11	—	583.4	—	—	11.9	8.39	3.51	—	—
1.宜昌啤酒厂		1980.02-1981.12	13.81			0.34	0.34	—	沈以忠	刘照书
2.沙市荧光灯厂		1979.12-1981.12	132.91			2.42	2.29	0.13		
3.武汉禽蛋厂		1980.05-1981.01	4.27			0.07	0.07	—	何平	王孟礼
4.十堰市冷库	1980年省计划	1980.08-1981.12	25.44			0.32	0.32	—		
5.沔阳县棉纺厂		1980.01-1981.03	26.88	三角	1-2	0.82	0.75	0.07	林宝清	
6.黄梅县棉纺厂		1980.06-1981.12	27.52			0.36	0.32	0.04		王永录
7.荆沙棉二分厂		1980.04-1981.12	186.95			5.45	2.18	3.27	江平	
8.纺织个改造项目		1980.04-1981.12	83.3			0.83	0.83	—	黄仲坚	王孟礼
9.戚丰县化肥厂		1980.03-1981.12	12.33			0.23	0.23	—	沈以忠	刘照书
10.新生玻璃厂		1980.09-1981.12	55.34			0.96	0.96	—	龚宝兰	
11.8605工厂		1980.08-1982.09	9.65		1	0.10	0.10	—	李卜清	郭一凡
（二）1981年	6	—	117.14	—	—	1.54	1.23	0.31		
1.麻城县棉纺厂	1981年省计划	1981.03-1982.12	45.02			0.76	0.70	0.06	林宝清	刘照书
2.十堰市蔬菜公司	1981年市计划	1981.08-1981.12	3.29			0.03	0.03	—	黄仲坚	易尊五
3.荆门蛋库	1981年省计划	1980.12-1981.12	3.48	三角	1	0.06	0.06	—	何平	王孟礼
4.随州冷库		1980.12-1981.12	8.72			0.10	0.09	0.01		易尊五
5.浠水县水厂	1981年县计划	1981.08-1981.12	3.65			0.04	0.04	——	龚宝兰	—

续表

项目名称	列成套的计划依据	协议执行起止日期	委托设备费	结算方式	服务费标准%	经费收入合计	经费收入服务费	经费收入（罚款）	项目承办人	项目批准人
6.沙市西区水厂	1981年省计划	1981.10—1982.12	52.98	三角	0.5	0.55	0.31	0.24	李雪兰	刘照书
（三）1982年	11	—	453.51	—	—	2.77	2.77	—	—	—
1.老河口棉纺厂		1981.11—1982.12	29.3		—	0.34	0.34	—	黄仲坚	徐振华
2.孝感地区棉纺厂	1982年鄂政纺贷款	1981.11—1982.12	28.89		1	0.29	0.29	—	沈菊芳	刘照书
3.钟祥县棉纺厂		1982.10—1982.12	37.40			0.33	0.33	—		徐振华
4.潜江县棉纺厂		1982.01—1983.06	30.24			0.30	0.30	—	黄仲坚	
5.宜昌地区色织布厂	1983年鄂银商13号文	1982.04—1984.03	64.33	三角		—	—	—		刘照书
6.天门县啤酒厂	1982年省资计划	1981.12—1983.05	60.64		0.8	0.47	0.47	—	江平	
7.应城县啤酒厂		1982.04—1983.11	33.41			0.33	0.33	—		
8.十堰市百二河水厂	1982年省计划	1982.01—1982.12	37.44		1	0.35	0.35	—	龚宝兰	王永录
9.鄂城樊口水厂		1982.03—1982.12	1.54			0.02	0.02	—		
10.黄石市砖瓦厂		1982.01—1984.03	64.66			0.34	0.34	——	吴庆亮	刘照书
11.荆门县纤维板厂	1982年县计划	1982.04—1984.04	65.55	直接	0.3	1.96	1.94	0.02	罗南庆	
（四）1983年	5		421.03			—	—	—		
1.湖北化纤厂	[1983]鄂政发第1号	1982.08—	192	直接	0.5	0.60	0.60	—	黄仲坚	
2.阳新苎麻纺织厂	[1983]鄂基发第481号	1983.02—	39.08		0.5	—	—	—		
3.咸宁地区	[1983]鄂纺第89号	1983.02—	75.52	三角	1	0.72	0.7	0.02	林宝清	王永录
4.十堰棉纺厂		1982.09—	47.56		1	0.44	0.44	—		
5.宜昌三峡制药厂	[1983]鄂经技第47号	1983.02—	66.87	直接	0.5	0.20	0.20	—	何平	

注：垫付款项目的利息和罚款金不包括在此表。

制表人：沈菊芳　　　日期：1984年1月30日

第三节　产品管理

成套部门产品管理的主要任务是组织好成套项目所需的全部设备。具体任务有：组织国家重点任务成套项目所需的指令性计划产品和合同订购产品的安排生产，落实订货工作；负责小型基建项目和限下技改项目所需设备的订货；根据国家长远规划，归口组织大型、专用成套设备的预安排；办理成套项目所需进口设备的申请、报批和组织订货工作；负责设备储备货款的申请，组织短线储备资源；按制造厂建立产品台账，负责成套项目设备的催交调度；处理成套项目订货合同执行过程中的各种问题。

湖北成套局内部的产品管理模式，最早是传统模式，即按照原来行政管理的分工，项目处负责项目管理，产品处（后改为设备处）负责产品管理。这种模式的优点是内部分工明确。在以前单一产品经济的情况下，所有设备都要通过平衡分配来解决，这种模式曾经起过积极的作用。它的主要弊病是，人为地把产品管理和项目管理割裂开来，负责产品管理的部门对建设项目的设计、工艺等有关情况以及用户的要求不甚了解。因此，在设备的选型、选厂、价格、质量以及交货时间等方面常常满足不了用户的要求，从而引起内部矛盾和用户对成套部门的意见。后来实行一条龙模式，即项目处既管项目，又管设备安排生产，一竿子到底的办法，将项目一处、二处改为国家项目处，地方项目处。在安排生产时，由于全面了解项目

的情况，因此能较充分地考虑用户的需要，在设备的质量、价格和交货时间上容易满足用户。它的弊病是：管理项目的人员又需要管理产品订货，工作量大，在一定程度上牵制了项目管理的精力，造成成套部门内部多头与各制造厂发生业务联系。但对于设备费包干或目标承包的大中型项目，由承包组实施一竿子到底的模式，利大于弊，如果承包项目成套设备的需要量比较大，承包的项目数量又不太多，比较适合采用这种模式。还有一种混合模式，即大宗通用设备（如变压器、风机、水泵、机床、电缆等）由设备处负责安排订货；大型、专用设备，非标设备以及有特殊技术要求的设备，由项目处自行负责安排。这种模式有利于按照建设项目的不同情况和具体要求安排技术上较复杂、投资较大的设备；大宗通用设备由设备处牵头去安排，有利于加强与生产企业的横向联系。

一、产品供应

（一）外供产品的分配、催交和调度

外供产品就是向全国各省、市、自治区的成套项目提供湖北生产的机械设备，简称"外供设备""外供产品""输出设备"等。

外供产品由设备成套总局下达，先由建设单位在设备分交时提出选厂意向，没有提出意向的按照择优、就近的原则安排订货。

催交调度是指列入成套的建设项目，在设备订货后，由于各种原因，制造厂未能按合同交货期交货，或者由于建设项目的进度加快，需要制造厂提前交货以满足安装的急需。成套部门负责与制造厂联系，催促制造厂及时交货或提前交货，称之为设备的催交。

有的生产厂由于各种原因，确实无法履行合同，成套部门就充分发挥全国成套系统网络的优越性，在全国范围内从生产单位，其他建设单位以及其他有关主管设备供应的部门进行调度，以解燃眉之急。

1959年，湖北向全国27个省市区输出设备（即外供），其中向河南省供货最多，为209台（件），占全部输出的16%；其次是军工（由总公司代办）181台，占全部输出的13%。外供设备交货情况良好：供河南的交货率为95%，供军工的交货率为90%，供给江西、宁夏、浙江、安徽的设备交货率均为100%，供福建的交货率为40%，供内蒙古的交货率为46%。

1960年，国家分配在湖北生产的成套设备7198台，较之1959年的1591台（件）增加了3倍多。计划调整后的确保设备3640台，同比增长1倍多。

1961年，中共中央提出"调整、巩固、充实、提高"的方针，缩短基本建设战线，集中力量保重点，当年湖北输出设备任务为1678台（件），其中统配设备1020台（件）。二类产品658台（件），设备交货率为96.7%。

1962年，供应全国成套项目的统配设备为1906台（件）、267.1吨、7.6千米，实际交货分别为97.6%、100%、100%。

由于设备成套工作的发展，1963年起，成套部门由过去只负责生产作业线上的主体设备和只限于国家统配产品的设备成套，发展到凡建设项目的设计上需要的机电设备都负责成套；

由过去只承担13个行业的设备成套扩展到面向各行业所有需要成套设备的建设项目提供服务。当年组织省产统配机电设备2178台（件），供应全国438个成套项目，设备交货率为95.5%。

1964年，经过国民经济调整，全国生产建设事业逐渐由恢复进入稳步发展阶段。当年，国家下达在湖北生产的成套设备为3805台（件）、268.97吨、10.6千米。

1965年，凡国家计划内需要成套设备的项目，基本上都由成套机构负责供应设备。当年全国列入设备成套计划的项目数为1900个，实际组织的成套项目数为1380个。当年，国家下达的湖北企业生产的成套设备为4008台（件）。为保障外供产品按期交货，湖北成套局产品管理人员经常深入重点生产车间、小组、工段，抓生产中的各个环节（从计划、投料、生产到装配发运），并协助生产厂解决生产中遇到的困难和问题，当年通过穿针引线，帮助生产企业解决钢材30多吨，同时通过全国设备成套网，解决外省供应的配套件200多套（件），还与武汉铁路部门联系解决了10多个车皮。促使供全国600多个重点成套项目的设备均提前完成了交货任务。

1966—1972年，湖北省成套局承担了34个企业供全国成套项目的设备工作，共计6173台、2195.7吨、6.89千米，订货率分别占全年订货任务的77.8%、49%、100%。

1972年3月设备成套工作开始恢复，但由于机构尚不健全，全国成套网未能形成。湖北成套局没有承担外供任务，既不向外省成套项目供应设备，也不承担催交调度任务。1975年在全国成套工作座谈会上，设备成套总局提出要充分发挥全国成套网的作用，这才重新开始外供设备并承担催交调度任务。据统计，1975—1982年，设备成套总局下达湖北省供应的设备有 32880 台（件），9150.753 吨，2976.234 千米，涉及 69 家生产企业。为落实交货工作，湖北成套局与省机械工业局有关处室密切配合，多次召开生产调度会议，落实安排生产、组织供货的具体措施。为加强外供产品工作，湖北成套局从 1975 年开始建立外供产品台账，1976 年配备充实了外供工作人员，并制定外供产品管理办法，以保证顺利完成国家下达的外供产品任务。1975—1982 年湖北外供产品情况汇总见表 2-3。

表 2-3　1975—1982 年湖北外供产品情况汇总

年度	外供产品涉及项目数（个）	外供产品任务								
		合计			其中：供应量较大的产品			供应面较广的产品		
		台	吨	千米	台	吨	千米	台	吨	千米
1975	362	3253	1265.457	139.046						
1976	626	4206	1487.493	272.676						
1977	284	5806	1674.683	507.157	3085	1295.058	507.157	1357		
1978	43	8523	1308.06	695.62						
1979	91	7211	3082.04	867.28	2024	2240.314	646.972	1505		
1980	209	2738	280.03	455.55	936	200.32	455.55	641		
1981	19	478	3.48	20.355						
1982	50	665	49.51	18.55	394	49.29	11.25	166		
总计		32880	9150.753	2976.234						

注：1.项目数包括单项工程和军工项目。

　　2.由于资料限制，军工项目只作为一个项目统计。

　　3.1980 年项目数中，单项工程为 150 个。

　　4.1981 年、1982 年国家未正式下达外供计划，1981 年、1982 年的项目数不属于国家正式下达的计划，为有关省市成套局横向委托。

1983 年，湖北外供设备任务有 3400 台（件），436 吨，407.7 千米。

1984 年，湖北外供设备共 4092 台（件），806.6 吨，692.28 千米，为落实外供任务，产品管理人员全年下厂共 658 次，发信函 454 封。对了解到的生产中的情况和问题都及时反映到有关部门予以解决，并对重点项目进行了回访，认真解决设备生产和供应中的问题，同时加强了同有关部门的联系和配合，主动做好供货企业的工作，努力完成外供任务。全年实际交货数为 3801 台（件）、639.35 吨、629.91 千米，总金额为 4017.88 万元，其交货率分别为台 92.9%、吨 79.25%、千米 91.02%，金额 90.53%。

1985 年，全省有 125 家生产企业承担外供成套设备任务。针对一些企业原材料短缺、配套件跟不上、电力供应不足、运输紧张、价格浮动大等问题，设备管理人员定期深入到生产企业、车间了解情况，督促检查。如国家重点工程株洲玻璃厂在武汉电线厂、武汉自动化仪表厂订有 29 吨钢芯铝绞线和 2 台中长平衡电桥，因工程安装急需提前交货，湖北成套局多次到这两个厂和有关部门说明情况，促进了企业加班加点生产并提前交货。第二季度获悉武汉市锅炉辅机厂为贵州铝厂、山西铝厂、开滦矿务局、新疆油田等重点项目提供的设备因缺乏资金无法购进原材料，影响了交货时间，湖北省成套局及时支持借款 10 万元，该厂即购进材料按时生产，保证了重点项目的供货。武汉鼓风机厂供江苏仪征化纤厂 4 台轴流风机，交付使用后，用户反映存在一些质量问题，成套局及时与该厂联系，厂方及时派人前往仪征化纤厂进行处理，使问题得以解决。据统计，全年共组织外供设备 9340 台（件），1453.9 吨，1338.34 千米，分别比 1984 年增长 131%、81.2%、93.4%，设备金额为 6510 万元，比 1984 年增长 40%。全年交货率按台（件）、吨、千米计算，分别为 96.24%、95.29%、93.1%，按设备金额计算为 87.87%。

1986 年，湖北成套局贯彻落实机械工业部办公厅《关于确保 1986 年重点建设和建成投产项目按工程进度交货的通知》（〔1986〕成办字第 17 号），多次到各生产企业检查和了解重点建设和计划建成投产项目所需的设备交货情况，促使不少企业在原材料、电力、配件供应不足的情况下，圆满完成了年度供货任务。全年外供成套设备 2827 台，1144.66 吨，2678.93 千米，外供设备金额 6655.01 万元，比 1985 年增长 13.3%。全年交货率按台（件）、吨、千米计算，分别为 96.67%、98.3%、98.44%。

此外，还本着密切成套网关系和相互支援、彼此协作的精神，积极为兄弟局解决设备价格问题。如石油化工部石化公司和河北省成套局联合承包的唐山碱厂需要一台 1.2 万千瓦的汽轮发电机组，武汉汽轮发电机厂原报价 200 万元，通过湖北省成套局与部石化公司、河北省成套局多次做工作，该厂最终以比原价低 21.85 万元的价格签订了供货合同。

1987 年，全省有 54 家生产企业承担外供设备供货任务，共计外供设备 2024 台（件），79.35 吨，872.65 千米，设备总金额为 7004.83 万元，比 1986 年增长 32%，由 1986 年全国成套系统第七位跃居到第四位。全年交货率，按台（件）、吨、千米计算，分别为 99.01%、100%、99.9%。其中国家重点项目的设备交货率分别为 99.28%、100%、100%。特别是湖北第二电机厂、长江机床厂、武汉重型机床厂等单位，对成套外供设备优先投料，优先安排生产，交货率达 100%。

1988 年，国家物资部和机械电子部安排湖北 44 家生产企业，向上海石油化工厂、北京亚运会工程、辽宁双鸭山矿区、河南中原油田等国家和地方 280 多个重点建设项目提供湖北生产的机械设备 1505 台（件），导线、阀门 215.92 吨，电线电缆 205.66 千米，设备总金额 5120.16 万元。其中，国家合理工期建设项目需要的设备 436 台、86.05 吨、55.56 千米，设备金额 1099.48 万元。所供设备当年实际交货 1498 台（件）、214.32 吨、205.66 千米，按台、吨、千米计算，完成交货率分别为 99.53%、99.25%、100%，按设备总金额计算完成交货率 99.6%。据国家物资部统计，当年湖北成套设备外供量居全国设备成套系统第四位。

1989 年，面对机电设备市场疲软的严峻形势，湖北成套局先后在全国性的生产会、订货会和成套技术服务会议上，大力宣传湖北机械工业的现状和名优产品，并编制《湖北机电产品可供外调资源目录》，分发到全国成套系统、设计院（所）和有关单位，全年共组织 49 家大中型生产企业，向上海 30 万吨乙烯、北京亚运会工程、中央电视塔等国家和地方 300 多个重点建设项目提供湖北省生产的机电设备 1190 台（件），导线、阀门 141.42 吨，电线电缆 678.58

千米，设备总金额达 7523.21 万元，仅次于辽宁、上海、北京。不少企业在资金紧缺、原材料不足的情况下，千方百计完成外供合同，武汉冷冻机厂对重点项目所需设备做到"优先投料、优先生产、优先供货"，所供 31 台设备全部按期交货。

1990 年，湖北成套局针对全省部分机械行业生产任务不足的状况，积极发挥成套部门在产需之间的纽带作用，及时为生产企业提供市场信息，帮助疏通渠道，穿针引线，先后组织全省近 50 家生产企业为上海宝钢、第一汽车制造厂、秦山核电站、北京亚运会工程等 100 多个国家大中型项目，提供湖北生产的机电设备 597 台（件）、阀门 123.22 吨、电缆电线 413.849 千米，设备总金额为 3049 万元，全年外供设备交货率，按台、吨、千米计算分别为 95%、99.7%、100%。据国家物资部、机电部统计，湖北省成套设备外供量仅次于上海、北京、天津、辽宁，居全国成套系统第五位。

当年全国机电产品信息数据库湖北子库投入使用。该库包括重型、通用、机床、电工、汽车等 189 个大类，共计 160000 多条产品信息，其中湖北产品 12000 多条。该系统已广泛应用于全国机械、冶金、化工、电力、交通、军工等十多个行业的成套项目用户选型、选厂、询价、比价，从根本上改变了传统的信息查询方式，提高了工作效率，亦为湖北产品走出去提供了一个平台。

1991 年，湖北成套局组织外供成套设备 769 台（件）、阀门 165.33 吨、电线电缆 218 千米，设备总金额为 4267 万元，全年外供设备交货率分别为 97%、99.8%、100%。

从 1992 年起，国家不再下达外供设备成套任务。

1992—1995 年，湖北成套局通过全国成套网加强产品信息交流，积极参加各类机电产品订货会、展销会，共向外省市成套部门推销湖北机电产品 1.56 亿元，涉及全省 60 多家大中型企业。其中，机床、汽车、冷冻、锻压、水泵、风机、电缆等产品占较大份额。

此时期，1992 年 11 月 1—4 日，湖北成套局还发起并在宜昌组织召开了"中南六省区设备成套协作会"。参加会议的除网络成员单位的河南、湖北、湖南、广东、海南、广西等省、区成套局外，还邀请了黑龙江、辽宁、吉林、山东、山西、浙江、新疆、北京、天津、上海等省、市成套局（公司）参加。国家物资部、中国长江三峡建设开发总公司、湖北省计委、宜昌市人民政府和宜昌市大型厂矿企业代表共计 100 多人参加了会议。会议研究了在社会主义市场经济机制下，如何推进和发展兄弟省、市、区的设备成套协作工作。与会各成套局还各施其长、互通有无，串换了一批机床、工程机械等价值 1000 多万元的短线名牌产品。

（二）湖北外供设备的行业分布、主要产品和生产企业

1959—1991 年，国家下达湖北生产的各类机电设备多达 300 多个品规，覆盖全省 100 多家大中型生产企业，其中主要行业、外供品种和生产企业为：

1. 电站电机行业：主要外供产品有电站锅炉、电站汽轮机、工业锅炉、交流电机、交流发电机、锅炉辅机、锅炉除尘设备等。主要外供企业有武汉锅炉厂、武汉汽轮发电机厂、湖北电机厂、湖北发电机厂、武汉工业锅炉总厂、武汉锅炉容器厂、襄樊市电机厂、武汉电动工具厂、武汉长江锅炉厂、武汉锅炉辅机厂、武汉新华锅炉厂等。

2. 电器行业：主要外供产品有高压开关、变压器、胶盖闸刀开关、交流接触器、柱上油开关、高压互感器等。主要外供企业有湖北开关厂、湖北第二电机厂、武汉变压器厂、武汉电器开关厂、武汉开关厂、汉阳开关厂、宜昌市变压器厂、宜昌市电焊条厂、老河口变压器厂等。

3. 电材行业：主要外供产品有钢芯铝绞线、电力电缆、布电线、电磁线、塑料电线、电工合金材料等。主要外供企业有湖北红旗电缆厂、武汉电线厂、黄石电线厂、宜昌市电线厂、湖北塑料电线厂、宜昌市电工合金厂等。

4. 机床行业：主要外供产品有重型机床、摇臂钻床、万能工具磨床、数控高速曲轴磨床、液压剪板机、摩擦压力机、液压螺旋压力机、金属回收机械等。主要外供企业有武汉重型机床厂、沙市机床公司、黄石锻压机床厂、武汉机床厂、武汉第二机床厂、武汉第三机床厂、长江机床厂、鄂城锻压机床厂、襄樊机床电气传动设备厂、襄阳机床厂、宜昌机床工业公司等。

5. 通用设备行业：主要包括运输设备、冷冻设备、气体压缩机、风机、泵等制造业，以及轴承、阀门、液压件、齿轮等通用零部件制造业。主要产品有螺杆式制冷机、节能风机、电动葫芦、轴承、刮板运输机、悬挂运输机、氢循环压缩机、二吨内燃叉车、中低压阀门等。主要外供企业有武汉水泵厂、武汉冷冻机厂、武汉鼓风机厂、湖北内燃机试验设备厂、武汉阀门二厂、黄石起重机械厂、英山阀门厂、沙市阀门厂、襄阳轴承厂、宜昌水泵厂、石首水泵厂、蒲圻起重机设备厂、鄂城通用机械厂、黄石通用机械厂、武汉阀门厂、宜昌叉车厂、宜都运输机械厂等。

6. 仪器仪表行业：主要外供产品有工业自动化仪表、电工仪表、光学仪器、实验仪器、专用仪器等。主要外供企业有长江光学仪器厂、华中精密仪器厂、中南光学仪器厂、襄樊仪表

元件厂、襄樊传感元件厂、宜昌电工仪器厂、宜昌市仪表总厂、武汉制冷自控仪表厂、武汉自动化仪表厂、武汉热工仪表厂、武汉电力仪表厂、武汉通讯仪表厂、武汉测量仪表厂、武汉仪表成套厂、武汉仪表元件厂等。

7. 专用设备行业：主要外供产品有纺织设备、煤矿设备、粮食设备、水泥设备、石油设备、冶金设备、化工设备等。主要外供企业有黄石纺织机械厂、宜昌纺织机械厂、安陆粮机厂、黄石煤矿机械厂、江汉石油管理局机械总厂、鄂城重型机器厂、蒲圻矿山机械厂、湖北探矿机厂等。

8. 汽车行业：主要外供产品有EQ-140汽车、越野车、重型机车、改装车、自卸车等。主要外供企业有第二汽车制造厂、汉阳特种汽车制造厂、湖北汽车改装厂、武汉轻型汽车制造总厂、郧阳地区汽车改装厂、十堰汽车改装厂、武汉专用汽车厂等。

二、全国成套项目指令性、指导性汽车调拨

1983年12月，国家计委、国家经委以计机〔1983〕第1903号文联合下发《关于成套供应国家重点基本建设、更新改造项目所需机电设备的通知》，明确"生产线上所用载重汽车，可以纳入成套"。据此，1984年机械工业部指定湖北成套局代理国家重点建设项目所需湖北地区及其他指定产区生产的载重汽车和计划调拨任务。1988年湖北成套局隶属物资部领导后，汽车统订和计划调拨业务仍照旧进行。具体业务范围分两部分：指令性计划汽车的统订和调拨，即根据部设备成套司的通知，参加全国汽车订货会，按国家分配给全国设备成套部门的指标，与湖北地区及其他指定产区生产厂统一签订供货合同，组织供车；指导性计划汽车的

统订和调拨,由成套司商第二汽车厂争取的这部分资源,主要用于弥补指令性计划不足,具体由湖北成套局与生产厂签订购货合同,按项目单位需要报成套司下达调拨单,或直接由成套司调拨分配,湖北成套局凭调拨单供车。以上两种计划车的统订和调拨,均严格按照国家和省市车管部门规定办理,不参与市场交易活动,也不得擅自超越范围经营。国家重点建设项目所需各类车辆统订和计划调拨业务程序图见图2-2。

图 2-2　国家重点建设项目所需各类车辆统订和计划调拨业务程序图

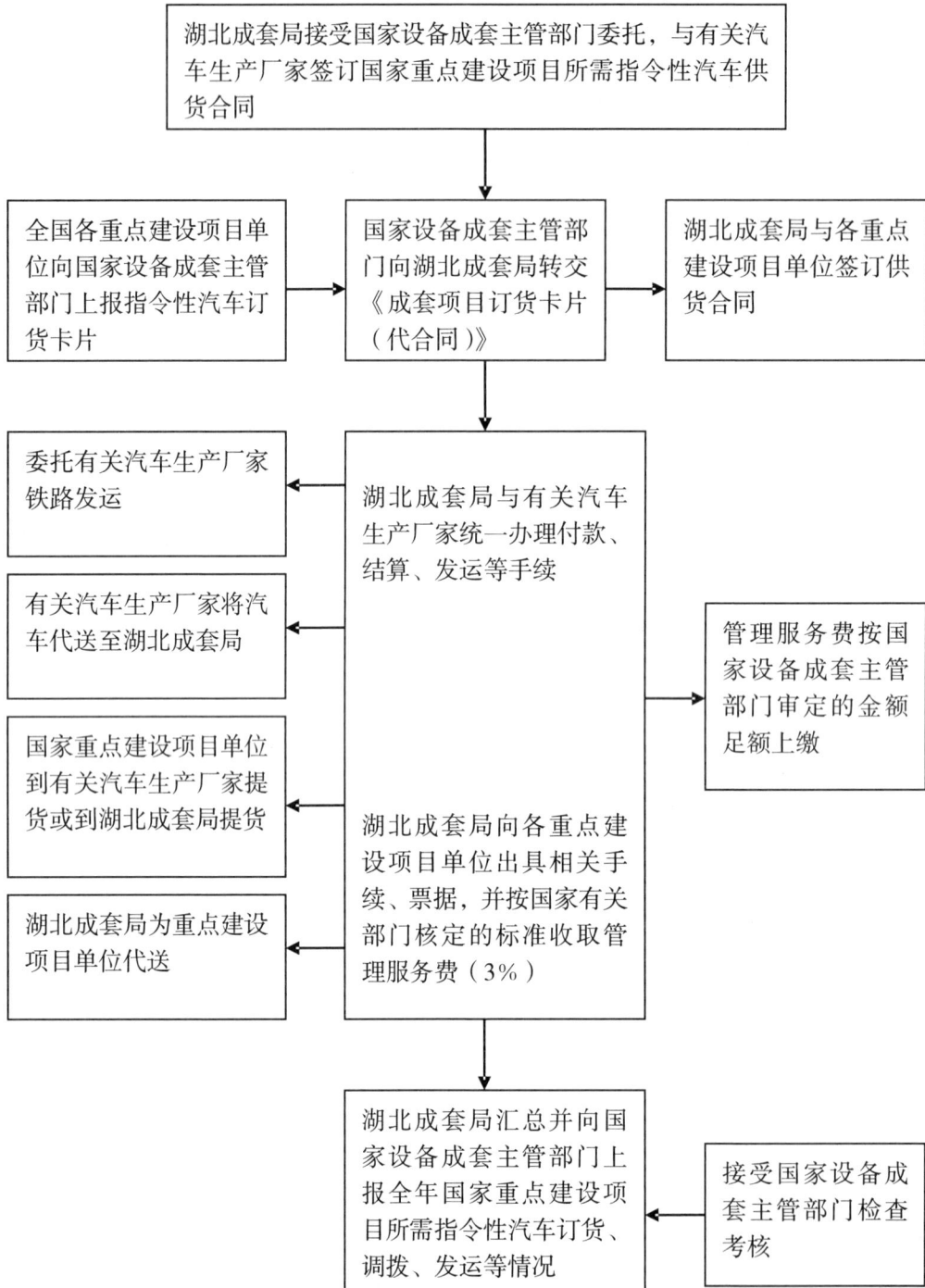

- 湖北成套局接受国家设备成套主管部门委托,与有关汽车生产厂家签订国家重点建设项目所需指令性汽车供货合同
- 全国各重点建设项目单位向国家设备成套主管部门上报指令性汽车订货卡片
- 国家设备成套主管部门向湖北成套局转交《成套项目订货卡片(代合同)》
- 湖北成套局与各重点建设项目单位签订供货合同
- 委托有关汽车生产厂家铁路发运
- 有关汽车生产厂家将汽车代送至湖北成套局
- 国家重点建设项目单位到有关汽车生产厂家提货或到湖北成套局提货
- 湖北成套局为重点建设项目单位代送
- 湖北成套局与有关汽车生产厂家统一办理付款、结算、发运等手续
- 管理服务费按国家设备成套主管部门审定的金额足额上缴
- 湖北成套局向各重点建设项目单位出具相关手续、票据,并按国家有关部门核定的标准收取管理服务费(3%)
- 湖北成套局汇总并向国家设备成套主管部门上报全年国家重点建设项目所需指令性汽车订货、调拨、发运等情况
- 接受国家设备成套主管部门检查考核

三、成套项目的设备供应范围

1959—1987 年, 成套项目设备供应目录变化达 10 次, 范围时大时小, 可以概括地划分为四个阶段:

（一）从 1959 年到"文化大革命"阶段, 设备成套部门成立后, 成套项目设备供应目录逐年扩大, 到 1964 年 7 月机电设备成套总局统一颁发《成套供应设备范围目录》共 325 种。其中, 中央统一分配的机电设备 270 种, 机电公司经营的二类机电设备 55 种。

（二）从 1972 年设备成套部门恢复到 1979 年, 成套项目设备供应目录一直徘徊在 160 种左右, 比较成熟稳定的是 1975 年 9 月 26 日国家建委、一机部〔1975〕一机成联字第 1159 号文附件二《1976 年成套项目设备供应目录》共 156 种。其中, 一机部归口生产的统配部管设备 105 种, 下放省、市、自治区管理的机械产品 30 种, 国务院其他各部归口生产和分配的产品 21 种。

（三）1979 年 8 月 17 日, 国家建委颁发《国家成套项目设备供应暂行目录》, 由原来的 156 种扩大到 200 种。其中, 统配产品 66 种, 二类机电产品 50 种, 各部分配产品 83 种, 复杂非标设备 1 种。

（四）1982 年 8 月 26 日, 设备成套总局印发〔1982〕成字第 37 号文件, 规定设备成套范围在原有 200 种的基础上补充到 353 种。并根据〔1982〕机成字第 421 号文通知:"凡列入成套设备供应项目, 根据批准设计所附设备清单提出的各种机械设备都属成套供应范围"。因此, 在 353 种以外的产品也可续补于后。353 种产品目录一直沿用到 1987 年。成套项目的供应目录（353 种）见表 2-4。

表 2-4　成套项目设备供应目录

序号	产品名称	计量单位	备注
1	挖掘机	台	
2	电梯	台	
3	压路机	台	
4	推土机	台	
5	单斗装载机	台	
6	凿岩机	台	
6-1	其中: 凿岩台车	台	
7	电动双梁桥式起重机	台	
8	电动单梁桥式起重机	台	
9	门式起重机	台	
10	载重汽车	辆	
10-1	其中: 一般载重汽车	辆	
10-2	自卸汽车	辆	
10-3	汽车底盘	辆	

续表

序号	产品名称	计量单位	备注
10-4	越野牵引车	辆	
11	叉车	台	
12	电动葫芦	台	
13	缆索起重机	台	
14	煤气发生炉	台	
15	皮带运输机	台/米	
16	斗式提升机	台	
17	各式给料机	台	
18	翻车机	台	
19	架空索道	台	
20	电动平车	台	
21	堆取料机	台	
22	内燃小机车	台	
23	小矿车	台/吨	
24	打眼机	台	
25	装岩机	台	
25-1	其中：装运机	台	
26	抓岩机	台	
27	机动卷扬机	台	
27-1	其中：土建及慢动绞车	台	
28	破碎机械	台	
29	研磨机械	台	
30	洗选机械	台/吨	
31	锻钎机	台	
32	推土犁	台	
33	工业泵	台	
34	高真空泵	台	
35	风机	台	
36	高中压阀门	只/吨	
37	气体压缩机	台	
38	气体分离设备	套	
39	冷冻设备	套	

序号	产品名称	计量单位	备注
40	离心机	台	
41	板框压滤机	台	
42	电解水制氢设备	台	
43	石油化工真空过滤机	台	
44	金属切削机床	台	
44-1	其中：一般机床	台	
44-2	审查机床	台	
44-3	专用机床	台	
45	锻压设备	台	
45-1	其中：一般锻压	台	
45-2	审查重型	台	
45-3	审查大型	台	
46	铸造机械	台	
47	木工机械	台	
47-1	其中：木工辅机	台	
48	工业锅炉	台/蒸吨	
49	小型工矿电机车	台	
50	80吨及以上工矿电机车	辆	
51	感应调压器及移相器	台/千伏安	
52	高压综合启动器	台	
53	高压开关板	面	
54	低压开关板	面	
55	硅整流器	台/千瓦	
56	电弧炉	台	
57	中频电炉	台	
58	真空电炉	台	
59	工业电阻炉	台	
60	裸铜线	吨	
61	钢铝电车线	吨	
62	铜包钢线	吨	
63	铝包钢线	吨	
64	电力电缆	千米	

续表

序号	产品名称	计量单位	备注
65	控制电缆	千米	
66	内燃发电机组	台/千瓦	
67	手动单双梁吊	台	
68	手动单轨吊	台	
69	回臂吊	台	
70	手动葫芦	台	
71	手动卷扬机	台	
72	低压阀门	只/吨	
73	冷风机	台	
74	暖风机	台	
75	小空压机	台	
76	小冷冻机	台	
77	手摇泵	台	
78	试压泵	台	
79	滤油机	台	
80	液化气容器	台	
81	台钻	台	
82	砂轮机	台	
83	手提式砂轮机	台	
84	手电钻	台	
85	压缩气体钢瓶	个	
86	一般交流发电机	台/千瓦	
87	铅酸蓄电池	只/千伏安	
88	3千伏安以下变压器	台/千伏安	
89	35千伏以下断路器	台	
90	35千伏以下隔离开关	组	
91	35千伏以下互感器	台	
92	35千伏以下避雷器	台	
93	柱上油开关	台	
94	高压负荷开关	台	
95	高压熔断器	台	
96	蓄电池搬运车	台	

序号	产品名称	计量单位	备注
97	蓄电池搬运车拖车	台	
98	实验室电炉	台	
99	电焊机	台	
100	电磁分离器	台	
101	直流快速开关	台	
102	平面控制器	台	
103	工业自动化仪表	台	
103-1	其中：补偿导线	千米	
104	电工仪器仪表	台	
105	成份分析仪器	台	
106	光学仪器	台	
107	材料试验机	台	
108	无损探伤仪器	台	
109	动平衡试验机	台	
110	实验室仪器及装置	台	
111	装药车	台	
112	装药器	台	
113	卸煤机	台	
114	打包机	台	
115	缝袋输送机	台	
116	埋刮板运输机	台	
117	悬挂输送链	米	
118	除尘器	台	
119	锅炉辅机	台	
120	电站高中压阀门	只/吨	
121	电气传动控制屏	面	
122	非标准电炉	台	
123	工频电炉	台	
124	水泥搅拌机	台	
125	羊角碾	台	
126	水泥设备	台/吨	
127	制砖机	台	

续表

序号	产品名称	计量单位	备注
128	冶金设备	台/吨	
129	烧结设备	台/吨	
130	耐火材料设备	台/吨	
131	非防爆轴流局部扇风机	台	
132	炼油设备	台/吨	
133	石油专用仪器仪表	只	
134	化工设备	台/吨	
135	橡胶加工设备	台/吨	
136	刮板运输机	台	
137	防爆局部扇风机	台	
138	高压防爆配电装置	台	
139	防爆启动器	台	
140	农业泵	台	
141	发电设备	套/千瓦	
142	变压器	台/千伏安	
142-1	其中：7500及以上千伏安	台/千伏安	
143	钢芯铝绞线	吨	
144	裸铝线	吨	
145	35千伏及以上断路器	台	
146	35千伏及以上隔离开关	组	
147	35千伏及以上互感器	台	
148	35千伏及以上避雷器	台	
149	电力电容器	台/千法	
150	水泥电抗器	组	
151	高压线路电瓷	只/吨	
152	高压电站电瓷	只/吨	
153	继电保护屏	台	
154	遥控通讯及自动化装置	套	
155	纺织机械	台/吨	
156	塑料加工机械	台/吨	
157	制糖机械	台/吨	
158	造纸机械	台/吨	

序号	产品名称	计量单位	备注
159	塑料泵	台	
160	塑料风机	台	
161	大型衡器	台	
162	专用衡器	台	
163	工业缝纫机	台	
164	通讯电缆	千米	
165	电话单机	台	
166	电话交换机	台/门	
167	通讯配电设备	套	
168	地质钻机	台	
169	浅孔钻机	台	
170	钻塔	台	
171	泥浆泵	台	
172	实验室选矿设备	台	
173	地质勘探仪器	台	
174	高频电炉	台	
175	同轴电缆	千米	
176	工业电视	台	
177	调度电话机	台/门	
178	碱性蓄电池	只	
179	硒整流器	台/千瓦	
180	高频缝焊设备	台	
181	消防车	辆	
182	消火栓	台	
183	灭火机	台	
184	泡沫灭火设备	台	
185	救护车	辆	
186	机车	台	
187	货车	辆	
188	复杂非标准设备	台/吨	
189	微电机	台	
190	低压电器主要元件	只	

续表

序号	产品名称	计量单位	备注
191	低压电器一般元件	只	
192	自动化电器元件	只	
193	自动化及保护继电器	只	
194	机床电器	只	
195	工程液压件	只	
196	防爆自动开关	只	
197	防爆电器元件	只	
198	无线电元件	只	
199	电子管	只	
200	半导体管	只	
201	轮胎起重机	台	
202	汽车起重机	台	
203	堆垛起重机	台	
204	千斤顶	台	
205	风动工具	台	
205-1	其中：凿岩机支架	台	
206	电动滚筒	台	
207	减速机	台	
208	石油钻采设备	台/吨	
209	压缩机辅机	台/吨	
210	空分附属设备	台/吨	
211	空调器及冰箱	台	
212	冷冻附属设备	台/吨	
213	印刷机械	台/吨	
214	通用液压件	台/吨	
215	机床液压件	件	
216	小汽车（属集团购买力）	辆	
216-1	其中：小轿车	辆	
216-2	吉普车	辆	
216-3	旅行车	辆	
216-4	客货两用车	辆	
216-5	工具车	辆	

序号	产品名称	计量单位	备注
217	民用改装车	辆	
217-1	其中：牵引半挂车	辆	
217-2	公共汽车	辆	
217-3	长途客车	辆	
217-4	油槽车	辆	
217-5	水泥散装车	辆	
217-6	洒水车	辆	
217-7	保温车	辆	
218	摩托车	辆	
219	工业汽轮机	台/千瓦	
220	农村用小水轮机	台/千瓦	
221	交流电动机	台/千瓦	
222	直流电机	台/千瓦	
223	分马力电机	台	
224	油泵电机	台	
225	功率扩大机	台	
226	电力测功机	套	
227	中频电机	台	
228	柴（汽）油发电机组控制屏	面	
229	防爆起动器	台	
230	船用电缆	千米	
231	布电线	千米	
232	电工专用设备	台/吨	
233	专用仪器仪表	台	
234	仪表电子专用设备	台	
235	电影机械	台（套）	
236	照相复印机械	台（套）	
237	拖拉机	台	
238	内燃机械	台/马力	
239	收割机械	台	
240	机动畜牧机械	台	
241	农副产品加工机械	台	

续表

序号	产品名称	计量单位	备注
242	船用齿轮箱	台	
243	机动植保机械	台	
244	塔式起重机	台	
245	挖沟机	台	
246	铲运机	台	
247	除荆机	台	
248	除根机	台	
249	吊管机	台	
250	振动拔桩机	台	
251	钢筋拉伸机	台	
252	打桩机	台	
253	建筑筑路机械	台	
254	建筑工程仪器	台	
255	环境保护设备	台	
255-1	其中：除尘设备	台	
255-2	污水处理设备	台	
255-3	噪声控制设备	台	
255-4	有害气体处理设备	台	
255-5	环境保护专业监测控制仪器	台	
255-6	其他环境保护专用设备	台	
256	建筑材料实验仪器	套	
257	平板玻璃专用设备	套/吨	
258	玻璃纤维专用设备	套/吨	
259	气象仪器	台（件）	
260	海洋仪器	台	
261	地震仪器	台	
262	教学仪器	台（件）	
263	同步进相机	台/千伏安	
264	水利启闭机	台/吨	
265	水文仪器	架	
266	土工仪器	架	
267	大坝仪器	架	

序号	产品名称	计量单位	备注
268	电力载波机	台	
269	电力高频阻波器	台	
270	电力滤波器	台	
271	采煤设备	台	
272	装煤机	台	
273	穿孔机	台	
274	探水机	台	
275	煤电钻	台	
276	岩石电钻	台	
277	发爆器	台	
278	煤矿安全仪器	台	
279	防爆自动空气断路器	台	
280	矿井信号设备	台	
281	信号集闭系统	台	
282	运输机集中控制系统	台	
283	井下通讯设备	台	
284	矿井照明设备	台	
285	搪瓷设备	台/吨	
286	石墨设备	平方米	
287	制药设备	台/吨	
288	医疗设备	台	
289	制盐机械	台	
290	制革制鞋机械	台	
291	脂肪酸、洗涤剂设备	台	
292	日用陶瓷加工机械	台	
293	日用玻璃加工机械	台	
294	日用轻化工机械	台	
295	钟表加工机械	台	
296	自行车、缝纫机加工机械	台	
297	灯泡加工机械	台	
298	卷烟机械	台	
299	食品加工机械	台	

续表

序号	产品名称	计量单位	备注
300	五金加工机械	台	
301	家俱加工机械	台	
302	工艺美术加工机械	台	
303	服装加工机械	台	
304	包装机械及其它轻工机械	台	
305	纺织试验仪器类	台	
306	纺织附属装置类	台	
307	轨道蒸汽吊车	台	
308	道岔	组	
309	铁道专用通信、信号器材	件	
310	电报设备	部	
311	载波端机及配套设备	端	
312	长途交换设备	台	
313	微波通讯设备	架	
314	通信整流器	部	
315	通信仪表	部	
316	邮政设备	台	
317	邮政车	辆	
318	铁芯通讯线	吨	
319	兽医专用器械	台	
320	粮食仓储器械	台	
321	粮食仓储仪器	台	
322	粮食加工机械	台	
323	榨油机械	台	
324	营林机械	台	
325	木材采运机械	台	
326	森化专用设备	台/吨	
327	人造板设备	台/吨	
328	广播发射机	部	
329	调频发射机	部	
330	电视发射机	部	
331	电视中心设备	套	

序号	产品名称	计量单位	备注
332	电视转播车	辆	
333	电视电影设备	台	
334	电视微波设备	套	
335	广播微波设备	套	
336	播控设备	台	
337	广播专用收讯机	部	
338	广播专用录音机	部	
339	广播专用录唱机	部	
340	广播专用大、中型电子管	只	
341	导航雷达	部	
342	无线通讯设备	部	
343	有线通讯设备	部	
344	工业用电子设备	部	
345	计算机类	部	
346	其他电子设备	部	
347	音响设备	部	
348	电子测量仪器	台	
349	半导体集成电路	只	
350	干电池	只	
351	无绝缘编织线（防波套）	公斤	
352	消防器材	台件/万元	
353	挂车	辆	

第四节　技术经济情报工作

从 80 年代初期开始，湖北成套局注重做好技术经济情报工作。

1980 年，湖北成套局明确专人负责技术经济情报的收集、归纳、整理和上架工作。并编辑了《产品动态》《学习园地》供局内业务人员使用和掌握。《产品动态》主要报道与成套业务有关的机械产品情报。在建设单位、设计部门、生产厂之间架起一座"产品信息"的桥梁，使设备选型和落实订货密切衔接起来。《学习园地》主要刊出有关产品基本知识，并针对业务人员查询的问题，集中整理成"动脑筋"题发动大家研讨，如氮气净化器属于哪一种设备等，又如经济合同试点项目沙市荧光灯厂的玻璃钢冷却塔配套的户外防腐电动机 JO2-WF，当时不知道哪里生产，通过经济情报查出为广东东莞电机厂生产，使设备订货及时得到解决。

1981 年 4 月 21—27 日，国家机械设备成套总局召开"技术经济情报工作座谈会"，会后印发了《技术经济情报工作座谈会纪要》，根据《会议纪要》的要求，当年 8 月 11 日局成立技术经济情报室。

1982 年 2 月，为向全国成套项目更好地推介湖北生产企业和机电产品，湖北省机械局、湖北成套局联合下发《关于编印湖北省机械产品目录的通知》，具体编撰工作由局技术经济情报室负责。

1983 年，湖北成套局进一步加强技术经济情报工作。全年向有关企业发函 3730 封，收集各类机电产品样本资料 9000 余份，经过整理共有样本资料 11068 份，综合性目录样本 1052 册，科技图书 4806 册，新产品导报 38 册，当年提供技术咨询服务 170 人次。

1984 年，湖北成套局将创办近 4 年的《湖北成套情报》更名为《机械产品动态》。第一期刊登的是"湖北省 1983 年机械设备优质产品名单"。同年，湖北成套局召开各业务处室负责人会议，传达学习"全国成套系统技术经济情报工作座谈会"精神，研究贯彻落实具体措施，会议要求广泛开辟情报来源，及时收集、整理、分析、传递和利用有价值的信息资料，为成套工作服务。

1985 年，全年订购经济技术类报刊 77 种，购买图书、样本目录和各类资料 2276 份。以这些资料为基础摘录和编排产品索引卡 1.9 万多张。为了及时传递和交流信息，编印《经济信息择编》39 期。其中，有 2 条信息先后被《湖北物价报》和《江汉早报》采用；集中收集了电子工业、粮油机械等行业的生产厂家的样本目录 10099 份，涉及 2900 多个厂家。为了适应开展对外开展业务的需要，还向有关部门发信索取了西德、美国、英国、法国、丹麦、意大利等国家的生产企业的产品价格；建立项目档案 76 个，并完成了成套管理局要求上报的 2 次全国机电产品订货会的设备价格表(湖北部分)。

1986 年，全年新增资料的生产企业有 1153 家，资料 7102 份。当年厂家样本目录总数已达到 15511 份，生产企业总数达 4050 家。完成了索引卡抄写和分卡就位入柜的任务，全年共抄写索引卡 67700 份，截至当年 12 月底，卡片总数达 101700 张。还完成了 6500 多个品种规格的明细价格汇编工作，此项工作得到部成套管理局和部有关专业成套公司的好评。配备了现代化信息装备——5550 型微机，完成了常用机电产品报价数据库的风机、卸车机、冷风机、暖风机、塑料风机等五个大类产品数据的输入工作。为了及时传递和交流信息，内部编印《经济信息择编》14 期，编发《信息快报》19 期，其中有一条信息被《江汉早报》刊登。

1987 年，湖北成套局成立综合技术处，全年共收集整理机电产品样本、目录等资料 2600 多份，编发《信息快报》14 期，《信息择编》13 期，《新产品动态》10 期。为适应当时国家对企业政策放宽、扩大自主权、材料价格出现双轨制的新情况，重点抓了机电产品现行价格的收集、筛选、分类和整理工作，当年共收集各类机电产品价格近3000份。此外，还开展了设备报价工作，如武汉市政建设总公司拟总包黄孝河排水工程，该公司对设备心中无数，委托湖北省成套局报价。经过有关人员连夜奋战，用一天半时间报出了设备费765万元的方案，基本和标底接近。

1988年，共收集整理机电产品样本、目录等资料2000多份。新增科技图书531册。截至当年，共藏书7616册，拥有5020个厂家的样本目录共1.6万多份。同时，还进一步加强了计算机的开发和运用，并开展对外咨询报价服务，向设计院提供了有关机电产品新的技术资料100余份，促进设计优化。

5月 湖北成套局与中南财经大学合作，编辑出版了《固定资产价格信息汇编》，该《汇编》由局长徐振华担任主编，姚国玛为副主编。全书共五册，收录价格信息20余万条，此书发行全国29个省市区，受到国家和省有关决策部门的认可及社会各界的好评。

第五节 部省合作

部省合作是设备成套工作的拓展，是设备成套部门从为工程建设项目提供成套技术装备到向联合物资部门提供材料和设备联合供应总承包服务的转变。荆襄大峪口、大悟黄麦岭矿肥结合工程，是物资部在湖北首次实行的材料、设备联合供应总承包试点项目，也是化工部和湖北省人民政府首次签订联合承包纪要开展部省联合保重点建设项目。在国家重点项目中实行材料、设备联合总承包，在全国是第一次。

一、材料设备联合供应总承包试点项目的提出和确定

1990年初，物资部提出，由基建物资司、设备成套管理局（当时为设备成套司）等部门联合起来，选择若干国家按合理工期组织建设的项目，实现从基建材料的配套承包到机电成套设备的"一条龙"联合承包供应，使建设单位集中更多的精力搞建设。湖北成套局及时将这一改革信息向湖北省人民政府领导汇报，并向荆襄大峪口、大悟黄麦岭矿肥结合工程指挥部进行了通报，此事引起化工部和国家原材料投资公司的关注。

荆襄大峪口、大悟黄麦岭是国家按合理工期组织建设的"八五"重点建设工程，也是利用世界银行贷款引进国外先进技术、设备兴建的大型磷矿和高浓度磷肥的现代化联合项目，是中国正在建设的三大矿肥基地中的两个项目。该项目的建设，对于完成"八五"计划，使中国化肥生产能力达到1.2亿～1.3亿吨，减少化肥进口，改善中国化肥产品结构，增加高浓度磷肥的供应，支援全国农业和促进湖北地方经济，都有十分重要的作用。

大峪口、黄麦岭矿肥项目总投资达20多亿元，规模大、技术复杂，根据国家计划和中国

同世界银行签署的贷款协定，这两个项目都要求在 1994 年底建成，世界银行用款计划 1995 年初截止。为确保项目按期建成，1990 年 4 月初，国家原材料投资公司以原投物〔1990〕第 51 号文，申请将大峪口、黄麦岭两个项目作为物资部实行材料、设备联合承包供应的试点单位，并要求从 1990 年起实施。

5 月 28 日至 6 月 6 日，由部基建物资司、设备成套管理局、中国基建物资配套承包供应公司等部门 8 人组成联合调查组，分别对这两个项目进行实地调查。9 月 28 日，物资部专门召开部长办公会议，听取了联合调查组的汇报，并就试点工作的组织领导，设备、材料联合承包供应的原则，承包协议等问题作出决议。

为落实部长办公会议的精神，保证材料、设备联合承包供应试点工作的顺利进行，湖北成套局经与化工部、湖北省计委、省石化厅、省物资厅、省两矿项目办公室及两个建设单位协商，拟定了物资部和湖北省人民政府联合承包纪要初稿，并向物资部、湖北省人民政府汇报。经部、省长办公会议讨论通过，部、省双方于 11 月 13 日在武汉签署了材料、设备联合供应总承包纪要。纪要明确规定由中国基建物资配套承包供应公司、湖北省物资局和湖北成套局分别同大峪口、黄麦岭两个建设项目签订材料和国内机电设备具体承包合同；国内机电设备工作由湖北成套局联合机电部专业成套公司、化工部装备总公司共同承担。材料、设备联合供应总承包的范围包括大峪口、黄麦岭两项工程的矿山采选、酸肥和公用工程的材料和国内机电设备。工程需要的计划内外材料一起承包供应，根据设计审核的数量，计划内材料按规定的计划口径核算核销，按规定的价格合理供应。国内机电设备（含专用、非标准设备）按设计需要实行总承包，并在可能条件下给予

支持和照顾。工程材料属物资部承包供应的除"三材"（钢材、木材、水泥）外，还包括生铁、铸铁管、有色金属材料、玻璃、油毡、石棉瓦、石油沥青、钢门窗、钢模板、水泥轨枕及扣件等。其他计划外需要的材料可由建设单位委托中国基建物资配套承包供应公司和湖北省物资厅组织供应。按设计所需指令性计划分配和国家合同订购的机电产品按工程进度纳入有关计划，保证按质、按量、按期供应。其中有条件招标的大型、专用等设备，在保证设备质量的前提下，会同设计院、建设单位等，采用招标或议标竞争性谈判方式，择优选定制造供应单位。需工厂制作的非标准设备所需钢材由物资部指定设备成套公司、基建物资司审查核定，在基建材料中安排。

根据纪要精神，中国基建物资配套承包供应公司、湖北省物资厅和湖北成套局分别同大峪口、黄麦岭两个基建单位签订材料和国内设备具体承包合同，明确承包内容及各方分工职责和义务。

国内机电设备成套工作，由湖北成套局联合机电部专业成套公司、化工部装备总公司，发挥各自优势，明确职责，共同合作，同时做好成套设备前期、中期、后期的全过程技术服务，以保证工程进度和工程质量。在建设期间由物资部商有关单位共同委派驻两个建设单位服务组，做好现场服务。

二、设备成套供应联合承包的组织实施

设备成套供应的联合承包合同由中国重型机械总公司、中国石油化工设备成套公司和湖北成套局共同签订。中国重型机械总公司具有重矿设备供货组织和技术服务优势；中国石油化工设备成套公司具有组织化工通用设备和技

术服务优势；湖北成套局有就近贴身服务及多年为湖北重点建设项目组织设备供应和现场服务经验的优势。这一联合有利于发挥各家所长，凸显 1+1+1 ＞ 3 的效果。

湖北成套局为三方的代表，统一对口建设单位并出任项目经理，负责同中国重型机械总公司、中国石油化工设备成套公司联系，积极协调，按三个单位的分工原则及职责协调各单位分管的设备，收集两公司设备询价情况、订货情况等；负责同项目单位的联系和协调，来往函件处理，各种报表报送，日常重大事情记载，并随时同各分管人员通气等；负责组织设备分交，负责总的台账及订货合同的管理，定期到项目单位核对订货、到货情况，发现问题及时汇报；了解各分管人员的工作及询价、招标、订货、订货合同返回情况，参加项目单位组织的各种会议；负责同设计单位进行联系和协调，负责收取服务费和两公司服务费的分配，负责对项目成套工作进行阶段总结以及档案的整理、归档。

各设备分管人员根据设计资料及分交清册，按分管的内容进行询价、招标议标、审查订货卡片、组织订货、审查设备价格；负责分管设备退、调、变和质量问题处理，设备催交，合同纠纷处理，组织产需双方的合同谈判，并负责来往函件处理；参加分管设备的考察、调研工作，做好各种原始资料的整理、汇总等；参加分管设备的技术交底会、协调会；必要时参加现场服务工作。

在设计院完成施工设计前，成套供应联合承包项目专班根据建设单位的需要，对重大、关键设备组织产需见面，进行技术交底和现场考察等；对一般通用设备，根据设计院的需要，为其提供选型、选厂的咨询工作；在设计院和建设单位选定设备生产厂后，协助建设单位联系解决施工图设计必需的有关资料；对所选设备的订货技术条件进行审核，对国家明令淘汰的产品提出改型建议，还将根据建设单位的需要，对有关设备的先进性、可靠性及价格等方面组织联合调研，提出咨询意见。

项目列入国家按合理工期组织建设的项目计划后，成套供应联合承包项目专班将所需设备分别按指令性计划分配、国家合同订购、产需衔接订货、市场采购等不同渠道组织成套。对指令性计划分配的产品（如两个建设单位所需的电线、电缆等）、国家合同订购产品（如两个建设单位所需的矿山设备、起重设备、高低压开关板等），按物资部〔1988〕物办字第 178 号文有关规定，由省成套局向物资部设备成套管理局申报，每年申报 3 次（计划年度前的年中、年底各一次，次年 3 月一次）。对重大、关键设备组织产需见面，生产周期长的设备争取预安排，充分发挥依托机电部的优势，使订货设备质优价廉。对有条件招标的设备（如自控、非标等）引入竞争机制，会同设计部门、建设单位及有关主管部门组织招标采购，打破地区和部门界限，在全国范围内择优选择中标单位。中标企业在同等条件下优先选择国家和省骨干、重点企业，贯彻质量优先、价格合理的原则。不具备招标条件的设备，则进行必要的询价、比价和竞争性谈判。物资部、机电部对以招标采购的设备所需原材料另有政策规定的，按规定向两部申报招标计划，以便获得部分计划内原材料，降低设备价格。

订货结束后，成套供应联合承包的工作重点转入为产需双方的服务。申请物资部、机电部派驻现场服务组，协助建设单位催交设备；

120 湖北省机械设备成套局志
1959—2006

协助建设单位处理或协调与生产企业的合同纠纷；对重大、关键设备，必要时请求机电部协助调度，以保证建设进度。在设备到货和安装高峰期，工作组常驻现场，处理属生产厂责任的一切问题，直至验收合格。

三、联合供应承包的成效

（一）保障工程建设进度

国家重点项目的建设，不仅所需"三材"要保证供应，而且设备也要成套组织供应。过去由物资部门供材料、成套部门供设备分别承包的方法，材料与设备往往相互脱节。联合供应承包方式有利于发挥物资部的整体功能和综合优势，使建设工程需要的材料、设备有机地结合起来，满足工程建设进度的需要，更好地保证国家重点项目按期顺利建设。大峪口矿肥工程，在国家尚未批准正式开工之前，中国基建物资配套承包供应公司就为其垫付钢材指标5700多吨，并狠抓指标的订货和品种的调剂，保证了工程的需要。湖北成套局设法为该矿在计划内解决急用的东风牌汽车2辆，跃进牌汽车2辆，施工用变压器4台。大峪口矿肥结合项目在1991年上报的《试点情况反映》中称："实行材料、设备联合供应总承包，保障了工程建设进度的需要，显示出物资部的综合优势和保证工程建设进度的能力以及服务工程建设的指导思想。"材料、设备联合供应总承包这一方式还进一步密切了物资、成套部门同生产、建设需要之间的联系，而且加强了供需双方工作的计划性、灵活性，提高了办事效率。黄麦岭矿肥结合项目把这种供应方式同传统的基建物资供应办法对比之后，认为联合承包供应方式在基建物资供应体制上是一个重大改革，对整个物资工作的有效运行有很大的积极作用。

（二）节省建设单位人力物力

重点工程一般具有投资大、工期紧、任务重等特点，材料、设备的供应在整个建设活动中地位十分重要。由于材料品种繁多、设备匹配复杂、供货渠道交错、市场变化迅速，单靠建设单位自身的力量是难以胜任的。实行联合供应总承包后，在材料上，物资部门按照施工图预算的品种、规格、数量和进度配套供应，并核算核销，直供现场，做到供需紧密衔接，简化了过去重叠的工作。1991年黄麦岭矿肥项目申请钢材6000吨，国家实际订货5500吨（其中甲类指标占27%，高于国家指标），满足率为年度需要量的91.6%；木材申请1500立方米，国家分配指标1000立方米；水泥申请20000吨，国家分配指标14000吨，实际订货14000吨。大峪口矿肥结合项目1991年申请钢材指标4425吨，国家分配3500吨（其中甲类指标1090吨，占31%），实际订货3265吨，其中甲类指标订货1450吨，是国家规定指标的133%；木材分配指标1500立方米，实际订货1500立方米；在设备上，成套局按照设计所附清单，成套地安排生产，成套地组织供应，为用户带来很大的方便。黄麦岭矿肥项目实行联合承包后，减少了50%以上的采购人员，仅差旅费就节省了10多万元。

（三）降低工程造价

1991—1993年，湖北成套局对通用的重大关键设备，坚持在国家重点企业中采用招标或"货比三家"择优选厂的办法，为两矿节省设备资金900多万元，其中为黄麦岭矿供应的球磨机、颚式破碎机、圆锥破碎机三项就节约资金60多万元。湖北成套局还利用地方专项材料为大峪口35千伏变电所解决了一台变压器，节省设备资金21万元。经有关部门和专家现场检查测试，设备一次性通电成功，在该矿所在的原荆州地区引起很大反响。两矿项目单位反映：物资部实行联合承包以来，在材料、设备安排上给了很大的倾斜，为此节省了大量的投资。省两矿项目办公室也反映：从发展看，试行材料、设备联合供应总承包不失为保证重点建设、节省国家基建投资的一个途径。

（四）提高成套部门人员素质

材料、设备联合供应总承包是一项新的工作，湖北成套局的干部在试点中长见识、增才干、练本领、提高自身素质。这两个项目的国内配套设备，不少是中国 80 年代初借鉴国外技术发展起来的新产品。随着试点工作的深化，干部职工深深感到原来的知识结构、技术水平已不能适应联合承包工作的深度和广度，主动在实践中加强学习，充实知识。如两矿招标的惯性同步给料机，实际是电磁振动给料机的发展，当时尚未制定国家标准。为更好地认识它，湖北成套局组织项目有关人员对产品工作原理、结构进行多角度的分析，并详细测算了产品成本，在此基础上，又跟踪收集国内主要生产振动机厂家的资料，对影响振动机质量的主要指标，如功率、激振力、寿命及材料等诸方面进行比较，做到心中有数。后来在评标会上，湖北成套局向建设单位及设计部门提出了很有价值的数据和资料，使评标工作很快达成一致意见，也使得建设单位及设计部门的技术人员对湖北成套局工作人员刮目相待。

3

第三章

技术服务

技术服务是设备成套工作在组织设备供应的基础上向两头的延伸,是设备成套工作改革的一个重要方面,是设备成套工作突破单台单件供应成套,真正进入工程技术设备成套的一种尝试。

在1964年1月召开的全国设备成套局长工作会议上,各省局参加会议的技术干部对如何加强设备成套技术管理工作进行了深入讨论,并就技术服务达成共识,会后国家计委、一机部机电设备成套总局印发了《关于加强设备成套技术管理工作的意见》,首次提出"技术服务"这一概念。但在过去机电设备生产计划高度集中管理的条件下,成套部门在组织供应成套设备的基础上,也组织过产需技术衔接、设备选型、技术经济咨询和现场技术服务工作,

>>>>

但没有普遍推广，持之以恒。改革开放以后，由于机电设备作为商品进入市场，原来仅组织供应成套设备的做法已远不能适应国家改革形势的要求。因此，设备成套部门只有通过加强技术服务，才能深化、发展设备成套工作。1983年7月，机械工业部首次召开保重点设备成套工作会议，会议提出要贯彻部领导的指示，把"加强服务"作为成套工作总的指导思想，积极地开展成套服务。当年11月，机械工业部在昆明三聚磷酸钠厂（简称"五钠"厂）召开技术服务现场会，会议推广了云南成套局在"五钠"厂开展成套技术服务的做法和经验，甘肃、江苏、上海、四川、北京、安徽、广西七个成套局也在会上介绍了将成套工作"向两头延伸"、开展成套技术服务的做法和体会。1984年3月，机械工业部发出《关于做好国家重点建设项目调查并开展现场技术服务工作的通知》，随后又印发《机械工业部设备成套管理局开展成套技术服务试行办法》，明确了设备成套技术服务的主要内容、做法和要求。1986年4月，机械工业部在江苏仪征化纤工业联合公司召开保重点

成套项目现场服务工作交流会，同年6月印发了《关于加强重点成套项目现场服务工作暂行规定》。1987年4月，国家机械委在四川成都召开国家重点项目现场服务组和总代表工作会议，大会交流了现场服务工作经验，表彰了天津东郊煤气厂、河北唐山碱厂、湖北第二汽车厂等27个优秀现场服务组和先进个人代表。1988年2月，国家机械委成套管理局拟定了《关于加强重点成套项目现场服务工作的若干补充规定》。这些都推动了成套技术服务工作持续深入开展。1989年9月，物资部、机械电子工业部联合印发《关于加强国家重点成套项目现场服务工作的若干规定》，要求加强和深化成套技术服务工作，使之更加符合"制度化、规范化、科学化"的要求。1990年2月，物资部、机械电子工业部印发《关于进一步开展项目前期技术服务工作的意见》，在此基础上，进一步丰富了"技术服务"的内涵，形成了"全过程服务"的概念，这一概念成为深化成套工作改革的一项重要内容和成套部门在市场竞争中取胜的主要优势。

第一节　技术服务制度的推行与实施

湖北成套局按照上级主管部门的部署，积极探索开展技术服务工作，并将其逐步贯穿于项目建设的全过程。在项目前期，积极参与项目可行性研究和评估，提供产品经济技术信息，参与设计审查，修正技术参数，优化项目设计；在项目中期，择优选定设备制造企业，组织落

实设备资源；在项目后期，努力做好催交调度工作，派员进驻现场进行服务。

1986年，由湖北成套局、中国机床设备成套总公司、第二汽车制造厂制定的《关于"二汽"成套项目暂行服务办法》，得到了部设备成套管理局的批示和肯定。该《办法》规定的主

要服务内容及工作流程包括：

1. 项目建设前期

二汽应向中国机床设备成套总公司和湖北成套局提供"二汽七五规划设计任务书"及其批文。承包方应积极主动地向二汽有关部门了解各单项工程设计进展情况，必要时提供机械产品样本、型号、规格、技术参数及更新信息。机床公司、湖北成套局派员参加单项工程扩初设计审查会议。

2. 项目建设中期

（1）设备分交

设备分交按年度进行，每年 2～3 次，新建工程按单项工程进行（特殊情况除外），时间由三方商定。

分交前由二汽设备处向中国机床总公司、湖北成套局提供：

①二汽计划处设备年度计划一式两份；

②新建单项工程尽可能提供有关设计资料；

③本次分交的设备申请单。

（专机分交尚需提供零件图、毛坯图、工艺卡片等技术资料）

为提高分交质量和便于资料查询，在湖北成套局进行预分交工作，对二汽设备处所提供的设备逐一进行初审。然后由三家按基本建设程序组织正式分交，审定清册及订货卡片，加盖审核章、二汽合同章、重点任务章，清册封面加盖二汽公章、机床公司公章。清册（标准、专机）一式六份，三家各执两份。

（2）排产订货及订货卡片流程

分交后，由承包方按部规定划清指令性与指导性计划产品供货渠道。

指令性计划产品统一归口由中国机床设备成套总公司上报部成套管理局，湖北成套局与二汽配合此项工作。

指导性计划产品，机床类由机床公司组织供应，其他由湖北成套局供应。

设备订货时尽力满足二汽选厂的要求，为方便安排产品，二汽可事先预选两个以上生产厂。

订货合同返回后，经办方应在一周内将合同寄给另两方。专机属指令性计划产品，承包方负责组织二汽与生产厂进行技术衔接，并每年组织二次专机排产订货会议。

图 3-1　卡片(代合同)流程

指令性产品（包括专业设备）

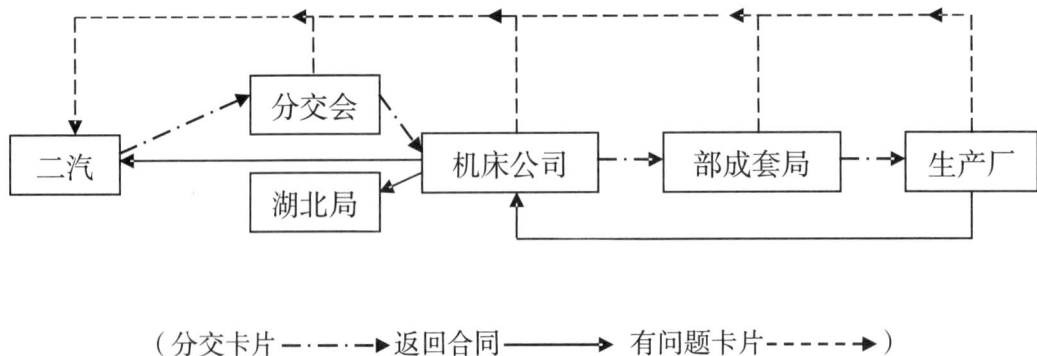

（分交卡片 —·—▶　返回合同 ——▶　有问题卡片 -----▶）

指导性产品

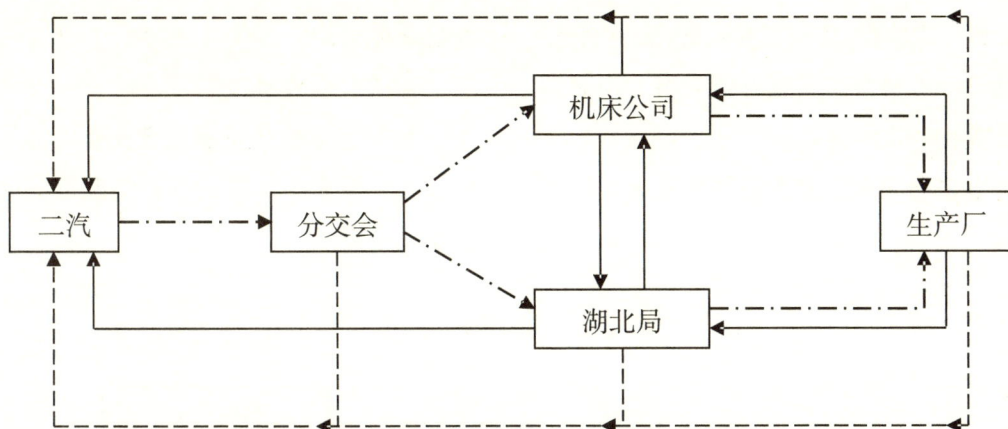

根据总承包协议精神，二汽应将全部单项工程及每个单项工程设备卷中所列设备，无论指令性、指导性、长短线产品，统交承包方组织供应（进口及自制非标除外）。

（3）日常服务工作

为了更好地为项目服务，中国机床设备成套总公司与湖北成套局共同组织现场服务组。

组　长：中国机床设备成套总公司　李永康

副组长：湖北成套局　江明枝

工作人员：湖北成套局　张维齐、史佳

根据二汽的要求，暂定采取定期与不定期相结合的现场服务方式，为二汽开展各项服务工作。

①催交

服务组承担对重点设备（如专机、大型关键标准设备）逾期合同设备进行催交，并向承包方及二汽通报催货信息。对关键专机可视情况三方联合进行走访催交，由服务组负责组织。

②退、调、变

设备分交后，由于设计变更，投资计划变化或其他原因而发生的退、调、变情况，均由二汽设备处持变更联系单向服务组提出，服务组办理。在办理过程中，发生经济索赔时，由二汽承付。遇重大问题，由服务组通知承包方酌办。

图 3-2　催缴、退调变流程

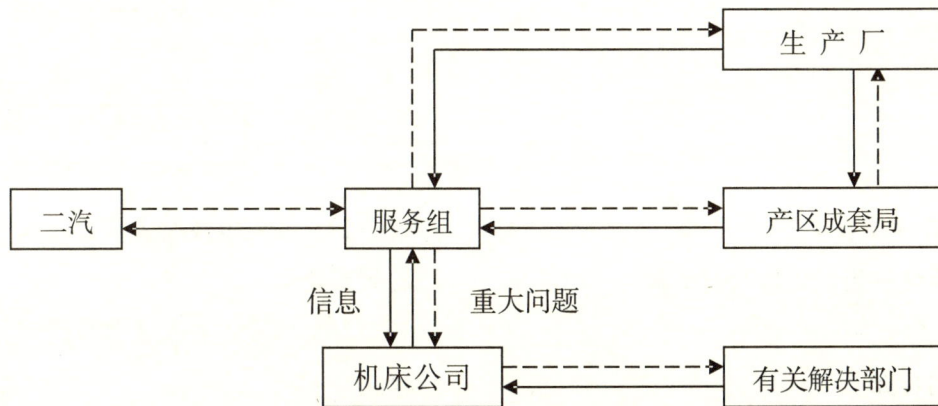

（待解决问题 -------->　解决问题 ------>　）

③到货

二汽设备处每月25日向服务组发出本月到货明细报表一式两份,此表要求认真、准确填报。

二汽设备处每季初向服务组发出上季应到未到设备报表一式两份。

服务组定期向承包方通报到货及未到货信息。

专机、大型关键标准设备到货,二汽要做好开箱验收记录,参加人员签字,必要时请服务组派员参加。

④项目报表

服务组按规定向承包方及有关部门报送各种报表,报表中涉及的项目情况资料由二汽设备处及时提供。

图 3-3　项目报表流程

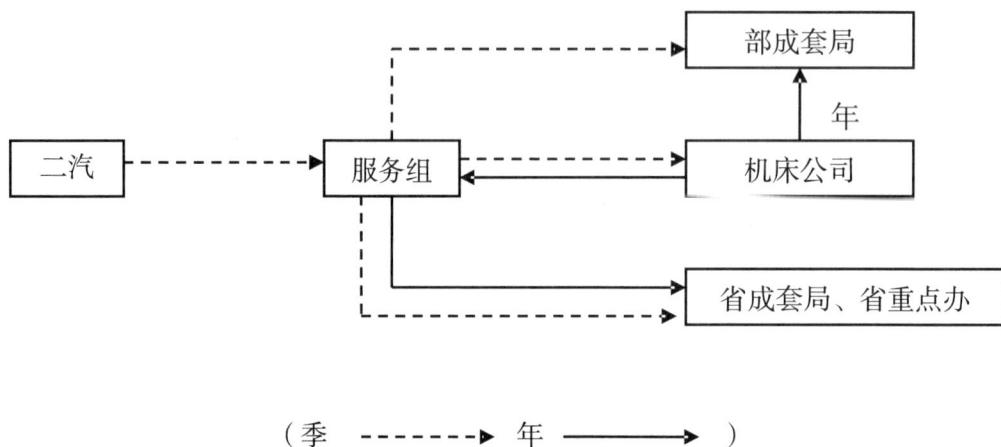

图 3-4　质量信息及重大问题处理流程

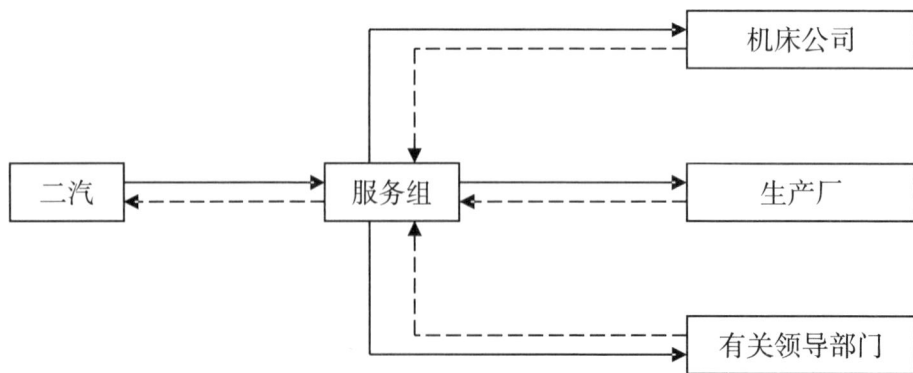

3. 项目建设后期

服务组统一组织,协调设备制造厂的技术服务工作。

工作内容如下:

(1)熟悉合同内容,经常深入现场,了解、检查成套设备或机组安装调试工作,发现问题,

有权按照有关规定及时进行处理或组织制造厂派员前来处理。

(2)参加设备成套或机组启动、试运行和验收。

(3)及时向部成套局、质量司、承包方、有关专业局及省重点办汇报供需双方履行有关

协议、合同情况、各制造厂技术服务状况以及产品（包括成套供货的配套设备）的技术、质量、交货、安装、调试及验收运行情况。

（4）在组织技术服务工作中，出现重大问题及时向部有关局、承包方报告、请示。当出现重大意见分歧，而施工单位或用户坚持处理时，应及时写出备忘录备查。

（5）努力做好各单位驻现场技术服务人员的思想政治工作，使他们尽职尽责。服务工作完成后，还要对他们的工作作出评价，并向派出单位反映。

（6）写好工作日记，按时填好各种表卡，经常总结服务工作经验，分析质量问题原因和服务工作状况。

湖北成套局在推行与实施技术服务制度的典型项目还有：

湖北省荆襄大峪口、大悟黄麦岭两个矿肥结合工程 是国家利用世界银行贷款建设的大型磷化工项目，总投资近 20 亿元。对其所需国内设备的采购和供应工作，化学工业部和湖北省人民政府在〔1989〕化贷字第 440 号、鄂政发〔1989〕第 65 号联合颁发的《讨论纪要》中明确规定："国内通用设备、仪器、仪表的优势在机械电子部，宜由建设单位（或工程承包公司）委托机械电子部下属的设备成套公司会同省成套局承包。"为掌握项目情况，配合项目单位、设计部门做好前期服务并抓紧做好设备承包的各项工作，湖北成套局于 1989 年 12 月 8 日成立由副局长傅积霖为组长、副总工程师李忠保为副组长的技术咨询小组，按采岩、运输、破磨、浮选的工艺流程，指定专人对其主要设备进行调研，为项目单位和设计部门提供设备选型、选厂的咨询，促进设计优化，以确保项目按计划建成投产、发挥投资效益。

湖北省政府办公大楼中央空调主机 设计为两大一小共三台机组，选用的是属于受控物质的 R-22 制冷剂。湖北成套局建议选用不破坏臭氧层、无毒、对人体无害、不受《蒙特利尔议定书》限制的 R-134a 环保制冷剂，同时，为维修方便，建议采用三台同样大小的中央空调主机。省政府基建办公室采用了这一建议。

湖北出版文化城主体工程 200 万大卡溴化锂直燃式空调主机是建设项目业主自己订货的。订货之后，预付了 10% 的货款，即 88.8 万元，并发出了设备催交函，生产企业已经投料，开始生产。而后，设计又改为蓄冷蓄热中央空调，采用双工况螺杆式冷水机组和电热水锅炉。原订 4 台溴化锂直燃式空调机组的退货和 10% 已付贷款的追索，成了湖北出版文化城面临的难题。湖北成套局利用与生产企业长期的良好合作关系，与业主方一起到生产企业，退掉了 4 台机组，并将已付的 88.8 万元用来和该生产企业签订其生产的空调末端设备，为建设项目节省了巨额开支。

湖北剧场 是全省精神文明建设的重点项目。湖北成套局配合省文化厅，对该项目通过招标采购的电梯、空调和电器等设备，做好安装期间相关的协调和技术服务工作。2001 年 11 月，剧场提出增加一台贵宾电梯。湖北成套局接到图纸后，认真查阅了国家标准并到现场核对尺寸。发现如要增设此梯需对建筑物和已安装好的空调管道进行大的修改，如此既推迟工期，又要耗资 40 万元，且使用价值不大。省文化厅主要负责人听取意见后，提交文化厅办公会议讨论，取消增设此台电梯的方案。

湖北省委组织部干部培训中心电梯 是通过招标采购的，湖北成套局派人对到货电梯进行验收时发现电梯的主要部件——进口曳引机质量不合格，不像全新进口产品。供应商坚持认为曳引机为100%原装进口全新产品,不予更换。为此,湖北成套局邀请省质量技术监督局产品质量检验所的专家到现场勘查,经专家反复检查,确认这台电梯的进口曳引机外表质量不合格,迫使供应商重新购买了一台全新的进口曳引机。

第二节 派驻现场服务组

成套系统从60年代马鞍山车轮轮箍厂开始开展项目现场服务。根据成套系统的成功做法和经验,1986年,湖北成套局向四个重点项目(第二汽车厂、武钢双四百、荆襄磷矿、八号工程——07-5108厂)和两个建成投产项目(鄂钢二炼钢、宜昌桃坪河磷矿)派驻了现场服务组。随后又向湖北化纤厂派驻现场服务组,并安排黄仲坚、李习涛下派挂职锻炼,同时负责现场服务工作。

一、现场服务组人员岗前培训

从1987年开始,全国成套系统进驻国家重点建设项目的现场服务组,均以国家部委的名义派驻。成套项目管理是一项复杂的系统工程,现场服务是项目管理的重要组成部分。服务组的工作人员必须具备处理各种关系和问题的能力,有比较广泛的专业知识,有较高的思想觉悟和良好的职业道德。为了使工作人员很快地适应现场工作的要求,把服务工作做好,湖北成套局从当年开始对进驻现场服务组人员都进行岗前培训。培训内容:

1. 学习有关政策,法规和常识:

(1)学习中央、地方和成套系统的有关政策和规定;

(2)学习经济合同法和有关机电产品订货合同法规的基本知识;

(3)学习铁路、公路、航空、水运等各种运输管理与运输设备有关规定和常识;

(4)学习财务结算的基本知识。

2. 学习有关成套业务和项目管理知识:

(1)了解服务项目的生产工艺,主要装备及机电产品知识;

(2)学习公共关系学的基本知识;

(3)学习设备管理及仓储的基本知识;

(4)学习项目管理基础知识。

3. 学习现场服务工作中进行设备催交、处理设备质量问题和价格纠纷时应采取的方法和步骤以及工作经验等。

二、以国家部委名义派驻现场服务组

1986年6月20日,机械工业部印发了《关于加强重点成套项目现场服务工作暂行规定》;1988年2月24日,国家机械委成套管理局印发《关于加强重点成套项目现场服务工作的若干补充规定》,明确规定了现场服务组的申报范围及程序。

（一）派驻现场服务组的范围

1. 国家按合理工期组织建设的重点项目。

这些项目中成套部门承包的成套设备金额占国内设备金额60%以上的项目（国内设备总额不包括现场制作和其他部门生产的专机设备金额），都应派现场服务组。

2. 由成套部门承包的设备金额占国内设备总额60%以上，地方政府特别重视，对扩大成套工作的影响有较大作用，成套设备中大型设备又较多的地方重点建设项目。

3. 由成套部门实行设备费包干或工程技术设备总承包，承包设备金额在3000万以上的一般大中型或限上技改项目。

（二）派驻现场服务组的申报程序

1. 申报时间：成套项目需要派驻现场服务组的一般应在承包合同（或协议）中予以明确。派驻现场服务组的申办时间，应于每年4月底前向成套管理局提出申请。

2. 申报程序：根据项目单位的意愿，由承包单位向设备管理局提出派驻服务组的申报，联合承包的项目由联合承包单位联合申请。现场服务组人员由成套设备承包单位选派。现场服务组设组长一人，副组长若干人。

成套管理局根据实际情况，审定办理派驻现场服务组的批文，同时发给服务印章和现场代表证。

根据上述规定，1987年6月6日，国家机械委办公厅以机办成〔1987〕第120号文下发《关于派驻山东潍坊碱厂、贵州铝厂等国家重点项目现场服务组的通知》，其中湖北省有国家机械委驻第二汽车汽车制造厂现场服务组，组长为岳吉庆，副组长为江明枝。

以机办成〔1987〕第180号文下发《关于派驻山西化肥厂等十四个国家重点建设项目现场服务组的通知》，其中湖北省有国家机械委驻武汉钢铁公司现场服务组，组长为江明枝，副组长为汪洪。

1991年5月6日，物资部、机械电子部以〔1991〕物成字第85号文下发《关于向吉林省双阳水泥厂等国家重点建设项目派驻现场服务组的通知》，其中物资部、机械电子部驻武汉钢铁公司现场服务组，组长调整为姜铁山；驻第二汽车汽车制造厂现场服务组副组长调整为江平。

1992年5月，物资部、机械电子工业部以〔1992〕物成字第84号文下发《关于向河南焦作中洲铝厂等国家重点建设成套项目派驻现场服务组的通知》，其中物资部、机械电子部驻湖北大悟黄麦岭磷矿现场服务组，组长为詹建文，副组长为李信、管永泰；物资部、机械电子部驻湖北大峪口矿肥结合工程现场服务组，组长为詹建文，副组长为李信、管永泰。

1994年10月，国内贸易部、机械工业部以内贸成字〔1994〕第240号文下发《关于派驻广东茂名三十万吨乙烯工程等八十三个重点建设项目现场服务组的通知》，其中国内贸易部、机械工业部驻长江三峡工程现场服务组，组长为詹建文，副组长为姜铁山、祝昭树；国内贸易部、机械工业部驻湖北大峪口矿肥结合工程现场服务组，组长调整为周汉秋，副组长为管永泰；国内贸易部、机械工业部驻武汉钢铁公司现场服务组，组长调整为罗南庆。

1996年5月16日，国内贸易部、机械工业部以内贸成联字〔1996〕第21号文下发《关于派驻东风汽车公司等十八个国家重点建设项目现场服务组的通知》，其中湖北省有东风汽车公司现场服务组，组长调整为詹建文。

以上以部委名义派出的国家重点项目的现场服务组正、副组长中的江明枝、江平、姜铁山、詹建文、周汉秋、祝昭树、罗南庆均为湖北成套局的中层以上干部和业务骨干。以湖北成套局人员为主的现场服务组有：武汉钢铁公

司现场服务组、东风汽车公司现场服务组、长江三峡工程现场服务组、湖北大峪口矿肥结合

工程指挥部现场服务组、湖北大悟黄麦岭磷矿现场服务组。

第三节 现场服务组主要工作

根据机械工业部保重点成套项目现场服务工作交流会（仪征会议）的精神，为更好地为项目服务，湖北成套局采取定期与不定期深入现场和设备到货、安装高峰期长驻现场相结合的现场服务方式，为项目单位提供各项服务，主要工作有：

参加工程建设指挥部有关计划、调度会议，了解掌握建设项目工程建设进度和设备到货、安装进度，及时做好设备的催交调度工作；参与大型、专用、关键设备的开箱验收，配合建设单位或安装单位处理设备在接运、验收过程中发现的设备质量和缺损件等问题；督促建设单位对到货设备妥善保管，避免因保管不善而影响设备质量；会同省机械厅组织机电工业有关生产企业到项目现场进行技术服务，培训有关人员，处理有关设备方面的问题；及时报告重大设备质量问题，以及需要上级主管部门协助解决的其他问题；办理不合设计要求设备的退货、调换、变更合同工作，协助解决现场建设中临时提出的急需设备；对少数重大关键设备，了解设备的在制情况，必要时派驻监制人员，进行监制；参加建设工程的预验收和竣工验收，组织处理在工程验收中出现的设备质量问题；对生产企业在执行合同、产品质量、服务质量等方面给予评价，并建议有关部门予以

表扬或批评；了解生产企业派驻现场的技术服务人员的工作、生活情况，并协助解决有关问题。

一、驻东风汽车公司（原第二汽车制造厂）现场服务组

1986年根据机械工业部保重点成套项目现场服务会的精神，中国机床总公司和湖北成套局联合组成了二汽现场服务组，本着"抓质量、多服务、保工期"的工作方针，配合建设单位协调处理和解决各类问题，受到物资部、机械部及用户的好评。

落实设备资源：第二汽车制造厂"EQ153八吨柴油车用柴油发动机项目"引进美国康明斯技术，是国务院、国家计委考核二汽的项目之一，要求1990年7月1日生产线形成生产能力。该项目所需专用设备在1987年、1988年已陆续订货，1989年新增的标准设备，在第一批设备预安排中只满足了1/4，缺口达202台。这批设备不落实，将严重影响二汽建设，使投资不能发挥效益，也将影响30万辆轿车工程的进展。为此，现场服务组除陪同二汽设备处领导到北京向有关部门领导汇报请示解决办法，还立即组织了三个组，会同二汽有关人员在春节前夕分赴华东、东北、西南三片，直接向上海机床厂、南京机床厂、无锡机床厂、北京第

一机床厂、沈阳第一机床厂、沈阳第三机床厂、大连机床厂、昆明机床厂、昆明铣床厂等20余家主要机床厂求援，落实了202台缺口中的196台，落实率达97%。在EQ153柴油车工程的大部分进口设备已落实、国内专机和标准设备订货工作基本落实后，为保障该项目按期建成，中国机床总公司和湖北成套局，在机电部机床工具司的支持下，于1990年3月21日在柴油发动机厂所在地襄樊召开了二汽EQ153八吨柴油车项目重点设备现场调度会。参加会议的有为EQ153项目提供设备的54家生产厂（院、所）、机电部机床工具司、生产司、中汽联、中国机床总公司和湖北成套局等部门的负责人及有关人员，以及为EQ153项目配套的大同齿轮厂、襄樊车桥厂的有关人员，共计62个单位、153名代表。EQ153八吨柴油车项目确定720台、20.36千米为重点调度设备，两个配套厂（大同齿轮厂、襄樊车桥厂）也选出了30台重点调度设备，共计750台、20.36千米，在会议上与有关生产厂协商调度，特别对EQ153柴油车工程的295台关键设备建立了月调度制度。在会议期间，二汽和两个配套厂提出了18台增订设备，当场落实7台。襄樊调度会后，机床工具司发文向各主机厂转发了会议纪要和调度表，并明确下半年要对各厂生产进度进行检查。根据该文的要求，现场服务组多次组织组员，分片对全国主要生产厂家进行了检查。6—7月，现场服务组对南京、常州、无锡、上海、沈阳、大连等地的生产厂家进行了检查。8—9月，现场服务组对河南、陕西、宁夏、青海及长沙等地的生产厂家进行了检查。随后，服务组又与二汽设备处一起对检查的情况进行分析研究。根据二汽建设计划和安排，找出影响建设进度的关键问题，重点解决，确保工程顺利建设。

组织设备催交：为满足项目管理、设备催交的需要，现场服务组首先建立和完善三种体系的设备台账：以分交清册为主的台账；以设备大类为序的单项工程台账，如第二动力厂、柴油发动厂、煤气厂等；以产区（省）为类，按生产厂家编制的产区台账。总账主要用于与项目单位定期核对情况，用于掌握项目全貌和完成成套内部所需的各种报表。单项工程台账主要用于现场服务，用于参加各单项工程的调度会、情况汇报会等。产区台账主要用于催交。现场服务组例行的催交工作每季度两次。季首，对上季应到而未到的设备发逾期未交设备函；季末，对下一季度应交设备发交货通知单。仅1991年就发催交函件217份，电话联系催交80余次。对交货问题比较突出的设备，派员去催交，了解不能按时交货的原因，并及时采取相应措施。全年先后派员去了长沙、青海、西安、北京、天津、武汉等地，取得了较好的效果。

协调处理质量问题：1987年，二汽反映精密铸造分厂已到的设备存在很多质量问题，服务组立即赶到现场（该厂远离市区）积极联系予以解决。1989年，现场服务组的重点是第二动力厂。服务组先后组织了无锡电瓶车厂、武汉冷冻机厂、武汉水泵厂、武汉阀门厂、武汉第三通用机械厂、开封阀门厂、兰州电机厂等厂家到现场处理质量问题，开展现场服务工作。大连机床厂供二汽的一批组合机床和组合机自动线到货后，在安装调试过程中发现相当一部分机床存在不同程度的问题，服务组积极与大连机床厂联系。大连机床厂先后两次派人到二汽服务，特别是第二次，该厂派出21名技术人员和维修人员到现场调试、维修，厂长也赶到现场了解情况，处理问题，使问题得到了解决。武汉电梯厂所供一台货梯，安装时二汽反映存在质量问题，服务组立即与武汉电梯厂进行联系。湖北成套局派专人与电梯厂人员一起赶到二汽进行处理,对所缺零件进行了补发,使电梯正常投入运行。

解决价格矛盾:合同签订以后,有的供方提出调价要求,造成供需双方的价格纠纷。对此类问题,服务组均尽力协调,使问题得到解决。如上海第八机床厂的数控线切割机床、汕头电器厂的低压板、沙市机床公司的多用刃磨床、福州机床厂的车床等价格纠纷,经过协调都得到比较好的解决,用户比较满意。

开展成套技术服务:1986年8月,为准备1987年第二批预安排。二汽报来249份订货卡片(代合同),服务组组织多名工作人员对全部卡片逐一进行了复核,并对其中110份确无法订货的卡片,每份均提出了具体修改意见。为方便用户,服务组3名组员带着这些卡片和有关资料到各分厂直接与分管工程的人员面谈,当场解决了66份,其余再由二汽设备处落实汇总。这样的处理方式,既方便了用户,又节约了时间。

长驻现场:在二汽襄樊基地建设高峰期,湖北成套局二汽现场服务组成员克服家中上有老、下有小的各种困难,轮流长驻襄樊基地现场进行"贴身服务"长达近两年多的时间。

二、驻武汉钢铁公司现场服务组

武汉钢铁公司现场服务组(简称武钢现场服务组)成立于1987年,由中国重机总公司和湖北成套局联合组成。服务范围包括国家合理工期重点项目——武汉钢铁公司(简称武钢)列入成套的单项工程有新三号高炉、七号焦炉、四号制氧站等。由于设备市场开放、订货方便,武钢设备处自行订货占绝大多数。1990年上半年,正值新三号高炉设备安装的高峰,投产迫在眉睫,所有的设备质量问题全部暴露出来。由于设备的缺件、质量问题,再加上生产厂售后服务不及时,高炉不能按计划在1991年6月

出铁。武钢公司于1991年4月21日专门向冶金工业部报送《关于新三号高炉工程设备情况的报告》,此报告后经中国重型机械总公司冶金公司转湖北成套局。经湖北成套局领导研究,为确保国家重点项目建成投产,不管由谁订货的设备,局均全力以赴帮助解决问题,进行现场服务。沈阳重型机器厂产品三台钢球磨机和一台自磨机,价值约为500万元,在安装时发现大小问题17处。武钢与沈重直接联系,沈重迟迟不派人来现场处理,武钢无奈,向现场服务组反映,服务组及时向局领导作了汇报,并与沈重厂取得联系。该厂多次派人来厂,为武钢彻底解决了三台钢球磨机的质量问题。在处理过程中,发现有一轴瓦内冷却水管堵塞,急需送沈重厂修复,若托运来回要一个月时间,势必影响工程进度。经湖北成套局领导与沈重厂联系后,专派两名服务组成员带着轴瓦赶赴沈阳,在沈重厂领导的配合下,三天内将轴瓦修复,及时运回了现场。为此,最棘手的沈重厂磨机质量问题得到圆满解决,这件事在武钢引起了较大的反响。由南京汽轮机厂供武钢利用新三号高炉的高炉煤气为能源的一台 QFR-25-2B 型 2.5 万千瓦燃气轮机,到货后经检查发现四块轴瓦有气孔,不能使用。现场服务组得知这一情况后,及时委派一组员陪同武钢工作人员前往南京汽轮机厂更换合格品并及时运回现场,保证了设备的安装工期。针对该设备在安装时发现的问题,服务组及时与南京汽轮机厂联系,厂方派了 7 名售后服务人员到武钢配合安装,妥善地解决了质量问题。对新三号高炉项目中武钢自行订货的 20 个厂家的设备质量问题,现场服务组向各厂发函说明问题的重要性和紧迫性,并视情况将处理结果报部和各省有关部门。各厂接函后都比较重视,迅速派人处理。沈矿、沈变、沈鼓、长沙水泵厂接函后还专门派副厂

长或总工前来武钢听取意见。武汉钢铁公司对现场服务组的工作给予了充分肯定。

在设备订货中，湖北成套局也本着对供需双方负责的精神，使国家重点工程的设备通过成套尽量达到质优价廉。武钢需要的两台200kN液压冲床，供方给武钢报价为13.2万元，后交给成套部门，以11.5万元签订了合同。另外一套激光照排系统，原给武钢报价71.3万元，经武钢做工作降为57.7万元，交给成套部门，最终以55.6万元与武钢签订了合同，在订货工作中再次体现了设备成套的优越性。

三、驻湖北大悟黄麦岭磷矿矿肥结合工程现场服务组

该现场服务组是1992年5月开始进驻的。大悟黄麦岭矿肥结合工程是在国家为改变化肥工业磷、氮比例严重失调，满足农业发展需要，节约国家外汇而决定引进国外先进技术和装备，开发建设一批磷复肥生产基地的背景下，由黄麦岭磷化工集团兴建的。为保证项目按期建成，在国家物资部主要领导的倡导下，并征得化工部、湖北省人民政府同意，此项目所需设备和基建材料实行联合承包供应试点，由中国基建物资配套承包供应公司、省物资厅和湖北成套局联合机电部和化工部有关专业成套公司组织实施。

1991年试点工作取得明显成效，仅由成套部门安排的矿山采选工程国内配套部分工艺设备，就比设计概算节省14%的投资，且选用的都是国内名优产品。在设备上，成套部门按照设计所附清单，成套地安排生产，成套地组织供应，为用户带来很大的方便，仅差旅费一项就节省近18万元。在成套设备订货过程中，针对国家指令性计划范围逐渐缩小，机电产品市场价格波动较大的情况，成套部门首先保证试

点项目的需要。除国家专业成套公司配合做好设备分交订货外，还坚持货比三家，比质量、比信誉、比价格、比售后服务，并认真做好设备到货验收、设备质量处理等各个环节的工作。湖北成套局先后有40多人次深入建设现场，了解工程建设和施工计划进度，协助建设单位对已到货的设备进行开箱验收，并及时解决设备质量等问题。武汉变压器厂供黄麦岭矿的一台变压器运抵现场后，安装试运时，发现有质量问题，现场服务组当即与生产厂协商，第二天就为该厂更换了一台同样型号的变压器。

四、驻湖北荆襄大峪口矿肥结合工程现场服务组

该现场服务组是1992年5月开始派驻的。荆襄大峪口矿肥结合工程是国家在湖北试行材料、设备联合供应总承包试点的项目之一，也是国家按合理工期组织建设的重点项目。应国家原材料投资公司及建设单位的要求，经物资部、省人民政府研究，并征得化工部同意，物资部决定对湖北省荆襄大峪口矿肥结合工程所需材料、设备进行联合供应总承包试点。根据总承包纪要，荆襄大峪口矿肥结合工程的矿山采选、磷肥和公用工程的计划内外材料，由中国基建物资承包供应公司和省物资厅组织供应。国内机电设备所需的指令性计划和合同订购的机电产品，按工程建设进度纳入计划组织供应；大型、专用设备及有条件招标采购的设备，采用招标采购的方式，择优选定制造供应企业。制作非标设备所需钢材，由物资部指定设备成套公司，基建物资司审查核定，在基建材料中安排。总承包纪要还规定，国内机电设备成套工作，由湖北成套局联合机电部专业成套公司、化工部装备总公司，发挥各自优势，明确职责，共同合作，并做好成套设备前期、中期、后期

的全过程技术及现场服务工作。为掌握项目情况，配合项目单位，设计部门做好前期服务并抓紧做好设备承包的各项工作。湖北成套局联合物资部、化工部专业成套公司组成现场服务组，按照采岩、运输、破磨、浮选的工艺流程，指定专人对主要设备进行调研，为项目单位和设计部门提供设备选型、选厂的咨询服务，促进设计优化，以确保项目按计划建成投产，发挥投资效益。在国家重点项目中实行材料、设备联合承包供应试点，是国家基本建设领域的一项重大改革，在全国还是第一次。中央和地方新闻单位都先后报道了这一消息。驻荆襄大峪口现场服务组也因工作成绩突出，受到国家物资部和机电部的表彰。

五、驻三峡工程现场服务组

为支援三峡工程及相关项目的建设，为其提供优质的成套设备和成套技术服务，保证工程建设的顺利进行，湖北成套局组建了以物资部、机电部名义派驻的三峡工程现场服务组到建设工地开展售后服务工作，包括参与重大设备的开箱验收，组织处理设备质量问题，解决设备短缺件和临时急需设备的补充订货等。同时，抽调业务骨干设立湖北成套局宜昌办事处，其全体人员均是三峡工程现场服务组的成员，贴身为三峡工程及相关项目服务。中国长江三峡工程开发总公司委托湖北成套局组织招标和成套供应的项目有：陈家冲 220 千伏施工总变电所，两台主变压器（单台容量为 63000 千伏安）及 220KV 六氟化硫断路器、PT、CT、隔离开关、继电保护系统等。另有白庙子、船闸、浸水湾变电所 35KV 主变压器及 35KV、10KV 高压手车柜等设备。仅陈家冲变电所两台主变压器就通过成套招标供应节约资金 30 万元，中标单位为衡阳变压器厂，是当时中部地区最大的变压器厂之一。

由于湖北成套局发挥其在技术和信息方面的优势，面向三峡、服务三峡，积极主动地参与建设项目的可行性研究、扩初设计等前期工作，同时利用全国设备成套网和设备报价库的优势，对主要工艺设备进行优选，提供国内制造厂家的主要性能指标及有关资料，做好工程项目建设的前期衔接，以及后期的成套技术服务工作，省人民政府、省计划委员会在成立省支援三峡建设工程委员会时，吸收湖北成套局为成员单位。

1959 年以来，国家建设项目的成套设备供应实行计划分配制。1978 年以后，国家的经济体制经历了从计划经济向有计划的商品经济，进而向社会主义市场经济的转变过程。作为国家基本建设管理重要环节的设备成套工作，其方式方法也随着经济体制的变化进行改变。符合市场竞争规律的工程设备招标成为设备成套最主要的方式方法。从 90 年代初期开始，湖北成套局正式开展招标工作，从建设工程国内设备招标起步，逐步扩展到国债和技术改造项目国内设备招标、机电设备国际招标、建设工程招标、药品招标和政府采购，实现了工程、货物和服务全覆盖。进入 21 世纪，随着《招标投标法》和《政府采购法》的贯彻实施，湖北成套招标工作获得持续发展，在全省乃至全国招标行业均占有重要的地位。2005 年 12 月，局属湖北省成套招标有限公司荣获湖北省统计局授予的"湖北省分行业十强企业"荣誉称号。

>>>>

第一节　发展概况

　　湖北成套招标经历了从无到有、规模从小到大、实力从弱到强的发展过程。

　　1984年，武汉市按照党中央城市经济体制综合改革的精神，由武汉市经委和武汉大学经济管理系在武汉市经委内组建了武汉市经委招标办公室，为当时武汉市名牌产品"荷花牌"洗衣机、"黄鹤牌"自行车、"鹦歌牌"电视机重新选择外协零配件供应厂，组织了全国首例招标，取得了明显的成效，经济效益达几百万元，引起了国家体改委、国家计委、物资部的关注和重视。当年，湖北成套局组织部分业务骨干学习研讨此次招标做法，并购买了武汉大学余杭和樊民合编的国内第一本招标投标专著《社会主义"招标投标"》。

　　同年，设备成套管理局推广了上海市成套公司为上海益民啤酒厂及浦东煤气厂一期工程、北京市成套局为华东啤酒厂组织招标采购的经验，随后又组织其归口管理的29个省、市、自治区成套局（公司）、10个专业工程技术设备成套公司和8个设在地方的电站、矿山等专业设备制造成套公司学习招标投标知识。1985年，各省、市、区成套局开始在设备成套工作中引入招投标竞争机制。1986年12月10日，湖北成套局为应城联碱厂所需专用设备试行招标采购，并取得良好效果。

　　为进一步推动全国设备成套系统的招标工作，1987年4月，设备成套管理局成立了招标管理机构，建立了适应当时实际需要的招标管理程序。根据设备成套管理局的部署，湖北成套局于1988年着手湖北建设项目成套设备招标的前期准备工作。

一、启动设备招标试点

　　1989年，湖北成套局成立局设备招标试点工作领导小组。副局长傅积霖任组长，副总工程师李忠保任副组长，詹建文、周汉秋为小组成员。

　　1990年初，湖北成套局选定国家重点项目荆襄大峪口、大悟黄麦岭矿肥结合工程为招标试点项目并制定了试点工作方案。当年8月，湖北成套局按照亚洲银行的要求，对两矿所需的部分主要设备实行招标采购。招标会议在江苏溧阳县举行，中国原材料投资公司、化工部矿山局、物资部设备成套司、中国重机总公司、省两矿肥项目办公室、省两矿肥项目建设指挥部、化工部化学矿山规划设计院有关领导和专家出席了开标活动。此次招标工作经与建设单位协商，邀请省内外14个国家大中型企业参加投标。此次招标主要设备有：湿式格子型球磨机、弹簧圆锥破碎机、浓缩机、中开泵、变压器等共37台、6910千伏安。经过竞争，最后由洛阳矿山机器厂、沈阳有色冶金机修厂、沈阳矿山机器厂、溧阳矿山机械厂、武汉水泵厂、湖北第二电机厂6家企业中标，中标金额 556.2763 万元，为建设项目节约资金 34.43 万元。1991 年，湖北成套局又通过招标方式为其部分设备实行了设备招标采购。此次招标试点工作为湖北设备成套工作的转型发展奠定了一定基础。

二、组建专职招标机构

为维护供需双方的正当利益，湖北成套局把建立专门的设备招标机构提上重要议事日程。90 年代初期，经省人民政府批准成立了湖北省设备招标办公室，随着形势的发展又组建了湖北省设备成套招标有限公司。

（一）湖北省设备招标办公室

1991 年 6 月 24 日，湖北成套局召开局长办公会议，学习讨论物资部印发的全国基本建设领域推行设备招标投标管理的第一个法规性文件《建设工程设备招标投标管理暂行办法》（物成字〔1991〕第 115 号）和设备成套管理局有关文件精神，决定向省政府、省计委汇报，争取建立招标机构，设在省成套局。6 月 26 日，湖北成套局向省计委上报《关于成立湖北省设备招标办公室的请示》，随后省计委批复同意成立"湖北省设备招标办公室"，设在湖北省机械设备成套局。

7 月 8 日，湖北成套局以鄂成综字〔1991〕第 18 号文向省人民政府呈报《关于成立"湖北省设备招标办公室"的请示》，省编办在征求意见时，有综合管理部门认为当时省内已有一家招标机构不宜再成立新的招标机构。对此，湖北成套局多次向省委、省政府领导和省计委、省经贸委等综合管理部门汇报，在各级领导的理解、支持下，1992 年 9 月 15 日，湖北省机构编制委员会正式批复成立"湖北省设备招标办公室"，负责省内重点项目所需国内成套设备的招标工作，办公室挂靠省成套局，不另增加

编制，所需经费由省成套局解决，设备招标工作归口省计委管理。

1997 年，根据国内贸易部、国家计划委员会、机械工业部、国家技术监督局联合制定的《建设工程设备招标机构管理试行办法》，经国家建设工程设备招标资格管理办公室审查批准，湖北成套局、湖北省设备招标办公室为甲级建设工程设备招标机构。按照规定可承担国家重点建设工程设备招标业务。

湖北省设备招标办公室成立后，坚持"坚持规范、力求严谨、追求特色、优质服务"的招标理念，1992—2002 年，十年累计完成招标项目 650 个，实施公开招标 1100 次，实现中标金额 36 亿元，节省建设资金 4.5 亿元。

（二）湖北省成套招标有限公司

按照 2000 年 1 月 1 日颁布的《招标投标法》关于招标代理机构与行政机关和其他国家机关不得存在隶属关系或者其他利益关系的规定，2000 年 4 月，湖北省设备招标办公室和湖北省机电设备成套中心共同出资组建的湖北省设备成套招标有限公司，经省工商行政管理局登记注册并正式运营。该公司的业务接受湖北省设备招标办公室的指导，主要承担代理全省基本建设项目、工业企业技术改造项目、政府采购项目、机电设备进口项目等机电设备招标业务、招投标咨询及机电设备监理服务，受委托代理全省药品采购招标等工作。至此，湖北成套局、湖北省设备招标办公室不再以局、办公室的名义进行招标运作，招标具体业务全面转由湖北省设备成套招标有限公司负责。

2003 年，公司业务由设备招标为主扩展到工程、货物、服务的全方位招标，为使公司名称更加贴近业务实际，公司名称由湖北省设备

成套招标有限公司变更为湖北省成套招标有限公司。

2005年，鉴于国家政企分离的要求和公司发展的需要，湖北省成套招标有限公司于当年底与湖北成套局正式剥离并迁新址办公。

1. 业务资质

根据《招标投标法》第七条"有关行政监督部门依法对招标投标活动实施监督"的规定，国家相关部委出台了各行业的招标代理机构资质管理规定。湖北省成套招标有限公司适时申报，经国家相关部委审核评定，截至2006年底，公司拥有中央投资项目招标代理机构甲级资质证书、工程招标甲级资格证书、技术改造项目设备招标甲级资格证书、中华人民共和国国际招标甲级资格证书、中华人民共和国政府采购甲级资格证书、工程咨询甲级资格证书、药品招标资格证书、中华人民共和国进出口企业资格证书，并通过了ISO9001-2000质量管理体系认证。

2. 组织架构及人员

公司实行董事会领导下的总经理负责制，第一任董事长：王佑民，总经理：黄仲坚。2005年11月，因公司与局剥离，改由黄仲坚任董事长兼总经理。

公司下设总工办、财务部、综合部、监察室四个职能管理部门，设招标一部、招标二部、招标三部、招标四部、招标五部、政府采购部、工程造价部、进出口贸易部8个业务部门，分别承担不同区域和领域的招标、采购和外贸代理业务。

公司实行全员合同制，共有员工93人（无离退休人员），均具有大专以上文化学历，其中76.8%为大学本科及以上学历，52.3%具有中、高级专业技术职称。

3. 财务状况

公司注册资金1000万元，拥有产权的办公大楼。截至2006年12月31日，公司资产总额为7671万元，其中货币资金为5847万元。净资产收益率保持在20%以上。

三、参与制定地方性设备招投标管理办法

由于招标投标工作在中国是新生事物，开始推行时遇到了种种的困难和阻力。一些建设单位受习惯做法的影响，嫌招标程序复杂，怕麻烦不愿意招标；一些建设单位从局部和个人利益出发，想方设法规避招标；还有一些项目的设备招标由于受过多的行政干预和部门保护，工作难以顺利进行。在此情况下，湖北成套局多次向省政府、省计委领导汇报，建议借鉴吉林、辽宁、黑龙江、陕西、山西、河北等六省做法，出台地方性设备招标投标管理办法。1994年初，受省计委委托，湖北成套局代拟了《湖北省建设项目设备招标投标管理暂行办法》。其后，省计委在广泛征求意见和调查研究的基础上，于当年11月6日正式颁发《湖北省建设项目设备招标投标管理暂行办法》。该《办法》规定：凡列入本省固定资产投资计划的建设项目，特别是省重点项目和大中型项目，其所需国内机电设备，均实行招标采购，同时规定，省设备招标办公室是经省人民政府批准的负责全省建设项目所需机电设备招标工作的专职机构。省设备招标办公室接受建设项目单位的委托，代理招标和投标咨询，负责组织设备招标工作的全过程，并按建设项目单位的意愿承担中标设备的催交、质量问题，直至设备投入正常运行为止的后期服务工作。该《办法》的实施对推动湖北设备招标工作的开展起到了

重要作用。

四、参与国家和省招投标立法工作

为建立全国统一、开放、公平、完备的招投标市场，根据八届全国人大立法规划，国家计委于1994年6月开始组织《中华人民共和国招标投标法》的起草工作。1995年，国家计委政策法规司派人专程来湖北成套局（湖北省设备招标办公室）进行立法调研。湖北成套局结合国内招标投标工作实际，围绕保护国家利益、社会公共利益和当事人的合法权益这一直接的立法宗旨，就招标规范性、公开性、竞争性、公平性提出了十多条意见和建议，其中部分建议得到调研组的认可。1996年，政策法规司又专门邀请湖北成套局派人赴京参加《招标投标法》（第五稿）的讨论修改，对与会人员杨永康提交的有关强制性招标项目和范围的书面建议，政策法规司表示在《招标投标法》修改中吸收采纳。

2001年4月3日，湖北省发展计划委员会、省政府法制办公室在省计委召开《湖北省招标投标管理条例》立法座谈会。会上，湖北成套局就理顺招投标管理体制、明确综合监督和行业监督、推行强制招标制度、加强评标专家库建设等阐述了理由并提出了具体意见和建议，引起省发展计划委员会、省政府法制办公室的关注和重视。

五、湖北设备招投标工作成果参展

2005年8月17—19日，由商务部、国家发展和改革委员会主办，中国机电设备招标中心承办的"中国招标成果暨优秀中标企业设备及技术展览会"在北京举行。湖北成套局选取了一批在全国产生重大影响的成功招标实例，如三峡工程陈家冲施工变电站等，通过图文、影像播放等形式，全面、客观、真实地展示了湖北成套招标二十年的发展历程和辉煌业绩，扩大了湖北成套招标的社会影响。

第二节 招标服务与管理工作

90年代初期以来，湖北成套局不断加强规范化建设，对招标公告发布、专家的抽取、投标、开标、评标、定标、合同签订等具体环节进行严格把关，始终把招标活动置于政府监管部门、纪检监察机关、新闻单位和社会监督等多重监督之下，努力为建设单位，特别是重点投资建设把好关、服好务。

一、内部运行规则的制定

1995年以前，湖北成套局招标项目较少，规模也不大，此时期中央一级国家机关颁布的有关招标投标的规范性文件也不多。湖北成套局主要是依据国家经贸委颁布的《机电设备招标投标指南》，同时借鉴《世界银行采购指南》

《亚洲开发银行采购指南》的做法来开展设备招标工作。1996年后，随着湖北省设备招标办公室业务的扩展，湖北成套局根据国家部委的有关规定，结合省委、省政府对党风廉政建设的要求，制定了《湖北省设备招标办公室工作人员职业道德规范》《湖北省设备招标办公室招标行为规范》。从1998年开始，结合局长目标经营责任制的全面推行，湖北成套局把"加强招标工作规范化管理，树立成套招标品牌信誉"纳入年度目标责任制管理内容并制定了具体考核细则。

2000年，按照《招标投标法》有关规定要求，制定了《招标业务内部管理暂行办法》（试行），明确专门处室，履行监督职能，并受理投标人（供应商）质疑与投诉。该《办法》涉及项目承揽、项目实施、项目后期工作、招标监督和管理、奖惩等五个方面，共51条。同时附招标业务分工表，业务文件、表格审批流程表，招标费用标准及收费流程表，有关规范表格及标准格式和评标综合评分办法（试行）。如在项目的承揽方面，为使项目承揽有序竞争，《办法》规定实行按"区域分工为主"的项目承揽制度，各处室按区域划分承揽项目，确有特殊情况，本着优势互补、整体对外的原则，由综合处室协调解决；在项目的实施方面，从制定招标委托书开始，刊登招标预告、招标项目编号、编制招标文件、制定招标实施方案、发布招标公告（或资格预审公告）、发出投标邀请函、出售招标文件、组建评标委员会、制定评标工作的纪律及保密制度、组织招标文件的澄清、收取投标保证金、接收投标文件、组建开标工作小组、开标、评标、询标、评标结果公示、处理质疑、发中标通知书、招标结果通知书等重要环节都有明确具体的规定。

二、组建湖北设备招标评委专家库

评标与确定中标人是招标投标活动中最重要的两个环节。

评标委员会依据招标文件中规定的原则、程序和方法，对各投标企业的技术、经营、财务、资信、业绩和信誉等情况进行全面审查、评议和比较，推荐中标候选人；招标人只能在评标委员会推荐中标候选人范围内确定中标人。最后确定中标企业。因此，评标委员会人员组成及其工作，对整个招标活动能否实现"三公"原则，切实做到择优中标，具有关键性作用。

90年代中期以前，国家对评标专家的组成尚未有明确的规定，当时湖北成套局在组织设备招标活动中，一般都邀请业主和设计院参加评标小组，组织技术、商务两方面的专家评委对这两方面的条件进行集体评议，最后由建设单位根据评委评选意见，确定中标单位。其中也有部分招标项目邀请本地区各个方面、各个专业的有影响的专家参与评标。但绝大多数项目的评审专家是由建设单位、设计部门和招标机构三方面人选组成的。

随着招标业务的发展，迫切需要建立一个由有关技术、经济、法律等方面的专家参与的专家库。为此，湖北成套局于1996年开始筹建"湖北设备招标评标评委专家库"，当年入库专家只有70余人，随后逐年增多。到1999年底，该库设有27个常用专业，入库专家学者为531人，其中具有教授级职称的22人，副教授职称的37人，研究员职称的22人，以上专家学者在所在单位和行业领域都具有一定的权威性和较高的知名度，其中享受国务院特殊津贴的27人，享受省市特殊津贴的18人。

2000 年颁布的《招标投标法》对评标委员会的组成办法和入选专家必须符合的条件进行了限定。2001 年 7 月 5 日，国家计委、国家经贸委、建设部、铁道部、交通部、信息产业部、水利部等七部门又联合颁布了《评标委员会和评标方法暂行规定》（以国家计委第 12 号令颁布）。根据《招标投标法》和《评标规定》等有关法律、法规，为进一步完善"湖北省设备招标评标评委专家库"，丰富专家类别，增加专家数量，不断规范评标行为，湖北成套局制定了《湖北省设备评标专家库及评标专家管理办法》，对入库专家的基本条件和推荐方式、评标专家权利和义务、评标专家的抽取与保密、入库专家的培训、考核、管理和违规处罚等作出了明确的规定。

2001 年 3 月，湖北省成套局建立健全了评标专家动态管理系统，同时开发建立了"评标专家语言通知系统"，专家的抽取和通知的全过程实现人机对话。2002 年初，湖北成套局出台专家抽取管理办法，明确规定一般招标项目必须采取随机抽取方式选择评标专家；对于技术复杂的特殊招标项目，按项目管理权限报请主管部门批准后，可以采取直接邀请方式选定评标专家。

2004 年，"湖北设备招标评标评委专家库"再次扩充，到 2005 年底，符合法定条件的入库评标专家人数达 4000 余人，涉及 50 多个专业类别，并有满足随机抽取评标专家所需要的必要设施和条件，且配有专门负责日常管理的工作人员。

为加强评标专家职业道德教育，提高评审质量，更好地保证评标的公平、公正性，湖北成套局从 2005 年开始，采取以会代训方式，

对入库的专家进行了培训。培训内容主要包括：有关招标投标的法律、法规和规章；评标程序、评标标准和评标方法；评标专家的职业道德和评标纪律。通过培训，进一步提高了评标专家的政策法规、职业道德水平和评标专业技能。

在加强湖北设备评标专家库及评标专家管理的同时，本着建立科学、合理、完善的评标招标体系的原则，从 2003 年开始，湖北成套局不断改进"综合评估法"，比如，对定性指标尽可能量化，削弱人为主观因素影响，科学筛选指标，避免重复计算，并客观、合理地确定评标指标权重；根据招标项目的具体要求，使用不同的评标标准和方法，包括建立有效的评标模型，实现对投标人科学、合理、公正的评价，以甄选出真正符合招标人要求的中标候选人。这些探索对确保评标质量，具有积极意义。

三、规范招标采购程序

招标方式、招标文件的编制和出售、资格审查、投标文件的编制送达、开标、评标、定标等都有一套严格的程序，招标投标活动的当事人必须严格按照法定的程序办理。

（一）国内机电设备招标程序

湖北成套局长期为建设项目提供成套设备，不仅熟悉国家的经济建设政策和基本建设程序，还熟悉机电设备的设计、工艺、制造、质量、订货及产品价格。因此，成套部门组织机电设备招标具有更多的优势。从 1992 年起，湖北成套局在组织国内机电设备招标中，严格遵循以下基本程序。详见图 4-1 国内机电设备招标程序图。

图 4-1　国内机电设备招标程序图

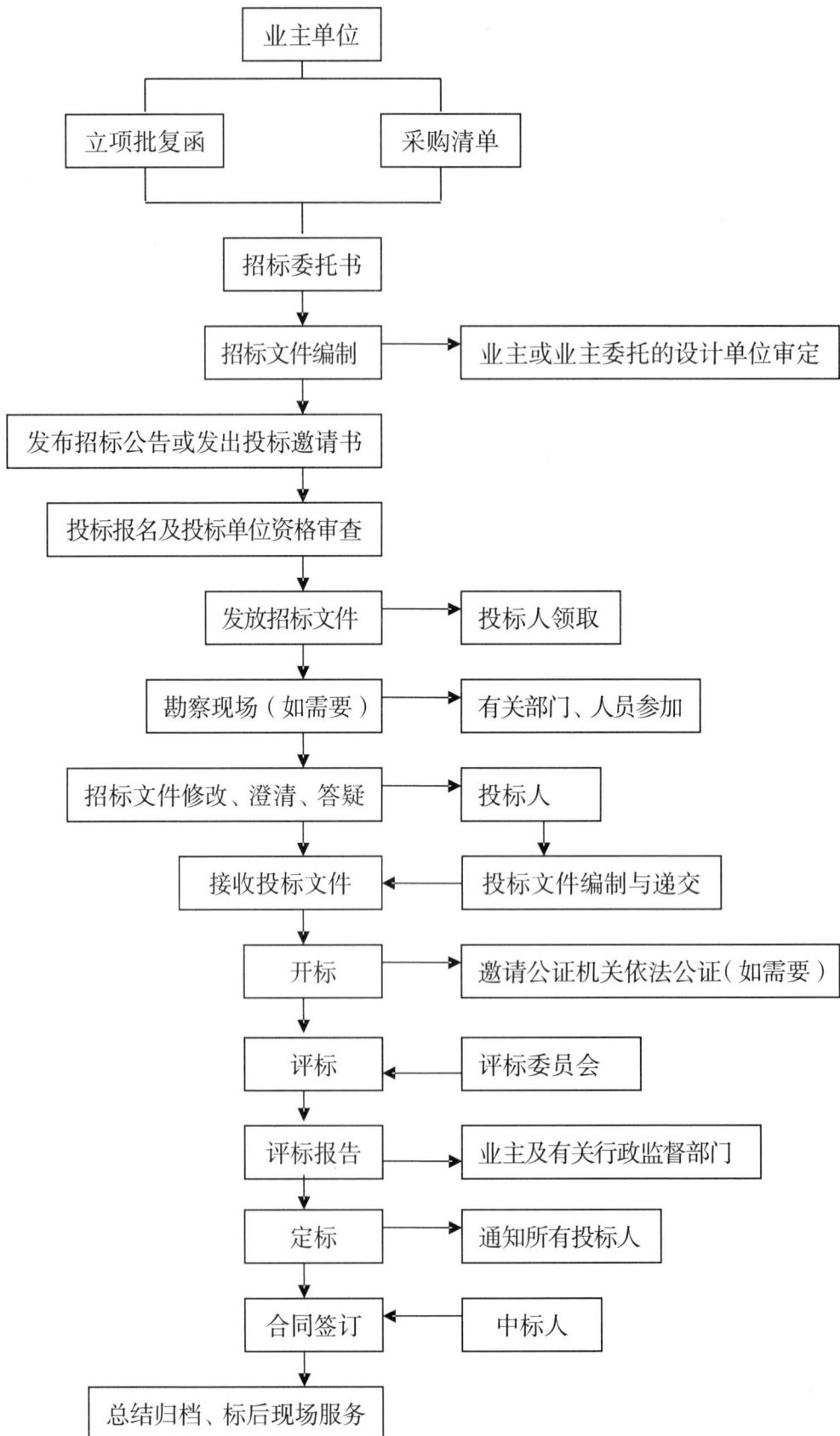

```
                          ┌──────────┐
                          │  业主单位  │
                          └──────────┘
                    ┌───────────┴───────────┐
              ┌──────────┐            ┌──────────┐
              │ 立项批复函 │            │ 采购清单  │
              └──────────┘            └──────────┘
                    └───────────┬───────────┘
                          ┌──────────┐
                          │ 招标委托书 │
                          └──────────┘
                                │
              ┌──────────┐      →  ┌──────────────────────┐
              │ 招标文件编制 │─────→│ 业主或业主委托的设计单位审定 │
              └──────────┘         └──────────────────────┘
                                │
          ┌────────────────────────────┐
          │ 发布招标公告或发出投标邀请书  │
          └────────────────────────────┘
                                │
          ┌────────────────────────────┐
          │ 投标报名及投标单位资格审查    │
          └────────────────────────────┘
                                │
              ┌──────────┐         ┌──────────┐
              │ 发放招标文件 │──────→│ 投标人领取 │
              └──────────┘         └──────────┘
                                │
            ┌──────────────┐       ┌────────────────┐
            │ 勘察现场(如需要) │───→│ 有关部门、人员参加 │
            └──────────────┘       └────────────────┘
                                │
          ┌──────────────────┐     ┌──────────┐
          │ 招标文件修改、澄清、答疑 │─→│ 投标人    │
          └──────────────────┘     └──────────┘
                                │         │
              ┌──────────┐       ┌────────────────┐
              │ 接收投标文件 │←────│ 投标文件编制与递交 │
              └──────────┘       └────────────────┘
                                │
              ┌──────┐     ┌──────────────────────┐
              │ 开标 │────→│ 邀请公证机关依法公证(如需要) │
              └──────┘     └──────────────────────┘
                                │
              ┌──────┐     ┌──────────┐
              │ 评标 │←────│ 评标委员会 │
              └──────┘     └──────────┘
                                │
              ┌────────┐   ┌──────────────────┐
              │ 评标报告 │──→│ 业主及有关行政监督部门 │
              └────────┘   └──────────────────┘
                                │
              ┌──────┐     ┌────────────┐
              │ 定标 │────→│ 通知所有投标人 │
              └──────┘     └────────────┘
                                │
              ┌────────┐   ┌──────────┐
              │ 合同签订 │←──│ 中标人    │
              └────────┘   └──────────┘
                                │
          ┌────────────────────────┐
          │ 总结归档、标后现场服务    │
          └────────────────────────┘
```

（二）国债及限上技改项目国内招标程序

2001年12月10日，湖北成套局根据国家经贸委和湖北省经贸委有关规定，制定了《国债及限上技改项目国内招标程序》。详见图4-2国债及限上技改项目国内招标程序流程图。

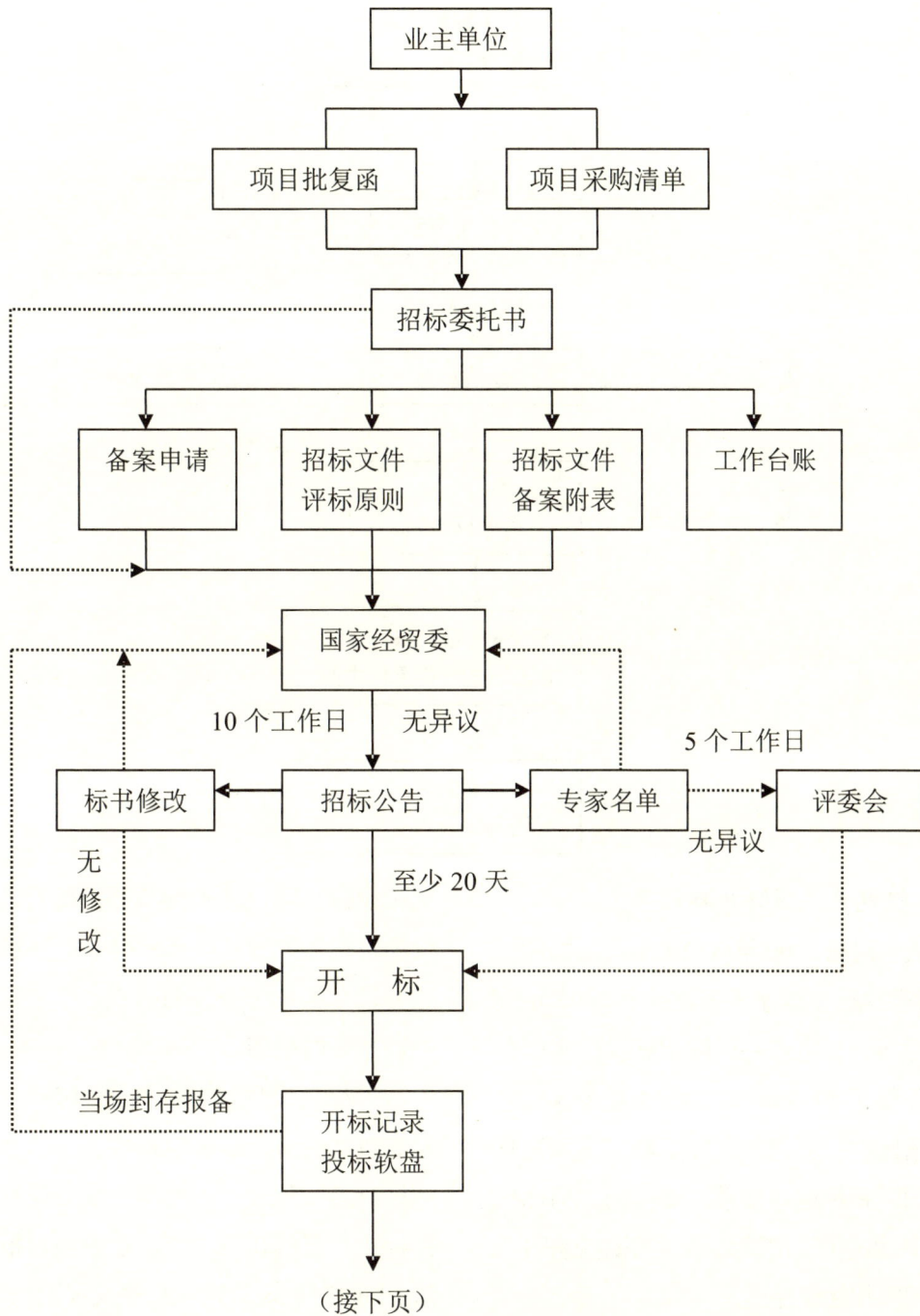

图4-2　国债及限上技改项目国内招标程序流程图

```
                    ┌──────────┐
                    │  业主单位  │
                    └────┬─────┘
                         │
          ┌──────────────┴──────────────┐
          │                             │
    ┌──────────┐                  ┌──────────┐
    │ 项目批复函 │                  │ 项目采购清单│
    └────┬─────┘                  └────┬─────┘
         └──────────────┬──────────────┘
                        │
                  ┌──────────┐
                  │ 招标委托书 │
                  └────┬─────┘
        ┌──────┬───────┼───────┬──────┐
   ┌──────┐ ┌──────┐ ┌──────┐ ┌──────┐
   │备案申请│ │招标文件│ │招标文件│ │工作台账│
   │      │ │评标原则│ │备案附表│ │      │
   └──────┘ └──────┘ └──────┘ └──────┘

                  ┌──────────┐
                  │ 国家经贸委 │
                  └────┬─────┘
        10个工作日    无异议
  ┌──────┐  ┌──────┐  ┌──────┐     5个工作日  ┌──────┐
  │标书修改│←─│招标公告│→│专家名单│ ·······→ │评委会│
  └──────┘  └──────┘  └──────┘    无异议    └──────┘
   无修改        至少20天
                  ┌──────────┐
                  │  开  标   │
                  └────┬─────┘
   当场封存报备        │
                  ┌──────────┐
                  │ 开标记录   │
                  │ 投标软盘   │
                  └────┬─────┘
                       ↓
                  （接下页）
```

（接上页）

```
┌──────────┐              ┌──────────┐
│ 国家经贸委 │              │  评  标  │
└──────────┘              └──────────┘
      ▲                         │
      ┊ 评标报告完成             ▼
      ┊              ┌────────────────────┐
      ┊ 两个工作日内  │ 1. 评标文件备案申请  │
      ┊◄┄┄┄┄┄┄┄┄┄┄┄┄│ 2. 评标报告          │
      ┊              └────────────────────┘
      ┊                         │ 5个工作日   无异议
      ┊                         ▼
      ┊              ┌──────────┐        ┌──────────┐
      ┊              │ 中标结果公示│┄┄┄┄┄┄►│ 解决答复  │
      ┊              └──────────┘        │ 有关质疑  │
      ┊                         │          └──────────┘
      ┊      3个工作日内  10天   无质疑
      ┊                         ▼
      ┊              ┌──────────┐        ┌──────────┐
      ┊◄┄┄┄┄┄┄┄┄┄┄┄┄│ 中标通知书 │┄┄┄┄┄┄►│ 有关投标商 │
      ┊              └──────────┘        └──────────┘
      ┊                         │
      ┊              ┌──────────┐
      ┊◄┄┄┄┄┄┄┄┄┄┄┄┄│ 委托单位  │
                     │ 意见反馈表 │
                     └──────────┘
                           │
                     ┌──────────────┐
                     │《工作台账》报  │
                     │ 中国机电设备招标中心│
                     └──────────────┘
                           │
                     ┌──────────────┐
                     │ 全部资料      │
                     │ 报送局综合办公室备查│
                     └──────────────┘
```

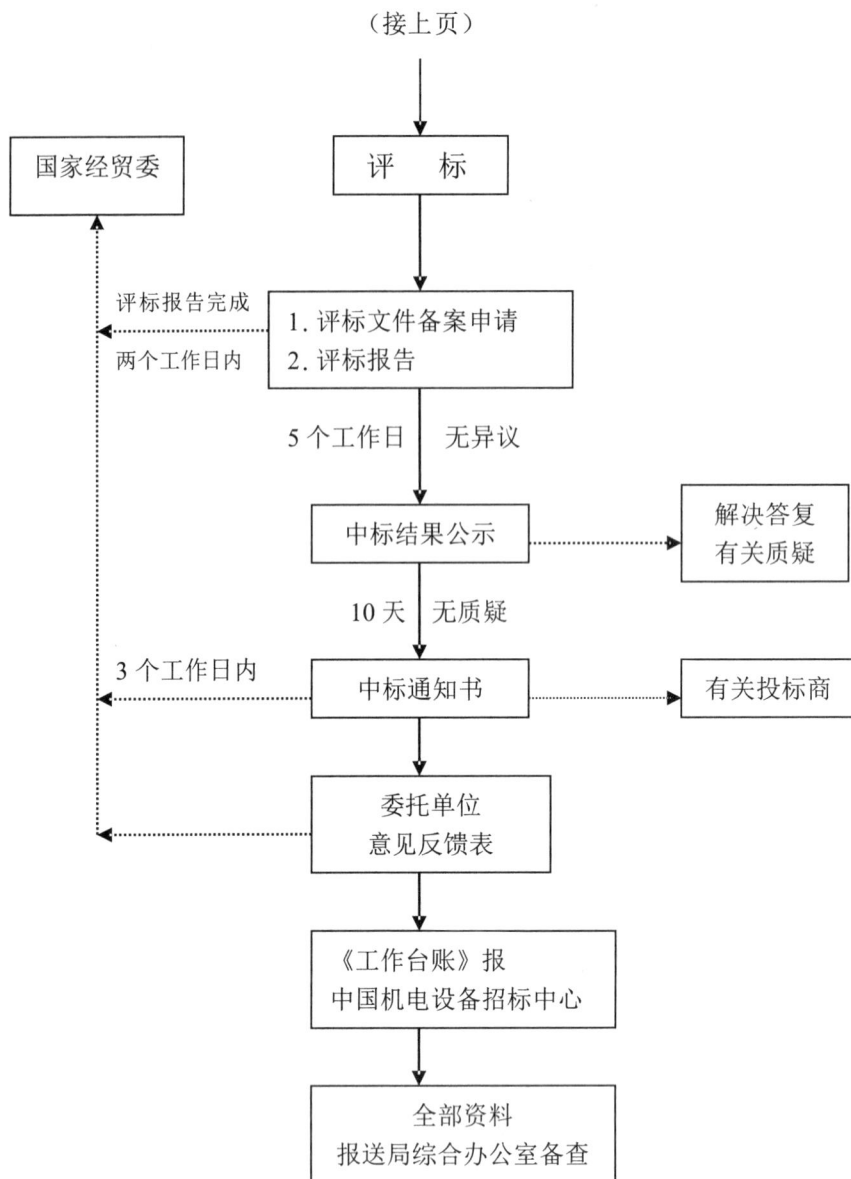

（三）机电产品国际招标程序

湖北成套局自2000年启动机电产品国际招标以来，贯彻执行原国家外经贸部于2002年颁布的第7号令《机电产品国际招标投标实施办法》和商务部于2004颁布的第13号令《机电产品国际招标投标实施办法》，不断丰富和完善机电产品国际招标运作体系，规范湖北招标投标市场秩序。机电产品国际招标程序详见图4-3机电产品国际招标程序图。

（四）建设工程招标基本程序

80年代初，国家在工程建设领域首先推行招标投标制度。2000年发布并施行的《工程建设项目招标范围和规模标准规定》（国家发展计划委员会第3号令）明确规定了工程建设项目强制招标的范围。

工程建设项目招标在中国有着较长历史，具有较宽的普及面，且形成了自己独具特色的招标特点和程序。因此湖北成套局在建设工程招标中，严格执行《工程建设项目报建管理办法》和国家规定的招标程序及规则。详见图4-4建设工程招标基本程序图。

图 4-3　机电产品国际招标程序

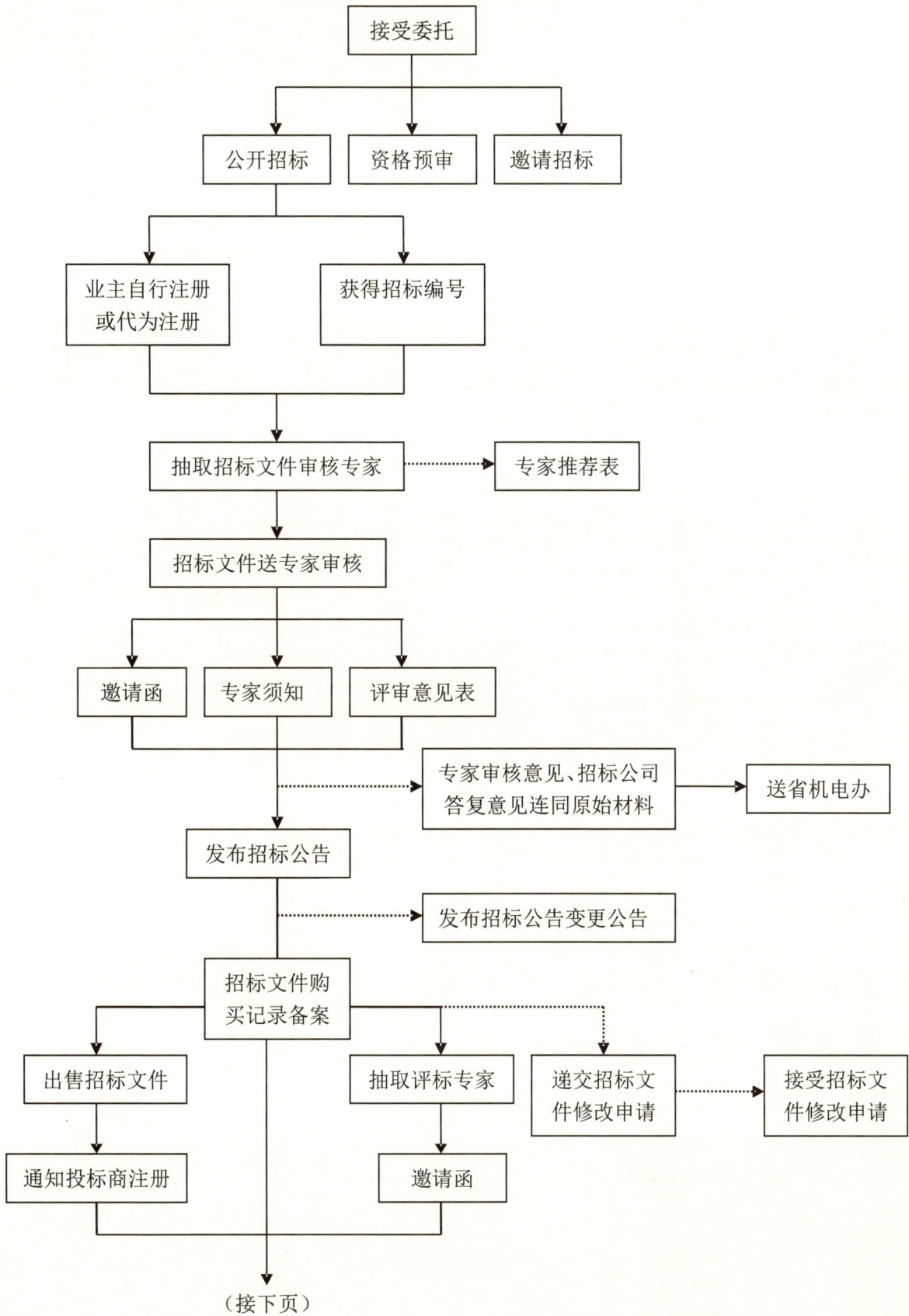

接受委托

公开招标　　资格预审　　邀请招标

业主自行注册或代为注册　　获得招标编号

抽取招标文件审核专家 ┄┄┄ 专家推荐表

招标文件送专家审核

邀请函　　专家须知　　评审意见表

专家审核意见、招标公司答复意见连同原始材料 → 送省机电办

发布招标公告

发布招标公告变更公告

招标文件购买记录备案

出售招标文件　　抽取评标专家　　递交招标文件修改申请 → 接受招标文件修改申请

通知投标商注册　　邀请函

（接下页）

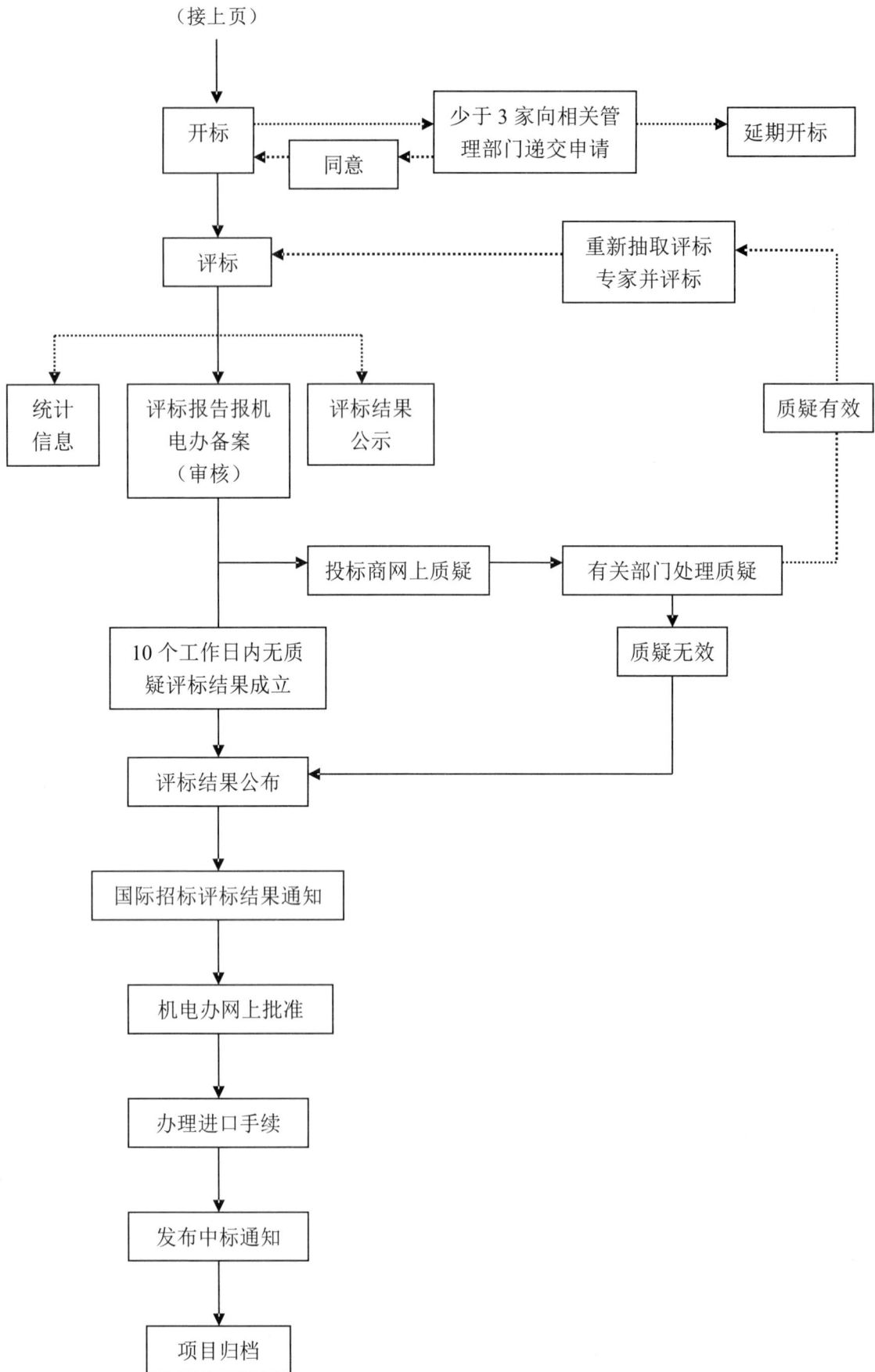

（接上页）

开标 ┄┄┄→ 少于 3 家向相关管理部门递交申请 ┄┄┄→ 延期开标

开标 ←┄┄ 同意 ←┄┄ 少于 3 家向相关管理部门递交申请

评标 ←┄┄ 重新抽取评标专家并评标

统计信息

评标报告报机电办备案（审核）

评标结果公示

质疑有效

投标商网上质疑 → 有关部门处理质疑

10 个工作日内无质疑评标结果成立

质疑无效

评标结果公布

国际招标评标结果通知

机电办网上批准

办理进口手续

发布中标通知

项目归档

图 4-4　建设工程招标基本程序图

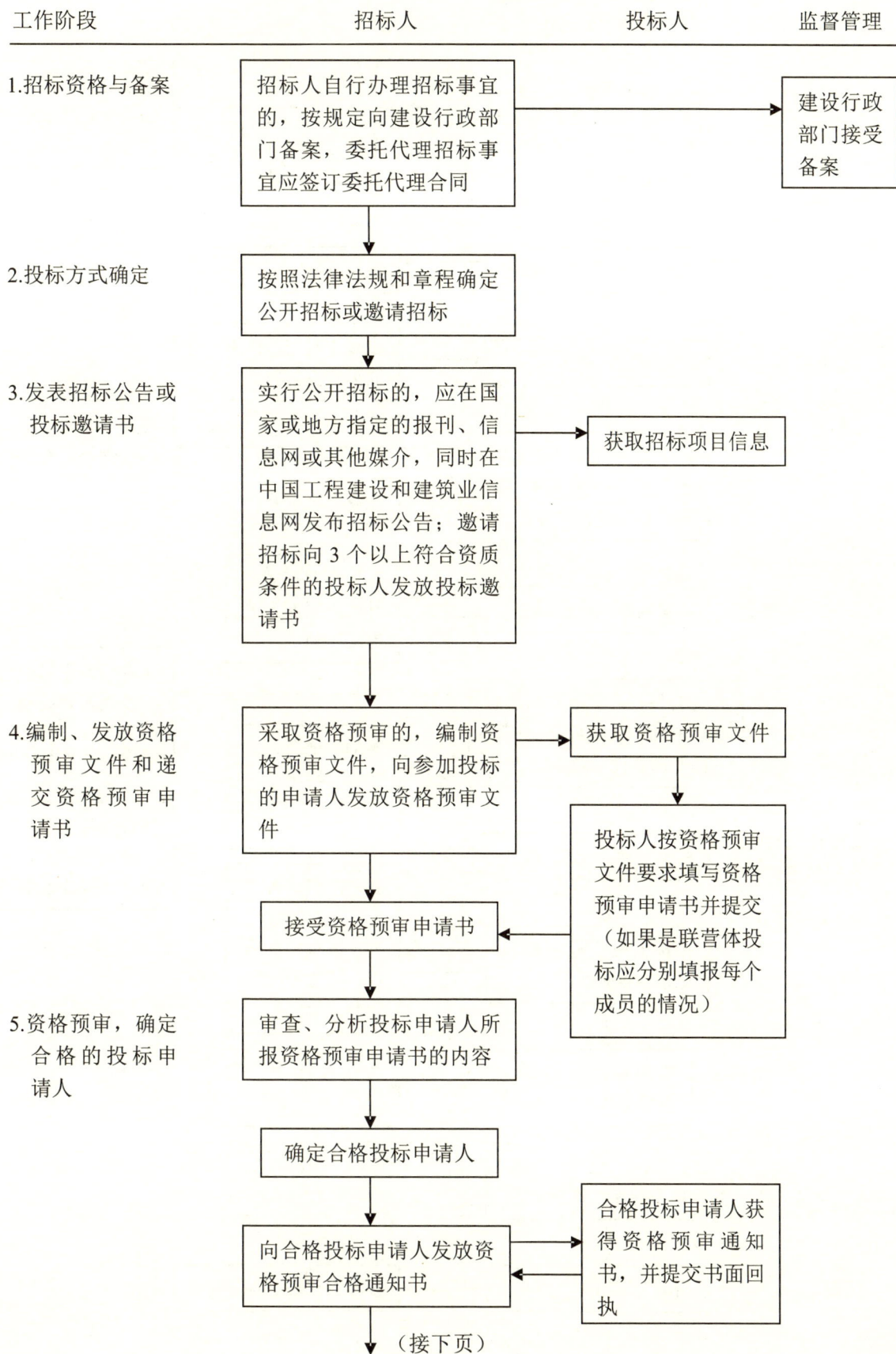

工作阶段	招标人	投标人	监督管理

1.招标资格与备案

招标人自行办理招标事宜的，按规定向建设行政部门备案，委托代理招标事宜应签订委托代理合同

建设行政部门接受备案

2.投标方式确定

按照法律法规和章程确定公开招标或邀请招标

3.发表招标公告或投标邀请书

实行公开招标的，应在国家或地方指定的报刊、信息网或其他媒介，同时在中国工程建设和建筑业信息网发布招标公告；邀请招标向 3 个以上符合资质条件的投标人发放投标邀请书

获取招标项目信息

4.编制、发放资格预审文件和递交资格预审申请书

采取资格预审的，编制资格预审文件，向参加投标的申请人发放资格预审文件

获取资格预审文件

投标人按资格预审文件要求填写资格预审申请书并提交（如果是联营体投标应分别填报每个成员的情况）

接受资格预审申请书

5.资格预审，确定合格的投标申请人

审查、分析投标申请人所报资格预审申请书的内容

确定合格投标申请人

向合格投标申请人发放资格预审合格通知书

合格投标申请人获得资格预审通知书，并提交书面回执

（接下页）

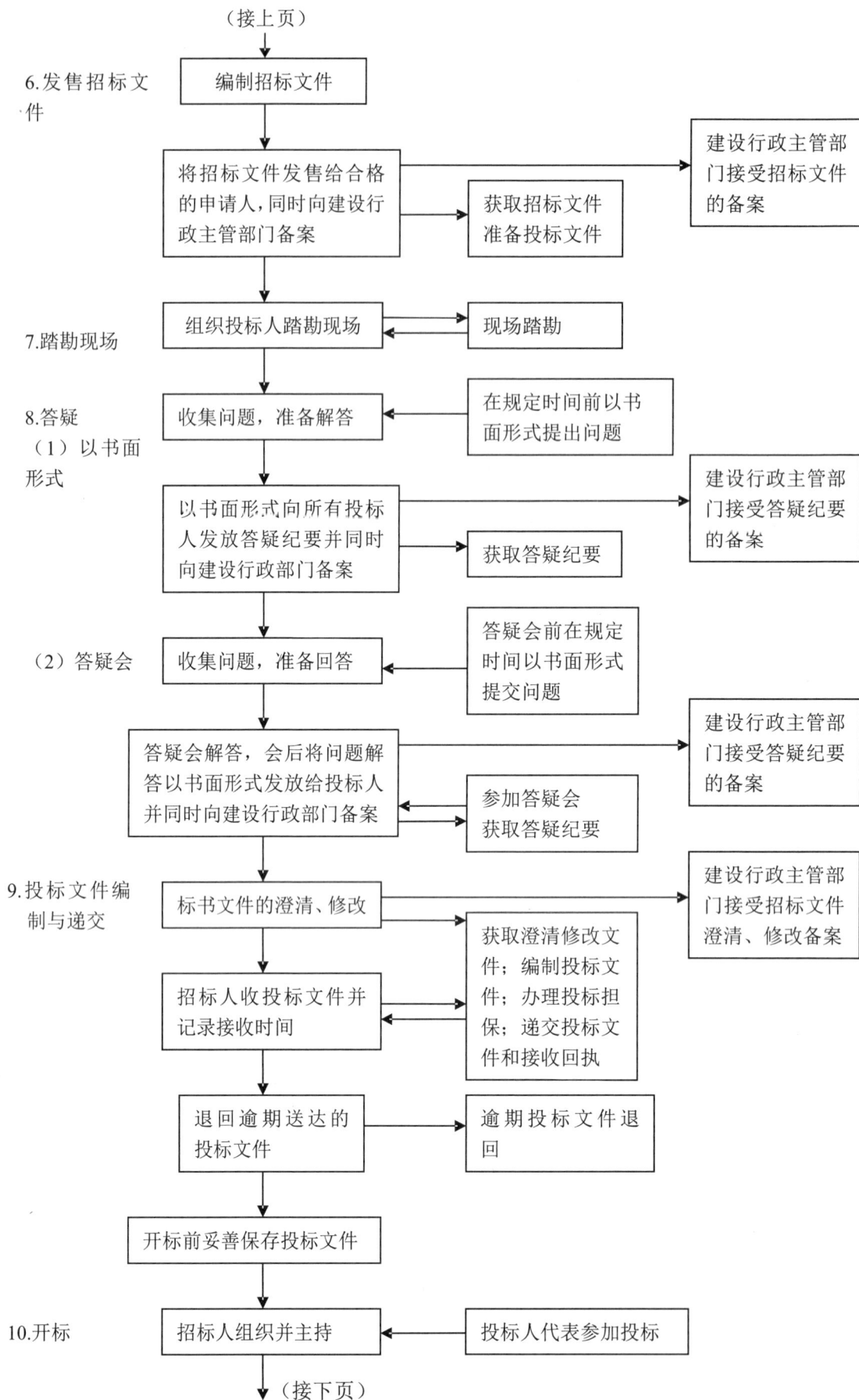

（接上页）

6.发售招标文件 → 编制招标文件

将招标文件发售给合格的申请人,同时向建设行政主管部门备案 → 获取招标文件准备投标文件

建设行政主管部门接受招标文件的备案

7.踏勘现场 → 组织投标人踏勘现场 ← 现场踏勘

8.答疑
（1）以书面形式 → 收集问题,准备解答 ← 在规定时间前以书面形式提出问题

以书面形式向所有投标人发放答疑纪要并同时向建设行政部门备案 → 获取答疑纪要

建设行政主管部门接受答疑纪要的备案

（2）答疑会 → 收集问题,准备回答 ← 答疑会前在规定时间以书面形式提交问题

答疑会解答,会后将问题解答以书面形式发放给投标人并同时向建设行政部门备案 ← 参加答疑会 获取答疑纪要

建设行政主管部门接受答疑纪要的备案

9.投标文件编制与递交 → 标书文件的澄清、修改

建设行政主管部门接受招标文件澄清、修改备案

招标人收投标文件并记录接收时间 → 获取澄清修改文件;编制投标文件;办理投标担保;递交投标文件和接收回执

退回逾期送达的投标文件 → 逾期投标文件退回

开标前妥善保存投标文件

10.开标 → 招标人组织并主持 ← 投标人代表参加投标

（接下页）

（接上页）

11.组建评标委
员会
> 招标人依法律法规和规章
> 的规定，组建评标委员会

12.评标
> 评标委员会评标
> ·符合性检查
> ·技术评标
> ·商务评标
> ·资格审查（后审）

> 评标委员会就投标文件
> 的内容提出进行澄清或
> 答辩事项
→
> 对评标委员会
> 的澄清内容进
> 行书面澄清、
> 答复或答辩

> 完成评标
> 推荐中标候选人
> 或确定中标人
> 编写评标报告

13.招标投标情
况书面报告
及其备案
> 招标人编写招标投标书
> 面情况报告，确定中标
> 人，15日向建设行政主
> 管部门备案
→
> 建设行政主管
> 部门接受备案

14.发出中标通
知书
> 招标人向中标人发出中
> 标通知书,并同时向未中
> 标人发出中标结果通知
→
> 中标人接受中
> 标通知书，未
> 中标人接受结
> 果通知书

15.签署合同
> 招标人与中标人签署合同协议

> 办理、提交支付担保
←
> 办理、提交履约担保

> 退回中标人及未中
> 标投标保证金
←
> 接受投标保证金回执

> 办理合同备案
→
> 建设行政主管
> 部门接受备案

图 4-5 政府采购基本程序图

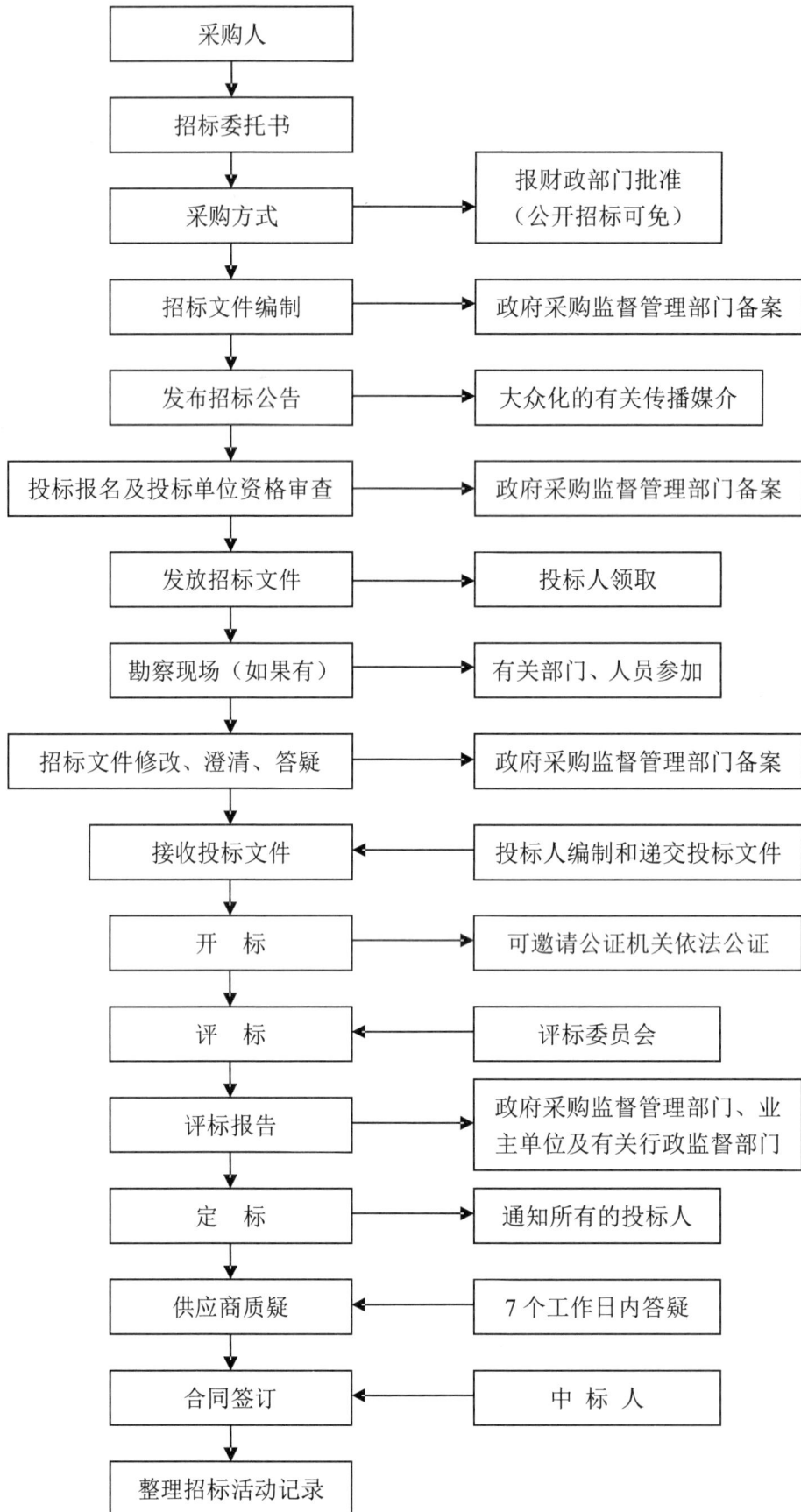

```
                        ┌─────────────────┐
                        │     采购人       │
                        └────────┬────────┘
                                 ↓
                        ┌─────────────────┐
                        │   招标委托书     │
                        └────────┬────────┘
                                 ↓
                        ┌─────────────────┐         ┌─────────────────────┐
                        │    采购方式      │───────→│   报财政部门批准      │
                        └────────┬────────┘         │  （公开招标可免）     │
                                 ↓                  └─────────────────────┘
                        ┌─────────────────┐         ┌─────────────────────┐
                        │   招标文件编制   │───────→│ 政府采购监督管理部门备案│
                        └────────┬────────┘         └─────────────────────┘
                                 ↓
                        ┌─────────────────┐         ┌─────────────────────┐
                        │   发布招标公告   │───────→│  大众化的有关传播媒介 │
                        └────────┬────────┘         └─────────────────────┘
                                 ↓
                ┌─────────────────────────┐         ┌─────────────────────┐
                │ 投标报名及投标单位资格审查 │───────→│ 政府采购监督管理部门备案│
                └────────┬────────────────┘         └─────────────────────┘
                                 ↓
                        ┌─────────────────┐         ┌─────────────────────┐
                        │   发放招标文件   │───────→│     投标人领取        │
                        └────────┬────────┘         └─────────────────────┘
                                 ↓
                        ┌─────────────────┐         ┌─────────────────────┐
                        │ 勘察现场（如果有）│───────→│   有关部门、人员参加  │
                        └────────┬────────┘         └─────────────────────┘
                                 ↓
                ┌─────────────────────────┐         ┌─────────────────────┐
                │  招标文件修改、澄清、答疑 │───────→│ 政府采购监督管理部门备案│
                └────────┬────────────────┘         └─────────────────────┘
                                 ↓
                        ┌─────────────────┐         ┌─────────────────────┐
                        │   接收投标文件   │←───────│ 投标人编制和递交投标文件│
                        └────────┬────────┘         └─────────────────────┘
                                 ↓
                        ┌─────────────────┐         ┌─────────────────────┐
                        │     开  标       │───────→│ 可邀请公证机关依法公证 │
                        └────────┬────────┘         └─────────────────────┘
                                 ↓
                        ┌─────────────────┐         ┌─────────────────────┐
                        │     评  标       │←───────│     评标委员会        │
                        └────────┬────────┘         └─────────────────────┘
                                 ↓
                        ┌─────────────────┐         ┌─────────────────────┐
                        │    评标报告      │───────→│ 政府采购监督管理部门、业│
                        └────────┬────────┘         │ 主单位及有关行政监督部门│
                                 ↓                  └─────────────────────┘
                        ┌─────────────────┐         ┌─────────────────────┐
                        │     定  标       │───────→│   通知所有的投标人    │
                        └────────┬────────┘         └─────────────────────┘
                                 ↓
                        ┌─────────────────┐         ┌─────────────────────┐
                        │    供应商质疑    │←───────│   7个工作日内答疑     │
                        └────────┬────────┘         └─────────────────────┘
                                 ↓
                        ┌─────────────────┐         ┌─────────────────────┐
                        │    合同签订      │←───────│     中  标  人        │
                        └────────┬────────┘         └─────────────────────┘
                                 ↓
                        ┌─────────────────┐
                        │  整理招标活动记录 │
                        └─────────────────┘
```

（五）政府采购基本程序

在《政府采购法》未出台之前，湖北成套局在政府采购工作中主要是遵循财政部颁发的《政府采购管理暂行办法》《政府采购招标投标管理暂行办法》和《政府采购合同监督暂行办法》有关招投标程序的规定。同时也借鉴联合国贸易委员会（贸易法委员会）第二十七次会议（1994年5月31日至6月17日，纽约）讨论通过的《贸易法委员会货物、工程和服务采购示范法》的有关做法。2003年1月1日《政府采购法》正式施行后，湖北成套局按照《政府采购法》规定的规则，即政府采购应当遵循的基本原则、采购方式、采购程序等开展采购活动。湖北成套局政府采购基本程序详见图4-5政府采购基本程序图。

四、招标信息化管理

2000年底，湖北成套局顺应行业发展趋势，建设了覆盖全局的计算机局域网，开发了适应日常办公及满足招标业务工作的软件系统，并在电信局注册了专用网址。该系统根据个人岗位分工、处室职责不同分别设定了不同的权限。在日常办公方面，可自动进行多级报告审批、要事督办、会议安排，也可根据各自权限发布日常工作信息等。

在招标业务工作方面，根据招标工作的需要，设定专人管理"评标专家库""委托单位信息库""投标单位信息库"以及招标编号、招标公告发布的管理。各业务处室可在项目管理模块中将项目信息登录，对已签约项目可自动产生项目编号，并通过网站主页发布招标公告，也可实时查询、统计、打印相关报表。

2003年，按照"精简效能、信息共享、监督制约"的原则，针对当时行业的新法规、新规范、新标准，湖北成套局进一步调整、优化

了内部业务流程，最大限度地发挥计算机处理和网络传递的效能。

2003年4月，湖北省省（部）属医疗机构2003年第一期抗微生物类药品集中招标采购正式启动。鉴于此次药品招标恰逢"非典"特殊时期，经相关部门批准，湖北成套局首次实行网上开标、评标，网上开标不仅是对传统办公模式和招标方式的改革创新，而且实现了跨越地域和时间的交流，大大降低了招标成本，省监察厅、卫生厅对此给予了充分肯定。

五、开展全过程服务

按照国内外通行的惯例，一次招标投标活动在宣布中标人以后，即告一段落。而成套部门却把规范化招标与高标准全过程服务有机结合起来，形成一套完整的全方位服务体系。

在招标之前，做好前期调研，广泛收集招标设备的技术参数和技术要求等技术资料，为业主当好"技术顾问"。1993年，在三峡工程建设初期的设备招标中，湖北成套局技术人员利用自己熟悉的机械生产企业及其产品的优势，向长江三峡工程开发总公司提供相关设备的技术性能、内部结构、产品特点和价格行情等信息，并协助业主确定设备的技术参数、型号规格，做到好中选优，优中选廉，受到总公司设备公司的好评。

1998年，省计生系统的医疗设备招标正式启动。这次招标覆盖面广、涉及品种多、专业性强，湖北成套局为准备这次招标，不仅收集了卫生部卫8、卫9项目的招标文件和有关省市计生系统的医疗设备招标文本，而且还收集了全国近百家生产厂商的产品样本，包括这次招标设备的国家标准和行业标准，同时还吸取了兄弟省计生系统医疗设备招标中的经验和教训。在此基础上，工作人员才动手编制招标文

件，招标文件初稿经卫生系统相关专家审阅后又按专家意见进行了修改，这样才形成正式招标文件。这次编制的招标文件全面、规范、严谨，受到业主和投标人的一致好评，其中部分招标文件还被其他省市作为范本使用。

2000年，在省政府办公大楼中央空调主机招标中，原设计机组为两大一小、制冷剂为R22。湖北成套局工作人员建议：为便于将来维修和备品备件供应，最好采用三台同规格的机组，且制冷剂应执行《蒙特利尔议定书》，选用不破坏臭氧层、无毒、对人体无害、不受议定书限制的环保制冷剂R-134a。此建议经省政府基建办和设计院研究后予以采纳。

在招标之中，依照《招标投标法》《政府采购法》以及与之配套的有关法规规定的基本程序，规范运作，认真抓好招标——投标——开标——评标——定标——签订合同六个环节的每一项具体工作，努力做到招标结果让招标人满意，投标人服气，监管部门放心。

在招标之后，组织招标人和中标人签订合同，并对中标合同的履行、催交、质量问题的处理实行一条龙服务，直到设备投入正常使用为止。

1993年在三峡工程陈家冲施工用总变电站工程招标结束后，湖北成套局多次派员或陪同长江三峡工程开发总公司的人员赴湖南、浙江、河南等地生产企业检查中标设备生产情况，解决产品质量问题和运输问题。如河南平顶山高压开关厂承制的SF6断路器及隔离开关有部分设备未能及时供货，影响安装。三峡开发总公司要求十天内运抵工地，成套局立即与该厂联系，并请河南省机械工业厅协助催交，随后又派员赴厂下车间了解进度，直到设备装车发运。

在湖北省计生系统的计划生育专用车辆和医疗设备招标结束后，湖北省设备招标办公室派员组织了全部设备的验收工作：制定了验收大纲、聘请了行业专家、组建了验收委员会并特邀了公证人员，用了近一个星期的时间对各种设备从清点数量、检查外包装情况，到抽样开箱点验、性能检测等，都作出详细记录并编制了验收报告。优质的后期服务受到省计生委和财政厅的高度评价。

六、招标服务收费

《招标投标法》出台之前，中标设备服务费收费标准按原国家物价局、财政部《关于发布国务院经贸办行政事业收费项目及标准的通知》（价费字〔1992〕第581号）执行。一般按中标金额的1.5%左右收费。

《招标投标法》出台之后，湖北省成套招标有限公司的招标代理服务收费按国家计委下发的《招标代理服务收费管理暂行办法》（计价格〔2002〕第1980号）文件规定执行，即100万元以下按1.5%收费、100万～500万元按1.1%收费、500万～1000万元按0.8%收费、1000万～5000万元按0.5%收费、5000万～10000万元按0.25%收费、10000万～100000万元按0.05%收费、100000万元以上按0.01%收费。2003年9月25日在省物价局办理了"湖北省服务价格收费许可证"（证本证号第459），并接受物价部门监督检查和年度审验。

2003年，省物价局依据国家计委《招标代理服务收费管理暂行办法》，核定了公司在招标代理活动中招标文件的出售价格，见表4-1。

表 4-1　湖北省成套招标有限公司招标文件出售价格表

预计中标 金额（万元）　　　类别	货物招标文件 （元/份）	服务招标文件 （元/份）	工程招标文件 （元/份）
100 万及以下	100～300	100～200	100～300
100～500	200～500	100～300	200～500
500～1000	300～1000	300～500	300～2000
1000～5000	500～1500	400～800	500～2500
5000 以上	不超过 2000	不超过 1000	不超过 3000

第三节　招标工作成效

　　湖北成套招标以国家产业政策为导向，始终围绕提高湖北经济运行质量和效益这一中心开展招标服务工作。90 年代，中共湖北省委、省政府针对当时湖北经济发展中的实际情况，制定了"八五"计划和十年规划。在产业布局上，重点加强以农业和电力建设为主的能源工业、以公路建设为主的交通运输业、以汽车生产基地建设为主的机械工业、以石油化工磷化精细化为主的化学工业、以钢铁建设为主的冶金工业等大产业领域的建设。同时根据国家长江经济带开放开发的态势，确立了以武汉为龙头，以长江、汉江为依托，呼应浦东开发，服务三峡工程的战略部署。湖北成套局、湖北省设备招标办公室紧紧围绕省委、省政府的发展目标，充分发挥招投标机制在服务三峡工程建设，尤其是服务湖北"老工业基地振兴"建设和"轻纺工业振兴"建设中的作用，用先进技术装备改造传统产业，为湖北转换经济增长方式作出了积极贡献。进入 21 世纪，中共湖北省委、省政府进一步扩展全方位、宽领域、多层次、高水平的对外开放格局，加速调整和优化产业结构，提高经济增长的质量和效益，工业发展高新产业和千亿元产业，实施"三个一批工程"，促进县域经济发展。湖北省成套招标有限公司积极参与这一时期的汽车、钢铁、机电、建筑材料、纺织服装等支柱产业的项目建设，以及基础设施、文化、教育、卫生等领域的建设，为湖北省、武汉市一大批重点工程项目招标采购了大量先进适用的技术装备并提供了相应技术服务。为规范招标投标行为，促进市场交易的公平竞争，保护国家利益、社会公共利益和当事人各方的合法权益，提高公共采购资金的使用效益和质量发挥了重要作用，同时也彰显了湖北成套招标的主渠道地位。

一、招标项目历年完成情况

（一）非强制性招标阶段（1990—1999）

1990年，湖北成套局首次对国家重点建设工程荆襄大峪口、大悟黄麦岭矿肥结合工程的部分主要设备进行招标，中标金额556.2763万元，为建设项目节约资金34.43万元。

1991年，湖北成套局又通过招标方式为荆襄大峪口、大悟黄麦岭矿肥结合工程等项目组织安排成套设备。参加投标的有洛阳矿山机器厂、沈阳矿山机器厂、湖北第二电机厂等省内外40多家大中型骨干企业。经有关部门和专家认真评审，北京探矿机器厂、武汉冶金设备制造厂等中标，中标金额为1500多万元。

大峪口、黄麦岭矿肥结合工程招标情况详见表4-2、表4-3。

表4-2 黄麦岭矿肥工程招标情况表
（1990—1991）

序号	设备名称	型号规格	中标单位	数量	中标金额（万元）	开标时间
1	球磨机	MQS-3226	洛阳矿山机器厂	2	196.3240	1990.8
2	圆锥破碎机	PYT-D1750	沈阳有色冶金机械总厂	2	73.38	1990.8
3	浓缩机	NT-53	沈阳矿山机器厂	1	48.5	1990.8
4	螺旋分级机	2FC-24	沈阳矿山机器厂	2	70.0	1990.8
5	浮选机	KYF-16	江苏溧阳矿山机械厂	14	72.154	1990.8
6	浮选机	KYF-8	江苏溧阳矿山机械厂	6	20.465	1990.8
7	电动双梁吊	30/5；20/5；10	武汉冶金设备制造公司	5	57.4	1991.3
8	电动单梁吊		湖北蒲圻起重设备总厂	7	16.5	1991.3
9	汽车起重机	50T	湖南浦沅工程机械厂	1	183.00	1991.3
10	叉车	CPC-3	杭州叉车总厂	9	33.3	1991.3
11	装载机	ZL-40	柳州工程机械厂	2	30.0	1991.3
12	物探钻机	DPP-3E	北京探矿机械厂	1	10.07	1991.3

表4-3 大峪口矿肥工程招标情况表
（1991—1992）

序号	设备名称	型号规格	中标单位	数量	中标金额（万元）	开标时间
1	水泵	24SH-9；12SH-9	武汉水泵厂	5	55.5783	1991.1
2	变压器	SL7-3150	湖北变压器厂	4	19.875	1991.1
3	震动给料机	GZG	江苏海安震动机械厂	27	22.43	1991.4
4	变压器	SFSZ7-3150	沈阳变压器厂	2	20.96	1991.4
5	皮带机	B800；B1000	湖南衡阳运输机械厂	7	47.95	1991.9

续表

序号	设备名称	型号规格	中标单位	数量	中标金额（万元）	开标时间
6	圆盘给料机	¢ 3150	江苏宜兴矿山机械厂	4	58.5304	1991.9
7	单、双梁吊		武汉冶金设备制造公司	7	91.2	1992.4
8	水泵	SA 型	长沙水泵厂	6	62.81	1992.4
9	水泵	DG 型	沈阳水泵厂	3	20.7	1992.4
10	装药车		兴化矿山机械厂	1	43.5	1992.4
11	高压开关柜	JYN-2	武昌电控设备厂	22	34.2833	1992.4
12	低压开关柜	GGL-1	西安泰丽成套电器厂	53	48.94	1992.4
13	变压器	SL7-800	武汉变压器厂	4	16.512	1992.4

1992 年，湖北省设备招标办公室正式成立，当年为荆襄大峪口、大悟黄麦岭矿肥结合工程、田镇水泥厂、华新水泥厂、武钢—炼钢厂等 6 个项目组织招标 23 次。招标设备 359 台，中标金额 3243 万元，节省投资 250.82 万元，节约比率为 7.2%。仅荆襄大峪口矿肥结合工程就委托招标 14 次，共 22 台，中标金额 1409 万元，节约投资 131 万元，节约比率为 8.15%。

1993 年，接受中国长江三峡开发总公司、华新水泥厂、武钢、鄂城钢铁厂、枣阳卷烟厂等国家和地方项目的委托，组织招标 26 次，招标设备 1232 台（套），中标金额 5648 万元，节约投资 460.9 万元。与上年相比，招标次数增加 3 次，为上年的 113%，招标设备数量增加 873 台（套），同比增长 343.17%，中标金额增加 2404 万元，为上年的 174.16%。

1994 年，全年为中国长江三峡开发总公司、大峪口矿肥结合工程、武汉生物工程公司、华新南通水泥公司等 8 个项目招标 29 次，中标金额 6479.458 万元，与标底相比节约投资 608.412 万元，节约比率为 8.58%。与 1993 年相比，招标次数增加 5 次，中标总金额增长 14.72%。

1995 年，设备招标工作稳步发展。全年为朝阳寺水电站、东风汽车公司、湖北化纤总公司、湖北水泥机械厂、三峡机场等 5 个项目招标 16 次，招标设备 853 台（套），中标总金额 2349 万元，与标底相比，节省投资 237.76 万元，节资率为 9.19%。

1996 年，共为 21 个项目组织提供成套设备，总价值为 10549 万元，其中为东风汽车公司、鄂城钢铁厂、湖北昌丰化纤工业有限公司、华新水泥厂等 8 个项目实施设备招标 29 次，招标设备金额 10412 万元，节约资金 1145 万元，资金节约比率为 11.9%。全年设备招标首次突破亿元大关，承揽项目数比上年增长 61.5%，中标金额比上年增长 343%，

1997 年，接受东风汽车公司、湖北双环碱业股份有限公司、银鑫铝复合材料公司、湖北化纤集团、湖北车桥（集团）公司、公安淤泥湖泵站、谷城白水峪水电站、湖北变压器有限责任公司等 12 个项目单位的委托，组织招标 26 次，招标设备 452 台（套），中标设备 412 台（套），中标总金额为 3037.482 元，为项目单位节省投资 387.51 万元，节约比率为 11.31%。当年，招标项目由工矿企业扩展到党政机关，全年为省委组织部、省农委、省党史办、省地税

局组织电梯、空调、电气设备招标达 400 多万元。

1998 年，在《政府采购法》尚在起草和征集意见阶段，湖北成套局即开始研究政府采购的相关规定。当年受省财政厅的委托，首次为省级机关公务用车实行公开招标，一次性为省财政节省资金 57.82 万元，受到了省委、省政府领导的好评。当年，湖北成套局共承揽招标项目 34 个，开标 16 次，实现中标金额 6258.7 万元。

1999 年，全年共为葛洲坝水泥厂、宜昌地区化工集团、湖北洋丰集团、湖北原宜远安黄磷厂、省委组织部、省民政厅等 28 个项目组织招标 41 次。通过招标安排设备 23322 台套、5754 吨，中标总金额 2.4 亿元，节省资金 3240 万元，创历史最高水平。同时，为省计生委、省教委、省广电厅等部门所需医疗器械、教学设备、"村村通"广播电视设备等实施政府采购公开招标 9 次，中标金额为 4874.6 万元，节省资金 1023.68 万元，节约比率 21%。

湖北设备招标办公室政府采购成果详见表 4-4，其他项目招标成果详见表 4-5。

表 4-4　政府采购招标项目明细表
（1997　2000）

序号	时间	委托单位	招标内容	招标金额（万元）
1	1997.11	湖北省委组织部干部培训中心	电梯 3 台	173.354
2	1997.12	湖北省地税局	干式变压器 2 台	66.7
3	1997.12	湖北省地税局	高低压柜 37 面	235.209
4	1998.5.19	湖北省机关事务管理局	公务用车（奥迪）16 辆	630.08
5	1998.6	湖北省委农业工作办公室	电梯 2 台	129.4
6	1998.7	湖北省纪委监察厅	电梯 1 台	46.15
7	1998.9	湖北省委组织部干部培训中心	螺杆冷水机组 2 台 燃油热水机组 2 台	149 79.57
8	1998.10	湖北省纪委监察厅	螺杆冷水机组 1 台	59.6
9	1999.3	湖北省委组织部	高低压柜 22 面，干式变压器 2 台	105.48
10	1999.3	湖北省公安厅交警指挥中心	电梯 2 台	179
11	1999.5	湖北省公安厅交警指挥中心	风冷热泵机组 2 台	268.32
12	1999.7	湖北省出版文化城	电梯 10 台	558.928
13	1999.7.20	湖北省计生委	面包车 54 台	1090
14	1999.7.21	湖北省社科院	电梯 2 台	88.66
15	1999.7.21	湖北省教委	职业教育仪器一批	205.59
16	1999.8.24	湖北省计生委	电脑、打印机、UPS 电源 900 台套	914.85

序号	时间	委托单位	招标内容	招标金额（万元）
17	1999.10	湖北省民政厅救灾储备中心	电梯2台	54.18
18	1999.10	湖北省高级人民法院	中央空调系统1套，电梯4台	1095
19	1999.10.12	湖北省国资局	台式计算机100台	101.783
20	1999.10.14	湖北省财政厅	文教系统台式电脑、笔记本电脑、激光打印机102台	253.364
21	1999.11	湖北省出版文化城	高低压柜40面	397.8
22	1999.11.18	湖北省教委	职业教育仪器一批	420
23	1999.11.29	湖北省广电厅	"村村通"广播电视工程设备	1445.4638
24	1999.12.8	湖北省机关事务管理局	公务用车25辆	434.45
25	2000.1.6	湖北剧场扩建指挥部	观光电梯、货梯3台	128.21
26	2000.2.28	湖北剧场扩建指挥部	螺杆冷水机组2台	119.8
27	2000.3	湖北省委党校	住宅电梯3台	108.18
28	2000.3.21	湖北剧场扩建指挥部	空调末端设备86台，通风设备34台，冷却塔2台	116.81
29	2000.3	湖北省委党校	学员楼电梯2台	272
30	2000.4	湖北省委党校	冷却塔2台	20
31	2000.5.8	湖北省教委	素质教育设备一批	699.7381
32	2000.5	湖北省财贸医院	电梯2台	69.89
33	2000.7	湖北省纪委监察厅	住宅电梯2台	100
34	2000.8	湖北省委党校	水泵31台	30
			合计	4897.50

表4-5 湖北省设备招标办公室招标成果汇总表

1999年4月1日

序号	委托单位	招标次数	招标设备数量	投标报价（万元）			标底（万元）	中标价（万元）	节资额（万元）	节资率%
				最高价	最低价	差幅				
	合计	190		45669.013	33987.152	25.58%	40221.014	36403.214	3817.75	9.49
1	大峪口矿肥结合工程	46	1450台	7585.332	5393.60	28.89%	6531.83	5897.554	634.276	9.71
2	黄麦岭矿肥结合工程	13	248台	975.176	822.895	15.62%	1021.299	844.507	176.792	17.31
3	华新水泥有限公司	7	34台6.892千米	3188.572	2620.966	17.80%	2906.953	2687.051	219.902	7.56
4	华新南通水泥公司	1	4台	278.436	194.922	29.99%	234.60	194.922	39.678	16.91
5	长江三峡开发总公司	10	391台	3388.107	2686.359	20.71%	3122.714	2852.148	270.566	8.66
6	武汉钢铁公司	1	6台	644.23	574.8	10.78%	599.00	603.5	-4.50	-0.75
7	鄂城钢铁公司	2	2套	2002.807	1628.06	18.71%	1723.299	1630.717	92.512	5.37
8	应城联碱厂	1	427吨	150.00	90.00	40.00%	131.98	105.60	26.38	19.99
9	应城化肥厂	1	326吨	209.50	162.90	22.24%	173.00	162.90	10.10	5.84
10	田镇水泥厂	3	8台	34.914	31.366	10.16%	37.168	31.366	5.802	15.61
11	黄石无机盐厂	1	2台	6.029	6.00	0.48%	6.10	6.00	0.10	1.64
12	襄阳卷烟厂	1	18面	43.492	40.30	7.34%	43.00	41.00	2.00	4.65
13	湖北汽车改装厂	1	1套	793.188	255.50	67.79%	270.00	255.50	14.50	5.37
14	武汉生物工程公司	5	475台（套）	400.002	310.337	22.42%	334.43	312.556	21.874	6.54
15	朝阳寺水电站	8	64台230.3吨	1455.751	1059.76	27.20%	1227.465	1152.796	74.669	6.08
16	黄石镀铝薄板有限公司	4	889.824吨	1822.345	1201.542	34.07%	1325.54	1264.774	60.766	4.58
17	杨林尾泵站	2	6台	799.20	645.00	19.29%	705.00	669.00	36.00	5.11
18	湖北第二电机厂	1	3台	485.80	344.30	29.13%	404.00	352.00	52.00	12.87
19	东风汽车公司	29	1342台（套）	10252.894	7899.342	22.96%	9561.37	8510.341	1051.029	10.99
20	湖北化纤（集团）公司	5	215台	525.867	434.74	17.33%	493.026	440.686	52.34	10.62

序号	委托单位	招标次数	招标设备数量	投标报价（万元）			标底（万元）	中标价（万元）	节资额（万元）	节资率%
				最高价	最低价	差幅				
21	三峡机场	5	140 台	667.718	525.943	21.23%	606.408	561.833	44.575	7.35
22	湖北水泥机械厂	1	2 台	90.86	81.30	10.52%	86.00	84.00	2.00	2.33
23	湖北昌丰化纤有限公司	7	45 台（套）	1496.782	1159.217	22.55%	1471.00	1256.021	214.979	14.61
24	白水峪水电站	7	131 台（套）	1747.679	1057.776	39.48%	1234.482	1105.951	128.531	10.41
25	江华汽车有限公司	1	1 套	915.889	279.80	69.45%	500.00	481.00	19.00	3.80
26	阳新火电厂	3	3 台（套）	1048.00	925.30	11.71%	1015.00	961.00	54.00	5.32
27	湖北银鑫铝复合材料公司	2	45 台	159.131	103.137	35.19%	127.20	109.838	17.362	13.65
28	湖北省委组织部	1	1 台	56.272	44.80	20.39%	50.20	47.28	2.92	5.82
29	湖北省委农业工作办公室	2	3 台	194.872	156.80	19.54%	184.80	176.68	8.12	4.39
30	湖北省委党史研究室	1	1 台	56.272	44.80	20.39%	50.20	47.28	2.92	5.82
31	湖北车桥（集团）公司	1	13 台	57.036	44.824	21.41%	55.90	51.182	4.718	8.44
32	公安县涤泥湖泵站	2	8 台	389.00	246.40	36.33%	352.00	246.40	105.60	30.00
33	湖北双环碱业股份公司	1	2 台	145.40	117.40	19.26%	150.00	141.50	8.50	5.67
34	湖北变压器有限公司	1	1 套	360.00	298.00	17.22%	380.00	298.00	82.00	21.58
35	湖北省地方税务局	2	39 台	443.34	158.168	64.32%	327.64	301.909	25.731	7.85
36	湖北省委组织部培训中心	2	7 台	469.83	256.10	45.49%	446.03	401.924	44.106	9.89
37	鹤峰县桃花山水电站	3	75 台	340.02	287.148	15.55%	326.05	295.356	30.694	9.41
38	湖北华光器材厂	1	2 台	21.36	14.98	29.87%	19.56	17.172	2.388	12.21
39	湖北省财政厅（政府采购）	1	16 辆	688.00	630.08	8.42%	688.00	630.08	57.92	8.42
40	湖北省纪委监察厅	2	2 台	133.51	101.30	24.13%	119.64	105.75	13.89	11.61
41	葛洲坝水泥厂	1	3 台	954.00	895.00	6.18%	977.00	895.00	82.00	8.39
42	湖北远安国投原宜公司	1	18 台	192.40	156.19	18.82%	202.20	173.19	29.01	14.35

（二）湖北省成套招标有限公司代理招标阶段（2000—2006）

2000 年正式施行的《招标投标法》明确必须依法进行招标的范围及招标代理机构的独立性后，湖北省的招标代理工作全面转交湖北省设备成套招标有限公司负责。

从公司成立至 2006 年底，招标业务范围由国内设备招标迅速扩展到国际机电设备招标、工程建设招标、政府采购招标等方方面面。项目覆盖全省，涉及城建、机场、公路、港口、农业、水利、电力、石油、化工、冶金、机械、汽车、环保、卫生、科技、教育等国民经济十多个领域，共承办各类招标项目 1649 个，累计委托招标金额 168.22 亿元，实际完成中标金额 150.5 亿元，节约资金 17.71 亿元，节资率为 10.5%。湖北省成套招标公司 2000—2006 年业绩见表 4-6。

表 4-6　湖北省成套招标公司 2000—2006 年业绩汇总表

年度	项目数量	委托金额（亿元）	中标金额		节约金额（亿元）	节资率
			总额（亿元）	其中（万美元）		
2000	51	4.8	4.30		0.5	10.42%
2001	70	7.56	6.60		0.96	12.70%
2002	207	18.06	15.16	3203	2.9	16.06%
2003	310	30.6	28.00	9428	2.6	8.50%
2004	283	25.48	22.71	7324	2.77	10.87%
2005	281	34.7	31.32	8381	3.38	9.74%
2006	447	47.02	42.42	8681	4.6	9.78%
合计	1649	168.22	150.51	37017	17.71	10.53%

1. 国内设备招标业绩

湖北设备成套招标有限公司成立之初，以设备招标为主，故公司的名称也冠名为"湖北设备成套招标有限公司"。但此时的设备招标已与过去的设备成套的内涵不同，它不仅包括国家重点建设项目的设备，也包括限上技改、国债项目以及工程建设项目所需的设备及材料的招标采购。

2000 年 7 月 21 日，湖北省设备成套招标有限公司被国家经贸委评定为技术改造项目设备乙级招标代理机构。2001 年 8 月 17 日，公司获国家经贸委颁发的技术改造项目设备甲级招标代理机构资质证书，当年 12 月又获得建设部颁发的工程招标甲级资格代理机构资质证书。不久，又通过国家发改委审核，第一批取得中央投资项目招标机构代理甲级资质证书，是湖北省为数不多的中央投资项目甲级招标代理机构之一。

由于资质齐全，湖北省设备成套招标有限公司在全省设备招标领域具有相当优势，业绩突出，成效明显。其招标项目几乎覆盖了全省各行业，如武汉钢铁公司的三炼钢扩建、鄂州团球厂新建、炼铁厂喷煤系统改造二期、矿业公司技改、大型厂重轨改造、大方坯连铸机配套等工程所需设备；华新水泥股份公司技改及华新南通公司、华新宜都二期、华新襄樊生产线、云南昭通生产线、咸宁熟料水泥生产线等项目所需设备；东风汽车公司技改、神龙汽车公司新建、黄石东贝无氟、高效制冷压缩机生产线技改、三环集团公司技改、湖北化纤（集团）公司、昌丰化纤公司、经纬化纤公司、黄石纺织机械厂技术改造；襄樊针纺织厂高档功能性纺织面料技改、三五〇九纺织总厂高档仿真面料技改造所需设备；湖北省广播电视局"村村通"工程、武汉市广播电视局数字化电视硬盘播出系统改造所需设备等。

国内设备招标具体业绩详见表4-8。

2. 机电产品国际招标业绩

2000年12月11日，湖北省设备成套招标有限公司取得对外贸易经济合作部机电设备国际招标预乙级资格证书。

2001年，在国家和省有关部门的支持下，公司接受东风汽车公司、武汉市中医院等一批项目的委托，委托金额2287万美元，实现中标金额2085万美元，节汇率为10%。

2002年，公司为44个项目组织机电产品国际招标59次，完成中标金额3350万美元，同比增长61%，节省外汇743.61万美元，节资率为18%。

2003年，鉴于公司连续两年达到机电产品国际招标机构年度资格审核的业绩要求，当年4月，经国家商务部审核，公司取得机电产品国际招标代理机构乙级资质证书。全年共为湖北富思特、襄樊针纺织、湖北银河等52个项目组织机电产品国际招标149次，完成中标金额9475.3万美元，同比增长180.7%，节省外汇973.9万美元，节资率为9.3%。

2004年4月，湖北省设备成套招标有限公司获得国际招标甲级资质证书。同年4月，湖北省九宫山风力发电有限公司通过招标方式对其风力发电场建设项目公开遴选招标代理机构。

设备成套招标有限公司与中技国际招标公司联合投标一举中标。这是公司首次获得外国政府贷款的国际招标项目，也是公司在获得商务部机电产品国际招标甲级资质证书以来，第一次在国际招标代理机构竞标中胜出。当年度共完成机电设备国际招标项目36个，实现中标金额7292万美元。

2005年2月，公司受湖北日报报业集团委托，对其一期工程报纸印刷设备组织了国际公开招标，国际上最著名的3家报纸印刷设备制造商——美国高斯印刷系统日本公司、德国曼罗兰印刷机械股份公司、德国科尼希·鲍尔股份公司参加了投标。德国曼罗兰印刷机械股份公司中标，中标金额2300万美元。这是湖北省设备成套招标有限公司开展国际招标以来，单项招标金额最大的一次国际公开招标。全年公司共完成机电设备国际招标项目59个，实现中标金额8381万美元。

2006年，为黄石东贝电器股份有限公司引进加工冰箱压缩机制造设备、为省内纺织企业升级改造引进高端纺织设备以及为印刷行业引进高速多色胶印机等，实施机电设备国际招标68次，实现中标金额8681万美元。

机电产品国际招标具体业绩详见表4-9。

3. 工程招标业绩

2001年，随着公司招标工作的发展，工程招标无论从数量还是金额都在公司的招标业务中占据越来越大份额和越来越重要的位置。

2001年12月，公司在省建设厅的支持下，在全国第一批获得建设部颁发的工程招标甲级资格代理机构证书。

2003年，公司报省工商局批准，将"湖北省设备成套招标有限公司"名称变更为"湖北省成套招标有限公司"，通过去掉"设备"二字，为公司由设备招标为主扩展到工程、货物、服务的全方位招标作好组织准备。

2004年工程施工招标正式启动，当年实现中标金额87642万元。此后，工程施工招标业绩逐年递增。全省很多标志性建筑如武汉天河机场T2航站楼工程、武汉市轨道交通一号线二期工程、武汉市地铁二号线一期工程、湖北图书馆搬迁工程等都是由湖北省成套招标有限公司实施招标代理的。

工程招标具体业绩详见表4-10。

4. 政府采购业绩

从90年代末期湖北省设备招标办公室参与实施的省级政府采购招标情况看，推行政府采购制度，在节约财政资金方面的效果非常明显，与当时全国的平均节约率10%左右基本上是吻合的。其中有的项目节资率达到20%～30%左右。

2000年11月，在省财政厅的支持下，湖北省成套招标有限公司第一批通过并取得湖北省政府采购代理机构资质证书。

2004年3月15日，湖北省政府采购中心、湖北省综合招投标中心在湖北成套局同时挂牌成立。按照有关规定，湖北省成套招标有限公司主要是接受政府集中采购目录以外的当事人委托的政府采购工作。

湖北省成套招标有限公司由于政府采购过程规范、效果明显，受到省、市、区三级政府采购管理部门和采购人的一致好评，并在2006年5月财政部对全国政府采购招标代理机构资质实施统一管理后第一批通过财政部审核并取得政府采购代理机构甲级资质证书。

从2003年《政府采购法》正式实施至2006年底，湖北省成套招标有限公司承担了省直机关办公场所建设，省民政厅、武汉市民政局救灾物资，武汉市城管局公共设施建设等大批省、市、区三级政府采购项目。具体业绩详见表4-11。

二、药品招标情况简介

湖北省成套招标有限公司于2000年12月24日获湖北省药品监督管理局颁发的药品招标代理机构资格证书。

（一）省（部）属医疗机构药品集中招标采购

2002年初，省（部）属医疗机构药品集中招标采购正式启动。湖北省成套招标有限公司受湖北省省（部）属医疗机构药品集中招标采购委员会的委托，承担了省（部）属12家医疗机构2003年所需药品集中招标采购工作。

药品集中招标采购工作是在省医疗机构药品集中招标采购指导委员会和监督委员会（以下简称"两委会"）的指导监督下进行，由湖北省成套招标有限公司独立运作。集中招标采购药品的目录编制、评标细则制定、专家库的建立和专家名单的提供等均由省医疗机构药品集中招标采购指导委员会办公室负责；省医疗机构药品集中招标采购监督委员会办公室负责对招标目录、投标人的资质、招标规则的制定、开标、评标、议标数据统计进行审查并全程监督检查；招标的具体工作由湖北省成套招标有限公司实施；三方在省纠风办的统一协调下，相互支持，协同配合，开展工作。

1. 招标采购程序

根据国家发改委、卫生部、监察部等六部委印发的《医疗机构药品集中招标采购工作规范（试行）》（卫规财法〔2001〕第308号）和《医疗机构药品集中招标采购监督管理暂行办法》（国纠办发〔2001〕第17号），药品集中招标采购工作程序见图4-6。

图 4-6　药品集中招标采购工作程序

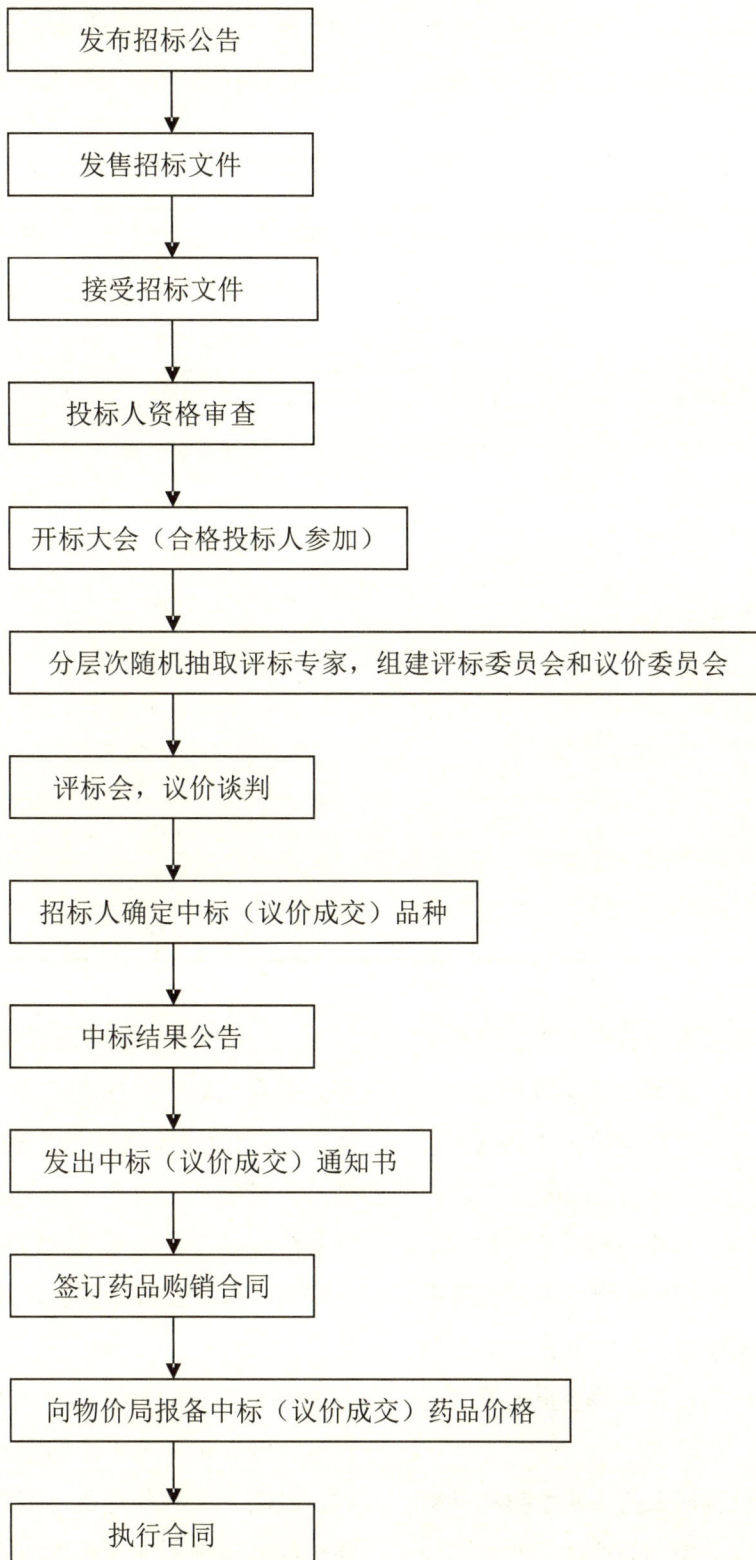

```
┌─────────────────────────────┐
│         发布招标公告          │
└─────────────────────────────┘
              │
              ▼
┌─────────────────────────────┐
│         发售招标文件          │
└─────────────────────────────┘
              │
              ▼
┌─────────────────────────────┐
│         接受招标文件          │
└─────────────────────────────┘
              │
              ▼
┌─────────────────────────────┐
│        投标人资格审查         │
└─────────────────────────────┘
              │
              ▼
┌─────────────────────────────┐
│    开标大会（合格投标人参加）   │
└─────────────────────────────┘
              │
              ▼
┌───────────────────────────────────────┐
│ 分层次随机抽取评标专家，组建评标委员会和议价委员会 │
└───────────────────────────────────────┘
              │
              ▼
┌─────────────────────────────┐
│        评标会，议价谈判        │
└─────────────────────────────┘
              │
              ▼
┌─────────────────────────────┐
│   招标人确定中标（议价成交）品种  │
└─────────────────────────────┘
              │
              ▼
┌─────────────────────────────┐
│         中标结果公告          │
└─────────────────────────────┘
              │
              ▼
┌─────────────────────────────┐
│   发出中标（议价成交）通知书    │
└─────────────────────────────┘
              │
              ▼
┌─────────────────────────────┐
│        签订药品购销合同        │
└─────────────────────────────┘
              │
              ▼
┌─────────────────────────────┐
│ 向物价局报备中标（议价成交）药品价格 │
└─────────────────────────────┘
              │
              ▼
┌─────────────────────────────┐
│           执行合同            │
└─────────────────────────────┘
```

2. 招标采购结果

按照国家卫生部等六部门和省纠风办要求，第一期招标的药品是抗微生物类药品，共有 181 个通用名，涉及 1004 个品规；第二期招标采购药品范围是列入城镇职工基本医疗保险目录和湖北省公费医疗目录、临床运用普遍、采购量大或采购金额大的药品，共有 1674 个通用名，2650 个品种品规。其中，西药 596 个品种，1582 个品规；中药 763 个品种，1068 个品规。第一期、第二期药品招标医院采购合同金额见表 4-7。

表 4-7　第一期、第二期药品招标医院采购合同金额统计表

医院名称	第一期采购金额（元）	第二期采购金额（元）	两次合计采购金额（元）
湖北省妇幼保健院	5533352	6287317	11820669
武汉大学中南医院	23601531	47741036	71342569
湖北省中医药研究院附属医院	415147	1670821	2085968
湖北省中医学院附属医院	4301144	15660593	19961737
湖北省口腔医院	1138540	271041	1409581
湖北省肿瘤医院	5145335	17920807	23066142
同济医科大学附属协和医院	65575506	69009370	134584876
湖北省新华医院	3089695	4588578	7678273
湖北省直属机关门诊部	3982854	11703520	15686374
同济医大附属同济医院	75611212	114699062	190310274
同济医大附属梨园医院	2740252	3888351	6628603
武汉大学人民医院		41831377	68961643
合　计		335271871	553536705

参加此次药品招标投标的生产企业和药品经营企业达 1000 多家，采购总额为 5.54 亿元，通过招标采购减轻患者医药费负担 1.19 亿元，节资率为 15.4%。当年，湖北省纠风办 2 次在《楚天风纪》上推出专文，报道药品集中招标采购情况，特别是对本次招标实行的项目交叉审查负责制给予了高度评价，并将其作为搞好药品集中招标采购工作的重要经验上报国务院纠风办。

(二)全省医疗机构网上药品集中招标采购

2006 年 3 月，国务院办公厅转发监察部和国务院纠风办关于 2006 年纠风办工作实施意见（国办发〔2006〕第 20 号），提出了进一步规范和完善药品集中招标采购的办法。要求推行以省（区、市）为单位的网上药品集中招标采购，鼓励大型制药企业直接参与竞标。4 月 18 日，国务院纠风办等六部门又印发《2006 年纠正医药购销和医疗服务中不正之风专项工作实施意见》（国纠办发〔2006〕第 5 号），强调"改进药品集中招标采购方式，推行以政府为主导，以省（区、市）为单位的网上集中招标采购方式，鼓励大型制药企业直接参与竞标。同时加强对药品集中招标采购工作的全程监管，积极探索遏制药品生产、经营企业在中标后对医疗

机构'二次攻关'的有效措施，保证采购、使用中标药品，维护患者利益。"

根据上述文件精神，同年5月，省政府召开由相关部门参加的专题会议，研究全省医疗机构网上药品集中采购问题，并下发了《省政府专题会议纪要》（79号）。会议确定从2006年开始，在药品采购体制上，实行省政府领导下的"两委会"负责制，"两委会"办公室具体指导，湖北省综合招投标中心具体操作，形成"管办分离、相互监督"的运行模式；在采购方式上，实行网上限价、竞价相结合的方式，最大限度降低价格；在工作经费上，不收取投标人的任何费用，工作经费由省财政专项安排，以减轻药品生产（经营）企业的负担。

1. 网上药品集中招标采购流程

湖北省实行挂网限价、竞价采购、网上监管的办法，由湖北省综合招投标中心建立药品集中采购交易平台并具体操作。药品网上集中招标采购流程见图4-7。

2. 网上药品集中招标采购情况

从湖北成套局系统抽调医学、药学、计算机网络专业人员，组成2006年度省药品集中招标采购工作专班，全面做好网上药品集中招标采购工作。

同时，受"两委会"委托，湖北省综合招投标中心制定了《湖北省药品集中招标采购实施方案》，经"两委会"审定认可。同年9月，省综合招投标中心开发出了包括生产（经营）企业及产品注册、网上投标报价、限价、竞价、交易、监管等6大系统79个功能模块的药品采购平台。

为保证药品采购工作规范有序进行，湖北成套局根据相关法律法规和药品采购廉洁自律的要求，制定了采购人员行为规范；收集整理各省市和武汉及周边城市近年药品采购信息30多万条，建立了药品生产企业数据库、药品经营企业数据库、药品基本信息数据库，为全省药品采购分析对比、制定准入价提供了科学依据。

据统计，此次药品网上限价竞价，与上年度中标价格对比，2006年抗微生物类药品采购，专利药品下降0.77%，原研药品下降2.59%，单独定价药品下降7.82%，GMP药品下降40.89%。

采取以省为单位，建立"统一规范有序，集中公开采购，网上交易结算，高效物流配送，系统跟踪监管"的药品集中采购模式，在湖北省是第一次，取得了良好的效果：

一是集中、简化组织和操作程序，减轻了医疗机构、药品生产（经营）企业重复参与各地、市药品集中招标采购工作的负担。

二是通过比较市场历史成交价格、应用药品差比价规则、开展竞价活动并适度淘汰等措施，使药品价格降至合理稳定价位；促使同类药品不同品种之间、同品种不同生产厂家之间、同品种不同剂型之间充分竞争，有利于形成优胜劣汰的竞争机制，逐步降低药品价格，同时也有利于政府调整或适当干预药品购销价格。

三是通过清晰的数据和严格的流程规范药品的流通秩序，使企业直接报价交易，医疗机构药品采购价及其加成率全部公开透明，老百姓的知情权、选择权得到充分体现。

湖北网上集中招标采购工作受到广大人民群众的广泛关注与好评。新华社、中国纪检监察报、中国健康报等多家媒体对此做了报道。

图 4-7　药品网上集中招标采购流程

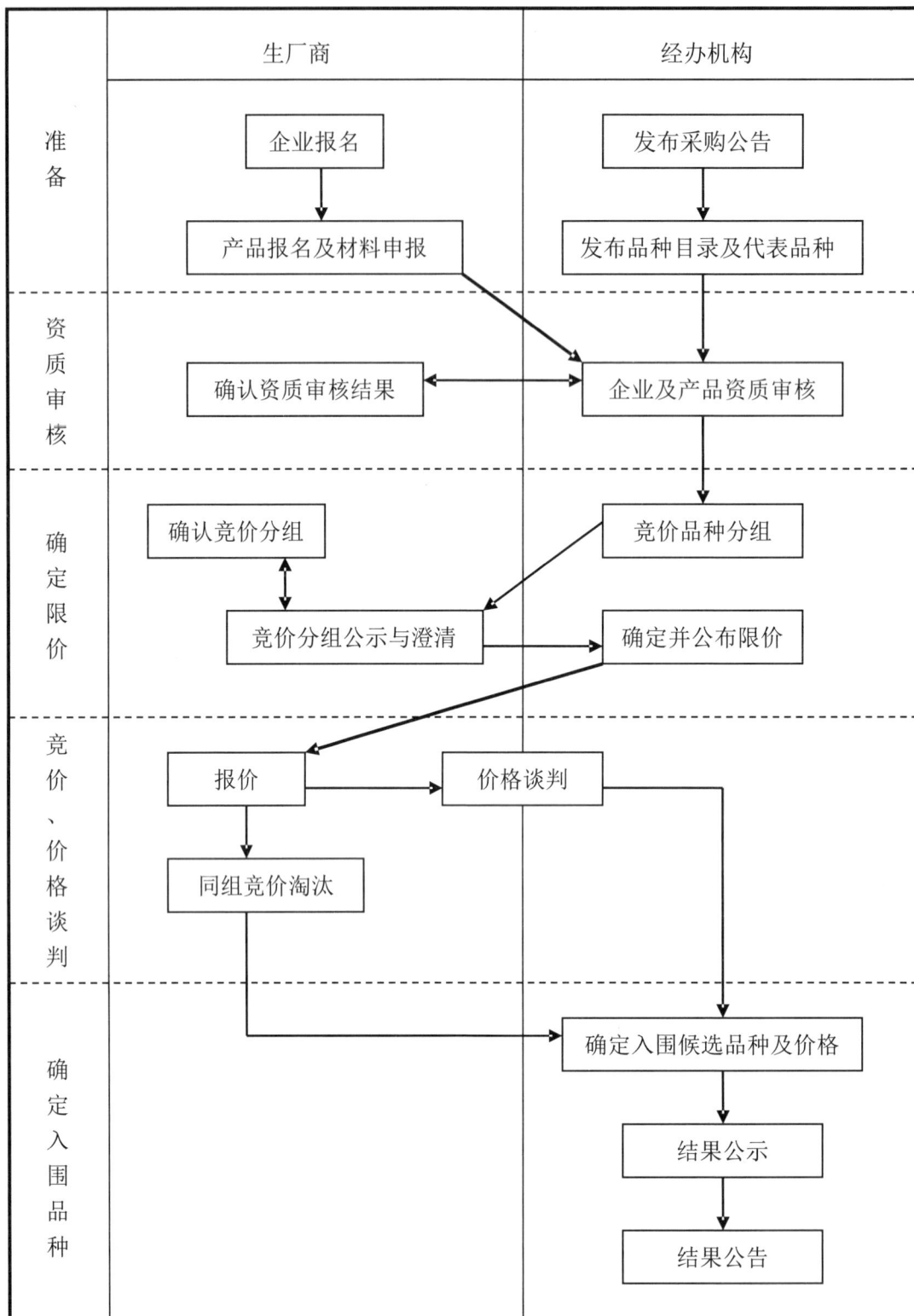

	生厂商	经办机构
准备	企业报名 → 产品报名及材料申报	发布采购公告 → 发布品种目录及代表品种
资质审核	确认资质审核结果	企业及产品资质审核
确定限价	确认竞价分组 → 竞价分组公示与澄清	竞价品种分组 → 确定并公布限价
竞价、价格谈判	报价 → 同组竞价淘汰	价格谈判
确定入围品种		确定入围候选品种及价格 → 结果公示 → 结果公告

表 4-8　湖北成套招标有限公司国内货物招标项目明细表（摘录）

2000 年

单位：万元

招标编号	项目名称	委托单位	中标单位	委托金额	中标金额	中标时间	节资额	节资率%
BSH-42-2000/01/001	武汉天河机场综合楼电梯	武汉航空公司	中国迅达电梯有限公司	90	85	2000/1/5	5	5.56
BSH-42-2000/01/002	湖北剧场工程电梯	湖北剧场基建办	天津奥的斯电梯有限公司、长江电梯厂	140	128.21	2000/1/6	11.79	8.42
BSH-42-2000/01/003	武汉市博物馆空调及安装	武汉市新世纪项目管理有限公司	中外合资山东德州亚太空调设备有限公司	550	505.1287	2000/1/10	44.8713	8.16
BSH-42-2000/01/005	大冶水厂技改设备	大冶水厂	武汉金州水处理公司、上海水泵厂等	200	177.7	2000/1/30	22.3	11.15
BSH-42-2000/02/002	湖北剧场工程冷水机组	湖北剧场基建办	武汉富田国本空调设备有限公司	130	119.8	2000/2/28	10.2	7.85
BSH-42-2000/03/001	武汉铁路电气化工程电缆	国投铁路部	武汉电缆厂	155.31	138.67	2000/3/1	16.64	10.71
BSH-42-2000/03/002	黄石胜阳港水泵设备等	黄石市排水公司	北京开关厂、湖北开关厂	180	150.1	2000/3/8	29.9	16.61
BSH-42-2000/03/005	湖北剧场工程空调及通风设备	湖北剧场基建办	江苏风神空调集团股份有限公司等	130	116.8101	2000/3/21	13.1899	10.15
BSH-42-2000/03/006	8000 吨 H 酸扩建工程设备	湖北楚源精细化工集团	大连冷冻机厂、武昌锅炉容器厂等	336.9	296.83	2000/3/22	40.07	11.89
BSH-42-2000/03/008	鹤峰芭蕉河二级电站主机	鹤峰芭蕉河工程有限公司	重庆水轮厂有限责任公司	700	638	2000/3/28	62	8.86
BSH-42-2000/03/009	地厅级学员综合楼电梯	湖北省委党校	广州奥的斯电梯有限公司	180	164.76	2000/4/17	15.24	8.47
BSH-42-2000/04/002	华新技改设备	华新水泥有限公司	吴江除尘设备厂、湖北宜都机电工程公司	320	293.76	2000/4/25	26.24	8.20
BSH-42-2000/04/003	仙桃第三水厂设备	湖北仙桃市自来水公司	兰州电机厂、沙市阀门厂、长沙水泵厂等	551.03	487.64	2000/4/25	63.39	11.50
HBCZ-42-2000/05	玻璃纸工程设备	湖北化纤集团公司	浙江开关、红旗电缆、大连耐酸泵厂等	856	757.72	2000/5/8	98.28	11.48
HBCZ-42-2000/05	湖北省教委素质教学仪器	湖北省财政厅	武汉同创公司、高科诚华电子工程公司等	800	699.7381	2000/5/8	100.2619	12.53

续表

招标编号	项目名称	委托单位	中标单位	委托金额	中标金额	中标时间	节资额	节资率%
HBCZ-42-2000/05/006	湖北省委党校职工住宅电梯	湖北省委党校	武汉建开电梯冷气工贸公司	120	108.18	2000/5/13	11.82	9.85
HBCZ42-2000/05/007	湖北省财贸医院电梯	湖北省财贸医院	通力电梯有限公司	80	69.89	2000/5/16	10.1	12.63
HBCZ-42-2000/05/008	宜化"813"工程设备	湖北宜化银氮有限公司	扬州化工设备厂、长江石油化工设备厂等	6000	5404.91	2000/5/18	595.09	9.92
HBCZ-42-2000/05/009	咸宁兴林阻燃人造板工程	咸宁兴林阻燃人造板公司	武昌锅炉容器厂、湖北林业机电安装公司	280	246.1	2000/5/18	33.9	12.11
HBCZ-42-2000/07/001	锂离子电池产业化工程	武汉力兴电源股份有限公司	力兴(火炬)电源公司、楚天激光	164.51	144.56	2000/7/5	19.95	12.13
HBCZ-42-2000/07/002	华新技改设备	华新水泥有限公司	衡阳运输机械总厂等	290	251.8	2000/7/10	38.2	13.17
HBCZ-42-2000/08/001	校综合楼水泵冷却塔	湖北省委党校	马利新菱公司、博山水泵总厂等	83	72.1723	2000/8/10	10.8277	13.05
HBCZ-42-2000/08/002~003	兴山碳酸二甲酯工程设备	兴山兴和化工有限公司	杭州碱泵厂、杭州制氧机集团、潍坊生建压缩机厂、武汉川仪成套公司等	646.99	584.45	2000/8/19	62.54	9.67
HBCZ-42-2000/08/004~008	华新技改设备	华新水泥有限公司	湘潭电机公司、吴江除尘设备厂、张家港合兴输送设备厂、德国奥蒙德输送送公司等	495	451.2	2000/8/19	43.8	8.85
HBCZ-42-2000/08/009	公安交通管理信息系统	湖北省交通厅交警总队	清华紫光股份有限公司	675.6	600	2000/8/23	75.6	11.19
HBCZ-42-2000/09/001	湖北省民政厅宿舍锅炉	湖北省民政厅	嘉泰热能设备有限公司	53	48	2000/9/5	5	9.43
HBCZ-42-2000/09/002	湖北省劳动和社会保障厅电梯	湖北省劳动和社会保障厅	广州奥的斯电梯有限公司	43	39.5	2000/9/7	3.5	8.14
HBCZ-42-2000/09/003	咸宁饮水供水工程	湖北咸宁市水厂	郑州喋阀集团公司、长沙水泵厂等	1029.5	919.19	2000/9/7	110.31	10.71
HBCZ-42-2000/10/001	湖北双环化塔	湖北双环碱业公司	大化集团大连化工札械厂	300	280	2000/10/7	20	6.67
HBCZ-42-2000/10/002	湖北省妇女儿童发展中心电扶梯	湖北省妇女儿童发展中心	上海三菱电梯有限公司湖北分公司	450	410	2000/10/10	40	8.89
HBCZ-42-2000/10/003	金属热处理炉	东风汽车公司	嘉善三永电炉工业有限公司	600	536	2000/10/12	64	10.67

续表

招标编号	项目名称	委托单位	中标单位	委托金额	中标金额	中标时间	节资额	节资率%
HBCZ-42-2000/10/004	湖北省政府办公大楼电梯	湖北省政府办公大楼基建办	上海三菱电梯有限公司湖北分公司	550	503	2000/10/16	47	8.55
HBCZ-42-2000/10/005	湖北省政府办公大楼空调系统	湖北省政府办公大楼基建办	武汉力高冷气装饰有限公司	450	417	2000/10/16	33	7.33
HBCZ-42-2000/11/001	湖北省政府办公大楼智能化消防系统	湖北省政府办公大楼基建办	武汉安泰系统工程有限公司等	750	703	2000/10/19	47	6.27
HBCZ-42-2000/11/002	湖北省纪委住宅楼电梯	湖北省纪委	广州奥的斯电梯有限公司	110	99.2	2000/11/4	10.8	9.82
HBCZ-42-2000/11/003	湖北省委党校学员综合楼电教系统	湖北省委党校	武汉市合力电器有限公司等	145	129.95	2000/11/8	15.05	10.38
HBCZ-42-2000/11/004	省出版城制冷及蓄水设备	湖北省新闻出版局	杭州华源人工环境工程公司等	1290	1170	2000/11/8	120	9.30
HBCZ-42-2000/11/005	黄石花湖水厂	黄石市自来水（公司）厂	凯士比泵业公司、铁岭阀门股份公司等	491.38	439.52	2000/11/16	51.86	10.55
HBCZ-42-2000/11/006	20万吨SNP复合肥工程	湖北省洋丰股份有限公司	上海新捷机械厂	150	138	2000/11/28	12	8.00
HBCZ-42-2000/12/001	湖北省计生委面包车	湖北省计生委	武汉万通汽车有限公司等	690	601.6	2000/12/4	88.4	12.81
HBCZ-42-2000/12/002	湖北省计生委计算机	湖北省计生委	武汉市科普系统集成有限公司	420	368.76	2000/12/4	51.24	12.20
HBCZ-42-2000/12/003	湖北省计生委打印机及电源	湖北省计生委	福建实达电脑有限公司等	205	179.76	2000/12/4	25.24	12.31
HBCZ-42-2000/12/004~010	国家储备粮库项目	湖北省粮建办	武汉光学科学院技术研究所、湖北省粮油食品机械设备公司、湖北红旗电缆厂等	1300	1153.54	2000/12/5	146.46	11.27
HBCZ-42-2000/12/011	武汉博大公司项目	武汉博大公司	广州金南都通用设备有限公司	140	125	2000/12/18	15	10.71
HBCZ-42-2000/12/012	湖北省公安厅交管系统	湖北省公安厅	武汉天翰信息产业公司	23850	21274	2000/12/20	2576	10.80
HBCZ-42-2000/12/014	湖北金鹏技改项目	湖北金鹏纺织有限公司	北京格锐动力设备有限公司	206.75	172.82	2000/12/26	33.93	16.41

2001 年

单位：万元

招标编号	招标项目	委托单位	中标单位	委托金额	中标金额	中标时间	节资额	节资率%
BSH-42-0010-233	湖北省政府办公大楼弱电系统	省政府办公大楼基建办	清华同方股份有限公司	650	587.987	2001/1/8	62.01	9.54
BSH-42-0012-01	湖北化纤集团玻璃纸技改	湖北化纤集团金环公司	大连冷冻机床股份有限公司	170	152.8	2001/1/10	17.20	10.12
BSH-42-0012-249	10kv配电室高低压开关柜	湖北省委党校	武汉合力电器有限公司	95	86.96	2001/1/22	8.04	8.46
BSH-42-0101-201	地厅学员楼高低压开关柜	湖北省委党校	武汉鑫北开有限公司	40	33.965	2001/1/22	6.04	15.09
HBCZ-07-2001-047/4	500T/D浮法玻璃生产线	宜昌当玻集团	河南省豫中起重设备、一等	270	250.979	2001/2/11	19.02	7.04
BSH-42-0101-205	武钢华新电力电缆及控制电缆	武汉钢铁（集团）公司	红旗电缆厂	90	82.5574	2001/2/13	7.44	8.27
HBCZ-07-2001-005	湖北力帝机床公司数控车床	湖北力帝机床有限公司	湖北富洲贸易公司	70	66.5	2001/2/13	3.50	5.00
BSH-42-0102-207	武钢华新电缆架桥	武钢钢铁（集团）公司	黄石旅行车厂	25	21.811	2001/2/22	3.19	12.76
HBCZ-07-2001-002	光学加工磁盘玻璃	湖北新华光信息材料公司	兰新通信设备集团公司	60	56	2001/2/23	4.00	6.67
HBCZ-07-2001-088	湖北省公安交通管理信息系统	湖北省公安厅	武汉天喻信息产业股份有限公司	23000	21274.97	2001/3/2	1725.03	7.50
HBCZ-02-2001-015	湖北省政府办公大楼空调设备	省政府办公大楼基建办	上海新晃空调设备公司等	550	511.88	2001/3/5	38.12	6.93
HBCZ-07-2001-047/5	500T/D浮法玻璃生产线	宜昌当玻集团	上海东方华光工程设计咨询公司等	580	546.5	2001/3/6	33.50	5.78
BSH-42-0102-208	武钢华新立磨构件	武汉钢铁（集团）公司	华新机械工程分公司	200	187.05	2001/3/6	12.95	6.47
BSH-42-0101-203	湖北省政府办公大楼电器设备	省政府办公大楼基建办	中外合资武汉中源电器有限公司	280	247.6192	2001/3/12	32.38	11.56
HBCZ-07-2001-047/6	500T/D浮法玻璃生产线	宜昌当玻集团	蚌埠华裕机电公司,上海玻璃机械厂	700	648	2001/3/22	52.00	7.43
HBCZ-07-2001-002	光学加工磁盘玻璃	湖北新华光信息材料公司	南京理工大学	17	14.9	2001/3/25	2.10	12.35
BSH-42-2001-A01	湖北省计生委电梯设备	湖北省计生委	湖北芝友电梯工程有限公司	140	126	2001/4/3	14.00	10.00
BSH-42-0101-206	湖北省民政厅电梯	湖北省民政厅	广州日立电梯有限公司	100	89.456	2001/4/3	10.54	10.54

续表

招标编号	招标项目	委托单位	中标单位	委托金额	中标金额	中标时间	节资额	节资率%
HBCZ-02-2001-026	武钢华新100万吨粉磨工厂计算机控制系统	武汉钢铁（集团）公司	南京天梯信息系统工程有限公司	125	115	2001/4/11	10.00	8.00
HBCZ-07-2001-010	湖北新华光信息材料股份有限公司高纯水处理	湖北新华光信息材料股份有限公司	宜兴纯水设备厂	30	26.841	2001/4/12	3.16	10.53
HBCZ-07-2001-042	东贝冷机污水处理	黄石东贝冷机集团公司	宜昌四方水处理环保设备制造厂	80	70	2001/4/15	10.00	12.50
HBCZ-02-2001-028	湖北省委党校振华大厦程控交换机学员宿舍装备	湖北省委党校	振华深圳电子公司、TCL武汉分公司等	100	96.831	2001/4/16	3.17	3.17
HBCZ-02-2001-032	湖北党员生活杂志社、省第三保育院综合楼电梯	湖北党员生活杂志社	天津奥的斯电梯有限公司	125	117	2001/4/18	8.00	6.40
HBCZ-02-2001-038	武汉市建委办公楼自动化网络	武汉市政府采购中心	长江教据通讯股份有限公司	90	78.152	2001/4/18	11.85	13.16
HBCZ-02-2001-004	红军村住宅楼塑钢窗	湖北省纪委	武汉天龙塑钢门窗厂	50	42.6	2001/4/22	7.40	14.80
HBCZ-01-2001-041	武汉市城乡建设学校网络系统	武汉市政府采购中心	武汉赛尔新技术发展有限公司	90	80	2001/5/6	10.00	11.11
HBCZ-07-2001-047/8	500T/D浮法玻璃生产线	宜昌当玻集团	上海华通电器集团、上海宁帮电气等	1000	923.67	2001/5/10	76.33	7.63
BSH-42-2001-A02	综合医疗中心楼电梯设备	中南医院	湖北芝友电梯工程有限公司	600	576.04	2001/5/23	23.96	3.99
HBCZ-02-2001-025	发展中心综合楼空调系统设备	湖北省妇女儿童发展中心	武汉宏远（约克）、浙江联丰集团等	120	110.0518	2001/5/24	9.95	8.29
HBCZ-02-2001-030	中心综合楼空调主机	湖北省妇女儿童发展中心	武汉宏远（约克）	200	178.9	2001/5/24	21.10	10.55
HBCZ-07-2001-044	空气绝缘母线干线系统的制作安装和低压配电柜设备	湖北新华光信息材料股份有限公司	中国·德力西集团公司	70	63.103	2001/5/29	6.90	9.85
HBCZ-2001-001-02	省民政厅办公楼智能变频空调	湖北省民政厅	北京海洛斯机房设备工程有限公司	450	427	2001/5/31	23.00	5.11
HBCZ-01-2001-051	年产4万吨邻二甲苯法制苯酐化工设备自动化仪表	湖北博尔德化学股份有限公司	武汉川仪经营成套公司等	110	97.7915	2001/6/16	12.21	11.10
HBCZ-01-2001-052	年产4万吨邻二甲苯法制苯酐化工设备动力设备	湖北博尔德化学股份有限公司	上海第一水泵厂、大连响酸泵厂等	65	57.1065	2001/6/18	7.89	12.14

续表

招标编号	招标项目	委托单位	中标单位	委托金额	中标金额	中标时间	节资额	节资率%
HBCZ-05-2001-040	湖北省养老保险管理信息系统	武汉市政府采购中心	四川银海经济技术有限公司	200	197.5686	2001/7/2	2.43	1.22
HBCZ-03-2001-036	综合医疗中心楼螺杆冷水机组	武汉大学中南医院	武汉东城冷气设备有限公司等	400	365.8836	2001/7/3	34.12	8.53
BSH-42-2001-04-098	烟丝供应中心电气设备	宜昌金丝烟草有限公司	厦门电控设备厂、武汉长兴电气集团	250	242.66	2001/7/5	7.34	2.94
HBCZ-07-2001-086	烟丝供应中心电气设备	宜昌金丝烟草有限公司	山东金曼克电气集团	40	37.2	2001/7/5	2.80	7.00
HBCZ-07-2001-065	湖北新华光信息材料公司电缆	湖北新华光信息材料公司	德力西兴乐电缆厂	50	48.5	2001/7/13	1.50	3.00
HBCZ-02-2001-053	湖北省政府办公大楼塑钢窗	省政府办公大楼基建中	武汉鸿和冈建筑技术发展公司	45	39.8	2001/7/18	5.20	11.56
HBCZ-02-2001-048	发展中心综合楼电器设备	湖北省妇女儿童发展中心	武汉变压器、上海天正机电、等	300	286.071	2001/8/9	13.93	4.64
HBCZ-02-2001-049	发展中心综合楼锅炉、水系设备	湖北省妇女儿童发展中心	锐星机电设备公司、广东佛山水系厂	120	101.9112	2001/8/9	18.09	15.07
HBCZ-02-2001-054	湖北省政府办公大楼灯具	省政府办公大楼基建办	浙江阳光集团、武汉川崎机电设备公司	120	108.5726	2001/8/21	11.43	9.52
HBCZ-05-2001-063	医疗器械、宣教设备、车辆	湖北省计生委	航天长峰医疗器械公司等	2000	1894.081	2001/8/24	105.92	5.30
HBCZ-02-2001-071	天永公寓电梯	天永公寓	天津奥的斯电梯有限公司	100	90	2001/8/27	10.00	10.00
HBCZ-06-2001-069	中央空调系统项目	公安厅机动车驾驶员培训学校	湖北省风神空调设备工程有限公司	140	125	2001/9/6	15.00	10.71
HBCZ-02-2001-073	湖北双环科技公司电力变压器	湖北双环科技有限公司	西安中特电气股份有限公司	105	95	2001/9/6	10.00	9.52
HBCZ-02-2001-074	省直通信数字程控交换机	湖北省政府办公厅	振华集团深圳电子有限公司	300	286.5	2001/9/6	13.50	4.50
HBCZ-03-2001-078	市公安局武昌分局综合楼电梯	武汉市公安局武昌分局	湖北广奥电梯有限责任公司	140	123	2001/9/19	17.00	12.14
HBCZ-03-2001-066	武汉六医院门诊综合楼电梯	武汉新纪建设项目管理公司	中国武汉智能电梯有限公司	200	176.6	2001/9/24	23.40	11.70
BSH-42-2000-60	锂离子电池产业化	武汉力兴电源有限公司	国营北京无线电工具设备厂	460	432	2001/9/26	28.00	6.09
HBCZ-07-2001-043	武汉长联生化药业有限公司技术改造所需设备	武汉长联生化药业有限公司	武汉长航空仪表公司、东方泵业制造公司、富田空调设备公司、枣阳开关厂	500	464.918	2001/10/29	35.08	7.02
HBCZ-01-2001-080	年产4万吨邻二甲苯法制苯酐项目	湖北博尔德化学股份有限公司	天水长城电器厂、湖北变压器公司等	250	226.1579	2001/11/11	23.84	9.54

续表

招标编号	招标项目	委托单位	中标单位	委托金额	中标金额	中标时间	节资额	节资率%
HBCZ-04-2001-081	关键无源器件技改项目	武汉光迅科技有限公司	北京中关村电脑科技发展有限公司等	60	50.526	2001/11/30	9.47	15.79
HBCZ-07-2001-083	5000T高纯五硫化二磷	湖北省宜昌市兴山县	华仪电器集团、大连大鹏泵业公司等	160	142.804	2001/12/3	17.20	10.75
HBCZ-07-2001-094	湖北仙桃康亚有限责任公司迁建工程设备	湖北仙桃康亚药业有限责任公司	重庆制药机械厂、健奇制药机械公司等	800	736	2001/12/5	64.00	8.00
WGSZ-2001-006	武汉·中国光谷电子核心市场广场建设消防专项工程	武汉光谷广场建设发展有限公司	武汉锦航消防设备有限公司	1250	1146.696	2001/12/8	103.30	8.26
HBCZ-01-2001-096	VB$_1$技改工艺设备高压釜	华中制药厂	威海化工器械厂	120	115.5	2001/12/17	4.50	3.75
HBCZ-02-2001-101	冶景花园电梯	武汉新能置业有限公司	天津奥的斯电梯有限公司	750	695.9	2001/12/17	54.10	7.21
HBCZ-02-2001-064	湖北省科协综合楼电梯	湖北省科协	天津奥的斯电梯有限公司	150	132.3	2001/12/21	17.70	11.80
HBCZ-02-2001-082	武汉销品茂商城电梯	武汉销品茂商城	天津奥的斯电梯有限公司	3000	2890.89	2001/12/21	109.11	3.64
HBCZ-07-2001-097	国家储备粮库项目通风笼等八大类设备	湖北省粮建办	武汉中源电气有限公司等	1500	1388.603	2001/12/25	111.40	7.43
HBCZ-07-2001-090	通用生物技术产业化示范工程	武汉多福科技农庄股份有限公司	湖北省科学器材公司等	80	67.1593	2001/12/26	12.84	16.05

2002 年

单位：万元

招标编号	项目名称	委托单位	中标单位	委托金额	中标金额	中标时间	节资额	节资率%
HBCZ-03-2001-076	武汉大学中南医院净化工程	中南医院	江苏久信净化有限公司	880	826.180	2002-1-21	53.820	6.12
HBCZ-03-2001-077	武汉大学中南医院医气供给	中南医院	北京航天爱锐科技公司	150	120.000	2002-1-21	30.000	20.00
HBCZ-03-2001-109	武汉市第四医院住院楼电梯	武汉市第四医院	武汉智能电梯有限公司	160	109.600	2002-1-24	50.400	31.50

续表

招标编号	招标项目	委托单位	中标单位	委托金额	中标金额	中标时间	节资额	节资率%
HBCZ–03–2001–115	武汉大学中南医院电气	中南医院	武汉川崎机电设备公司	150	126.800	2002-1-24	23.200	15.47
HBCZ–03–2001–098	湖北金环股份有限公司技改	湖北金环股份有限公司	无锡压缩机股份有限公司等	754	672.198	2002-1-25	81.8	10.85
HBCZ–03–2001–115	武汉大学中南医院电气	中南医院	天津特变、厦门ABB、南洋电器厂	270	227.700	2002-1-25	42.300	15.67
HBCZ–02–2001–114	湖北双环粉煤气化装置技改	湖北双环科技有限公司	大连冰山集团金州重机公司	1700	1513.519	2002-2-4	186.480	10.97
HBCZ–02–2002–004	销品茂商城消防专项工程	武汉销品茂商城	三江自控成套公司、科海消防公司	3450	3092.900	2002-2-6	357.100	10.35
HBCZ–01–2001–102	十堰市神定河污水处理之一		北京国网新格	350	308.033		41.970	11.99
HBCZ–01–2001–103	十堰市神定河污水处理之二	十堰市政府采购中心	江苏泉溪、无锡通用、中南机电等	375	303.440	2002-2-9	71.560	19.08
HBCZ–01–2001–104	十堰市神定河污水处理之三		浙江丰球、沈阳鼓风机等	255	215.192		39.808	15.61
HBCZ–07–2002–012	仙桃康亚空调净化系统工程	仙桃康亚药业公司	武汉大洋暖通工程公司等	586	540.900	2002-2-9	45.100	7.70
HBCZ–07–2001–092	湖北华强化工厂胶塞技改	湖北华强化工厂	大连冰山橡胶公司、德力西集团等	1334	1251.463	2002-2-21	82.537	6.19
HBCZ–07–2002–002	仙桃康亚迁址改造项目	仙桃康亚药业公司	长沙正中药机厂等	600	568.120	2002-2-21	31.880	5.31
HBCZ–07–2001–083	兴发化工5000T/年高纯项目	湖北兴发化工集团	化学第四建设公司、大连耐泵业公司	293	275.727	2002-2-26	17.273	5.90
HBCZ–04–2001–117	焊接机切割机生产线	楚天激光公司	湖北计量科学器材公司等	151	129.103	2002-3-3	21.897	14.50
HBCZ–07–2002–001	生物高技术产业化示范工程	武汉生物制品研究所	武汉快达净化空调公司等	737	668.258	2002-3-7	68.742	9.33
HBCZ–07–2002–019	仙桃康亚药业迁址项目	仙桃康亚药业	国力武汉仪表厂、武汉麦德公司等	503	449.900	2002-3-14	53.100	10.56
HBCZ–07–2002–018	襄樊新华光微晶玻璃加工	襄樊新华	兰州兰新高科技有限公司等	303	284.760	2002-3-18	18.240	6.02
HBCZ–01–2001–118	大冶人民医院老干病房电梯	大冶市人民医院	湖北广奥电梯实业有限公司	130	118.660	2002-3-21	11.340	8.72
HBCZ–01–2002–038	襄樊热电实业有限公司	襄樊热电实业有限公司	武汉锅炉股份有限公司	325.5	316.000	2002-3-22	9.500	2.92
HBCZ–01–2002–028	华中制药空调施工工程	华中制药厂	武汉大洋暖通工程有限公司	130	115.000	2002-3-28	15.000	11.54
HBCZ–07–2001–112	湖北力帝大型废钢加工项目	湖北力帝机床有限公司	武汉永业机械销售公司	223	218.000	2002-3-29	5.000	2.24

招标编号	招标项目	委托单位	中标单位	委托金额	中标金额	中标时间	节资额	节资率%
HBCZ-07-2002-026	生物所高技术产业化工程	武汉生物制品研究所	杭州洁净工程公司、东富龙科技公司等	800	767.572	2002-4-3	32.428	4.05
HBCZ-05-2002-041	全省计生系统照相机	湖北省计生委	易达全视霸视频技术公司等	460	366.566	2002-4-7	93.434	20.31
HBCZ-07-2001-112	宜昌力帝大型废钢加工项目	湖北力帝机床有限公司	湖北富恒机电有限公司	220	215.000	2002-4-10	5.000	2.27
HBCZ-07-2002-008	武汉多福高科技产业工程	武汉多福科技农庄公司	常州三环生物工程成套公司等	425	387.490	2002-4-16	37.51	8.83
HBCZ-02-2002-036	武汉销品茂商城冷水机组	武汉销品茂商城	特灵空调（江苏）有限公司	1600	1392.700	2002-4-17	207.300	12.96
HBCZ-02-2002-046	销品茂商城中央空调工程	武汉销品茂商城	湖北安和空调工程有限公司	6000	5577.927	2002-4-29	422.070	7.03
HBCZ-01-2002-126	襄樊热电实业公司技改设备	襄樊热电实业有限公司	福建龙净环保股份有限公司等	255	231.800	2002-5-8	23.200	9.10
HBCZ-01-2002-125	武汉市中级法院审判楼空调	武汉市中级法院	上海电器公司成套分公司等	175	149.000	2002-5-10	26.000	14.86
HBCZ-03-2002-016	老干病房净化工程	武汉市人民医院	武汉富海空调设备、浙江上风公司	900	879.994	2002-5-13	20.006	2.22
HBCZ-01-2002-024	黄石市中心医院急救中心	大冶市人民医院	江苏久信医用净化工程技术公司等	450	444.800	2002-5-13	5.200	1.16
HBCZ-01-2002-022	黄石市中心医院急救中心	黄石市中心医院	阿尔西制冷工程技术公司	109	98.700	2002-5-17	10.300	9.45
HBCZ-07-2002-014	湖北力帝机床加工设备	湖北力帝机床有限公司	济南二机床集团有限公司	500	490.000	2002-5-20	10.000	2.00
HBCZ-07-2002-049	兴发化工二甲基亚砜工程	湖北兴发化工集团	湖北压力容器制造厂	175	162.25	2002-5-20	12.75	7.29
HBCZ-02-2002-011	华新水泥宜都生产线	华新水泥有限公司	新乡市起重设备厂	150	126.242	2002-5-24	23.760	15.84
HBCZ-03-2002-039	省部属医疗机构药品采购	省药品集中采购委员会	武汉民生药品有限公司等79家	30000	21800.000	2002-5-24	8200.00	27.33
HBCZ-02-2002-011	华新水泥宜都生产线设备	华新水泥有限公司	吴江宝带除尘、兰州电机等	460	390.556	2002-5-25	69.444	15.10
HBCZ-02-2001-122			重庆通用工业（集团）公司等	980	884.75		95.25	9.72
HBCZ-02-2002-011			沈阳矿山机械（集团）公司	100	89.810	2002-5-28	10.190	10.19
HBCZ-02-2002-027			武钢集团自动化有限公司等	560	505.933		54.067	9.65
HBCZ-01-2002-030	十堰市神定河污水处理	十堰市政府采购中心	武汉航空仪表有限公司	300	265.000	2002-6-4	35.000	11.67

续表

招标编号	招标项目	委托单位	中标单位	委托金额	中标金额	中标时间	节资额	节资率%
HBCZ-03-2002-034	湖北省体育局新华路体育场	湖北省体育局	北京希优照明设备有限公司	300	260.000	2002-6-4	40.000	13.33
HBCZ-02-2002-042	湖北省纪委培训中心电梯	湖北省纪委	华升富士达电梯有限公司	100	86.100	2002-6-7	13.900	13.90
HBCZ-04-2002-061	新业烟草科技发展有限公司	湖北新业烟草	上海美联钢结构有限公司	250	226.263	2002-6-14	23.740	9.50
HBCZ-05-2002-072	湖北宜化都电器设备	湖北宜化都分公司	江苏长江电气集团等	382	366.830	2002-6-20	15.170	3.97
HBCZ-02-2002-053	湖北双环气化关键设备运输	湖北双环	武汉远洋大型汽车运输公司	200	188.902	2002-6-30	11.100	5.55
HBCZ-02-2002-055	武汉宜通电信机床	武汉宜通	江苏金方圆数控机床有限公司	200	150.500	2002-7-1	49.500	24.75
HBCZ-07-2002-080	武工大光纤传感示范工程	武工大	广东美的商用空调设备公司	140	128.036	2002-7-1	11.960	8.54
HBCZ-05-2002-083	湖北宜化设备招标	湖北宜化	珠海市九通自动化设备公司	480	463.000	2002-7-1	17.000	3.54
HBCZ-03-2002-017	市四医院住院部大楼空调	武汉市第四医院	约克无锡空调设备有限公司等	222	183.292	2002-7-4	38.708	17.44
HBCZ-05-2002-052	省体育局义路培训中心	湖北省体育局	大连三洋制冷有限公司	150	132.800	2002-7-5	17.200	11.47
HBCZ-01-2002-081	新华路体育场改造	新华路体育场	北京利亚德亚科技有限公司等	193	178.550	2002-7-9	14.450	7.49
HBCZ-03-2001-110	武汉市第六医院住院部空调	武汉市第六医院	北京振兴华龙制冷工程集团等	175	160.416	2002-7-10	14.584	8.33
HBCZ-04-2002-095	湖北省药监局采购吉普车	湖北省药监局	三环集团北京公司	310	304.000	2002-7-15	6.000	1.94
HBCZ-01-2002-067	中南医院PVC地材、扶手	中南医院	武汉瑞昌装饰材料公司等	266	243.68	2002-7-17	22.32	8.39
HBCZ-01-2002-047	黄石市中心医院医院信息系统	黄石市中心医院	上海金仕达卫医疗公司	130	103.000	2002-7-18	27.000	20.77
HBCZ-05-2002-096	湖北楚星化工有限公司技改	湖北楚星化工有限公司技改	国营江峡船舶柴油机厂等	382	352.79	2002-7-23	29.21	7.65
HBCZ-03-2002-040	中南医院物流传输系统	中南医院	北京紫泽网络佳公司	120	115.800	2002-7-24	4.200	3.50
HBCZ-01-2002-066	华新水泥熟料生产线技改	华新水泥有限公司	内蒙古北方重型汽车公司等	1380	1266.200	2002-7-25	113.800	8.25
HBCZ-04-2002-100	湖北省国土资源厅采购设备	湖北省国土资源厅	新楚星计算机科技有限公司等	117	105.889	2002-7-25	11.111	9.50
HBCZ-03-2002-084	湖北金环仪表自控技改	湖北金环股份	武汉中控自动化公司	100	96.800	2002-7-27	3.200	3.20

续表

招标编号	招标项目	委托单位	中标单位	委托金额	中标金额	中标时间	节资额	节资率%
HBCZ-01-2002-076	大冶人民医院老干楼空调	大冶市人民医院	武汉康远冷气装饰设备公司等	217	193.087	2002-7-28	23.913	11.02
HBCZ-05-2002-091	嘉鱼石矶头水厂扩建设备	嘉鱼石矶头水厂	西安赣迪管材公司、武亚美蝶阀厂	375	280.319	2002-8-8	94.681	25.25
HBCZ-03-2002-094	凯龙乳化炸药生产线技改	凯龙化工	长沙矿冶研究院	500	419.000	2002-8-8	81.000	16.20
HBCZ-05-2002-091	嘉鱼石矶头水厂扩建设备	嘉鱼石矶头水厂	武汉中源电气公司等	287	211.956	2002-8-15	75.044	26.15
HBCZ-04-2002-068	洞拌水电工程发电机组设备	洞拌水利水电枢纽工程	东方电机股份有限公司等	5030	4635.711	2002-8-20	394.289	7.84
HBCZ-05-2002-109	宜昌兴发二甲基砜项目	宜昌兴发集团有限公司	洛阳高新盛达石化自控公司	102	79.890	2002-8-27	22.110	21.68
HBCZ-01-2002-060	黄石中心医院急救中心制氧	黄石市中心医院	珠海精钰科技设备有限公司	100	96.000	2002-9-4	4.000	4.00
HBCZ-01-2002-073	中南医院医疗楼制氧	中南医院	珠海市精钰科技公司	160	143.500	2002-9-4	16.500	10.31
	黄石中心医院医疗设备三		武汉惠康能达科贸有限公司	180	161.212		18.790	10.44
HBCZ-02-2002-104	黄石中心医院医疗设备四	黄石中心医院	武汉惠康能达科贸有限公司等	100	81.223	2002-9-6	18.777	18.78
HBCZ-01-2002-086	大冶市人民医院HIS系统	大冶市人民医院	湖南国讯集团公司	100	91.329	2002-9-9	8.670	8.67
HBCZ-01-2002-105	省直属机关门诊综合楼	湖北省直属机关门诊部	华升富士达电梯有限公司	200	167.800	2002-9-10	32.200	16.10
HBCZ-04-2002-143	全省计生系统医疗设备	湖北省计生委	广东威尔公司、汕头超声研究所等	587	474.316	2002-9-16	112.684	19.20
HBCZ-05-2002-133	咸宁超强金刚石膜建工程	咸宁超强金刚石膜	广东省吉荣空调工程公司等	342	255.974	2002-9-25	86.026	25.15
HBCZ-04-2002-114	新业烟草再造烟叶供应中心	新业烟草	大仓国球造纸机械公司	770	650.000	2002-9-28	120.000	15.58
HBCZ-04-2002-104	黄石中心医院医疗设备六	黄石中心医院	湖北金原药品有限公司等	170	145.179	2002-10-8	24.821	14.60
HBCZ-01-2002-075	武汉大学中南医院风冷热泵	中南医院	湖北良机冷却设备公司	110	96.000	2002-10-9	14.000	12.73
HBCZ-01-2002-129	华新水泥2500T粉体库用设备	华新水泥有限公司	南京晨光螺波纹管设备安装公司等	1105	1021.83	2002-10-16	83.17	7.53
HBCZ-04-2002-115	新业烟草非标设备	新业烟草	鄂州压力容器设备安装公司等	140	114.000	2002-10-18	26.000	18.57
HBCZ-04-2002-148	武汉市血液中心弱电	武汉市血液中心	武汉长江飞天电子公司等	97	82.568	2002-10-20	14.432	14.88

续表

单位：万元

招标编号	招标项目	委托单位	中标单位	委托金额	中标金额	中标时间	节资额	节资率%
HBCZ-T4-2002-155	湖北省纪委、监察厅标车	湖北省纪委监察厅	武汉神龙绿色环保汽车	300	267.280	2002-10-25	32.720	10.91
HBCZ-05-2002-099	三环集团智能卡机具项目	三环集团	武汉长兴电能卡电器发展有限公司等	932	730.483	2002-10-28	201.517	21.62
HBCZ-K1-2002-152	湖北双环冲改煤工程	湖北双环	武汉天澄科技股份有限公司	350	328.000	2002-10-30	22.000	6.29
HBCZ-H5-2002-154	武汉生物所高技术产业化	武汉生物所	武汉生物所生物工程公司等	510	429.370	2002-11-1	80.63	15.81
HBCZ-L1-2002-159	新华路体育场改造工程	新华路体育场	广州柏溢康体公司等	300	266.241	2002-11-12	33.759	11.25
HBCZ-I1-2002-191	武汉销品茂商城中庭工程	武汉销品茂商城	中国建筑技术开发总公司	1000	954.855	2002-11-12	45.145	4.51
HBCZ-K1-2002-153	湖北省税务学校改造项目	湖北省税务学校	武汉同方空调设备有限公司等	195	177.500	2002-11-21	17.500	8.97
HBCZ-W1-2002-183	汉口文化体育中心	汉口文化体育中心	湖北兴亚特制冷设备公司	300	298.777	2002-12-2	1.223	0.41
HBCZ-A1-2002-160	湖北双环粉煤气化压力容器	湖北双环	上海锅炉厂有限公司等	2470	2333.482	2002-12-10	136.518	5.53
HBCZ-I4-2002-189	协和医院玻璃幕墙	协和医院	武汉凌云装饰工程有限公司	1000	893.609	2002-12-10	106.390	10.64
HBCZ-D5-2002-194	宜化30万吨硫磺制酸项目	湖北宜化化工有限公司	扬州庆松化工设备公司等	3889	3166.086	2002-12-13	722.914	18.59
HBCZ-H4-2002-178	协和医院外科大楼空调系统	协和医院	武汉大洋暖通工程公司	3000	1512.800	2002-12-19	1487.20	49.57
HBCZ-L4-2002-202	武汉血液中心空调设备安装	武汉市血液中心	武汉麦克维尔空调制冷公司	270	248.000	2002-12-20	22.000	8.15
HBCZ-H4-2002-203	湖北洞坪水电站安全监测仪	湖北洞坪水电站	美国达汉土公司北京代表处	160	158.000	2002-12-23	2.000	1.25
HBCZ-K5-2002-200	楚星化工合成氨节能技改	湖北楚星化工有限公司	泰兴市电除尘设备厂	180	177.816	2002-12-27	2.184	1.21
HBCZ-03-2002-128	医疗机构药品集中招标采购	省药品招标采购委员会	湖北医药公司等168家	40000	34560.000	2002-12-28	5440.00	13.60

2003 年

单位：万元

招标编号	项目名称	委托单位	中标单位	委托金额	中标金额	中标时间	节资额	节资率%
HBCZ-H4-2002-185	再造烟叶项目配电设备	湖北新业烟草	四川电气设备成套,一等	328	298.07	2003-1-2	29.93	9.13

招标编号	项目名称	委托单位	中标单位	委托金额	中标金额	中标时间	节资额	节资率%
HBCZ-H4-2002-187	再造烟叶项目工艺设备	湖北新业烟草	山东诸城金隆机械制造公司等	139	115.70	2003-1-2	23.30	16.76
HBCZ-D1-2002-169	随州药业溴化锂制冷机组	武汉药业健民制药厂	大连三洋制冷有限公司	165	149.90	2003-1-3	15.10	9.15
HBCZ-01-2002-065	三号炉本体及辅机	十堰热电厂	江苏溧阳锅炉安装工程集团公司	280	258.80	2003-1-15	21.20	7.57
HBCZ-D1-2002-167	药业GMP改造净化空调末端	武汉健民制药厂	苏州安发国际空调有限公司	318	289.00	2003-1-21	29.00	9.12
HBCZ-02-2002-134	印染设备加工设备	黄石纺织机械厂	湖北省机械设备进出口公司等	110	96.85	2003-2-26	13.15	11.95
HBCZ-01-2002-147	培训中心多媒体	湖北省纪委	湖北星光演出器材有限公司等	150	129.00	2003-2-28	21.00	14.00
HBCZ-K1-2002-207	干部宿舍楼电梯	湖北省高法	上海德圣米高电梯有限公司	120	101.70	2003-3-5	18.30	15.25
HBCZ-K1-2002-197	门诊综合楼螺杆冷水机组	湖北省直属机关门诊部	湖北天王电器有限责任公司	100	77.20	2003-3-12	22.80	22.80
HBCZ-A2-2002-209	滨湖机械厂试验箱	滨湖机械厂	武汉兴烨	200	170.00	2003-3-13	30.00	15.00
HBCZ-D4-2003-037	机床、变压器	丹江口汽车传动轴公司	武汉世纪机电设备有限公司等	122	97.9	2003-3-19	24.10	19.75
HBCZ-T1-2003-042	市卫生防疫站环保医疗设备	武汉市政府采购中心	武汉科隆化工仪器有限公司等	42	36.53	2003-3-19	5.47	13.02
HBCZ-Q2-2003-047	单排螺旋CT	湖北宣恩县人民医院	湖北普康医疗器械有限公司	300	258.00	2003-3-25	42.00	14.00
HBCZ-K1-2003-045	热电联供工程辅机设备	咸丰县简车坝电力公司	长沙工业泵、蒲圻起重机械厂等	139	125.88	2003-3-28	13.12	9.44
HBCZ-D2-2002-211	公路施工设备技改	襄樊公路建设有限公司	长沙中联重科工程机械公司等	920	791.18	2003-4-5	128.82	14.00
HBCZ-Q1-2002-202	网吧监控系统	湖北省文化厅	联想武汉公司	366	320.00	2003-4-7	46.00	12.57
HBCZ-K1-2003-041	湖北省2003年全民健身路径	湖北省体育局	山西澳瑞特健康产业公司等	730	671.63	2003-4-15	58.37	8.00
HBCZ-A4-2003-030	水工环保节能设备技术改造	湖北洪城通用机械公司	齐齐哈尔二机床有限责任公司	760	667.00	2003-4-16	93.00	12.24
HBCZ-D2-2003-031	汽车转向节技改设备采购	湖北三环锻造有限公司	贵州东方机床厂、汉川机床厂等	363	285.58	2003-4-16	77.42	21.33
HBCZ-H5-2003-058	城东污水处理工程排水管	仙桃市城管局	湖北中南水泥制品公司等	400	342.02	2003-4-23	57.98	14.50
HBCZ-A5-2003-070	纤维面料生产线配电设备	湖北迈亚股份有限公司	武汉国电电力控制设备公司等	102	92.98	2003-4-27	9.02	8.84

续表

招标编号	项目名称	委托单位	中标单位	委托金额	中标金额	中标时间	节资额	节资率%
HBCZ-T4-2003-056	轿车采购	湖北省质量技术监督局	武汉安奇汽车销售有限公司	560	459.84	2003-4-29	100.16	17.89
HBCZ-T4-2003-057	信息化建设设备		湖北全达系统集成有限公司等	156	146.43		9.57	6.13
HBCZ-D5-2003-078	宜昌人福药业工程	宜昌人福药业有限责任公司	上海东富龙科技有限公司等	423	395.14	2003-4-30	27.86	6.59
HBCZ-D5-2003-079	宜昌人福药业制药项目		长沙正中制药机械厂等	1505	1355.84		149.16	9.91
HBCZ-H4-2003-039	水电金属结构及电站设备	宣恩洞坪水电公司	葛洲坝集团机械有限公司等	3430	3036.67	2003-5-7	393.33	11.47
HBCZ-J5-2003-085	仙桃黄金大道工程施工监理	仙桃市城建局	湖北合联建设监理有限公司	130	111.60	2003-5-8	18.40	14.15
HBCZ-D5-2003-059/1	口服制剂车间GMP改造项目	宜昌人福药业公司	江南制药机械有限公司等	382	346.9	2003-5-10	35.1	9.19
HBCZ-D3-2003-089	职工医院生化分析仪等	一冶职工医院	武汉虹宇生物科技有限公司	249	203.35	2003-5-10	45.65	18.33
HBCZ-K1-2003-074	热电联供工程热控设备	咸丰县简车坝电力公司	武汉江岸嘉信自控公司	140	127.58	2003-5-13	12.43	8.88
HBCZ-D2-2003-055	耐酸泵生产线技改	襄樊五二五泵业公司	中南机床工业供销联营公司等	130	107.70	2003-5-15	22.30	17.15
HBCZ-D5-2003-026	固体制剂车间改造项目	宜昌人福制药公司	北京国药龙立科技有限公司等	170	161.00	2003-5-16	9.00	5.29
HBCZ-A4-2003-027	水工环保节能设备技术改造	湖北洪城城通用机械公司	新乡市起重设备厂	300	268.00	2003-5-16	32.00	10.67
HBCZ-A4-2003-028			武汉威泰数控立车有限公司	550	507.50		42.50	7.73
HBCZ-D1-2003-083	电除尘器、气力输灰系统	襄樊市热电厂	福建龙净环保股份有限公司等	190	175.35	2003-5-18	14.65	7.71
HBCZ-H4-2003-073	烟叶供应中心锅炉	湖北新业烟草科技公司	广州市锅炉工业公司	150	123.80	2003-5-19	26.20	17.47
HBCZ-A2-2003-035	印染设备技改设备采购	黄石纺织机械厂	湖北瑞通工贸有限公司等	131	110.17	2003-5-26	20.83	15.90
HBCZ-D4-2003-067	厂烟叶仓所需冷湿机	襄樊老烟厂	顺德市中菱空调设备有限公司	200	182.70	2003-5-22	17.30	8.65
HBCZ-T1-2003-093	武汉市政府采购仪器设备	武汉市政府采购办	武汉浩海科技发展有限公司	100	96.02	2003-5-23	3.98	3.98
HBCZ-D2-2003-069	血液分离及分析仪器技术改造	武汉血液中心	广州三无科技股份有限公司等	457	313.00	2003-5-26	144.00	31.51
HBCZ-Q1-2003-049	放化疗楼空调设备	中南医院	武汉康远冷气设备公司等	117	101.35	2003-6-4	15.65	13.38

续表

招标编号	项目名称	委托单位	中标单位	委托金额	中标金额	中标时间	节资额	节资率%
HBCZ-K1-2003-099	培训中心家具项目招标	湖北省纪委培训中心	武汉市红旗家具有限公司等	300	293.78	2003-6-13	6.22	2.07
HBCZ-H2-2003-098	设备采购	武汉精伦电子有限公司	罗德与施瓦茨公司等	147	135.09	2003-6-13	11.91	8.10
HBCZ-A5-2003-088	纯棉高档面料生产线技改	仙桃毛纺集团有限公司	江苏（徐州）天地钢结构工程公司	1200	1098.00	2003-6-20	102.00	8.50
HBCZ-D5-2003-092	油改煤项目非标设备采购	湖北双环科技有限公司	淮南新集石油化工机械公司	180	171.72	2003-6-20	8.28	4.60
HBCZ-D5-2003-1051	GMP洁净厂房及空气净化系统	宜昌人福药业有限公司	武汉富国空调设备有限公司等	803	768.3	2003-6-24	34.7	4.32
HBCZ-D2-2003-096	技改机械加工设备	十堰先锋模具有限公司	济南二机床集团有限公司等	610	570.00	2003-6-25	40.00	6.56
HBCZ-H1-2003-108	新外科大楼电梯工程	襄樊市中心医院	襄樊菱电楼宇自动化有限公司	440	397.37	2003-6-30	42.63	9.69
HBCZ-T4-2003-110	国库集中支付系统	湖北省财政厅	湖北全达系统集成有限公司	320	309.87	2003-7-7	10.13	3.17
HBCZ-H1-2003-111	体育中心体育电子显示屏	十堰体育中心建设指挥部	北京利亚德电子科技有限公司	100	82.00	2003-7-8	18.00	18.00
HBCZ-H4-2003-086	外科病房20部电梯采购	协和医院	武汉芝友机电工程有限公司	2400	2300.00	2003-7-10	100.00	4.17
HBCZ-D3-2003-1011	华中药业公司冷冻项目	湖北华中药业有限公司	重庆通用工业（集团）公司等	208	189.28	2003-7-11	18.72	9.00
HBCZ-T1-2003-106	武汉市中小学课桌椅采购	武汉市教育局	武汉市黄兴木业公司等	1000	869.94	2003-7-15	130.06	13.01
HBCZ-D5-2003-126/A	GMP改造项目高压配电柜	宜昌人福药业有限公司	人民电器集团上海有限公司等	180	163.82	2003-7-18	16.18	8.99
HBCZ-D1-2003-133	中商平价楚购物广场设备	武汉中商集团股份公司	武汉麦克维尔空调制冷公司等	395	352.5	2003-7-22	42.5	10.76
HBCZ-H5-2003-118	长江提防第一批设备采购	湖北省河道提防建管局	武汉测绘仪器技术服务中心等	1451	1396.59	2003-8-7	54.41	3.75
HBCZ-T1-2003-149	计算机工作站设备	核动力运行研究所	华普信息技术有限公司	250	235.50	2003-8-15	14.50	5.80
HBCZ-D1-2003-141	中商平价楚购物广场设备	武汉中商集团有限公司	四川永冠超市设备有限公司等	320	294.4	2003-8-18	25.6	8.00
HBCZ-A1-2003-142	技改项目空气压缩机组设备	湖北华盛铝电有限责任公司	柳州环宇压缩机有限公司	180	163.50		16.50	9.17
HBCZ-A1-2003-144	技改项目整流供电系统		西安中特电气股份有限公司等	1724	1569.8	2003-8-18	154.2	8.94
HBCZ-A1-2003-145	电解铝节能技改起重设备		株洲天桥起重机有限公司	970	926.58		43.42	4.48

续表

招标编号	项目名称	委托单位	中标单位	委托金额	中标金额	中标时间	节资额	节资率%
HBCZ-01-2002-136	武汉研发基地螺杆冷水机组	潜江制药有限公司	鄂州百威制冷电气工程有限公司	250	235.00	2003-8-27	15.00	6.00
HBCZ-A2-2003-130	加工中心机床刀具系统	黄石纺织机械厂	山特维克国际贸易（上海）公司	150	127.05	2003-8-28	22.95	15.30
HBCZ-A1-2003-146	3万吨/年电解铝技改设备	湖北华盛铝电有限公司	潜江除尘设备有限公司等	623	570.89	2003-8-28	52.11	8.36
HBCZ-T4-2003-150	湖北省计生系统医疗器械	湖北省政府采购办	广东威尔学系医疗科技有限公司等	1605	1442.53	2003-9-11	162.47	10.12
HBCZ-T4-2003-152	湖北省图书馆网络设备	湖北省政府采购办公室	中电科长江数据有限公司等	250	220.72	2003-9-12	29.28	11.71
HBCZ-T4-2003-186	湖北省纪委办公厅标车采购	湖北省纪委	神龙汽车有限公司等	300	275.76	2003-9-25	24.24	8.08
HBCZ-H5-2003-118	长江提防第一批设备采购	省河道提建设管理局	武汉维吾科技发展有限公司	145	136.22	2003-9-29	8.78	6.06
HBCZ-D2-2003-176	疾病预防控制分析仪器	武汉疾病预防控制中心	武汉科隆化仪器有限公司	166	160.92	2003-10-13	5.08	3.06
HBCZ-D1-2003-190	沥青混凝土搅拌站采购	洪山区建设局	江苏无锡华通公路工程机械公司	400	343.00	2003-10-13	57.00	14.25
HBCZ-A3-2003-172	信息化工程项目设备	湖北凯龙化工集团	武汉爱格信息产业有限公司	160	149.67	2003-10-17	10.33	6.46
HBCZ-A5-2003-198	二炼钢1、2号连铸机改造工程	武汉重冶钢铁（集团）公司	武汉重冶冶金机械设备成套有限公司	980	910.14	2003-10-18	69.86	7.13
HBCZ-D5-2003-177	"无氟"压缩机生产线技改	黄石东贝电器有限公司	南京长江机器工模具有限公司等	373	324.51	2003-10-24	48.49	13.00
HBCZ-D1-2003-178	60万吨/年水泥生产线技改	华新水泥有限公司	河南省矿山起重机有限公司等	306	276.90	2003-10-24	29.10	9.51
HBCZ-D2-2003-184	医疗设备	十堰市人民医院	武汉博佳公司	400	301.84	2003-10-24	98.16	24.54
HBCZ-A1-2003-2081	节能技改项目所需材料	湖北华盛铝电有限责任公司	江苏扬中市扬子绝缘材料厂等	726	649.57		76.46	10.53
HBCZ-A1-2003-209	节能技改设备及安装		沈阳铝镁设计院自动化所等	942	846.36	2003-10-28	95.64	10.15
HBCZ-A1-2003-210	输送系统和烟气净化系统	华新水泥有限公司	辽宁岫岩顺达气力输送设备厂	250	212.44		37.56	15.02
HBCZ-A1-2003-2111	节能技改电气与整流设备	湖北华盛铝电有限责任公司	沈阳高压开关有限公司等	656	618.4	2003-10-28	37.6	5.73
HBCZ-A1-2003-214	节能技改项目所需电极材料		山西三利碳素制品有限公司等	1170	1070.63		99.37	8.49
HBCZ-D4-2003-201	粘胶长丝分厂R535纺丝机	湖北金环股份有限公司	邯郸宏大化纤机械有限公司	480	471.51	2003-10-29	8.49	1.77

续表

招标编号	项目名称	委托单位	中标单位	委托金额	中标金额	中标时间	节资额	节资率%
HBCZ-A2-2003-182	数控板材加工成套设备技改	三环锻压机床有限公司	湖北三环成套设备有限公司等	315	270.9	2003-10-30	44.1	14.00
HBCZ-Q2-2003-202	巴东县人民医院医疗设备	巴东县人民医院	湖北普康医疗器械有限公司	300	263.00	2003-10-30	37.00	12.33
HBCZ-D4-2003-216	高档面料科技改设备	湖北石花纺织有限公司	阿特拉斯科柯上海公司	110	102.00	2003-10-30	8.00	7.27
HBCZ-T4-2003-191	县乡两级传染病机构建设设备	湖北省卫生厅	北京万东医疗装备有限公司等	4840	4634.49	2003-11-3	205.51	4.25
HBCZ-05-2002-078	煤矿二期工程国内公开招标	武汉钢铁（集团）公司	沈阳重型机械集团有限责任公司	780	747.00	2003-11-10	33.00	4.23
HBCZ-H1-2003-228	气动物流传输系统	襄樊市中心医院	北京瑞泽网络销售有限责任公司	110	107.00	2003-11-13	3.00	2.73
HBCZ-D5-2003-215	无氟压缩机生产线技改设备	黄石东贝电器有限公司	上海斯特杰机械工程有限公司等	115	105.02	2003-11-18	9.98	8.68
HBCZ-T4-2003-231	医疗设备	湖北省荣军医院	富达特医疗器械有限公司等	167	146.14	2003-11-19	20.86	12.49
HBCZ-A2-2003-188	企业信息化系统	黄石纺织机械厂	北京和佳软件技术有限公司等	155	144.7	2003-11-21	10.30	6.65
HBCZ-T4-2003-2241	区疾控中心及乡镇卫生院防保设备	武汉市卫生局	湖北柳菱汽车有限公司等	1084	1015.78	2003-11-21	68.22	6.29
HBCZ-D2-2003-229	出版印务技改设备	少年儿童出版印务公司	湖北长江出版印刷物资有限公司	300	270.00	2003-11-25	30.00	10.00
HBCZ-K1-2003-243	办公楼空调系统	中国人寿武汉分公司	清华同方人工环境有限公司	200	178.00	2003-11-26	22.00	11.00
HBCZ-Q2-2003-226	双层螺旋CT	荆州市第一人民医院	湖北普康医疗器械有限公司	480	465.00	2003-12-1	15.00	3.13
HBCZ-A2-2003-220	雷达生产线技改项目	武汉市滨湖机械厂	武汉嘉星装饰工程有限公司等	135	126.15	2003-12-2	8.85	6.56
HBCZ-H1-2003-253	武汉销品茂应急电源采购	武汉销品茂商城	武汉华夏力天科贸有限公司	240	215.24	2003-12-9	24.76	10.32
HBCZ-T4-2003-257	湖北省公安厅装备用车	湖北省公安厅	神龙汽车有限公司等	430	386.29	2003-12-10	43.71	10.17
HBCZ-D2-2003-250	技改设备	武汉凡谷电子有限公司	湖北三环成套设备有限公司等	1600	1524	2003-12-12	76.00	4.75
HBCZ-T4-2003-262	国库处办公设备	湖北省财政厅	湖北全达系统集成有限公司等	200	174.48	2003-12-12	25.52	12.76
HBCZ-T4-2003-265	多普勒超声诊断仪	湖北省荣军医院	武汉市江岸区康瑞医疗设备公司	150	142.00	2003-12-26	8.00	5.33

单位：万元

2004 年

招标编号	招标项目	委托单位	中标单位	委托金额	中标金额	中标时间	节资额	节资率%
HBCZ-T1-2004-001	2004 年春节救助物资采购	武汉市洪山区民政局	武商集团量贩分公司	80	75.00	2004-1-5	5.00	6.25
HBCZ-D2-2003-252	彩色多普勒超声诊断仪	荆州市第一人民医院	武汉大恩高新科贸发展有限公司	250	238.50	2004-1-6	11.50	4.60
HBCZ-Q2-2003-277	X 线放射影像系统	荆州市中心医院	武汉信安商务有限公司	200	146.00	2004-1-18	54.00	27.00
HBCZ-Q2-2003-286	双层螺旋 CT	公安县中医院	北京中电康德科技有限公司	400	375.00	2004-1-19	25.00	6.25
HBCZ-D2-2003-284	通信系统科技项目设备	武汉凡谷电子有限公司	安捷伦科技公司	456.5	419.44	2004-1-20	37.06	8.12
HBCZ-D2-2004-028/1	球墨铸铁钢管	谷城县城关镇三水厂	新兴铸管有限公司武汉分公司	120	103.60	2004-2-22	16.40	13.67
HBCZ-H5-2004-019/1	鄂州团球工程塑料	武钢集团矿业有限公司	长春发电设备有限责任公司	1500	1375.00	2004-3-11	125.00	8.33
HBCZ-A2-2004-009	雷达生产线改技项目设备	武汉滨湖机械厂	湖北三环成套设备有限公司	185	163	2004-3-15	22	11.89
HBCZ-A5-2004-037	炼铁厂喷煤系统改造一期工程	武汉钢铁（集团）公司	北京电力设备厂	1300	1260.00	2004-3-15	40.00	3.08
HBCZ-D5-2004-047	生活水系统及计量装置改造	武汉钢铁（集团）公司	湖南泵阀制造有限公司等	450	400.9	2004-3-15	49.1	10.91
HBCZ-H5-2004-021	三炼钢改扩建工程设备	武汉钢铁（集团）公司	大连重工·起重集团有限公司等	3325	2719	2004-3-18	606.00	18.23
HBCZ-A5-2004-054	金山店铁矿提升机电控系统	武钢矿业有限公司	北京佰能电气技术有限公司	1500	1276.00	2004-3-18	224.00	14.93
HBCZ-D1-2004-053	连锁经营技改中央空调主机	武汉中商集团	湖北生华电子工程有限公司等	200	159.5	2004-3-22	40.5	20.25
HBCZ-Q1-2004-044	电热水锅炉、电蒸汽锅炉	武汉万丽酒店	杭州华电华源环境工程有限公司	180	169.89	2004-3-24	10.11	5.62
HBCZ-Q1-2004-046	蓄冷蓄热空调系统		杭州华电华源、湖北华洋机电公司	810	797.79		12.21	1.51
HBCZ-Q2-2004-056	引进三坐标测量机	武汉湛卢压铸有限公司	青岛前哨朗普测量技术有限公司	100	93.80	2004-3-24	6.20	6.20
HBCZ-Q4-2004-048	水果湖广场电梯招标	武汉未星房产有限公司	上海三菱电梯湖北分公司	400	375.20	2004-3-29	24.80	6.20
HBCZ-D2-2004-034	生产线移地技改设备	武汉苏泊尔有限公司	深圳丰裕机械设备制造公司等	1495	1311.78	2004-3-30	183.22	12.26
HBCZ-H5-2004-028/2	净水材料招标	谷城县城关镇三水厂	汉川市洁波净化有限公司	150	114.46	2004-4-1	35.54	23.69

续表

招标编号	招标项目	委托单位	中标单位	委托金额	中标金额	中标时间	节资额	节资率%
HBCZ-D2-2004-051	生产线移地技改项目	武汉苏泊尔有限公司	阿特拉斯科普柯（上海）贸易公司等	224.5	119.52	2004-4-5	24.98	11.13
HBCZ-D2-2004-026	数字移动通信系统技改	武汉凡谷电子有限公司	罗德与施瓦茨中国（香港）公司等	1813	1635.87	2004-4-12	177.13	9.77
HBCZ-A5-2004-019/2	鄂州球团厂排取料机	武钢矿业有限公司	长春发电设备有限责任公司	700	648.00	2004-4-15	52.00	7.43
HBCZ-H5-2004-049	三炼钢扩建工程轴承		武汉迪新新技术开发有限公司	700	688.56		11.44	1.63
HBCZ-H5-2004-066	三炼钢扩建工程转炉电除尘器	武钢铁（集团）公司	西安重型机械研究所	300	211.70	2004-4-15	88.30	29.43
HBCZ-A5-2004-073	鄂州球团厂工程燃机车		中国南车集团资阳机车厂	1000	855.20		144.80	14.48
HBCZ-H1-2003-158	水冷螺杆机组、柴油发电机组	武汉龙泉山农业园公司	武汉哥顿冷暖洗浴设备公司等	110	101.64	2004-4-16	8.36	7.60
HBCZ-H5-2004-081	高低压开关柜	谷城县城关镇三水厂	湖北盛隆电气有限公司	100	89.95	2004-4-16	10.05	10.05
HBCZ-D2-2004-077	制造基地大楼中央空调主机机	武汉楚天激光有限公司	湖北新菱冷气设备工程有限公司	350	309.55	2004-4-23	40.45	11.56
HBCZ-A5-2004-069	纯棉高档面料生产线技改	仙桃毛纺集团有限公司	国家电力公司武汉电力仪表厂等	820	678.60	2004-4-28	141.40	17.24
HBCZ-A5-2004-072	炼铁厂喷煤系统改造一期设备	武钢技术改造部	江苏大通风机股份有限公司等	810	679.93	2004-4-28	130.07	16.06
HBCZ-D2-2004-083	全自动生化分析仪	湖北省中山医院	武汉博佳医疗用品有限责任公司	120	101.92	2004-4-28	18.08	15.07
HBCZ-D5-2004-062	钢球磨煤机	湖北双环有限公司	南宁重型机器厂	220	199.90	2004-5-8	20.10	9.14
HBCZ-D2-2004-075	压力锅生产技改第三批设备	武汉苏泊尔有限公司	杭州海泰自动化设备有限公司等	1188.5	1053.63	2004-5-8	134.87	11.35
HBCZ-A5-2004-019/3	鄂州球团厂摇臂式堆料机	武钢矿业有限公司	长春发电设备有限责任公司	500	438.00	2004-5-18	62.00	12.40
HBCZ-D2-2004-071	通信系统基站加工设备	武汉凡谷电子有限公司	杭州友佳精密机械有限公司等	2400	1880.3	2004-5-20	519.7	21.65
HBCZ-A5-2004-072/1	炼铁厂喷煤系统烟煤收集器	武钢技术改造管理处	武汉朗漆环保科技工程有限公司	350	295.20	2004-5-22	54.80	15.66
HBCZ-D2-2004-101	引进UHF电视技改所需设备	武汉市广播电视局	泰雷兹广播与多媒体公司	550	484.37	2004-6-1	65.63	11.93
HBCZ-D2-2004-096-	"引进电脑裁床技改"设备	武汉长虹机械厂	美国格柏科技公司	250	190.73	2004-6-2	59.27	23.71
HBCZ-Q2-2004-012/1	全自动生化分析仪	武汉市中医院	武汉虹宇生物科技有限公司	180	157.53	2004-6-4	22.47	12.48

续表

招标编号	招标项目	委托单位	中标单位	委托金额	中标金额	中标时间	节资额	节资率%
HBCZ-A4-2004-087	湖北金环公司压缩机	湖北金环股份有限公司	沈阳人和玻璃蒂钢有限公司等	228	169.04	2004-6-8	58.96	25.86
ECC-2004-002/1	国民体质测试车	湖北省体育局	广州五十铃客车有限公司等	437	412.18	2004-6-11	24.82	5.68
HBCZ-Q2-2004-094/1	技改设备	武汉中原电子集团	武汉中地数控工程有限公司等	155	125.46	2004-6-14	29.54	19.06
HBCZ-A4-2004-087	湖北金环公司压缩机	湖北金环股份有限公司	复盛实业上海有限公司等	180	141.83	2004-6-18	38.17	21.21
HBCZ-Q1-2004-113	湖北万丽酒店洗衣房设备	湖北省电力开发公司	北京北菱自动化设备公司	700	459.61	2004-6-29	240.39	34.34
HBCZ-I4-2004-119	仙桃市钢筋混凝土排水管	仙桃市城投公司	湖北中南水泥制品有限责任公司	110	105.03	2004-7-5	4.97	4.52
HBCZ-H5-2004-107	变频电动机	武汉钢铁（集团）公司	北京佰能电气技术有限公司	700	649.00	2004-7-5	51.00	7.29
HBCZ-H5-2004-108	技改设备	武汉钢铁（集团）公司	武钢机械制造有限公司等	904	780.62	2004-7-6	123.38	13.65
HBCZ-I4-2004-100	城建花岗岩石材	仙桃市城投公司	福建省晋江聚德石材有限公司	130	129.00	2004-7-7	1.00	0.77
HBCZ-Q2-2004-110	双层螺旋CT	荆州市胸科医院	湖北普康医疗器械有限公司	400	333.00	2004-7-26	67.00	16.75
HBCZ-A5-2004-019/4	链斗卸车机	武钢矿业公司	武汉钢港设备制造安装工程有限公司	180	151.13	2004-7-27	28.87	16.04
HBCZ-H1-2004-131	多管除尘器	武钢矿业公司	常熟市华能环保工程有限公司	1150	1067.67	2004-7-27	82.33	7.16
HBCZ-H1-2004-120	喷煤系统改造二期工程	武汉钢铁（集团）公司	新乡起重机器有限责任公司等	1440	1317.6	2004-8-6	122.4	8.50
HBCZ-H4-2004-111-A	水电设备	宣恩洞坪水电有限公司	北京格瑞拓动力设备有限公司等	325	289.95	2004-8-9	35.05	10.78
HBCZ-H1-2004-131	武钢矿业有限责任公司技改	武钢矿业有限责任公司	四平金风有限公司等	4370	4043.49	2004-8-11	326.51	7.47
HBCZ-D2-2004-132	八色凹版印刷机	湖北京彩印有限公司	意大利蜜罗迪公司	2324	2444.37	2004-8-11	-120.37	-5.18
HBCZ-A1-2004-209	襄樊4000T/D水泥熟料生产线设备	华新水泥有限公司	中材国际工程股份有限公司等	4480	4184	2004-8-9	296	6.61
HBCZ-Q3-2004-127	办公楼电梯及服务	湖北教育报刊社	华升富士达电梯有限公司	220	200.80	2004-8-18	19.20	8.73
HBCZ-D1-2004-130	电除尘器	湖北双环科技股份有限公司	安徽意义环保设备有限公司	300	263.07	2004-8-20	36.93	12.31

续表

招标编号	招标项目	委托单位	中标单位	委托金额	中标金额	中标时间	节资额	节资率%
HBCZ-D2-2004-152	双金属同步变形机	长天通信科技有限公司	Mario Frigerio S.p.A	400	374.33	2004-8-23	25.67	6.42
HBCZ-D2-2004-162	沥青路面铣刨机	襄樊市公路管理处	德国维特根公司	350	326.85	2004-8-23	23.15	6.61
HBCZ-Q2-2004-148	彩色多普勒超声波诊断仪	武汉市普爱医院	中科器进出口武汉有限公司	220	205.00	2004-8-25	15.00	6.82
HBCZ-D2-2004-159	设备采购	武汉南华高速船舶公司	武汉市青山船厂等	111	99.86	2004-8-26	11.14	10.04
HBCZ-D2-2004-118	电力变压器、锅炉水处理系统	湖北八峰药化股份有限公司	太仓华辰净化设备有限公司等	240	196.42	2004-8-27	43.58	18.16
HBCZ-D4-2004-157	工艺设备	宜昌人福药业有限公司	上海天祥健合有限公司等	244	191.06		52.94	21.70
HBCZ-D4-2004-158	通风空调、消防、监控设备		常州西武暖通设备公司等	180	147.3	2004-9-1	32.7	18.17
HBCZ-Q2-2004-149	彩色多普勒超声诊断仪	华中科技大学	武汉康普瑞工贸有限公司	250	228.00	2004-9-2	22.00	8.80
HBCZ-D2-2004-160	数字化电视硬盘播出系统技改	武汉市广播电视局	北京山德视迅科技有限公司等	1700	1491.95	2004-9-8	238.05	14.00
HBCZ-D2-2004-177/1	设备采购	湖北三鑫金铜有限公司	安徽铜都铜种设备有限公司等	1120	916.6	2004-9-20	203.4	18.16
HBCZ-Q2-2004-147	全自动生化分析仪	湖北省妇幼保健院	武汉博佳医疗用品有限责任公司	150	101.92	2004-9-27	48.08	32.05
HBCZ-A1-2004-181	无氟压缩机生产线技改设备	黄石东贝电器有限公司	南京宁科自动化设备公司等	1095	975.16	2004-10-8	119.84	10.94
HBCZ-A4-2004-112	安全型可倾压力机	宜昌纺织机械有限公司	江苏扬力集团有限公司	110	9.60	2004-10-10	100.40	91.27
HBCZ-D2-2004-168	全自动鸡蛋分级包装机	神丹保健食品有限公司	FPS Asia Sdn. Bhd	400	351.51	2004-10-10	48.50	12.13
HBCZ-D2-2004-153	石灰煅烧机械立窑	湖北凯龙化工集团	唐山化工机械有限公司	150	118.00	2004-10-11	32.00	21.33
HBCZ-Q2-2004-138	全自动酶免系统	十堰市中心血站	烟台澳斯邦生物工程有限公司	180	157.70	2004-10-13	22.30	12.39
HBCZ-T2-2004-161	环卫基础设施及装备	武汉市城市管理局	一拖（洛阳）专用车有限公司等	997	630.15	2004-10-15	366.85	36.80
HBCZ-Q2-2004-189	彩色多普勒超声波诊断仪	同济医院	武汉市江岸区康瑞医疗设备公司	220	196.56	2004-10-18	23.44	10.65
HBCZ-H1-2004-185	全自动生物反应器	武汉生物制品研究所	四川莱德生物过程技术公司等	150	139.03	2004-10-22	10.97	7.31
HBCZ-D2-2004-200	箱式多用炉生产线	湖北中航嵌生科技公司	爱协林工业炉工程有限公司	350	316.00	2004-10-22	34.00	9.71

续表

招标编号	招标项目	委托单位	中标单位	委托金额	中标金额	中标时间	节资额	节资率%
HBCZ-Q2-2004-193	全自动生化分析仪	宜昌市中心人民医院	武汉天横科贸有限公司	200	174.30	2004-10-25	25.70	12.85
HBCZ-A1-2004-196/11	黄石东贝电器技改项目	黄石东贝电器公司	上海派恩腾机电工程有限公司等	166	144.2	2004-10-28	21.8	13.13
HBCZ-D2-2004-202	八色凹版印刷机	湖北广彩印刷有限公司	C.M.R.srl	2000	1826.94	2004-10-31	173.06	8.65
HBCZ-H1-2004-205/1	调节阀	武汉钢铁（集团）公司	武汉武钢自动化仪表公司	1800	1607.43	2004-11-5	192.57	10.70
HBCZ-D4-2004-206	工艺设备	湖北经纬化纤有限公司	武汉新世界制冷工业有限公司等	1055	886.44	2004-11-8	168.56	15.98
HBCZ-D2-2004-165	起重设备	湖北省电建一公司	徐州重型机械厂等	1405	1333	2004-11-12	72.00	5.12
HBCZ-L1-2004-187	风冷热泵机组	武汉长江通信产业集团	深圳麦克维尔空调公司	200	173.80	2004-11-18	26.20	13.10
HBCZ-Q2-2004-217	医用加速器、TPS 三维治疗系统	襄樊市中心医院	北京医疗器械研究所等	250	233.00	2004-11-24	17.00	6.80
HBCZ-Q2-2004-218	彩色多普勒超声诊断仪	湖北省肿瘤医院	武汉江岸区康瑞医疗设备公司	280	258.96	2004-12-6	21.04	7.51
HBCZ-D2-2004-241	扩大水产品能力技改	三合机电制业有限公司	武汉万方机械电器设备公司等	355	327.35	2004-12-7	27.65	7.79
HBCZ-E1-2004-230	热电厂 8#锅炉	湖北双环科技有限公司	中国化学工程第十六建设有限公司	190	186.00	2004-12-8	4.00	2.11
HBCZ-A1-2004-222	桥式起重机	武汉钢铁（集团）公司	河南省卫华起重机有限公司	180	151.8	2004-12-11	28.2	15.67
HBCZ-H4-2004-176	自动化控制系统	谷城县城关镇三水厂	武汉市水务建设工程公司	180	174.00	2004-12-29	6.00	3.33
HBCZ-14-2004-133	污水处理工程机电设备总包	老河口污水处理公司	清华同方股份有限公司	1800	1675.50	2004-12-30	124.50	6.92
HBCZ-A1-2004-031	华盛铝电热工自动化	华盛铝电公司	北京利和时系统工程有限公司	550	486.00	2004-12-30	64.00	11.64

2005 年

单位：万元

招标编号	招标项目	委托单位	招标单位	委托金额	招标金额	中标时间	节资额	节资率%
HBCZ-D2-2004-221	制药工艺设备	湖北八峰药化股份公司	上海永巨药化设备有限公司等	1490	1434.47	2005-1-6	55.53	3.73

续表

招标编号	招标项目	委托单位	中标单位	委托金额	中标金额	中标时间	节资额	节资率%
HBCZ-R1-2004-262	中央空调设备采购与系统安装	荆州市第一人民医院	中国第一冶金建设公司	450	432.80	2005-1-10	17.20	3.82
HBCZ-D2-2004-277	彩色多普勒超声诊断仪	襄樊市中心医院	武汉市江岸区康瑞医疗设备公司	800	714.00	2005-1-13	86.00	10.75
HBCZ-A1-2004-271	襄樊4000T/D水泥熟料生产线电动机	华新水泥有限公司	上海电气集团上海电机厂等	1080	1012.4	2005-1-19	67.6	6.26
HBCZ-Q2-2004-268	多功能直接数字化摄影系统	赤壁市人民医院	湖北海普股份有限公司	300	289.00	2005-1-18	11.00	3.67
HBCZ-T1-2005-004	武汉市教育局中小学课桌椅	武汉市教育局	武汉市黄兴木业有限公司等	840	776.17	2005-1-30	63.83	7.60
HBCZ-T4-2004-257	武汉市人民防空应急救援指挥中心指挥通信工程	武汉市人民防空办公室	武汉兴得科技有限公司	2000	1896.19	2005-2-2	103.81	5.19
HBCZ-A1-2005-007	汉西污水处理设备采购及安装	汉西污水处理有限公司	武汉凯迪水务有限公司	21000	19299.44	2005-2-8	1700.56	8.10
HBCZ-A1-2004-255	武汉钢铁集团技改设备	武汉钢铁（集团）公司	武钢矿山机械总厂等	4600	4427.9	2005-2-10	172.1	3.74
HBCZ-D2-2004-269	网络分析仪设备	武汉凡谷电子技术服份有限公司	Agilent Technologies Singapore Pte Ltd	125	121.73		3.27	2.62
HBCZ-D2-2004-275	仪器仪表设备	同济医院	根网通讯设备有限公司等	1290	1283.62	2005-2-19	6.38	0.49
HBCZ-A2-2005-036	彩色多普勒超声波断仪	武汉锅炉股份公司	武汉市江岸区康瑞医疗设备公司	120	96.00	2005-2-21	24.00	20.00
HBCZ-A2-2005-012	台车式燃气热处理炉	环宇汽车零部件公司	吴江通达温控设备有限公司	300	276.80	2005-2-28	23.20	7.73
HBCZ-D2-2004-204	机加设备	黄陂自来水三期项目部	湖北瑞通工贸有限公司等	697	661.67	2005-2-28	35.33	5.07
HBCZ-A1-2005-009	自来水设备及安装	武汉市结核病防治所	黄陂区水利建筑安装工程公司等	1256	794.47	2005-3-15	461.54	36.75
HBCZ-A2-2005-021	全自动生化分析仪	黄石城投燃气有限公司	杭州健立医疗设备有限公司	207.5	197.54	2005-3-29	9.96	4.80
HBCZ-D1-2005-024	天然气利用工程：工程材料，IC卡表	黄石城投燃气有限公司	武汉金牛经济发展有限公司等	555	532.9	2005-4-8	22.1	3.98
HBCZ-D4-2005-025	差别化短纤维技改变、配电设备	湖北经纬化纤有限公司	正泰集团成套设备制造公司等	1430	1373.01		56.99	3.99
HBCZ-D4-2005-026	差别化短纤维技改设备及安装	湖北经纬化纤有限公司	镇江大洋星鑫工程公司等	525	509.22	2005-4-11	15.78	3.01

续表

招标编号	招标项目	委托单位	中标单位	委托金额	中标金额	中标时间	节资额	节资率%
HBCZ-A2-2005-023	网络分析仪、频谱分析仪等	武汉虹信通信技术公司	安立有限公司等	760	741.47	2005-4-15	18.53	2.44
HBCZ-A1-2005-030	医用电梯	中南医院	武汉芝友机电工程有限公司	650	535.16	2005-4-18	114.84	17.67
HBCZ-A2-2005-047	苯胺印刷机	武汉康利纸业有限公司	宝旺机械有限公司	280	232.40	2005-4-19	47.60	17.00
HBCZ-A2-2005-039	沥青路面铣刨机	武汉市政集团公司	戴纳派克（德国）公司	450	392.59	2005-4-26	57.41	12.76
HBCZ-B3-2005-051	兽用生物制品生产洁净厂房	湖北省农科院兽医研究所	苏州黄浦空调净化设备有限公司	350	326.36	2005-4-28	23.64	6.75
HBCZ-A2-2005-032	技改机加设备	武汉凡谷电子公司	杭州友佳精密机械有限公司等	4120	3904.4	2005-5-8	215.6	5.23
HBCZ-D2-2005-050	彩色多普勒超声诊断仪	恩施州中心医院	武汉市华诚医疗器械有限公司	280	249.80	2005-5-8	30.20	10.79
HBCZ-D1-2005-073	宜都水泥熟料生产线电力电缆等	华新水泥有限公司	江苏上上电缆集团等	403	369.58	2005-5-15	33.42	8.29
HBCZ-A2-2005-046	数字硬盘及播控系统	湖北电视经济频道	成都索贝数码科技有限公司等	1313	1204.75	2005-5-16	108.25	8.24
HBCZ-D1-2005-038	医院空调设备	荆州市第一人民医院	约克（无锡）空调冷冻设备公司等	215	178.6	2005-5-17	36.400	16.93
HBCZ-A2-2005-019	企业信息化技改设备	湖北三环集团公司	湖北三环成套设备有限公司等	502.5	451.27	2005-5-18	51.23	10.20
HBCZ-A1-2005-027	武汉钢铁（集团）公司设备	武汉钢铁（集团）公司	无锡市广盖工业炉厂等	2234.7	2146.6	2005-5-20	88.1	3.94
HBCZ-A2-2005-076	手术室设备	协和医院	武汉德高高科有限责任公司	1200	1128.66	2005-5-25	71.34	5.95
HBCZ-A1-2005-079	医院空调设备	中南医院	武汉康远冷气装饰设备公司等	560	536.2	2005-6-1	23.8	4.25
HBCZ-A1-2005-081	住院大楼中央空调设备	湖北省中医院	阿尔西制冷工程工程技术（北京）公司	450	372.00	2005-6-3	78.00	17.33
HBCZ-D4-2005-103	剥绒成套设备	黄梅小池银丰棉花公司	山东天鹅棉业机械股份有限公司	350	325.79	2005-6-8	24.22	6.92
HBCZ-D2-2005-107	真空橡胶成型机	应城恒天药业包装有限公司	磐石油压工业有限公司	800	659.35	2005-6-9	140.65	17.58
HBCZ-D2-2005-057	制药工艺设备	湖北省八峰药化公司	无锡申达空调设备有限公司	825	789.65	2005-6-12	35.35	4.28
HBCZ-A2-2005-087	全自动生化分析仪	武汉市普爱医院	武汉中雅科贸有限公司	180	159.36	2005-6-13	20.64	11.47
HBCZ-A2-2005-066	电子仪器仪表设备	武汉凡谷电子公司	Agilent Technologies Singapore Pte	2265	2189.14	2005-6-15	75.86	3.35

续表

招标编号	招标项目	委托单位	中标单位	委托金额	中标金额	中标时间	节资额	节资率%
HBCZ-A1-2005-078	医院空调设备及安装	中南医院	武汉大洋暖通工程有限公司	720	655.00	2005-6-16	65.00	9.03
HBCZ-A2-2005-086	X射线机、彩色B超、计算机成像系统	武汉市中医医院	武汉捷成同创医疗设备公司等	460	432.8	2005-6-20	27.2	5.91
HBCZ-D1-2005-093	医用电梯	潜江市中心医院	天津奥的斯电梯有限公司	200	167.60	2005-6-26	32.40	16.20
HBCZ-A4-2005-096	药业生产线及设备	武汉人福药业公司	上海东富龙科技有限公司等	503	486.8	2005-6-27	16.20	3.22
HBCZ-T2-2005-084	环卫专用车辆	武汉市城市管理局	武汉九通汽车厂等	2925	2734.94	2005-7-11	190.06	6.50
HBCZ-D2-2005-108	年产300吨氨基酸项目	湖北八峰药化有限公司	上海求巨药化设备有限公司等	531	501.58	2005-7-18	29.42	5.54
HBCZ-A2-2005-090	设备采购	湖北康欣农用药业公司	无锡市林洲干燥机厂等	350	321.83	2005-7-15	28.17	8.05
HBCZ-A2-2005-123	医用手术吊塔	协和医院	武汉德高科贸有限责任公司等	280	263.09	2005-7-20	16.91	6.04
HBCZ-D1-2005-128	新外科大楼电梯	荆州市第一人民医院	广州日立电梯有限公司	300	239.95	2005-7-29	60.05	20.02
HBCZ-A1-2005-120	节能改造及污染治理工程	宜昌安能热电有限公司	武鼓通风机制造有限公司等	210	202.8	2005-8-2	7.20	3.43
HBCZ-A4-2005-133	中央空调及系统安装	宏建基础设施建设公司	武汉惠风风机设备工程有限公司	220	199.30	2005-8-2	20.70	9.41
HBCZ-D2-2005-143	核磁共振成像系统	谷城县人民医院	新世纪药品有限公司	700	600.00	2005-8-2	100.00	14.29
HBCZ-A2-2005-124	低压脉冲除尘	宜昌安能热电有限公司	张家港市新中环保设备有限公司	450	448.00	2005-8-6	2.00	0.44
HBCZ-A2-2005-106	数控单柱立车铣复合机床	武汉锅炉集团公司	武汉威泰数控立车有限公司	2200	1980.00	2005-8-16	220.00	10.00
HBCZ-A2-2005-151	多功能数字肠胃机	华中科技大采购管理中心	湖北医大医药科技有限责任公司	200	183.80	2005-8-17	16.20	8.10
HBCZ-A1-2005-154	中商集团护建设备及安装	武汉中商集团公司	约克广州空调冷冻设备公司等	867	782	2005-8-17	85.00	9.80
HBCZ-A1-2005-119	钢包炉	武汉钢铁（集团）公司	西安桃园冶金设备工程有限公司	1200	1083.75	2005-8-22	116.25	9.69
HBCZ-D1-2005-145	中心供氧、吸引、呼叫系统等	荆州市第一人民医院	武汉立铃医用设备有限责任公司	280	220.58	2005-8-22	59.42	21.22
HBCZ-T1-2005-139	中小学课桌椅政府采购项目	武汉教学技术装备处	武汉市黄兴实业有限公司等	1080	998.84	2005-8-23	81.16	7.51

续表

招标编号	招标项目	委托单位	中标单位	委托金额	中标金额	中标时间	节资额	节资率%
HBCZ-A1-2005-165	空调设备采购及空调系统安装	长江职业学院	湖北生华机电设备工程有限公司	600	478.60	2005-8-24	121.40	20.23
HBCZ-T2-2005-168	环卫专用车	武汉市城市管理局	武汉九通汽车厂等	1390	1251.1	2005-9-11	138.9	9.99
HBCZ-A4-2005-175	电梯及纯化水制备系统	武汉生物制品研究所	联众电梯公司，海宁凯达净水公司	130	123.34	2005-9-12	6.66	5.12
HBCZ-D4-2005-160	2万锭高支精梳苎麻棉混纺纱技改项目	枣阳丝源纺纱有限公司	经纬纺织机械股份有限公司等	2025	1946.43	2005-9-8	78.57	3.88
HBCZ-A1-2005-185	鄂钢冷扎带钢工程	武汉钢铁（集团）公司	新乡起重、株洲天桥起重机公司等	3965	3714.5	2005-9-20	250.5	6.32
HBCZ-A1-2005-170	检测仪器		北京普瑞赛司仪器有限公司等	530	475.18	2005-9-27	54.82	10.34
HBCZ-D4-2005-150	供水管网自应力砼供水主管	仙桃城投公司	随州市通达管道有限公司	185	172.66	2005-9-28	12.35	6.68
HBCZ-A1-2005-146	悬臂式双向斗轮堆取料机	武钢矿业有限公司	大连重工集团有限公司	1800	1536.00	2005-9-29	264.00	14.67
HBCZ-T1-2005-181	计算机房设备采购与系统集成	武汉市水务防汛信息中心	武汉和中信息科技有限责任公司	300	248.60	2005-9-30	51.40	17.13
HBCZ-A2-2005-191	医用及载客电梯采购及安装	湖北省肿瘤医院	蒂森电梯有限公司	500	418.70	2005-9-30	81.30	16.26
HBCZ-D2-2005-147/1	综合楼中央空调主机	南漳县人民医院	武汉开利机电设备工程有限公司	180	137.97	2005-10-8	42.03	23.35
HBCZ-A1-2005-195	鄂钢双机架轧机机组	武汉钢铁（集团）公司	中国第一重型机械集团公司等	7400	7177.52	2005-10-8	222.48	3.01
HBCZ-T2-2005-168	垃圾车	武汉市城市管理局	武汉九通汽车厂等	890	820.81	2005-10-11	69.19	7.77
HBCZ-D2-2005-167	全自动酶免系统	宜昌市中心人民医院	威士达医疗设备（上海）有限公司	120	104.58	2005-10-13	15.42	12.85
HBCZ-A2-2005-171	数控激光切割机	武汉楚天激光（集团）股份公司	武汉楚天数控设备有限公司	390	357.7	2005-10-14	32.3	8.28
HBCZ-A2-2005-172	2005"村村通"广播电视工程	湖北省广播电视局	烽火通信科技股份有限公司等	5711	5391.35	2005-10-14	319.65	5.60
HBCZ-A2-2005-121	电动振动台、交变温热湿试验箱	武汉中原电子集团公司	苏州东菱振动试验仪器公司等	365	347.85	2005-10-18	17.15	4.70
HBCZ-D2-2005-201	医用中心制氧系统	荆州市中心医院	珠海市和佳医疗设备有限公司	180	169.68	2005-10-19	10.32	5.73
HBCZ-A1-2005-207	矿业金山店铁矿内燃机车	武钢（集团）矿业有限公司	中国南车集团资阳机车厂	450	405.00	2005-10-19	45.00	10.00

续表

招标编号	招标项目	委托单位	中标单位	委托金额	中标金额	中标时间	节资额	节资率%
HBCZ-D2-2005-202	双层螺旋 CT	利川市民族中医院	湖北海普科技有限公司	400	310.00	2005-10-26	90.00	22.50
HBCZ-A4-2005-223	生物制品生产技改项目	武汉生物制品研究所	武汉制冷设备工程有限公司等	995	927.17	2005-11-13	67.83	6.82
HBCZ-D2-2005-221	用吊塔、无影灯	襄樊市中心医院医	上海美大医疗设备有限公司	830	726.15	2005-11-17	103.85	12.51
HBCZ-T2-2005-245	公路、桥梁、隧道计重收费设备与安装	湖北省交通厅公路管理局	西安杰泰科技有限公司等	1150	1121.6	2005-11-18	28.40	2.47
HBCZ-D2-2005-229	双层螺旋 CT	罗田县万密斋医院	武汉捷成同创医疗器械有限公司	380	332.00	2005-11-23	48.00	12.63
HBCZ-T2-2005-237	"村村通"广播电视工程	湖北省广播电视局	郴州高斯贝尔数码科技公司等	452	412.79	2005-11-23	39.21	8.67
HBCZ-D2-2005-200	沥青路面铣创机	湖北中天路桥有限公司	维特根香港有限公司	400	379.06	2005-11-24	20.94	5.24
HBCZ-A1-2005-255	鄂钢冷轧带钢工程设备	武汉钢铁（集团）公司	陕西压延设备厂等	1960	1869	2005-11-25	91.00	4.64
HBCZ-D2-2005-220	机械加工设备	宜昌长机科技股份有限公司	武汉重型机床厂等	705	686	2005-11-28	19.00	2.70
HBCZ-A2-2005-239	通信科研技改项目仪器	烽火通信科技股份有限公司	上海高昱测试仪器设备公司等	235	216.6	2005-12-28	18.4	7.83
HBCZ-A4-2005-252	14吨托盘/集装箱平台升降车	武汉天河机场有限公司	湖南康力科工贸有限公司	400	368.80	2005-12-5	31.20	7.80
HBCZ-A2-2005-249	彩色多普勒超声诊断仪	同济医院	中科器进出口武汉有限公司	280	248.00	2005-12-6	32.00	11.43
HBCZ-T2-2004-242	血液检验分析设备	武汉血液中心	武汉翱利电子设备有限公司等	217	190.1	2005-12-6	26.9	12.40
HBCZ-D2-2005-203	高速全自动无溶剂涂布复合机	湖北省盐业总公司	Nordmeccanica S.P.A	650	598.15	2005-12-12	51.85	7.98
HBCZ-A2-2005-212	外科手术早导航系统及彩色超声诊断仪	同济医院	湖北海普爱医疗器械有限公司等	1170	1119.5	2005-12-13	50.5	4.32
HBCZ-A2-2005-241	清洗消毒灭菌设备	同济医院	武汉普爱医疗器械有限公司	600	567.47	2005-12-19	32.53	5.42
HBCZ-A2-2005-231	演播室改造项目	湖北省电视台	成都索贝数码科技股份有限公司	600	498.00		102.00	17.00
HBCZ-A2-2005-232	码流制作编辑网络系统	湖北省电视台	中科大洋科技发展股份有限公司	500	388.13	2005-12-20	111.87	22.37
HBCZ-A2-2005-233	演播室改造项目		北方润升广播电视技术公司等	300	272.61		27.39	9.13

单位：万元

2006 年

招标编号	招标项目	委托单位	中标单位	委托金额	中标金额	中标时间	节资额	节资率%
HBCZ-D1-2005-300	无氟压缩机生产线技改设备	黄石东贝电器有限公司	龙口中际电工机械有限公司等	350	326.7	2006-1-15	23.3	6.66
HBCZ-A2-2005-266	医用及载客电梯采购及安装	武汉大学人民医院	武汉海弘科技有限公司	1500	1348.80	2006-1-16	151.20	10.08
HBCZ-A1-2005-236	长江干堤堤防维护工程装备	湖北河道堤防建设管理局	湖北中发汽车服务有限公司等	1345	1280.21	2006-1-17	64.79	4.82
HBCZ-D1-2005-278	无油点火设备	湖北襄樊发电有限公司	北京国力能高科技有限公司等	950	869.52	2006-1-20	80.48	8.47
HBCZ-T2-2006-003	第二批计重收费设备	湖北省交通厅公路管理局	北京中山科技术设备研究所等	1500	1233.60	2006-1-23	266.40	17.76
HBCZ-T4-2005-282	2005 环境监测仪器	湖北省环保局	湖北省科学器材公司等	905	818.75	2006-1-24	86.25	9.53
HBCZ-A2-2005-298	汉口医院医疗设备	武汉铁路分局汉口医院	武汉承卓科贸有限公司等	190	176.00	2006-1-25	14.00	7.37
HBCZ-D3-2005-301	碱回收精制碳酸钙项目设备	北京沃特玛德环保科技公司	安丘汶瑞机械制造有限公司等	218	204.62	2006-2-13	13.38	6.14
HBCZ-D1-2006-014	襄樊 4000T/D 水泥生产线矿用设备	华新水泥有限公司	中钢设备公司（中国）等	1950	1783.6	2006-2-15	166.4	8.53
HBCZ-D1-2006-015/2	华新云南昭通水泥生产线液压挖掘机	华新水泥有限公司	四川邦立重机有限责任公司	550	370.00	2006-2-15	180.00	32.73
HBCZ-D2-2006-016	五轴电脑自动卷簧机	湖北省宝马弹簧有限公司	兴科股份有限公司	250.00	220.00	2006-2-16	30.00	12.00
HBCZ-A2-2005-303	住院楼病需医院	湖北省肿瘤医院	武汉大愚科贸发展有限公司	560	535.9	2006-2-20	24.1	4.30
HBCZ-D3-2006-008	烟草异物光电检测剔除设备	恩施金叶烟草有限公司	北京长征高科技公司	320	312.91	2006-2-20	7.09	2.22
HBCZ-D3-2006-009	除尘系统采购、安装及服务		徐州华达机电设备有限公司	380	353.13		26.87	7.07
HBCZ-D2-2006-005	四轴卧式加工机床	航宇救生装备有限公司	武汉金典机床设备有限公司	300	269.50	2006-2-23	30.50	10.17
HBCZ-HW1-2006-028	大型厂重轨改造工程设备	武汉钢铁（集团）公司	太原重工股份有限公司等	8250	7860.00	2006-3-25	390.00	4.73
HBCZ-HQ1-2006-017	咸宁 4000T/D 熟料水泥生产线设备	华新水泥有限公司	江苏鹏飞集团股份有限公司等	1490	1253.18	2006-3-8	236.82	15.89

续表

招标编号	招标项目	委托单位	中标单位	委托金额	中标金额	中标时间	节资额	节资率%
HBCZ-D2-2005-308	自动石英晶体成品测试仪等	湖北东光电子有限公司	讯程贸易（上海）有限公司	107	101.45	2006-3-15	5.55	5.19
HBCZ-HW1-2006-038	一热轧厂改造项目设备	武汉钢铁（集团）公司	中钢集团西安重机有限公司等	3850	3655.00	2006-3-31	195.00	5.06
HBCZ-ZW1-2006-032	变配电设备采购及配套工程	白沙洲工业园建设指挥部	湖北盛隆电气有限公司	106	90.00	2006-4-4	16.00	15.09
HBCZ-HS2-2006-025	曲轴综合测量仪	荆州环宇汽车零部件公司	法信（国际）有限公司	154	153.60	2006-4-5	0.40	0.26
HBCZ-HQ2-2006-033	X线放射影像系统（CR）	罗田县万密斋医院	武汉捷成同创医疗设备有限公司	90	85.00	2006-4-5	5.00	5.56
HBCZ-D2-2005-272	中频无芯感应熔炼炉、抛丸清理机	十堰龙岗铸造有限公司	西安机电研究所等	395	360.02	2006-4-10	34.98	8.86
HBCZ-HQ2-2006-043	医疗设备	松滋市人民医院	武汉中维科贸有限公司等	400	343.00	2006-4-11	57.00	14.25
HBCZ-HW1-2006-044	轧板厂定尺剪	武汉钢铁（集团）公司	沈阳重型机器责任公司	1900	1790.00	2006-4-15	110.00	5.79
HBCZ-E4-2005-224	风电场一期工程箱式变电站	九宫山风力发电有限公司	葛洲坝集团基础工程有限公司	420	410.32	2006-4-17	9.68	2.30
HBCZ-D4-2005-226	风电场一期箱式变电站设备	九宫山风力发电有限公司	天水长城通用电器厂	250	232.00	2006-4-17	18.00	7.20
HBCZ-HQ2-2006-045	双层螺旋CT	孝昌县人民医院	武汉倍肯商贸有限公司	350	309.00	2006-4-17	41.00	11.71
HBCZ-HQ2-2006-042	电子胃镜、电子结肠镜	浠水县人民医院	武汉捷泰医疗设备有限责任公司	100	97.70	2006-4-18	2.30	2.30
HBCZ-ZS4-2006-022	环境保护仪器	湖北省环境保护局	湖北达欣科学仪器有限公司等	195	138.96	2006-4-19	56.07	28.75
HBCZ-HQ2-2006-079	卷筒纸胶印机	荆州市今印印务有限公司	无锡宝南机器制造有限公司	750	681.00	2006-4-24	69.00	9.20
HBCZ-HQ1-2006-052	无氟压缩机生产线技改设备	黄石东贝电器有限公司	南京聚星机械装备有限公司等	186	162.48	2006-4-25	23.52	12.65
HBCZ-HW2-2006-050	彩色多普勒超声诊断仪	同济医院	武汉永卓科贸有限公司	350	320.00	2006-4-26	30.00	8.57
HBCZ-HQ2-2006-034	新建外科楼空调设备	襄樊市中心医院	襄樊市天洋机电工程有限公司等	530	510.66	2006-4-28	19.34	3.65
HBCZ-HQ2-2006-053	CR和双层螺旋CT	黄冈市中医院	武汉捷成同创医疗设备有限公司等	470	397.00	2006-4-30	73.00	15.53
HBCZ-GQ3-2006-059	异地技改项目高、低压柜等	恩施金叶烟草有限公司	上海天正机电（集团）公司等	480	422.45	2006-4-30	57.55	11.99

续表

招标编号	招标项目	委托单位	中标单位	委托金额	中标金额	中标时间	节资额	节资率%
HBCZ-HW2-2006-018	科研技改项目所需仪器	烽火通信科技有限公司	安立有限公司等	198	179.88	2006-5-9	18.12	9.15
HBCZ-HW2-2006-055	光通信高速光模块项目仪器	武汉电信器件有限公司	Agilent Technologies Singapore Pte Ltd	275	245.44	2006-5-10	29.56	10.75
HBCZ-A1-2005-037	大型厂280t铸造起重机	武汉钢铁（集团）公司	太原重工股份有限公司	13000	12150.70	2006-5-20	849.30	6.53
	一炼钢100t铸造起重机	武汉钢铁（集团）公司	大连重工·起重集团有限公司	5000	4390.88	2006-5-28	609.12	12.18
HBCZ-HW2-2006-030	技术改造项目所需仪器	凡谷电子技术股份有限公司	Agilent Technologies Singapore 等	4049	3308.35	2006-5-22	740.65	18.29
HBCZ-HW2-2006-081	技术改造项目网络分析仪	凡谷电子技术股份有限公司	德国罗德与施瓦茨公司	300	240.28	2006-5-22	59.72	19.91
HBCZ-HS2-2006-056	设备采购	湖北东光电子有限公司	Sunny Crystal Ltd.等	172	140.18	2006-5-22	31.82	18.50
HBCZ-HQ1-2006-067	无氟压缩机生产线配套设备	黄石东贝电器有限公司	南京宁科自动化设备公司等	650	492.16	2006-5-23	157.84	24.28
HBCZ-HS2-2006-051	外科楼冰蓄冷中央空调系统	湖北省肿瘤医院	湖北兴亚特制冷设备工程公司	1000	867.70	2006-5-25	132.30	13.23
HBCZ-HS4-2006-074	越野车	省武英高速公路建设部	武汉黄埔丰田汽车销售有限公司等	1110	951.55	2006-5-25	158.45	14.27
HBCZ-HQ1-2006-080	无氟、高效压缩机生产设备	芜湖欧宝机电有限公司	南京宁科自动化设备有限公司等	920	805.41	2006-5-26	114.59	12.46
HBCZ-HQ3-2006-090	仙南大道工程所需钢筋砼管	仙桃市城投公司	仙桃市兴昌建材有限公司等	700	620.54	2006-5-26	79.46	11.35
HBCZ-ZW6-2006-089	武汉动物园动物饲料采购	武汉动物园管理处	武汉健康快车净菜配送公司	180	160.00	2006-5-29	20.00	11.11
HBCZ-ZW6-2006-097	第三批计重收费设备	湖北省交通厅公路管理局	山东博安智能科技有限公司	390	370.00	2006-5-29	20.00	5.13
HBCZ-HW2-2006-040	吊钩桥式起重机	武钢锅炉集团有限公司	杭州华新机电工程有限公司	500	419.60	2006-5-30	80.40	16.08
HBCZ-HQ1-2006-085	无氟、高效压缩机动力设备	芜湖欧宝机电有限公司	上海飞和实业集团有限公司等	375	355.07	2006-5-31	19.93	5.31
HBCZ-HW1-2006-075	重庆配送中心起重机	武钢规划部	河南卫华集团有限公司等	1350	1230.6	2006-6-1	119.4	8.84
HBCZ-HQ1-2006-082	无氟、高效压缩机加工设备	芜湖欧宝机电有限公司	南京聚星机械装备有限公司等	207	193.5	2006-6-6	13.5	6.52
HBCZ-HW1-2006-061	大型厂重轨改造工程设备	武汉钢铁（集团）公司	太原重工股份有限公司等	5510	5264.91	2006-6-7	245.09	4.45
HBCZ-HQ2-2006-091	中央监护仪系统、肌电图	鄂州市中心医院	武汉维诚医疗设备有限责任公司	100	75.60	2006-6-7	24.40	24.40

续表

招标编号	招标项目	委托单位	中标单位	委托金额	中标金额	中标时间	节资额	节资率%
HBCZ-ZW6-2006-072	技术平台服务器及存储设备	武汉软件产业有限公司	武汉蓝星科技股份有限公司	550	478.57	2006-6-8	71.43	12.99
HBCZ-HQ1-2006-083	无氟、高效压缩机清洗设备	芜湖欧宝机电有限公司	上海科伟达超声波科技公司等	460	357.13	2006-6-8	102.87	22.36
HBCZ-HQ3-2006-102	异地技改电力电缆、桥架等	恩施金叶烟草有限公司	江西电缆有限责任公司等	220	207.18	2006-6-13	12.82	5.83
HBCZ-HQ3-2006-103	打叶复烤及液压式尘设备		云贵公司船星机电设备厂	150	116.01	2006-6-13	33.99	22.66
HBCZ-HQ1-2006-107	无氟、高效压缩机检测设备	芜湖欧宝机电有限公司	武汉浩海仪器有限公司等	287	263.28	2006-6-13	23.72	8.26
HBCZ-HQ1-2006-108	无氟、高效压缩机检测设备	芜湖欧宝机电有限公司	无锡苏南试验设备有限公司等	298	225.76	2006-6-16	72.24	24.24
HBCZ-A2-2006-001	电梯设备采购及安装	湖北省气象局	天津奥的斯电梯有限公司	140	119.10	2006-6-20	20.90	14.93
HBCZ-HS4-2006-104	风力发电塔架	尤营山风力发电有限公司	南京江标集团有限责任公司	1000	717.41	2006-6-20	282.59	28.26
HBCZ-HW1-2006-118	鄂钢冷轧带钢工程屋面天窗	武汉钢铁(集团)公司	武汉鼎畅通风设备有限公司	390	362.00	2006-6-25	28.00	7.18
HBCZ-HW2-2006-071	科研技改项目仪器	烽火通信科技有限公司	Digital Light wave Inc 等	535	487.69	2006-6-29	47.31	8.84
HBCZ-HQ2-2006-128	静电植砂机	湖北玉立砂带集团公司	IMT 公司	406	359.44	2006-7-3	46.56	11.47
HBCZ-ZS6-2006-122	气象节目编辑与图文制作及演播系统	湖北省公众气象服务中心	武汉易达全视频霸视频技术公司	160	152.66	2006-7-10	7.34	4.59
HBCZ-HW1-2006-063	冶金渣公司引进大型载机	武汉钢铁(集团)公司	欧亚科技(香港)有限公司	640	635.19	2006-7-19	4.81	0.75
HBCZ-HQ2-2006-132	引进SRS硫酸根脱除系统设备	江汉油田盐化工总厂	AKER KVAERNER CHEMETICS	720	692.00	2006-7-26	28.00	3.89
HBCZ-ZS6-2006-166	荧东跳水馆显示屏及评分系统	省体育局跳水运动管理中心	南京洛普股份有限公司	250	238.00	2006-7-26	12.00	4.80
HBCZ-HQ6-2006-146	油压机	东风(十堰)车身部件公司	合肥锻压有限公司	1500	1397.40	2006-7-30	102.60	6.84
HBCZ-HW1-2006-153	乌龙泉矿内燃机车	武钢矿业有限公司	中国南车集团资阳机车有限公司	1500	1340.00	2006-8-1	160.00	10.67
HBCZ-HQ2-2006-154	全自动酶免分析系统	孝感中心血站	烟台澳斯邦生物工程有限公司	200	183.06	2006-8-1	16.94	8.47
HBCZ-HW1-2006-169	藏龙岛校区低压电缆	湖北城市建设职业技术学院	湖北盛隆电力工程有限公司	200	159.31	2006-8-1	40.69	20.35

续表

招标编号	招标项目	委托单位	中标单位	委托金额	中标金额	中标时间	节资额	节资率%
HBCZ-HW2-2006-130	烽火通信科技仪器、仪表	烽火通信科技有限公司	安科特纳香港有限公司等	211	194.13	2006-8-21	16.87	8.00
HBCZ-HQ2-2006-143	新建外科楼医用PVC地面	襄樊市建安实业有限公司	武汉瑞昌装饰材料有限公司等	200	159.58	2006-8-7	40.42	20.21
HBCZ-HQ4-2006-139	货物安检X光机	宜昌三峡机场有限公司	北京昊海立德科技有限公司	320	231.00	2006-8-10	89.00	27.81
HBCZ-HS3-2006-152	琴房楼、宿舍楼电梯及安装	武汉音乐学院	武汉芝友机电工程有限公司	350	288.50	2006-8-15	61.50	17.57
HBCZ-HQ-2006-177	无氟高效压缩机项目配套系统	芜湖欧宝机电有限公司	芜湖明远电力设备制造公司等	505	444.77	2006-8-15	60.23	11.93
HBCZ-HQ2-2006-007	曲轴综合测量仪	襄樊福达东康曲轴管理局	法信(国际)有限公司	240	218.40	2006-8-16	21.60	9.00
HBCZ-ZW6-2006-100	环卫车辆及环卫用品	武汉市城市管理局	烟台海德专用汽车厂等	790	751.57	2006-8-16	38.43	4.86
HBCZ-HQ1-2006-160	咸宁4000T/D水泥生产线设备	华新水泥有限公司	长城重型机械制造有限公司等	1220	1111.2	2006-8-16	108.8	8.92
HBCZ-HQ3-2006-171	襄樊卷烟厂所需设备	襄樊卷烟厂	厦门市金桥科技发展有限公司	200	155.62	2006-8-16	44.38	22.19
HBCZ-HQ2-2006-131	双层螺旋CT	洪湖市人民医院	北京万东医疗装备股份有限公司	350	320.00	2006-8-21	30.00	8.57
HBCZ-HQ2-2006-147	钬激光机及附件	同济医院	LUMENIS (HK) LIMITED	120	99.70	2006-8-21	20.30	16.92
HBCZ-HS2-2006-145	医气、呼叫系统、物流系统	湖北省肿瘤医院	北京航天爱锐设备安装公司等	240	215.5	2006-8-22	24.50	10.21
HBCZ-HW2-2006-165	数控卧式加工中心	武汉船用机械有限公司	武汉重型机床集团有限公司	2000	1750.00	2006-8-23	250.00	12.50
HBCZ-ZS6-2006-121	多要素自动气象站设备	省气象信息与技保中心	江苏无线电科学研究所有限公司	147	143.95	2006-8-24	3.05	2.07
HBCZ-HW1-2006-178	检修备品配件	襄樊发电有限责任公司	襄樊闽通机电成套设备公司等	261	239.03	2006-8-30	21.97	8.42
HBCZ-ZW6-2006-210	药品检验仪器项目	湖北省药品检验所	武汉市昌泰科技发展有限公司	160	150.00	2006-8-31	10.00	6.25
HBCZ-HW6-2006-179	中药生产线	武汉市中医院	天水华圆制药设备科技有限公司等	320	295.07	2006-9-1	24.93	7.79
HBCZ-HS2-2006-096	数控制管机及风洞试验设备	湖北雷迪特汽车冷却系统	日本环球株式会社	500	441.43	2006-9-6	58.57	11.71
HBCZ-HW1-2006-184	铲运机	武汉钢铁(集团)公司	SANDVIK MINING AND CONSTRUCTION OY 等	3820	3358.87	2006-9-10	461.13	12.07

续表

招标编号	招标项目	委托单位	中标单位	委托金额	中标金额	中标时间	节资额	节资率%
HBCZ-HQ1-2006-193	咸宁4000T/D电动机及附件		湘潭电机股份有限公司	600	530.70		69.30	11.55
HBCZ-HQ1-2006-194	黄石粉磨站电动机及其附件	华新水泥有限公司	湘潭电机股份有限公司	250	207.12	2006-9-10	42.88	17.15
HBCZ-HQ1-2006-195	黄石粉磨站粉体库用设备		南通亚威机械制造有限公司等	426	389.85		36.15	8.49
HBCZ-HW1-2006-219	重庆等配送中心设备	武汉钢铁（集团）规划部	上海申行健压缩机有限公司等	250	227.15	2006-9-10	22.85	9.14
HBCZ-ZS6-2006-254	改扩建采购锅炉设备	洪山宾馆	武汉斯大特种设备有限公司	220	188.00	2006-9-12	32.00	14.55
HBCZ-HS6-2006-213	科研院楼变频多联机空调	农科院油料作物研究所	武汉长通冷气工程有限公司	420	397.00	2006-9-13	23.00	5.48
HBCZ-HQ4-2006-214	工程越野车	荆岳长江大桥建设指挥部	武汉实华丰田汽车销售公司等	600	530.48	2006-9-14	69.52	11.59
HBCZ-ZW6-2006-225	数控金刚石块加工机床	武汉万邦团结工具公司	Dr Fritch Sondermaschinen GmbH	304.8	302.77	2006-9-14	2.03	0.67
HBCZ-HW1-2006-245	大型装载机	武汉钢铁（集团）公司	欧亚科技（香港）有限公司	1800	1694.09	2006-9-15	105.91	5.88
HBCZ-HS2-2006-226	劲酒中药提取分离项目设备	黄石劲酒有限公司	意大利恩柏多尼机械有限公司	280	265.15	2006-9-18	14.85	5.30
HBCZ-HQ2-2006-223	全自动酶免分析系统	恩施州中心血站	烟台澳斯邦生物工程有限公司	150	113.79	2006-9-19	36.21	24.14
HBCZ-HW4-2006-200	金色雅园C、D区无齿轮电梯	武汉宏大置业公司	湖北通力通机电工程有限公司等	1200	1084.92	2006-9-21	115.08	9.59
HBCZ-HS2-2006-173	新建住院楼弱电系统	湖北省肿瘤医院	武汉网信智能楼宇系统工程公司	250	206.00	2006-9-22	44.00	17.60
HBCZ-HQ2-2006-237	全自动酶免分析系统	荆门市红十字中心血站	烟台澳斯邦生物工程有限公司	200	182.88	2006-9-27	17.12	8.56
HBCZ-HW2-2006-227	数控龙门铣床	中铁十一局集团有限公司	济南二机床、武汉重型机床公司	5000	4257	2006-9-29	743.00	14.86
HBCZ-HW1-2006-215	铸件垂直分型造型线	黄石东贝铸造有限公司	丹麦迪砂工业有限公司	1100	1001.78	2006-9-30	98.22	8.93
HBCZ-HW1-2006-233	铸件垂直分型造型线		丹麦迪砂工业有限公司	1500	1318.77		181.23	12.08
HBCZ-HW1-2006-285	金山店铁矿隔膜泵	武汉钢铁（集团）矿业公司	沈阳冶金矿机有限公司	400	365.00	2006-9-30	35.00	8.75
HBCZ-HQ2-2006-259	多层螺旋CT、多功能胃肠机	安陆市普爱医院	武汉倍肯商贸有限公司	800	783.00	2006-10-8	17.00	2.13
HBCZ-ZW6-2006-279	殡仪馆火化炉设备采购	武汉市黄陂区殡葬管理所	湖北省四二七科研所等	200	171.00	2006-10-8	29.00	14.50

续表

招标编号	招标项目	委托单位	中标单位	委托金额	中标金额	中标时间	节资额	节资率%
HBCZ-ZS6-2006-229	2005中央环保专项"监测仪器"	湖北省环境保护局	武汉凤雅科技有限公司等	180	158.33	2006-10-10	21.67	12.04
HBCZ-ZQ6-2006-298	门诊住院楼风管式空调机组	武汉市第十一医院	武汉百佳智能环境设备有限公司	158	130.80	2006-10-10	27.20	17.22
HBCZ-GW4-2006-232	大桥钢围堰制造	荆岳长江公路大桥指挥部	国营武昌造船厂	1400	1327.95	2006-10-13	72.05	5.15
HBCZ-HW2-2006-251	多导电生理记录仪	同济医院	武汉健坤科技发展有限公司	110	95.00	2006-10-14	15.00	13.64
HBCZ-HW2-2006-266	美容激光综合治疗系统	武汉大学人民医院	武汉鼎枫科技有限公司	220	198.00	2006-10-16	22.00	10.00
HBCZ-HQ1-2006-276	咸宁4000T/D项目矿山设备	华新水泥有限公司	四川邦立重机有限责任公司等	2330	2105.1	2006-10-16	224.9	9.65
HBCZ-HQ4-2006-301	安全生产及施工质量监控设备	省武英高速公路建设部	广东东方思维科技有限公司	200	189.24	2006-10-17	10.76	5.38
HBCZ-HQ2-2006-261	医疗信息系统	襄樊市中心医院	沈阳东软软件股份有限公司	400	263.08	2006-10-18	136.92	34.23
HBCZ-HW3-2006-299	人用冻干狂犬疫苗设备	武汉生物制品研究所	黄石市恒丰医疗器械有限公司等	400	379.1	2006-10-18	20.9	5.23
HBCZ-HW2-2006-310	10GSDH设备	楚天数字电视有限公司	烽火通信科技股份有限公司	150	122.00	2006-10-23	28.00	18.67
HBCZ-HS2-2006-303	住院楼中央空调末端设备	湖北肿瘤医院	武汉海阳虹光冷气工程有限公司	150	99.90	2006-11-2	50.10	33.40
HBCZ-ZS6-2006-349	2005年防疫监督车	湖北省畜牧局	武汉友芝友汽车服务有限公司	160	158.40	2006-11-2	1.60	1.00
HBCZ-ZW6-2006-280	陈家冲垃圾填埋场工程设备	武汉市江环实业发展有限公司	武汉中南工程机械设备有限公司等	890	819.14	2006-11-12	70.86	7.96
HBCZ-HW5-2006-175	变配电设备与配套	湖北诚信建设管理公司	湖北金鼎电力工程有限公司	450	415.51	2006-11-13	34.49	7.66
hBCZ-HS2-2006-234	索道工程设备	武当山金顶索道有限公司	徐州天马索道缆车设备公司等	350	307.18	2006-11-15	42.82	12.23
HBCZ-HQ2-2006-157	彩色多普勒超声诊断仪	宜昌市第一人民医院	上海繁贸易有限公司	250	196.90	2006-11-20	53.10	21.24
HBCZ-ZW6-2006-308	城市亮化照明设备采购及建设	武汉市城市管理局	浙江珍琪电器工程有限公司	600	537.57	2006-11-20	62.43	10.41
HBCZ-HW2-2006-346	彩色多普勒超声诊断仪	公安县中医院	武汉福泉汇通医疗器械有限公司	250	212.00	2006-11-21	38.00	15.20
HBCZ-HW1-2006-275	8#高炉拆迁护建工程设备	武钢（集团）工程管理部	淮北中德矿山机器有限公司等	836.5	773.92	2006-11-22	62.58	7.48
HBCZ-GQ3-2006-300	农村安全饮水PE管管材、管件	仙桃减投公司	浙江经纬集团环保工程有限公司	1050	936.41	2006-11-24	113.59	10.82

续表

招标编号	招标项目	委托单位	中标单位	委托金额	中标金额	中标时间	节资额	节资率%
HBCZ-ZW6-2006-324	武汉体育中心游泳馆所需阀门	中体文化体育产业公司	武汉道森阀门有限公司	300	279.42	2006-11-24	20.59	6.86
HBCZ-ZW6-2006-314	医疗设备采购	武汉市血液中心	北京东讯天地医疗仪器公司等	419	409.01	2006-11-27	9.99	2.38
HBCZ-HW2-2006-304	核医学检测设备	同济医院	卡迪诺科技贸易（北京）有限公司	150	130.00	2006-11-29	20.00	13.33
HBCZ-HW2-2006-348	双层螺旋CT及电子内镜系统	武汉市黄陂区人民医院	福建省闽卫医用设备公司等	360	322.00	2006-11-29	38.00	10.56
HBCZ-HQ3-2006-326	制丝生产线高低柜及端监控	襄樊卷烟厂	上海电器成套有限公司	1700	1496.66	2006-12-7	203.34	11.96
HBCZ-ZW6-2006-361	武汉体育中心空调及末端设备	中体文化体育产业公司	麦克维尔空调制冷（武汉）公司	700	641.13	2006-12-12	58.87	8.41
HBCZ-HW2-2006-335	彩色多普勒超声诊断仪	同济医院	武汉万佳达科仪贸易有限公司	150	138.00	2006-12-13	12.00	8.00
HBCZ-HQ1-2006-358	咸宁4000T/D生产线设备	华新水泥有限公司	浙江开关厂有限公司等	714	624.96	2006-12-15	89.04	12.47
HBCZ-HS2-2006-134	外科综合楼空调主机机组	武汉大学人民医院	湖北大荣冷气设备工程公司等	1200	867.84	2006-12-18	332.16	27.68
HBCZ-ZS6-2006-228	中央环保专项环境监测仪器	湖北省环境保护局	武汉宇宏环保产业发展有限公司等	550	451.99	2006-12-18	98.01	17.82
HBCZ-HW1-2006-290	测量仪器仪表	武汉钢铁（集团）公司	湖北瑞内工贸发展有限公司等	500	451.37	2006-12-19	48.63	9.73
HBCZ-HW1-2006-379	二炼钢新风系统	武汉钢铁（集团）公司	武钢工程技术集团有限责任公司	220	193.39	2006-12-19	26.61	12.10
HBCZ-HS6-2006-366	油科所科研楼实验室家具	中国建筑技术集团公司	广东科艺普实验室设备研制公司	220	197.60	2006-12-20	22.40	10.18
HBCZ-HW1-2006-375	武钢矿业公司医疗设备	武钢矿业有限责任公司	武汉天亿源医疗仪器公司等	170	146.45	2006-12-20	23.55	13.85
HBCZ-HQ2-2006-398	双层螺旋CT	云梦县中医院	武汉倍音商贸有限公司	320	298.00	2006-12-20	22.00	6.88
HBCZ-HW1-2006-060	江北钢材加工配送纵剪机组	武汉钢铁（集团）公司	青岛昊坤重型机械技术公司等	1800	1709	2006-12-21	91.00	5.06
HBCZ-HW1-2006-340	童轨配套工程设备		陕鼓鼓风机集团公司等	640	609.94		30.06	4.70
HBCZ-HW1-2006-380	起重设备双涂箱式龙门吊	武汉钢铁（集团）公司	新乡起重机器有限责任公司	140	128.00	2006-12-21	12.00	8.57
HBCZ-HW1-2006-381	能动公司板式热交换器	武汉钢铁（集团）公司	武汉精诚机电设备工程公司	150	138.00		12.00	8.00
HBCZ-HW1-2006-390	一炼钢大方坯连铸机配套设备	武汉钢铁（集团）公司	中冶陕压重工设备有限公司	4300	4080.9	2006-12-21	219.1	5.10

表4-9　湖北成套招标有限公司国际招标项目明细表

2002年

单位：万美元

招标编号	招标项目	委托单位	中标单位	委托金额	中标金额	中标时间	节资额	节资率%
0668-01-2001-25/1	砂冷却系统	东风汽车公司	德国 ERICH 公司	89	79.18	2002-1-4	9.79	11.00
0668-01-2001-25/2	混砂机		DISA 公司	149	136.69		11.89	7.98
0668-04-2001-023	空压机	广济药业股份有限公司	阿特拉斯公司	69	59.97	2002-1-7	10.03	14.54
0668-01-2001-22/1	东风数控活塞椭圆车床	东风汽车公司	北京百事达服务公司	65	48.89	2002-3-6	15.61	24.02
0668-04-2001-027/1	数字减影血管造影机	武汉亚洲心脏病医院	飞利浦电子香港有限公司	72	69	2002-4-3	3.00	4.17
0668-07-2002-003/1	大四开计算机控制双色胶印机	湖北省宜昌电力印刷厂	Heidelberg China Ltd.	30	26.08	2002-4-3	3.92	13.07
0668-03-2002-004/1	自动络筒机	孝感孝棉纺织实业有限公司	SAVIO MACCHINE TESSILI	140	111.96	2002-4-9	28.04	20.03
0668-01-2001-016	止推面磨床	东风汽车公司	意大利 SAIMP 公司	99	80.98	2002-4-10	17.78	17.96
0668-04-2001-029/1	螺旋 CT	通城县人民医院	卡万达医用电子技术公司	40	37	2002-4-15	3.00	7.50
0668-04-2002-001/1	楚天激光股份有限公司	武汉楚天激光（集团）股份有限公司	信福（中国）贸易有限公司	24	14.76	2002-4-25	9.24	38.50
0668-04-2002-005/1	单光子医用直线加速器	华中科技大学同济医学院	西门子股份公司	58	50.7	2002-4-26	7.30	12.59
0668-04-2001-024	ECT项目	武汉大学医学院第一临床医院	安迪科电子有限公司	42	34.80	2002-5-16	7.64	18.19
0668-04-2002-006/1	数字模拟定位机	协和医院	穗燕医疗（香港）有限公司	25	23.6	2002-5-17	1.4	5.60
0668-04-2001-031/1	技改项目可调谐光源		网泰通讯科技（中国）公司	6	4.7		1.3	21.67
0668-04-2001-031/2	技改项目光纤激光器	武汉光迅科技有限责任公司	网泰通讯科技（中国）公司	4	3.53	2002-5-20	0.47	11.75
0668-04-2001-031/3	技改项目退火炉		美加科技公司	45	35.05		9.95	22.11
0668-04-2001-031/4	技改项目耦合测试仪		北京全光锋科贸易公司	5	4.89		0.11	2.20

续表

招标编号	招标项目	委托单位	中标单位	委托金额	中标金额	中标时间	节资额	节资率%
0668-03-2002-008/1	引进喷气织机	湖北石花纺织股份有限公司	伊藤忠TEXMAC株式会社	120	83.07	2002-6-6	36.93	30.78
0668-04-2001-030/1	技改项目PECVD沉积系统	武汉光迅科技有限责任公司	Laserwort Limited	75	59.69	2002-6-20	15.31	20.41
0668-03-2002-010/1	二万锭技改进口设备自动络筒机		村田机械株式会社	90	87.78		2.22	2.47
0668-03-2002-010/2	二万锭技改进口设备精梳机	湖北金安纺织集团股份有限公司	Rieter Textile Systems	90	73.92	2002-7-25	16.08	17.87
0668-03-2002-010/3	二万锭技改进口设备精梳机		基协有限公司	96	92.71		3.29	3.43
0668-03-2002-012/1	通信特种光缆生产线技改项目	湖北凯乐新材料科技股份有限公司	香港南中（集团）有限公司	184	128.07	2002-8-6	55.43	30.13
0668-02-2002-020	全自动生化分析仪	大冶市人民医院	武汉健立医疗器械公司	15	14.48	2002-8-8	0.52	3.47
0668-02-2002-021	全自动生化分析仪	宜昌市中医医院	武汉虹景医疗器械公司	10	8.50	2002-8-8	1.50	15.00
0668-01-2002-014/1	混砂机及辅助设备技术改造	东风汽车公司	Maschinenfabrik Gustav Eirich GmbH & Co.KG	81	78.81	2002-8-30	2.36	2.91
0668-04-2002-024/1	引进自动络筒机	湖北望春花纺织股份有限公司	村田机械株式会社	35	29.23	2002-9-13	5.65	16.14
0668-02-2002-002/1	全自动生化分析仪	葛洲坝水利水电集团中心医院	广州市宝迪科技有限公司	9	8.90	2002-9-24	0.37	4.11
0668-02-2002-009/1	正电子发射计算机断层显像系统	华中科技大学	通用电气国际事务公司	400	372.81	2002-9-24	27.19	6.80
0668-02-2002-016/1	彩色多谱勒超声诊断仪	荆州市中心医院	北京道亦思经贸有限公司	22	21.00	2002-9-24	1.00	4.55
0668-02-2002-028/1	配套设施技改项目蒸汽发生器	利川卷烟厂	克雷登（KLD）工贸有限公司	142	135.69	2002-10-10	5.81	4.09
0668-02-2002-011/1	引进自动络筒机技改项目	湖北银河纺织股份有限公司	村田机械株式会社	60	50.02	2002-10-18	9.48	15.80
0668-02-2002-017/1	彩色多谱勒超声诊断仪	华中科技大学同济医学院	香港领先仪器有限公司	25	22.50	2002-10-18	2.80	11.20
0668-04-2002-018/1	引进喷气织机、空压机	湖北金鹏纺织股份有限公司	扎红纺织机械株式会社	240	219.00	2002-10-18	21.00	8.75
0668-04-2002-031/1	引进自动络筒机技改项目	国营襄樊针纺织厂	扎红纺织机械株式会社	84	77.30	2002-10-18	6.70	7.98
0668-04-2002-034/1	引进清梳联合机技改项目	湖北仙桃纺织集团有限公司	基协有限公司	122	109.42	2002-10-18	12.58	10.31
0668-02-2002-025/1	医用直线加速器	东风汽车公司总医院	西门子股份公司	110	88.70	2002-10-30	41.30	37.55

续表

招标编号	招标项目	委托单位	中标单位	委托金额	中标金额	中标时间	节资额	节资率%
0668-02-2002-025/2	医用模拟定位机	东风汽车公司总医院	穗燕医疗（香港）有限公司	40	23.30	2002-10-30	16.70	41.75
0668-05-2002-023/1	国家重点项目全自动丝印机		美亚电子科技有限公司	13	7.80		5.20	40.00
0668-05-2002-023/2	国家重点项目高速贴片机		日东电子设备有限公司	48	43.08		5.02	10.46
0668-05-2002-023/3	国家重点项目多功能贴片机	湖北三环集团公司	日东电子设备有限公司	29	25.19		3.81	13.14
0668-05-2002-023/4	国家重点项目回流焊机		美亚电子科技有限公司	16	7.63	2002-11-4	8.37	52.31
0668-05-2002-023/5	国家重点项目PCB返修工作台		北京中盛科技集团	4	2.65		1.35	33.75
0668-05-2002-023/6	国家重点项目ICT测试台		德律泰电子（苏州）有限公司	2	1.50		0.31	15.50
0668-05-2002-023/7	国家重点项目全视觉检测仪		美亚电子科技有限公司	22	12.53		9.47	43.05
0668-02-2002-030/1	血管造影机	汉江水利水电（集团）汉江医院	湖北德普祥医药有限公司	30	28.60	2002-11-4	1.40	4.67
0668-05-2002-019/1	高速四色对开胶印机技改项目	襄阳市第一彩印厂	Heidelberg China Ltd.	87	84.30	2002-11-6	2.40	2.76
0668-04-2002-036/1	引进气流纺纱机技改项目	湖北仙桃纺织集团有限公司	W.Schlafhorst AG & Co.	155	124.20	2002-11-9	30.80	19.87
0668-02-2002-033/1	潜江市中心医院螺旋CT	潜江市中心医院	西门子股份公司	45	37.20	2002-11-11	7.80	17.33
0668-02-2002-039/1	全自动生化分析仪	湖北省中医院	武汉蓝涛科技发展有限公司	20	14.20	2002-11-12	5.80	29.00
0668-02-2002-038/1	全自动生化分析仪	东风汽车公司总医院	武汉中雅科贸有限公司	27	23.00	2002-11-13	4.00	14.81
0668-02-2002-015/1	全数字化悬吊式拍片摄影系统	华中科技大学同济医学院	通用电气医疗（上海）公司	36	30.00	2002-12-2	6.00	16.67
0668-02-2002-044/1	襄樊铁路分局襄樊医院螺旋CT	襄樊铁路分局襄樊医院	通用电气国际事务有限公司	70	49.50	2002-12-2	20.50	29.29
0668-03-2002-029/1	污水处理及隔声屏设备技改	武汉格林天地环保产业集团	北京加美水技术有限公司	30	16.44	2002-12-6	13.56	45.20
0668-02-2002-040/1	多功能数字化X线影像系统	公安县中医院	岛津（香港）有限公司	30	27.50	2002-12-9	2.50	8.33
0668-02-2002-041/1	数字胃肠X光机	宜昌市第一人民医院	伟确实业有限公司	30	22.22	2002-12-9	7.78	25.93
0668-Q2-2002-046/1	钟祥市人民医院螺旋CT	钟祥市人民医院	株式会社三广医疗	40	30.00	2002-12-19	10.00	25.00

续表

招标编号	招标项目	委托单位	中标单位	委托金额	中标金额	中标时间	节资额	节资率%
0668-02-2002-043/1	成套沥青路面施工机械技改	襄樊市公路建设有限责任公司	BOMAG GmbH & CO.OHG	14	11.56	2002-12-20	2.44	17.43
0668-02-2002-043/2	成套沥青路面施工机械技改	襄樊市公路建设有限责任公司	百莱玛工程机械有限公司	231	211.48	2002-12-20	19.52	8.45
0668-02-2002-043/3	成套沥青路面施工机械技改		美卓戴纳（瑞典）有限公司	32	28.82		3.18	9.94
合 计	项目数：45	美元（万）		3946	3202.84		743.54	18.84
		折合：人民币（万元）（汇率：1：8.3）		32755	26583.57		6171.38	18.84

2003 年

单位：万美元

招标编号	招标项目	委托单位	中标单位	委托金额	中标金额	中标时间	节资额	节资率%
0668-05-2002-032/1	光纤传感器光纤熔接机	武汉工大光纤传感科技有限公司	武汉东隆光电科技工程公司	10	8.10		1.90	19.00
0668-05-2002-032/2	光纤传感器光纤涂覆机		武汉东隆光电科技工程公司	5	3.50	2003-1-2	1.50	30.00
0668-05-2002-032/3	光纤传感器光纤光谱仪		兴华科仪有限公司	5	3.80		1.20	24.00
0668-04-2002-037/1	武汉东路路桥青拌和站	武汉东交道路桥梁工程集团有限责任公司	百莱玛工程机械有限公司	150	124.19	2003-1-6	25.80	17.20
0668-04-2002-037/2	武汉东路路桥振动压路机		德国宝马格公司	23	19.96		3.04	13.22
0668-D3-2002-049	320T/H 沥青搅拌和设备	湖北长江路桥股份有限公司	百莱玛工程机械有限公司	200	185.67	2003-1-16	14.33	7.17
0668-02-2002-043/4	大型沥青路面施工机械技改	襄樊市公路建设有限公司	美卓戴纳克（德国）有限公司	65	57.82	2003-1-20	7.18	11.05
0668-04-2002-018/2	湖北金鹏空气压缩机	湖北金鹏纺织股份有限公司	阿特拉斯有限公司	25	19.68	2003-1-25	5.32	21.28
0668-D4-2002-050/1	喷气纺机	湖北黄石康达纺织集团公司	津田驹机械株式会社	120	108.87	2003-1-25	11.13	9.28
0668-D4-2002-050/2	空压机		北京格瑞瑞拓动力设备有限公司	18	16.84		1.16	6.44
0668-Q2-2002-047	葛洲坝中心医院双层螺旋CT	葛洲坝水利水电集团中心医院	株式会社三广医疗	55	45.82	2003-2-27	9.18	16.69
0668-05-2002-026/5	宜昌圆纬机项目激光切割机	湖北省宜昌纺织机械有限公司	北京东方明枫科技发展有限公司	35	33.18	2003-3-7	1.82	5.20

续表

招标编号	招标项目	委托单位	中标单位	委托金额	中标金额	中标时间	节资额	节资率%
0668-05-2002-026/6	宜昌圆纬机项目数控折帽机	湖北省宜昌纺织机械有限公司	北京东方明械科技发展有限公司	18	15.80	2003-3-7	2.20	12.22
0668-05-2002-027	宜昌圆纬机项目立式加工中心		北京诺诚城兴业有限公司	20	19.73	2003-3-7	0.27	1.35
0668-05-2002-026/1	宜昌针织圆纬机项目数控立车		油机工业股份有限公司	32	30.11	2003-3-12	1.89	5.91
0668-D2-2002-048	三环锻造电动压力机	湖北三环锻造有限公司	德国万家顿	400	359.00	2003-3-13	41.00	10.25
0668-A4-2003-003/1	国营襄樊针纺织厂喷气织机		北红纺织机械株式会社	1030	949.68		80.32	7.80
0668-A4-2003-003/2	国营襄樊针纺织厂空压机		北京格瑞拓动大设备有限公司	60	49.65		10.35	17.25
0668-A4-2003-003/3	国营襄樊针纺织厂整经机	国营襄樊纺织厂	贝宁格公司	23	18.17	2003-3-19	4.83	21.00
0668-A4-2003-003/4	国营襄樊针纺织厂浆纱机		北红纺织机械株式会社	92	79.41		12.59	13.68
0668-A4-2003-003/5	国营襄樊针纺织厂自动络筒机		北红纺织机械株式会社	300	212.57		87.43	29.14
0668-D1-2003-005/1	潜江制药滴眼剂全自动生产线	湖北潜江制药股份有限公司	青木固研究所	80	69.41	2003-4-2	10.59	13.24
0668-D1-2003-005/2	潜江制药滴眼剂全自动生产线		奥星国际有限公司	140	129.46		10.54	7.53
0668-D4-2003-004/1	清梳联合机		基协有限公司	180	176.59		3.41	1.89
0668-D4-2003-004/2	精梳机	湖北仙桃纺织集团有限公司	立达有限公司	170	164.66	2003-4-4	5.34	3.14
0668-D4-2003-004/3	自动络筒机		SAVIO有限公司	145	132.80		12.20	8.41
0668-Q2-2002-053	襄樊医院四层螺旋CT	东风汽车公司襄樊医院	西门子股份公司	50	48.50	2003-4-15	1.50	3.00
0668-D2-2002-054/1	"卧式加工中心"	中国石化集团江汉石油管理局	凯频国际有限公司	70	65.38	2003-4-18	4.62	6.60
0668-D2-2002-054/2	"五轴联动数控高速铣床"		凯频国际有限公司	75	69.15		5.85	7.80
0668-A5-2003-011/1	湖北广济药业公司碟片分离机	湖北广济药业股份有限公司	韦斯伐里亚分离机（中国）有限公司	50	48.51	2003-4-28	1.49	2.98
0668-D2-2003-002	武汉市第一医院医用加速器	武汉市第一医院	英国医科达放射治疗有限公司	157	107.00	2003-4-29	50.00	31.85
0668-Q2-2002-052	双层螺旋CT	鹤壁煤业（集团）总医院	飞利浦电子香港有限公司	50	45.00	2003-5-12	5.00	10.00

续表

招标编号	招标项目	委托单位	中标单位	委托金额	中标金额	中标时间	节资额	节资率%
0668-D2-2003-006	恩施中心医院医用加速器	恩施州中心医院	美国瓦里安医疗系统公司	100	93.80	2003-5-12	6.20	6.20
0668-A4-2003-007/1	纺织面料生产线自动络筒机	荆州奥达纺织有限公司	日本村田机械株式会社	70	65.40		4.60	6.57
0668-A4-2003-007/2	纺织面料生产线技改浆纱机		德国祖克公司	50	47.13	2003-5-14	2.87	5.74
0668-A4-2003-007/3	纺织面料生产线技改空压机		北京格塞拓动力设备有限公司	25	21.20		3.80	15.20
0668-D4-2003-009	湖北石花纺织引进喷气织机	湖北石花纺织股份有限公司	伊藤忠株式会社	125	119.17	2003-5-14	5.83	4.66
0668-Q2-2003-014	同济医院16层螺旋CT	同济医院	西门子股份公司	100	93.60	2003-5-20	6.40	6.40
0668-Q2-2003-010	宜昌第一人民医院彩超	宜昌市第一人民医院	领先仪器有限公司（香港）	20	17.50	2003-5-21	2.50	12.50
0668-Q2-2003-015/1	高档彩色多普勒超声诊断仪	同济医院	CHINDEX INTERNATIONAL INC	21	19.60	2003-6-6	1.40	6.67
0668-Q2-2003-015/2	中档彩色多普勒超声诊断仪		CHINDEX INTERNATIONAL INC	15	12.80		2.20	14.67
0668-D4-2003-018/1	沥青摊铺机	中铁十一局集团有限公司	美卓戴纳派克公司	40	34.25	2003-6-10	5.75	14.38
0668-D4-2003-018/2	沥青混凝土拌和站		美国Astec国际公司	250	214.90		35.10	14.04
0668-D2-2003-013	湖北十堰先锋模具设备	湖北十堰先锋模具股份有限公司	新日本工机株式会社	70	64.00	2003-6-12	6.00	8.57
0668-D2-2003-012	湖北中航救生	湖北中航救生科技股份有限公司	米克朗中国有限公司	25	22.16	2003-6-19	2.84	11.36
0668-Q2-2003-016	实时三维超声成像仪	协和医院	香港领先仪器有限公司	30	24.80	2003-6-24	5.20	17.33
0668-D4-2003-019	浆纱机	湖北石花纺织股份有限公司	德国祖克公司	52	48.97	2003-6-24	3.03	5.83
0668-A4-2003-021/1	无梭织机360cm喷气织机	湖北银河纺织股份有限公司	北红纺织机械株式会社	350	320.92	2003-7-2	29.08	8.31
0668-A4-2003-021/2	无梭织机210cm喷气织机		东丽国际有限公司	410	351.39		58.60	14.29
0668-D2-2003-022	十堰先锋模具铣床	湖北十堰先锋模具股份有限公司	协鸿工业股份有限公司	35	31.20	2003-7-12	3.80	10.86
0668-D4-2003-023	沥青混凝土摊铺机	湖北兴达交通工程建设公司	上海中建进出口有限公司	40	33.88	2003-7-21	6.12	15.30

续表

招标编号	招标项目	委托单位	中标单位	委托金额	中标金额	中标时间	节资额	节资率%
0668-Q2-2003-017	双层螺旋CT	武汉市结核病医院	通用电气国际事务公司	55	48.00	2003-7-22	7.00	12.73
0668-A2-2003-026	卧式加工中心	武汉万向汽车制动器有限公司	新贝斯特国际集团有限公司	45	44.63	2003-7-25	0.37	0.82
0668-D2-2003-027	高速四开四色胶印机	襄樊市长江印刷有限责任公司	德国海德堡中国有限公司	65	63.36	2003-8-4	1.64	2.52
0668-A2-2003-028/1	智能卡公用电话机	武汉精伦电子股份有限公司	西门子德马克公司	48	45.38	2003-8-5	2.62	5.46
0668-A2-2003-028/2	智能卡公用电话机		西门子德马克公司	26	24.62		1.38	5.31
0668-Q2-2003-030	彩色超声诊断仪	湖北省首属机关门诊部	香港领先仪器有限公司	11	10.60	2003-8-7	0.40	3.64
0668-A2-2003-024/1/2/3	转炉烟气制酸技改	大冶有色金属公司冶炼厂	Weir Warman Ltd	50	43.43		6.57	13.14
0668-A2-2003-024/4/5			CHAS. S. LEWIS & CO. INC	33	30.30	2003-8-12	2.70	8.18
0668-A2-2003-024/6			瑞典阿法拉伐（香港）有限公司	45	41.71		3.29	7.31
0668-A2-2003-024/7			上海蓝谷机电设备有限公司	2	1.72		0.28	14.00
0668-Q2-2003-036	引进密炼机设备	湖北诺克橡塑密封科技公司	KATA Industries Ltd	70	66.16	2003-8-26	3.84	5.49
0668-D2-2003-038	引进隧道设备技改项目	湖北省路桥公司	Sandvik Tamrock Corp	70	65.16	2003-8-26	4.84	6.91
0668-Q2-2003-025	遥控数字胃肠X光机	武汉大学医学院	飞利浦电子香港有限公司	40	34.00	2003-9-1	6.00	15.00
0668-D4-2003-041	高速多色胶印机	荆州市翔翔印刷有限公司	海德堡中国有限公司	50	42.95	2003-9-2	7.05	14.10
0668-Q2-2003-045	螺旋CT	宜昌市第二人民医院	武汉华通世界电子有限公司	30	27.00	2003-9-12	3.00	10.00
0668-D2-2003-042	医用加速器	荆州市中心医院	英国医科技放射治疗系统公司	220	191.00	2003-9-15	29.00	13.18
0668-Q2-2003-034	年产60万吨水泥粉磨生产线	华新水泥有限公司	川崎重工业株式会社	250	237.00	2003-9-22	13.00	5.20
0668-D2-2003-047	引进400吨级履带式起重机	湖北省电力建设第一工程公司	利勃海尔爱菌技有限公司	290	277.16	2003-9-22	12.84	4.43
0668-Q2-2003-035	进口多功能数字化肠胃X光机	谷城县人民医院	上海康达医用卫生设备公司	25	21.00	2003-9-25	4.00	16.00
0668-A2-2003-040/1	精细等离子弧切割机床	黄石纺织机械厂	小松产机株式会社	19	14.50	2003-9-25	4.50	23.68

续表

招标编号	招标项目	委托单位	中标单位	委托金额	中标金额	中标时间	节资额	节资率%
0668-A2-2003-040/2	精密数控镗铣床	黄石纺织机械厂	科林达机械香港有限公司	40	31.68		8.32	20.80
0668-A2-2003-040/3	龙门加工中心		三菱重工业株式会社	45	40.20	2003-9-25	4.80	10.67
0668-Q2-2003-046	四层螺旋CT	鄂州市中心医院	通用电气医疗系统贸易（上海）有限公司	48	43.00	2003-10-8	5.00	10.42
0668-Q2-2003-044	单光子发射计算机断层扫描	东风汽车公司总医院	武汉华诚医疗器械有限公司	30	25.90	2003-10-13	4.10	13.67
0668-A2-2003-049	引进高新技术广告印刷设备	武汉邦彩色包装印制公司	香港亚菲印刷机械有限公司	60	50.95	2003-10-16	9.05	15.08
0668-Q2-2003-043	彩色多普勒超声诊断仪	华中科技大学同济医学院	武汉江岸区康瑞医疗设备公司	25	22.50	2003-10-22	2.50	10.00
0668-H4-2003-031	引进BOPET薄膜成膜系统	湖北富思特新型包装材料股份有限公司	布鲁克纳公司	570	560.15		9.85	1.73
0668-H4-2003-031	引进BOPET聚酯片材生产线		布鲁克纳公司	450	408.67	2003-10-24	41.33	9.18
0668-H4-2003-031	引进BOPET收卷、控制系统		布鲁克纳公司	540	524.35		15.65	2.90
0668-A2-2003-037	盘式制动器技改设备	武汉万向汽车制动器有限公司	杭州友佳精密机械有限公司	12	11.43	2003-10-25	0.57	4.75
0668-D2-2003-050	400吨级起重机	湖北省电力建设第二工程公司	利勃海尔爱茵根有限公司	300	278.46	2003-10-28	21.54	7.18
0668-Q2-2003-051	进口"核磁共振成像系统"	红安县人民医院	武汉美正医疗设备有限公司	45	40.50	2003-11-18	4.50	10.00
0668-D3-2002-051	高速四色对开胶印机	湖北恒吉印务有限公司	海德堡中国有限公司	100	97.22	2003-11-22	2.78	2.78
0668-D2-2003-054/1	高新技术广告印刷设备	人民日报社武汉印务中心	Heidelberg China Ltd	100	94.92	2003-12-1	5.08	5.08
0668-D2-2003-055	进口医用加速器	三峡大学第一临床医学院	医科达放射治疗系统有限公司	150	130.00	2003-12-3	20.00	13.33
0668-D2-2003-058/1	彩色印刷设备技改	武汉京华彩印有限公司	Nilpeter A/S	180	158.00	2003-12-4	22.00	12.22
0668-D2-2003-062	引进高速五色UV胶印机技改	湖北广彩印刷股份有限公司	Heidelberg China Ltd	170	156.00	2003-12-10	14.00	8.24
0668-A2-2003-057	进口数控铣削加工中心	湖北三环锻压机床有限公司	起兴机械株式会社	32	29.64	2003-12-22	2.36	7.38
0668-Q2-2003-059	"核磁共振成像系统"	汉江水利水电有限责任公司	武汉华通世界电子有限公司	50	48.00	2003-12-24	2.00	4.00
0668-D2-2003-053/1	黄石东贝高速冲床	黄石东贝电气股份有限公司	昌行PRESS株式会社	45	39.78	2003-12-29	5.22	11.60

续表

招标编号	委托单位	招标项目	中标单位	委托金额	中标金额	中标时间	节资额	节资率%
0668-D2-2003-053/3	黄石东贝电气股份有限公司	黄石东贝屈臣磨床	德玛斯（欧洲）有限公司	40	31.09		8.91	22.28
0668-D2-2003-053/4		黄石东贝冰箱压缩机	MAS Srl 公司	60	56.45	2003-12-29	3.55	5.92
0668-D2-2003-053/5		黄石东贝转子专用压铸机	T.C.S.Molding Systems S.P.A	60	55.26		4.74	7.90
0668-Q2-2003-066	同济医院	全数字化波射成像系统	武汉北斗星医疗器械有限公司	40	37.50	2003-12-29	2.50	6.25
合 计	项目数：64	万美元		10257	9428.03		828.97	8.08
		折合人民币（万元）（汇率1：8.3）		85133	78252.61		6880.49	8.08

2004 年

单位：万美元

招标编号	委托单位	招标项目	中标单位	委托金额	中标金额	中标时间	节资额	节资率%
0668-D2-2003-064	湖北长江路桥股份有限公司	大型成套沥青路面施工技改	百莱玛工程机械有限公司	250	238.06	2004-1-12	11.94	4.78
0668-D2-2003-065/1	武汉丰城物流有限公司	引进45吨级集装箱正面吊技改	意大利范特什集团	40	31.50	2004-1-12	8.50	21.25
0668-D4-2003-071/1		自动络筒机	村田机械株式会社	100	95.40		4.60	4.60
0668-D4-2003-072/1	湖北银河纺织股份有限公司	喷气织机	必佳乐有限公司	120	105.54	2004-1-29	14.46	12.05
0668-D4-2003-072/2		空气压缩机	阿特拉斯科普柯有限公司	12	11.50		0.50	4.17
0668-Q2-2003-052/1	襄樊市中心医院	乳腺机床边机	湖北普康医疗器械有限公司	14	10.60	2004-1-30	3.40	24.29
0668-Q2-2003-052/2		数字化多功能肠胃X线机	武汉保龄医疗科技有限公司	27	23.80		3.20	11.85
0668-D4-2003-063	富思特新型包装材料公司	高速宽幅薄膜分切机	香港捷成洋行有限公司	240	217.06	2004-2-2	22.94	9.56
0668-A2-2003-070	武汉万向汽车制动器公司	三十万辆盘式制动器技改设备	德国萨马格机床股份有限公司	95	86.75	2004-2-5	8.25	8.68
0668-Q2-2003-076	襄樊市中心医院	数字减影血管造影机	西门子股份公司	80	72.00	2004-2-16	8.00	10.00
0668-Q2-2003-077	咸宁市中心医院	数字血管造影机	飞利浦电子香港有限公司	60	51.00	2004-2-16	9.00	15.00

续表

招标编号	招标项目	委托单位	中标单位	委托金额	中标金额	中标时间	节资额	节资率%
0668-D2-2003-039	双光子带电子线用医用加速器	湖北省肿瘤医院	美国瓦里安公司	120	101.00	2004-2-18	19.00	15.83
0668-D2-2004-001	联塑科技发展技改设备	联塑科技发展有限公司	巨鸿投资有限公司	15	12.90	2004-3-12	2.10	14.00
0668-D2-2004-007	引进机械加工设备项目	东风车桥有限公司	巨鸿投资有限公司	30	26.08	2004-3-12	3.92	13.07
0668-D2-2004-004	高速多色印刷机技改	武汉德利彩印有限责任公司	香港亚菲印刷机械有限公司	60	48.00	2004-3-16	12.00	20.00
0668-D2-2004-006	印刷设备技改五色胶印机	武汉大海岸广告设计制作公司	香港亚菲印刷机械有限公司	100	96.00	2004-3-16	4.00	4.00
0668-Q2-2003-074	模拟定位系统	武汉大学医学院	美国瓦里安公司	50	42.80	2004-3-17	7.20	14.40
0668-D2-2003-075	冲压模具及精冲件技改	湖北中航救生科技股份有限公司	瑞士法因图技术股份利益公司	65	57.24	2004-3-31	7.76	11.94
0668-Q2-2004-010	数字减影血管造影机	武汉市普爱医院	飞利浦电子香港有限公司	50	49.40	2004-4-13	0.60	1.20
0668-A2-2004-011/1	三十万辆盘式制动器技改	武汉万向汽车制动器有限公司	大宇综合机械株式会社	15	12.40		2.60	17.33
0668-A2-2004-011/2			大宇综合机械株式会社	20	14.40	2004-4-18	5.60	28.00
0668-Q2-2004-014	多层螺旋CT	武汉市普爱医院	武汉华通世界电子有限公司	40	37.50	2004-4-21	2.50	6.25
0668-D2-2004-012	多层螺旋CT	武汉市第一人民医院	株式会社三广医疗	50	41.98	2004-4-22	8.02	16.04
0668-Q2-2004-008/1	数字减影血管造影机	武汉市第三医院	西门子股份公司	65	57.70	2004-5-8	7.30	11.23
0668-Q2-2004-008/2	多层螺旋CT			50	45.30		4.70	9.40
0668-Q2-2003-078	橡胶复合密封件技改	湖北诺克橡塑密封科技公司	COLMEC SPA	100	84.97	2004-5-10	15.03	15.03
0668-A4-2004-019	自动络筒机	湖北孝棉实业集团公司	萨维奥株式会社	250	224.77	2004-5-19	25.23	10.09
0668-D2-2004-016	引进广告印刷设备技术改造	武汉三川印务有限公司	秋山国际株式会社	80	66.10	2004-5-25	13.90	17.38
0668-D2-2004-021	负荷开关加工设备技改	武汉市合力电器有限公司	天田国际工贸有限公司	30	23.50	2004-5-27	6.50	21.67
0668-D4-2003-073	边膜回收粉碎系统	富思特新型包装材料公司	埃瑞玛再生工程机械设备公司	70	59.44	2004-6-1	10.56	15.09
0668-Q2-2004-009	核磁共振成像系统	宜昌市中心人民医院	飞利浦电子香港公司	200	151.00	2004-6-25	49.00	24.50

续表

招标编号	招标项目	委托单位	中标单位	委托金额	中标金额	中标时间	节资额	节资率%
0668-D4-2004-022	四开双色胶印机	襄樊市长江印刷有限公司	海德堡中国有限公司	40	31.30	2004-6-25	8.70	21.75
0668-D2-2004-026	龙门式加工中心	东风车桥有限公司	巨鸿（文莱）投资有限公司	15	12.10	2004-7-1	2.90	19.33
0668-A2-2004-023	立式加工中心	武汉万向汽车制动器公司	欧马数控机床（南京）有限公司	15	11.78	2004-7-8	3.22	21.47
0668-D2-2004-017	环境试验箱	烽火通信科技股份有限公司	裕宏科技股份有限公司	4	3.76	2004-7-9	0.24	6.00
0668-H5-2004-024/1	硅炭棒	湖北三峡新型建材股份有限公司	上海亿晶工贸有限公司	15	14.43		0.57	3.80
0668-H5-2004-024/2	天然气燃烧系统		美国天时有限公司	35	33.66	2004-7-28	1.34	3.83
0668-H5-2004-024/3	退火炉		上海斯坦因霍恩特迈可有限公司	70	62.05		7.95	11.36
0668-D2-2004-034	背景荧光灯管封装生产线	宜昌劲森照明电子有限公司	远志工业股份有限公司	200	179.90	2004-8-3	20.10	10.05
0668-D2-2004-025	数控慢走丝线切割机床	湖北中航精技科技股份有限公司	Premandex Ind Ltd	35	31.46	2004-8-7	3.54	10.11
0668-D2-2004-015/1	高速四色四开胶印机	武汉金华果印业有限公司	海德堡（中国）有限公司	65	60.50	2004-8-11	4.50	6.92
0668-D2-2004-030/1	数控转塔冲床	湖北永船红旗电气有限公司	天田国际工贸（上海）有限公司	20	17.20	2004-8-11	2.80	14.00
0668-D2-2004-030/2	立式加工中心		欧马数控机床（南京）有限公司	6	5.70		0.30	5.00
0668-D2-2004-035	列管式石墨还热器	湖北黄麦磷化工集团公司	上海卡朋罗兰化工设备公司	80	76.60	2004-8-16	3.40	4.25
0668-Q2-2004-029	脑磁图	协和医院	瑞典医科达有限公司	180	148.00	2004-8-19	32.00	17.78
0668-D2-2004-037/1	CD/DVD光盘子盘复制生产线	湖北东湖汽盘技术有限公司	维加国际有限公司	280	253.18		26.82	9.58
0668-D2-2004-037/2	光盘母盘复制生产线		维加国际有限公司	180	156.73	2004-8-23	23.27	12.93
0668-D2-2004-037/3	光盘胶印设备		雷明自动机械股份有限公司	70	63.00		7.00	10.00
0668-D2-2004-037/4	光盘丝网印刷机		恒基股份有限公司	10	9.00		1.00	10.00
0668-D2-2004-031	数控电火花成型加工机床	湖北中航救生科技股份有限公司	ACM北华有限公司	18	15.30	2004-9-1	2.70	15.00
0668-Q2-2004-036/1	彩色多普勒超声波诊断仪	同济医院	武汉市康瑞医疗设备公司	28	24.50	2004-9-3	3.50	12.50

续表

招标编号	招标项目	委托单位	中标单位	委托金额	中标金额	中标时间	节资额	节资率%
0668-Q2-2004-036/2	彩色多普勒超声诊断仪	同济医院	武汉市康瑞医疗设备公司	20	19.30	2004-9-3	0.70	3.50
0668-D2-2004-038	高速四色对开胶印机	武汉嘉捷印务有限公司	海德堡公司	120	100.27	2004-9-7	19.73	16.44
0668-Q2-2004-033	数字血管造影机	宜都市第一人民医院	武汉尚高仪器有限责任公司	50	44.30	2004-9-8	5.70	11.40
0668-D4-2004-003	16MN精锻机组技术改造项目	大冶特钢股份有限公司	GFM G.m.b.H	2500	2277.86	2004-9-16	222.14	8.89
0668-D4-2004-040	250吨级履带式起重机	湖北省电力建设第一工程公司	马尼托瓦克起重集团	150	136.80	2004-10-12	13.20	8.80
0668-D2-2004-041	高速四色对开胶印机	桑田彩印有限责任公司	海德堡印刷有限公司	70	65.09	2004-10-12	4.91	7.01
0668-Q2-2004-039	多功能数字化肠胃X线机	黄石市中心医院	武汉保龄医疗科技有限公司	30	25.20	2004-10-13	4.80	16.00
0668-D2-2004-043	高速四色对开胶印机	武汉湖一印务有限责任公司	香港亚菲印刷机械有限公司	90	78.00	2004-10-20	12.00	13.33
0668-D2-2004-028/1	全自动丝印机	武汉中原电子集团有限公司	美亚电子科技有限公司	10	8.50	2004-10-26	1.50	15.00
0668-D2-2004-028/2	全自动贴片机		力丰澳门离岸商业服务公司	40	37.21		2.79	6.98
0668-D2-2004-028/3	热风空气回流炉		美亚电子科技有限公司	8	5.50		2.50	31.25
0668-D2-2004-028/4	上料机		力丰澳门离岸商业服务公司	1	0.82		0.18	18.00
0668-D2-2004-028/5	接驳台		力丰澳门离岸商业服务公司	1	0.28		0.22	22.00
0668-D2-2004-028/6	接驳检查台		力丰澳门离岸商业服务公司	0.2	0.17		0.03	15.00
0668-D2-2004-045	误码分析仪	武汉光迅科技有限责任公司	安立有限公司	12	11.62	2004-11-1	0.38	3.17
0668-Q2-2004-047	全数字化悬吊式拍片摄影系统	同济医院	宁波龙泰贸易有限公司	30	25.50	2004-11-3	4.50	15.00
0668-D4-2004-046	全自动冻干生物制品生产整线	武汉生物制品研究所	伊马包装加工设备有限公司	280	245.55	2004-11-24	34.45	12.30
0668-D2-2004-042	高速四色四开胶印机	武汉广佩彩印有限公司	北京嘉和顶新科贸有限公司	45	41.28	2004-11-25	3.72	8.27
0668-D2-2004-049/1	250吨级履带式起重机	湖北电力建设第二工程公司	马尼托瓦克起重集团	150	138.50	2004-11-25	11.50	7.67

续表

招标编号	招标项目	委托单位	中标单位	委托金额	中标金额	中标时间	节资额	节资率%
0668-D2-2004-049/2	600吨级履带式起重机	湖北电力建设第二工程公司	马尼托瓦克起重集团	350	325.60	2004-11-25	24.40	6.97
0668-D2-2004-050	高速四色四开胶印机	武汉安捷印刷有限公司	香港亚菲印刷机械有限公司	55	49.00	2004-11-25	6.00	10.91
0668-D2-2004-053	高速五色四开胶印机	武汉新鸿业印务有限公司	香港亚菲印刷机械有限公司	60	57.00	2004-12-6	3.00	5.00
0668-Q2-2004-055	多功能数字化肠胃X线机	湖北省肿瘤医院	武汉保龄医疗科技有限公司	30	26.90	2004-12-8	3.10	10.33
0668-Q2-2004-054	多功能直接数字化摄影系统	随州市中心医院	西门子股份公司	30	28.20	2004-12-15	1.80	6.00
0668-D2-2004-051	高速多色胶印机	武汉恒祥印务有限公司	Heidelberg China Ltd	80	69.95	2004-12-17	10.05	12.56
合　计	项目数：58			8190	7324.36		866.34	10.58
	（万）美元							
	折合人民币（万元）（汇率1：8.3）			67982	60792.16		7190.65	10.58

2005 年

单位：万美元

招标编号	招标项目	委托单位	中标单位	委托金额	中标金额	中标时间	节资额	节资率%
0668-D4-2004-059	纺纱机	湖北银丰纺织有限责任公司	德国赐来福公司	65	59.54	2002-1-17	5.46	8.40
0668-D2-2004-063/1	电转系统	华工科技产业股份有限公司	意大利迪奥瑞斯集团	30	25.00	2005-1-21	5.00	16.67
0668-D2-2004-063/2	全息软模压机			80	65.00		15.00	18.75
0668-D2-2004-063/3	全息硬模压机			70	57.00		13.00	18.57
0668-D2-2004-066	龙门型数控铣床	汉升汽车传感系统有限公司	巨鸿投资有限公司	40	34.40	2005-1-28	5.60	14.00
0668-Q2-2004-067/1	多功能数字化X线影像系统	孝感市中心医院	西门子股份公司	40	34.40	2005-2-5	5.60	14.00
0668-Q2-2004-067/2	发射型计算机断层显像装置			30	25.60		4.40	14.67
0668-Q2-2004-068	数字减影血管造影机	郧阳医学院	通用电气国际事务公司	100	92.00	2005-2-5	8.00	8.00
0668-Q2-2004-072/1	彩色多普勒超声波诊断仪	武汉亚洲心脏病医院	飞利浦电子香港有限公司	60	51.00	2005-2-5	9.00	15.00

招标编号	招标项目	委托单位	中标单位	委托金额	中标金额	中标时间	节资额	节资率%
0668-Q2-2004-072/2	多层螺旋CT	武汉亚洲心脏病医院	飞利浦电子香港有限公司	85	78.00	2005-2-5	7.00	8.24
0668-0540A2000005/1	立式加工中心	湖北东峻工贸有限公司	上海台丽机械设备有限公司	20	17.25	2005-2-17	2.75	13.75
0668-0540A2000005/2	立式加工中心	湖北东峻工贸有限公司	武汉米兰尼机电工程有限公司	15	13.00	2005-2-17	2.00	13.33
0668-0540A2000006/01	彩色多普勒	协和医院	美中互利工业公司	30	24.20	2005-2-18	5.80	19.33
0668-0540A2000010	数字减影血管造影机	武汉市黄陂区人民医院	西门子有限公司	35	29.98	2005-2-18	5.02	14.34
0668-Q2-2004-069/1	多功能数字化肠胃X线机	同济医院	武汉保瞬医疗科技有限公司	35	29.80	2005-2-21	5.20	14.86
0668-Q2-2004-069/2	全数字多功能放射成像系统	同济医院	武汉市北斗星医疗器械公司	45	36.80	2005-2-21	8.20	18.22
0668-0540A2000004/01	16层螺旋CT	襄樊市中心医院	西门子股份公司	85	73.30	2005-2-23	11.70	13.76
0668-D2-2004-058	高速对开四色胶印机	武汉市汉阳利菲利印刷厂	三菱重工印刷机	90	76.00	2005-3-4	14.00	15.56
0668-0540D2000008	双排螺旋CT	京山县人民医院	南京康荣科技有限责任公司	40	37.00	2005-3-5	3.00	7.50
0668-A2-2005-003	高速双面对开八色胶印机	武汉三川印务有限公司	秋山国际株式会社	185	176.37	2005-3-14	8.63	4.66
0668-0540D2000007	高精度数控慢走丝线切割机	武汉锅炉集团	ACM北华有限公司	25	21.38	2005-3-14	3.62	14.48
0668-0540D2000001	技改设备	湖北永鼎昂旗电气有限公司	德国西科拾工业电子公司	15	13.14	2005-3-16	1.86	12.40
0668-0540D2000009	激光切割机	武汉合力开关有限公司	天田国际贸工贸（上海）有限公司	30	27.30	2005-3-16	2.70	9.00
0668-D2-2004-061/1	100KW数字调幅广播发射机	湖北肖家地广播发射台	美国赛迈克斯国际有限公司	35	29.37	2005-3-23	5.64	16.11
0668-D2-2004-061/2	200KW数字调幅广播发射机	湖北肖家地广播发射台	美国赛迈克斯国际有限公司	65	57.87	2005-3-23	7.14	10.98
0668-0540A2000011/01	龙门型数控铣床	武汉基准汽车模具有限公司	巨鸿（文莱）投资有限公司	18	14.30	2005-3-28	3.70	20.56
0668-D2-2004-065/1	高速轮转多色胶印生产线	湖北日报	曼罗兰印刷机械股份有限公司	3000	2371.70	2005-4-5	628.30	20.94
0668-A2-2005-002	高速四色四开胶印机	武汉德利菲印彩有限公司	香港亚菲印刷机械有限公司	60	52.00	2005-4-12	8.00	13.33
0668-0542A3000014	特大型塔吊技改关键设备	中港第二航务工程局	POTAIN S.A.S	500	410.24	2005-5-11	89.76	17.95

续表

招标编号	招标项目	委托单位	中标单位	委托金额	中标金额	中标时间	节资额	节资率%
0668-0540D2000016/01	多功能数字化胃肠X线机	黄石市第一医院	武汉保龄医疗科技有限公司	35	29.96	2005-5-11	5.04	14.40
0668-0540A2000018/01	数字减影血管造影机	武汉亚洲心脏病医院	西门子股份公司	70	57.00	2005-5-25	13.00	18.57
0668-0540A2000012	多层螺旋CT	湖北省中医院	武汉市康德医疗器械有限公司	55	47.98	2005-6-1	7.80	14.18
0668-0540D4000025	自动络筒机	湖北金安纺织集团	村田机械株式会社	150	137.60	2005-6-23	12.40	8.27
0668-0540D2000020/01	蒸汽发生器	襄樊卷烟厂	Loos中国有限公司	80	73.93	2005-6-28	6.07	7.59
0668-0540D2000020/02	空气压缩机	襄樊卷烟厂	北京格瑞拓动力设备有限公司	15	10.56	2005-6-28	4.44	29.60
0668-0540A2000023	箱载式卫星地面上行站	湖北电视台	安达斯信息有限公司	28	24.81	2005-7-12	3.19	11.39
0668-0540D4000030/01	全自动针织电脑横机	大冶市大岛针织品有限公司	香港中大实业有限公司	750	650.00	2005-7-13	100.00	13.33
0668-0540D4000027/01	高速冲床	黄石东贝电器股份有限公司	昌信PRESS株式会社	45	40.18	2005-7-22	4.82	10.71
0668-D2-2004-002	高速四色四开胶印机	武汉华新印刷厂	香港亚菲印刷机械有限公司	65	52.00	2005-8-2	13.00	20.00
0668-0542A2000019	高速四色四开胶印机	邵峰数码图文快速输出公司	北京豹驰技术发展有限公司	50	38.00	2005-8-4	12.00	24.00
0668-0540A2000026/01	立式加工中心	武汉艾珂华模具有限公司	新贝斯特国际集团有限公司	18	14.00	2005-8-4	4.00	22.22
0668-0540D2000029/01	龙门型数控铣床	襄樊三金机械有限公司	巨鸿投资有限公司	20	17.00	2005-8-4	3.00	15.00
0668-0542A2000033	高速四色四开胶印机	武汉市精伦达印刷有限公司	Heidelbeg China Ltd	60	51.09	2005-8-10	8.92	14.87
0668-0542A2000032	高速四色四开胶印机	武汉市新鸿业印务有限公司	香港亚菲印刷机械有限公司	60	52.00	2005-8-11	8.00	13.33
0668-0542D2000022/01	自动络筒机	咸宁市精华纺织有限公司	德国赐来福有限公司	70	53.15	2005-8-24	16.85	24.07
0668-0542D2000022/02	纺织设备	湖北东骏工贸有限公司	AVIO MACCHINE TESSILI	40	30.08	2005-8-24	9.92	24.80
0668-0540A2000035/01	立式加工中心	湖北东骏工贸有限公司	巨鸿投资有限公司	30	24.85	2005-8-24	5.15	17.17
0668-0542A2000038	数控转塔冲床	武汉龙安集团有限公司	天国国际工贸有限公司	30	22.00	2005-8-24	8.00	26.67
0668-0542A2000039	高速四色四开胶印机	武汉立信邦彩色印刷有限公司	的佳印刷器材有限公司	50	44.00	2005-8-26	6.27	12.54

招标编号	招标项目	委托单位	中标单位	委托金额	中标金额	中标时间	节资额	节资率%
0668-0540A2000034/01	核磁共振成像装置	同济医院	西门子股份公司	180	138.60		41.40	23.00
0668-0540A2000034/02	核磁共振成像装置附件		西门子股份公司	50	43.40	2005-9-5	6.60	13.20
0668-0540D4000045	自动络筒机	襄阳丝源纺织有限公司	德国赐来福公司	80	68.96	2005-9-8	11.04	13.80
0668-0540A2000028	高速四色对开胶印机	湖北知音印务有限公司	海德堡有限公司	200	182.80	2005-9-9	17.20	8.60
0668-0542D2000044	液压精冲机	湖北中航精机科技股份有限公司	瑞士法因图技术股份有限公司	130	106.70	2005-9-30	23.30	17.92
0668-0540D2000048/01	医用加速器	宜昌市第二人民医院	西门子股份公司	55	46.80	2005-9-30	8.20	14.91
0668-0540A2000047/01	16层螺旋CT	同济医院	通用电气国际事务公司	75	65.70		9.30	12.40
0668-0540A2000047/02	核磁共振成像装置		通用电气国际事务公司	180	139.00	2005-10-13	41.00	22.78
0668-0540A2000047/03	核磁共振成像装置附件		通用电气国际事务公司	60	54.50		5.50	9.17
0668-0540D4000043/1	生产过程控制系统	华新水泥有限公司	湖北博华自动化系统工程	48	41.44		6.56	13.67
0668-0540D4000043/2	X荧光分析仪		思百吉公司	28	25.20	2005-10-18	2.80	10.00
0668-0540D2000042/1	单光子计算机断层摄影仪	三峡大学	武汉昂鼎枫科技有限公司	60	54.80	2005-10-19	5.20	8.67
0668-0542A2000037	高速四色对开胶印机	襄樊飞日彩印有限公司	Heidelberg China Ltd	110	93.86	2005-10-24	16.14	14.67
0668-0540D4000049/01	自动络筒机	黄石一棉纺织有限公司	村田机械株式会社	75	68.00	2005-10-25	7.00	9.33
0668-0540A2000036/2	报刊发行系统	湖北日报报业集团	威玛国际公司	700	598.89	2005-10-31	101.11	14.44
0668-0540D2000060/1	医用加速器	荆州市第一人民医院	美国瓦里安公司	150	115.00	2005-11-3	35.00	23.33
0668-0540D2000050/1	沥青混凝土摊铺机	湖北中天路桥有限公司	维特根香港有限公司	80	71.41		8.59	10.74
0668-0540D2000050/2	双钢轮压路机		戴纳派克公司	60	52.20	2005-11-24	7.80	13.00
0668-0540D2000046/01	全数字化悬吊式拍片摄影系统	咸宁市中心医院	凯亿有限公司	30	25.50	2005-11-25	4.50	15.00
0668-0540A1000040/1	引进x荧光仪设备	武汉钢铁(集团)公司	Thermo Electron S.A.	40	27.35	2005-11-28	12.65	31.63

续表

招标编号	招标项目	委托单位	中标单位	委托金额	中标金额	中标时间	节资额	节资率%
0668-0542A2000062	高速四色四开胶印机	武汉圣诞树印务发展公司	香港亚菲印刷机械有限公司	55	49.26	2005-12-2	5.74	10.44
0668-0540D3000052	蒸汽发生器	恩施金叶烟草公司	克雷登工贸发展有限公司	85	73.84	2005-12-15	11.16	13.13
0668-0540A2000031/2	引进医疗设备项目	武汉市第一医院	凯亿有限公司	30	22.90	2005-12-22	7.10	23.67
0668-0542D2000053/1	背景荧光灯管封装技术改造	宜昌劲森公司	远志工业股份有限公司	290	267.00	2005-12-31	23.00	7.93
0668-0542D2000053/2				491	445.00		46.00	9.37
合 计	项目数：59	（万）美元		9991	8381.21		1609.79	16.11
		折合人民币（万元）（汇率1：8.3）		82925	69564.04		1336.23	16.11

2006 年

单位：万美元

招标编号	招标项目	委托单位	中标单位	委托金额	中标金额	中标时间	节资额	节资率%
0668-0540D2000066/01	引进数控龙门铣床设备	十堰亮剑家龙模具有限公司	巨鸿（文莱）投资有限公司	10	7.18	2006-2-8	2.82	28.20
0668-0540D2000066/02				25	20.64		4.36	17.44
0668-0540A2000061/01	高新技术广告印制装备	武汉中远印务有限公司	Heidelberg China Ltd.	110	94.81	2006-2-20	15.19	13.81
0668-0640D2000001/01	16层螺旋CT	襄樊市中医院	西门子股份公司	83	61.00	2006-2-22	21.50	25.90
0668-0640D4000003/01	自动络筒机技改工程	国营襄樊针纺织厂	德国赐来福公司	90	85.19	2006-2-22	4.81	5.34
0668-0540A2000054/01	引进印刷设备	武汉市建桥印务有限公司	香港亚菲印刷机械有限公司	55	50.04	2006-2-24	4.96	9.02
0668-0540D4000058/01	引进加工冰箱压缩机缸体曲轴孔，活塞孔珩磨机，阀板研磨机，转子专用压铸机	黄石东贝电器股份有限公司	Temax Italia S.r.l.	70	65.35		4.65	6.64
0668-0540D4000058/02			AM技术有限公司	58	36.57	2006-2-24	21.43	36.95
0668-0540D4000058/03			Temax Italia S.r.l.	50	46.18		3.82	7.64
0668-0640D2000008/01	引进医疗设备项目	江汉石油管理局中心医院	飞利浦电子香港有限公司	52	51.80	2006-3-2	0.20	0.38

续表

招标编号	招标项目	委托单位	中标单位	委托金额	中标金额	中标时间	节资额	节资率%
0668-0540D2000051/01	引进高速多色胶印机项目	宜昌市广鹏印业有限公司	Heidelberg China Ltd.	70	60.37	2006-3-5	9.64	13.77
0668-0642D2000009/01	扩大汽车零部件生产能力技改项目	襄阳亿普机械制造有限公司	Hardinge China Limited	30	24.48	2006-3-8	5.52	18.40
0668-0540A2000065/01	16层螺旋CT	武汉市第一医院	通用电气国际事务公司	68	53.70	2006-3-15	14.30	21.03
0668-0540D2000063/01	引进医疗设备项目	荆门市第二人民医院	西门子股份公司	100	85.10	2006-3-31	14.90	14.90
0668-0640h3000020/01	浮法二线燃油改天然气冷修	湖北三峡新型建材股份公司	Eclipse,Inc.	22	17.20	2006-4-3	4.80	21.82
0668-0642H2000010/01	三十万台盘式制动器技术改造项目	武汉万向汽车制动器公司	上海台丽机械设备有限公司	14	12.80	2006-4-10	1.20	8.57
0668-0642H2000010/02			斗山英维高株式会社	8	7.75	2006-4-10	0.25	3.13
0668-0642D2000007/01	数字减影血管造影系统	荆门市第一人民医院	西门子股份公司	80	58.10	2006-4-14	21.90	27.38
0668-0642D2000006/01	引进机械加工设备项目	湖北三环股份公司车桥厂	台湾大立机器工业股份公司	20	17.00	2006-4-17	3.00	15.00
0668-0640H2000011/01	引进高速多色胶印机项目	黄石市华林印务包装公司	Heidelberg China Ltd.	98	94.77	2006-4-19	3.23	3.30
0668-0640A2000012/01	引进医疗设备	协和医院	香港领光仪器有限公司	30	30.00	2006-4-19	0.00	0.00
0668-0542D2000017/01	引进高速七色UV胶印机	湖北广彩印刷股份有限公司	Heidelberg China Ltd.	280	203.00	2006-5-18	77.00	27.50
0668-0642H2000013/01	引进全自动裁切机改造项目		汇业印刷器材有限公司	40	37.00		3.00	7.50
0668-0640H2000014/01	立式加工中心	武汉富兰德模具有限公司	武汉汉江机电设备成套公司	10	8.11		1.89	18.90
0668-0640H2000014/02	五面体加工中心		武汉汉江机电设备成套公司	7	5.39	2006-5-25	1.61	23.00
0668-0640H2000014/03	数控立式车床		武汉汉江机电设备成套公司	13	12.92		0.08	0.62
0668-0640H2000028/01	高档纺织品技改工程	荆州市巨鲸传动机械有限公司	巨鸿（文莱）投资有限公司	55	40.00	2006-6-4	15.00	27.27
0668-0640H2000028/02			油机工业股份有限公司	30	27.00		3.00	10.00
0668-0640D4000004/01	高档纺织品技改工程	国营襄樊针纺织厂	丸红纺织机械株式会社	420	410.77	2006-6-5	9.23	2.20
0668-0640D4000004/02		国营襄樊针纺织厂	唐盛国际有限公司	75	19.54	2006-6-5	55.46	73.95

招标编号	招标项目	委托单位	中标单位	委托金额	中标金额	中标时间	节资额	节资率%
0668-0640H2000024/01	引进螺杆式压缩机组项目	武汉市天然气有限公司	意大利赛福有限公司	20	14.07	2006-6-13	5.93	29.65
0668-0640H2000030/01	激光加工机	武汉长兴电力设备有限责任公司	天田国际工贸（上海）有限公司	30	28.00	2006-6-19	2.00	6.67
0668-0640H2000030/02	数控折弯机			12	12.00		0.00	0.00
0668-0640H2000019/01	引进高速多色胶印机项目	武汉德利彩印有限公司	Heidelberg China Ltd.	120	96.00	2006-6-22	24.00	20.00
0668-0640D4000022/01	引进自动络筒机项目	湖北金安纺织集团股份有限公司	村田机械株式会社	90	87.50	2006-6-26	2.50	2.78
0668-0640D4000027/01		湖北省三五〇九纺织总厂	九红纺织株式会社	700	655.94		44.06	6.29
0668-0640D4000027/02	高档仿真面料改造工程		唐盛国际有限公司	50	43.60	2006-6-26	6.40	12.80
0668-0640D4000027/03			九红纺织株式会社	50	40.21		9.79	19.58
0668-0640H2000029/01	除磷搅拌系统		艾博斯泵业（上海）有限公司	5	2.50	2006-6-28	2.50	50.00
0668-0640H2000029/02	生化系统悬挂式曝气设备	孝感中浚水务有限公司	德国冯·诺顿玛工程技术公司	30	26.33		3.67	12.23
0668-0640H2000029/03	罗茨风机		北京格瑞拓动力设备公司	10	7.67		2.33	23.30
0668-0640H2000025/01	引进CD焊机项目	湖北中航精机科技股份有限公司	法信（国际）有限公司	60	50.79	2006-6-30	9.21	15.35
0668-0640h4000039/01		国营襄樊科纺织厂	九红纺织株式会社	430	418.66		11.34	2.64
0668-0640h4000039/02	高档功能性纺织面料科技改项目		唐盛国际有限公司	50	43.40	2006-7-14	6.60	13.20
0668-0640h4000039/03			九红纺织株式会社	50	40.04		9.96	19.92
0668-0640H2000036/01	引进龙门铣床项目	武汉基佳汽车模具有限公司	巨鸿（文莱）投资有限公司	22	20.48	2006-7-24	1.52	6.91
0668-0640H2000037/01	引进机械加工设备项目	武汉江汉医疗制药设备有限公司	汉江机电设备成套有限公司	15	12.21	2006-7-24	2.79	18.60
0668-0640H2000033/01	医用加速器	襄樊市中心医院	美国瓦里安公司	140	128.00	2006-7-26	12.00	8.57
0668-0640H2000033/02	模拟定位机		核通亚太有限公司	50	41.50		8.50	17.00
0668-0640H1000017/02	曲轴无芯磨床	黄石东贝电器股份有限公司	无锡光洋机床有限公司	50	43.45	2006-7-27	6.55	13.10

续表

招标编号	招标项目	委托单位	中标单位	委托金额	中标金额	中标时间	节资额	节资率%
0668-0640H1000017/03	轴有磨床	黄石东贝电器股份有限公司	武汉富恒机电设备有限公司	50	17.08		32.92	65.84
0668-0640H1000017/04	曲拐磨床		Meccanodora S.P.A	50	41.72	2006-7-27	8.28	16.56
0668-0640H1000017/05	活塞无芯磨床		BOCCA & MALANDRONE SUNEBO S.P.A	40	36.12		3.88	9.70
0668-0640H1000017/06	滤油机		日本株式会社三美	20	10.00		10.00	50.00
0668-D2-2004-052/1	汽车彩色保险杠技改项目	武汉名杰橡塑有限公司	EISENMANN Maschinenbau GbmH & Co.KG	420	385.09	2006-8-1	34.91	8.31
0668-0640H2000031/01	引进医疗设备	黄石市第五医院	飞利浦电子香港有限公司	32	29.00	2006-8-3	3.00	9.38
0668-0640H2000021/01	引进医疗设备	三峡大学	飞利浦电子香港有限公司	70	58.70	2006-8-8	11.30	16.14
0668-0640H4000043/01	引进喷气织机	老河口市君鑫纺织有限公司	北红纺织机械株式会社	239	214.73	2006-8-8	24.27	10.15
0668-0640D2000005/01	引进曲轴加工设备	襄樊福达东康曲轴有限公司	ITW BALANCE ENGINERING	87	86.54	2006-8-16	0.46	0.53
0668-0640H1000018/01		芜湖欧宝机电有限公司无氟、高效制冷压缩机生产项目	Temax Italia S.r.l.	40	48.58		8.58	21.45
0668-0640H1000018/02			AM技术有限公司	55	26.69		28.32	51.49
0668-0640H1000018/03			无锡市明鑫机床有限公司	20	5.18	2006-8-16	14.82	74.10
0668-0640H1000018/04			日本株式会社三美	15	10.00		5.00	33.33
0668-0640H1000018/05			日本株式会社三美	12	10.00		2.00	16.67
0668-0640H3000045/01	引进柴油发电机组	武汉隆巴帝尼动力设备有限公司	武汉信昌动力设备有限公司	18	17.50	2006-8-16	0.50	2.78
0668-0642H2000040/01	引进纺织设备	湖北精华纺织集团有限公司	德国赐来福公司	55	54.90	2006-8-17	0.10	0.18
0668-0642H2000040/02			SAVIO MACCHINE TESSILI	40	31.05		8.95	22.38
0668-0640H1000026/01	引进热浸度工艺模拟试验机	武汉钢铁（集团）公司	Iwatani International Corporation（Europe）GmbH	190	159.65	2006-8-19	30.35	15.97
0668-0640H2000023/02	引进加工设备	武汉中原电子集团有限公司	上海北溪精密机械有限公司	11	10.46	2006-8-21	0.54	4.91

续表

招标编号	招标项目	委托单位	中标单位	委托金额	中标金额	中标时间	节资额	节资率%
0668-0640H2000023/03	引进加工设备	武汉中原电子集团有限公司	上海北滨精密机械有限公司	8	6.98	2006-8-21	1.02	12.75
0668-0640H2000023/06			北京三吉世纪科技有限公司	15	6.38		8.62	57.47
0668-0640H2000032/01	宽带综合业务接入系统项目	烽火通信科技股份有限公司	佳力电子科技有限公司	10	7.65		2.35	23.50
0668-0640H2000032/02			环球仪器科技股份有限公司	54	45.13	2006-8-28	8.87	16.43
0668-0640H2000032/03			美国科视达中国有限公司	5	4.00		1.00	20.00
0668-0640H2000046/01	多层螺旋 CT	老河口市第一医院	南京康荣科技有限责任公司	50	44.00	2006-8-31	6.00	12.00
0668-0640H2000044/01	引进机械加工设备项目	三环汽车方向机有限公司	大通信息科技有限公司	30	28.45	2006-9-15	1.55	5.17
0668-0640H4000049/01	引进自动络筒机	荆州市奥达纺织有限公司	村田机械株式会社	70	66.00	2006-9-21	4.00	5.71
0668-0640H4000048/01	引进自动络筒机	黄石一棉纺织有限公司	村田机械株式会社	105	99.60	2006-9-26	5.40	5.14
0668-0640H2000023/01	引进机械加工设备	武汉中原电子集团有限公司	力丰钣金机械有限公司	28	25.16	2006-9-27	2.84	10.14
0668-0640H4000052/01	引进自动络筒机	荆州市荣海纺织有限公司	德国赐福有限公司	40	35.56	2006-10-9	4.44	11.10
0668-0540D4000064/01	引进自动络筒机	湖北监利银丰纺织有限公司	SAVIO MACCHINE TESSILI	360	295.22	2006-10-23	64.78	17.99
0668-0640H2000047/01	武汉市天然气长丰母站设备	武汉市天然气有限公司	上海航天能源有限公司	150	147.50	2006-10-26	2.50	1.67
0668-0640H2000058/01	引进医疗设备	恩施州中心医院	湖北海普科技有限公司	140	130.00	2006-10-31	10.00	7.14
0668-0640H2000015/01	引进医疗设备（DR）	同济医院	武汉市捷成科技有限公司	35	32.80	2006-11-1	2.20	6.29
0668-0642H2000016/01	引进计算机直接制版系统	湖北日报社	北京大方正电子有限公司	120	80.90	2006-11-3	39.10	32.58
0668-0640H2000051/01	高档纺织织品生产线改造项目	黄冈三泰纺织有限公司	SAVIO MACCHINE TESSILI	180	99.63	2006-11-21	80.37	44.65
0668-0640H2000053/01	引进精密压力机项目	湖北中航精机科技股份公司	瑞士法因图技术股份公司	160	159.56	2006-11-21	0.44	0.28
0668-0640H2000053/02	引进精密压力机项目	湖北中航精机科技股份公司	瑞士法因图技术股份公司	120	115.12		4.88	4.07
0668-0640H2000053/03	引进精密压力机项目	湖北中航精机科技股份公司	瑞士法因图技术股份公司	80	76.75	2006-11-21	3.25	4.06

续表

招标编号	招标项目	委托单位	中标单位	委托金额	中标金额	中标时间	节资额	节资率%
0668-0640H2000035/01	1200万米织布生产线技术改造项目	大悟县瑞光纺织有限公司	Toray International . Inc.	230	213.11	2006-11-30	16.89	7.34
0668-0640H2000041/01	年产1500万m²经编网格布项目	随州市中泰纺织有限公司	捷高机械工程（香港）公司	125	121.72	2006-11-30	3.28	2.62
0668-0640H2000042/01	背景荧光灯管封装技术设备	宜昌劲森照明电子有限公司	远志工业股份有限公司	2000	1780.00	2006-11-30	220.00	11.00
0668-0640H2000057/01	单光子计算机断层摄影仪（SPECT）	襄樊市中心医院	武汉永盛行贸易有限公司	70	59.50	2006-11-30	10.50	15.00
0668-0640H2000060/01	多层螺旋CT	汉江水利水电集团汉江医院	南京康荣科技有限责任公司	50	39.00	2006-11-30	11.00	22.00
0668-0640H2000062/01	引进机械加工设备项目	湖北车桥有限公司	华嘉（香港）有限公司	45	42.60	2006-11-30	2.40	5.33
0668-0640H2000068/01	多功能数字化X光机	襄樊市中心医院	武汉卡万达医用技术有限公司	35	16.85	2006-11-30	18.15	51.86
0668-0640H2000061/01	引进机械加工设备项目	东风车桥有限公司	巨鸿（文莱）投资有限公司	12	11.30	2006-12-6	0.70	5.83
0668-0640H2000069/01	武汉光电国家实验室工艺平台	华中科技大学	思百吉有限公司	30	21.09	2006-12-7	8.91	29.70
0668-0640H2000063/01	彩色多普勒超声诊断仪	随州市中心医院	武汉新龙医学科技发展有限公司	31	21.70	2006-12-21	9.30	30.00
0668-0640H2000067/01	汽车铝散热器生产线改技项目	雷迪特汽车冷却系统公司	环球株式会社	39	38.53	2007-1-16	0.47	1.21
合 计	项目数：68	（万）美元		9947	8680.85		1266.15	12.73
		折合人民币（万元）（汇率1：8）		79580	69446.87		10133.13	12.73

表4-10 湖北成套招标有限公司工程招标项目一览表

2004年

单位：万元

招标编号	项目名称	中标单位	委托金额	中标金额	节资额	节资率%
HBCZ-H4-2004-004	国家储备粮库提升功能项目	武汉宏基特种工程有限公司	180	159.7212	20.2788	11.27
HBCZ-K4-2004-013	武汉市少儿图书馆空调系统工程	武汉天华机电工程有限公司	170	160.8	9.2	5.41
HBCZ-W1-2004-015/1	宜昌国税局新征收大楼室内装饰装修工程	深圳洪涛装饰工程有限公司	800	700.7285	99.2715	12.41
HBCZ-W1-2004-015/2	宜昌国税局征收大楼室内装饰装修工程1-2层	太平洋国际装修工程有限公司	150	129.082	20.918	13.95
HBCZ-W1-2004-015/3	宜昌国税局征收大楼室内装饰装修工程3-4层	湖北高艺装饰工程有限公司	70	65.2066	4.7934	6.85
HBCZ-W1-2004-015/4	宜昌国税局征收大楼室内装饰装修工程5-6层	广旅装饰集团有限公司	65	59.8417	5.1583	7.94
HBCZ-W1-2004-015/5	宜昌国税局征收大楼室内装饰装修工程7-8层	武汉银海装饰设计工程有限公司	70	67.1116	2.8884	4.13
HBCZ-W1-2004-015/6	宜昌国税局征收大楼室内装饰装修工程9-10层	深圳建筑装饰（集团）有限公司	70	66.455	3.545	5.06
HBCZ-W1-2004-015/7	宜昌国税局征收大楼室内装饰装修工程12-14层	深圳蛇口建筑装饰工程公司	120	99.4017	20.5983	17.17
HBCZ-W1-2004-015/8	宜昌国税局征收大楼室内装饰装修工程15-17层	深圳华剑装饰设计工程有限公司	120	106.7033	13.2967	11.08
HBCZ-W1-2004-015/9	宜昌国税局征收大楼室内装饰装修工程18-20层	深圳洪涛装饰工程有限公司	110	101.9767	8.0233	7.29
HBCZ-Q1-2004-139	宜昌市国税局新征大楼建筑智能化及中心机房	北京北黄自动化设备安装有限公司	300	250	50	16.67
HBCZ-I1-2004-024	湖北天颐科技双低菜籽加工精炼车间总包工程	江苏牧羊迈安德食品机械有限公司	2500	2372.53	127.47	5.10
HBCZ-I1-2004-025	湖北天颐科技双低油菜籽加工浸出车间总包工程	江苏牧羊迈安德食品机械有限公司	1500	1374.79	125.21	8.35
HBCZ-I5-2004-030	黄陂区后湖大桥工程土建施工项目	中港第二航务工程局	8000	7323.069	676.931	8.46
HBCZ-J5-2004-057	黄陂区后湖大桥工程土建施工监理	湖北公路水运工程咨询监理公司	150	123.5098	26.4902	17.66
HBCZ-L4-2004-033	湖北省省粮食局办公大楼改造工程	深圳远鹏装饰设计工程有限公司	355	296	59	16.62
HBCZ-R1-2004-039/A	武汉公路主枢纽郭徐岭货运站围墙施工	武汉祥种建筑菜团有限公司	55	46.4291	8.5709	15.58

续表

招标编号	项目名称	中标单位	委托金额	中标金额	节资额	节资率%
HBCZ-R1-2004-039/B	武汉公路主枢纽郭徐岭货运站围墙施工	武汉建工第一建筑有限公司	35	29.22	5.78	16.51
HBCZ-S1-2004-040	武汉公路主枢纽郭徐岭货运站监理	武汉平安建设工程监理有限公司	65	60.01149	4.98851	7.67
HBCZ-Q1-2004-079	武汉公路主枢纽郭徐岭货运站设计	广东省建工设计院等	180	147.71	32.29	17.94
HBCZ-E5-2004-042	湖北双环盐厂采矿区更新改造项目	中化泰安地质勘查院	100	76.8525	23.1475	23.15
HBCZ-I5-2004-055	汉川三水厂二期工程施工项目	汉川市刁东建筑公司	300	248.88	51.12	17.04
HBCZ-J5-2004-091	汉川三水厂二期工程监理	武汉土木工程建设监理有限公司	7	6.2	0.8	11.43
HBCZ-I1-2004-092/1	汉川市三水厂二期工程工程安装及制作	汉川市刁东建筑工程公司	150	127.8	22.2	14.80
HBCZ-I1-2004-092/2	汉川市三水厂二期工程水质处理材料	江苏宜兴碧水治污设备厂	40	36.578	3.422	8.56
HBCZ-I1-2004-092/3	汉川市三水厂二期工程阀门	武汉阀门水处理机械股份有限公司	40	38.1568	1.8432	4.61
HBCZ-I1-2004-092/4	汉川市三水厂二期工程机电设备	武汉兆达机电设备成套有限公司	65	57.889	7.111	10.94
HBCZ-Q1-2004-059	武汉海事法院审判综合楼中央空调系统及安装	武汉方济暖通空调净化技术公司	180	149.77	30.23	16.79
HBCZ-Q1-2004-060	武汉海事法院审判综合楼弱电系统及安装	中航弱电系统工程公司湖北公司	150	128.4507	21.5493	14.37
HBCZ-Q1-2004-067/1	武汉海事法院审判综合楼室内装修 A 标段	深圳远鹏装饰装修设计工程有限公司	220	195.0295	24.9705	11.35
HBCZ-Q1-2004-067/2	武汉海事法院审判综合楼室内装修 B 标段	武汉华裕广告装饰工程有限公司	150	135.9	14.1	9.40
HBCZ-R5-2004-063	蕲春县人民医院新建综合住院楼土建工程	武汉市大地伟业建筑有限公司	1200	1122.08	77.92	6.49
HBCZ-D2-2004-080	楚天激光激光产品制造基地大楼屋面及门斤	徐州东大钢结构建筑有限公司	120	103.7543	16.2457	13.54
HBCZ-I5-2004-082	黄石中油城投公司天燃气高压管道施工及安装	中国石油天然气管道第二工程公司	380	345.7184	34.2816	9.02
HBCZ-R5-2004-085	湖北省体育彩票管理中心机房扩建工程	武汉市安华电子技术工程公司	60	48.25	11.75	19.58
HBCZ-H5-2004-095	仙桃市黄金大道工程路灯及施工	扬州市宝德照明器材有限公司	150	125.13456	24.8654	16.58
HBCZ-Q1-2004-097	湖北党委党校东院供电线路改造	武汉华源电力工程有限责任公司	150	118.442	31.558	21.04
HBCZ-S1-2004-122	湖北省党委党校教研综合楼工程监理	北京东方华大建设监理有限公司	40	34.83	5.17	12.93

续表

招标编号	项目名称	中标单位	委托金额	中标金额	节资额	节资率%
HBCZ-L1-2004-201	湖北省委党校教研综合楼桩基	广州中煤江南基础工程公司	225.9853	220.5	5.48525	2.43
HBCZ-S1-2004-098	湖北省劳动和社会保障厅综合楼及技能鉴定基地	中国轻工业武汉设计工程有限公司	100	89	11	11.00
HBCZ-S1-2004-102/a	武汉市汉江航道工程指挥部	鄂州船厂	350	340	10	2.86
HBCZ-S1-2004-102/2	武汉市汉江航道整治工程第6标段	湖北港路交通工程有限公司	300	252.8971	47.1029	15.70
HBCZ-S1-2004-103/1	武汉市汉江航道整治工程第7标段	长江武汉航道工程局	600	567	33	5.50
HBCZ-S1-2004-103/2	武汉市汉江航道整治工程第8标段	湖北省汉江工程公司	500	413.0091	86.9909	17.40
HBCZ-S1-2004-103/3	武汉市汉江航道整治工程第9标段	长江武汉航道工程局	400	330.8569	69.1431	17.29
HBCZ-S1-2004-186	武汉大学中南医院门诊楼工程监理	武汉华胜工程建设监理有限公司	3100	3000	100	3.23
HBCZ-H1-2004-211/1	武汉大学中南医院门诊综合楼深基坑工程	武汉建工特种工程有限公司	100	99.8	0.2	0.20
HBCZ-H1-2004-211/2	武汉大学中南医院门诊综合楼主体建设	中建三局第二建设工程有限公司	4800	4490	310	6.46
HBCZ-R1-2004-105	武汉中商销品茂室内装修装饰工程	深圳市华南装饰装潢设计工程有限公司	6000	5526.868	473.132	7.89
HBCZ-I1-2004-170/1	武汉中商销品茂外环境景观工程A包	黄梅县建安工程公司	700	658	42	6.00
HBCZ-I1-2004-170/2	武汉中商销品茂外环境景观工程B包	广东华桥建筑装饰公司湖北分公司	400	376	24	6.00
HBCZ-B1-2004-213	武汉中商集团股份有限公司照明安装工程	武汉天帝装饰安装工程公司	150	146	4	2.67
HBCZ-J1-2004-124	东风汽车工业公司研发信息中心信息大楼监理	北京远达建设工程监理有限公司	90	83.3	6.7	7.44
HBCZ-I1-2004-125	东风汽车工业公司研发信息中心信息大楼施工	中国建筑技术集团有限公司	9100	8969.991	130.009	1.43
HBCZ-J1-2004-224	东风汽车工业公司研发信息中心设计楼监理	武汉工程建设监理有限公司	55	44.229	10.771	19.58
HBCZ-I1-2004-225	东风汽车工业公司研发信息中心设计楼施工	中国建筑第三工程局	6000	5528.684	471.316	7.86
HBCZ-I1-2004-134	武汉长江通信工业园研发楼、食堂土建	武汉黄陂第十建筑工程集团有限公司	600	582	18	3.00
HBCZ-L1-2004-187	武汉长江通信产业集团风冷热泵机组	深圳麦克维尔空调公司武汉分公司	200	173.8	26.2	13.10
HBCZ-K1-2004-188	武汉长江通信产业集团中央空调末端安装工程	湖北华洋机电工程有限公司	90	80	10	11.11

续表

招标编号	项目名称	中标单位	委托金额	中标金额	节资额	节资率%
HBCZ-B1-2004-135/1	恩施州许家坪机场扩建工程机场跑道	中国航空港建设总公司	900	779.317	120.683	13.41
HBCZ-B1-2004-180/1	恩施州许家坪机场扩建变电设备目视助航系统	广州白云机场扩建发展有限公司	800	708.01	91.99	11.50
HBCZ-B1-2004-180/2	恩施州许家坪机场航站楼扩建工程	广东中人集团建设有限公司	1300	1144.297	155.703	11.98
HBCZ-I1-2004-140/1	武汉市江夏区天然气利用工程	中国石化集团江汉油建公司	250	233.47	16.53	6.61
HBCZ-I1-2004-140/2	武汉市江夏区天然气利用工程	武汉建工安装工程有限公司	200	182.84	17.16	8.58
HBCZ-I1-2004-150	武汉直升机工业园总包工程	广厦建设集团有限责任公司	18000	16000	2000	11.11
HBCZ-T1-2004-151/1	江汉区人民法院大楼中央空调、通风系统	武汉腾实机电工程有限公司	700	638	62	8.86
HBCZ-T1-2004-151/2	江汉区人民法院大楼中央空调、通风系统	武汉天鹏暖通空调工程有限公司	50	42.412	7.588	15.18
HBCZ-D2-2004-154	武汉康祥科技温室材料及安装	武汉科创有限公司	180	147	33	18.33
HBCZ-R1-2004-155	五峰县人民医院新住院楼主体建设工程	湖北五峰建筑安装工程总公司	156.54	144.05	12.49	7.98
HBCZ-D4-2004-158/1	宜昌人福药业有限责任公司通风空调设备	常州西武暖通空调设备公司	50	38.6228	11.3772	22.75
HBCZ-D4-2004-158/2	宜昌人福药业有限责任公司消防系统工程	武汉长安消防系统工程公司	40	32	8	20.00
HBCZ-D4-2004-158/3	宜昌人福药业有限责任公司电视监控系统	武汉保全科技有限公司	90	76.68	13.32	14.80
HBCZ-D4-2004-166	宜昌人福药业有限责任公司安装工程	江苏省工业设备安装武汉分公司	300	265	35	11.67
HBCZ-R1-2004-171	湖北省纪委培训中心建源大厦临时宿舍工程	武汉华远建筑工程有限公司	200	186	14	7.00
HBCZ-R1-2004-172	湖北武黄公路汀祖所房屋改造工程	武汉新宇建筑安装工程有限公司	70	65.1	4.9	7.00
HBCZ-Q1-2004-173	武汉万丽酒店弱电系统工程	清华同方股份有限公司	500	438.389	61.611	12.32
HBCZ-I1-2004-175	随州市城市排水有限公司内河污染综合治理工程	随州市供水安装工程公司	2500	2330	170	6.80
HBCZ-14-2004-182	仙桃市热熔反光道路标线涂料及施工	深圳市明辉科技发展有限公司	50	39.93	10.07	20.14
HBCZ-L1-2004-190	湖北武黄高速公路武管理所搬迁工程	孝感市公路工程建设开发总公司	800	727.703	72.297	9.04
HBCZ-L1-2004-191	湖北省农业厅办公大楼中央空调系统完善工程	武汉开利冷气工程有限公司	150	145	5	3.33

续表

招标编号	项目名称	中标单位	委托金额	中标金额	节资额	节资率%
HBCZ-L1-2004-192	湖北省农业厅办公大楼工程消防系统完善工程	湖北公安科技成果推广公司	150	119.5864	30.4136	20.28
HBCZ-T1-2004-194	湖北省农业厅办公楼装修	中建二局三公司	220	208	12	5.45
HBCZ-T1-2004-195	江夏区政府采购第一初级中学操场改造	北京圣日体育设施工程有限公司	180	159.236	20.764	11.54
HBCZ-M1-2004-198	潜江市中心医院	湖北建盛监理工程有限公司	1400	1300	100	7.14
HBCZ-R1-2004-199/A	通山国税九宫山培训中心大楼室内装饰装修	武汉巨鹏装饰设计工程有限公司	400	370	30	7.50
HBCZ-R1-2004-199/B	通山国税九宫山培训中心别墅室内装饰装修	湖北龙泰建筑装饰工程有限公司	150	130.63	19.37	12.91
HBCZ-L3-2004-210	湖北多福商贸有限公司家电大厦主楼装饰工程	深圳华剑装饰设计工程有限公司	150	137.8	12.2	8.13
HBCZ-L1-2004-223	天门城区供水管网改造与扩建	武汉凯迪水务有限公司	12000	11168.08	831.92	6.93
HBCZ-K4-2004-235	仙桃市城西污水处理工程设备	湖北盘古环保工程技术有限公司	70	61	9	12.86
HBCZ-R1-2004-237/1	武汉湖滨机械厂厂房改建土建	湖北建筑工程总公司第五工程公司	150	130.9424	19.0576	12.71
HBCZ-R1-2004-237/2	武汉湖滨机械厂厂房改建钢结构	湖北建筑工程总公司第五工程有限公司	250	210.18	39.82	15.93
HBCZ-W2-2004-238	武汉市城市规划管理局安防工程	武汉东海口系统集成工程有限公司	50	48.5884	1.4116	2.82
HBCZ-R1-2004-250	湖北东盛制药有限公司车间净化改造工程	深圳君立信净化系有限公司	180	145.8	34.2	19.00
HBCZ-K1-2004-265	湖北省艺术馆建设工程	武汉芝发机电工程公司	120	101.88	18.12	15.10
HBCZ-J4-2004-267	湖北日报业集团设计	中国轻工业武汉勘察设计工程有限公司	180	160	20	11.11
	合计		95380.5	87641.65	7738.85	8.11

2005 年

单位：万元

招标编号	项目名称	中标单位	委托金额	中标金额	节资额	节资率%
HBCZ-C1-2005-018	武汉市轨道交通一号线二期工程设计总承包	铁道部第四勘察设计院	9000	8829.23	170.77	1.90

续表

招标编号	项目名称	中标单位	委托金额	中标金额	节资额	节资率%
HBCZ-C1-2005-058	武汉市轨道交通公司内环线岳家嘴立交桥施工监理	中咨工程建设监理公司	180	172.5	7.5	4.17
HBCZ-B1-2005-188/1	武汉市轨道交通公司内环线岳家嘴立交桥第一标段	武汉市市政建设集团有限公司	3500	3365.7458	134.254	3.84
HBCZ-B1-2005-188/2	武汉市轨道交通公司内环线岳家嘴立交桥第二标段	中铁二十五局集团有限公司	3200	3056.3898	143.61	4.49
HBCZ-B1-2005-188/3	武汉市轨道交通公司内环线岳家嘴立交桥第三标段	武汉市市政建设集团有限公司	4200	4147.2845	52.7155	1.26
HBCZ-C1-2005-063	武汉市友谊大道立交桥土建施工监理	武汉飞虹道桥监理有限责任公司	75	70	5	6.67
HBCZ-B1-2005-105	武汉市友谊大道立交桥箱涵及排水管改移工程	中冶集团湖北华亚建设工程公司	520	505.0083	14.9917	2.88
HBCZ-B1-2005-109/1	武汉轨道交通公司友谊大道立交桥工程第一标段隧道	中铁隧道集团有限公司	2800	2714	86	3.07
HBCZ-B1-2005-109/2	武汉轨道交通公司友谊大道立交桥工程第二标段隧道	武汉市汉阳区市政建设工程总公司	2000	1820.1291	179.871	8.99
HBCZ-B1-2005-197	武汉市轨道交通公司汉西路道路及排水工程	武汉市第四市政工程有限公司	750	673.72	76.28	10.17
HBCZ-B1-2005-244/1	武汉市解放大道上延线综合整治工程第一标段	中铁七局集团武汉工程有限公司	7900	7820.2992	79.7008	1.01
HBCZ-B1-2005-244/2	武汉市解放大道上延线综合整治工程第二标段	中铁十一局集团有限公司	7500	7412.9766	87.0234	1.16
HBCZ-B1-2005-244/3	武汉市解放大道上延线综合整治工程第三标段	武汉市市政建设集团有限公司	10000	9468.523	531.477	5.31
HBCZ-C1-2005-246/1	武汉市解放大道上延线综合整治工监理第一标段	武汉飞虹道桥监理有限责任公司	130	120	10	7.69
HBCZ-C1-2005-246/2	武汉市解放大道上延线综合整治工监理第二标段	中咨工程建设监理公司	130	120	10	7.69
HBCZ-C1-2005-246/3	武汉市解放大道上延线综合整治工监理第三标段	武汉市土木工程建设监理有限公司	150	141.6	8.4	5.60
HBCZ-B3-2005-048/1	武汉市东西湖区交通局金山公路路面改造第一合同段	武汉市东交道桥梁工程有限公司	2200	2053.722	146.278	6.65
HBCZ-B3-2005-048/2	武汉市东西湖区交通局金山公路路面改造第二合同段	武汉市汉阳区市政建设工程总公司	2800	2664.846	135.154	4.83
HBCZ-B3-2005-048/3	武汉市东西湖区交通局金山公路路面改造第三合同段	湖北省路桥有限责任公司	2700	2533.743	166.257	6.16
HBCZ-B3-2005-075	武汉市东西湖区交通局金山公路路面改造工程监理	武汉市公路工程咨询监理公司	100	81.5514	18.4486	18.45
HBCZ-B3-2005-049	武汉市东西湖区交通局107国道东西湖额头湾段施工	中国建筑第五工程局	1963.07	1957.2217	5.8483	0.30
HBCZ-B1-2005-077/1	湖北楚天高速公路股份有限公司综合处治18合同段	湖北省广水市路桥工程公司	1200	1099.6589	100.341	8.36

续表

招标编号	项目名称	中标单位	委托金额	中标金额	节资额	节资率%
HBCZ-B1-2005-077/2	湖北楚天高速公路股份有限公司综合处治19合同段	黄石市晨光交通工程建设有限公司	1800	1773.8778	26.1222	1.45
HBCZ-B1-2005-077/3	湖北楚天高速公路股份有限公司综合处治20合同段	鄂州路桥工程有限公司	1800	1670.3927	129.607	7.20
HBCZ-B1-2005-077/4	湖北楚天高速公路股份有限公司桥涵加固21合同段	武汉港湾工程设计研究院	450	431.195	18.805	4.18
HBCZ-B1-2005-077/5	湖北楚天高速公路股份有限公司桥涵加固22合同段	中铁五局集团有限公司	500	481.3521	18.6479	3.73
HBCZ-B1-2005-077/6	湖北楚天高速公路股份有限公司桥涵加固23合同段	武汉二航路桥特种工程有限公司	550	499.8268	50.1732	9.12
HBCZ-B1-2005-077/7	湖北楚天高速公路股份有限公司桥涵加固24合同段	中国路桥集团总公司	380	344.2569	35.7431	9.41
HBCZ-B3-2005-131/1	江夏区交通局梁子湖大道新建工程Ⅰ标段工程	中国建筑第七工程局	850	837.3892	12.6108	1.48
HBCZ-B3-2005-131/2	江夏区交通局梁子湖大道新建工程Ⅱ标段工程	中铁十三局集团长五工程有限公司	410	399.8585	10.1415	2.47
HBCZ-B3-2005-131/3	江夏区交通局梁子湖大道新建工程Ⅲ标段工程	武汉市市政建设集团有限公司	580	560.3531	19.6469	3.39
HBCZ-B3-2005-131/4	江夏区交通局梁子湖大道新建工程Ⅳ标段工程	武汉市汉阳市政建设工程总公司	480	457.6	22.4	4.67
HBCZ-C3-2005-132	江夏区交通局梁子湖大道新建工程施工监理工程	湖北顺达公路工程咨询监理公司	95	91.8888	3.1112	3.27
HBCZ-F1-2005-158	宜昌远安至当阳一级公路改扩建监理	宜昌虹源公路工程咨询监理公司	40	38.5	1.5	3.75
HBCZ-E1-2005-174	宜昌市远安至当阳一级公路改扩建工程路面施工	湖南对外建设工程有限公司	4000	3376.81	623.19	15.58
HBCZ-E1-2005-279/1	宜昌远安当一级公路扩建工程桥梁工程清溪中桥	枝江路桥工程有限责任公司	220	195.7086	24.2914	11.04
HBCZ-E1-2005-279/2	宜昌远安当一级公路扩建工程桥梁工程峡口中桥	四川省泸县建筑安装工程总公司	300	289.0642	10.9358	3.65
HBCZ-E1-2005-279/3	宜昌远安当一级公路扩建工程桥梁工程干溪中桥	五峰交通建设开发有限责任公司	260	245.0233	14.9767	5.76
HBCZ-E1-2005-279/4	宜昌远安当一级公路扩建工程桥梁工程三桥一桥等	宜昌市宏发路桥建设有限责任公司	200	163.4946	36.5054	18.25
HBCZ-E1-2005-279/5	宜昌远安当一级公路扩建工程高庙桥洪庙桥墩子河桥	湖北清江路桥建筑有限公司	300	270.7449	29.2551	9.75
HBCZ-C1-2005-135	武汉天河机场航站楼及配套工程监理	湖北建业建设监理公司	720	709.4863	10.5137	1.46
HBCZ-B1-2005-136	武汉天河机场航站楼主体结构工程	中建三局建设工程股份有限公司	21000	19109.46	1890.54	9.00
HBCZ-A1-2005-007	武汉汉西污水处理有限公司设备采购及安装	武汉凯迪水务有限公司	21000	19299.44	1700.56	8.10

招标编号	项目名称	中标单位	委托金额	中标金额	节资额	节资率%
HBCZ-A1-2005-009/1	武汉市黄陂区自来水三期工程	武汉黄陂水利建筑安装工程公司	883	450.61	432.39	48.97
HBCZ-A1-2005-009/2	武汉市黄陂区自来水三期工程	湖北省汉川市洁波净化有限公司	40	33.12	6.88	17.20
HBCZ-A1-2005-009/3	武汉市黄陂区自来水三期工程	武汉市塑料十一厂	15	11.221	3.779	25.19
HBCZ-A1-2005-009/4	武汉市黄陂区自来水三期工程	商城申旺水处理器材有限公司	25	23.64	1.36	5.44
HBCZ-A1-2005-009/5	武汉市黄陂区自来水三期工程	岳市岳阳楼区德胜石英砂厂	10	9.7744	0.2256	2.26
HBCZ-A1-2005-009/6	武汉市黄陂区自来水三期工程	万家电器乐清电力成套设备公司	42	41.2708	0.7292	1.74
HBCZ-A1-2005-009/7	武汉市黄陂区自来水三期工程	武汉市广宜电气有限责任公司	20	17.5	2.5	12.50
HBCZ-A1-2005-009/8	武汉市黄陂区自来水三期工程	湖南湘电长泵洄罗江制泵有限公司	25	24.718	0.282	1.13
HBCZ-A1-2005-009/9	武汉市黄陂区自来水三期工程	武汉亚美阀门制造有限公司	40	36.81	3.19	7.98
HBCZ-A1-2005-009/10	武汉市黄陂区自来水三期工程	湖北省汇华林水处理工程技术公司	120	115.2723	4.7277	3.94
HBCZ-A1-2005-009/11	武汉市黄陂区自来水三期工程	河南省卫童机童仪器有限公司	6	5.25	0.75	12.50
HBCZ-A1-2005-009/12	武汉市黄陂区自来水三期工程	武汉科隆化工仪器有限公司	15	11.585	3.415	22.77
HBCZ-A1-2005-009/13	武汉市黄陂区自来水三期工程	万家电器乐清电力成套设备公司	15	13.7	1.3	8.67
HBCZ-E3-2005-268	黄石市给水管网改扩建施工工程	黄石市自来水给排水工程公司	150	122	28	18.67
HBCZ-D3-2005-269	黄石市给水管网改扩建工程球墨铸铁钢管及配套附件	新兴铸管有限公司武汉销售分公司	200	183.3337	16.6663	8.33
HBCZ-E1-2005-271/1	汉川市三水厂二期源水输水等施工及安装	汉川市自来水安装公司	110	101.8747	8.1253	7.39
HBCZ-E1-2005-271/2	汉川市三水厂二期续建工程水处理设施	汉川市洁波净化有限公司	45	39.9813	5.0187	11.15
HBCZ-E1-2005-271/3	汉川市三水厂二期续建工程供水设备	汉川市精诚机电设备有限公司	45	39.9455	5.0545	11.23
HBCZ-E1-2005-271/4	汉川市三水厂二期续建工程供水阀门	武汉阀门水处理机械股份有限公司	25	21.9737	3.0263	12.11
HBCZ-A1-2005-236/1	湖北省长江干堤堤防维护工程第一包	武汉维吾科技发展服有限公司	55	49.487	5.513	10.02
HBCZ-A1-2005-236/2	湖北省长江干堤堤防维护工程第二包	武汉测绘仪器设备技术有限公司	70	63	7	10.00

续表

招标编号	项目名称	中标单位	委托金额	中标金额	节资额	节资率%
HBCZ-A1-2005-236/3	湖北省长江干堤堤防维护工程第三包	湖北中发汽车服务有限公司	920	893.088	26.912	2.93
HBCZ-A1-2005-236/4	湖北省长江干堤堤防维护工程第四包	武汉友芝友汽车服务有限公司	300	274.6282	25.3718	8.46
HBCZ-C1-2005-262	汉江下游加固工程2005年度施工监理	荆门江海土木工程咨询有限公司	78	75	3	3.85
HBCZ-A1-2005-030	武汉大学中南医院电梯	武汉芝友机电工程有限公司	650	535.16	114.84	17.67
HBCZ-B1-2005-053	武汉大学中南医院消防安装工程	武汉安泰系统工程有限公司	400	337	63	15.75
HBCZ-A1-2005-078	武汉大学中南医院空调设备	武汉大洋暖通工程有限公司	720	655	65	9.03
HBCZ-A1-2005-079/1	武汉大学中南医院风机盘管	武汉康远冷气装饰设备工程公司	120	117.5231	2.4769	2.06
HBCZ-A1-2005-079/2	武汉大学中南医院水泵	上海凯象泵业集团武汉分公司	35	29.2	5.8	16.57
HBCZ-A1-2005-079/3	武汉大学中南医院冷却塔	湖北良机冷却设备有限公司	25	21.68	3.32	13.28
HBCZ-A1-2005-079/4	武汉大学中南医院直燃式溴化锂机组	武汉大荣冷气设备有限公司	380	367.8	12.2	3.21
HBCZ-A1-2005-161	武汉大学中南医院新门诊综合楼幕墙工程	湖北凌志装饰工程有限公司	1000	819	181	18.10
HBCZ-A1-2005-225	武汉大学中南医院门诊楼网架、雨蓬工长程	开封天元网架工程有限公司	90	86	4	4.44
HBCZ-B1-2005-256/A	武汉大学中南医院安防工程设计、施工	武汉市博海无线电有限公司	50	47.5	2.5	5.00
HBCZ-B1-2005-256/B	武汉大学中南医院综合布线工程	武汉市博海无线电有限公司	30	26.7	3.3	11.00
HBCZ-A1-2005-274/A	武汉大学中南医院PVC（橡胶）地面材料	武汉芝友机电工程有限公司	150	134.452	15.548	10.37
HBCZ-A1-2005-284/A	武汉大学中南医院450KVA进口柴油发电机	武汉信司动力设备有限公司	50	45.9	4.1	8.20
HBCZ-A1-2005-284/B	武汉大学中南医院1250KVA干式变压器	中电电气集团有限公司	45	39.04	5.96	13.24
HBCZ-A1-2005-284/C	武汉大学中南医院低压配电柜	人民电气集团上海有限公司	65	58.8765	6.1235	9.42
HBCZ-B1-2005-285	武汉大学中南医院室内装饰装修工程	湖北龙泰建筑装饰工程有限公司	150	126.7251	23.2749	15.52
HBCZ-D2-2005-148/1	荆州第二人民医院外科大楼及老住院楼中央空调主机	武汉金铃制冷工程有限责任公司	160	145	15	9.38
HBCZ-D2-2005-148/2	荆州第二人民医院外科大楼及老住院楼末端设备及安装	武汉腾实机电工程有限公司	250	222	28	11.20

续表

招标编号	项目名称	中标单位	委托金额	中标金额	节资额	节资率%
HBCZ-E2-2005-056	襄樊中心医院外科住院大楼洁净手术部净化装修设备	上海德威净化设备工程有限公司	3000	2590	410	13.67
HBCZ-A1-2005-081	湖北中医院住院大楼中央空调设备	阿尔西制冷工程技术有限公司	450	372	78	17.33
HBCZ-D2-2005-147/2	南漳县人民医院手术净化装修工程	上海东健净化有限公司	260	248.92	11.08	4.26
HBCZ-A2-2005-193	湖北省肿瘤医院手术室、病房装修工程	北京三医特空气净化工程有限公司	1500	1488.0885	11.9115	0.79
HBCZ-D2-2005-222	赤壁市医疗中心新建住院楼手术部净化装修工程	武汉嘉荣医疗净化工程有限公司	400	392	8	2.00
HBCZ-A2-2005-266	武汉大学人民医院医用电梯及载客电梯采购及安装	武汉海弘科技有限公司	1500	1348.8	151.2	10.08
HBCZ-B1-2005-064	武汉生物制品研究所无细胞百白破联合疫苗产业工程	湖北山河建工集团有限公司	1300	1238	62	4.77
HBCZ-B1-2005-065	武汉生物制品研究所无细胞百白破联合疫苗产业工程	武汉工程建设监理有限公司	65	62	3	4.62
HBCZ-A4-2005-223/1	武汉生物制品研究所空调和制冷设备的采构等	湖北武源制冷设备工程有限公司	350	327.139	22.861	6.53
HBCZ-A4-2005-223/2	武汉生物制品研究所分装车间空调净化系统	上海卡斯特环境净化材料有限公司	400	375.9945	24.0055	6.00
HBCZ-A4-2005-223/4	武汉生物制品研究所消防、安防系统及安装调试	武汉市三江自控成套工程公司	85	79.6471	5.3529	6.30
HBCZ-A4-2005-240/2	武汉生物制品研究所动力电安装	武汉市中南安装工程有限公司	220	207.3867	12.6133	5.73
HBCZ-B1-2005-020	东风汽车工业投资有限公司产品设计楼展示厅	武汉凌云建筑装饰工程有限公司	1100	1029.8918	70.1082	6.37
HBCZ-B1-2005-045/A	东风汽车集团信息中心大楼室内装修装饰工程	深圳市深大深装总装饰工程有限公司	1650	1632.162	17.838	1.08
HBCZ-B1-2005-045/B	东风汽车集团产品设计大楼室内装修装饰工程	中建三局深圳装饰设计工程公司	750	699.2707	50.7293	6.76
HBCZ-D4-2005-026/A	湖北经纬化纤有限公司增强管管道制作及安装	镇江大洋星鑫工程管道有限公司	200	192.3213	7.6787	3.84
HBCZ-D4-2005-026/B	湖北经纬化纤有限公司玻璃钢非标设备、管道制作及安装	江苏省武进玻璃钢铁制品有限公司	200	197.5	2.5	1.25
HBCZ-D4-2005-026/C	湖北经纬化纤有限公司暖通系统工程安装	盐城市申江化机空调设备有限公司	125	119.3962	5.6038	4.48
HBCZ-B1-2005-031	湖北省劳动教养工作管理局少管所弱电系统工程	武汉网信智能楼宇系统工程公司	100	88.6	11.4	11.40
HBCZ-B1-2005-033	湖北省劳动教养工作管理局少管所室外工程	中天建设集团有限公司	150	125.8	24.2	16.13
HBCZ-T1-2005-100/1	武汉市公安局光缆线路工程施工	中通建三局技术发展公司	75	69	6	8.00

续表

招标编号	项目名称	中标单位	委托金额	中标金额	节资额	节资率%
HBCZ-B1-2005-110/1	武汉市公安局综合楼装修工程（A包）	江苏正大建设集团有限公司	200	180	20	10.00
HBCZ-B1-2005-110/2	武汉市公安局综合楼装修工程（B包）	武汉泾河建筑工程有限责任公司	45	39	6	13.33
HBCZ-B1-2005-111	武汉市公安局警训基地维修工程	湖北长青建筑工程有限公司	150	127.1956	22.8044	15.20
HBCZ-T1-2005-179	武汉市公安局特通机房建设	武汉兰新网络技术工程有限公司	160	146	14	8.75
HBCZ-A1-2005-034	湖北省体彩票管理中心武汉区域中心机房建设	清华同方股份有限公司	500	388.3536	111.646	22.33
HBCZ-C1-2005-061	湖北省体育彩票管理中心武汉区域中心机房建设监理	湖北时代监理公司	160	160	0	0.00
HBCZ-B4-2005-059	湖北省福利彩票发行中心装民大厦装饰装修改造工程	湖北龙泰建筑装饰工程有限公司	1500	1378	122	8.13
HBCZ-B1-2005-091	武汉理工大学新校区食堂工程	中国十五冶金建设有限公司	1073.64	970.4	103.24	9.62
HBCZ-C1-2005-092	武汉理工大学新校区食堂工程监理	湖北省华隆工程建设监理有限公司	30	27.16	2.84	9.47
HBCZ-B1-2005-127/A	武汉理工大学新校区道路工程	武汉市井冈山建筑工程公司	65	64.1	0.9	1.38
HBCZ-B1-2005-127/B	武汉理工大学新校区道路工程	湖北荣勃建设工程有限公司	65	62.3148	2.6852	4.13
HBCZ-B1-2005-291	武汉理工大学新校区教学东楼东附楼工程	湖北省建筑工程集团有限公司	1200	1098	102	8.50
HBCZ-C1-2005-292	武汉理工大学新校区教学东楼东附楼工程（监理）	武汉华胜工程建设科技有限公司	35	33.84	1.16	3.31
HBCZ-B3-2005-005	武汉音乐学院高层琴房楼工程	广州华盛建筑实业有限公司	6000	5286	714	11.90
HBCZ-A1-2005-165	长江职业学院图书馆空调设备采购及空调系统安装	湖北生华机电设备工程有限公司	600	478.597	121.403	20.23
HBCZ-A1-2005-154/7	武汉中商集团股份有限公司弱电系统	湖北平安智能消防工程有限公司	100	92.798	7.202	7.20
HBCZ-A1-2005-154/8	武汉中商集团股份有限公司强电工程	省建工总公司工业设备安装公司等	107	98	9	8.41
HBCZ-A1-2005-178/3	湖北省江汉剧场中央空调末端设备采购与安装工程	武汉大洋暖通工程有限公司	280	256	24	8.57
HBCZ-A1-2005-178/4	湖北省江汉剧场消防系统及弱电系统工程	武汉市磐笛消防保安设备有限公司	160	146.5	13.5	8.44
HBCZ-B1-2005-310	湖北省江汉剧场综合楼幕墙工程	湖北艺美建筑装饰工程有限公司	200	170.1373	29.8627	14.93
HBCZ-E3-2005-187	恩施金叶烟草有限责任公司打叶复烤联合工房施工	武汉建工股份有限公司	3200	2821.8	378.2	11.82

续表

招标编号	项目名称	中标单位	委托金额	中标金额	节资额	节资率%
HBCZ-E3-2005-218/A	恩施金叶烟草原烟仓库、选叶间土建部分施工工程	恩施宏城建设有限责任公司	100	957.808	-857.81	-857.81
HBCZ-E3-2005-218/B	恩施金叶烟草原烟仓库、选叶间土建部分施工工程	中建五局工业设备安装有限公司	1200	1106.8868	93.1132	7.76
HBCZ-B3-2005-205	湖北省粮食局住宅楼屋顶平改坡施工工程	浙江宝业集团公司	87	69	18	20.69
HBCZ-B3-2005-206	湖北省粮油储备公司精米加工车间施工工程	武汉亨发建筑安装工程有限公司	142	112.48	29.52	20.79
HBCZ-B1-2005-293	中国科学院武汉病毒研究所郑店实验室园区施工	中建三局第三建设工程公司	450	400	50	11.11
HBCZ-B1-2005-294	中国科学院武汉病毒研究所郑店实验室园区监理	湖北华隆工程建设监理有限公司	12	10	2	16.67
HBCZ-A1-2005-309/1	湖北省艺术馆建设办公室水泵、消防气压罐及水箱力	武汉粤华泵业有限责任公司	20	18.0353	1.9647	9.82
HBCZ-A1-2005-309/2	湖北省艺术馆建设办公室柴油发电机组	上海恒锦动力科技有限公司	40	35.6	4.4	11.00
HBCZ-B3-2005-311/1	长航集团青山船厂滑道工程、舾装码头	中海工程建设总局	2500	2235.7134	264.287	10.57
HBCZ-B3-2005-311/2	长航集团青山船厂蓄水坝工程	葛洲坝集团第六工程有限公司	3800	3630.3171	169.683	4.47
HBCZ-B1-2005-085	杜尔伯特伊利乳业武汉分公司奶粉分装厂房土建工程	廊坊市中大建筑安装集团有限公司	820	800	20	2.44
HBCZ-D4-2005-125	湖北宫山风电厂中控楼机电设备安装	中铁电气化局集团第二工程公司	150	131.82	18.18	12.12
HBCZ-A1-2005-129	人行咸宁中心支行办公楼住宅楼项目设备安装与制作	湖北省建总公司工业设备安装公司	1800	1405.8534	394.147	21.90
HBCZ-A4-2005-133	武汉宏捷基础设施建设有限公司中央空调机电设备工程	武汉惠风机电设备工程有限公司	220	199.3	20.7	9.41
HBCZ-B1-2005-142	武汉德威大厦消防系统工程	海南金桑消防工程有限公司	120	106.11	13.89	11.58
HBCZ-B3-2005-144	湖北省农业科学院水稻中心实验楼	正大集团有限公司	860	852.51	7.49	0.87
HBCZ-C1-2005-260	武汉产品质量监督检验所检测基地项目代建单位	湖北诚信万里建设项目管理公司	55	49.92	5.08	9.24
	合计		169163.71	158074.32	11089.39	6.56

单位：万元

2006 年

招标编号	项目名称	中标单位	委托金额	中标金额	节资额	节资率%
HBCZ-B3-2006-006/A	武汉生物制品研究所无细胞百白破联合疫苗真空管道动力及照明安装工程	中国化工工程管件公司	150	126.65	23.35	15.57
HBCZ-B3-2006-006/B	武汉生物制品研究所无细胞百白破联合疫苗百白破车间净化安装	武汉中南安装有限公司	150	99.14	50.86	150
HBCZ-GW3-2006-046/1		武汉快达净化空调工程公司	220	215.00	5.00	2.27
HBCZ-GW3-2006-046/2		武汉快达净化空调工程公司	150	143.60	6.40	4.27
HBCZ-GW3-2006-172	武汉生物百白破绿化工程施工	武汉西郊园林绿化有限公司	35	28.36	6.64	18.97
HBCZ-GW3-2006-302	武汉生物制品研究所净化工程	上海卡斯特环境净化材料公司	570	521.09	48.91	8.58
HBCZ-D3-2006-008	恩施金叶烟草有限公司烟草异异物检测剔除系统	北京长征高科技公司	340	312.91	27.09	7.97
HBCZ-D3-2006-009	恩施金叶烟草有限公司除尘系统	徐州华达机电设备有限公司	360	353.13	6.87	1.91
HBCZ-D3-2006-010	恩施金叶烟草有限公司空调	湖北天王电器有限责任公司	200	184.63	15.37	7.69
HBCZ-GQ3-2006-058	恩施金叶烟草有限公司打叶复烤	云贵公司船星机电设备厂	700	698.76	1.24	0.18
HBCZ-GQ3-2006-059/1	恩施金叶烟草有限公司高压开关柜	上海天正机电（集团）公司	100	82.69	17.31	17.31
HBCZ-GQ3-2006-059/2	恩施金叶烟草有限公司低压开关柜	江苏长江电气股份有限公司	200	181.77	18.23	9.12
HBCZ-GQ3-2006-059/3	恩施金叶烟草有限公司低压母线线槽	扬中市长江电器成套有限公司	180	157.99	22.01	12.23
HBCZ-GQ3-2006-101	恩施金叶烟草有限公司安防、综合布线	湖北中科网络二程有限公司	300	279.22	20.78	6.93
HBCZ-GQ3-2006-048	襄樊烟厂制丝生产线改造动力中心土建工程	新州建总（集团）襄樊分公司	650	521.38	128.62	19.79
HBCZ-GQ3-2006-327	襄樊烟厂制丝生产线改造动力中心安装工程	湖北省建工工业设备安装公司	1500	1218.00	282.00	18.80
HBCZ-C1-2006-004	武大中南医院饮食中心监理	湖北时代工程监理有限公司	15	14.40	0.60	4.00
HBCZ-B1-2006-011	武大中南医院饮食中心施工	中建三局二公司	600	397.00	203.00	33.83
HBCZ-GS1-2006-027	中南医院净化工程设计、施工	安华电子技术工程有限公司	95	86.62	8.38	8.82

续表

招标编号	项目名称	中标单位	委托金额	中标金额	节资额	节资率%
HBCZ-HS6-2006-057	武汉大学中南医院饮食中心多联中央空调系统	武汉精诚松机电设备有限公司	110	95.82	14.18	12.89
HBCZ-HS6-2006-086	武汉大学中南医院饮食中心电梯	湖北富士达电梯有限公司	40	33.40	6.60	16.50
HBCZ-HS6-2006-088	武汉大学中南医院综合楼医用气体中供给系统	成都联帮氧气工程有限公司	39	36.64	2.36	6.05
HBCZ-GS6-2006-113	武大中南医院饮食中心室内装修工程	金陵建工集团武汉分公司	170	149.08	20.92	12.31
HBCZ-FW1-2006-124	中南医院移植医学综合楼立面方案设计	武汉市建筑设计院	600	499.00	101.00	16.83
HBCZ-FS1-2006-170	武汉大学中南医院门诊部综合楼室外工程	湖北七采环境艺术有限公司	120	106.90	13.10	10.92
HBCZ-HS2-2006-051	湖北省肿瘤医院空调系统供货及安装	湖北兴亚特制冷设备工程公司	1000	867.70	132.30	13.23
HBCZ-HS2-2006-145/1	湖北省肿瘤医院医气及呼叫系统	北京航天爱锐锐设备安装公司	110	95.80	14.20	12.91
HBCZ-HS2-2006-145/2	湖北省肿瘤医院物流系统	北京瑞泽网络系统工程公司	130	119.70	10.30	7.92
HBCZ-HS2-2006-173	湖北省肿瘤医院弱电系统工程	武汉网信智能楼宇系统公司	250	206.00	44.00	17.60
HBCZ-A2-2006-013	武汉大学人民医院手术部净化工程	中国联合承造业业公司	3500	3250.00	250.00	7.14
HBCZ-GQ6-2006-244	武汉市第十一医院手术室净化装修工程	武汉瑞特医疗净化工程公司	700	432.00	268.00	38.29
HBCZ-GW6-2006-389	武汉市中医院制剂楼装修工程	湖北科圣鹏装饰净化工程公司	350	318.00	32.00	9.14
HBCZ-FW1-2006-019	武汉卫生监督业务综合楼项目代建单位	湖北诚信建设项目管理公司	40	37.58	2.42	6.05
HBCZ-GS4-2006-021/1	沪蓉高速公路麻城至武汉段勘察设计（第一标段）	湖北省交通规划设计院	3600	3429.82	170.18	4.73
HBCZ-GS4-2006-021/2	沪蓉高速公路麻城至武汉段勘察设计（第二标段）	华杰工程咨询有限公司	2800	2568.00	232.00	8.29
HBCZ-GS4-2006-021/3	沪蓉高速公路麻城至武汉段勘察设计（第三标段）	湖北省交通规划设计院	140	120.54	19.46	13.90
HBCZ-GS4-2006-026/1	沪蓉高速公路宜昌至巴东段勘察设计（第一标段）	湖北省交通规划设计院	6000	5610.39	389.61	6.49
HBCZ-GS4-2006-026/2	沪蓉高速公路宜昌至巴东段勘察设计（第二标段）	湖北省交通规划设计院	5000	4701.90	298.10	5.96
HBCZ-GS4-2006-026/3	沪蓉高速公路宜昌至巴东段勘察设计（第三标段）	中交第二公路勘察设计研究院	7500	6988.00	512.00	6.83
HBCZ-GS4-2006-026/4	沪蓉高速公路宜昌至巴东段勘察设计（第四标段）	中交第二公路勘察设计研究院	4500	4298.00	202.00	4.49

续表

招标编号	项目名称	中标单位	委托金额	中标金额	节资额	节资率%
HBCZ-GS4-2006-026/5	沪蓉高速公路宜昌至巴东段勘察设计（第五标段）	湖北省交通规划设计院	300	238.05	61.95	20.65
HBCZ-GW3-2006-084	梁子湖大道路面施工	武汉江夏路桥工程总公司	4950	4945.40	4.60	0.09
HBCZ-GW3-2006-110	天子山大道路面施工	武汉江夏路桥工程总公司	5000	4432.64	567.36	11.35
HBCZ-GW4-2006-232	荆岳长江公路大桥钢围堰	国营武昌造船厂	1400	1327.95	72.05	5.15
HBCZ-GW4-2006-291	黄陂巨龙大道刘店分离式立交桥	武汉捷通市政工程有限公司	236	227.94	8.06	3.42
HBCZ-ZW1-2006-023/1	武汉市公安局一处办公楼通信线路	中国通信建设第三工程局	10	5.20	4.80	48.00
HBCZ-ZW1-2006-023/2	武汉市公安局一处办公楼综合布线工程	武汉立飞科技发展有限公司	10	5.10	4.90	49.00
HBCZ-ZW1-2006-024	武汉市公安局一处办公楼室内维修改造工程	武汉天宜装饰工程有限公司	60	53.00	7.00	11.67
HBCZ-ZW1-2006-035	武汉公安局视频管理中心网络系统	武汉金桥网络安全技术公司	30	29.50	0.50	1.67
HBCZ-ZW6-2006-106	武汉市公安局一看守所监控系统改造	武汉高迪新技术发展有限公司	70	69.00	1.00	1.43
HBCZ-GW3-2006-047/1	武汉天河机场环场监控	中船重工集团709所	330	299.57	30.43	9.22
HBCZ-GW3-2006-047/2	武汉天河机场候机楼监控	武汉电信工程有限公司	70	58.00	12.00	17.14
HBCZ-GW2-2006-099	武汉天河机场扩建工程供油管线加油系统	武汉捷工安装工程有限公司	1000	663.39	336.61	33.66
HBCZ-GW4-2006-109	武汉天河机场扩建工程站坪	四川省机场工程有限公司	8696	8086.66	609.34	7.01
HBCZ-GW4-2006-253	武汉天河机场扩建工程停机坪	中国航空港建设总公司	800	726.40	73.61	9.20
HBCZ-GW4-2006-114	襄樊机场围界工程围界改造	广东宏大建筑安装工程有限公司	300	256.66	43.34	14.45
HBCZ-GS4-2006-238	恩施许家坪机场办公楼车库及附属工程	广东开平建安集团有限公司	1400	1268.42	131.58	9.40
HBCZ-C1-2005-305	武汉市轨道交通二号线设计总包	铁道第四勘测设计院	5300	5290	10	0.19
HBCZ-C1-2005-306/1	武汉市轨道交通二号线单项设计第一标段	铁道第四勘测设计院	1600	1522	78	4.88
HBCZ-C1-2005-306/2	武汉市轨道交通二号线单项设计第二标段	中铁隧道勘测设计有限公司	2600	2574	26	1.00
HBCZ-C1-2005-306/3	武汉市轨道交通二号线单项设计第三标段	铁道第四勘测设计院	2000	1955	45	2.25

续表

招标编号	项目名称	中标单位	委托金额	中标金额	节资额	节资率%
HBCZ-C1-2005-306/4	武汉市轨道交通二号线单项设计第四标段	北京城建设计研究总院	2600	2521	79	3.04
HBCZ-C1-2005-306/5	武汉市轨道交通二号线单项设计第五标段	广州地铁设计研究院联合体	1600	1529	71	4.44
HBCZ-C1-2005-306/6	武汉市轨道交通二号线单项设计第六标段	北京城建设计研究总院	1350	1300	50	3.70
HBCZ-C1-2005-306/7	武汉市轨道交通二号线单项设计第七标段	北京全路通信信号研究设计院	1000	927	73	7.30
HBCZ-C1-2005-306/8	武汉市轨道交通二号线单项设计第八标段	铁道第四勘测设计院	610	596	14	2.30
HBCZ-C1-2005-306/9	武汉市轨道交通二号线单项设计第九标段	铁道第四勘测设计院	260	243	17	6.54
HBCZ-C1-2005-306/10	武汉市轨道交通二号线单项设计第十标段	长江勘测规划设计院联合体	210	197	13	6.19
HBCZ-C1-2005-307	武汉市轨道交通二号线设计监理	铁道第三勘测设计院	2600	2448	152	5.85
HBCZ-B4-2005-283	三三八处铁路专用线大修施工	中铁七局集团武汉工程公司	130	121.4727	8.53	6.56
HBCZ-GQ4-2006-062	湖北京山钟祥丰站风雨棚	武汉江腾铁路工程有限公司	170	155	15	8.82
HBCZ-GW5-2006-065	轨道交通武昌站土建工程	中铁十局集团有限公司	8200	7119.52	1080.48	13.18
HBCZ-FW5-2006-066/1	轨道交通武昌站监理	广东天衡工程建设监理有限公司	102	92.4	9.6	9.41
HBCZ-FW5-2006-066/2	轨道交通武汉站监理	中咨工程建设监理公司	170	162.4	7.6	4.47
HBCZ-FW5-2006-111/1	武汉市轨道交通二号线工程勘察第 I 标段	武汉市勘测设计研究院	550	508.8977	41.1023	7.47
HBCZ-FW5-2006-111/2	武汉市轨道交通二号线工程勘察第 II 标段	武汉建材地质工程勘察院	190	159.4791	30.5209	16.06
HBCZ-FW5-2006-111/3	武汉市轨道交通二号线工程勘察第 III 标段	长江勘测规划设计研究院	550	515.249	34.751	6.32
HBCZ-FW5-2006-111/4	武汉市轨道交通二号线工程勘察第 IV 标段	中冶集团武汉勘察院有限公司	290	243.0681	46.9319	16.18
HBCZ-FW5-2006-111/5	武汉市轨道交通二号线工程勘察第 V 标段	长江勘测规划设计研究院	200	190.751	9.249	4.62
HBCZ-FW5-2006-112	武汉市轨道交通二号线工程勘察监理	北京城建勘测设计研究院	120	108.8989	11.1011	9.25
HBCZ-FW5-2006-186	武汉市轨道交通二号线范湖站土建监理	武汉中汉工程建设监理公司	150	120	30	20.00
HBCZ-GW5-2006-187	武汉市轨道交通二号线范湖站土建（实验工程）	中铁隧道集团有限公司	10913	8897.00	2015.00	18.47

续表

招标编号	项目名称	中标单位	委托金额	中标金额	节资额	节资率%
HBCZ-FW5-2006-369	武昌火车站西广场施工监理	湖北时代工程监理有限公司	100	92.4	7.6	7.60
HBCZ-GW5-2006-347	武昌火车站西广场地下空间土建工程施工	武汉建工股份有限公司	7000	6666.68	333.32	4.76
HBCZ-FS1-2006-148	武汉理工大学新校区道路工程监理	湖北亚太监理有限责任公司	30	24.5	5.5	18.33
HBCZ-GS1-2006-149/1	武汉理工大学新校区道路第一标段施工	湖北荣勃建设工程有限公司	300	280.868	19.132	6.38
HBCZ-GS1-2006-149/2	武汉理工大学新校区道路第二标段施工	湖北省正源市政有限公司	300	288.1635	11.8365	3.95
HBCZ-FW5-2006-167	武汉市艺术学校新建项目一期代建单位	湖北恒达建设项目管理有限公司	100	78.8554	21.1446	21.14
HBCZ-HW1-2006-169	湖北城建学院藏龙岛区供电设备及安装	湖北盛隆电力工程有限公司	200	159.3079	40.6921	20.35
HBCZ-FW5-2006-164	中南剧场异地新建项目代建单位	武汉平成建设监理有限公司	100	95.3415	4.6585	4.66
HBCZ-FW5-2006-174	中南剧场项目工程监理施工监理	湖北合联建设监理公司	100	66.6	33.4	33.40
HBCZ-ZW6-2006-218	武汉剧院改造加固工程	武汉黄鹤特业工程技术公司	25	22.5	2.5	10.00
HBCZ-HW5-2006-175	武汉美术馆变、配电设备	湖北金鼎电力工程有限公司	450	415.5101	34.4899	7.66
HBCZ-ZS6-2006-073/1	省体育局英东游泳跳水馆维修改造工程项目管理	湖北诚信建设项目管理有限公司	70	66	4	5.71
HBCZ-ZS6-2006-073/2	湖北省体育局关山射击场维修改造工程项目管理	轻工武汉设计工程有限公司	18	16.8	1.2	6.67
HBCZ-ZS6-2006-180	英东游泳跳水馆比赛照明维修改造	湖北亚太欧光电子系统公司	60	33.6123	26.3877	43.98
HBCZ-ZS6-2006-239	运动训练竞赛基地（光谷）项目管理（含监理）	浙江江南工程管理股份公司	600	590.4	9.6	1.60
HBCZ-ZS6-2006-240	省体育局水上运动训练竞赛基地项目管理（含监理）	浙江江南工程管理股份公司	180	160	20	11.11
HBCZ-ZS6-2006-241	省体育局水上运动训练竞赛基地设计、施工总承包	武警水电第二总队	6000	4688.8	1311.2	21.85
HBCZ-ZS6-2006-404	湖北省体育局光谷基地网球场设计	中建国际（深圳）设计顾问公司	220	159	61	27.73
HBCZ-ZS6-2006-407	湖北省体育中心二期陆地部分设计	中南建筑设计院	100	66	34	34.00
HBCZ-ZW6-2006-247	武汉体育中心一期配套橡胶跑道	重庆中体体育设施工程公司	1300	1238	62	4.77
HBCZ-ZW6-2006-360	武汉体育中心市政施工监理	武汉土木工程建设监理公司	60	55.76	4.24	7.07

续表

招标编号	项目名称	中标单位	委托金额	中标金额	节资额	节资率%
HBCZ-ZW6-2006-144/1	武汉市委机房维修改造	武汉建开装饰工程有限公司	31	30.306	0.694	2.24
HBCZ-ZW6-2006-248	武汉市亮化照明采购及建设	武汉伊田照明工程有限公司	50	39.85	10.15	20.30
HBCZ-ZW6-2006-308	武汉市城管局长江大桥二期照明	浙江珍琪电器工程有限公司	600	537.5669	62.4331	10.41
HBCZ-GW1-2006-367/2	武昌区地税局大楼装修（二标段）	湖北艺美建筑装饰工程公司	300	280.3752	19.6248	6.54
HBCZ-GW1-2006-367/3	武昌区地税局大楼装修（三标段）	湖北创威建筑装工程公司	630	586.8755	43.1245	6.85
HBCZ-FW6-2006-378	武汉蔡甸国防教育基地设计	总后建筑设计研究院武汉分院	100	92.7	7.3	7.30
HBCZ-B3-2006-012	湖北省标准信息所装修工程	湖北今人装饰工程有限公司	150	143	7	4.67
HBCZ-HS1-2006-049	湖北省粮食局关食堂土建工程	浙江宝业建设集团有限公司	90	77.28	12.72	14.13
HBCZ-HS1-2006-105	湖北省工行办公大楼维修改造室内装修	深圳市博大装饰工程公司	300	261.36	38.64	12.88
HBCZ-GS1-2006-126	湖北省工行办公大楼维修改造外墙装修	中大建设集团股份有限公司	190	162.115	27.885	14.68
HBCZ-ZS6-2006-242	湖北省计生委办公楼装修工程监理招标	武汉中建工程监理有限公司	10	8	2	20.00
HBCZ-GW3-2006-281	湖北省劳动和社保厅社保大楼设计与基础招标	湖北中南岩土工程有限公司	130	118.354	11.646	8.96
HBCZ-FW3-2006-282	湖北省劳动和社保厅社保大楼施工监理	武汉科达建设工程监理有限公司	60	56.875	3.125	5.21
HBCZ-GW3-2006-309	湖北省监察厅办公用房加层改造施工	武汉新八建筑集团有限公司	450	396	54	12.00
HBCZ-GW3-2006-306	湖北省地质调查院桩基	湖北楚鹏基础工程有限公司	320	279.2266	40.7734	12.74
HBCZ-GW3-2006-093	武汉承翠土石方工程公司综合车间施工	中国建筑第五工程局	300	261.4931	38.5069	12.84
HBCZ-ZW1-2006-032	武昌制造业孵化基地箱式变电站	湖北盛隆电气有限公司	106	90	16	15.09
HBCZ-GW3-2006-039	湖北科益药业股份公司制剂车间及库房施工	湖北鄂垦建设工程有限公司	420	413.58	6.42	1.53
HBCZ-FW1-2006-176	武重搬迁工程勘察	武汉中科岩土工程中心	120	88	32	26.67
HBCZ-FW5-2006-207	中港印配煤中心CBF项目施工监理	湖北捷盛工程监理有限公司	121	88	33	27.27
HBCZ-GW5-2006-296	中港印CBF连云港项目施工设计采购总承包	北京建工集团有限责任公司	11000	11000	0	0.00

续表

招标编号	项目名称	中标单位	委托金额	中标金额	节资额	节资率%
HBCZ-GS2-2006-311	湖北东光电子股份公司污水处理系统	湖北瑞特环境工程开发公司	150	77.84	72.16	48.11
HBCZ-GS4-2006-334	鄂州电厂二期循环水工程施工	湖北省电力建设第一工程公司	3000	2971	29	0.97
HBCZ-GS4-2006-377	鄂州电厂二期烟囱施工	中建三局建设工程股份公司	3000	2528.26	471.74	15.72
HBCZ-FD1-2006-140	安陆嘉旭天然气有限公司设计招标	濮阳市中原石化工程有限公司	200	180	20	10.00
HBCZ-GD1-2006-150	大悟县第一看守所改扩建工程	孝感市五建建筑装饰工程公司	135	130.2	4.8	3.56
HBCZ-GD1-2006-283/A	大悟县界牌灌区大新镇中低产田改造A标段	大悟县永安建筑工程公司	50	45.2	4.8	9.60
HBCZ-GD1-2006-283/B	大悟县界牌灌区大新镇中低产田改造B标段	大悟县建筑工程总公司	60	55.16	4.84	8.07
HBCZ-GD1-2006-283/C	大悟县界牌灌区大新镇中低产田改造c标段	大悟县联合建筑工程公司	40	36.21	3.79	9.48
HBCZ-GD1-2006-356	大悟彭庙配套节水改造工程施工	湖北宏盛水利水电工程公司	100	93.73	6.27	6.27
HBCZ-GW6-2006-406	赣科天城一期建房施工（一标段）	中建三局二公司	8500	8260.19	239.81	2.82
	合计		160845	147791.5	13053.5	8.12

表4-11 湖北成套招标有限公司政府采购项目一览表

2003 年

单位：万元

招标编号	项目名称	中标单位	委托金额	中标金额	节资额	节资率%
ECC-2003-003	湖北省国土资源厅笔记本电脑等设备政府采购	湖北新楚星计算机科技有限公司	50	44.3398	5.6602	11.32
HBCZ-T4-2003-001	湖北省直社保申报核定综合管理平台	沈阳东软软件股份有限公司	165	159.476	5.523	3.35
HBCZ-T4-2003-001	湖北省质量技术监督局采购标车	四川银海股份有限公司	45	38.9	6.1	13.56
HBCZ-K1-2003-009	湖北省2003年全民健身路径	北京希优照明设备有限公司	85	78.302	6.698	7.88
HBCZ-W1-2003-020/1	武汉市国土局青山分局装修	湖北新奇装饰工程公司	180	165	15	8.33
HBCZ-W1-2003-020/2	汉口文体中心空调末端采购及安装	武汉隆泰经济发展公司	20	9	11	55.00
HBCZ-T1-003-021/1~6	武汉市电子政务系统	武汉天喻信息产业股份有限公司等	2000	730	1270	63.50
HBCZ-K1-2003-041/1~3	湖北省2003年全民健身路径	山西澳瑞健特健康产业股份公司等	640	590.8	49.2	7.69
HBCZ-T1-2003-042/1~7	武汉市卫生防站环保	武汉科隆化工仪器有限公司	42	36.534	5.466	13.01
HBCZ-T1-2003-054/1~2	武汉市政府档案架等采购	武汉市先科兰台公司，武汉市浩海仪器公司	15.1	14.29	0.81	5.36
HBCZ-T4-2003-056	湖北省质量技术监督局采购轿车	武汉安奇汽车销售有限公司	560	459.84	100.16	17.89
HBCZ-T4-2003-057/1	湖北省质量技术监督局信息化建设	湖北全达系统集成有限公司	16	15.34	0.66	4.13
HBCZ-T4-2003-057/2	湖北省财政厅国库集中支付系统	武汉大海电脑科技发展中心	120	112.216	7.784	6.49
HBCZ-T4-2003-057/3	湖北省质量技术监督局信息化建设笔记本电脑	武汉鑫翔商贸有限公司	20	18.87	1.13	5.65
HBCZ-T5-2003-075	武汉洪山区建设局工作用车询价采购	武汉市建银经贸公司	16	14.93	1.07	6.69
HBCZ-T5-2003-080/1~2	武汉市洪山区检察院、建设局工作用车	武汉建新，飞龙汽车贸易有限公司	44	41.57	2.43	5.52
HBCZ-T5-2003-081	武汉洪山区民政局健身器材	武汉昊康健身器材有限公司	18	14.78	3.22	17.89
HBCZ-K1-2003-082/1~2	武汉市交通管理局采购录音设备	武汉易达全视霸公司、力天影视器材公司	54	49.93	4.07	7.54
HBCZ-T1-2003-090/1~5	武汉市政府采购摄录机电子屏	桂林海威电子有限公司，湖北奎苑商贸公司	42	39.1316	2.8684	6.83

续表

招标编号	项目名称	中标单位	委托金额	中标金额	节资额	节资率%
HBCZ-T1-2003-093	武汉市政府采购仪器设备	武汉浩海科技发展有限公司	100	96.017	3.983	3.98
HBCZ-K1-2003-099/1~3	湖北省纪委培训中心家具项目招标	武汉市红旗、昌盛、锦天家具有限公司	300	293.78	6.22	2.07
HBCZ-T1-2003-106/1~6	武汉市中小学课桌椅采购	武汉天缘教学用品制造厂、黄兴木业公司等	1000	869.936	130.064	13.01
HBCZ-T4-2003-110	湖北省财政厅国库集中支付系统	湖北全达系统集成有限公司	320	309.868	10.132	3.17
HBCZ-T1-2003-113	武汉市血液中心办公家具	武汉冠美家具公司	45	43	2	4.44
HBCZ-T1-2003-114	武汉市血液中心办公家具	上海飞威家具公司	100	89.9	10.1	10.10
HBCZ-W1-2003-117	汉口文体中心空调末端采购及安装	湖北华洋机电工程有限公司	80	66.562	13.438	16.80
HBCZ-T5-2003-124	洪山区城市管理局奥铃轻卡汽车采购	武汉盟盛科贸汽车销售公司	14	12	2	14.29
HBCZ-T5-2003-128	洪山区财务局核算中心所需移动密集柜	宁波万马箱柜实业有限公司	7	5.7865	1.2135	17.34
HBCZ-X5-2003-129	洪山区会计核算中心选择开户银行邀请竞标	武汉市商业银行开户络狮路支行	10000	10000	0	0.00
HBCZ-T1-2003-139	武汉市公安局电子显示屏	武汉英华系统集成有限公司	18	16.6	1.4	7.78
HBCZ-T1-2003-149	核动力运行所装备改造工作站	华普信息技术有限公司	250	235.5	14.5	5.80
HBCZ-T4-2003-150/1~9	湖北省计生系统政府采购医疗器械	广东威尔医学科技股份有限公司等	1605	1442.53	162.47	10.12
HBCZ-X4-2003-151	湖北省政府采购师资培训班地点询价采购	湖北省计委信息技术培训中心	8	7	1	12.50
HBCZ-T4-2003-152/1~6	湖北省政府采购图书馆网络设备	中电科长江数据股份有限公司等	250	220.716	29.284	11.71
HBCZ-T1-2003-154/1~2	武汉市公安局摄录编及音响	武汉新兴鑫视霸公司、索贝数码武汉分公司	64	59.02	4.98	7.78
HBCZ-T4-2003-162	湖北省体育局空调设备采购及安装询价采购	武汉富盈国电器有限公司	15	13.566	1.434	9.56
HBCZ-T4-2003-186/1~2	湖北省纪委标车询价采购	神龙汽车公司汉阳销售服务公司等	300	275.76	24.24	8.08
HBCZ-T4-2003-187	湖北省纪委计算机和打印机询价采购	武汉楚星电脑公司	25	21.78	3.22	12.88
HBCZ-T4-2003-191/A~H	湖北省县乡两级传染病机构建设项目医疗设备	无锡市中原医疗器械有限公司等	4840	4634.49	205.51	4.25
HBCZ-T1-2003-212/1~5	武汉市审计局、社科院办公网络设备、软件	武汉瑞峰科技有限公司等	17	14.9155	2.0845	12.26

续表

招标编号	项目名称	中标单位	委托金额	中标金额	节资额	节资率%
HBCZ-W4-2003-217	湖北省体育局移动式羽毛球场地	南京胜利有限公司	60	58	2	3.33
HBCZ-T5-2003-218	武汉市武昌区法院电梯采购	武汉芝友机电工程有限公司	40	39.78	0.22	0.55
HBCZ-T4-2003-219	湖北省财政厅企业政府采购	武汉风雅科技有限公司	50	46.47	3.53	7.06
HBCZ-T4-2003-222/1~2	省体育局体育办公设备和专用设备	深圳市翰翔生物医疗有限公司等	15	14.25	0.75	5.00
HBCZ-T4-2003-224/A~E	武汉市各区集控中心及乡镇卫生院防保项目	湖北柳菱汽车有限公司、武汉科隆化工仪器有限公司、北京航宇瑷医疗设备有限公司	1082.5	1015.78	66.72	6.16
HBCZ-T4-2003-231/1~3	湖北省荣军医院	武汉炀欣医疗器械有限公司等	167	146.14	20.84	12.48
HBCZ-T5-2003-235	湖北省财政厅农发办，中华函校计算机政府采购	湖北新楚星计算机科技有限公司	15	13.576	1.424	9.49
HBCZ-T5-2003-236	武汉市武昌区疾病预防控制中心	杭州西子奥的斯电梯武汉分公司	30	29	1	3.33
HBCZ-T4-2003-238	湖北省计生委营教中心营教设备	武汉易达金视霸视频技术有限公司	100	80	20	20.00
HBCZ-T5-2003-240/~B	武汉市洪山区建管站办公设备	武汉巨鑫音像科技有限公司	17	15.67	1.33	7.82
HBCZ-T5-2003-249	湖北省国土资源厅财务处办公设备	武汉吉嘉经贸有限责任公司	14	12.973	1.027	7.34
HBCZ-T4-2003-251	湖北省财政厅信息中心台式计算机服务器	湖北新楚星计算机科技有限公司	70	62.01	7.99	11.41
HBCZ-T4-2003-257/A。B	湖北省公安厅装备用车	神龙汽车有限公司汉阳销售公司等	430	386.29	43.71	10.17
HBCZ-T1-2003-260/A~B	武汉市委党校办公家具	武汉锦天家具有限责任公司等	110	101.67	8.33	7.57
HBCZ-T1-2003-261	武汉市委党校锅炉采购	武汉斯大锅炉有限公司	10	9.88	0.12	1.20
HBCZ-T4-2003-262/1~2	湖北省财政厅国库处办公设备	湖北全达系统集成有限公司等	200	174.48	25.52	12.76
HBCZ-T4-2003-264	湖北省委组织部视频会议系统配套设备	武汉市康拓自控技术公司	60	54.32	5.68	9.47
HBCZ-T4-2003-265	湖北省荣军医院多普勒超声诊断仪	武汉市江岸区康瑞医疗设备有限公司	150	142	8	5.33
HBCZ-T4-2003-266	湖北省图书馆电梯改造工程	湖北富士达电梯有限公司	60	52	8	13.33
HBCZ-T1-2003-275	武汉市公安局信息管理系统改造	福州天创电子新技术有限公司	800	649.2	150.8	18.85
HBCZ-T2-2003-276/1~3	武汉市传染病医院检测仪器及设备	法国生物梅丽埃公司、法国ABX公司	85	72.31	12.69	14.93

续表

招标编号	项目名称	中标单位	委托金额	中标金额	节资额	节资率%
HBCZ-T4-2003-278	湖北省财政厅信息中心路由器	武汉兴得科技有限公司	75	68	7	9.33
HBCZ-T1-2003-279	武汉市财税局财税库行计算机横向联网设计方案	武汉佳特(杭州)信州信雅达	700	600	100	14.29
HBCZ-T1-2003-280	武汉市财税局财税库行计算机横向联网项目监理	北京华迪世纪投资咨询有限公司	18	15	3	16.67
	合计		27912.6	25278.4	2634.2	9.44

2004 年

单位：万元

招标编号	项目名称	中标单位	委托金额	中标金额	节资额	节资率%
ECC-2004-ZX001	湖北省财政厅政府采购管理信息系统	武汉兴财威鹏信息技术有限公司等	30	23.6	6.4	21.33
ECC-2004-002/1～6	湖北省省级政府采购省体育局国民体质测试车	广州五十铃客车有限公司等	437	412.18	24.82	5.68
HBCZ-T1-2004-001	洪山区民政局2004年春节救助物资采购	武商集团量贩分公司	80	75	5	6.25
HBCZ-T4-2004-003	湖北省国土资源厅笔记本电脑等政府采购	湖北新星计算机科技有限公司	45	44.3398	0.6602	1.47
HBCZ-T4-2004-005	湖北省假肢厂计算机摄像机询价采购	武汉泰和英杰系统集成有限公司	10	7.779	2.221	22.21
HBCZ-H4-2004-008	湖北省粮食局电子政务	武汉蓝星科技股份有限公司	85.6	81.5137	4.0863	4.77
HBCZ-T1-2004-010	黄陂区电子政务中心大楼中央空调系统	黄陂区制冷设备专营店	100	85	15	15.00
HBCZ-K4-2004-013	武汉市少儿图书馆空调系统工程	武汉天华机电工程有限公司	170	160.8	9.2	5.41
HBCZ-T1-2004-018	武汉市财税库行计算机横向联网项目	武汉佳特科技发展有限公司	1500	1227.77	272.23	18.15
HBCZ-T4-2004-029/1～3	湖北省计生委信息化建设项目网络设备及软件	武汉龙腾教码技术有限公司等	110	99.4108	10.5892	9.63
HBCZ-T4-2004-032/1	湖北省粮食局全省粮食系统政府采购	武汉市恒信电脑有限公司	55	48.16	6.84	12.44
HBCZ-T4-2004-032/2	湖北省全省粮食系统计算机项目增加采购	武汉恒信电脑有限公司	7	6.24	0.76	10.86
HBCZ-L4-2004-033	湖北省粮食局办公大楼改造工程	深圳远鹏装饰设计工程有限公司	355	296	59	16.62
HBCZ-T4-2004-036	湖北省体育局采购计算机	湖北新星计算机科技有限公司	15	12.4996	2.5004	16.67

续表

招标编号	项目名称	中标单位	委托金额	中标金额	节资额	节资率%
HBCZ-T1-2004-041	黄陂区政府采购办电子政务中心大楼会议家具	武汉锦天家具有限公司	15	12.0466	2.9534	19.69
HBCZ-T4-2004-043	湖北省财政厅招待所空调改造	武汉大洋暖通工程有限公司	180	150.008	29.992	16.66
HBCZ-Q1-2004-090	湖北省委党校教研综合楼乘客电梯	湖北承达电（扶）梯有限公司	75	68.7	6.3	8.40
HBCZ-Q1-2004-097	湖北省委党校东院供电线路改造	武汉华源电力工程有限责任公司	150	118.442	31.558	21.04
HBCZ-S1-2004-098	湖南省劳动和社会保障厅综合楼及技能鉴定基地	中国轻工业武汉设计工程有限公司	100	89	11	11.00
HBCZ-S1-2004-122	湖北省委党校教研综合楼工程监理	北京东方华大建设监理有限公司	40	34.83	5.17	12.93
HBCZ-Q1-2004-139	宜昌市国税局征收大楼智能化及信息中心机房	北京北黄自动化设备安装有限公司	300	250	50	16.67
HBCZ-T1-2004-144	洪山区教育局所需课桌椅询价采购	洪山教学家具厂	40	31.348	8.652	21.63
HBCZ-T1-2004-151/1~2	江汉区人民法院审判办公楼中央空调、通风系统	武汉腾实机电工程有限公司等	750	680.412	69.588	9.28
HBCZ-T2-2004-161/1~13	武汉市城管局环卫基础设施及工作服	一拖（洛阳）专用车公司等	997	630.15	366.85	36.80
HBCZ-L1-2004-191	湖北省农业厅办公大楼中央空调系统完善工程	武汉开利冷气工程有限公司	150	145	5	3.33
HBCZ-L1-2004-192	湖北省农业厅办公大楼工程消防系统完善工程	湖北公安科技成果推广公司	150	119.586	30.414	20.28
HBCZ-T1-2004-194	湖北省农业厅装修	中建二局三公司	220	208	12	5.45
HBCZ-T1-2004-195	江夏区政府采购第一初级中学操场改造	北京圣日体育设施工程有限公司	180	159.236	20.764	11.54
HBCZ-L1-2004-201	湖北省委党校教研综合楼桩基	广州中煤江南基础工程有限公司	225.985	220.5	5.485	2.43
HBCZ-T2-2004-203/1~9	武汉市少年儿童图书馆图书设备	洛阳花都都金柜集团有限公司等	110	95.3618	14.6382	13.31
HBCZ-T1-2004-207	洪山区公安分局保安公司所需办公家俱	武汉美化家私有限公司	7	5.796	1.204	17.20
HBCZ-T2-2004-216/1~5	武汉市卫生防疫站检测设备	武汉科隆化工仪器有限责任公司等	78	68.29	9.71	12.45
HBCZ-T1-2004-219	武汉市水务防汛信息中心	深圳市吉奥麦特科技发展有限公司	350	326.815	23.185	6.62
HBCZ-T1-2004-226	武汉市桥梁维修管理处	广州宝马星机械公司上海分公司	420	413	7	1.67
HBCZ-T1-2004-239	洪山区房产局所需办公设备	北京中翰仪器有限公司武汉分公司	22	20.7	1.3	5.91

续表

招标编号	项目名称	中标单位	委托金额	中标金额	节资额	节资率%
HBCZ-T2-2004-242	武汉市血液中心	武汉翱利电子设备有限公司等	217	190.094	26.906	12.40
HBCZ-T1-2004-248	湖北省委党校	武汉华兴电脑系统集成、艺能视听技术工程有限公司	55	52.2419	2.7581	5.01
HBCZ-T4-2004-257	武汉市人民防空办公室	武汉兴得科技有限公司	2000	1896.190	103.810	5.19
	合计		9831.59	8566.04	1265.54	12.87

2005 年

单位：万元

招标编号	项目名称	中标单位	委托金额	中标金额	节资额	节资率%
HBCZ-T1-2005-004/1~7	武汉市教育局中小学课桌椅	黄兴木业有限公司等	720	672.514	47.486	6.60
HBCZ-T2-2005-013	武汉市城市管理局撒布机及配套车辆	重庆迪马实业股份有限公司	150	126.2	23.8	15.87
HBCZ-B1-2005-031	湖北省劳动教养工作管理局少管所弱电系统工程	武汉网信智能楼宇系统工程公司	100	88.6	11.4	11.40
HBCZ-B1-2005-033	湖北省劳动教养工作管理局少管所室外工程	中天建设集团有限公司	150	125.8	24.2	16.13
HBCZ-T1-2005-041	洪山区人民检察院电梯	武汉智能电梯有限公司	22	19	3	13.64
HBCZ-T1-2005-042	洪山区人民检察院空调设备	湖北天王电器有限责任公司	120	94.8	25.2	21.00
HBCZ-T1-2005-043	洪山区人民检察院网络系统	武汉广电网络有限公司	35	28	7	20.00
HBCZ-T1-2005-044	洪山区建管站办公设备	武汉皇星科技发展有限公司	25	20.136	4.864	19.46
HBCZ-T1-2005-055	洪山区司法局网络设备	武汉恒安达电子有限公司	25	19	6	24.00
HBCZ-C1-2005-062/1~7	武汉市体育局民众健身器材	山西澳瑞特健身器材公司等	215.8	197.0419	18.7581	8.69
HBCZ-T1-2005-072	武汉市职业病防治院体检放射车	西安蓝港数字医疗科技股份有限公司	75	70	5	6.67
HBCZ-T2-2005-084	武汉市城市管理局环卫专用车	武汉九通汽车厂等	2925	2734.94	190.06	6.50
HBCZ-T1-2005-097	青山区教育局中小学课桌椅	湖北荣星家具有限公司	50	42.55	7.45	14.90

续表

招标编号	项目名称	中标单位	委托金额	中标金额	节资额	节资率%
HBCZ-T1-2005-099	武汉市公安局350兆上无线集群基站联网	武汉德士嘉通讯器材有限公司	180	144.5	35.5	19.72
HBCZ-T1-2005-100/1	武汉市公安局光缆线路工程施工及网络设备	中通建三局技术发展有限公司等	103	94	9	8.74
HBCZ-B1-2005-110/1~2	武汉市公安局综合楼装修工程	江苏正太建设集团有限公司等	245	219	26	10.61
HBCZ-B1-2005-111	武汉市公安局警训基地维修工程	湖北长青建筑工程有限公司	150	127.196	22.804	15.20
HBCZ-T1-2005-117	洪山区教育局所需课桌椅	武汉市洪山区教学家具厂	10	8.8	1.2	12.00
HBCZ-T1-2005-130	武汉市公安局网络管理和安全系统	武汉市力飞科技发展有限公司	130	113	17	13.08
HBCZ-A1-2005-134	武汉市公安局锅炉设备采购及安装	武汉综盛机电有限责任公司	35	26	9	25.71
HBCZ-T1-2005-139/1~10	武汉市教中小学课桌椅政府采购	武汉市黄兴木业有限公司等	985	912.083	72.917	7.40
HBCZ-T1-2005-164	洪山区政府采购办公室电视监控系统	武汉广电网络有限公司	60	46.78	13.22	22.03
HBCZ-T2-2005-168	武汉市城管局垃圾车	一拖（洛阳）专用汽车有限公司等	2280	2071.91	208.09	9.13
HBCZ-A2-2005-172/A	省广播电视局2005 "村村通" 工程光缆	湖北凯乐新材料科技股份有限公司等	3420	3304.61	115.39	3.37
HBCZ-A2-2005-172/B	省广播电视局2005 "村村通" 工程同轴电缆	武汉长征火箭科技有限公司等	1260	1156.64	103.36	8.20
HBCZ-A2-2005-172/C	省广播电视局2005 "村村通" 工程光接收机	成都雷华科技有限公司等	301	275.388	25.612	8.51
HBCZ-A2-2005-172/D	省广播电视局2005 "村村通" 工程1310nm光发射机	成都雷华科技有限公司等	265	239.293	25.707	9.70
HBCZ-A2-2005-172/E	省广播电视局2005 "村村通" 工程干线放大器	成都康特电子高新科技有限公司等	225	200.308	24.692	10.97
HBCZ-A2-2005-172/F	省广播电视局2005 "村村通" 光缆接续盒、防水尾缆	武汉长征火箭科技有限公司等	120	102.20	17.80	14.83
HBCZ-A2-2005-172/G	省广播电视局2005 "村村通" 工程1550nm光放大器	武汉光发网络工程有限公司	40	38.5	1.5	3.75
HBCZ-A2-2005-172/L	省广播电视局2005 "村村通" 工程供电器	武汉兰新网络工程有限公司等	80	74.38	5.62	7.03
HBCZ-T1-2005-179	武汉市公安局特通机房建设	武汉兰新网络技术工程有限公司	160	146	14	8.75
HBCZ-T1-2005-181	武汉水务防汛信息中心机房设备采购与系统集成	武汉和中信息科技有限责任公司	300	248.6	51.4	17.13
HBCZ-T2-2005-189	武汉城管局垃圾压缩转运站	珠海经济特区联谊机电工程公司等	1900	1756.86	143.14	7.53

续表

招标编号	项目名称	中标单位	委托金额	中标金额	节资额	节资率%
HBCZ-T1-2005-217	武汉市结核病防治所中央监护系统	武汉克莱瑞贸有限公司	50	45.25	4.75	9.50
HBCZ-T4-2005-230	武汉阳逻陈家冲垃圾卫生填埋场数字汽车衡	武汉路驰智能科技有限公司	70	62.8	7.2	10.29
HBCZ-A2-2005-231	湖北电视台新闻非线性编辑网络系统	成都索贝数码科技股份有限公司	600	498	102	17.00
HBCZ-A2-2005-232	湖北电视台码流制作编辑网络系统	北京中科大洋科技发展股份有限公司	500	388.13	111.87	22.37
HBCZ-A2-2005-233/1~3	湖北电视台演播室改造项目摄像机及其他设备系统集成	北方润升广播电视技术有限公司等	300	272.61	27.39	9.13
HBCZ-T2-2005-237/1~9	湖北省广电局"村村通"工程第二批设备	郴州高斯贝尔数码科技有限公司等	452	412.799	39.201	8.67
HBCZ-T2-2005-245/1~2	湖北省普通公路、桥梁、隧道计重收费设备供货与安装	西安杰生泰科技公司、郴州恒科公司	1150	1121.6	28.4	2.47
HBCZ-A2-2005-247/1~3	湖北电视台局域网及网站建设设备	武汉晓通网络科技有限公司等	130	120.769	9.231	7.10
HBCZ-T1-2005-259	武汉市公安局互联网安全审计系统	烽火通信科技股份有限公司	105	98.4	6.6	6.29
HBCZ-T2-2005-265/2~7	武汉区血液中心设备	武汉大翘生物技术有限公司等	45	42.94	2.06	4.58
HBCZ-T2-2005-267	武汉市水务局"防汛掌上通"软件及硬件集成	武汉点线科技有限公司	35	30	5	14.29
HBCZ-T1-2005-275/1	洪山区文化体育局音响、电影机	上海市八一精密机械有限公司	12	11.128	0.872	7.27
HBCZ-T1-2005-280/1~2	洪山区环境保护局设备	武汉市鼎泰公司、天虹汉表公司	55	47.25	7.75	14.09
HBCZ-T4-2005-282/1~5	湖北省环保局2005环境临测仪器	湖北省科学器材公司等	905	818.75	86.25	9.53
HBCZ-T2-2005-286	武汉市疾病预控制中心彩色复印机	武汉迅普办公设备有限公司	9	8.18	0.82	9.11
HBCZ-T4-2005-287	武汉农业局办公大楼音像、投影设备供货及安装	武汉易路路通网络信息服务有限公司	40	35.2037	4.7963	11.99
HBCZ-T1-2005-288	武汉市桥梁维修管理处高压冲洗车	武汉市环卫机械有限公司	16	14.9	1.1	6.88
HBCZ-T2-2005-289	武汉市卫生局（武汉市急救中心）医用救护车	杭州康保汽车销售服务有限公司	150	134.96	15.04	10.03
HBCZ-T2-2005-290	武汉市急救中心移动通讯设备	武汉市硚口区安发电子经营部	11	10.243	0.757	6.88
HBCZ-T1-2005-296	武汉市公安局电脑兼容机、笔记本	武汉皇星科技发展有限公司	45	39.36	5.64	12.53

续表

招标编号	项目名称	中标单位	委托金额	中标金额	节资额	节资率%
HBCZ-T2-2005-297	武汉市血液中心发电机组	武汉市信昌动力设备有限公司	55	49.9	5.1	9.27
HBCZ-T1-2005-299	武汉软件产业基地软件应用开发及系统集成	武汉开目信息技术有限责任公司	810	799.33	10.67	1.32
HBCZ-T2-2005-302	武汉市城市规划管理局使携式投影机及幕布	武汉宝龙三通信息产业有限公司	2.5	1.95	0.55	22.00
	合计		22636.8	2081.38	1825.42	8.06

2006 年

单位：万元

招标编号	项目名称	中标单位	委托金额	中标金额	节资额	节资率%
HBCZ-T2-2006-002/2~9	武汉市血液中心储血冰箱	珠海市香洲区大旺贸易公司等	96	87.56	8.44	8.79
HBCZ-T2-2006-003/1~2	湖北省交通厅公路管理局计重收贵设备	北京中山新技术设备研究所等	1500	1233.6	266.4	17.76
HBCZ-ZS4-2006-022	湖北省环保局声级计、林格曼黑度仪	湖北达欣科学仪器有限公司等	170	138.96	31.07	18.28
HBCZ-ZW1-2006-023	武汉市公安局一处办公楼通信线路	中国通信建设第三工程局等	20	10.30	9.70	48.50
HBCZ-ZW1-2006-024	武汉市公安局一处办公楼室内维修改造工程	武汉天宜装饰工程有限公司	60	53.00	7.00	11.67
HBCZ-ZW1-2006-032	武昌制造业孵化基地箱式变电话	湖北盛隆电气有限公司	106	90.00	16.00	15.09
HBCZ-ZW1-2006-035	武汉市公安局视频管理中心网络系统	武汉金桥网络安全技术公司	30	29.50	0.50	1.67
HBCZ-ZW1-2006-036	武汉软件产业基地机房建设（装饰）	湖北中科网络工程有限公司	49.8	49.00	0.80	1.61
HBCZ-ZW6-2006-054	武汉软件产业基地机房设备采购及系统建设	湖北中科网络工程有限公司	140	116	24	17.14
HBCZ-ZW6-2006-072	武汉软件产业基地设备	武汉蓝星科技股份有限公司	550	478.57	71.43	12.99
HBCZ-ZS6-2006-073	湖北省体育局所属场馆改造工程项目管理单位	湖北诚信建设项目管理公司等	88	82.8	5.2	5.91
HBCZ-ZS6-2006-076	湖北省委党校接待中心振华大厦空调柴油供应	中石化武汉石油（集团）有限公司	280	216.80	63.20	22.57
HBCZ-ZW6-2006-077	武汉市规划国土局大门门窗门厅维修	武汉亚美装饰设计工程有限公司	18	16.80	1.20	6.67
HBCZ-ZW6-2006-078	武汉软件产业基地多媒体教室及视频会议系统	武大方略数码科技有限公司	55	47.50	7.50	13.64

续表

招标编号	项目名称	中标单位	委托金额	中标金额	节资额	节资率%
HBCZ-ZW6-2006-089	武汉动物园动物饲料采购	武汉市健康快车净菜配送公司	180	160.00	20.00	11.11
HBCZ-ZS6-2006-092	湖北省委党校教研楼高低压配电柜设备采购	泰毫科技股份有限公司	60	55.62	4.38	7.30
HBCZ-ZW6-2006-097	湖北省公路局计重三批计重收费设备	山东博安智能科技有限公司	390	370.00	20.00	5.13
HBCZ-ZW6-2006-098	武汉市中医院医疗设备	武汉中雅科贸有限公司等	135	122.8	12.2	9.04
HBCZ-ZW6-2006-100	武汉市城管局扫路车、果皮箱等	烟台海德专用汽车厂等	835	751.57	83.43	9.99
HBCZ-ZW6-2006-106	武汉市公安局第一看守所监控系统改造	武汉高迪新技术发展有限公司	70	69.00	1.00	1.43
HBCZ-ZW2-2006-116	武汉市信息产业局视频流媒体	武汉市达生电子有限公司	80	79.00	1.00	1.25
HBCZ-ZS6-2006-121	湖北省气象信息与技术保障中心自动气象站	江苏无线电科学研究所有限公司	147	143.95	3.05	2.07
HBCZ-ZS6-2006-122	湖北省公众气象服务中心数字演播室设备	武汉易达全视霸视频技术公司	160	152.66	7.34	4.59
HBCZ-ZW6-2006-129	洪山区环保局环境监测仪器设备	武汉宇虹环保产业发展有限公司	10	9.35	0.65	6.50
HBCZ-ZW6-2006-135	武汉市第十一医院引进B超	湖北麦迪逊医疗器械有限公司	27	24.00	3.00	11.11
HBCZ-ZW6-2006-144	武汉市委机房维修改造	武汉友维科技有限公司等	231	226.81	4.19	1.81
HBCZ-ZW6-2006-156	武汉市规划国土局冷却塔改造	湖北省良基冷却设备有限公司	20	19.90	0.10	0.50
HBCZ-ZS6-2006-163	武汉市结核病治所CT机球管	通用电气医疗（上海）有限公司	31	28.5	2.5	8.06
HBCZ-ZS6-2006-166	省体育局英东游泳跳水馆显示屏及跳水打分系统	南京洛普股份有限公司	250	238.00	12.00	4.80
HBCZ-HW6-2006-179	武汉市中医院制药生产线	天水华圆制药设备科技公司等	320	295.07	24.93	7.79
HBCZ-ZS6-2006-180	英东游泳馆水馆比赛照明维修改造	湖北亚太欧光电子系统工程公司	60	33.61	26.39	43.98
HBCZ-ZW6-2006-182	武汉市城市网络化管理"城管通"手机	武汉永昌通讯发展有限公司	150	150.00	0.00	0.00
HBCZ-ZW6-2006-185	武汉市血液中心耗材、采血车、试剂	武汉鑫德龙汽车销售有限佳有限公司等	290	240.24	49.76	17.16
HBCZ-ZW1-2006-188	洪山区委党校机房建设	武汉博达电子有限责任公司	28	22.19	5.81	20.75
HBCZ-ZW6-2006-199	武汉结核病防止所P2实验室系统建设和设备采购	武汉金康空调净化有限公司	45	40.00	5.00	11.11

续表

招标编号	项目名称	委托金额	中标金额	节资额	节资率%
HBCZ-ZW6-2006-210	湖北省药品检验所药品检验仪器	160	150.00	10.00	6.25
HBCZ-ZW6-2006-216	武汉市公安局报警处置系统二期	180	166.00	14.00	7.78
HBCZ-ZW6-2006-218	武汉旭科科技有限公司改造加固工程	25	22.50	2.50	10.00
HBCZ-ZW6-2006-221	武汉市中医院理疗设备	50	33.70	16.30	32.60
HBCZ-ZS6-2006-228	湖北省环保局环境监测仪器	550	451.99	98.01	17.82
HBCZ-ZS6-2006-229	湖北省环保局办公设备、监测车、空调	180	158.33	21.67	12.04
HBCZ-ZS6-2006-230	湖北省环保局实验室配套设备及设备改造	20	18.50	1.50	7.50
HBCZ-ZS6-2006-239	湖北省体育局运动训练竞赛基地项目管理（含监理）	600	590.40	9.60	1.60
HBCZ-ZS6-2006-240	湖北省体育局水上运动训练竞赛基地项目管理（含监理）	180	160.00	20.00	11.11
HBCZ-ZS6-2006-241	湖北省体育局水上运动训练竞赛基地设计、施工总承包	6000	4688.80	1311.20	21.85
HBCZ-ZS6-2006-242	省人口计生委办公楼装修施工监理	10.8	8.00	2.80	25.93
HBCZ-ZQ2-2006-243	武汉市第十一医院中心供氧、对讲传呼系统	52	51.00	1.00	1.92
HBCZ-GQ6-2006-244	武汉市第十一医院手术室净化装修	700	432	268	38.29
HBCZ-ZW6-2006-247	武汉体育中心二期配套橡胶跑道工程	1300	1238.00	62.00	4.77
HBCZ-ZW6-2006-248	武汉市城市亮化照明设备采购及建设	50	39.85	10.15	20.30
HBCZ-ZS6-2006-254	洪山宾馆改扩建项目锅炉	220	188.00	32.00	14.55
HBCZ-ZW6-2006-255	武汉体育中心二期游泳馆水泵	25	22.12	2.88	11.52
HBCZ-ZW6-2006-256	武汉体育中心二期游泳馆配电箱	140	124.53	15.47	11.05
HBCZ-ZW6-2006-260	武汉市城管局垃圾计重及监控	60	59.55	0.45	0.75
HBCZ-ZW6-2006-263	武汉体育中心二期泳池砖	180	165.19	14.81	8.23

招标编号	中标单位
HBCZ-ZW6-2006-210	武汉市鼎泰科技发展有限公司
HBCZ-ZW6-2006-216	武汉旭科科技有限公司
HBCZ-ZW6-2006-218	武汉黄鹤特业工程技术有限公司
HBCZ-ZW6-2006-221	武汉新天医疗机械有限公司
HBCZ-ZS6-2006-228	武汉宁宏环保产业发展有限公司等
HBCZ-ZS6-2006-229	汇丰汽车销售公司等
HBCZ-ZS6-2006-230	武汉博菲特实验室装备有限公司
HBCZ-ZS6-2006-239	浙江江南工程管理股份有限公司
HBCZ-ZS6-2006-240	浙江江南工程管理股份有限公司
HBCZ-ZS6-2006-241	武警水电第二总队
HBCZ-ZS6-2006-242	武汉中建工程监理有限公司
HBCZ-ZQ2-2006-243	成都联帮氧气工程有限公司
HBCZ-GQ6-2006-244	武汉瑞科医疗净化工程有限公司
HBCZ-ZW6-2006-247	重庆中体体育设施建筑工程有限公司
HBCZ-ZW6-2006-248	武汉伊田照明工程有限公司
HBCZ-ZS6-2006-254	武汉斯大特种设备有限公司
HBCZ-ZW6-2006-255	上海能猫机械（集团）有限公司
HBCZ-ZW6-2006-256	武汉中源电气有限公司
HBCZ-ZW6-2006-260	武汉捷力衡器制造有限公司
HBCZ-ZW6-2006-263	南京游科贸易有限公司

续表

招标编号	项目名称	中标单位	委托金额	中标金额	节资额	节资率%
HBCZ-ZW6-2006-267	武汉体育中心二期体育馆空调	深圳麦克维尔空调公司武汉分公司	20	19.20	0.80	4.00
HBCZ-ZW6-2006-268	武汉体育中心二期电热水器	武汉华澳机电设备有限公司	25	22.80	2.20	8.80
HBCZ-ZW6-2006-270	武汉体育中心二期游泳馆电梯	中国（天津）奥的斯电梯有限公司	30	26.20	3.80	12.67
HBCZ-ZW6-2006-279/1~2	黄陂区殡仪馆火化炉、拣灰炉	江西南方环保机械制造总公司等	200	171.00	29.00	14.50
HBCZ-ZW6-2006-280/A1~8	宏建公司垃圾填埋场工程车辆	中南工程机械设备公司等	845	779.16	65.84	7.79
HBCZ-ZW6-2006-280/B	宏建公司垃圾填埋场柴油发电机	武汉宏源机电设备有限公司	45	39.98	5.02	11.16
HBCZ-ZW6-2006-295	武汉市黄陂区供电公司高空作业车	徐州海伦哲工程机械有限公司	35	32.00	3.00	8.57
HBCZ-ZS6-2006-297/1~2	湖北省体育局射击专用设备	北京合利兄弟商贸有限公司等	380	348.04	31.96	8.41
HBCZ-ZQ6-2006-298	武汉市第十一医院门诊住院楼空调设备采购	武汉百佳智能环境设备有限公司	158	130.80	27.20	17.22
HBCZ-ZW6-2006-308	武汉市城管局长江大桥一期照明	浙江珍琪电器工程有限公司	600	537.57	62.43	10.41
HBCZ-ZW6-2006-314/1~10	武汉市血液中心低温离心机等医疗设备	武汉赤诚科技发展有限公司等	419	409.01	9.99	2.38
HBCZ-ZW6-2006-324	武汉体育中心二期游泳馆门	武汉道森阀门有限公司	300	279.42	20.59	6.86
HBCZ-ZQ6-2006-329	武汉经济开发区城市建设服务中心设备采购	武汉圆达环保科技发展有限公司	50	49.90	0.10	0.20
HBCZ-ZS6-2006-349	湖北省畜牧局越野车	武汉友芝友汽车服务有限公司	160	158.40	1.60	1.00
HBCZ-ZW6-2006-355	武汉市中医院眼底造影设备	武汉市博达医疗器械有限公司	30	29.70	0.30	1.00
HBCZ-ZW6-2006-360	武汉体育中心二期市政施工监理	武汉土木工程建设监理有限公司	60	55.76	4.24	7.07
HBCZ-ZW6-2006-361	武汉体育中心二期空调设备	麦克维尔空调制冷（武汉）公司	700	641.13	58.87	8.41
HBCZ-ZS6-2006-404	湖北省体育局光谷基地网球场设计	中建国际（深圳）设计顾问公司	220	159.00	61.00	27.73
HBCZ-ZS6-2006-407	湖北省体育局水上基地地部分设计	中南建筑设计院	100	66.00	34.00	34.00
HBCZ-ZW6-2006-411	湖北省体育局网球场工程详细勘察	武汉中汉岩土工程技术开发公司	15	14.90	0.10	0.67
		合　计	21756.6	18621.06	3135.54	14.41

湖北成套局在招标工作中特别注重湖北机电产品的宣传、推荐工作，使得湖北广大企业通过投标在激烈的市场竞争形势下开阔了眼界、发现了差距、加强了管理、提高了质量、改进了服务，使不少的企业在国家经济转型过程中得以生存和发展，为湖北经济转型期社会稳定作出了贡献。

1990 年，湖北成套局在为国家重点建设项目荆襄大峪口、大悟黄麦岭矿肥结合工程的部分主要设备进行的首次招标中，积极引导省内有关企业参与竞标，本次招标共有省内外六家企业中标，湖北有武汉水泵厂、湖北二电机厂两家企业中标。

从 1992 年至 1997 年，六年间全省参加投标的企业共 578 家（次），中标企业 124 家（次），中标总金额 1.6 亿元，占中标总金额的 47%。中标设备中变压器、运输、起重和高低压开关柜等设备占较大份额。其中 1996 年湖北省设备招标办公室组织的 29 次设备招标中，全省参加投标的企业就有 20 家，中标企业 6 家（次），中标设备金额 1924.4 万元，占中标总金额 10594 万元的 18.16%，中标绝对数比上年增长 22%。

进入 21 世纪，湖北进一步加大技术改造力度，提高技术改造投资在整个固定资产投资中的比重，推广和运用新技术、新工艺、新材料，加快设备更新，促进重点企业、重点产品上规模、上质量、上水平，从而形成了一批具有湖北特色和竞争优势的机械产品。从 2003 年起，湖北企业的中标金额逐年增长，据不完全统计，2004—2006 年三年间，湖北企业的中标金额占湖北"成套招标"中标总金额的 51%。

湖北省多次中标的企业有武昌造船厂、武汉重型机床厂、武汉冶金设备制造公司、长江动力公司、武汉锅炉厂、武汉鼓风机厂、武汉起重机厂、红旗电缆厂、湖北开关厂、武汉变压器厂、枣阳开关厂等多 30 家骨干制造企业。

与此同时，还有中建三局及下属公司、武汉建工集团及下属公司、湖北山河建工集团、湖北中天建工集团、新七建工集团、新八建工集团、湖北工业安装公司、武汉工业安装公司、湖北高艺装饰工程有限公司、武汉凌云建筑装饰工程有限公司等一大批建筑骨干企业多次中标。

5

第五章

多种经营

1978 年以后，随着机械工业管理体制和基本建设管理体制的改革，设备成套工作也进行了相应改革，当时提出的改革方向是：由单纯的负责产品分配，逐步向工程技术设备成套转型；由事业费开支的行政单位，逐步向自主经营、自负盈亏、具有法人地位的经济实体过渡。为增加收入，有计划地积累自有资金，增强自身发展能力。1980 年，国家成套总局要求各地成套局在经济合同试点的基础上，积极创造条件向企业化过渡，并明确其收入可以冲抵国家事业费。1985 年，全国设备成套工作会议首次提出了"一业为主、多种经营"的方针。"一业为主"就是以确保国家和省重点项目成套为主，"多种经营"是围绕项目这个主体开辟多种经营，使两个方面相互促进、共同发展。在此背景下，湖北成套局开展了多种经营业务，并取得了较好的经济效益和社会效益。

>>>>

第一节　经营实体简介

80年代初期，为便于当时经济合同制试点工作的开展，湖北成套局先后报国家成套总局、机械设备成套管理局和省有关部门批准，成立了湖北省机械设备成套服务公司和湖北省机械设备成套承包公司，公司与局机关合署办公。由于多方面原因，公司成立后均没有实质性开展业务。1985年，为理顺内部关系，以整体对外开展经营活动，湖北成套局报经有关部门同意，撤销了这两家公司。1987年后，为适应形势发展的需要，探索成套工作改革的方向，又相继成立了一批经营性公司。这些公司有成功的经验，也有失误的教训。具体情况如下：

一、湖北省机械设备成套局成套供应公司

根据国务院国发〔1984〕第123号《关于改革建筑企业和基本建设管理体制若干问题的规定》和《机械工业部机械设备成套管理局成立下属设备成套工程承包公司的意见》的精神，湖北成套局于1987年1月2日向省计委上报《关于成立湖北省机械设备成套局成套供应公司的请示》，1月26日，省计委以鄂计办字〔1987〕第4号文批复同意成立湖北省机械设备成套局成套供应公司。公司性质为局属二级全民所有制企业单位，经济上实行独立核算，法人代表郭一凡。

在实际工作中，由于公司的经营范围与成套局本身的业务范围发生重叠，1989年12月4日，湖北成套局报省清理整顿公司领导小组办公室同意，注销了成套供应公司。

二、湖北省机械设备成套局物资供应站（物资站）

1990年6月15日，湖北成套局以鄂成办字〔1990〕第35号文批复，同意成立湖北省机械设备成套局物资供应站。单位性质为事业单位，实行企业化管理；财务实行独立核算，注册资金10万元，由局划拨；人员从局编制中解决，暂定4人，站长1人，业务员1人，财务2人；法人代表何源远。

物资供应站主要经营范围是供应全省重点建设项目所需成套机电设备和生产机电设备的企业所需的钢材、生铁。

随着国家物资体制改革的进一步深化，指令性计划日趋减少，原计划物资远不能满足生产及建设单位的需要；产品计划价格与市场价格差距也逐步缩小。为此，物资供应站于1992年3月30日变更经营范围，变更后的经营内容为供应成套机电设备、金属材料、生铁，设备租赁、设备咨询等。为适应市场竞争，更好地为建设项目和生产企业服务，1993年1月30日物资供应站再一次变更经营范围，变更后主营：供应成套机电设备、金属材料（黑色和有色）、建筑材料、装饰材料、橡胶制品及汽车配

件；兼营：设备租赁及咨询业务。

物资供应站成立以后，业务范围逐步拓展，经济效益和社会效益较好。其主要业绩见本章第五节。

三、湖北省机械设备成套局物资供销处

1992 年 4 月 4 日，湖北成套局以鄂成办字〔1992〕第 15 号文批准在设备处设立湖北省机械设备成套局物资供销处，为局下属的全民所有制单位，业务工作和行政事务受局领导和管理，人员暂定 10 人，流动资金 50 万元，注册资金 100 万元，法人代表严平方。

该处成立后，很快形成了以主导汽车经营方式为龙头、其他经营方式为补充的格局。

1996 年，由于湖北成套局内部机构调整，次年 1 月 7 日物资供销处撤销。

四、湖北省机械设备成套局十堰机械设备成套公司

1994 年 1 月 26 日，湖北成套局批准成立湖北省机械设备成套局十堰机械设备成套公司。公司为全民所有制单位，挂靠十堰办事处；财务独立核算，注册资金 100 万元，由局划拨；法人代表柯玉国。

1997 年，该公司由于管理不善等多种原因出现较大亏损，随后局对公司库存物资处理后予以撤销。

五、湖北省机械设备成套局焊接设备公司

1994 年 8 月 10 日，湖北成套局批准成立湖北省机械设备成套局焊接设备公司。公司为全民所有制局属二级公司，由湖北成套局与湖北省设备招标办公室两家投资兴办；注册资金 50 万元，其中局投资 40 万元，省设备招标办

公室投资 10 万元；公司设经理一名，专业技术人员若干名；董事由 5 人组成，成员是：徐振华、王佑民、詹建文、郑远甫、杨全正，徐振华任董事长，王佑民、詹建文任副董事长，具体负责人为杨全正。

公司经营范围：焊接、切割设备销售及其他机电设备销售，兼营钢材、建筑材料及化工产品。

公司成立后业务逐步开展，业内影响逐步扩大，取得了一定的经济效益和社会效益。

1997 年 1 月 7 日，因局经营机构调整，焊接设备公司予以注销。

六、湖北省机械设备成套局机床设备公司

1994 年 8 月 30 日，湖北成套局以鄂成办字〔1994〕第 30 号文批复，同意成立湖北省机械设备成套局机床设备公司。公司为全民所有制局属二级公司，由湖北成套局与湖北省设备招标办公室两家投资兴办；注册资金 100 万元，其中局投资 76 万元，省设备招标办公室投资 24 万元；公司实行自由经营，独立核算，自负盈亏；公司董事由 5 人组成，成员是：徐振华、王佑民、詹建文、熊仕勇、郑远甫，徐振华任董事长，王佑民、詹建文任副董事长。具体负责人为熊仕勇。

公司经营范围：机床设备及配件，兼营设备维修、零部件加工、钢材、建筑材料及化工产品。

该公司成立后，由于管理规范、供货及时、服务到位，在武汉市乃至全省机床销售行业知名度逐步提高，市场占有份额不断扩大，主要业绩见本章第六节。

七、湖北省成套项目管理有限公司

湖北省成套项目管理有限公司是湖北省成套招标有限公司与中国轻工业武汉设计工程有

限公司以合资方式共同组建的。公司于2003年10月31日获得湖北省工商行政管理局登记注册的《企业法人营业执照》。公司为有限责任公司；注册资金200万元，其中湖北省成套招标有限公司投资102万元，中国轻工业武汉设计工程有限公司投资98万元；法人代表刘鸣。

为整合业务，2005年该公司注销，人员和业务并入湖北省成套招标有限公司。

第二节　规范经营行为

为规范经营行为，规避经营风险，湖北成套局从1992年起不断修订和完善经营管理办法：

一、经营原则

严格遵守国家有关法律、法规，依法经营；执行局统一的财务会计制度和费用标准，各承包单位一律在财务处设立账户，实行分户核算；流动资金的使用遵守局流动资金管理办法。

二、经营管理

1、各业务处室"合同专用章"由处长管理，并实行合同章使用登记制度。

合同签订实行审核制度：合同的签订必须符合《合同法》的规定；先由各业务处处长严格审批签字，再交审计室复查签字后，方可加盖合同专用章，否则合同无效；重大合同需经处室主要人员会同审计室集体讨论后交分管局长签字后方可盖合同专用章，否则合同无效。

建立专人（兼职）合同管理制度，合同除经办人执有外，需将合同（或复印件）交处室专人保管壹份，并交局审计室壹份，以便备查。

2、无用户供应协议、合同或定金的不准预订货。使用现款交易、无合同的，事前需向处长报告，分析风险、利润、占用资金等情况，经处长审核后向审计室及分管局长报告，经同意后，方可实施。

3、严格验资验货：如钢材，需事前在仓库看货及看材质证明书等原件，以避免发生实物与合同的材质、规格等项不符；若对方使用支票，需处室经办人亲自到对方银行倒进账，若对方使用汇票（含承兑），必须经同行检验认可盖章。

4、建立经营档案：对每笔经营活动，都必须记录和保留好交易的时间、地点、品名、规格、材质、单位、单价、数量、货款、合同、来往信函、电话记录等情况，以便备查和法律诉讼需要。

5、在经营活动中要努力规避风险，做到测算利润值在先，行动在后；注重研究资金使用成本，加快资金周转，资金周转率不得低于五次/年。在流动资金使用方面，应重视资金的使用成本，不得"压库"；在物资购进方面，应做到勤进快销，加速资金周转，凡"库存"达三个月以上者，一律视为"压库"，加罚借款利息20%。此外，还规定任何单位前账不清，后借不贷；短期期货（不超过三个月），要有正式合同和定金，否则一律不予办理。局内流动资金调度坚持"安全第一，效益优先"的原则，大额度用款，应预先提出用款计划，以便财务处按计划组织资金。业务预收款或应付账款，一律不得在账外循环。

由于依法经营、注重管理，全局在整个经营活动中没有发生违法违规和重大经营失误等情况。

第三节　设备租赁

设备租赁作为一种特殊的资金融通方式，在第二次世界大战后，成为西方国家的一项新兴行业。改革开放后，该方法也逐步引入国内相关行业和设备成套工作。

设备租赁，其特点是既融资又融物。设备成套部门在长期的成套工作中，熟悉并掌握各种设备的质量、性能、企业供货能力和售后服务情况等多方面的信息，具有开展设备租赁业务的有利条件。80年代中后期，湖北成套局学习借鉴兄弟成套局经验，积极探索在新的形势下设备成套工作的发展模式，把租赁业务和成套项目紧密结合，即从设备租赁的资金融通到租赁设备的供应均由成套局承担，较好地体现出以设备成套工作为依托开展租赁业务的独特优势。

一、设备租赁的程序

湖北成套局在设备租赁业务中制定了相关管理办法和工作程序，设备租赁的具体程序详见图5-1。

二、设备租赁项目

1988年，湖北成套局组建以副总工程师李忠保为主的精干业务班子，严格筛选项目，全年正式签订租赁合同的有阳新铝厂、应城市制盐厂、襄樊热电厂、枣阳兴隆机械厂等4个项目，共投入资金360.9万元。

上述项目中，比较大的项目是年产5500吨铝锭的阳新铝厂，租赁设备为3套大功率硅整流装置及2台空压机，投入资金300万元，租期从1988年1月至1991年12月，共4年。据湖北省统计局公布，成套设备租赁项目阳新铝厂每年生产铝锭6000吨，完成产值6000万元，上交县财政620万元。该厂年度销售收入在全省全民所有制预算内企业200多个销售大户中，名列第111位。湖北成套局四年获取的租赁费扣除投资成本外，创收近200万元。

但80年代末、90年代初，由于国企改革不断深化，很多企业随市场变化，生产计划不断调整、经营方向也不断转型，加之有的企业实施资产重组，使得设备租赁合同执行的连续性遇到困难，租赁费按时回收面临风险。鉴于当时租赁工作的大环境尚不成熟，湖北成套局在第一批租赁合同执行完成后，故没有再开展这项业务。

图 5-1 设备租赁项目工作流程图

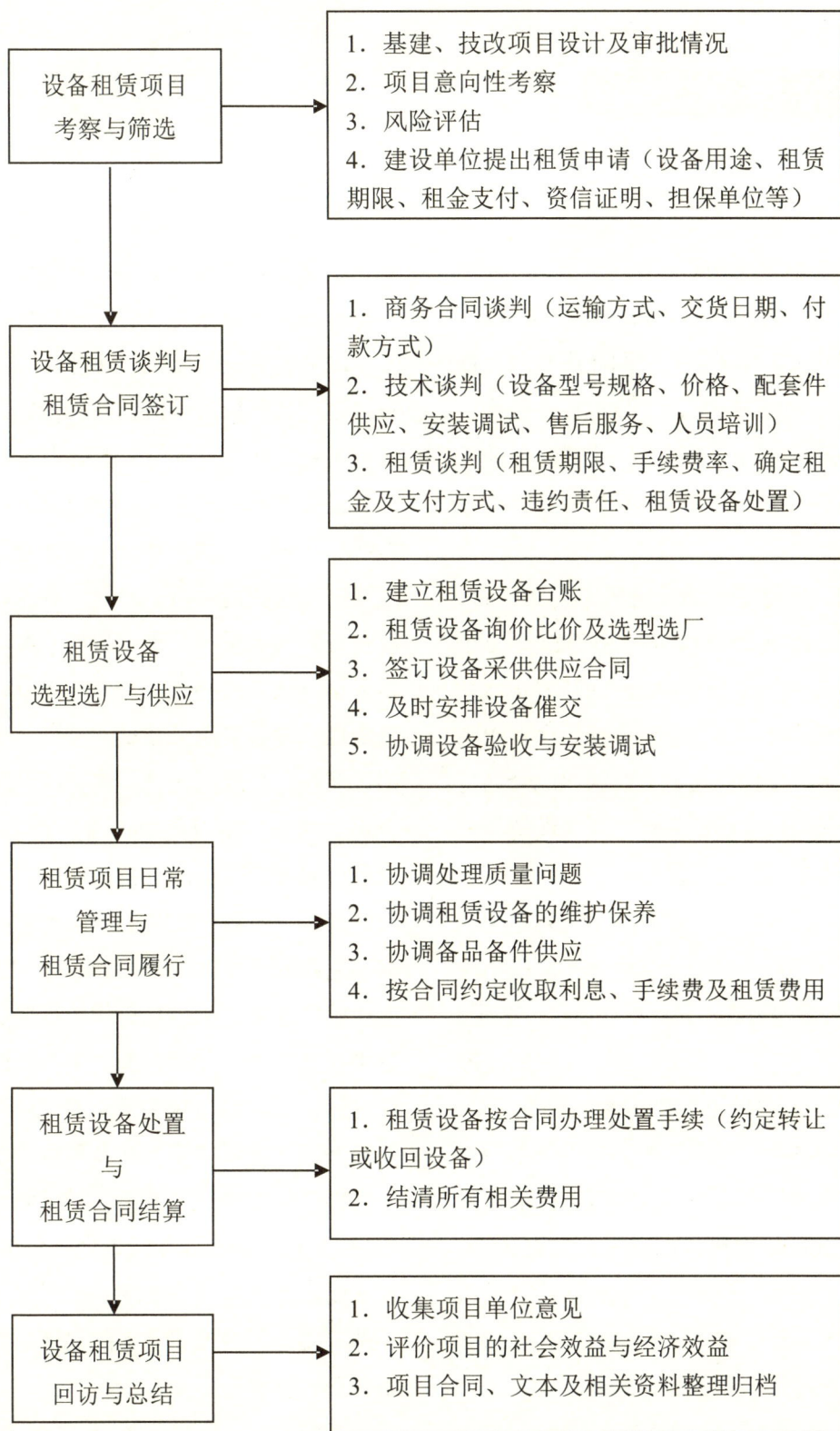

| 设备租赁项目
考察与筛选 | → | 1. 基建、技改项目设计及审批情况
2. 项目意向性考察
3. 风险评估
4. 建设单位提出租赁申请（设备用途、租赁期限、租金支付、资信证明、担保单位等） |

| 设备租赁谈判与
租赁合同签订 | → | 1. 商务合同谈判（运输方式、交货日期、付款方式）
2. 技术谈判（设备型号规格、价格、配套件供应、安装调试、售后服务、人员培训）
3. 租赁谈判（租赁期限、手续费率、确定租金及支付方式、违约责任、租赁设备处置） |

| 租赁设备
选型选厂与供应 | → | 1. 建立租赁设备台账
2. 租赁设备询价比价及选型选厂
3. 签订设备采供供应合同
4. 及时安排设备催交
5. 协调设备验收与安装调试 |

| 租赁项目日常
管理与
租赁合同履行 | → | 1. 协调处理质量问题
2. 协调租赁设备的维护保养
3. 协调备品备件供应
4. 按合同约定收取利息、手续费及租赁费用 |

| 租赁设备处置
与
租赁合同结算 | → | 1. 租赁设备按合同办理处置手续（约定转让或收回设备）
2. 结清所有相关费用 |

| 设备租赁项目
回访与总结 | → | 1. 收集项目单位意见
2. 评价项目的社会效益与经济效益
3. 项目合同、文本及相关资料整理归档 |

第四节　零星服务

零星服务是指围绕成套项目、小型技改项目和生产企业，为其提供单台单件设备供应，以满足项目单位生产所急需。湖北成套局开展零星服务始于1985年，当时主要以设备处为主开展这项业务。到80年代末期，零星服务业务开始扩大，各项目处也结合自身长处和特点开展零星设备经营。

1985年，全年零星服务的机床共202台，其中供兄弟成套局107台，占52.97%，地方小型技措项目72台，占35.64%，中间环节10台，占4.95%。1986年，湖北省城乡建设厅在崇阳召开的城市水厂工作会议上，对湖北成套局为红安、建始、麻城县的地方水厂开展设备零星服务的工作给予了充分肯定。

从1987年开始，进一步加大了与省内生产企业的联合，并对一些短线名牌生产厂采用设备款预付、借款等方法，先后给沙市机床公司、武汉第三机床厂、武汉第五机床厂、武汉冷冻机厂等单位予以支持，获得部分紧俏设备资源，弥补了零星服务中的缺陷，增强了服务手段。此外，针对自身没有仓储、运输等条件的实际情况，经与武汉重型机床厂、湖北省石化厅、湖北省机电公司等单位联系，最终在武汉重型机床厂开辟了一个仓储代运点，1987年至1989年三年间共仓储代运设备200多台。

进入90年代初期，随着零星服务的不断发展，湖北成套局在原《设备零星服务办法》基础上，制定了《湖北省机械设备成套局设备处零星服务管理办法》。该办法规定：

服务对象为：成套项目临时需要的设备；省内生产企业技改技措、设备更新需要的设备；各省市自治区成套部门委托的零星服务设备。

设备来源：一是采用预付款办法，对省内短线、名牌、紧俏设备，与生产企业以协议形式确定预付款的数量、时间、利息，同时确定设备资源的数量、品种、价格、交货期等。二是采用收入分成办法，与生产企业以协议形式确定提供设备资源的数量、品种、价格、交货期以及收入分成的比例；三是经常保持与有关企业的联系，尽可能协助解决企业具体困难，以取得对成套工作的支持。四是以掌握的产区设备资源与兄弟省市成套部门调剂余缺。五是争取一定数量的材料，以来料加工形式取得资源。

服务办法：凡委托订货的都要事先签订设备委托协议书，并附设备清单及合同，据此办理订货；凡需要与有关企业签订协议书的，都要经处领导同意签字，涉及预付设备款的，由处领导向局领导请示汇报；零星服务合同签订后，要交送一份合同在设备处综合组登记备查；凡接受零星服务任务的人员负责订货、催交，处理有关合同纠纷，负责落实货款的结算和服务费的收取。

收费方式：零星服务设备实行有偿服务。采取三角结算的，服务费为进、出货款差价；

采取供需双方直接结算的，服务费根据设备总额按一定比例收取。按有关规定服务费率为 1%～3%，取服务率的多少，可视零星服务设备种类、多少、难易等情况酌情而定；长线产品对用户实行无偿服务。为避免产生"三角债"，

凡要提取现货的用户，须先付款后提货。为严肃合同，对委托订货设备的用户，可规定适当期限，要求用户预付设备总值 10%～20%的货款。零星服务设备成交时，有关同志要将情况告设备处综合组，由设备处综合组统一对外开票。

表 5-1　1985—2000 年部分年份零星服务汇总表

年份	零星服务工作量			供应金额（万元）	收入（万元）
	台（件）	吨	千米		
1985	208	3.6	1.6	1520	54.2
1986	186	=	=	1760	59.7
1987	169	=	=	1506	=
1988	126	5.6	3.8	1500	=
1991	218	7.3		2669.71	=
1992	226	=	=	2810.94	=
1993	348	=	6.9	3100	=
1994	227	=		2700.80	=
1995	286	=		3600	=
1996	274	=	=	357.63	=
总计	2268	16.5	12.3	21525.08	113.9

第五节　钢材经营

　　1990 年局物资供应站成立初期，主要是负责分配、管理计划内的钢材。1993 年起，随着计划内的钢材进一步减少，局物资供应站全面步入市场，根据市场走势，将当时紧俏的硅钢片、冷轧薄板、马口铁列为重点经营品种，大力开拓这方面资源；同时通过省物资局信息中心的网络，对外公开发布信息，并主动上门了解省内外重点用户需求，现场查看生产线产品，以做到心中有数，保证经营稳妥进行。

　　1994 年，为方便钢材销售，局物资供应站与武昌 337 库、汉口 661 库等单位建立了良好的合作关系，并与一些重点用户形成直供方式。

如安徽省合肥市的荣事达电器配套厂家，生产上主要需要 1.5～2 毫米的冷轧薄板，只要对方一有需求，物资供应站就派人押车送货到现场，取回承兑汇票，做到货款两清。仅当年物资供应站销售冷轧薄板就达 1000 吨左右。

随着经营业务的拓展，1995 年局物资供应站又把开发销售硅钢片作为经营重点。如合资企业黄石东贝电器股份有限公司，主要生产冰箱压缩机，每月都需要大量市场紧俏物资 DW-470/DW-525 硅钢片，只要物资站一有货源，厂家就及时上门提货，每月进货数量都在 100 吨左右。局物资供应站还经常与湖北变压器厂以及新疆、上海的用户保持紧密联系，对于市场特别紧俏的变压器 DQ-151 硅钢片及时预告到货信息，基本做到当天进货第二天就被企业提走。

此外，局物资供应站还根据用户需求，适时组织中厚板、槽钢、角钢等普通钢材，分别销售到省内的黄石、鄂州、襄樊等地，其中部分钢材还销售到重庆、新疆、上海、合肥等地，做到物资快进快出，资金周转畅通，并逐渐形成自己的特色经营与销售渠道。

局物资供应站步入市场的第一年，就实现毛收入 100 万元，这为以后的市场经营打下良好基础。此后，基本上每年销售的硅钢片、冷轧薄板、中厚板等都在 5000 吨左右，创造了良好的经济效益和社会效益。

第六节　机床经营

机床是国民经济各部门用动力机器进行生产的工作母机。自 80 年代中期开始，机床一直是湖北成套局的一项重要经营业务。特别是 1994 年局机床设备公司成立后，机床经营方式灵活多样，业务稳步开展。

一、库存式经营

1. 推行代销制

机床市场的一个重要特点是现货交易。在买方市场中，用户的购买心理相对成熟，要求一手交款一手提货，或者送货上门，验货付款，有的老用户甚至要求缓期付款或分期付款。在此种情况下，没有现货库存资源，机床经营就很难开展。但现货库存资源必须投入大量的资金，而成套局又不具备这样的条件。对此，局机床设备公司从 1995 年开始大力开展与机床厂合作，采取代销的办法获取库存资源。

获取库存资源，首选目标是名牌产品。1993 年，为争取杭州机床厂、沈阳第一机床厂、北京第一机床厂、上海机床厂等名牌产品的代销权，湖北省成套局先后 10 多次派人赴厂洽谈，终于得到生产企业的理解和支持。如在详细了解杭州机床厂的销售策略后，局及时投入一部分资金，加入该厂的销售网点，获得了其产品的代销权。经过几年努力，局机床设备公司已发展成为杭州机床厂在湖北的唯一代销机构。

1996 年，神龙汽车公司大规模推行零部件国产化进程，各配套厂加速建设自己的模具车间，机床设备公司了解到此信息后，有计划地分批投入资金，代销模具行业非常看好的南通机床厂摇臂铣床，很快销售 50 多台，从而牢固地奠定了机床设备公司作为该厂在湖北的独家代销机构的地位。

2. 储备名优产品

在同类产品中，品牌最好，质量过硬，市场占有份额就最大。1996 年以后，机床经营重点发展了与沈阳第三车床厂的合作，该厂生产的 SK360 普通车床和六角车床都是国内名优产品，在湖北省的覆盖面较大，1997 年至 1998 年，机床设备公司共库存代销该厂产品 60 余台。

为争取同类名优产品中的价格优势，1997 年底，湖北成套局利用北京第一机床厂在武汉召开销售网点公司经理会议的机会，经与该厂负责人多次洽商，出资一百万元，批量订购该厂铣床；该厂在武汉地区已有 3 家网点公司的情况下，仍同意按网点价供货，从而为局机床设备公司在市场竞争中赢得更用户提供了可靠的保证。

二、服务与促销

1. 重点用户攻关

从 90 年代中期开始，大型工矿企业一直是国家和省进行产业结构调整、抓大盘活、扶优促强的重点对象，且每年都有添置设备或技术更新改造的计划。这些企业与成套部门有深厚的历史渊源，长期保持着密切的联系，这是成套部门在竞争中独具的优势。1996 年至 1997 年，鄂城钢铁厂、湖北汽车集团和 9616 厂这三家企业通过湖北成套局订购的机床等工艺设备，价值就达上千万元。由于抓住了重点用户，局机床设备公司的知名度不断提高，市场覆盖面不断扩大。

2. 提供优质服务

局机床设备公司通过优质服务争取和巩固

了不少客户。

1997 年初，私营企业武汉星河机械厂选购一批机床设备，在购买前，机床设备公司工作人员会同机床厂的销售人员，向用户详细介绍了机床的全面情况，并提前提供了地基安装图；机床设备公司工作人员了解到该企业的产品在每月固定的两天租借起重设备装车发运，因此，机床设备公司想用户之所想，将机床的到货时间安排在这两天内，避免免另花租金再租借起重设备卸货，用户非常满意。

又如，1998 年，武汉第二机床厂要购买 6 台不同型号的北京产铣床，正与另一经营公司洽谈。局机床设备公司得知此信息后，即与该厂联系，承诺以同等价格供货，并免费送货上门，验收合格后付款。由于局机床设备公司服务优于对手，一举拿下这单合同，并与武汉第二机床厂建立了后续供货的稳定关系。

3. 开展多样化促销

（1）会议促销：通过用户座谈会、中间公司座谈会、国家有关部委驻武汉单位联谊会等形式，开展促销活动；

（2）与项目处合作：项目处经常遇到用户订购机床的情况，机床经营部主动配合，并坚持账目公开、利益共享的原则，促进了长期的合作；

（3）定期回访用户：在用户购买机床后 15 天内，即发函询问安装和使用情况，对长期用户则派人员回访；

（4）开展宣传：在广泛宣传的基础上，还注重利用每一个具体的机会和场合进行宣传，连细节都不放过，如在所有机床的包装箱上都注明湖北省机械设备成套局字样；

（5）建立广泛联系：经常与相关方面包括竞争对手主动联系，交流情况，沟通信息，协调以至化解矛盾。如对有些中间公司，除日常保持电话联系外，还定期上门拜访；

（6）加强仓库管理：库存机床要摆放整齐，保持清洁，给用户以良好的印象；休息日照常发货，以方便用户。

以上多样化促销扩大了机床设备公司的销售，仅1996年至1997年销售北京第一机床厂生产的铣床、杭州机床厂生产的平面磨床就达500万元。1997—1998年，销售沈阳第三车床厂产品60余台。

到2000年底，湖北省机械设备成套局机床设备公司的经营业务已在全省基本建设和企业技术改造领域形成一定的规模和影响。

表5-2　1985—2006年湖北成套局与全国机床行业长期合作的部分厂家名单

省内机床企业	省外机床企业
武汉重型机床厂	北京第一机床厂
湖北机床厂	北京第二机床厂
武汉机床厂	沈阳第一机床厂
武汉第三机床厂	上海机床厂
武汉第四机床厂	杭州机床厂
武汉第五机床厂	南通机床厂
沙市机床一厂	常州机床厂
沙市机床二厂	陕西第二机床厂
沙市机床公司	青海重型机床厂
荆州机床厂	陕西宝鸡机床厂
公安机床厂	济南第一机床厂
宜昌市机床公司	大连第二机床厂
长江机床厂	云南第三机床厂
黄石锻压机床厂	沈阳车床厂
襄阳机床厂	长征机床厂
随州机床厂	青海第二机床厂

6

第六章

工程咨询

　　湖北省成套投资工程咨询中心的前身是湖北省成套技术信息中心。该中心成立于 1996 年，是全国设备成套系统首批获得国家计委认定的具有甲级工程咨询资格的专业咨询机构。中心成立以来，坚持以为政府部门和投资业主"两个服务"为宗旨，按照"客观、科学、公正"的原则开展评估咨询工作，共完成各类咨询项目 210 多项（其中 2003 至 2006 年完成 119 项），在调整投资结构、加强技术改造、优化建设方案和避免项目决策失误等方面发挥了有效作用，成为服务湖北经济建设的一支重要力量。

>>>>

第一节 发展历程

工程咨询业是智力型服务行业，它运用多学科知识和经验、现代化科学技术和管理办法，遵循独立、科学、公正原则，为政府部门和投资者对经济建设和工程项目的投资决策与实施提供咨询服务，以提高宏观和微观经济效益，是投资和工程建设中的重要环节。中国于1992年成立中国工程咨询协会，标志着中国工程咨询行业正式形成。

1992年8月4日，国家物资部设备成套管理局以物成人〔1992〕第203号文同意成立湖北省机电设备成套技术中心。根据批复，湖北省机电设备成套技术中心为全民所有制的事业单位（县处级），人员从湖北省成套局现有编制中调剂解决，不另增编。在工商登记时，省工商局建议更名为湖北省设备成套技术信息中心，并办理了企业法人营业执照（注册号4200001141040）。该中心是在湖北成套局综合技术处的基础上组建的。

1996年11月6日，湖北省设备成套技术信息中心首批获得国家计委颁发的工程咨询资格证书（编号：工咨甲9601029），资格等级：甲级；专业：综合（机电设备成套）。服务范围为评估咨询、招标咨询、投产后咨询。

2001年1月16日，国家国内贸易局设备成套管理局批复（局发成办字〔2001〕第21号），同意"湖北省设备成套技术信息中心"更名为"湖北省投资工程咨询中心"，更名后机构性质、人员编制不变。在办理工程咨询资格证书更名过程中，因湖北省工程咨询协会对"湖北省投资工程咨询中心"的冠名有不同意见，故资质证书一直未办理更名手续。

2001年10月25日，湖北成套局向湖北省投资工程咨询中心拨入资产200万元，其中固定资产150万元，流动资产50万元。

湖北成套局移交湖北省政府管理后，因业务工作发展需要，湖北省投资工程咨询中心在湖北省事业单位登记管理局取得事业单位法人证书（事证第142000000798号）。法定代表人：王佑民。经费来源：经费自理，开办资金200万元。举办单位：湖北省机械设备成套局。宗旨和业务范围：为技术改造、工程建设、设备投资提供咨询服务。提供规划、可行性研究、评估、工程监理、竣工验收、财务验收、投资、融资、项目管理、成套机电设备、技术、信息等咨询服务及招投标代理。

2004年9月，中国工程咨询协会发出关于集中办理资质内容相关变更的通知。根据省工程咨询协会的意见，经湖北省机械设备成套局同意（鄂成办字〔2004〕第43号），决定将"湖北省投资工程咨询中心"更名为"湖北省成套投资工程咨询中心"。随后在湖北省事业单位登记管理局办理了更名手续，并按新的名称申请办理了咨询资格证书的更名和换证工作。2005

年 1 月 21 日，取得新的资质证书（编号：工咨甲 1040122003），资格等级：甲级；专业：综合（机电设备成套）。

2005 年，为严格市场准入，保障工程咨询质量，国家发改委以 29 号令发布《工程咨询单位资格认定办法》，提出工程咨询单位资格认定，关系国家和社会投资效益，是需要具备特殊信誉和条件而确定的资格许可类事项。将工程咨询专业划分为 31 个，服务范围包括八项内容，工程咨询单位必须依法取得国家发改委颁发的工程咨询资格证书，凭证书开展相应的工程咨询业务。并以 23 号公告宣布对此前已经取得咨询单位资格证书的，达标宽限期延长至

2006 年 8 月 31 日。未取得工程咨询资格证书的咨询单位不得从事工程咨询业务。随后，经中国工程咨询协会审查，国家发改委认定，湖北省成套投资工程咨询中心获得新的工程咨询单位资格证书。

资格等级：甲级；专业：机械、电子；证书编号：工咨甲 12120070027；

资格等级：丙级，专业：轻工、纺织、化纤、建筑；证书编号：工咨丙 12120070027。

2006 年为贯彻政事分开的原则，将湖北省成套投资工程咨询中心的举办单位由原湖北省成套局变更为湖北省机电设备成套中心。同时将原开办资金增加到 300 万元。

第二节　工作职责与服务范围

国家发改委颁发的工程咨询单位资格证书规定的服务范围为编制项目建议书、编制项目可行性研究报告、项目申请报告、资金申请报告和评估咨询。

根据国家对程咨询单位服务范围的规定并充分利用成套局当时的设备信息和技术优势，更好地为湖北基建和技改项目服务，湖北省成套局以鄂成综字〔1992〕第 37 号文中明确，湖北省成套投资工程咨询中心还可以承接全省工程建设项目设备的评估和设备的选型采购、咨询业务。

湖北省成套投资工程咨询中心的主要服务范围是：参与建设项目的设计审查；提供机电设备技术经济信息；帮助设计单位进行机电设

备的选型；对外开展设备咨询业务。

湖北省成套投资工程咨询中心为规范咨询服务行为，提高咨询服务质量和水平，确保咨询成果的科学性、可靠性、公正性，保证技术咨询工作质量管理工作的顺利开展，及时发现并迅速处理工作中的质量问题，使之符合管理及市场的质量要求，制定了质量管理体系文件，取得了方圆标志认证集团有限公司颁发的 ISO9001 质量管理体系认证证书。

湖北省成套投资工程咨询中心按照"独立、公正、科学"的原则，坚持服务第一、信誉至上、确保为顾客提供合格的咨询产品。

2003 年 11 月 3—4 日，湖北省投资工程咨询中心受湖北天颐科技股份有限公司的委托，

在湖北黄冈市主持召开了50万吨双低油菜子综合加工项目初步设计评审会。

该项目总投资17亿元,固定资产投资11.5亿元。项目选址黄冈市科技经济开发区,位于湖北省双低油菜主产区,总建筑面积约4.5万平米。达产后,年加工双低油菜子50万吨,出品双低菜子色拉油约18万吨,以及副产品双低菜粕等28万吨。

中心邀请湖北省计委、中国轻工业武汉设计工程有限责任公司、武汉市化工设计研究院、武汉工业学院、黄冈市人民政府各有关单位、湖北天发集团公司、湖北天颐科技股份有限公司、国家粮食储备局武汉科学研究设计院等16个单位参加了此次评审会。

评审会中,各与会代表及专家首先踏勘了现场,并听取了本工程设计单位——国家粮食储备局武汉科学研究设计院对该初步设计文件内容的介绍,然后各位专家及代表以科学严谨的态度,本着实事求是的精神,在认真审阅设计文件的基础上,对初步设计进行了全面的讨论,最终形成评审意见,成为省计委项目审批的重要依据。

第三节　咨询工作业绩

湖北成套局下属湖北省成套投资工程咨询中心成立以来,为湖北多家企事业单位提供了多种的工程投资咨询服务,为湖北省的经济发展和建设作出了应有的贡献,其具体业绩详见表6-1。

表 6-1 2003—2006 年咨询项目一览表

序号	委托单位	项目名称	服务内容	总投资（万元）	固定资产投资（万元）
	2003 年				
1	黄石一棉纺织有限公司	引进喷气织机生产高档服装面料	编制可研报告	3388	2997
2	湖北银依集团有限公司	高钙营养系列饼干生产线技改项目	编制可研报告	2715	1864
3	黄冈日报社	引进四色胶印机	编制可研报告	840	800
4	湖北富恩特新型包装材料股份有限公司	引进年产 2 万吨双向拉伸 EVOH 薄膜生产线	编制可研报告	19635	18000
5	湖北富恩特新型包装材料股份有限公司	引进年产 2 万吨 BOPET 成膜系技改项目	编制可研报告	4559	4499
6	湖北富恩特新型包装材料股份有限公司	引进年产 2 万吨聚酯片材生产线项目	编制可研报告	5496	4543
7	湖北富恩特新型包装材料股份有限公司	引进年产 2 万吨包装薄膜收卷、控制系统项目	编制可研报告	4659	4588
8	荆州市奥达纺织有限公司	全流程改造精梳纱及剑杆织机生产线技术改造	编制可研报告	2997	2997
9	湖北石花纺织股份有限公司	高档面料生产线配套技改项目	编制可研报告	1774	1649
10	襄樊五二五泵业有限公司	耐酸泵生产线搬迁、提质、扩产改造	编制可研报告	765	596
11	湖北骆驼蓄电池股份有限公司	高能密封免维护蓄电池化成项目	编制可研报告	3096	2926
12	湖北骆驼蓄电池股份有限公司	高能密封免维护蓄电池板项目	编制可研报告	3435	3248
13	恩施州中心医院	引进医用直线加速器项目	编制可研报告	1041	1038
14	湖北广彩印刷股份有限公司	引进高速、五色 UV 胶印机技改项目	编制可研报告	1498	1338
15	湖北飞宁方向机有限责任公司	10 万台/车齿轮齿条式动力转向器技改项目	编制可研报告	3318	2965
16	襄樊洛神汽车玻璃有限公司	中高档乘用车安全玻璃生产线技术改造	编制可研报告	1054	629
17	湖北裕波牛仔股份有限公司	扩建四万锭精梳纱生产线建设项目	编制可研报告	10048	6773
18	湖北咸烟彩印包装有限公司	引进先进六色全自动高速版胶印刷机	编制可研报告	2132	1976
19	嘉能热电有限责任公司	2#机组扩建技改项目	编制可研报告	3246	2995

续表

序号	委托单位	项目名称	服务内容	总投资（万元）	固定资产投资（万元）
20	湖北裕波牛仔股份有限公司	100 万锭第一期 20 万锭先进纺纱项目	编制项目建议书	61556	58073
21	湖北银欣集团有限公司	鱼米高钙膨化系列食品项目	编制可研报告	10242	6128
22	湖北省红安县花生酱厂	花生系列产品开发加工项目	编制可研报告	4508	3514
23	湖北瑞发生物工程股份有限公司	雷竹笋加工	编制可研报告	2600	1600
24	湖北省罗田县罗田绿润食品有限公司	板栗深加工	编制可研报告	4579	3146
25	湖北省仙桃技工学校	兴建实验大楼项目	编制可研报告	416	400
26	湖北恒泰电线电缆有限公司	引进电缆生产在线检测仪技改项目	编制可研报告	100	100
27	湖北石花纺织股份有限公司	引进喷气织机开发高档面料生产线填平补齐项目	编制可研报告	1341	1182
28	湖北金环股份有限公司	黏胶长丝分厂技术改造项目	编制可研报告	2449	1292
29	湖北纤开发有限公司	年产 1500 吨浸胶帘帆布生产线技术改造项目	编制可研报告	3003	1561
30	湖北富恩特新型包装材料股份有限公司	年产 6000 吨双向拉伸尼龙薄膜项目	编制项目建议书	19899	18941
31	红安娃哈哈合食品有限公司	年产 2 万吨果蔬冻产品冻藏建设项目	编制可研报告	1740	1284
32	湖北省洪湖市德炎水产食品有限公司	淡水水产品深加工项目	编制可研报告	4538	3452
33	湖北长友现代农业股份有限公司	鹤峰县特种蔬菜系列产品加工出口项目	可研评审	4800	2800
34	来凤县凤鸣藤茶民族有限责任公司	年产 1000 吨藤茶深加工项目	可研评审	1262	1022
35	鹤峰县白果民族茶厂	有机珠茶生产加工出口项目	可研评审	2000	800
36	利川市天佛食品有限公司	特色食品莼菜出口商品加工项目	可研评审	4421	4121
37	湖北省恩施宏业魔芋开发有限责任公司	魔芋葡甘聚糖湿法加工及终端产品项目	可研评审	4760	4100
38	广水市民族化工有限公司	大米深加工及其产业化开发项目	可研评审	4676	4320
39	咸丰县绿缘富码绞股蓝有限责任公司	甜味绞股蓝加工项目	可研评审	3004	2840
40	随州金果生物科技有限公司	随州银杏叶加工项目	可研评审	3380	2600

续表

序号	委托单位	项目名称	服务内容	总投资（万元）	固定资产投资（万元）
41	湖北省（国营）周矶农场	潜江市尝香思调味品厂扩建工程项目	可研评审	4353	3860
42	湖北银欣集团有限公司	鱼米高钙膨化即食系列食品项目	可研评审	7362	6128
43	孝感凯风生物工程有限责任公司	年产 13000 吨乳酸及系列产品项目	可研评审	9170	8557
44	湖北神丹健康食品有限公司	年产 8 万吨禽蛋系列产品加工项目	可研评审	7883	4797
45	东方天琪（仙桃）生物工程有限公司	酶工程制备魔芋甘露低聚糖及系列产品工程项目	可研评审	6936	6136
46	湖北五湖集团	长吻鮠系列产品深加工项目	可研评审	2000	2000
47	湖北省荆州市荒湖农场	禽蛋加工项目	可研评审	7986	4409
48	宜昌双汇食品有限责任公司	生猪屠宰和低温肉制品加工项目	可研评审	9782	5977
49	中博安居（集团）股份有限公司	三峡移民安置区 3000 吨猕猴桃保健果酒厂项目	可研评审	3502	2875
50	湖北瑞发生物工程股份有限公司	雷竹笋加工项目	可研评审	1900	1600
51	湖北省红安县花生酱厂	花生系列产品开发加工项目	可研评审	4508	3514
52	湖北省罗田县罗田绿润食品有限公司	板栗深加工项目	可研评审	4579	3146
53	宜昌市长峡酒业有限责任公司	茶酒加工项目	可研评审	3670	1342
54	五峰宏力魔芋食品有限责任公司	魔芋深加工项目	可研评审	2332	2332
55	宜昌市天峡鲟业有限公司	鲟鱼加工与综合利用项目	可研评审	6690	6690
56	鄂州市梁子湖绿色水产品开发贸易中心	梁子湖红尾鱼深加工项目	可研评审	4508	3910
57	洪湖市德炎水产食品有限公司	淡水水产品深加工项目	可研评审	4538	3452
58	神龙架绿源天然食品有限公司	新建年产 3.6 万吨果蔬汁生产线工程项目	可研评审	2788	2578
59	天门戴克森生活发展有限公司	黄花菜深加工项目	可研评审	1480	850
60	黄冈市黄州水产集团	鱼方便面产品系列加工项目	可研评审	3535	3207
61	湖北天颐科技股份有限公司	50 万吨双低油菜籽综合加工项目	初步设计评审	19995	16718

续表

序号	委托单位	项目名称	服务内容	总投资（万元）	固定资产投资（万元）
	2004 年				
1	荆州市奥立纺织印染有限公司	采用剑杆织机生产中高档服装面料技术改造项目	编制可研报告	4928	2922
2	湖北银欣集团有限公司	双歧因子功能莲藕饮料	编制可研报告	3596	2936
3	襄樊中油环保服务有限公司	襄樊市医疗、工业危险废物集中处理中心建设项目	编制可研报告	883	843
4	湖北凯乐科技新材料股份有限公司	年产 30 万吨聚酯及涤纶短纤维建设项目	编制厂址选择报告	120000	70000
5	宜昌长峡酒业有限责任公司	年产 3500 吨茶酒项目	编制项目建议书	5700	4200
6	湖北骆驼免维护蓄电池股份有限公司	高能密闭免维护蓄电池技术改造二期工程项目	编制项目建议书	7600	6174
7	咸宁市精华苎麻纺织有限公司	引进自动络筒机提高产品质量技改项目	编制可研报告	1115	767
8	随州市中泰纺织有限公司	引进全幅衬纬经编机自动生产线	编制可研报告	1435	1353
9	国泰华（襄樊）纺织企业有限公司	更新三万锭精梳纱生产线高新技术改造项目	编制可研报告	8389	6402
10	国泰华（襄樊）纺织企业有限公司	扩建五万锭精梳纱生产线高新技术改造项目	编制可研报告	13712	11012
11	湖北黄麦岭磷化工集团有限公司	磷铵扩产改造技改项目	编制可研报告	3308	2478
12	武汉锅炉集团有限公司	大型碱回收锅炉技术改造项目	编制可研报告	14792	12884
13	湖北东峻工贸有限公司	轿车发动机缸体大型压铸件技术改造	编制可研报告	5260	4961
14	湖北省电力建设第一工程公司	引进电站建设工程大型起重设备技术改造	编制可研报告	4982	4965
15	襄樊海威路桥物资有限责任公司	改性沥青生产基地建设	编制可研报告	437	327
16	湖北贵族真空器皿股份有限公司	年产 300 万只不锈钢真空器皿技改	编制可研报告	2632	2086
17	湖北银丰纺织有限责任公司	引进关键全自动气流纺纱生产设备工程项目	编制可研报告	4589	2997
18	湖北银丰纺织有限责任公司	引进关键设备提高纱、布质量工程项目	编制可研报告	3602	2950
19	湖北银丰纺织有限责任公司	引进关键设备全流程改造两万锭工程项目	编制可研报告	4278	2998
20	宜都市供水总公司	宜都市陆城镇污水处理工程建设项目	编制可研报告	4661	4639

续表

序号	委托单位	项目名称	服务内容	总投资（万元）	固定资产投资（万元）
21	湖北贤成纺织有限公司	扩建三万锭紧密纺纱及针织面料生产高新技术工程项目	编制可研报告	17212	14551
22	湖北银欣集团有限公司	新型健康大米系列方便食品开发项目	编制可研报告	6733	4329
23	竹山县康华建材有限公司	40万t/a水泥粉磨站建设	编制可研报告	4525	1873
24	武汉恒祥印务有限公司	引进高速多色印刷机技改项目	编制可研报告	610	580
25	湖北石花纺织股份有限公司	三万锭精梳高支纺纱项目	编制可研报告	7896	7391
26	武汉中宝生物工程开发有限公司	30万吨多菌种微生物复合肥基地建设项目	编制可研报告	19864	18627
27	武汉三川印务有限公司	引进广告印刷高档设备技术改造项目	编制可研报告	1533	1487
	2005年				
1	湖北东峻工贸有限公司	汽车变速箱壳体铝压铸件技术改造项目	编制可研报告	4458	4209
2	湖北银泉纺织股份有限公司	引进全自动络筒机技术改造项目	编制可研报告	1121	982
3	武汉法律经济专修学院	校区建设项目	编制可研报告	9669	9495
4	武汉康利纸业有限公司	引进苯胺印刷机项目	编制可研报告	809	272
5	湖北双剑鼓风机制造有限公司	大型冶炼烧结节能系列风机生产线技术改造项目	编制可研报告	2124	1250
6	湖北武汉双驰贸易有限公司	黄黄高速黄梅、蕲春服务区改扩建项目	编制可研报告	4952	4834
7	大冶市大岛针织品有限公司	年产80万件羊绒衫工程项目	编制可研报告	4434	3452
8	大冶市大岛针织品有限公司	年产120万件羊绒衫工程项目	编制可研报告	6873	4960
9	湖北孝棉实业集团有限责任公司	引进先进设备改造六万锭精梳纱生产线技术改造项目	编制可研报告	5402	4886
10	武汉市建桥印务有限公司	高新广告制作生产项目	编制可研报告	540	535
11	湖北天化麻业股份有限公司	三万锭精梳高支苎麻纱生产线	编制可研报告	10406	9537
12	襄阳丝源纺纱有限公司	新增2万锭精梳高支麻棉混纺纱生产线改造项目	编制可研报告	3495	2986
13	湖北天化麻业股份有限公司	一万锭精梳高支麻棉混纺纱生产线	编制可研报告	2153	1878

续表

序号	委托单位	项目名称	服务内容	总投资（万元）	固定资产投资（万元）
14	黄石一棉纺织有限公司	提高精梳纱产能技改	编制可研报告	993	966
15	湖北省黄石市瑞岛服装有限公司	柔性时装新工艺技术改造项目	编制可研报告	2055	1884
16	湖北神鹿阻燃板有限责任公司	阻燃刨花板扩建工程	编制可研报告	2345	1980
17	咸宁市丰源特种电力互感器有限责任公司	电子式互感器批量生产改造项目	编制可研报告	1278	1223
18	湖北监利银丰纺织有限公司	5万纱锭高支精梳纱建设项目	编制可研报告	13503	12366
19	湖北银丰纺织有限公司	第二期3万纱锭高支精梳纱建设项目	编制可研报告	13631	13097
20	湖北省盐业总公司	无溶剂纸塑复合食盐小包装膜片技改项目	编制可研报告	1944	1492
21	湖北化纤开发有限公司	年产420吨浸胶帘帆布生产线技术改造项目	编制可研报告	270	170
22	湖北省荆州市中心医院	中心实验室检测设备更新改造项目	编制可研报告	363	354
23	湖北省中山医院	实验室检测设备更新改造项目	编制可研报告	331	326
24	武汉阳逻经济开发区管委会	武汉市阳逻纺织服装工业园区发展规划	编制发展规划	1390000	1390000
2006年					
1	襄阳亿普机械制造有限责任公司	扩大汽车零部件生产能力技改项目	编制可研报告	1133	996
2	湖北宝马弹簧有限公司	商用车驾驶室前后悬置弹簧生产线改造项目	编制可研报告	590	450
3	湖北银丰纺织有限公司	10万纱锭高支精梳纱建设项目	编制可研报告	39092	37331
4	黄石市华特印务包装有限公司	提高高新技术广告印制工艺水平项目	编制可研报告	1125	1100
5	咸宁市精华纺织有限公司	万锭苎麻精纺扩建项目	编制可研报告	3333	3000
6	湖北赤壁银丰纺织有限责任公司	5万锭高支精梳纱建设项目	编制可研报告	17216	16077
7	武汉凡谷电子技术股份有限公司	CDMA基站天馈产品第四期技术改造项目	编制可研报告	4849	4598
8	武汉凡谷电子技术股份有限公司	WCDMA基站天馈产品技术改造项目	编制可研报告	4882	4287
9	湖北金安纺织集团股份有限公司	高档纯棉精梳针织专用纱生产线建设项目	编制可研报告	4905	4593

序号	委托单位	项目名称	服务内容	总投资（万元）	固定资产投资（万元）
10	湖北金安纺织集团股份有限公司	3万锭高支纯棉精梳纱生产线技改项目	编制可研报告	4972	4575
11	荆门市第二人民医院	放疗中心扩建项目	编制可研报告	925	915
12	武汉众志针纺发展有限公司	搬迁改造项目二期工程	编制可研报告	5090	3830
13	黄石东贝电器股份有限公司	140万台无氟压缩机生产线技术改造增补完善项目	编制可研报告	3209	2877
14	武汉市江汉区柏青印刷厂	高新印刷技术应用技改项目	编制可研报告	451	439
15	芜湖欧宝制冷压缩机有限公司	无氟高效制冷压缩机生产项目	编制可研报告	4998	4680
16	湖北雷迪特汽车冷却系统有限公司	汽车散热器铝代铜轻量化应用	编制可研报告	951	632
17	荆州市奥达纺织有限公司	新增高档服装面料和平绒织物生产线项目	编制可研报告	4040	2953
18	湖北精亚麻业有限公司	高档棉麻混纺纱生产线技改项目	编制可研报告	879	614
19	湖北三环汽车方向机有限公司	10万台/年齿轮齿条式动力转向器技改项目	编制可研报告	508	438
20	芜湖欧宝机电有限公司	无氟高效制冷压缩机生产项目	编制可研报告	34999	32350
21	武汉富兰德模具公司	年产200套汽车塑料模具建设项目	编制可研报告	1312	1208
22	武汉电信器件有限公司	光通信用高速光模块生产线扩建项目	编制可研报告	1000	628
23	荆州市今印印务有限公司	提高高新技术广告印刷工艺装备水平项目	编制可研报告	748	740
24	老河口市君鑫纺织有限公司	高档家用纺织面料工程项目	编制可研报告	2700	2502
25	湖北广彩印刷股份有限公司	提高高新技术广告印刷工艺水平项目	编制可研报告	480	468
26	黄石东贝电器股份有限公司	500万台无氟压缩机生产线技术改造配套项目	编制可研报告	4968	4365
27	湖北监利银丰纺织有限责任公司	5万锭天然彩棉精梳纱生产线技术改造生产线技术改造项目	编制可研报告	4288	3512
28	汉川市明星玻璃有限公司	中空玻璃生产技术改造和技术革新及优质浮法玻璃深加工生产装备项目	编制可研报告	137	77
29	湖北省国营襄樊针纺织厂	高档功能性纺织面料改造工程项目	编制可研报告	3211	2884

续表

序号	委托单位	项目名称	服务内容	总投资（万元）	固定资产投资（万元）
30	黄石哈特贝尔精密锻造有限公司	年产1200万套精密轴承球件技改项目	编制可研报告	1520	1150
31	新丰化纤工业有限公司	5万吨差别化特种聚酯切片工程项目	编制可研报告	14336	12736
32	襄樊天化纤有限责任公司	3000吨/年粘胶玻璃纸扩建改造项目	编制可研报告	5200	4710
33	随州市中泰纺织有限公司	年产1500万平方米产业用经编网格布建设项目	编制可研报告	1768	1648
34	咸宁温泉谷建设投资有限公司	温泉谷休闲度假中心建设项目	编制可研报告	52788	52138
35	湖北玉立砂带集团股份有限公司	DCY71砂带项目	编制可研报告	2800	2800
36	黄石一棉纺织有限公司	高档功能性纺织服装面料生产技改项目	编制可研报告	4462	3743
37	襄樊市中心医院	引进医用加速器治疗系统项目	编制可研报告	2350	2280
38	湖北三环车方向机有限公司	50万台/年循环球整体液压动力转向器技改项目	编制可研报告	1540	1154
39	湖北祥云（集团）化工股份有限公司	合成氨"三废"综合利用技改工程项目	编制可研报告	1200	950
40	湖北三环锻压机床有限公司	兴建数控锻压机床研制基地，提升规模生产能力	编制可研报告	3073	2098
41	孝感市大禹电气有限公司	数字式交流电动机晶闸管固态软起动器项目	编制可研报告	1900	1500
42	湖北三环信息科技有限公司	无铅工艺技术改造项目	编制可研报告	662	662
43	黄石优利福自动化装备有限责任公司	重型车变速箱试验台技术改造项目	编制可研报告	602	482
44	湖北芳通药业股份有限公司	醋酸孕酮新工艺的扩大应用项目	编制可研报告	1626	1280
45	湖北美岛服装有限公司	出口高档服装低缩水率产品研发	编制可研报告	1112	650
46	黄石奇明照明有限公司	奇明绿色照明工业园（一期）建设项目	编制可研报告	4297	2431
47	湖北皮尔登汽车装饰用品有限公司	汽车内饰件生产自动化技术改造项目	编制可研报告	620	500
48	湖北银丰纺织有限责任公司	三十万锭纱工程第二期10万锭特种天然纤维紧密纺精梳纱建设项目	编制可研报告	43358	33686
49	湖北银城纺织股份有限公司	六万锭特种天然纤维精梳纱建设项目	编制可研报告	14095	12595

续表

序号	委托单位	项目名称	服务内容	总投资（万元）	固定资产投资（万元）
50	湖北省医药行业协会	湖北省医药行业信息化服务平台建设	编制可研报告	30	24
51	襄樊三五四一纺织总厂	天竹系列高档功能性家纺面料一条龙开发项目	编制可研报告	5304	4149
52	湖北枝江酒业股份有限公司	国家级企业技术中心及其配套	编制可研报告	8650	7900
53	湖北天化麻业股份有限公司	六万锭高支苎麻纤维精梳纱建设项目	编制可研报告	28267	21212
54	湖北银泉纺织股份有限公司	1.5万锭精梳高支苎麻生产线改造项目	编制可研报告	3158	2914
55	湖北天化麻业股份有限公司	高性能苎麻产品开发及无进生产技术应用一条龙推进项目	编制可研报告	4000	3000
56	湖北省残疾人联合会	湖北省残疾人康复中心	编制可研报告	2473	2400
57	武汉凡谷电子技术股份有限公司	WCDMA基站天馈设备技术改造项目	编制可研报告	3315	2546
58	襄樊三五四一纺织总厂	高档功能性纱纺面料科技改项目	编制可研报告	12241	10968
59	湖北玉立砂带集团股份有限公司	特种砂带专用布项目	编制可研报告	4360	3971
60	湖北省产品质量监督检验所	实验室技术改造项目	编制可研报告	350	350
61	枣阳市万通棉纺实业有限公司	两万锭特种天然纤维精梳纱建设项目	编制可研报告	4188	4188
62	国营襄樊针织厂	高支高密高仿真家纺面料科技项目	编制可研报告	2927	2927
63	湖北三环汽车方向机有限公司	年产30万台齿轮齿条式动力转向器技改项目	编制可研报告	1653	1445
64	十堰市武当山旅游特区金顶索道有限公司	武当山索道吊厢、控制系统技术改造项目	编制可研报告	464	428
65	湖北省发改委	湖北省洪湖市湘鄂西苏区革命烈士陵园建设项目	可研评审		
66	湖北省发改委	瞿家湾湘鄂西周老嘴湘鄂西革命根据地旧址群建设项目	可研评审		
67	湖北省发改委	监利县周老嘴湘鄂西革命根据地旧址基础设施建设项目	可研评审		
68	湖北省发改委	宣化店谈判旧址红色旅游景区建设项目	可研评审		

第七章

业务统计

统计是做好业务工作的必要条件和不可缺少的工具。通过统计和对统计数据的分析，可以反映设备成套、招标项目的数量、质量、分布、效益的基本情况，为主管机关、部门领导制定工作方针、政策和计划，以及预测相关业务的发展趋势，提供数据资料。1959 至 2006 年，湖北成套局按照设备成套主管部门的指示要求，结合业务管理需要，认真做好不同历史时期的统计工作，较好地发挥了业务统计在辅助上级领导决策、加强内部管理、促进成套事业发展方面的作用。

>>>>

第一节　设备成套业务统计

一、成套项目统计工作的建立

湖北设备成套业务的统计工作是伴随着设备成套事业的发展逐步建立和完善起来的。

50 年代末期，全国设备成套机构组建后，正值国家"一五"计划提前完成，生产和建设迅速发展，基本建设规模大（1959 年全国基本建设投资总额 345 亿元），新建和在建的项目多，需要大量的机械设备。虽然经过"一五"建设，国家机械工业有了较大发展，但总体来看设备资源仍显得不足。为保证重点项目顺利建设，国家有关部门必须及时了解和掌握成套项目所需设备的成套组织和成套供应情况，以便按照轻重缓急的原则合理安排和调度使用有限的设备资源。为此，湖北成套公司在 1959 年成立当年，就根据第一机械工业部机电设备成套总公司的要求，建立了湖北成套项目统计工作的制度，并明确由公司办公室负责统计工作。当年底，该公司填报了 1959 年 37 个成套项目所需设备的生产、交货情况的统计年报表，并附简要文字说明，成为湖北最早的成套项目统计年报表。见表 7-1。

表 7-1　湖北省机电设备成套公司 1959 年全年交货任务完成情况统计表

序号	项目名称	完成进度（%）	年底预计完成进度（%）
1	大冶无缝钢管厂	100	
2	沙市电厂	100	
3	黄石电厂	100	
4	陆水电厂	100	
5	青山电厂	100	
6	武汉一针织厂补套	100	
7	浠水糖厂补套	100	
8	邮电行业输出	100	
9	地质行业输出	100	
10	东山寺水电厂	99	
11	武汉锅炉厂	98	
12	铁道行业输出	98	

续表

序号	项目名称	完成进度（%）	年底预计完成进度（%）
13	1958年轧机补套	97	
14	建工行业输出	94	
15	黄石国棉一厂	88	98
16	冶金行业输出	88	90
17	武汉汽输机厂	86	
18	武汉冶金通用机器厂	86	87
19	武汉铸锻中心场	83	88
20	武汉电讯电源厂	82	100
21	火烧坪电厂	81	82
22	机械行业输出	80	81
23	纺织行业输出	80	
24	武汉国棉二厂	79	98
25	武汉船用特机厂	71	88
26	汉阳纸厂补套	68	
27	电力行业输出	66	70
28	煤炭行业输出	66	
29	轻工行业输出	64	
30	化工行业输出	51	
31	丹江电厂	41	43
32	华新水泥厂补套	38	60
33	武钢补套	38	
34	应城电厂	33	
35	下陆二坑	12	
36	应城盐矿	0	30
37	冶钢补套	0	

备注：1.全公司37个项目总计：全面应交设备5656台（件），已交设备4667台（件）。完成全年任务82%；年底预计可达89%。

（1）按现有专业科分析

序号	项目科别	完成进度（%）	年底预计完成进度（%）
1	地质建工林业科	92	93
2	冶金科	91	92

续表

序号	项目科别	完成进度（%）	年底预计完成进度（%）
3	邮电交通铁道科	90	98
4	机械科	85	89
5	电力科	82	88
6	轻工化工燃料科	74	84

（2）按项目性质分析

输入：82%，年底预计91%；其中，二季订货92%，一批成套69%，二次补套57%。

输入：82%，年底预计83%；其中：二季订货88%，一批成套与二次补套62%。

（3）按设备类别分析

专用设备	76%
通用设备	83%
电控仪表	97%

2. 欠交设备共计999台（件），占全年应交设备的18%。其中：年底可交货的占全部欠交设备的38%；情况不明的（均为输入）占23%；由于缺电动机而不能单机成套出厂的占20%；其他原因占19%。

1960年，湖北列入中央成套的项目为57个，所需设备9566台（件），同比增长近一倍；中央分配由湖北生产的成套设备共计7198台（件），同比增长3倍多。随着基本建设项目的增多，统计工作量也相应加重，除了按行业、项目、产区分别统计外，还要按计划内成套项目建成或投产情况逐一统计。为了更好地履行统计职责，湖北成套总公司将办公室更名为综合统计科，具体负责定期向更名后的设备成套总局和湖北省有关部门统一上报公司的各项统计资料，包括公司内领导所需的有关统计资料。

从1961年起，国家强调严格按基本建设程序办事，坚持国家计划内的经过批准设计的重点项目才能列入设备成套项目，并且规定从1962年起，对部分重点项目所需的成套设备，在年度计划编制以前提前由各部门、各地区提出建设项目名单，经国家计委审定后，由机械制造部门按照项目需要，成套安排生产，并由成套部门组织成套供应。针对这一变化，设备成套总局进一步充实、完善了成套统计指标体系，并实行全国成套系统统一的定期报表制度，即年报、半年报、季报和月报。这一时期，湖北成套局在做好国家重点成套项目统计报表工作的同时，还建立健全了地方成套项目统计指标体系，其内容包括所属行业、隶属关系、建设类型、列入成套的建设内容、建设性质、新增生产能力、总计划投资（其中设备费）、所需设备台（件）、实供设备数量等。同时，湖北成套局还严格了报表的审批程序，对各类报表实行统一编号，统一管理。

1963年，湖北成套局贯彻执行1962年中共中央和国务院作出的《关于加强统计工作的决定》，进一步加强了统计日常管理，尤其是统计台账等基础性建设工作。1964年成套局升格为省直一级厅（局）后，明确统计工作由局办公室负责，有关业务处室设兼职统计员，在局内形成了统计管理网络。

"文化大革命"期间，设备成套工作受到冲击。1968年停止了统计工作，不再向设备成套总局和省有关部门上报统计报表。

二、成套项目统计工作的恢复和发展

1975年1月，机械设备成套总局恢复成立。受国家建委、一机部共同领导。与此同时，各省、市、区成套机构也陆续恢复和建立。设备成套总局组建后，很快恢复了全国设备成套系统统计工作网络。湖北成套局明确统计工作由局办公室负责。当年根据设备成套总局的布置，定期汇总上报有关统计报表。

1976年1月8日，经国家统计局批准，国家建委、一机部下发了《关于执行"国家基本建设项目成套设备交货季表"的通知》，要求从当年开始执行设备交货季报制度，同时强调各设备制造主管部门，成套局（公司）要经常检查、监督有关生产企业，认真做好统计报送工作。2月9日，湖北成套局、省机械工业局向各地、市机械工业局及有关生产企业转发了这一通知，并就编制季报提出了具体措施和要求。

1978年1月19日起，湖北成套局贯彻执行国家建委、第一机械工业部设备成套总局下发的《关于布置国家成套项目设备交货综合定期统计报表的通知》（成调字〔1978〕第4号文），并按照规定要求和口径填报。

1979年8月25日，国家统计局以统物字〔1979〕第58号文批复，同意国家机械设备成套总局制定的《国家成套项目机电产品供货计划执行情况月报表》（含"编制说明"），即从1980年1月开始，各省、市、区凡承担国家成套项目设备订货的生产企业均需填报本表，并分别报省、市、区成套局一份，填报范围按省、市、区成套局送交企业的《国家成套项目机械产品台账》规定的产品名称、项目名称和合同号填报。同年9月，湖北成套局会省有关部门，就贯彻执行该月报制度提出了具体措施和办法。附月报表样，见表7-2。

表7-2 国家成套项目机电产品供货计划执行情况月报表

国家成套项目机电产品供货计划执行情况月报表（ 月 ）			制发机关：国家机械设备成套总局
			批发机关：国家统计局
			批准文号：〔1979〕统物字第58号
			表　　号：国成机起1表

填报单位：

合同号	建设项目	产品名称	计量单位	本月实际交货数量	运单号或发（提）货单号	备注
甲	乙	丙	丁	1	戊	己

负责人盖章：　　　　　　制表人签章：　　　　　　报出日期：

1982年，湖北成套局贯彻设备成套管理局召开的全国成套业务会议和统计工作会议精神，认真执行会议制定的成套工作管理办法、业务联系制度和统计报表制度。各项统计报表的质量得到了设备成套管理局的认可。

1983年1月8日，设备成套管理局在苏州召开成套系统统计工作会议，对如何加强统计工作提出了具体措施，并印发了《成套项目统计报表的几项规定》。同年4月，湖北成套局根据会议精神制定了《湖北省机械设备成套局统计管理办法》《设备成套业务统计工作岗位职责》。当年，该局还组织力量，用了20天左右的时间，清理了历年成套项目资料，整理了从1974年至1982年国家和地方成套项目所需设备安排情况的统计资料。在这8年期间，共组织基本建设和技改项目402个，提供成套设备16万台（件），1.1万吨，5348千米；其中省内生产的产品有6万台（件），0.45万吨，2000千米。这402个项目中，有大中型项目91个、引进项目2个、国防军工项目27个、地方成套项目282个。这批项目的建成投产，对提高湖北省工业生产能力，促进湖北省经济发展起到了一定作用。

1984年1月17日，湖北成套局向设备成套管理局上报了《关于我局统计工作情况和意见的报告》（鄂成综字〔1984〕第2号），该报告分析了设备成套业务统计工作面临的新情况和新任务：在成套项目的计划管理方面，由过去自上而下下达计划（国家成套项目由国家计委、建委审定下达，交给地方成套部门来组织实施，地方成套项目由省计委、建委下达计划，成套局组织实施），变为更多地由成套部门主动与项目主管部门、建设单位联系协调来确定成套项目；在设备安排方面，由过去一般每年安排两次成套项目设备订货改为随到随安排的供货方式；统计报表科目增多，除填报设备数量和设备费总金额外，增加填报每台设备金额，报表分类更加详细。各类报表也由一年报送两次改为一年报送4次。

1987年，设备成套管理局首次召开成套项目统计报表评审工作会议，经与会代表的会审、评比，湖北成套局编制的1987年成套项目设备安排统计报表荣获"全国成套系统统计报表工作成绩优秀单位"称号，排名第三。这是全国成套系统首次建立统计报表会审、评比制度。

1989年10月31日，设备成套管理局在江苏吴县召开"1989年成套项目统计报表会审、评比会议"。会议总结了统计工作经验和改进项目统计报表制度等有关事项，强调要进一步做好统计报表工作，尤其是要运用大量的项目统计数据进行分析、预测，提出有数据、有观点、有建议的统计分析报告，供领导和有关部门决策参考。与会代表还对会上提出的报表改进征求的意见稿进行认真讨论和研究，本着精简和保证业务工作需要的原则，确定取消原《项季表2》和《项年表3》，保留《项安表1-1》和《项安表1-2》，并对编制规定和要求也做出部分修改。改进后的成套项目统计表，使用设备成套管理局统一制定的计算机数据软盘，并从1990年度起执行。

1990年设备成套管理局在福建厦门召开"1990年成套项目统计会审工作会议"。会议对1990年成套项目设备安排统计报表进行了会审、评比，并对项目统计和计算机应用工作进行了经验交流。经过集体会审、数据考核和综合评议，湖北成套局等十三个省、市、区成套局的统计报表质量，文字说明和计算机软盘按规定要求完成较好，受到会议表彰。

1991年以后，随着社会主义市场经济体制的逐步建立和完善，设备成套工作发生了质的变化，项目资源和设备资源全面进入市场，成套部门要靠自己承揽项目和采购设备，为用户提供有偿服务，业务范围向招标代理、咨询服务、生产资料经营等方面发展。内部推进企业化管理和实行局长目标经营责任制。因此，这一时期的设备成套局业务统计工作随着形势发展也作出了一些改变。从 1994 年开始，不再编制上报成套项目安排统计表，而是填报设备成套管理局制发的《省市成套局经营情况表》，统计指标包括：成套项目设备经营额、生产资料经营额、招标设备金额、租赁项目金额，其他经营额、投资总额、投资效益总额、经营毛收入、费用总额、净收益等。并附年度经营指标完成情况、年度经营情况分析等文字说明。1998 年，设备成套管理局印发《关于成套系统进一步推进企业化管理和实行局长目标经营责任制的意见》，明确各省局定期（按季度）向管理局报送全局（事业和企业）财务报表和经营情况统计表。该统计报表一直沿袭至 2000 年底。

第二节　招标业务统计

80 年代，随着基本建设管理体制改革的逐步深化，湖北成套局于 1986 年开始试行以招标投标的方式组织设备成套工作。1992 年，湖北省人民政府批准成立湖北省设备招标办公室，负责省内重点项目所需国内成套设备的招标工作。为使省委、省政府、设备成套管理局和省计委等综合管理部门及时掌握湖北重点项目的设备招标工作情况，湖北成套局于当年建立了招标业务统计制度，统计报表分为月报表、半年报表和年报。统计内容包括招标编号、项目名称、包号、招标内容、委托金额、中标时间、中标金额、节资额、节资率等。

1996 年，为了配合国家计委组织的《中华人民共和国招标投标法》起草工作，设备成套管理局印发了《关于汇总报送招标、投标情况的通知》（局发成综字〔1996〕第 36 号），湖北成套局按规定要求填报了《招标投标情况汇总表（历年总和）》。1986—1995 年，湖北成套局、湖北省设备招标办公室共计完成招标项目 22 个（开标 117 次），招标金额 19041.901 万元，招标收入 190.193 万元，节省投资 1818.022 万元，节资率为 8.71%，其中：1995 年完成招标项目 5 个（开标 17 次），招标金额 2349.255 万元，招标收入 40.589 万元，节省投资 237.764 万元，节资率为 9.19%。

2000 年 1 月《中华人民共和国招标投标法》正式施行后，局招标业务快速扩展。为加强内部管理，湖北成套局于 2001 年 2 月 13 日成立了综合办公室，负责全局招标业务的指导和协调，同时确定专人负责综合统计工作，并按月编制上报《招标业绩一览表》《国内招标项目统计表》《国际招标项目统计表》和《招标业绩季统计表》。当年还根据招标资质年审，升级及扩大招标业务范围等申报工作的需要，完成了

1996—2000年五年的招标业绩统计。为迎接国家经贸委、省经贸委对招标代理机构的业绩抽查，湖北成套局还做好统计原始记录，即将全局的招标统计资料采用统计台账形式，按年、季、月进行整理分类，以便国家和省有关部门随时抽查使用。

2002年，为进一步加强招标业务统计管理，提高统计数据质量，湖北成套局制定了《湖北省机械设备成套局招标业务统计管理制度》，规定全局招标业务统计报表分为年报、季报、月报和不定期报表4种。月报以每月最后一天为统计截止时间；季报以季末月份的最后一天为统计截止时间；年报以12月31日为统计截止时间。同时要求统计人员进行专题或综合统计分析，并形成分析报告，其内容包括计划招标完成情况，存在的问题及原因，改进意见、建议和措施等。

2005年8月，湖北成套局决定，于2006年开展全省招投标情况专项调查。同年10月，

该局根据有关政策依据，利用历年统计资料，向省财政厅编报了2006年部门预算支出计划和《全省招投标专项调查项目可行性分析表》。经省财政厅预算评审，并报湖北省人大常委会预算委审查，全省招投标专项调查项目正式列入2006年度部门预算。次年，省财政厅下达专项经费100万元。

2006年7—10月，在湖北省源头治腐工作领导小组办公室的组织协调下，湖北省成套局会同省发展改革委、省统计局，对2003年以来全省招投标工作情况进行了专项调查。此次调查共发放《湖北省招投标情况（机关、主管部门）专项调查表》《湖北省招投标情况（集中交易场所调查表）专项调查表》《湖北省招投标情况（中介组织）专项调查表》共计11000余份，回收表格10056份，录入和处理数据约30万条，并撰写了统计分析报告——《湖北省招投标情况专项调查报告》，发表在湖北省人民政府主办的《政府调研》上。

第三节　计算机技术应用

1985年以前，湖北成套局综合统计工作一直实行手工操作，具体步骤是：由各业务部门按照项目和设备的分工编制各类基础统计报表，业务部门综合初审汇总，然后由局综合部门负责复审和大汇总，在此基础上按照各级主管部门的需要和有关统计报表的规定，做好综合上报工作。由于成套项目涉及面广、覆盖行业多、统计任务十分繁重，加之年报、半年报、季报、

月报等定期报表的报送都受到时间限制，单靠人工统计已不适应管理工作的需要。为此，湖北成套局根据当时设备成套管理局提出的"机械工业部成套系统各单位要尽快运用计算机技术进行项目管理、设备管理、人事管理、财务管理和统计管理"的要求，于1986年购买了一台美国原装进口的IBM5550型计算机（由设备成套管理局统一采购），同时还配备了打印机、

异步通讯卡、汉卡，总共价值人民币 5 万元。当年，湖北成套局首次将计算机技术应用到湖北成套项目统计工作中来。由于统计工作、项目管理工作和计算机工作三方面人员的相互配合，使项目统计报表无论在准确性、完整性和及时性等方面都取得了良好的成效。

从 1990 年开始，湖北成套局全面试行用计算机代替手工编制和汇总各类统计报表工作。到 1995 年，统计工作不仅可以提供各种统计报表，同时可为项目管理人员提供必要的数据资料，进行各种统计分析，包括本单位经济活动分析，并作为财务支出、处室考核的依据。

2000 年底局域网建成后，湖北成套局多次与武汉英华系统集成公司协商，确定了招标工作统计需求与相应软件功能。比如在项目管理方面，各业务部门可在局域网的项目管理模块将项目信息登录，对未招标的项目可实时查询、统计、打印"处室项目信息表"；对已承招的项目可自动产生项目编号，也可随时查询、统计、打印各部门"招标项目统计报表（年、季、月）""招标业绩一览表（年、季、月）""国内招标业绩一览表（年、季、月）"及"国际招标业绩一览表（年、季、月）"。为严格统计数据保密，湖北成套局坚持每周升级最新版杀毒程序并在网管站上备份共享数据，对服务器、机房网管站、局综合办工作站定期进行病毒查杀，对 CIH 等重大病毒发作日，及时警示预防，以确保各项统计数据的安全。

8

NEIBU JIZHIYUJIGOU GAIGE

内部机制与机构改革

　　1984 年，按照机械工业管理体制改革的要求，承担成套业务的公司、各地成套局都要改革为自主经营、独立核算、自负盈亏的工程技术设备成套公司。这是成套工作改革的一项重要内容。

　　1985 年，全国设备成套局长工作会议进一步明确提出，从 1985 年开始递减事业费，实行差额拨款经费包干、以收抵支、超收留成的差额预算管理。为适应改革形势的要求，湖北成套局从 80 年代中期开始引进企业管理机制，并多次对内部机构、人事、财务、分配等方面进行调整与改革。通过内部机制转换，调动了全局干部职工的积极性，促进了湖北成套事业的发展。

>>>>

第一节　建立岗位责任制

湖北成套局内部机制转换最初是从建立岗位责任制开始的。1984年，湖北成套局贯彻落实中央和省委关于全国党政机关实行岗位责任制的有关文件及会议精神，于2月初在全局范围内制订岗位责任制，4月初基本完成，历时2个月。

一、岗位责任制的制定

坚持领导与群众、个人与集体相结合，采取自上而下、自下而上的办法。制定时，不搞一个模式，不求规格化一，从各个岗位特点出发，做到"两个结合"，即岗位与人员结合，岗位与处室职责任务结合。其具体做法是：第一，根据处室的主要任务和职责范围，局、处两级领导带头制定，各处室、各岗位层层落实，人人制定。第二，按工作性质和业务分工，采取不同形式，凡带有共性的工作，如项目管理人员、产品管理人员、汽车司机等，就订统一的岗位责任制；工作任务繁杂的处室，有的就将任务进行分解，按人员进行分工，按分工制定岗位责任制；有的就按职务分别制定。第三，拟出个人岗位责任制初稿后，集体讨论，互相补充修改，处室平衡、审查，最后局领导批准。

注重把职、责、权三者有机结合，如产品处综合人员的岗位责任制，列出每一项职务后，均提出了较详尽的责任要求和实施权限。如在条文中明确关于"接收订货合同退、调、变通知单和催交信函的工作"任务后，就规定责任做到："核

对台账，是否系局承办的订货合同；是否按管理局要求填写通知单；是否经过需区局审核盖章；是否已经交货或撤销。经审核无误后交有关产品管理人员签收办理。"同时明确处理权限："凡不符合上述一项者，不予接收办理，退回原处。"

在制定中还注意工作任务结合部的相互衔接、协同配合，纵横挂钩，权利落到职责上。如产品管理人员订有一条："对不符合订货技术条件的订货卡片及修改处未经盖章的订货卡片，不予接受或办理订货手续。"项目管理人员订有："全面审查与核对设备订货技术条件和规范。""组织编制分交清册，复写正式订货卡片，加盖相关印章，力求分交资料准确、整洁。"

在制定岗位责任制中，力求做到从"软"任务中求"硬"指标，从"无"形中找"有"形，提出完成任务的时限，以及数量、质量、效果等方面的具体要求或指标。如项目管理人员在项目日常管理工作上规定了"了解工程进度，土建阶段每季度汇报一次，安装阶段每月汇报一次，对国家重点项目按部管理局规定执行并以文字进行综合反映"等条文。又如综合处情报工作人员规定做到对咨询问题一般情况当天答复，差错率不超过3%，编印《产品动态》全年至少8期，并规定向有关部门定期了解产品动态，走访后15天内写出书面报告。办公室打字员、通讯、收发工作都规定了文稿打印时限、收发电报、信件的时间要求，对分发

杂志出现差错时照价赔偿的规定。

二、岗位责任制的实施

岗位责任制制定以后，采取以下措施推进落实：

把处室主要任务和职责、每个人的岗位责任制统一打印，分发各处室，人手一份，便于相互了解，配合督促，按月对照检查。

建立考核制度。从1984年3月1日起，要求机关全体人员每天写工作日志，把工作、学习等活动记录下来，作为考核的基础资料，各处室每月工作小结一次，个人对照岗位责任制自我检查，为半年、全年进行全面总结和检查工作完成情况提供依据。

修订会议、考勤、环境卫生、办公秩序等各项管理制度。建立各处室工作、业务联系制度。

通过制定并执行目标—责任—权利—考核—奖惩这一体系构成的岗位责任制，进一步明确了全局各部门工作任务和职责范围，以及各个岗位的工作项目、各项工作程序、工作规范，以及完成任务的数量、要求、质量标准、时限和其他岗位的协作要求，增强了干部职工的责任心，转变了工作作风，提高了工作效能，促进了全局各项工作任务的顺利完成。

第二节 改革奖励办法

岗位责任制经过多年的运行，其作用和成效虽然明显，但随着国家基本建设管理体制和机械工业管理体制改革的逐步深入，设备成套市场竞争日益激烈，内部机制转换方面还不能适应客观形势的要求，尤其是在分配制度方面，平均主义思想严重，仍是"吃大锅饭"的办法。为充分调动干部职工的积极性和创造性，增强内部活力，并逐步打破在奖金分配上的平均主义，促进成套工作的开展。湖北成套局从1988年开始，每年都结合成套工作形势和任务，下达年度创收任务，修订奖励分配办法。

1988年，全局毛收入计划完成170万元，其中项目一处为35万元，项目二处30万元，设备处95万元，综合处10万元。

办公室、财务处、人事处、综合处（无收入岗位及人员）等无收入的处室，根据其工作性质和特点，实行以工作量多少、贡献大小、任务完成情况、服务质量为主要考核内容，进行综合考核评议。

在奖金分配上，实行任务目标与考勤相结合的考核奖励办法。全年奖金总额按3.5个月工资水平计算，其中拿出0.5个月用于超额完成任务及收入指标后的超奖。考勤奖按每人每月10元计算。计算收入的截止时间为当年12月20日。

在奖惩标准上，凡完成和达到局下达的目标任务的享受三个月的基本奖，有收入的处室如超额完成指标，除享受三个月基本奖外，另给超额奖励，无收入的处室如工作成绩突出亦可享受超额奖，其超额标准按有收入的人均超奖的30%计发。具体奖励标准见表8-1。

表 8-1　1988 年超产奖分配表

处室	考核内容	计划	奖励办法			预计超额	奖金	扣奖标准及额度	备注
			超收	节约	奖励金额				
项目一处	1.毛收入	35 万元	1 万元		200 元	6 万元	1200 元	下降每万元扣 100 元	
	2.当年设备交货率	96%	1%		75 元	4%	300 元	下降每 1% 扣 50 元	
	3.费用支出	毛收入 6%		100 元	20 元	1875 元	375 元	超支每 100 元扣 50 元	
	合计						1875 元		
项目二处	1.毛收入	30 万元	1 万元		200 元	3 万	600 元	同项目一处	
	2.当年设备交货率	96%	1%		75 元	4%	300 元	同项目一处	
	3.费用支出	毛收入 6%		100 元	20 元	1125 元	225 元	同项目一处	
	合计						1125 元		
设备处	1.毛收入	95 万元	1 万元		200 元	8 万元	1600 元	同项目一处	
	2.外供履约率	95%	1%		75 元	5%	375 元	下降每 1% 扣 50 元	
	3.地方项目订货率	97%	1%		75 元	3%	225 元	下降每 1% 扣 50 元	
	4.地方项目履约率	96%	1%		75 元	4%	300 元	下降每 1% 扣 50 元	
	5.费用支出	毛收入 3%	2.8%	100 元	20 元	3125 元	625 元	同项目一处	
	合计						3125 元		
综合处	1.毛收入	10 万元	1 万元		200 元	2 万元	400 元	同项目一处	
	2.费用支出	16000 元		100 元	20 元	2000 元	400 元	同项目一处	
办公室	费用支出	27000 元		100 元	20 元	3375 元	675 元	同项目一处	
财务处	费用支出	6000 元		100 元	20 元	750 元	150 元	同项目一处	

备注：
1.各处室用车按每千米 0.3 元计算。
2.局长为业务处出差，用车计该业务处费用。
3.办公室费中复印收费按局原有规定执行。

表 8-2 1991 年任务与奖励分配计算表

处室	考核内容	指标（万元）	奖励办法 超收（万元）	奖励办法 节约（元）	奖励办法 奖励金额（万元）	预计超额或节约指标数	奖金额（元）	扣奖标准及额度
项目一处	1.毛收入	31	1	-	300	4	1200	下降每万元扣100元
	2.当年项目分交额	3800	10	-	4.5	500	225	下降10万元扣50元
	3.承揽1992年项目额	2500	-	-	-	500	(200)	只奖不扣
	4.费用支出	8%	-	100	45	2500元	1135	超支每100元扣50元
	计	-	-	-	-	-	2560	-
项目二处	1.毛收入	10	1	-	300	3	900	同项目一处
	2.当年项目分交额	2500	10	-	4.5	400	180	同项目一处
	3.承揽1992年项目额	1500	-	-	-	500	(133)	同项目一处
	4.费用支出	8%	-	100	45	1511元	680	同项目一处
	计	-	-	-	-	-	1760	-
项目三处	1.毛收入	5	1	-	300	2	600	同项目一处
	2.当年项目分交额	1500	10	-	4.5	200	90	同项目一处
	3.承揽1992年项目额	950	-	-	-	200	(80)	同项目一处
	4.费用支出	10%	-	100	45	955元	430	同项目一处
	计	-	-	-	-	-	1120	-
设备处	1.毛收入	64	1	-	-	6	1696	-
	其中:汽车收入	53	1	-	248	2	496	-
	项目零星服务收入	11	1	-	300	4	1200	-

续表

处室	考核内容	奖励办法					预计超额或节约指标数	奖金额（元）	扣奖标准及额度
		指标（万元）	超收（万元）	节约（元）	奖励（元）	奖励金额（万元）			
	2.外供质量约率	95%	0.1%			100	4%	40	下降每0.1%扣20元
	3.费用支出	5%	-	100	-	45	1475元	664	超支每100元扣50元
	计	-	-	-	-	-	-	2400	-
招标办	1.毛收入	4	1	-	-	345	1	345	-
	2.费用支出	0.4	-	100	-	45	300元	135	超支每100元扣50元
	计	-	-	-	-	-	-	480	-
综合处	1.毛收入	5	1	-	-	300	2	600	-
	2.费用支出	1.2	-	100	-	45	1542元	694	超支每100元扣50元
	计	-	-	-	-	-	-	1294	-
财务处	1.毛收入	19	1	-	-	300	1	300	其指标为局利息收入，不属处室指标
	2.费用支出	1	-	100	-	45	1755元	790	超支每100元扣50元
	计	-	-	-	-	-	-	1090	-
办公室	1.毛收入	7	1	-	-	300	1	300	-
	2.费用支出	2.9	-	100	-	45	3662元	1648	超支每100元扣50元
	计	-	-	-	-	-	-	1948	-
党委人事处	费用支出	0.6	-	100	-	45	600元	270	超支每100元扣50元
	计	-	-	-	-	-	-	270	-
合计	收入、奖金	145	-	-	-	-	20	12922	-

备注：1. 后方接前方标准计11人。其中：办公室4人、综合处4人、财务处2人、人事处1人。
2. 费用支出由主委办公费、差旅费、业务费、邮电费、车公里费组成。
3. 处室用车按每千米0.3元计算。
4. 由局组织的业务及出差，其费用记入办公室支出。

1989—1991年，湖北成套局每年都根据自己工作的实际情况完善和制定奖金分配办法，但奖金的种类保持基本稳定，主要由考勤奖、基本奖、超额奖、浮动奖四个部分构成。1991年奖金计发办法为：考勤奖，其额度按1个月平均工资计算，每人15元/月；基本奖，其额度按2个月平均工资计算；超额奖，其额度按1个月人均工资计算，超额奖励的限额不能突破，节约奖达标后也不增补；浮动奖，其额度按0.7个月人均工资计算，凡享受此项奖励的人员按其本人基本工资级差额度，随月工资发放。具体情况见表8-2。

第三节　推行企业化管理

1992年4月，设备成套管理局下发了《关于加快转换省市成套局内部机制的若干意见》（试行）和《关于省市成套局局长任期目标责任制实施办法》。1995年2月，设备成套管理局在总结部分省成套局机制改革经验基础上，制定下发了《关于成套系统深化改革，在人事、分配制度方面推行企业机制的若干意见》。1998年2月，设备成套管理局报国内贸易部同意，印发了《关于成套系统进一步推进企业化管理和实行局长目标经营责任制的意见》和《成套系统局长目标经营责任制试行办法》。

上述文件的主要内容包括：

实行省成套局局长目标经营责任制。局长作为国有资产的经营者、省局的法定代表人对本单位国有资产的保值增值负有责任。

内部实行企业化人事制度。中层干部实行聘任制、聘用制，专业技术人员实行资格和职务评聘分开。一般人员的聘任聘用，按双向选择的原则，由部门负责人同聘任聘用人员签订聘任书（合同）。

内部分配坚持按劳分配和效率优先、兼顾公平的原则，拉开档次，多劳多得，少劳少得，无效益、实绩的少得，对突出贡献者给予重奖。职工的收入由职务工资、补助工资、岗位津贴和效益津贴组成。所有津贴实行全额浮动。所有人员均实行在什么岗位就享受什么待遇。在原岗位被解聘安排到新的岗位，即按新岗位待遇，原有岗位待遇不予保留。退休时可享受退休前五年内本人最高职务时的待遇。

各省局按照《事业单位财务规则》《事业单位会计准则》《事业单位会计制度》进行财会管理工作。局内经营处室及不能独立承担民事责任的公司，在财务上必须实行一级管理、两级核算（或内部独立核算），执行事业单位会计制度，报送事业单位会计报表。

各省局应按照国家有关规定，加强国有资产管理，建立有效的国有资产管理、监督和营运机制，保证国有资产的保值，防止国有资产流失。

一、实行局长经营目标责任制

90年代初期，设备成套管理局改革省市成

套局领导班子考核制度，领导班子实行任期制，任期为3年，按任期目标进行考核，并签订责任书。任期目标包括：承揽项目指标（含基建大中型及限上技改项目覆盖率、基建小型及限下技改项目增长率、设备订货总金额）；经济收入指标（含毛收入、人均、净收入）；百元收入费用水平；资本金增值；拖欠款回收指标；思想政治建设、勤政廉政建设、职工教育、科技进步和改善职工福利等方面应达到的目标；参考指标（设备招标、租赁和进出口、边贸指标）。设备成套管理局每年考核一次，任期届满全面考核，并依据各项目标完成情况进行奖惩。

1995年开始，全国成套系统进一步深化内部运行机制改革。1998年，全面推进企业化管理，并实行局长目标经营责任制，设备成套管理局当年2月28日与湖北成套局签订了《成套局长目标经营责任书》，主要内容包括：目标经营责任考核期限、考核指标、奖惩办法，以及违反目标经营责任书的责任等。湖北成套局还据此建立目标经营情况报告制度，每季度向成套管理局报送全局（事业和企业）财务报表和经营情况统计表；在成套管理局考核期结束30天内，向管理局提交《年度目标经营情况报告书》《年度目标经营责任报告书》。

（一）局长职责

贯彻执行党和国家的方针、政策，遵守国家法律法规和有关规定，遵守职业道德，在法律规定的范围内开展经营活动；

负责完成《局长目标经营责任书》规定的各项经营指标；

主持本局的经营管理工作，制定和组织实施年度计划和投资计划；

组织制定和实施本局机构设置方案、管理制度和规章，建立健全内部经营责任制和内部企业管理制度；

提请任免本局副局长人选和制定副局长在任期内的物质奖惩；

按程序聘任或解聘本局中层干部，决定中层干部的奖惩；

接受成套管理局的领导和监督，维护国有资产所有者的权益；

抓好自身和本局的廉政勤政和精神文明建设，安排好职工生活。

（二）目标制定

1992年起，湖北成套局在总结过去工作经验和不足后，从改革奖金计提办法入手，继续加大内部分配改革力度，逐年完善目标制定、指标分解、费用考核和奖金计提及分配办法。

1998年开始，湖北成套局全面推进企业化管理，实行局长目标经营责任制。当年1月制定的《湖北成套局各处室目标管理办法》规定，职工的收入由职务工资、补助工资、岗位津贴和效益津贴组成。内部奖励分配设效益奖、特别奖、突出贡献奖、承揽项目奖、岗位津贴、活动工资6个种类。业务处室年目标任务为净收入2万元/人。局授予目标管理责任单位负责人一定的业务经营权、人员使用权、资金使用权、费用开支权及奖金分配权。凡完成局下达的年净收入任务，且费用控制率及其他各项考核指标达到要求，可提任务奖，其比率按年人均净收入指标的15%计发，若超额完成局下达的目标任务，超额收入可视情转入下年度以丰补歉，或留作现场服务专用，上交超额部分提奖系数为20%，若完不成全年净收入指标，按实际净收入计奖，比率为10%。行管部即二线处室按确定的工作目标考核，其奖金一般为一线处室平均奖的0.8倍。从当年开始，凡在册在岗的正式职工，每人每月的活动工资从本年度的3月份起全部暂扣，半年结算一次。

从2000年开始，处室主要负责人与局签订目标责任书，明确责、权、利，当年业务处室人均创收指标为净收入 2 万元。2001 年业务处室目标任务为净收入 3 万元/人。2002—2005 年，局对业务处室考核的主要指标仍是相对净收益，试行相对独立核算，分处室核算收入、费用、净效益以及超收留存部分的提取和使用。局里统一纳税、统一借贷、统一报表、统一对外。

2006 年，省委、省政府决定在省直机关全面实施目标责任制管理，湖北成套局纳入当年省直机关目标责任制考核管理 120 家单位之一，局主要负责人与省政府分管领导签订目标责任书，其职能工作目标设置的依据是当时省政府确定的成套局和"两个中心"的职责任务，以及省政府《关于进一步规范省级招投标工作的通知》（鄂政发〔2005〕第 41 号文件），共 8 项，共性工作目标按省直机关统一的为党的建设、党风廉政建设、精神文明建设、人口和计划生育、综合治理、保密工作等六个方面的内容。

（三）目标考核与奖励

在推行企业化管理时期，目标管理办法随国家的政治、经济形势和设备成套管理局的要求及本局实际情况，每年都作相应调整，具体指标有增有减，考核办法逐步完善。但年度奖金总额均严格按照设备成套管理局与湖北成套局核定的范围调控使用，执行奖惩兑现。

1992—1995 年，本着"开前门、堵后门；开明渠、堵暗渠"的原则，进一步拉开档次，减少大锅饭成分。全部奖金由任务奖、超额奖（单项奖）、全勤奖组成。任务奖是根据全局任务完成情况而发放的奖金，计发原则：上不封顶、下不保底。有收入的处室按净收入 3.5%考核提奖，即净收入＝毛收入－五费（工资、奖金、差旅费、办公邮电费、业务费）；无收入处室考核岗位责任制执行情况，按一线处室人均奖的 0.8 计发；局长和外出学习、帮助工作、下派锻炼的干部拿全局平均奖。任务奖每季度由财务处、人事处测算，奖金预支，年终核算。各处室根据局目标管理细则和奖励办法，制定具体考核分配方案。超额奖是超额完成任务指标而发的奖金，其超额部分（净收入）实行分段计奖，提奖系数随效益增长呈阶梯形上浮。为鼓励多创收，目标考核管理办法还设立了突出贡献奖。个人毛收入超过 10 万元，个人宿舍安装电话机一部或提奖 2000 元。全勤奖主要是奖励遵守劳动纪律的职工，其额度全年为 120 元。每请假一天事假或 3 天以上病假分别扣奖 3 元；病事假累计超过 10 天或无故旷工一天者取消全勤奖。

为强化目标考核，1996 年 4 月、6 月，湖北成套局分别制定了《业务部门目标管理办法》《行管部门目标管理办法》，随后又下发了《业务部门提前完成净收入任务奖励试行办法》。在具体考核方法上，局对业务部门、行管部门目标任务完成情况进行季度检查、来年初评、年度考评，根据考核情况，按实绩评定为 3 级，即完成任务好、一般完成任务、未完成任务。1997 年，在原目标管理办法基础上，对奖惩部分内容进行重点修改，规定目标管理责任单位完成局下达的年净收入任务且其他各项考核指标达到要求，可提任务奖，其比率为按年人均净收入指标的 10%计发，若连续两年亏损，其负责人就地解聘。同时还规定，全局当年收支平衡，局领导及行管处室人员可返还扣发的活动工资，全局发生亏损，按亏损数与任务数之比计发：

$$本人活动工资返还数 = \frac{亏损数}{全局实际完成任务数} \times 扣发活动工资$$

1998 年，为适应推行全面企业化管理的需要，湖北成套局考核内容不断充实和完善，考核方法不断改进。局不定期对处室的计划任务、业务工作、思想政治工作及遵纪守法情况进行检查与考核；对业务部门重点考核业务工作和经济效益，局任务指标下到处室，处室考核到个人。

年度主要考核指标：净收入＝毛收入－税金及附加－费用支出－调节费；毛收入不含增值税；费用支出即所有费用，包括利息；调节费即凡开具行政事业收费收据的收入，局收 10% 的调节费；收支平衡为人均年净收入 5000 元；亏损为人均年净收入低于 5000 元。

年度其他考核指标：项目单位——项目毛收入、项目承接数、项目设备委托金额（包括重点项目数及委托金额、招标项目数及委托金额）；经营单位——经营毛收入、物资经营额、物资库存量、资金周转率。

1999 年目标考核指标与 1998 年大致相同。在目标管理上，把对处室、单位的年终考核和平时督查结合起来，每月通报目标任务完成情况，对可能延期完成、甚至完不成的处室，督促其查找原因，制定补救措施。考核方法采取局、处、个人三级考核，并按当年奖金发放及财务计划管理的规定执行奖惩兑现。

2000 年，湖北成套局制定《处室责任人目标责任制实施试行办法》，将考核目标分为共性工作目标和职能工作目标。

考核计分办法：

共性目标指局内部建设和共同性的工作任务，大类分值为 20 分。各单项分值合计 100 分，其具体考核项目的分值比例为：思想作风建设 25 分、党风廉政建设 20 分、劳动纪律 20 分、工作作风 20 分、落实任务情况 15 分。职能目标指本处室主要职能及工作任务，大类分值为 80 分。各单项分值合计 100 分，其具体考核项目的分值比例为：完成本年度净收入（人均 2 万元）指标 70 分、实现总费用控制任务指标 10 分、承揽项目 7 分、创新工作 3 分、项目招标工作或经营工作的规范化 10 分。考核计分原则：考核计分按百分制加权计算考核总得分的办法进行。

计分公式为：

共性目标分：共性目标分（各单项目标分之和）＝处室自查分×40%＋复核审查分×60%

职能目标分：职能目标分（各单项目标分之和）＝单项目标分＋奖惩分

奖惩分不限，职能部门分以复核得分为准。

考核总得分：考核总得分＝（共性目标分×20＋职能目标分×80）/100

行管处室按照"定岗、定人、定时限、定目标、定标准"的"五定"要求，将目标任务进一步量化细化到每个人，按岗考核。根据以上考核计分办法及原则，局任务指标及费用控制指标下达到处，并由处室考核到个人。考核采取半年预算、全年结算的方式。年终考核工作程序按处室自查、复核审查、审定结果三个步骤进行。

2001—2005 年，为保证业务工作平稳过渡，湖北成套局仍沿用下放前的管理模式，对业务部门重点考核业务工作和经济效益。

年度考核指标为：招标金额、中标金额、进口设备金额、毛收入、净收入、招标费用率、招标程序、招标手续（委托书、标书、评标记录、中标通知书、业主评价书、月统计报表）。

年度主要考核指标计算办法为：净收入＝毛收入－税金及附加－费用支出－调节费（毛收入不含增值税；费用支出即所有费用。流动资金借贷利息在规定期限内，不再计入费用费率，逾期利息仍然计入费用费率；调节费即凡开具行政事业收费收据的收入,局收5%的调节费;亏损为人均年净收入低于8000元)。

局对行管处室的目标考核主要设置了岗位责任、人均费用、工作纪律、任务完成情况等四项指标。

2006年,因成套局纳入省政府目标责任制考核的对象,省考评领导小组办公室将根据《2006年度省直机关目标责任制考核评估办法》,对湖北成套局进行考核。2006年湖北成套局工作目标责任制考核内容及考核办法见表8-3。

表8-3 2006年湖北成套局工作目标责任制考核内容及考核办法(共性目标)

科目	考核内容	标准分	评分标准	考核方法
思想政治	1.认真组织实施局政治教育及理论学习计划,重点搞好"三个代表"重要思想、十六届五中全会精神、党章等内容的学习,全年学习不少于12天,学习记录齐全。 2.积极参加局、各支部组织的各项政治教育及党务活动,会务记录齐全。 3.单位处室班子团结,干部职工工作积极性高。 4.积极组织干部参加各类培训,认真完成培训计划。	20	1.完成学习任务得标准分5分,未完成任务,每少1天扣0.5分。 2.制度落实,会务记录齐全得标准分5分。制度不落实或记录不全扣1分,无故不参加活动的每人次扣0.5分,中途退出的每人次扣0.25分。 3.班子团结状况好,干部职工关系和谐得标准分5分,闹不团结的扣2分。 4.按要求选送干部参加培训,完成培训计划得标准分5分,缺一次扣1分。	
廉政建设	1.严格遵守局廉政建设"八不准"规定,及时填写有关登记表。 2.按要求报送年度党风廉政建设责任制自查报告,有关文件资料规范齐全。 3.认真开反腐倡廉教育活动,召开廉政工作党员民主生活会。 4.切实抓好岗位廉政工作。	18	1.完成任务得标准分5分,未报材料扣2分。 2.完成任务得标准分5分,未按时报送扣2分,文件资料不全扣1分。 3.完成任务得标准分4分,无记载、无文字材料扣2分。 4.完成任务得标准分4分,受投诉查证属实每次扣2分。	
创建先进	1.积极参加先进单位创建活动。创建工作有布置、有检查、有总结,建立专项活动资料档案。 2.落实"一岗双责",开展交心谈心活动,干部职工政治思想稳定。 3.积极参加社会公益、文化体育等集体活动。 4.加强职业道德建设,热心为省直各部门、为项目单位服务。	15	1.积极参加创建活动,布置、检查、总结,建立专项档案等齐全得标准分4分,不齐全扣2分。 2.干部职工思想稳定得标准分4分。干部职工中存在突出思想问题并影响工作的每人扣1分,有政治问题的实行"一票否决"。 3.积极参加集体活动得标准分4分,缺席一次扣0.5分。 4.为项目单位服好务的得标准分3分,受局领导或上级领导及外单位批评的每次扣1分。	

续表

科目	考核内容	标准分	评分标准	考核方法
依法管理	1.认真贯彻《招标投标法》《政府采购法》等法律法规和鄂政发〔2005〕第41号文件精神,认真落实局系统制定的各项内部规章,严格依法管理。 2.无渎职、失职和越权行为。 3.建立考勤制度,各单位指定专人负责考勤。	17	1.积极参加局统一组织的文件学习、普法等活动,认真执行法律法规和内部规章的得标准分7分。无故不参加学习的,每人次扣0.5分。因不认真执行法律法规和内部规章,操作不规范被投诉查证属实的扣3分。 2.工作中无渎职、失职和越权行为得标准分5分。出现渎职、失职越权行为的扣2分。 3.考勤制度健全,考勤工作经常、认真的得标准分5分。考勤制度不健全或考勤马虎了事的扣2分。	
团结协作	1.认真贯彻局党组工作部署,做到件件事有着落。 2.单位内部、单位之间,工作相互补位,团结协作精神强。	12	1.对局领导指示做到件件有着落得标准分6分,落实不好扣2分。 2.协作精神强得标准分6分;发生扯皮和不按规定履行职责的,每次扣1分。	
其他工作	1.社会治安综合治理工作达标。 2.工作不脱岗、缺岗,遵守作息时间。 3.做好机要、保密工作;无失泄密事件发生。 4.公文办理、编制招标和政府采购文件及行文规范,不出差错。 5.做好局开展自身建设年活动其他相关工作。	18	1.完成综合治理目标任务得标准分3分。 2.遵守办公规定得标准分3分;发生违反办公规定的,每次扣0.1分,发现迟到、早退的每人次扣0.1分。 3.无失泄密事件发生得标准分3分,发生问题扣2分。 4.公文办理、编制招标文件和行文规范、未出差错得标准分3分,不规范或出差错每次扣1分。 5.完成任务得标准分6分,未完成任务扣2分。	

工作目标责任制考核内容和考核办法（职能目标）
（办公室）

科目	考核内容	标准分	评分标准	考核方法
履行职责 目标任务	1.做好组织、协调机关日常工作,落实有关全省性会议和局系统内会议方案协调组织实施。 2.做好有关文件的起草,提高办文质量和效率。 3.做好机要保密、档案、文件收发和文印工作。 4.做好信息收集、处理、发布,全年向省直机关有关单位报送信息不少于20条,被采用信息不少于10条。	80	1.组织、协调工作得力,建议、提案按时办理得标准分10分。 2.文件起草、办文无差错得标准分10分。 3.机要保密、档案管理、文件收发、文印无差错得标准分10分。 4.完成信息报送任务得标准分10分。 5.管理安全无大的问题、维修及时不影响工作和生活,办公用房调整维修符合要求得标准分10分。	

科目	考核内容	标准分	评分标准	考核方法
完成情况	5.搞好局机关大院、办公楼和宿舍区的管理与维护,做好综合招投标中心与管理办公室用房的调整与维修等工作。 6.抓好车辆管理和维护使用,文明行车、安全行车。 7.做好接待和后勤服务保障工作。 8.做好局决定事项的交办、催办及其他事务。		6.行车安全无擦挂,出车积极不推诿得标准分10分。 7.服务保障热情周到节俭得标准分10分。 8.局决定事项的交办、催办及其他工作落实得标准分10分。	
工作创新	1.参与省招投标管理委员会办公室的筹备组建工作。 2.配合省发改委开展省招投标协会的筹备组建工作。	20	1.完成任务得标准分10分。 2.完成任务得标准分10分。	

工作目标责任制考核内容和考核办法(职能目标)
(人事处)

科目	考核内容	标准分	评分标准	考核方法
履行职责 目标任务 完成情况	1.做好招投标管理委员会办公室及"两个中心"的机构设置、人员编制和人事调整等工作。 2.落实好省事业单位改革相关准备工作。 3.做好局系统人员录用、任免、调配和考核等工作。 4.组织人员参加各类培训,督办完成全年培训计划。 5.做好全局系统干部职工工资福利待遇管理和相关统计工作,规范整理干部职工档案。做好出国人员政审、国家安全教育和党组决议的督办落实。 6.组织局系统干部职工参加专业职称资格考试和职称评审、聘任等工作;搞好学历学位管理。 7.做好全局系统年度考核工作。 8.做好军转干部、复退军人安置,建设小康新农村等工作。 9.指导成套招标有限公司的干部职工人事工作。	90	1.完成任务得标准分10分。 2.完成任务得标准分10分。 3.严格执行有关政策,认真贯彻党组意图,工作受到上下好评,得标准分10分。 4.完成任务得标准分10分。 5.完成任务得标准分10分。 6.完成任务得标准分10分。 7.完成任务得标准分10分。 8.完成任务得标准分10分。 9.完成任务得标准分10分。	
工作创新	1.研究完善人才管理与培训有关制度并组织实施。	10	1.完成任务得标准分10分。	

工作目标责任制考核内容和考核办法（职能目标）
（财务处）

科目	考核内容	标准分	评分标准	考核方法
履行 职责 目标 任务 完成 情况	1.编制部门预算及各单位预算，保障机关工作正常开展。 2.指导局属公司财务室做好财务工作。 3.负责局机关、局属公司的经费和其他资金的使用管理。 4.负责国有资产保值增值。 5.负责筹措组建管理办公室和综合招投标中心正式运行的相关经费。 6.管理好全省招标投标工作专项普查经费的使用。 7.接受财务审计部门的检查，无违纪违规的问题。 8.做好局领导交办的其他工作。	80	1.预算无差错得标准分10分。 2.指导工作到位有力得标准分10分。 3.经费管理严格，开支合理得标准分10分。 4.完成工作任务得标准分10分。 5.经费筹措及时足额得标准分10分。 6.专项经费使用按照要求得标准分10分。 7.接受检查无问题得标准分10分，检查每发现一个问题扣1分。 8.完成任务得标准分10分。	
工作创新	1.研究完善局机构调整后财务管理办法并认真实施。	20	1.完成任务得标准分20分。	

工作目标责任制考核内容和考核办法（职能目标）
〔老干处（工会）〕

科目	考核内容	标准分	评分标准	考核方法
履行 职责 目标 任务 完成 情况	1.贯彻执行中央、省委有关离退休干部工作方针政策，负责拟定本部门的实施办法。 2.认真落实离退休干部的政治、生活待遇，做好安置、管理和服务工作。 3.组织离退休干部阅报、学习文件、参加政治活动，协助抓好离退休干部党支部建设和思想政治工作。 4.负责离退休干部的生活福利、医疗保健、参观疗养及活动场所的管理工作。开展有益于老同志身心健康的文体活动。 5.积极为老干部办理药费报销、特诊、转诊手续，探望、慰问病人及老干部去世后的丧葬和善后事宜。 6.为退休同志及时办理相关证件、做好离退休干部信息库建设。 7.认真完成上级交办的其他工作。	90	1.上级方针政策贯彻落实好、本部门实施办法齐全得标准分10分。 2."两个待遇"落实、老同志基本满意得标准分10分。 3.政治学习制度落实，支部建设和思想政治工作有成效，得标准分10分。 4.老干部生活福利、医疗保健、参观疗养得到落实，文体活动经常得标准分10分。 5.老同志生病能及时救治，有关服务保障工作到位得标准分10分。 6.相关证件办理及时、信息库建设规范，得标准分10分。 7.完成临时任务好得标准分10分。	

科目	考核内容	标准分	评分标准	考核方法
	8.配合机关党委组织开展经常性群众文体活动，搞好职工福利。		8.经常性开展群众性文化体育活动，职工福利落实得标准分20分。	
工作创新	1.进一步完善离退休干部管理与服务制度，并认真实施。	10	1.完成任务得标准分10分。	

工作目标责任制考核内容和考核办法（职能目标）
〔局机关党委（监察室）〕

科目	考核内容	标准分	评分标准	考核方法
履行职责目标任务完成情况	1.深入学习上级关于廉政建设有关会议精神。 2.紧密结合局系统实际，认真贯彻落实党风廉政建设责任制，建立处级干部廉政档案。 3.按照省纪委的统一部署和要求，认真抓好专项清理工作。 4.认真做好招标投标过程中纪检监察工作，及时发现和纠正存在的违纪违规问题。 5.认真做好来信来访的核实工作和有关违纪违规问题的查处。 6.搞好党风廉政和警示教育。 7.认真抓好争创"党建先进单位""文明单位""综合治理先进单位"活动。 8.认真抓好局系统"自身建设年"活动的开展。	80	1.完成任务得标准分10分。 2.按要求完成任务得标准分10分。 3.按时完成任务得标准分10分。 4.完成任务出色得标准分10分。 5.完成任务出色得标准分10分。 6.完成任务得标准分10分。 7.活动开展成效明显得标准分10分。 8.活动组织严密得标准分10分。	
工作创新	1.对新提任的处级干部进行廉政教育培训。 2.结合局系统工作性质和行业特点，研究完善有关规章制度并组织实施。	20	1.完成任务得标准分10分。 2.完成任务得标准分10分。	

工作目标责任制考核内容和考核办法（职能目标）
（政府采购中心）

科目	考核内容	标准分	评分标准	考核方法
履行职责目标任务	1.集中采购规模突破10亿元，公开招标节资率在11%以上。 2.为省直机关单位提供优质服务，满意、基本满意率在95%以上。 3.全年工作差错率不超过1%。 4.制定单项采购方式工作规程，分类制定货物、服务评分细则。 5.编制完成《中心制度汇编》。	85	1.完成目标任务得标准分50分，集中采购金额少1千万扣1分，节资率低一个百分点扣1分。 2.完成目标任务得标准分7分，满意率低一个百分点扣1分。 3.完成任务得标准分7分，超过一个百分点扣1分。 4.完成任务得标准分7分。	

续表

科目	考核内容	标准分	评分标准	考核方法
完成情况	6.筹建采购中心供应商库,供应商诚信档案。		5.完成任务得标准分7分。 6.完成任务得标准分7分。	
工作创新	1.进行电子化政务采购平台建设,年内启动。 2.启动中心办公局域网建设。	15	1.完成任务得标准分8分。 2.完成任务得标准分7分。	

工作目标责任制考核内容和考核办法(职能目标)
(综合招投标中心)

科目	考核内容	标准分	评分标准	考核方法
履行 职责 目标 任务 完成 情况	1.力争全年进场交易金额达100亿元(交易总金额根据实际运行时间折算)。 2.进一步修改完善中心内部规章。 3.在7月31日前完成网站建设,OA办公系统在局系统机构、职能及工作规程确定后两个月内投入试运行。 4.完成中心工作人员上岗前培训,培训率达90%。 5.争取进场交易满意率达95%以上。 6.配合做好省级专家总库和各相关行业专家子库的建设及专家发证工作。 7.配合抓好中心的硬件建设,满足对外运行需要。	80	1.完成任务得标准分30分,交易额低5亿元扣1分。 2.完成任务得标准分15分。 3.按要求完成任务得标准分15分,没有完成任务的,按实际完成数除以应该完成任务数乘15计分。 4.完成任务得标准分5分,培训率低一个百分点扣0.5分。 5.完成任务得标准分6分,满意率低一个百分点扣1分。 6.完成任务得标准分5分。 7.按时按要求完成任务得标准分4分,没有完成任务的,按实际完成数除以应该完成任务数乘4计分。	
工作 创新	1.配合招投标管理委员会办公室着手建立省级专家网络平台,实行专家资源共享。 2.配合做好省建设工程招投标交易管理中心并入的相关工作。	20	1.完成任务得标准分10分。 2.完成任务得标准分10分。	

工作目标责任制考核内容和考核办法(职能目标)
(成套招标有限公司)

科目	考核内容	标准分	评分标准	考核方法
履行 职责 目标 任务 完成 情况	1.全年实现中标金额40亿元,毛收入1800万元,局支配净收入700万元。无违纪违法问题发生,保各项资质等级,顾客满意率85%以上,差错率1%以内。 2.完善内部各项工作制度,建立稳定、有序、公平竞争的良好机制。 3.加强人才队伍建设,形成一支门类齐全、梯次合理、素质优良、新老衔接、充分满足公司发展需要的员工队伍。	90	1.完成目标任务得标准分75分,中标金额低1亿元扣3分,毛收入低1百万扣3分,满意率低1个百分点扣1分。出现违纪违法问题、差错率超过1%、资质降级或被取消、净收入达不到标准实行"一票否决"。 2.内部制度完善得标准分5分,不完善每缺一项扣1分。	

续表

科目	考核内容	标准分	评分标准	考核方法
	4.强化财务管理，修订完善相关办法。		3.员工队伍整体素质有提高，人心稳定，50%以上的年轻职工能独立开展业务得标准分5分。每低一个百分点扣0.5分。 4.财务管理严格，经费开支合理，无中饱私囊的现象得标准分5分。发现违纪违规开支、报销的每人次扣1分。	
工作创新	1.加强和完善质量管理体系，年底达到贯标要求。 2.进一步扩大服务范围，力争在咨询、设备监理等领域有新的突破。	10	1.达到贯标要求得标准分5分。 2.有突破得标准分5分。	

说明：由于局系统各单位、各处室的工作性质不同，个别考核目标的设立，在共性目标和职能目标中有个别地方重叠，重叠部分扣分以公共目标的标准实施，不重复扣分；加分办法按照《考核实施方案》有关规定执行。

（四）组织领导

1996年起，湖北成套局成立了目标责任制考核领导小组，负责全局目标管理考核工作。局长、党组书记担任组长，其他局领导为副组长，各处室主要负责人为领导小组成员。

随着目标管理内涵不断丰富，为便于工作开展，1998年成立目标考核工作专班，人员由人事、机关党委、纪检、财务四方面组成，人事处牵头。工作专班在目标责任制考核领导小组领导下，履行以下职责：负责拟订目标责任制管理实施方案；负责修订完善相关考核制度；负责组织测评、考评工作；负责有关考核材料的收集、整理和档案管理工作；负责考核结果的公示和核查工作；负责其他相关工作。

（五）实施成效

推动了干部职工思想观念的解放。在设备成套工作改革和内部机制转换过程中，转变观念始终是先导，而观念的转变不能只靠一般的学习和号召，必须通过行之有效的工作机制来推动。将目标管理引入设备成套、招标和机关建设的各个方面，使各处室、各岗位之间有比较、有竞争，从而促进了干部职工思想观念的转变，增强了进取意识和责任意识，绝大多数干部职工自觉投身改革，从改革中尝到甜头，看到前途，增强信心。

促进了成套事业发展。成套部门没有行政职能，经济实力薄弱，因此业务经营承揽主要靠宣传、公关、服务、信誉，走向社会，上门服务，如果没有各级干部的积极性、主动性，工作是不能开展的。在内部机制改革中，通过实施目标管理，对业务部门给予相应的经营决策权、用人权和奖励权，有力调动了广大干部职工的积极性、主动性和创造性。1992—2006年十五年间，绝大多数业务处室每年均全面或超额完成承包基数和经济考核指标，实现了全局业务总量、经济收入和职工生活水平逐年有所上升的预期目标。

提升了招标规范化水平。招标是通过一种法定的程序授予合同的交易方式。而依法合规地完成招标流程是招标代理服务的基本要求。把招标流程是否合规合法纳入年度目标经营责任制考核指标，通过目标的制定、实施、考核、奖惩等一环扣一环的推动，加强了招标流程的管理，进一步提升了湖北成套招标规范化水平。

二、试行全员聘用制

为探索人事制度改革，逐步建立人员能进能出、职务能上能下、报酬能高能低的人事管理机制，湖北成套局从1992年开始，对中层干部试行聘任制，并制定了《中层干部聘任制试行办法》。

1998年，人事制度改革工作进一步深化，贯彻公开、民主、竞争、择优的原则，中层干部和工作人员全部实行聘任（用）制，即中层干部岗位实行公开竞争，择优聘任；专业技术人员和其他工作人员由处室领导聘用。在职干部、职工可双向选择，优化组合。

当年1月，湖北成套局上报了局内部机构改革方案及中层干部和工作人员管理试行办法。4月17日，设备成套管理局以局发成综字〔1998〕第68号文作出批复：经研究，原则同意湖北成套局制定的《湖北省机械设备成套局关于内部机构设置、职数和人员编制调整方案》《湖北省机械设备成套局中层干部和工作人员管理试行办法》及《湖北省机械设备成套局各处室目标管理办法》。对《办法》有关"奖惩"及"岗位津贴"部分的试行情况，请湖北成套局试行后及时反馈。

根据设备成套管理局的批复，1998年4月28日，湖北成套局正式拉开了"全员聘用、双向选择、竞争上岗"三项改革工作的序幕。此次改革工作的主要做法是：

按照精简、统一、效能的原则，合理调整处室编制，压缩内部机构设置，充实业务人员，全局按一室十处设置，即办公室、项目一处、项目二处、项目三处、招投标处、机电处（金切成套机床设备有限公司）、设备处（含信息中心）、房产处、财务处、人事处（宜昌、十堰办事处作为外派机构，暂不列编）。

规范人员编制和领导职数。根据物成人〔1992〕第64号文通知，湖北成套局事业编制为105人；其中：干部编制（含专业技术人员）93名，工人编制12名。

局领导职数为局长1名，副局长2名；中层干部数按在职职工20%掌握；处室领导职数配备原则是，5人以下处室设处长或副处长1名；6人以上处室设处长、副处长各1名。具体编制员额、岗位见表8-4。

表8-4 湖北成套局内部机构编制员额岗位一览表

单位	编制员额	岗位	备注
办公室	8人及以下	主任（1）、副主任（兼）、文秘（1）、行政管理人员（1）、机要兼打字员（1）、水电工（1）、收发员、办公大楼安全保卫人员（3）	
汽车队	5人及以下	司机（5）	隶属办公室
项目一处	6人及以上	处长（1）、副处长（1）、项目管理人员（4）	
项目二处	6人及以上	处长（1）、副处长（1）、项目管理人员（4）	
项目三处	6人及以上	处长（1）、副处长（1）、项目管理人员（4）	
招投标处	5人及以上	处长或副处长（1）、招投标管理人员兼资料员（3）、微机管理人员（1）	

单位	编制员额	岗位	备注
机电处	6人及以上	处长（1）、副处长（1）、机床管理人员（4）	
设备处	6人及以上	处长（1）、副处长（1）、设备管理人员（4）	
材料处	6人及以上	处长（1）、副处长（1）、材料管理人员（4）	
房产处	5人及以下	处长或副处长（1）、房产经营管理人员（含招待所）（4）	
财务处	6人及以下	处长（1），副处长（1），审计、会计人员（4）	
人事处	3人及以下	处长或副处长（1），老干部管理、安全保卫（1），工作、科技干部管理、社保、医保、失业保险工作（1）	

说明：1. 副处长的编制根据局在职职工人数确定。2. "岗位"一栏中，括号内数字为岗位职数。

实行干部、职工全员聘任（用）制。局属各处室、办事处、公司的在册正式职工均列入聘任（用）范围；坚持干部"四化"标准，处长实行竞争上岗，党组决定聘任；副处长由处长提名，党组决定，处长聘用；纪检、监察、审计干部和机关党委专职副书记、工会主席及人事、财务负责人的任免程序，按上级主管部门有关规定执行；对科级及以下的干部实行部门聘用制；各类专业技术职务人员，按照技术岗位设置实行部门聘用与局聘任其技术职务相结合。

聘任处、科级干部和专业技术职务人员每届为3年；处长聘用本处工作人员每届为1年，均可连聘。

严格考核与奖励。此次受聘的处级、科级、专业技术干部，在聘期内，享受被聘职务的政治、生活待遇；局定期或不定期进行考核，所有聘任（用）人员，任期内连续完成工作目标的，可以续聘；连续4年评为优秀的，上调一级工资；对未完成工作目标任务的处室主要负责人，第一年提出警告，第二年予以解聘；聘任（用）人员均实行在什么岗位就享受什么待遇。在原岗位被解聘，安排到新的岗位，即按新岗位待遇，原有岗位待遇不予保留，退休时可享受退休前5年内本人最高职务时的待遇。解聘后又重新聘任的处级干部和专业技术人员，按重新聘任的时间计算聘期（原聘期可与新聘期合并计算）。

通过这次内部机构和人事制度改革，机构设置进一步精干，人力资源配置进一步优化。内部机构由原来13个处室压缩为11个，中层干部由原25人减编为16人，中层干部指数由原来30.5%下降到19.5%，年龄由平均51.3岁下降为46.7岁。

第四节　机构改革

21世纪初期，成套局下放地方管理后，正值湖北省根据中央批复的《湖北省省级党政机构改革方案》进行新一轮省级党政机构改革。

根据省委、省政府关于机构改革"既要积极，又要稳妥"的工作方针和"精干高效、优化结构，统筹安排、能上能下，把握政策、妥善安置"的基本原则，依照省人民政府批准的《湖北省机械设备成套局机构编制方案》，湖北成套局于2002年初着手机构改革的专题调研和各项基础性准备工作。

在省委组织部、省人事厅、省编办等部门的指导下，针对局机关职工年龄偏大（平均年龄44.1岁，40岁以下的仅占41%）、文化程度偏低（大学本科以上学历占全局职工总数的28%）、中层干部年龄梯次结构不合理（平均年龄为49.3岁）等实际情况，按"三定"方案中明确的职能、职责、任务，制定了《湖北省机械设备成套局机构改革和竞争上岗实施方案》。

当年3月28日，省委组织部、省人事厅批复，同意湖北成套局上报的机构改革和竞争上岗实施方案，4月5日，湖北成套局召开机构改革动员大会，省经贸委党组成员、副主任杜哲兴出席会议并讲话。

此次机构改革大致分为动员学习（含填报志愿）、竞争上岗、双向选择、总结上报四个阶段，历时一个月，至4月底基本结束。

一、改革内容

此次机构改革的主要内容是：处级干部实行竞争上岗，公开选拔；科级以下干部实行双向选择；未上岗人员实行待岗制度。按照政府职能转变要求，逐步实现事企分开。机构改革重点为精简管理部门，充实业务处室，合理调整人员结构，实现局机关队伍精干、工作高效、结构合理的目标。

二、编制及内设机构

省编委会核定局机关全额拨款事业编制84名（含离退休干部服务人员编制）。核定局领导职数5名，其中局长1名、副局长3名、纪检组长1名、助理巡视员1名。内设机构9个。处长职数9名，副处长职数16名。当年内设机构领导职数及工作人员设置方案见表8-5。

表 8-5　湖北成套局 2002 年内设机构领导职数及工作人员设置方案

处室	处长	副处长	工作人员	人数合计
办公室	1	1	3	5
财务处	1	1	2	4
成套业务指导处	1	1	9	11
发展规划处	1	1	10	12
科技信息处	1	1	9	11
设备处	1	1	10	12
工程服务处	1	1	10	12
人事处（离退休干部处）	1	1	1	5
机关党委（监察室）	1	0	0	1
后勤人员	0	0	7	7

说明：根据目前情况，业务处室人员配备最少不得低于8人，最多不得超过11人。

三、组织领导和工作程序

为保证局机构改革顺利进行，成立了机构改革工作领导小组。组长：王佑民；成员：黄仲坚、甄建桥、董培志。领导小组办公室设在人事处。

此次定岗工作按先定处长，后定副处长，再定工作人员的顺序进行。处级定岗工作实行竞争上岗方式。科级以下干部的定岗采取双向选择，即实行个人自愿申报，处室正、副处长提出初步意见，党组综合考虑，统筹安排。在具体操作中，坚持"工作需要、群众参与、综合考评、组织决定""公开、平等、竞争、择优"和双向交流，任职回避，适当交流轮岗的原则。

四、政策执行

根据省委、省政府和省委组织部、省人事厅关于机构改革干部安排的基本原则和分流人员的有关政策规定，结合局人员结构、编制和工作需要等实际情况，这次机构改革按以下政策规定执行：

严格执行离退休制度，正处及以下男年满60周岁、女年满55周岁的，按时办理退休手续。

2004年年底前达到退休年龄的，可提前退休。

现任正处级领导职务的干部，男年满55周岁不满60周岁、女年满50周岁不满55周岁或工作年限满30年、担任正处级职务满10年、符合助理巡视员任职条件、本人愿意按有关规定提前退休的，按规定程序和干部管理权限审批，可先提拔为助理巡视员，然后办理退休手续。

现任副处级领导职务的干部，男年满55周岁不满60周岁、女年满50周岁不满55周岁或工作年限满30年、担任副处级职务满10年、符合调研员任职条件、本人愿意按有关规定提前退休的，按规定程序和干部管理权限审批，可先提拔为调研员，然后办理退休手续。

男年满58周岁不满60周岁、女年满53周岁不满55周岁的现任正处或副处级领导干部，改任非领导职务。改任非领导职务后，如本人申请可以离岗退养，离岗退养人员享受同类型在职人员同等待遇，不占单位编制数和职数。

现任处级领导干部学历为中专（高中）及以下的，原则上应改任非领导职务。

男年满55周岁，女年满50周岁，且工作年限满20年的；或工作年限满30年的，可办理提前退休手续。

根据鄂人〔2001〕第38号文通知，离岗退养人员严格掌握，原则上不办理此项手续。

30年工龄的工人不能提前退休。

提前离岗退养和提前退休人员优惠政策：

提前离岗退养的人员，在退养期间享受同级在职人员的工资、福利待遇（不含奖金、岗位津贴），工龄连续计算。如遇国家统一调整工资，可按在职人员参加调资，待达到法定退休年龄时，再正式办理离退休手续。

提前退休的人员，从正式办理退休手续的下月起适当上调职务工资档次。

提前一年以内的，增加一档职务工资中的固定部分；

提前一年以上不到2年的，增加一档职务工资（活的部分按规定的比例计算）；

提前2年以上不到4年的，增加两档职务工资；

提前4年以上的，增加三档职务工资。

提前退休的，在办理退休手续时，按国家法定退休年龄计算的工龄计发退休费。

提前退休的工资标准计算办法按鄂人〔2001〕第76号文规定执行。

由于成套局老同志多，此次机构改革中，有 27 位同志愿意享受机构改革优惠政策，自愿申请提前退休（其中姜铁山担任正处长职务满 10 年，提拔为助理巡视员），提前退休人员占全局原有职工总数的 25.7%。

五、改革成效

通过机构改革，由原来事业编制 105 名精简到 84 名，减编 2%；内设机构由原来的 11 个，减少到 8 个，精减 27.3%；全局职工平均年龄由 44.1 岁下降到 39.1 岁；正副处长平均年龄由 49.3 岁下降到 42.3 岁；大学本科以上学历人员由原来占全局职工总数的 28.8%提高到 40%；局机关干部轮岗面达到 74.2%；分流人员占原在职职工的 25.7%；竞争上岗中，拿出 4 名正处、5 名副处共 9 个职位进行竞争，竞争面占现任处级干部的 60%，较好地达到了机构改革预期目的，完成了机构改革工作任务。整个改革期间，局各项工作正常进行，业务量比 2001 年同期增长 32.5%，实现了局机关的平稳过渡。

9

第九章

人事工作

RENSHI GONGZUO

　　人事管理部门是湖北成套局的综合职能管理部门。在局党组领导下负责全局人事管理工作，具体负责拟定内部机构设置方案，制定各类人员编制和用人计划；负责人事调配、干部考察任免和职工培训教育；负责劳动工资、保险福利、专业技术职称申报和离退休人员管理及生活服务等工作。

第一节　组织机构

湖北设备成套机构成立初期，未成立专职机构管理人事工作，只在办公室安排专人负责。

1962年，为适应当时设备成套工作快速发展的需要，湖北成套局在原六科一室（办公室、机械设备科、冶金设备科、电力设备科、轻工化工燃料设备科、地质建工林业设备科、邮电交通铁道设备科）基础上，增设了党支部人保科、通用产品科、储运科、财务会计科。

1964年湖北成套局升格为一级厅（局）后，人事管理工作由政治工作室（后改为政治处）负责。

"文化大革命"期间，湖北成套局曾一度撤销。1972年成套局恢复，改为湖北省革命委员会物资局设备成套局，内设人保科。

1975年7月，湖北成套局从物资局划出，改为湖北省革命委员会机械设备成套局，内设政治处。

1980年11月，湖北成套局撤销政治处，成立人事教育科，附属办公室，工作由局党组直接领导，冯清荣任科长。

1987年6月，经设备成套管理局批准，撤销人事教育科，成立人事处。人事处成立初期，未配备处长，工作由局长直接安排。1988年7月，人事处与办公室合署办公，人事处处长由党组成员、办公室主任郭一凡兼任。

1991年以后，湖北成套局内设机构虽多次调整，但一直保留人事处单独建制。兰爱华、董培志、吴格非先后担任人事处处长。

第二节　人员状况

1959—2006年，湖北成套局干部职工主要来源：上级委派或外单位调入、大中专院校毕业生分配来局、军队转业干部、从工人中提拔、公开招考。

50年代末期、60年代初期，随着国民经济迅速恢复和发展，设备成套工作任务日趋繁重。从最初成立时19人，到1961年1月底人员迅速增加到50人，其中干部45人，工勤人员5人。干部45人中，有副经理1人，副主任、科长、副科长6人，工程师1人，专业技术干部17人，一般干部20人。

1962年，国家计委、一机部向国务院提出

《关于加强设备成套工作的报告》，明确"设备成套总局并依靠各地的设备机构应当成为国家总管基本建设成套设备的专职机构"。当年，经中央编制委员会审核，湖北省编制委员会批准，湖北成套局机构编制为120人，当年实有职工59人。

1964年湖北成套局改为厅（局）一级机构后，次年3月机械设备成套总局核定湖北成套局机构编制为82人，当年实有职工68人。

1966年"文化大革命"开始后，湖北成套局曾遭受严重冲击，工作一度处于瘫痪状态。1968年12月，湖北成套局除5人留守外，其余人员随湖北省直机关到黄陂县，后又到沙洋省直机关"五七"干校搞斗批改运动。

1972年，国家计委、一机部决定重新恢复设备成套工作，当年10月，经湖北省革命委员会批准，成立湖北省物资局机械设备成套局。1975年改为一级厅（局），当年7月，国家建委、一机部批准湖北成套局事业编制100人。期间，湖北成套局陆续从"五七"干校调回人员，重新恢复组织机构和开展正常工作。

1976—1991年，湖北成套局一直保持事业编制100人未变。

1992年，经物资部审定，人事部核准，湖北成套局事业编制为105人。本年度全局共有职工125人，其中在职职工92人，离退休职工33人。在职职工中，具有专业技术职称的78人，其中高、中级专业技术人员53人。

到90年代末期，湖北成套局共有职工127人，其中在职职工74人，离退休职工53人（其中享受副厅局级待遇的9人，享受离休老干部待遇的16人）。在职职工中，具有大中专以上文化程度的62人（其中大专、本科毕业的48人，中专毕业的14人）；具有高、中级专业技术职务的52人（其中取得高级任职资格的11人，中级任职资格的41人），占在职职工总数的70.1%。

2000年湖北成套局下放地方管理后，经过2002年机构改革，局机关由原来事业编制105名精简到84名，减编20%。2002年全局实有职工145人，其中在职职工67人，离退休职工78人；高中级专业技术人员34人，占在职职工总数的51.5%。局领导班子3人，正副处级干部19人。

截至2006年10月，湖北成套局和省政府采购中心、省综合招投标中心共有职工155人，其中在岗干部职工78人，离退休职工77人（享受厅局级待遇的11人）；大专以上学历的72人，占在岗职工总数的92%；高中级专业技术人员38人，占在岗职工总数的49%；局领导班子职数6人（含省政府采购中心主任）；实有领导班子成员5人，正副处级干部35人。

⚙ **第三节　人事管理**

一、干部任用与管理

（一）任免

1. 厅（局）级领导干部的任免与管理

1979年以前，湖北成套局厅（局）级领导干部由中共湖北省委按干部管理权限报批任免并管理。

1980 年以后，厅（局）级领导干部的任免以国家部委为主，即由设备成套管理局党组商地方成套局党组提出任免建议，报请部委党组同意并征求地方党委组织部意见后，办理任免手续。1992 年、1998 年设备成套管理局曾先后印发《关于省市成套局长任期目标责任制实施办法》和《关于成套系统进一步推进企业化管理和实行局长目标经营责任制的意见》，明确副局长的人选由局长推荐提名，部考核任命。

2000 年设备成套局管理体制改革下放后，湖北成套局党组于 2001 年 6 月 4 日向省委组织部报送了《关于干部管理问题的请示》（鄂成党字〔2001〕第 11 号）。6 月 7 日，省委组织部回复湖北成套局局长、副局长等副局级以上干部，由省委任免，其中，党组成员的任免要报省委组织部审批。

2. 处级领导干部的任免与管理

60 年代至 70 年代，湖北成套局处级干部的任免主要采取委任制，正处级干部由中共湖北省委组织部任免，副处级干部由省建委、省计委任免。80 年代初期实行干部制度改革，扩大了省直一级厅（局）单位管理使用干部的自主权。部门正副处长由本局党组组织考核，经局党组集体研究并报设备成套管理局、省委组织部备案后下达任职通知。纪检、监察、工会等部门的正副处级领导职务的任免要按业务领导关系与有关主管部门协商一致。这一时期，由于军队的整编，有军队团职干部转业到湖北成套局工作，参照他们原来的职务，安排了相应的职位。

90 年代以后，湖北成套局进一步深化干部人事制度改革。处级领导干部实行聘任制，并实行公开竞争上岗，通过群众推荐、评委打分、

组织考核，党组最后决定聘任。任期内连续两年完不成规定的目标任务，给予免职。纪检、监察、审计干部报上级主管部门同意后，党组任命。机关党委专职书记、工会主席经选举产生，上级主管部门批复，党组确定级别。人事处、财务处负责人，由局党组研究，报上级主管部门同意后聘任。

进入 21 世纪初期，全国成套系统下放地方管理后，湖北成套局处级领导干部的任免与管理仍按上述人事管理办法执行。

3. 科级干部的任免与管理

正副科长由局党组任免。1998 年，湖北成套局制定《中层干部和工作人员管理试行办法》，其中对科级干部聘任（用）作出如下规定：对工作表现好，圆满完成各项任务的干部，根据工作需要，由处室领导提名，人事处考察，经局党组研究后，局长聘任科级、副科级职务，处室领导聘用。

2000 年 6 月，湖北成套局根据《党政领导干部选拔任用暂行条例》，制定出台《关于选拔聘任科级干部工作实施方案》，明确由一般工作人员提升为副科，要具备 5 年以上工龄（个别突出的可破格提拔），由副科提升为正科，要在副科岗位上任职两年。在选拔程序上，强调处室要按规定的条件推荐人选，根据推荐名单，在局中层干部会上进行民意测评，得票过半的人选作为考核对象。

2005 年，经咨询省人事厅政策法规处、公务员管理处，省委组织部经济干部处，湖北成套局按照中共中央组织部、人事部人发〔1992〕第 10 号文件、人事部人发〔1997〕第 33 号文件和省人民政府鄂政发〔1995〕第 100 号文件有关要求，根据局依照公务员管理的实际情况，主任科员及以下非领导职务按试用期、科员、副主任科员、主任科员序列。任职必要

年限为：

（1）大学专科毕业：试用期（1年）——科员（定为14级、3年）——副主任科员（3年）——主任科员；

（2）大学本科毕业：试用期（1年）——科员（定为13级、3年）——副主任科员（3年）——主任科员。

4.“两个中心”干部的任免与管理

2004年5月17日，省委组织部印发《关于省政府采购中心、省综合招投标中心干部管理有关问题的通知》（鄂组干函〔2004〕第109号），就“两个中心”干部管理的有关问题作出如下规定：

（1）干部管理体制。省政府采购中心和省综合招投标中心的干部按省直副厅级事业单位的干部管理体制进行管理。

（2）领导职数。根据省编委核定的领导职数，省政府采购中心设主任1名（副厅级）、副主任2名（正处级），正处级领导职数3名，副处级领导职数3名。省综合招投标中心设主任1名（副厅级）、专职副主任1名（正处级），正处级领导职数2名、副处级领导职数2名。

（3）干部管理权限。省政府采购中心和省综合招投标中心干部的管理按省委和省委组织部有关规定执行。主任列入省委管理的干部职务。副主任列入省委委托省委组织部管理的干部职务。内设机构的正副处级干部由湖北成套局党组任免，其中，正处级干部任免由成套局党组按鄂组发〔1996〕第29号文件规定，报省委组织部任前备案，经同意后再办理任免手续。

（二）选拔与培养后备干部

80年代，中共中央提出建立后备干部制度。湖北成套局根据上级党委的要求，分别对后备干部选拔条件、程序、数量、教育培训和日常管理等作出具体规定，并确定了后备干部人选。90年代末期，设备成套管理局党组印发《关于加强省市成套局领导班子建设的几点意见》（内贸成党字〔1999〕第19号），要求各省市区成套局党组要按现有领导班子人数1：1的比例，配备后备干部人选，后备干部的年龄一般不应超过50岁，其中35岁以下不少于三分之一。

进入21世纪，根据中共中央、中共湖北省委和省委组织部的有关规定，进一步加大了后备干部队伍建设的力度。

1982—2006年间，通过多次的推荐和测评，先后滚动确定局级后备干部9名，有3名已担任局级领导干部。同时，对处级后备干部队伍逐年进行调整、储备、培养、教育和管理。

（三）干部考核

1975年7月湖北成套局恢复一级厅（局）后，同时恢复了对干部年终鉴定的制度。次年11月，印发了《关于做好干部考核工作的通知》，强调结合单位、处室和个人年终工作总结，对干部职工进行一次全面的考核，重点考核处以上领导干部，考核内容主要包括政治学习、工作成效、劳动纪律、团结协作等四个方面，考核结果与干部任用挂钩。

1980年，按照中组部和省委组织部的要求，组织干部普遍填写《干部履历表》。

1982年，根据中共中央关于干部实行革命化、知识化、年轻化、专业化的要求，局党组提出要定向培养和考核知识分子干部，力争三五年内，提拔一批知识分子进入中层领导干部岗位。

1984年，结合实施岗位责任制，进一步完善了局人事管理办法。

从1987年起，对处级以上干部年终实行民主评议制度。

1988年，根据全省组工会议精神，湖北成套局制定下发了《干部年度工作考核实施意见》，对考核的指导思想、考核对象、考核内容、考核程序及方法、考核结果的使用、考核时间等提出了具体要求。如在考核的指导思想上，明确"以生产力标准为指导，注重实绩考察任用干部，并以是否做出实绩作为考察任用干部的标准和依据"。考察内容为德、能、勤、绩四个方面，重点是履行岗位职责的工作实绩。对处以上干部的实绩考察注重其工作思路、思维方式、决策能力、组织能力以及协调力等方面的考察。考核工作分层次进行，处级干部由局领导负责，人事处参加，科以下干部由各处室考核。考核鉴定意见与本人见面，经本人签字，归入档案。

90年代初期，随着内部机制的转换，不断改进和完善干部年度考核和任期考核。在干部岗位规范和干部分级管理方面，初步探索了一些具体考核办法，如民意测验、座谈会、个别征求意见、群众评议。不同层次、不同类别的干部提出不同的考核内容和标准。既全面考核，又不求全责备，扬长避短，重工作实绩和政治素质，注重调动每个同志的积极性。

从1994年开始，根据部、省有关规定，全面实行干部职工年度考核评鉴制度。1995年，湖北成套局党组下发《湖北成套局机关工作人员考核实施办法》，并成立考核领导小组，由局领导、机关党委、人事、纪检、财务、工会等部门负责人参加。考核内容包括德、能、勤、绩四个方面，重点是考核工作实绩。考核结果分为优秀、称职、不称职三个等次，其中优秀等次全局控制在10%左右，由处室测评，报局考核小组审定。1998年增加"基本称职"等次。被考核者要作个人年度工作述职报告，述职报告文字在1000～1500字，每人述职时间一般

不超过30分钟。局领导考核由设备成套管理局组织，处长考核在处室进行，局考核小组派人参加，处长评议意见由考核小组填写，处室工作人员由处长组织考核，其评议意见由处领导填写。所有被考核人员均填写《湖北省事业单位工作人员年度考核登记表》。

进入21世纪，结合成套局管理体制改革变化实际，根据湖北省人事厅印发的鄂人〔2000〕第163号文《湖北省国家公务员、机关工作人员年度考核工作实施意见》（事业单位工作人员年度考核，依照该《实施意见》执行），湖北成套局印发了《关于我局机关工作人员和专业技术人员考核实施办法》（鄂成人字〔2001〕第34号），对考核的内容和标准、考核等次标准和评定原则及比例、考核方法和程序、考核结果运用、纪律与监督等内容作出规定。考核等次仍按省人事厅确定的优秀、称职（合格）、基本称职（基本合格）、不称职（不合格）四个等次评比。局领导考核按省委组织部的要求进行，各处室主要负责人在局职工大会上述职，然后群众评议。2002年改为正副处长的述职在本处室进行，局考核领导小组派人参加。处以上干部优秀比例不超过全局优秀人数的三分之一，超过比例在全局中层干部会上进行民主测评。优秀、基本称职、不称职由局考核领导小组研究，局党组同意后，报省人事厅审批。所有被考核人员均填写《湖北省党政机关、事业单位工作人员年度考核登记表》。2005年起，填写《湖北省国家公务员和机关工作人员年度考核登记表》。局领导、省政府采购中心副主任、省综合招投标中心副主任、局人事处处长填写《省管干部年度考核登记表》。

湖北成套局机关工作人员测评标准及分值、年度处室工作人员考核评分表，见表9-1。

表 9-1　湖北成套局机关工作人员测评标准及分值

政治思想和敬业精神	优秀（10分）	坚决拥护和贯彻执行党的路线、方针、政策，模范遵守国家法律、法令和各项规章制度，公道正派，积极参加政治和业务学习，理论和政策水平高，敬业精神、事业心和工作责任感很强。
	较好（8分）	拥护和贯彻执行党的路线、方针、政策，自觉遵守国家的法律、法令和各项规章制度，积极参加政治和业务学习，理论和政策水平较高，敬业精神较强，热爱本职工作，有工作责任感。
	一般（5分）	正确贯彻执行党的路线、方针、政策，遵守国家的法律、法令和各项规章制度，参加政治和业务学习，理论和政策水平一般，敬业精神、事业心和工作责任感一般。
	差（-5分）	存在与党中央的路线、方针、政策相抵触的言论和行为，不能认真遵守国家的法律、法令和规章，缺乏敬业精神，不热爱本职工作。
职业道德	优秀（10分）	能模范遵守本职业道德规范内的规定，认真抵制行业不正之风，年内在行业扶正压邪方面有突出事迹，公道正派，受到上级表彰。
	较好（8分）	能模范遵守本职业道德规范内的规定，自觉抵制行业不正之风，年内在行业扶正压邪方面有较好的表现。
	一般（5分）	能遵守本职业道德规范内的规定，抵制行业不正之风，年内没有违规或不道德现象。
	差（-5分）	抵制不正之风不力，年内曾有过违规违纪或不道德问题，并造成一定影响，但未受到过记过以上纪律处分和刑事处分。
业务能力	优秀（10分）	精通本职业务，系统掌握专业基本理论和相关专业知识，工作能力强，解决综合性问题得心应手。
	较好（8分）	比较熟悉本职业务，能掌握专业基本理论和相关专业知识，工作能力较强。
	一般（5分）	熟悉本职业务，工作能力一般。
	差（-5分）	对本职业务生疏，工作能力差。
管理水平	优秀（10分）	能出色地完成本职内各项工作任务，本年度实际管理水平发挥很好。
	较好（8分）	完成本职内各项工作任务，本年度实际管理水平发挥较好。
	一般（5分）	一般能完成本职内各项工作任务。
	差（-5分）	难以完成一般性的本职内各项工作任务。
团结协作	优秀（10分）	团结同志、同事关系融洽，配合意识很强，有合作精神，积极主动与有关方面沟通情况，能处理好各种工作关系。
	较好（8分）	较好地团结同志，配合意识较强，有合作精神，能主动与有关方面沟通情况，处理好各种工作关系。
	一般（5分）	能团结同志，一般情况下，能配合其他成员工作，也能沟通情况，互相协作。
	差（-5分）	在同志之间存在非原则性纠纷，不够团结，经常犯自由主义，造成不良影响，配合意识差，沟通情况和相互协作不够。
创新进取	优秀（10分）	工作中开拓精神很强，勇于创新，锐意改革，为本部门（单位），超额或提前完成年度工作目标和任务做出显著贡献，受到上级表彰。
	较好（8分）	工作中开拓精神较强，思维较敏捷，勇于创新，年内为本部门（单位）完成年度工作目标和任务作出了贡献。

续表

	一般（5分）	在工作中能开展一些创新活动，开拓进取精神一般，为本部门（单位）年度工作目标和任务做了一定工作。
	差（-5分）	工作中没有开拓精神，无创新活动，无进取心，致使本部门（单位）年度工作目标和任务的完成受到一定影响。
出勤率	优秀（10分）	出勤满，无请假、迟到、早退、旷工现象。
	较好（8分）	请事、病假不超过1个月，无迟到、早退、旷工现象。
	一般（5分）	请事、病假超过30天不超过半年，或平时有无故迟到、早退现象。
	差（-5分）	无故旷工连续超过5天，或一年内累计超过10天，或平时经常无故迟到、早退，经教育仍不改正。
勤奋程度	优秀（10分）	工作积极性很高，有强烈的事业心和工作责任感，忠于职守，任劳任怨，热情主动，肯动脑筋，想办法保质、保量、高效完成工作任务，吃苦耐劳，工作脚踏实地，在群众中影响好，评价高。
	较好（8分）	工作积极性高，主动性、事业心和责任感较强，工作能脚踏实地，也肯吃苦耐劳，能动脑筋、想办法做好工作。
	一般（5分）	工作积极性一般，事业心和责任感一般，工作能够逐项完成，工作质量和效率一般。
	差（-5分）	工作热情不高，不积极主动，事业心和责任感不强，不能吃苦耐劳，比较懒散，致使工作效率低下。
任务完成否	优秀（10分）	承担的工作任务饱满，工作量大，尽管效率较高，但实际工作量超负荷，经常加班加点完成。
	较好（8分）	承担的工作任务充实，工作量较大，实际工作时紧张，各项任务都完成。
	一般（5分）	工作任务一般，虽然完成任务，但实际工作时间不紧张。
	差（-5分）	工作任务较少，工作时间较多空闲，任务虽然合理，但非外部因素任务未完成。
工作质量	优秀（10分）	能全面、出色履行聘约或岗位规定的职责任务，工作质量特别好，出色完成任务，没有误差，为单位的发展作出积极贡献，有明显的经济、社会效益，受到上级领导表扬。
	较好（8分）	能履行聘约或岗位职务规定的各项职责任务，工作质量较好，超过一般水平。
	一般（5分）	基本能履行聘约或岗位职责规定的各项职责任务，工作质量一般，虽完成任务，但没有突出特点。
	差（-5分）	不能完成聘约或岗位职责规定的各项任务，工作质量差，低于一般水平，存在明显问题。

表9-2　湖北成套局年度处室工作人员考核评分表

序号	目标考核内容		分值100	自测分40%	综合评分60%	两项合计	奖励分	合计分
1	毛收入（万元）		不计分					
2	任务净收入（万元）		40					
3	超额净收入（万元）							
4	招标费用率	%	8					
5	招标程序		4					

续表

序号	目标考核内容		分值100	自测分40%	综合评分60%	两项合计	奖励分	合计分
6	招标手续		10					
7	经营费用率	%	8					
8	合同管理		4					
9	有否进口设备		2					
10	办公、业务费用率	%	20					
11	资金周转率		4					
12	目标考核总分							

处室：　　　　　　　　　　　　　　　　　　　　　　　　　　　姓名：

序号	共性考核内容	分值100	自测分40%	综合评分60%	奖励分	合计
1	政治思想和 敬业精神	10至-5				
2	职业道德	10至-5				
3	业务能力	10至-5				
4	管理水平	10至-5				
5	团结协作	10至-5				
6	创新进取	10至-5				
7	出勤率	10至-5				
8	勤奋程度	10至-5				
9	任务完成否	10至-5				
10	工作质量	10至-5				
11	奖励分					
12	共性考核总分					

说明：

1.目标考核得分＝自测分*40%＋综合分*60%＋奖励分

2.共性考核得分＝自测分*40%＋综合分*60%＋奖励分

3.业务处室工作人员考核总得分＝共性考核总分*50%＋目标考核总分*50%＋奖励分

4.结转下年度的净收入，当年不计超额完成任务。

5.目标考核内容第2、6、10项，处室主要领导分别由人事处、综合办、财务处核对打分。

6.业务处室及房产经营的同志考核共性和目标二项内容；行管处室考核共性内容。

7.业务工作只有项目或只用经营的同志，目标考核分值分别调整为：（1）招标业务。任务净收入40、招标费用率20、招标程序2、招标手续5、合同管理4、进口设备2、办公业务费用率27；（2）经营业务。任务净收入40、经营费用率20、合同管理4、资金周转率11、办公业务费用率25。

8.自测分要实事求是，如与实际工作不符，考核小组可认定为无效分，以综合评分为准。

9.自测时，组织不了解的工作内容，个人要附加说明。

10.职工民主测评处室领导工作意见，作为综合评分重要依据。

（四）干部考勤管理

干部考勤管理是干部人事管理的一项重要工作。50年代末至60年代中期，国家建设项目多，设备成套任务重，湖北成套局响应一机部提出的"合同不过年"的口号，每年都坚持开展各种形式的劳动竞赛运动，其中"出满勤、干满点"是劳动竞赛运动一项重要内容。全局职工发扬革命加拼命精神，不计报酬，自觉自愿加班加点工作，保证了一批项目按期建成投产。

70年代末期，湖北成套局在原有考勤制度的基础上，制定下发了《湖北省机械设备成套局干部职工考勤办法》，对考勤管理、请假制度和违反劳动纪律的处理等作了修订和补充。

1985年6月，湖北成套局制定了《湖北省机械设备成套局职工考勤管理试行办法》，主要内容有职工的基本职责、工作时间、请假手续及批准权限、有关假期工资待遇、奖金待遇、旷工处理、考勤办法和有关具体规定等。1988年3月，又制定下发了《局机关考勤办法补充规定》，将考勤奖标准由过去的每人每月5元改为每人每月10元，由以往直接发到个人改为集中发给处室的包干办法，即由人事处按各处室的实有人数发考勤奖，各处室根据每人的实际出勤率，发考勤奖。这一措施的执行，进一步加强了机关劳动纪律。

90年代，针对部分职工工作涣散，纪律松弛，上班看小说、打毛衣、炒股、串岗、脱岗等不良现象，先后三次开展劳动纪律专项教育，本着从严治局精神，两次修订下发《湖北省机械设备成套局职工考勤管理办法》，对职工的义务、职责、请假的审批与管理，违法劳动纪律的处理和经济惩罚等，作出具体规定。

从2000年起，湖北成套局以开展作风建设为主线，以开展文明创建为载体，以提升干部队伍整体素质为目标，进一步完善了职工考勤管理办法。2004年，根据国家和省有关政策规定，局下发了《关于明确各类休假规定的通知》（局函〔2004〕第17号），对各类休假及休假期间的有关问题进行了全面规范，涉及年休假、病假、事假、婚假、孕期产假及哺乳、丧假、探亲假等7个方面。2006年，结合开展"自身建设年"活动，进行了为期2个月的劳动纪律专项整治，对上下班迟到早退者实行公开点名通报。

（五）人员调配

2000年4月，湖北成套局下发《湖北省机械设备成套局招聘人员试行办法》，规定从当年开始，凡局新进人员，面向社会实行公开招聘，每年5月份集中实施一次，具体招聘办法是：每年初（一季度），处室应拟出所招聘人员的数量及条件，报局批准；聘用人员信息，在适当范围内对外公布；报名应聘者需进行考试、面试、检查身体等程序。招聘工作贯彻公开、平等、竞争、择优的原则，重点引进局急需的工作人员。被招聘录用人员，依据《中华人民共和国劳动法》，与用人处室签订劳动合同。聘用人员与局正式职工在政治上平等，德才表现突出者，可提前晋职晋级，也可以参与各级领导岗位的竞争，生活待遇上实行同工同酬，管理上与局正式职工一样。军队转业干部等国家统配人员，按国家及省有关规定执行。为保障此项工作规范进行，局于当年成立招聘领导小组，人事处负责招聘的具体事务工作。

2001年7月5日，湖北成套局党组召开专题会议，在全面分析局机关工作人员年龄结构、文化程度结构、专业技术人员结构的基础上，针对职工年龄趋向老化、高级职称专业技术人员年轻同志偏少、整体文化程度偏低、女性职工偏多等实际情况，决定在其时和此后一个时期，在人员调配上，适当考虑年龄、文化程度以及年轻职工的比例，以适应工作的需要。并规定此后调入工作人员，严格按下列原则办理：调入人员年龄在 30 周岁以下，有全日制大学本科毕业及以上学历；身体健康；政治思想好，有专业特长，工作急需；调入人员以男性为主；调入人员实行 3 个月的试用期，不符合条件的，不予办理调动手续；聘用人员仍按局招聘人员试行办法执行。

（六）出国（境）交往与管理

1959—1992 年，湖北成套局尚未派员出国考察学习。

1993 年 10 月 29 日至 11 月 22 日，设备成套管理局组织北京、江苏、广东、湖北等 17 个省市成套局局长，参加由国内贸易部组织的"国际贸易经济培训班"，赴美国进行为期 22 天的培训考察。此次考察主要是学习国际贸易方面的专业知识，了解国外企业在国际贸易中的一些基本原则和做法，扩大中国设备成套行业对美国企业界的接触，以利此后拓展设备成套系统的对外开放。培训期间还考察了一些与流通业务相关的企业，主要有 UCS 运输公司、SIC 贸易公司、洛杉矶长堤港务局、莱斯奥森汽车拍卖行、美墨边境自由贸易区、SME 购物中心、99 商店、纽约世界贸易中心及两个货仓式商店。这是湖北成套局成立以来首次派员出国访问。

随后，又派员参加"国内贸易部高级经理培训班"，赴美国培训考察。学习内容包括：美国的国际贸易收复业务；美国大企业的组织与激励；国家干预的市场经济——美国经济体制；美国的物资市场与贸易；不要把鸡蛋放在一个篮子里——美国企业的投资组合；美国的期货市场与投资；美国的股票市场与投资；加入关贸总协定对中国企业的影响；美国的地产投资、

购物中心的设立与零售商的类型等。赴美人员回国后向国家有关部门递交了考察报告。

随着全球经济一体化进程的加快，许多国际性和区域性组织相继制定政府采购协议、示范法和指南，以规范统一各国的政府采购管理。为了更好地学习借鉴国际上政府采购招标的成功经验和做法，1998 年以后，湖北成套局又陆续派员参加由国家有关部委组织的"政府投资项目招标考察团"，赴欧盟部分成员国学习了解欧盟政府采购制度的指令规定、限额标准、采购方式和程序，重点考察学习欧盟通用的 3 种政府采购方式，即"公开招标（Open Procedure）""邀请招标（Restricted Procedure）""谈判（Negotiated Procedure）"，以及 2004 年欧盟修订公共采购指令时，新引进的适用于复杂政府采购项目的"竞争性对话（Competitive Dialogue）"。

在干部职工出国（境）管理方面，1999 年 11 月，湖北成套局根据设备成套管理局下发的《关于加强对成套系统因公出国团组和人员管理的通知》（局发成办字〔1999〕第 103 号），制定了相关管理办法，要求出国人员要抓住难得的时间，认真学习考察，严格执行各项学习纪律、组织纪律、外事纪律，圆满完成培训考察任务。2006 年 9 月，又根据中纪委、中组部、外交部、公安部、国家安全部、监察部、人事部、商务部《关于进一步加强党员干部出国（境）管理的通知》（中纪发〔2004〕第 26 号）精神，制定下发了《关于加强局系统干部职工出国（境）管理工作的通知》（局人函〔2006〕第 30 号），对干部职工因公、因私出国（境）的审批及管理工作作了明确规定。如实行干部职工出国（境）报告、登记制度，建立出国（境）证照专人负责制和护照使用登记保管制度，定期逐级上报干部职工出国（境）管理工

作情况。干部职工因公出国（境），应在回国（境）后 15 天内，将所持因公出国（境）证件交由人事处统一保管；干部职工因私出国（境），应在回国（境）后 10 天内，将所持因私出国（境）证件交由人事处统一保管。逾期不登记上交的，由人事处报武汉市公安局出入境管理处予以吊销。

（七）学历学位管理

改革开放以后，为提高干部职工的文化水平和专业技能，湖北成套局鼓励干部职工接受不同程度的学历教育，到 80 年代末期，全局有 14 人报考各类干部专修科、电大、函大、业大、夜大、刊授大学学习。进入 90 年代，从成人高等教育到第二学位教育、硕士学位以及 MBA 教育，学历教育呈现多形式、多渠道发展态势。据不完全统计，截至 2003 年底，全局共有 21 人参加不同程度的学历教育。随着职工学历教育的空前发展，加强学历学位管理成为亟待解决的问题。为了进一步规范此项工作，2004 年 11 月，湖北成套局根据中共湖北省委组织部、中共湖北省委党校、湖北省教育厅《关于加强县处级以上干部学历、学位管理工作的意见》（鄂组通〔2003〕第 50 号）文件精神，制定下发了《关于加强干部职工学历学位管理工作的规定》（局函〔2004〕第 41 号），对干部通过在职期间的学习获得国家教育行政部门或上级组织部门承认的新的学历、学位的，实行登记备案制度。即局人事处依据办学单位提供的本人学历、学位归档材料，按规定程序在一个月内送有关部门审查认定后，按干部管理权限报批。

在规范学历、学位更改审批程序方面，该《规定》明确：

1. 学历、学位的送审认定程序为：局人事处对干部职工提交的学历、学位证书和办学单位提供的学历、学位归档材料进行审核，填写《干部学历（学位）呈报审批表》一式三份。属国民教育和部队院校毕业的，报送省教育厅审核认定。接受党校教育的，依据各级党校出具的学历、学位证明进行认定；没有证明材料的，报送毕业证书颁发的党校审核认定。

2. 学历、学位的更改审批程序为：按照干部职工管理权限，对经审核认定的学历、学位进行更改审批。属局管理的干部职工，由局人事处报局党组集体研究审批。属省委或省委委托省委组织部管理的干部，由局党组以正式文件向省委或省委组织部请示审批，同时报送《干部学历（学位）呈报审批表》一式三份和干部学历、学位的全部归档材料。

3. 组织人事部门按干部职工管理权限将审批意见及时通知所在单位及本人，并将《干部学历（学位）呈报审批表》与学历、学位归档材料一起归入干部职工本人档案。

2005 年，又下发《关于学位证书送审认证程序的补充通知》（局人函〔2005〕第 11 号）。当年，湖北成套局为获得新的学历学位的 4 人进行了送审认定。

（八）人事档案管理

人事档案是人事管理活动中形成的、记述和反映个人经历和德才表现、以个人为单位组合起来以备组织考察的原始记录和材料。从 1995 年开始，湖北成套局根据中央组织部和省委组织部下发的有关干部档案整理工作实施细则和要求，对全局在编在册的人事档案，按照材料的属性、内容，进行了分类、立卷、编目和上架。从 2001 年起，利用国家人事部开发的人事信息管理软件 GPMS，将干部职工的人事信息输入电子计算机，运用现代信息手段管理人事档案。2006 年 1 月，局人事档案移交局综合档案室统一管理。

二、专业技术人员评聘

1978 年恢复职称评定工作。1979 年国务院颁发《工程技术干部技术职称暂行规定》(国发〔1979〕第 279 号)后，湖北成套局按照上级制定的《技术职称套改实施办法》，于 1980 年对全局工程技术人员的职称进行了套改，经有关领导部门批准，当年，有 10 人由助理技术员套改为技术员，有 5 人由技术员套改为助理工程师。

但是，由于职称制度本身的缺陷以及经验不足和历史遗留问题太多等原因，全国职称评定工作中也出现了一些问题。1983 年 9 月国务院决定暂停职称评定工作，进行整顿。当年 10 月，湖北成套局接国家机械设备成套总局和省有关部门通知，暂停职称评定工作。

1986 年 1 月 24 日，中共中央、国务院转发《关于改革职称评定、实行专业技术职务聘任制度的报告》的通知，这次职称改革的中心是实行专业技术职务聘任制度，并相应地实行以职务工资为主要内容的结构工资制度。1987 年 5 月 31 日，国家机械委在北京召开委属事业单位职称改革工作会议，根据会议精神，当年 6 月局成立了职称改革工作领导小组，随后又成立了职称改革办公室，由郭一凡、黄仲坚、何金文三人组成，并制定下发了《湖北省机械设备成套局专业技术职务聘任实施办法》《湖北省机械设备成套局技术岗位职责》。全局共选用 5 个专业技术职务系列，设置高级、中级、初级职务。全局首次受聘的高级工程师 6 人，中级工程师、会计师、经济师、统计师 32 人，初级职务的有 27 人。专业职业技术职务工资从 1985 年 7 月 1 日算起，并按规定增资限额分两年发放。

从 1989 年起，根据设备成套管理局和省有

关职称改革文件精神，对全局专业技术人员进行了年度考核，重点考察了解专业技术人员的实际水平和工作业绩，考核结果记入个人业务考察档案。当年对 65 名专业技术人员进行了年度考核和评议。

1991 年，根据国家和省有关部门的部署和要求，对全局首次开展的专业技术职务评聘工作情况进行了全面复查，同时认真抓了专业技术职务评聘转入正常化的前期准备工作。当年 3 月，湖北省职称改革办公室在成套局上报的《关于我局首次专业技术职务评聘工作复查情况的报告》上批示：对首次评聘工作的复查和专业技术职务评聘转入经常化的准备工作是认真的，符合国家人事部有关文件要求。

1992 年初，专业技术职务评聘工作转入正常化。针对局人员变动情况，湖北成套局适时调整了职改领导小组、考核小组、评审委员会成员。

职改领导小组成员为：徐振华、郭一凡、李忠保、王佑民、兰爱华，组长徐振华。

考核小组成员为：李忠保、王佑民、江平、江明枝、陈弟秀、姚国玛、严平方、兰爱华。

评审委员会成员为：李忠保、江平、江明枝、詹建文、杨永康、扈懋绩、兰爱华。

当年 12 月 15 日，设备成套管理局根据湖北成套局上报的专业技术职务岗位设置方案，下达了《关于专业技术职务数额的通知》(物成职改字〔1992〕第 7 号)，明确湖北成套局高级专业技术职务数额为 12 人，中级职务数额为 48 人。并要求按照专业技术岗位设置的需要，按岗位分解职务数额。

为正确评价专业技术人员的业务工作实绩，做好评聘专业技术职务转入经常化的准备工作，保证专业技术职务评聘质量，1992 年湖北成套局还根据《物资部关于企事业单位专业技术人

员考核办法（试行）》和《成套系统专业技术人员考核实施细则》，制定了《湖北省机械设备成套局专业技术人员考核试行办法》，并报设备成套管理局批准，组建了局工程系列中、初级职务评审委员会。

1993年，湖北成套局聘任各类专业技术人员68人，其中聘任高级职务9名，聘任中级职务47名，聘任初级职务12名。

1994年起，根据设备成套管理局下发的《国内贸易部成套系统技术职务评聘工作实施意见》的规定，各省市区成套局可在上级主管部门核定的比例内自主设岗和评聘专业技术职务。按照各有关专业技术职务试行条例的规定，结合本单位实际工作需要和缺岗情况，经常地进行专业技术职务评聘工作。从当年开始，局评聘专业技术职务不再搞个人申报，改由单位根据考核结果推荐评审，人事部门负责核实被推荐者的专业年限、成果、论文（著）、业务自传、业务工作总结等。并按有关规定和要求，组织被推荐者参加地方职改部门统一组织的外语考试。对全日制正规大、中专院校毕业生，在专业或专业技术岗位上工作见习期满或达到规定年限的，经单位人事部门组织填写《全日制大、中专（研究生）毕业人员初聘专业技术职务呈报表》，即可聘任专业技术职务，不需要再进行相应专业技术职务的评审，其中，初聘中级专业技术职务的，须报设备成套管理局审批。根据原国务院职改办字〔1993〕第1号文件精神，对经济、统计、会计系列原则上不再搞放宽。

2000年底，全国成套系统管理体制改革下放后，湖北成套局专业技术职务评聘工作归口湖北省人事厅管理。在职称评聘条件中，外语水平是晋升中级专业技术职务的必备条件。

2003年，共组织17人次专业技术人员参加评职前的专业培训及考试，有7人次取得了合格证书。

从1986年首次实行专业技术职务聘任到2006年，湖北成套局有教授级高级工程师2人，副高技术职称人员34人，中级技术职称人员44人。

湖北省成套局具有高级和中级专业技术职称的人员名单（排名不分先后）

教授级高级工程师：傅积霖　詹建文

高级工程师：王佑民　李忠保　江　平
　　　　　　江明枝　杨永康　扈懋绩
　　　　　　程　绪　姚国玙　姜铁山
　　　　　　李义生　罗南庆　张维齐
　　　　　　沈以忠　武满如　刘征南
　　　　　　周汉秋　朱　红　周显发
　　　　　　赵　木　曹卫中　肖　晗
　　　　　　黄汉民　蔡龙书　黄仲坚
　　　　　　熊仕勇　何源远

高级经济师：刘　鸣　刘源超　赵康林
　　　　　　杨昌清　兰爱华　张　萍
　　　　　　孙向军

高级会计师：郑远甫

工 程 师：林　铭　黄美瑾　何金文
　　　　　　史可久　寇学东　丁才广
　　　　　　李卜清　杨全正　严平方
　　　　　　李习涛　张大华　祝昭树
　　　　　　王明绍　陈防安　黄礼义
　　　　　　夏福生　吴格非　张洪泽
　　　　　　徐英侠　杨小舫　李永厚
　　　　　　高焕琴　龚宝兰　丁望平
　　　　　　余继宏　乔　治　陈钢红
　　　　　　向钦长　黄美秀

经 济 师：易尊五　张秀琴　罗少华
　　　　　　陈娣秀　穆玉英　袁读耕

方　文

会 计 师：陈昌泽　李昆山　汪杏琴
　　　　　叶晓莲　柳　坚

统 计 师：谢荣义　沈菊芳

政 工 师：董培志

三、劳动工资

1956 年 6 月 16 日，国务院全体会议第三
十二次会议通过了《关于工资改革的决定》，将
政府工作人员的工资分为 30 级，同时为反映出
各地生活成本差异，全国被划分为十一类工资
区，湖北省武汉市系四类工资区。1959 年湖北
设备机构组建后，即执行国家机关统一标准的
四类工资区标准，工人执行湖北省属企、事业
单位八级工制。国家机关工作人员（行政人员）
工资标准见表 9-3。

表 9-3　1959 年国家机关工作人员（行政人员）工资标准表

单位：元

项目 级别	三类工资区 标准	四类工资区 标准	五类工资区 标准
5	343.50	353.00	363.00
6	319.00	328.00	337.00
7	278.50	286.50	294.50
8	249.00	256.00	263.00
9	226.50	232.50	239.00
10	192.50	201.00	206.50
11	180.00	185.50	190.50
12	159.00	163.50	168.00
13	143.00	147.00	151.00
14	127.00	131.00	134.50
15	114.50	117.50	121.00
16	102.00	104.50	107.50
17	91.00	93.50	96.50
18	80.50	83.00	85.00
19	72.00	74.00	76.00
20	64.50	66.50	68.50
21	57.00	59.00	60.50
22	51.50	53.00	54.50
23	45.50	47.00	48.00
24	40.00	41.00	42.00
25	35.00	36.00	37.00

1962 年全局职工普调了一次工资。

1972 年底湖北成套局恢复后，根据国务院文件精神，调整部分职工工资，平均每人每月增加 10.6 元。1977 年，再次调整部分职工工资，全局有 40%的职工增加了工资。

1978 年，根据国务院文件精神，采取"个人总结、民主评议、支部上级、党委批准"的办法，按 40%的比例给职工调整了工资。升级工资一般增加一个级差，级差低于 5 元的按 5 元增加工资，级差超过 7 元的最高只能增加 7 元。从 1979 年 11 月 1 日起，根据国务院规定，类别由 4 类调整为 5 类。1980 年，又进行了调资工作，计升级范围 86 人，实际升级 43 人，占 50%。当年全局人平工资为 80.36 元。这一时期，国家对大中专毕业生实行计划分配，对新分配的大中专毕业生实行实习期制度，实习期工资待遇执行国务院〔1957〕第 57 号文件规定的标准。1973—1980 年毕业的工农兵学员，实习期满后，大专定为行政 23 级，中专定为行政 25 级。

1985 年 6 月，中共中央、国务院中发〔1985〕第 9 号文件颁发了《国家机关和事业单位工作人员工资制度改革方案》，改等级工资制为以职务工资为主的结构工资制，即工作人员工资由基础工资、职务工资、工龄津贴、奖励工资四部分组成。当年，全局参加工改职工 90 人，月增加工资 1903.80 元，实际第一步增加 1632.34 元，工改后人平工资 102.62 元，比工改前人平 80.36 元增加 22.26 元。1985 年工资改革机关事业单位干部工资标准见表9-4。

表 9-4　1985 年工资改革机关事业单位干部工资标准表

单位：元

职务 ＼ 标准	基础工资	职务工资					
		一	二	三	四	五	六
厅长	40	165	150	140	130	120	
副厅长	40	140	130	120	110	100	
处长	40	130	120	110	100	91	82
副处长	40	110	100	91	82	73	65
科长	40	91	82	73	65	57	49
副科长	40	73	65	57	49	42	36
科员	40	57	49	42	36	30	24
办事员	40	42	36	30	24	18	12

1987 年贯彻执行中办发〔1987〕第 1 号文件，全局职工调升一级工资。1990 年春季，贯彻国务院〔1989〕第 82 号文件，全局职工晋升一级工资。当年 5 月，还贯彻省委组织部、省人事厅联合下发的〔1990〕第 45 号文件，对新晋升职务的人员，原职务工资在新任职务工资标准倒三档及其以下的，提高一个工资等级。

1993 年 2 月贯彻省委组织部、省人事厅《关于进一步贯彻执行中共中央办公厅、国务院办公厅〈关于国家机关和事业单位工作人员职务变动后确定职务工资问题的通知〉的补充意见》，全局有部分工作人员升级。其办法是按所任职务、任职年限、工作年限、工资数额以及工作表现综合划定硬杠子对号入座，不搞群众评议。对 1989 年 9 月底以前离休、退休的人员增发离休、退休费。副处级及以上人员每月增加 10 元，正科级及以下人员每月增加 8 元。

1994 年起，根据国务院批准的事业单位工资制度改革方案的精神和设备成套管理局制定下发的《关于省市成套系统深化改革，在人事、分配制度方面推行企业机制的若干意见》的有关规定，湖北成套局把按工资总额 40%活的津贴不再作为死工资发放，而是根据个人岗位及任务完成的考核情况进行发放，而且年度一个月的奖金和提成奖也纳入劳动工资总额控制以内。

1998 年，设备成套管理局印发《关于成套系统进一步推进企业化管理和实行局长目标经营责任制的意见》（局发成综字〔1998〕第 8 号），规定各省区市成套局的工资一律随经济效益情况浮动。湖北成套局职工的收入主要由职务工资、补助工资、岗位津贴和效益津贴组成。所有津贴实行全额浮动。

2001 年，根据国办发〔2001〕第 70 号、第 80 号文和鄂人薪〔2001〕第 79 号文，对全局职工调标和晋档，调标和晋档增资额为 71287.14（其中在职人员 81 名，调标晋档额为 41928 元；离休人员 15 名，调标晋档额为 15559.14 元；退休人员 38 名，提高退休费为 13800 元）。全局年度调标晋档额为 285148.56 元。全局在职人员和离退休人员共 127 人工资调整，其中：在职 73 人，月增加工资额为 10895.2 元，人平 149.3 元，离退休 54 人，月增加离退休费 8121.7 元，人平 150.4 元。同时调整了部分人员的正常晋级工资。

2002 年根据省政府印发的"三定方案"，湖北成套局实施了机构改革。当年 9 月 30 日，湖北成套局向湖北省人事厅报送了《关于省成套局职工工资结构情况的报告》和《湖北省省直行政单位工作人员工资审批表》，10 月 11 日，经湖北省人事厅审核，同意湖北成套局职工工资结构和发放标准。湖北省省直行政单位工作人员工资审批表见表 9–5。

2003 年，按照国务院〔2003〕第 93 号文件和湖北省人事厅〔2003〕第 7 号文件，对全局职工进行了工资调标、晋档工作。

2006 年 6 月 14 日，国务院以国发〔2006〕第 22 号文印发《国务院关于改革公务员工资制度的通知》，这次改革强调要有效调控地区工资差距，逐步将地区工资差距控制在合理范围内。同时还对基本工资结构做了调整：基本工资和工龄工资不再保留，级别工资权重有所加大，公务员工资级别从原来的 15 级调整为 27 级。当年，湖北成套局本着对每个员工负责的精神，查阅了近 150 人的档案，核对数据，并对现有的有关资料进行修正，完成了机关事业单位离退休人员增加离退休费和在职员工整改工资的个人数据的录入计算工作，变手工操作为计算机管理。

表9-5 湖北省省直行政单位工作人员工资自批表

填报单位（盖章）：省机械设备成套局　　单位编码：　　单位性质：事业　　单位级别：　　津贴比例：

职务（岗位）	实有人数 合计（人）	行政编制人员（人）	老干编制人员（人）	事业编制人员（人）	单列编制人员（人）	离岗退养人员（人）	待分流人员（人）	应发项目 合计（元）	基本工资（元）	补助工资（元）	独生子女保健费（元）	住宅电话费补贴（元）	住房公积金（元）	法定代扣项 合计（元）	住房公积金（元）	个人所得税（元）	实发工资（元）
合计	56							70065.8	48931	16533.8	76	1250	3275	6550	6550		63515.8
一、行政人员	25							36916.6	26455	7763.6	36	950	1712	3424	3424		33492.6
1.正省级																	
2.副省级																	
3.正厅级	1							2384	1820	355		100	109	218	218		2166
4.副厅级	2							3682.4	2650	666.4		200	166	332	332		3350.4
5.正处级	10							16180.3	11741.7	3184.6	8	500	746	1492	1492		14688.3
6.副处级	3							4097.2	2830	921.2	8	150	188	376	376		3721.2
7.正科级	5							6256.7	4458.3	1492.4	8		298	596	596		5660.7
8.副科级	3							3304.5	2275	864.5	8		157	314	314		2990.5
9.科办员级	1							1011.5	680	279.5	4		48	96	96		915.5
10.其他																	
二、专业技术人员	18							21438	14840	5261	32	300	1005	2010	2010		19428
1.正高级																	

续表

职务（岗位）	实有人数							应发项目						法定代扣项			实发工资（元）
	合计	行政编制人员（人）	老干部编制人员（人）	事业编制人员（人）	单列编制人员（人）	离岗退养人员（人）	待分流人员（人）	合计（元）	基本工资（元）	补助工资（元）	独生子女保健费（元）	住宅电话费补贴（元）	住房公积金（元）	合计（元）	住房公积金（元）	个人所得税（元）	
2.副高级				3				4968.2	3565	968.2	8	200	227	454	454		4514.2
3.中级				8				9973.5	6981.7	2398.8	24	100	469	938	938		9035.5
4.助理级				3				2959.3	2008.3	810			141	282	282		2677.3
5.员级				4				3537	2285	1084			168	336	336		3201
6.其他																	
三、工人				13				11711.2	7636	3509.2	8		558	1116	1116		10595.2
1.高级工				1				1302.2	950	290.2			62	124	124		1178.2
2.中级工				4				4127.7	2826.7	1097	8		196	392	392		3735.7
3.初级工																	
4.普通工人				1				915.3	598.3	273			44	88	88		827.3
5.其他				7				5114	3261	1849			256	512	512		4854

第四节 职工教育

在湖北设备成套工作的建设、改革和发展的各个历史时期，湖北成套局始终把职工教育作为一项战略性、基础性的工作来抓。

建局初期，采取互教互学、专题座谈、大会交流、下厂观摩等方式，组织干部学习党和国家关于设备成套工作的方针政策，学习有关项目和产品的技术业务知识。1964年1月全国设备成套局长会议后，设备成套总局印发了《关于加强设备成套技术管理工作的意见》，强调"提高干部的技术业务水平是当前的一项重大任务，应该有计划地组织干部到生产和建设的具体实践中去，一面工作，一面学习；同时还要根据'做什么，学什么；缺什么，补什么'的精神，将广大干部的技术业务学习组织起来，坚持下去"。当年，湖北成套局建立了技术组，加强了技术工作的集中统一领导，并建立了每月2次固定性的业务学习制度。同时还把现有的机电产品样本、产品目录、说明书、质量标准、单机成套范围、工厂设计文件、图纸资料和相关技术图书及杂志等，加以整理后统一管理，为干部职工开展工作和业务学习提供方便。1975年，湖北成套局从省物资局划出，归口湖北省计委、建委领导后，很快恢复了每月2次业务学习制度。1976—1978年，共举办风机、水泵、阀门、锅炉等产品专题讲座6次，召开业务学习交流会3次。1999年上半年举办知识更新性的专业培训班2期，请学有专长的工程技术人员授课，每期时间3天，共培训干部45人次。

改革开放以后，党和国家的工作重点转移。面对现代化建设的新任务，邓小平号召全党再一次重新学习。1980年1月，他指出："无论在什么岗位上，都要有一定的专业知识和专业能力，没有的要学，有的要继续学，实在不能学、不愿学的要调整。"1981年2月，中共中央、国务院作出《关于加强职工教育工作的决定》，一场学习文化知识、提高专业能力的热潮在全局展开。1982年，根据《决定》精神和中央五部委联合下发的《关于切实搞好青壮年职工文化，技术补课工作的通知》要求，湖北成套局制定了职工教育规划，规定凡是至1985年尚不到40岁、文化水平达不到初中程度的职工，均参加"双补"。当年有3名初中以下文化程度的职工参加初中文化补课。1984年，对"文化大革命"期间入学的4名大学生进行了半年脱产补课，重点补习高等数学和理论力学，通过补习4人均取得优异成绩。这一时期，还组织干部参加设备成套总局主办的各类短期培训班、研究班学习，参学人数共计35人次。如设备成套管理局1980年在甘肃天水开关厂、西安锅炉厂举办的学习班；1981年在西安举办的"仪器仪表学习交流会"；1982年在江苏吴县举办的"起重机械技术交流会"；1983年在江苏沙洲县举办的"全国成套环境保护设备学习研究班"，湖北成套局都派员参加了培训。截至1984年底，还有24名干部参加一年以上各种形式，各类专业的高层次学习，占干部总数的30%。

1985年，为了进一步明确干部教育的目标和方向，湖北成套局遵照中共中央、机械工业部和省委的有关文件精神，贯彻当前与长远需要相结合、系统提高与短期培训相结合、普通提高与重点培养相结合、业余学习与脱产学习相结合的方针，湖北成套局制定了《湖北省机械设备成套局"七五"期间干部教育规划》，对不同层次、不同类型、不同年龄、不同文化程度的干部教育进行了全面规划。比如，要求当年45岁及以下，已具有大、中专（含高中）文化程度的项目管理人员，尤其是专业工程技术人员，要掌握行业或专业知识，并能对某些行业项目的工艺设计作出较有深度的分析和评议，诸如对工艺设计、设备选型与选择、经济效益等方面提出有理有据的分析评议；设备管理人员，尤其是专业工程技术人员，要达到熟练掌握所管设备的结构、性能、用途、材质、应用范围、先进水平，生产厂家的历史、技术、生产、质量、价格、销售以及国外产品更新换代等基本情况与信息；同时要求50岁以下的处级干部掌握一门外语，通过轮训或自学，系统掌握经济管理和现代经营的理论、原则、方法及相关经济法规，不断提高综合、协调、决策和组织领导能力，做一个合格的领导者。当年湖北成套局还成立了干部教育领导小组，由局领导、办公室、技术服务处等有关部门的负责人组成，以负责审定、检查、指导本局干部教育工作；干部教育的具体组织和日常管理工作由技术服务处、办公室人事科负责。

进入90年代以后，湖北成套局进一步加大职工教育力度，重点培养职工的学习能力、实践能力，着力提高职工的创新能力。对处以上领导干部重点"补新"，即注重培训新思想、新理论、新知识、新规则；其他业务人员重点"补缺"，即依照从事业务工作所需要的专业知识、技能方法等缺什么，培训什么；一般职工重点"补能"，即培训履行岗位职责所必须掌握的基本技能。

一、党校培训

1991年9月全国成套设备局长工作会议讨论通过了《物资部设备成套系统"八五"计划纲要》，提出"为提高干部队伍的马列主义理论水平和政策水平，五年内，所有局级干部都要经过党校培训，处级干部50%以上进党校培训学习"。根据《纲要》精神，湖北成套局从1992年起进一步加强干部轮训工作，据不完全统计，从1990年开始至2006年底，湖北成套局共安排45名干部参加省委党校、省行政学院、华师副处级干部培训班和省直机关党校培训学习，每次培训时间都在2个月或3个月以上。培训学习情况，见表9-6。

表9-6　湖北成套局干部参加党校、行政培训学习情况统计表

单位：人

培训年份	培训类别				培训地点及人数			
	副厅级	正处级	副处级	科级	省委党校	省行政学院	华师副处级干部培训班	省直机关党校
1990		1	1		2			
1994			2				1	
1995			1				1	

续表

培训年份	培训类别				培训地点及人数			
	副厅级	正处级	副处级	科级	省委党校	省行政学院	华师副处级干部培训班	省直机关党校
1996	1			2	1			2
1997			1	1			1	1
1998			1	3			1	3
2000		3			2	1		
2001	1			1	1			1
2002	1	3		1	2	2		1
2003		2	1			2	1	
2004	1	1	2	3	1	1	2	3
2005		2	1	6	1	1	1	6
2006	1		1		1		1	

备注：1.1994年有1人培训地点不明。2.总计有45人参加培训，其中副厅级干部5人，正处级干部12人，副处级干部11人，科级干部11人。

二、招投标务实和相关政策法规培训

1991年以前，曾组织业务人员学习设备成套管理局在1987年编印的《建设项目设备招标实例选》，1988年派员参加全国成套系统招标研讨会，1989年派员参加"全国招标发展研讨会"，1992年湖北省设备招标办公室成立后，每年都组织招投标实务和相关政策法规培训。1998年还组织相关人员专题研讨世界银行、亚洲开发银行贷款项目的招标投标规则和招标案例分析，并将有关规则引入国内成套设备招标。进入21世纪后，随着国家《招标投标法》的全面实施，仅2001—2002年2年间，湖北成套局就有39人次参加全国、省和武汉市有关部门举办的招投标培训班、研讨班进行学习。2002年还举行了全局学习《招标投标法》及《外经贸部7号令》法规知识竞赛，并邀请湖北省机电办领导来局讲授机电产品国际招标流程。2003年组织了两次"中国国际招标网"网上操作的专

场学习。2004年后，以国家发改委主编的《招标投标概论》《招标投标实务》与《招标投标案例》，《政府采购法》起草小组编写的《政府采购法使用手册》为基本教材，分期分批组织从业人员系统学习、研讨了工程、货物、服务类项目招标采购活动的全过程，其中包括实务操作的范围、原则、规定以及具体的方式、方法、途径、步骤等。由于培训注重解决招标工作中碰到的带普遍性的疑难问题，专业针对性较强，对提高招标采购专业人员的实际业务操作能力起到了明显作用。

三、计算机操作技能培训

从80年代末期开始，湖北成套局多次举办计算机原理及应用培训。1998年，湖北成套局作出决定，要求50岁以下干部都要学会、掌握计算机系统组成、计算机运行基本理论和微型计算机操作技能。进入21世纪后，随着单位局域网的投入使用，又组织学习了办公自动化系

统软件及相关运用技能的培训，包括互联网使用、局域网内网使用、办公自动化系统的高级应用程序使用等。到 2006 年底，全局 90% 以上的工作人员可以熟练操作计算机，计算机在信息系统、招标业务管理、人事财务管理、文秘档案管理等方面得到了广泛的运用。这一时期，部分职工通过学习 SQL 基本语句、BASIC 语言等，掌握了基本的微型计算机编程技能。

四、外语培训

1990 年之前，全局有 8 人利用业余时间，以收看收听电视、录像、广播、录音等教学节目为主要途径自学英语、日语，其中有 3 人取得合格证书。1991—2006 年，全局有 15 人参加英语培训，其中有 10 人取得有关部门颁发的外语合格证书。

五、工人技术培训

从 90 年代开始，国家全面启动职业技能鉴定制度，即推行学历教育与职业资格教育并重，学历证书与职业资格证书并行的制度。1993 年，根据国家和省有关文件要求，全局有 3 人先后参加省劳动厅、省行管局组织的驾驶员汽车修理培训，每期脱产学习 40 天。参加培训人员均获得了湖北省劳动厅颁发的中华人民共和国技师等级证书。2000 年后，又有 5 人参加省直事业单位工人技术等级考核，涉及行政管理、汽车修理、锅炉水电等专业门类。经专业理论考试和现场操作技能考评，有 4 人获得湖北省人事厅颁发的技师证书，有 1 人获得初级证书。

六、公务员培训

公务员培训是公务员管理体系的重要环节

和重要组成部分。2003 年 1 月，湖北省人事厅以鄂人公任〔2003〕第 7 号文件，印发了湖北成套局机关工作人员依照国家公务员管理过渡资格审查的批复。随后，湖北成套局依照公务员职责的要求和提高公务员素质的需要，通过中心组织理论学习、集中研讨等多种形式开展了以政治理论、政策法规、业务知识等为主要内容的相关教育培训活动。重点学习了 1993 年国务院颁布的《国家公务员暂行条例》和徐颂陶、侯建良主编的《新编国家公务员制度教程》（1993 年出版）的有关内容。同年 8 月 12 日，湖北成套局在编、在册的 46 名机关干部参加了由湖北省人事厅统一组织的"国家公务员任职资格过渡考试"，合格率为 100%。2006 年，湖北成套局还组织学习了 2005 年第十届全国人大常委会第十五次会议审议通过的《中华人民共和国公务员法》，并邀请湖北省人事厅有关专家来局对公务员法的立法思想、立法背景、制度原理以及有关政策规定等作了全面解读。同时还组织了依法行政专题讲座。

七、新录（聘）用人员的初任培训

这种培训主要是为其正式上岗工作做好准备。1989 年，湖北成套局曾安排 4 名应届大学毕业生到二汽实习培训，时间为 2 年。从 1991 年起，湖北成套局对新分配、新录（聘）用的大中专毕业生都进行初任培训。培训内容包括：成套局历史沿革、职责任务、处室设置、工作特点和机关组织纪律、保密纪律及行为准则，以及即将从事的工作所需的基本知识、工作程序和工作方法等。此外，还有计划地安排新录（聘）用人员到项目单位、生产企业实习锻炼。

第五节 离退休人员管理

70 年代末期，党中央和国务院及组织人事部门先后制定了一系列关于退休的政策规定，特别是 1978 年国务院颁发的《关于安置老弱病残干部的暂行办法》（国发〔1978〕第 104 号），1982 年中共中央印发的《关于建立老干部退休制度的决定》（中发〔1982〕第 13 号），对退休条件、退休审批、退休待遇和安置管理等都作了具体规定。离休作为退休的一种特殊方式，其在适用范围、条件、待遇和安置管理上与退休有较大不同。但制度上将干部离休、退休、退职统称为干部退休，习惯上称为干部离退休。

从国家开始建立干部离退休制度起，湖北成套局坚持和执行干部离退休制度，贯彻落实中央和省委有关离退休干部工作的方针政策，把离退休人员的管理和服务工作纳入议事日程，从政治上、生活上予以关心。至 2006 年底，全局实有离休干部 12 名（抗日战争时期参加革命工作的 5 名，解放战争时期参加革命工作的 7 名），退休干部、职工共 40 名，提前内退人员 25 名，共计 77 名，占职工总数的 49.7%。其中：厅、局级离退休干部 11 名，处级 41 名，科级 22 名，工人 3 名。

一、离退休干部工作机构

1986 年以前，湖北成套局在人事教育科增设老干部管理工作职责，具体负责离退休人员的服务管理工作。

1987 年，局调整内部机构，增设人事处，离退休干部的管理服务工作由人事处负责。

1993 年 12 月，根据全省老干部工作会议精神，为加强老干部管理和服务工作，湖北成套局在人事处明确一名工作人员兼管老干部工作。

1998 年后，随着离退休干部逐年增多，湖北成套局在人事处下设老干部科，具体负责离退休人员的管理服务工作，并相对固定一辆小轿车保证老干部开会、看病使用。

2002 年，省政府批准湖北成套局机构编制方案，湖北成套局在人事处加挂离退休干部处牌子，老干部工作人员与人事处合署办公。

2005 年，为在组织上进一步加强和保证老干部管理与服务工作的落实，湖北成套局报请省委老干部局同意，湖北省编办审核批准，增设离退休干部处，配备处长 1 名，工作人员 2 名。乔治任处长。

二、管理工作

（一）党组织设置与管理

湖北成套局党组把离退休干部党支部建设工作列入党建工作的重要议事日程，按照中央关于离退休干部党支部建设工作的基本要求，结合离退休干部党员人数、身体和年龄状况，本着有利于教育管理、有利于参加组织活动和发挥作用的原则，合理设置离退休干部党支部。至 2006 年底，湖北成套局共有离退休党员 54

人，建立党支部 3 个，即离休干部党支部 1 个，退休干部党支部 2 个。支部组建时，选举了政治素质好，组织能力强，有奉献精神的同志担任书记、委员。杨金祥、王孟礼、易尊五、郭一凡先后担任党支部书记。

离退休干部党支部在湖北成套局机关党委领导下开展工作，离退休干部管理部门协同配合，并针对离退休干部党支部的特点加强指导和监督检查。离退休干部党支部按照局机关党的建设的总体要求和工作任务，结合离退休干部党员的思想和工作实际，定期开展支部活动，严格党的组织生活，使离退休干部党员始终处于党组织的教育、管理和监督之下。

离退休干部党支部成立以来，坚持以思想政治建设为重点，引导离退休干部党员认真学习中国特色社会主义理论，党的路线、方针和政策及相关法律法规，自觉践行党员先进性要求，做到离休不离志，退休不褪色。如离休干部党支部从 80 年代中期成立开始，一直坚持每月组织集体学习 1～2 次。90 年代中期，离退休干部党支部进一步完善了党员学习制度、党员组织生活制度，并建有"三簿一册"，即请假登记簿、会议记录簿、好人好事登记簿和党员花名册。这些制度比较规范，时间、地点、内容都规定得具体、明确。老同志都能自觉参加活动，对因疾病、行动不便等原因不能参加活动的党员，支部派人走访，向其传达会议精神和活动情况，并在生活上给予力所能及的关心和照顾。据不完全统计，1995—2006 年间，老同志有 30 多人次参加省委组织的重要会议和重要文件精神的传达学习；有 8 人参加湖北省委老干部局组织的离退休干部党支部书记和支部委员的培训；还有 17 名离退休干部党员经离退休干部评选、老干支部推荐、局机关党委审定授予"优秀共产党员"称号。

（二）思想政治教育

1985—2006 年，在设备成套管理局的领导和湖北省委老干部局的指导下，湖北成套局紧紧围绕国家改革开放大局和设备成套工作改革形势，采取参加国际国内形势报告会、集中传达学习文件，举办专题讲座，组织参观展览，知识竞赛，召开半年、全年情况通报会等多种形式，加强离退休人员的思想政治教育、形势政策教育和党纪国法教育，使老同志做到"政治坚定、思想常新、理想永存"。

90 年代，党的十四大提出了建立社会主义市场经济体制的目标，十五大确立了邓小平理论在党的指导地位。面对新形势新任务，湖北成套局利用电化教育、专题辅导、集中研讨等方法组织老同志学习邓小平建设有中国特色社会主义理论，并要求对这一理论的重要观点有所了解，尤其是在"什么是社会主义，怎样建设社会主义"这个根本的理论问题上加深理解。同时，把学习邓小平理论同组织学习党的十四大、十五大精神结合起来，同传达学习全国成套系统深化改革的系列文件及会议精神结合起来，从而使离退休老同志关心、理解和支持成套工作的改革。

2000 年，湖北成套局组织离退休人员揭批"法轮功"伪科学、反科学的真面目。在当年 6 月湖北成套局召开的"深入揭批'法轮功'邪教组织大会"上，离休老干部郭一凡以《坚守根本信仰，崇尚科学文明》为题，从坚定地信仰马克思主义的角度，对"法轮功"邪教本质和严重危害进行了揭批。

2001 年，湖北成套局组织老同志收听收看江泽民同志在庆祝中国共产党成立 80 周年大会上的重要讲话，并进行了座谈讨论；组织老同志参加书画、歌咏、摄影比赛等系列庆祝活动；离退休各支部以"歌颂党的丰功伟绩"为主题，分别开展党的活动，重温党的历史，颂扬党的业绩；组织部分离退休干部党员赴武汉八七会址纪念馆、农讲所等革命旧址，凭吊英烈，重温入党誓词。离休老干部刘桐还应邀为局青年团员作传统教育报告。

2005年，湖北成套局组织全体离退休干部、职工党员参加保持共产党员先进性教育活动，参学人数达620余人次，发放学习资料300余册；组织老党员参加湖北省委老干部局举办的"保持共产党员先进性教育活动学习问答测试竞赛"活动，由2人荣获三等奖；为纪念中国抗日战争胜利60周年，组织召开了"慰问抗日老战士老同志座谈会"；组织离休老干部和退休副局级以上干部到井冈山缅怀革命圣地，并向革命烈士纪念碑敬献了花篮。

2006年，根据局机关党委的安排，组织离退休干部各支部学习中共中央组织部印发的《关于进一步加强和改进离退休干部党支部建设工作的意见》（中组发〔2006〕第12号），要求通过学习，明确离退休干部党支部建设工作的基本要求、党支部书记的主要职责、党支部思想政治建设的主要内容、党支部组织的设置原则、党支部书记选配的条件、党支部学习的具体规定等。

（三）组织"老有所乐"活动

为了让离退休老同志在活动中强健身心，在娱乐中陶冶情操，在交流中增进友谊，湖北成套局于2000年在办公大楼腾出两间办公室作为老干部活动室，并为活动室购买了部分文体活动用品。2005年，湖北成套局将丙型宿舍楼一楼大仓库改造成老干部活动室，次年5月又对活动室进行了整体装修，室内使用面积为138平方米，比原活动室净增63平方米。内设棋牌室、会议室、阅览室，订有《湖北日报》《长江日报》《当代老年》等报刊近10种。同时配有跑步机、按摩椅、上下肢体牵引器、台球等各类健身器材18件。除每天开展1棋（象棋）、2牌（麻将牌、扑克牌）、2球（乒乓球、台球）活动外，每年还有计划地开展各类小型竞赛活动。如2006年9—10月开展了台球、乒乓球、象棋比赛，参赛人员为28人，占全体老同志的25%。比赛结束后，局领导为冠军颁奖。2001—2006年间，共组织各项文体竞赛活动8次，其中乒乓球竞赛3次，台球竞赛1次，象棋竞赛2次，扑克牌竞赛2次，获奖20多人次。此外，还有16人次在局组织的新春联欢会上表演自编自演的文艺节目，充分展现了"湖北成套"的夕阳风采。

在组织开展文体健身活动的同时，还在老同志健康条件允许和本人自愿的情况下，组织离退休人员春游、重阳节游，包括参观工农业建设项目和赴外省游览。如2003年组织30多名老同志参加"武汉市郊游览"活动，感受武汉改革开放后的巨大变化；2005年组织部分老同志参观长江三峡水利枢纽工程；2006年到江西九江市石钟山参观游览。同时，湖北成套局还鼓励老同志参加各级老年大学举办的健身学习班，掌握养身之道。还有部分老同志自学武术（太极拳、剑术）、书画、京剧、中医按摩、西医保健等知识，既丰富了晚年生活，又促进了身心健康。

（四）离退休干部政治生活待遇

湖北成套局保证离退休老干部按规定的范围及时阅读文件，听重要报告，参加必要的会议和重要政治活动，以及重大节日的庆祝、纪念、总结表彰大会和联欢晚会等。组织老同志过好党员组织生活，开创争先创优活动；每半年、年终向老同志通报全局工作情况，介绍全国成套系统改革形势、任务和本局重大改革举措，并听取其反映和建议，改进工作。

执行党和国家对离休干部生活待遇的总的

政策规定。1985年3月，制定了《湖北省机械设备成套局关于加强离休老干部经费管理的暂行规定》，从当年开始，离休干部所需的公用经费（每人每年600元），包括老干部文体学习费、差旅费、健康疗养费、活动室设备购置费等方面的开支，以及特殊经费（每人每年150元），纳入部门年度预算，在事业费项下的"离退休人员费用"目内列支。2000年12月《中共中央办公厅、国务院办公厅关于转发〈中央组织部、国家经贸委、财政部、人事部、劳动和社会保障部、卫生部关于落实离休干部离休费、医药费的意见〉的通知》（厅字〔2000〕第61号）下发后，湖北成套局按照离休费保障机制的基本要求，凡国家统一规定的离休干部离休费开支项目，全额纳入离休费予以保障，确保离休干部的离休费按时足额发放，医药费按规定实报实销。对退休干部医疗费按比例报销，对有经济困难的给予适当补贴。

坚持春节期间走访慰问制度，包括看望老干部遗属；对居住在外的离退休人员，定期电话联络，确认有关情况，协助解决有关困难；对因病住院的老同志，及时到医院探望并协助办理相关入院、转账、结账、审核报销手续。1995—2006年，共看望离退休住院病人130余人次。对有特殊困难的离退休干部给予适当照顾，帮助解决生活、医疗等方面的实际困难和问题。1980—2006年，还协助办理了16人的丧事，并按国家民政部、人事部、财政部对事业单位工作人员和离退休人员去世后一次性抚恤金的发放标准，及时为其家属办理落实优抚资金。

（五）发挥离退休干部作用

根据离退休干部的身体状况、志趣爱好和专业特长，本着自觉自愿、力所能及、因人而异的原则，鼓励离退休干部运用自己的理论知识、专业技能和管理经验参与社会服务、公益活动。如有的老同志运用自己的言传身教对青少年进行理想、道德、纪律教育；有的老同志主动帮助街道和社区工作，宣传"五讲四美三热爱"；还有部分老同志在自己所熟悉的行业和领域从事有关咨询、服务工作。

10
第十章

党群工作

DANGQUN GONGZUO

　　湖北成套局历届党组班子高度重视机关党群工作，积极探索加强机关党群工作的有效途径和方法，根据本部门的中心任务和机关的实际情况，坚持思想建设、组织建设、作风建设、制度建设和反腐倡廉建设"五位一体"整体发展、全面推进，为成套局改革、发展和稳定提供了强有力的动力支持和组织保证。

>>>>

机关党建工作是党的建设的重要组成部分。在改革开放新的历史时期，湖北成套局牢牢把握机关党的建设工作的指导思想，始终突出"围绕发展抓党建，抓好党建促发展"这一主线，坚持抓好和持续推进机关党的建设和思想政治工作，较好地发挥了机关党组织的战斗堡垒作用、监督保证作用和党员的先锋模范作用，促进了各项中心任务的完成。

一、机关党组织设置

（一）机关党支部

1960年9月，经中共湖北省直属机关委员会批准，中共湖北省机电设备成套公司支部委员会成立。刘义滨任支部书记。

1962年11月7日，中共湖北省直属机关委员会批准设立湖北省机电设备成套局支部委员会，由刘义滨、姚吉英、杨金祥、陈吉发、李云海、梁英、王孟礼等7人组成。刘义滨任支部委员会书记，梁英任支部委员会副书记。

1965年8月20日，中共湖北省直属机关委员会以〔1965〕107组字第27号文批示：杨金祥、明国际、梁英、王孟礼、刘泽之、罗少明、姚世英、朱宝义、肖冬梅组成湖北省机电设备成套局党支部。杨金祥任支部委员会书记，明国际、梁英任支部委员会副书记。

1966年3月，中共湖北省直属机关委员会以〔1966〕022组字第5号文批示，吴健民任湖北成套局支部委员会书记。

1984年2月20日，中共湖北省直属机关委员会以鄂直党〔1984〕第9号文批复，同意成立湖北省机械设备成套局机关支部委员会。支部委员会由徐振华、陈娣秀、纪方耕、林宝清、杨全正、丁才广等7人组成。徐振华任支部委员会书记，陈娣秀任支部委员会副书记。

（二）机关党总支

1985年，根据党内管理需要，湖北成套局党组提议将支部委员会改为机关党总支。当年4月9日，中共湖北省直属机关委员会以鄂直党组字〔1985〕第32号文批复，同意成立第一届中共湖北省机械设备成套局机关总支部委员会。总支部委员会由徐振华、纪方耕、夏实、高焕琴、何源远、杨全正、夏学良等7人组成。徐振华任总支部委员会书记，纪方耕任总支部委员会副书记。

1987年6月8日，湖北成套局机关总支部委员会换届改选。经中共湖北省委省直机关工委批准，同意成立第二届中共湖北省机械设备成套局机关总支部委员会。总支部委员会由徐振华、陈娣秀、夏实、易尊五、姚国玙、詹建文、李习涛、纪方耕、杨昌清等9人组成。徐振华任书记，陈娣秀任副书记。

1990年1月11日，湖北成套局机关总支部委员会换届改选。经中共湖北省委省直机关工委批准，同意成立第三届中共湖北省机械设备成套局机关总支部委员会。总支部委员会由徐振华、陈娣秀、夏实、王佑民、詹建文、姚国玛、纪方耕、李习涛、杨昌清等9人组成。徐振华任机关总支部委员会书记，陈娣秀任机关总支部委员会副书记。

（三）机关党委

1992年，为进一步加强机关党的建设和思想政治工作，更好地发挥党组织的战斗堡垒和保证监督作用，湖北成套局党组决定成立机关党委。当年9月5日，中共湖北省委省直机关工委以鄂直工任〔1992〕第59号文批复，同意建立湖北省机械设备成套局机关党委，徐振华任第一届机关党委书记，陈娣秀任机关党委副书记。

1996年11月21日，湖北成套局机关党委换届改选，成立第二届机关党委会，经中共湖北省委省直机关工委批准，机关党委会由王佑民、杨昌清、熊仕勇、高焕琴、董培志、李习涛、李卜清、吴格非、张维齐等9人组成。王佑民任书记，杨昌清任副书记。

2002年5月，湖北成套局机关党委换届改选，成立第三届机关党委会，经中共湖北省委省直机关工委批准，机关党委会由甄建桥、吴格非、杨昌清、李卜清、李习涛、张洪泽、乔治等7人组成。甄建桥任机关党委书记，吴格非任机关党委副书记。

2004年6月，湖北成套局机关党委换届改选，成立第四届机关党委会，经中共湖北省委省直机关工委批准，机关党委会由董培志、吴格非、杨昌清、乔治、李卜清、李习涛、张洪泽等7人组成。董培志任机关党委书记，吴格非任机关党委副书记。

2006年9月30日，经局党组研究，并报省委组织部同意，吴格非任湖北成套局机关党委副书记，免去其局机关党委专职副书记职务；乐绍山任湖北成套局机关党委专职副书记、监察室主任。

二、机关党建工作机制

党章规定各级各地部门党委（党组）发挥领导核心作用，同时指导机关党组织的工作。按照这一要求，湖北成套局建立健全机关党建工作的领导机制，明确党组书记是机关党建的第一负责人，部门分管的书记是直接负责人，书记要对机关党建工作负总责，亲自抓、经常抓。形成党组统一领导，机关党委具体负责，各处（室）党支部各负其责、各司其职，一级抓一级，一级带一级，一级对一级负责的工作责任制。并实施机关党建工作目标管理制度，将机关党建工作的各项具体任务作为保证目标纳入各处（室）整体工作进行管理，形成规范有序的工作体系。

在建立健全机关党建工作机制的同时，湖北成套局坚持把机关党建的着力点放在党支部。自1984年整党以来，一直注意挑选政治上坚定、有群众威仪、热心党务工作的干部职工担任各处室支部书记。为进一步促进党组织建设与部门业务工作的有机结合，从90年代初开始，规定支部书记由部门行政领导担任，支部委员的选配同干部的培养使用结合起来。由于严格坚持党支部班子的质量标准，为支部工作的顺利开展奠定了良好的组织基础。同时，每年采取不定期办班、以会代训、组织专题研讨等形式，对支部书记进行普遍培训；坚持按规定时限换届选举，并适时、合理调整机关党支部设置。2001年以前，全局绝大多数支部是由几个处室联合组成的，由于各自业务工作任务差异较大，给支部工作正常开展带来一定的难度。自2002年开始，按照党章的规定，实行能独立建立支部的尽量独立建立支部，必须建立联合支部，由业务工作性质相近的处（室）组成。通过合理调整支部设置，使支部活动开展更加便利，支部作用得到更好发挥。在此基础上，还修订下发了《关于进一步加强和改进机关党建工作的意见》。2005年，结合开展保持共产党先进性教育活动，针对机关党的建设中出现的新情况、新问题，局党组着眼于构建党员先进性长效机制，进一步建立完善了党组理论中心组学习制度、"三会一课"制度、民主生活会制度、领导干部双重组织生活制度、创先争优制度、监督检查制度等，对巩固和扩大先进性教育活动成果，推进机关全面建设，起到了重要的促进作用。

三、理论学习

50年代末，湖北设备成套机构组建后，正值全国开展反右倾、鼓干劲的思想运动和保粮保钢增产节约运动。针对当时的形势，按照《省委关于加强干部政治理论教育的决定》，干部职工主要学习政治经济学，以苏联《政治经济学教科书》（第三版）为基本教材，结合学习斯大林著《苏联社会主义经济问题》《马、恩、列、斯论共产主义社会》、毛泽东的有关著作和党中央的有关文件，重点学习社会主义经济部分。规定每周星期二和星期五两个下午学习马列主义基础理论，星期三晚上学习形势与任务。此次学习时间持续一年半。

1962年，根据中央和省委的安排，在全体党员和干部职工中开展社会主义、国际主义和爱国主义的教育运动，全局干部职工重点学习中央编订的三本书和毛泽东的《实践论》《矛盾论》《关于正确处理人民内部矛盾的问题》以及其他经典著作。提倡工作、学习、写作相结合，要求通过学习，提高阶级觉悟，激发艰苦奋斗、奋发图强的革命热情。

1963—1966年，按照中南局和省委的统一部署，全局兴起以阶级斗争为纲，学习和宣传毛泽东思想的群众运动。科级以上及有自学能力的干部，着重读毛泽东的《实践论》、刘少奇的《论共产党员的修养》、恩格斯的《社会主义从空想到科学的发展》等八本书。学习的基本方法是"一读、二议、三对照、四行动"，学了就用，用中再学，反复学反复用，用于改进工作、改造思想。期间，全局培养理论骨干3人，举办专题讲座6次，召开经验交流会3次，评选学习毛泽东著作积极分子5人。

1972年，湖北成套局恢复后，结合当时正在开展的批林批孔、评法批儒运动，重点学习毛泽东关于理论问题的重要指示和马克思、恩格斯、列宁论无产阶级专政的部分语录，引导干部职工加深对无产阶级专政的认识。同时，联系个人思想实际，坚持"斗私批修"抵制资产阶级思想的腐蚀，树立完全彻底为人民服务的思想，永远保持旺盛的革命斗志。

1976—1978年，根据中央和省委的部署，全局开展揭批"四人帮"的斗争，先后召开批判会3次，各种形式的座谈会5次，举办学习班6批（次），局领导作专题报告2次。广大干部职工在深入揭批"四人帮"反革命罪行的基础上，尤其注意把批判极左谬论和同理论上的正本清源结合起来，澄清了一些理论是非；传达学习中央有关指示和省委理论工作会议精神，开展了实践是检验真理标准的大讨论，进一步解放了思想，在理论与实践的关系上，初步分清了是非，统一了认识。

1978年底，召开党的十一届三中全会，实现了建国以来党的历史上具有深远意义的伟大转折，中国进入改革开放和社会主义现代化建设的新时期。从此，干部职工的理论学习也有了清晰的定位和明确的方向。

80年代初期，在深入学习党的十一届三中全会精神的基础上，根据中央宣传部和省委的要求，政治理论学习内容是经济理论和毛泽东哲学思想。主要学习毛泽东著作有关文章和《刘少奇选集》《周恩来选集》的有关文章以及《陈云同志文稿选编》、薛暮桥《中国社会主义经济问题研究》和《学习马克思主义关于再生产理论》等著作。通过学习，使大家认识和了解了社会主义基本理论知识。

80年代中期，坚持周六理论学习制度，有步骤、有计划地组织干部职工学习《邓小平文选》和《中共中央关于城市经济体制改革的决定》。为了保证学习收到实效，采取抓骨干、带一般的办法，分层次、有重点地举办了三期轮训班。并结合机械工业部对设备成套工作改革的要求，开展了以"转变观念，转变作风，转变方法，促进湖北设备成套工作改革发展"为主题的大讨论，其中部分干部职工结合实际工作，积极探索工作中的热点、重点和难点，经过调查和分析思考，提出了许多对改进工作有一定参考价值的意见和建议，为探索成套工作改革打下了思想基础。

80年代末期，根据中央和省委的安排，重点开展四项基本原则教育、反对资产阶级自由化和关于改革、开放、搞活的一系列重要论述和中央有关文件精神。期间，干部职工理论学习的重点是学好《干部正规化理论的专题讲座》一书，同时学习新出版的《毛泽东选读》。党的十三届四中全会和五中全会召开后，局党组又及时研究，调整计划，组织机关党员干部学习邓小平等老一辈革命家的重要讲话和江泽民的报告，并深入学习两次全会精神。对学习讨论中发表的意见，暴露的思想，认识上出现的偏差，坚持正面教育，正面引导，使学习在健康的气氛、宽松的环境中进行，增强了政治学习的吸引力。

90年代初，根据中央和省委的统一部署与安排，参加了湖北省干部正规化理论教育，全局科以上干部按规定学完政治经济学、马克思主义哲学、中国社会主义建设、社会主义初级阶段理论和党的基本路线等四门课程。学习中，局党组注重发挥中心组在提高认识、统一思想方面的示范和引领作用，通过学习，班子成员的理论水平和政治素质均有不同程度的提高，用马克思主义的立场、观点、方法指导决策，推动工作的自觉性进一步增强。在学习要求上，还分层次提出总的要求，对中层领导干部主要是掌握马克思主义的基本理论和基本方法，提高分析问题和解决问题的能力；对一般党员干部，主要是掌握常识，提高认识，坚定社会主义信念。此外，建立健全了学习考勤、学绩管理等有关制度，并利用黑板报、电视录像、专题研讨等形式，使理论学习尽量具体化、形象化，努力贴近思维上的"热点"，较好地保证了干部学习的质量。

1990年，全局有43名干部参加省委讲师团统一组织的马克思主义哲学考试，合格率为100%，其中优秀率达78%。当年，理论电化教育工作受到省委省直机关工委的通报表彰。

1993—1996年，深入开展了建设有中国特色社会主义理论的学习。1993年7月，湖北成套局就学习领会社会主义市场经济知识开展了为期6天的专题培训。按照理论与实践相结合的原则，共安排了社会主义市场经济的特征和功能、湖北在90年代市场经济发展中的几个战略问题、《全民所有制工业企业转换经营机制条例》等三个专题的要点解读，并集中研讨了进一步深化内部机制改革的思路和对策。从1995年5月开始，根据中央和省委的要求，在机关党员中开展了学习建设有中国特色社会主义理论和党章的活动（简称"两学活动"）。为使"两学活动"落到实处，抓出成效，局党组召开了动员大会，成立了领导小组和办公室，并制定了具体的实施方案。1996年，局机关在职党员均参加了省委省直机关统一组织的党的基本理论和基本知识的测试，合格率达100%，基本上实现了省直机关工委提出的学习任务和目标，一个"讲学习、讲政治、讲正气，学理论、学党章、学先进"的风气，在成套局初步形成。

1997年，党局组组织干部职工学习社会主义市场经济基本理论和基础知识。当年9月，党的十五大召开后，进一步推动理论学习向纵深发展，组织干部职工通读、细读党的十五大报告，全面领会精神实质的同时，注意抓住重点分专题开展学习讨论，从根本上弄通弄懂一面旗帜，即邓小平理论；一个国情，即中国将长期处于社会主义初级阶段；一个纲领，即建设有中国特色社会主义的经济、政治、文化纲领；一个战略，即经济体制改革和经济发展战略；一个工程，即面向21世纪的党的建设；一个主题，即高举邓小平理论伟大旗帜，把建设有中国特色社会主义事业全面推向21世纪。通过以上学习，使机关广大党员和干部职工比较全面地了解了社会主义市场经济基本知识和十五大报告的精神实质。期间，局党组还着眼于理论的运用，着眼于实际问题的理论思考，着眼于在新的实践和新的发展上下功夫，制定并经机械设备成套管理局批准了《湖北省机械设备成套局内部机构设置、职责和人员编制调整方案》《湖北省机械设备成套局中层干部和工作人员管理试行办法》《湖北省机械设备成套局各处室目标管理办法》，为深化湖北设备成套工作改革奠定了良好的基础。

1999—2000年，按照中央"一个中心，三个着眼于"的要求，党局组把深入学习《邓小平文选》（第三卷）同继续学习贯彻党的十五大，十五届三中、四中全会精神，省第七次党代会和七届三次全体（扩大）会议精神结合起来，同学习现代科技知识、市场经济知识、法律法规教育结合起来，采取集中轮训培训、理论研讨、邀请专家作辅导报告、电化教育和组织学习交流等多种形式，推动理论学习不断深入。两年间，共轮训干部职工126人（次）。按照省直机关工委的要求，党局组建立了处级以上干部理论学习的考核制度，进一步完善和规范了述学、评学、考学的办法。2000年11月，省直机关工委对湖北成套局党组中心组学习情况进行了一次抽查，认为局党组对中心组理论学习重视、学习计划安排具体、讨论发言记录完整、相关材料保存齐全，基本做到了时间、人员、内容、效果相统一。

进入21世纪后的2001—2006年，面对新的形势、新的任务、新的体制，湖北成套局坚持把学习党的十六大精神、"三个代表"重要思想，树立和落实科学发展观作为政治理论学习的主题。期间，局党组中心组先后14次集中学习中央重要会议精神和江泽民、胡锦涛的重要讲话精神。每次学习都注重引导大家联系思想实际、工作实际、改革发展实际，谈体会、提建议、出思路，集思广益，既推动学习，又促进工作，达到上下互动、共同提高的效果。同时抓好面上的学习，以处室、支部为单位，组织开展专题座谈、专家辅导、理论研讨、学习心得书面交流等多种形式，引导全局干部职工深刻领会"三个代表"重要思想的科学内涵、精神实质以及所蕴含的深刻政治意义、理论意义和实践意义。期间，局党组中心组撰写的《实践"三个代表"，推进湖北招标工作更快发展》一文，在省直机关工委组织的"三个代表"与新世纪湖北征文活动中荣获二等奖；局党组中心组撰写的《坚持理论学习，突出发展主题》，被《中国招标》杂志选登。通过对"三个代表"重要思想和科学发展观系统、集中、持续深入的学习，全局上下的思想更加统一，发展理念更加清晰，工作思路更加具体，使湖北成套局在服务地方经济建设发展体系中的作用得到更好发挥。

四、党员教育与管理

以增强党性、提高素质为重点，加强对党员的教育与管理，是新形势下加强党员队伍建设的根本要求，也是党的建设的重要组成部分。改革开放以来，湖北成套局机关党组织始终坚持以经济建设为中心，紧紧围绕本单位党员干部的思想实际和工作实际，加强对党员的教育、管理、监督和服务，提高了党员队伍的素质，增强了党组织的凝聚力和战斗力。

1976—1979年，党员教育主要有两方面内容：一是组织党员学习马克思、列宁、毛泽东有关理论与实践关系问题的论述以及叶剑英、邓小平的有关讲话，采取多种方式开展理论与实践关系的大讨论，树立实践第一的观点，批判唯心论和形而上学的认识论，使全局党员加深对党的工作重心转移的理解，进一步解放思想，做好设备成套工作，为加速实现四个现代化多作贡献；二是组织党员学习党的十一届三中全会确定的路线、方针和政策，在思想上、政治上与党中央保持高度一致。

1980年，组织党员重点学习中共中央颁布的《关于党内政治生活的若干准则》，并注重教育党员要用《准则》区分是非，按《准则》办事，用《准则》抵制不正之风，加强个人党性锻炼，以实际行动自觉地维护党和政府在人民群众中的崇高形象和威仪；根据省委的安排，

组织全体党员认真学习了《中国共产党章程（修改草案）》，教育党员立志于湖北成套事业，在本职岗位上建功立业，争做一名合格共产党员。

1982年，组织党员认真学习党的十二大文件和新党章，全局参加学习培训的党员占党员总数的98%。围绕学习主题，结合传达贯彻省委"关于对党员进行党性、党风、党纪教育和检查评比"的要求，联系本单位党员干部队伍的思想实际和工作实际，重点抓了以下三个方面的教育：一是进行党性理想和纪律教育，增强党员意识和历史使命感；二是进行党的宗旨教育，发扬奉献精神；三是进行党风党纪教育，增强纪律观念。同时还组织党员系统学习了中央关于加强党的建设的相关文件精神。通过学习和教育，全局党员进一步增强了党的观念，先锋模范作用得到较好发挥。

1984年，根据中央、省委的部署和安排，湖北成套局开展全面整党工作。局党组成立了整党办公室，制定了整党实施方案，召开了整党动员大会。当年4月5日正式开始，11月底基本结束，历时200多天，参加整党的正式党员63人，占党员总数的100%，通过整党，全部党员合格登记。整党分学习文件、对照检查、集中整改、组织处理和党员登记五个阶段。在这期间，开展共产主义思想教育，对党员进行系统的"三基"（党的基本理论、基本路线、基本知识）学习和问卷测试，把增强党员的党性观念、端正对改革的态度、纠正不正之风贯穿整党全过程。通过这次整党，广大党员干部受到了一次马列主义、毛泽东思想的教育，提高了思想觉悟和政治理论水平，增强了党的团结，提高了党的战斗力，全局党风、局风进一步好转，达到了"统一思想、整顿作风、加强纪律、纯洁组织"的目的。

1985年，根据国务院国发〔1984〕第123

号文关于"设备成套公司要逐步过渡为独立核算、自负盈亏，具有法人地位的经济实体"的要求，结合贯彻落实年初全国设备成套局长工作会议精神，湖北成套局机关党总支在局党组的指导和推动下，在全体党员干部中开展"形势、目标、责任"为主要内容的学习教育活动，引导全局党员干部解放思想，带头立志改革，打破各种传统观念的束缚，树立反映时代特点的新观念，如紧迫感、危机感、时间观念、效率观念、商品经济观念、价值观念、竞争观念、市场观念、效益观念、信息观念、反馈观念。通过现实看、横向比、自我查，广大党员干部适应改革形势、参与市场竞争的意识普遍增强，对成套改革的信心进一步坚定。当年，局党组还出台了《党组十条约法》和《关于加强职工思想政治工作的意见》，强调要通过加强党组领导班子自身建设、加强职工思想政治工作，充分调动全局党员、干部和群众的积极性和创造性，努力开创成套工作新局面。

当年12月，根据省直机关工委的统一部署，进行了党员重新登记。全局共有党员87人，其中离退休干部党员19人，全部志愿申请登记，除个别人员因病住院未参加登记外，其余人员均按照要求办理重新登记手续。

1990年，针对东欧一些社会主义国家发生的剧变，党局组紧密联系机关党员、干部的思想实际，组织学习党中央、国务院关于东欧局势和采取相应措施的通知精神，引导大家正确认识国际共产主义运动出现的新情况以及无产阶级革命斗争的长期性、曲折性和艰巨性，坚定马克思主义的信仰，提高对改革开放必要性、重要性和紧迫性的认识，旗帜鲜明地坚持四项基本原则，兢兢业业地做好工作，为稳定大局作出自己的贡献。

1991年，党局组进一步加大宣传教育的力度，引导党员干部树立与市场经济相适应的思想道德和价值观念。通过各种形式和手段，重点加强对广大党员和干部群众的爱国主义、集体主义、艰苦奋斗和大局意识、服务意识、效益意识、责任意识的教育。同时，组织党员重温党的性质、宗旨、理想、纪律，并通过黑板报，适时宣传好人好事，在全局大力营造争先创优的氛围。

1992—1993年，以党的十四大精神为指导，党局组组织党员深入学习《邓小平关于建设有中国特色社会主义的理论》，结合传达学习国家物资部关于深化物资企业改革、进一步搞活物资流通的指示精神，引导大家进一步解放思想，改变观念，摒弃"等、靠、要"的思想，并号召全局党员干部向物资部门和物资企业学习，从吃"计划饭、差价饭、政策饭"上彻底转变为吃"辛苦饭、服务饭、市场饭"。

1998年，为增强党员干部的改革意识，确保内部机构改革顺利推进，湖北成套局党组、机关党委、党支部从不同层面，组织党员干部认真学习国内贸易部、设备成套管理局关于深化设备成套工作改革的一系列文件及会议精神，引导党员干部正视湖北成套局在改革大潮中所面临的形势是"逆水行舟，不进则退"，客观分析外部环境和内部因素，教育党员着眼于成套局的生存发展，启发大家站在部门深化改革的前沿，从现实出发，实事求是，正确估价自己，全面分析利弊条件，把握机遇，迎接挑战。为营造改革的浓厚气氛，还利用宣传橱窗、黑板报等宣传工具，广泛宣传改革的目的、意义和方法，从而使绝大多数党员理解改革、支持改革、参与改革，确保了内部机构改革有序推进，平稳发展。

1999年，湖北成套局虽未能列入省里第一批"三讲"教育单位，但局党组仍按中央和省委通知精神，在全局进行了"三讲"教育，组织播放了中央党校张蔚萍教授主讲的报告和省委组织部制作的"三讲"专辑《镜鉴》;及时传达学习中央和省委有关文件及会议精神,使全局干部职工特别是处级以上党员领导干部,进一步明确了新形势下开展"三讲"教育的重大意义、政治背景以及内容和要求。通过"三讲"学习和教育,中央提出的"思想上有明显提高,政治上有明显进步,作风上有明显转变,纪律上有明显增强"的要求,在局领导班子和党员干部中得到初步体现。当年7月至9月,还以江泽民重要讲话和中央关于处理和解决"法轮功"问题的指示精神为指导,组织开展了揭批李洪志及其"法轮功"学习教育活动,对广大党员进行马克思唯物论和无神论的教育,使全局党员干部增强了政治敏锐性和政治鉴别力,自觉抵制和克服非无产阶级思想,保持共产党人的纯洁性。

此外,还认真贯彻落实当年3月10日省直机关工委召开的党员干部教育培训工作会议精神,引导广大党员干部树立终身学习的理念,广泛开展"四学",即学理论、学业务、学科技、学法律活动。根据设备成套工作改革发展和两个文明建设的形势要求,进一步修订了党员、干部教育培训工作规划。全年有26人(次)参加国家有关部门组织的招投标知识培训,有8人参加党校学习,还有2名党员撰写的文章发表在报刊上。

2001年,是省成套局下放地方管理后的第一年。按照局党组关于"打造过硬机关,树立良好形象"要求,局机关党委以各支部实施责任目标管理为抓手,采取多种方式,着力强化党员的责任意识、作为意识和旗帜意识,立足本职岗位,做好各项工作。同时,引导广大党员进一步加强学习,苦练内功,提升素质,从思想作风、学习作风、工作作风和方式方法等

方面与省直机关接轨,使成套局全面融入地方经济建设的发展体系。

2003年,党局组组织全体党员学习党的十六大文件和新党章,学习期间,许多干部职工联系自己的学习、思想和工作实际,查问题、找根源、订措施,进一步增强了宗旨意识,强化了党员观念,明确了努力方向。有的支部还结合成套招标和政府采购工作实际,倡导争做"五型党员干部",即勤奋学习,做知识型党员干部;优质高效,做服务型党员干部;依法操作,做公正型党员干部;遵纪守法,做自律型党员干部;爱岗敬业,做合格型党员干部。

2005年,按照中央、省委的统一部署和要求,湖北成套局、省政府采购中心、省综合招投标中心保持共产党员先进性教育活动于2月初正式开始,5月底基本结束。这次教育活动分三个阶段,即学习动员阶段、分析评议阶段、整改提高阶段。全系统应参加党员131人,除因病住院、离汉外出的外,实际参加128人,其中在职的73名党员全部参加,受教育率达到100%。整个教育活动期间,共编发《工作简报》18期,其中有8期稿件内容被省委先进性教育办公室、《湖北日报》、省直机关工委采用。通过广泛深入的教育活动,有效地解决了局系统党员和党的组织在思想、组织、作风以及工作方面存在的突出问题,达到了提高党员素质,加强党支部建设,增强党组织的凝聚力、创造力、战斗力的工作目标,为局系统的建设和发展提供了有力的组织保证。经省委督导组测评,湖北成套局先进性教育活动的满意度为87.7%,受到省委督导组的肯定和好评。

2006年,根据中央和省委的有关部署,局系统深入开展"学习党章、遵守党章、贯彻党章、维护党章"和社会主义荣辱观学习教育活动。各支部坚持自学与集中学习相结合,组织

广大党员认真学习胡锦涛总书记的有关重要讲话和重要论述。在此基础上，于4月21日至22日召开专题研讨会，集中交流前期学习《党章》和社会主义荣辱观的心得体会，并畅谈对局系统开展"自身建设年"活动和实施目标管理责任制的认识。与会人员纷纷发言，从不同层次不同角度阐述了学习党章、遵守党章、贯彻党章、维护党章和践行社会主义荣辱观的重要性、必要性和现实性。为配合学习，还邀请湖北省委党校任大立教授来局作专题辅导。同时，立足当前，着眼长远，注重强化制度引导

和规范，进一步建立健全了党员教育及管理方面的制度机制。

五、主题实践活动

经济建设和改革开放的新形势，要求对党员干部教育的形式及方法更具灵活性、启发性、针对性和有效性。长期以来，湖北成套局把开展活动作为载体，紧密结合党和国家及湖北的大事要事，结合成套局的中心工作和改革发展的实际需要，有目的、有组织、有计划地开展了一系列形式多样、特点鲜明的主题实践活动。

表10-1　1985—2006年开展主题实践活动情况表

时间	活动背景、内容及成效	备注
1985年	结合正在进行的"四有""五讲四美、三热爱"教育，围绕纪念抗日战争胜利40周年，在党内开展了一次"爱国主义教育"系列活动。活动有内容、有要求、有成效。特别是大家通过参观八路军驻汉办事处橱窗画报展览进一步加深了对抗日战争胜利的伟大历史意义的认识，一致表示要做好本职工作，以奉献的精神服务项目、服务企业，为国家富强、民族振兴做好自己应有的努力。	
1986年	在党内深入开展"形势、目标、责任"和"识大体、顾大局，苦练基本功，争创高效益"教育活动，充分发挥了机关党组织在成套改革中的战斗堡垒作用和党员的先锋模范作用，保证了各项中心任务的完成。	
1987年	随着国家各方面改革全面推出，设备成套工作的生存与发展，将更多取决于自身工作水平的高低和服务质量的好坏。为了提高服务效率、质量和水平，创立成套信誉，湖北成套局在全局范围内开展以"五好"为内容的"优质服务竞赛"活动。各处室支部根据自己的业务特点，分别制定了优质服务的具体内容和措施。通过这一活动，全局涌现出一批想人所想、急人所急、勤奋工作、方便用户、热忱服务的先进工作者。全年表彰优秀党员3名，其中受省直机关工委表彰1名，同时还表彰了6名热心党务工作的支部委员。	
1988年	按照省委组织部的统一部署，在机关全体党员中开展了"新时代、新要求、新奉献"大讨论主题教育活动。党员参学率达96%以上。通过抓"三新"主题教育，涌现出一批不畏困难，勇于开拓，在平凡岗位上创造出较好效益、做出不平凡业绩的先进模范个人。	
1989年	为深入学习邓小平重要讲话和党的四中全会精神，组织召开了"坚持立国之本，走好强国之路"演讲会。全局共有6名干部职工参加演讲，其中共产党员4名。	
	组织庆祝中华人民共和国成立40周年系列庆祝活动。	
1990年	结合设备成套工作特点和实际情况，在局机关开展"创建文明处室"活动，同时开展了"创建文明处室，从我做起，从现在做起，从点滴做起"的大讨论活动。在创建活动中特别强调党员参与，通过一年多的创建和大讨论活动，在处室内营造了团结、奉献、开拓、进取的氛围，"讲文明、树新风""创先争优"的良好风气在局机关逐渐形成。	

续表

时间	活动背景、内容及成效	备注
1991 年	为了对广大党员进行党的宗旨、性质、历史和革命传统的教育，根据省直机关工委召开的有关动员会精神，开展了"忆传统、作贡献，做新时期共产党员"系列教育活动。	
1992 年	响应省直机关工委的号召，组织党员干部参加"省直机关共产党员义务服务日"活动，运用多种方式为群众服务，为群众理发、修理自行车、家用电器、钟表等。 开展"忆传统、作贡献，为党旗添光彩"主题实践教育活动，引导党员认真学习党的中央工作会议和江泽民在建党 70 周年大会上的讲话；组织党员重温党的性质、宗旨、理想、纪律；开展以歌颂社会主义为主旋律的诗歌朗诵及歌咏比赛。通过这次活动，教育广大党员树立正确的人生观、价值观，立足本职、爱岗敬业，为湖北成套工作加快发展形成良好的内部环境。	
1993 年	举办了以纪念毛泽东诞生 100 周年为主题的书法、摄影等活动。	
1994 年	针对少数干部职工党的宗旨观念淡薄、奉献精神缺乏、工作中团结不够等问题，组织开展"在成套局转型时期如何做一名合格共产党员"的主题大讨论，要求党员重学党的纲领、宗旨、标准，重温入党誓词，开展"三查"，即查思想、查表现、查原因。通过学习讨论，增强了广大党员为局分忧、为局解难的大局观念，工作中讲全局、讲协作、讲奉献的多了，机关风气发生了明显变化。	
1996 年	结合纪念红军长征胜利 60 周年，组织党员和干部职工开展"爱党、爱国、爱局"为主题的座谈、宣传、教育系列活动。	
1997 年	开展庆祝建党 76 周年和迎接香港回归系列庆祝活动。各支部结合学习孔繁森、吴金印、吴天祥等先进模范人物事迹，召开了一次"学先进、见行动、为党旗争光辉"的组织生活会。	
1998 年	为进一步探索把党建工作与业务工作密切结合起来的思路，更好地在"结合点"上做文章，局机关党委开展了"机关党建工作如何为中心工作服务"的大讨论，为加快成套局体制机制改革献计献策。这次大讨论，各支部提出意见和建议 20 多条，其中多条建议要把机关党建目标纳入单位目标管理，把"软"指标转化为"硬"指标，克服"空对空""两张皮"现象。 《中国共产党和国家机关基层组织工作条例》颁布后，局机关党组织利用政治学习和党组织生活的时间，组织机关全体党员认真进行学习，在此基础上召开了"贯彻落实条例，加强机关党建工作"为主题的专题研讨会，与会党务干部交流了学习体会，并联系局实际，对进一步贯彻落实《条例》精神提出了许多好的意见和建议。会后，湖北成套局按照《条例》要求，制定了《关于加强和改进机关党建工作的意见》。	
1999 年	为庆祝中华人民共和国成立 50 周年和迎接澳门回归祖国，局机关党委、工会、团支部举办了以"祖国在我心中"为主题的摄影、书画、卡拉 OK 演唱、澳门知识竞赛等一系列迎庆活动。这次参赛的作品和节目内容丰富，形式多样，各具特色，展示了局机关广大党员和干部职工良好的精神风貌，及对党的忠诚、对祖国的热爱、对成套招标事业的追求。 为全面推行党支部工作目标管理，局机关党委继续开展争做"好书记、好委员、好组长、好党员"主题教育活动，活动内容包括专题研讨、党建工作交流、党务知识培训。这次主题教育活动对推进机关党建工作、加强党员队伍建设起到积极的作用。	组织全局 64 名干部职工参加省直机关工委组织的"澳门知识竞赛"，经大赛委员会评选，湖北成套局被评为"优秀组织单位"。姜铁山、闵洁、曹智建等七人荣获个人优胜奖。

时间	活动背景、内容及成效	备注
2001年	根据省直机关工委的安排，在机关全体党员干部中开展"明十五、求发展、兴湖北、作贡献"主题教育活动，组织党员干部重点学习省委七届五次全体（扩大）会议精神和《湖北省国民经济和社会发展第十个五年计划纲要》。通过学习教育，广大党员干部对湖北"十五"期间经济和社会发展的奋斗目标有了更加全面的了解，大家一致表示要紧紧围绕"十五"期间的重大项目，做好招标服务工作，为湖北新世纪初的改革发展作出应有的贡献。 以纪念建党80周年为契机，组织开展了"颂党、爱党、跟党走"的"五个一"纪念活动，即：一场讴歌党的光辉业绩演唱会；一场"党旗下的故事"征文活动，有5人撰稿；一场党的知识竞赛，共54名党员干部参加答题；一次争做合格党员的专题组织生活会；一次革命传统教育，组织部分党员和干部职工到韶山、花明楼参观学习。省直机关工委《工作简报》《机关党的建设》杂志均作了报道。	
2003年	为了巩固2002年集中开展的以突出作风为主题的学、查、改活动成效，结合近年来招标业务快速扩张的实际情况，不断提高招标工作的规范化水平，在党内外组织开展了"业务上规模、质量上水平、管理上台阶"和"学业务、明法规、强素质、创品牌"系列教育活动。通过这项活动，全局规模化招标水平进一步提升，"成套招标"的社会影响进一步扩大。	
2004年	继续把精神文明创建活动作为机关思想政治工作的重要载体，按照"内强素质，外树形象"的要求，广泛开展争创文明单位、文明处室、文明家庭活动，在局机关营造了团结奋进、昂扬向上、争创文明的良好氛围，大大增强了思想政治工作的活力和成效。	
2005年	为落实湖北省委《关于在先进性教育工作中深入开展"两服务、两促进"活动的意见》，开展了以"服务基层、服务群众"为主要内容的主题实践活动，组织党员分期分批赴黄州余家湾社区实施"党员安家"工程，走访困难家庭99户，结对帮扶15户，发动机关党员和干部职工捐款18284元。	
2006年	在局机关、省政府采购中心、省综合招投标中心广泛开展了以思想建设、作风建设、业务建设、制度建设和队伍建设为主要内容的"自身建设年"主题实践活动。通过全局上下的共同努力，实现了年初提出的"单位建设有新变化，业务工作有新发展，机关作风有新改观，职能定位有新突破"的目标。	

六、发展党员工作

发展党员工作是党的组织建设的重要组成部分，是一项严肃的政治工作。湖北成套局在发展党员工作中始终遵循"坚持标准、保证质量、改善结构、慎重发展"的指导方针，坚持有计划发展的原则、质量第一的原则、入党志愿的原则、个别吸收的原则，并按照入党的程序和手续，认真做好入党积极分子的培养、教育、考察，预备党员的吸收，预备党员的教育、考察、转正等各个环节的具体工作，确保党员的质量。

80年代，根据本局实际情况，湖北成套局机关党组织制定了《关于做好发展党员工作的几点意见》，强调要从业务一线、知识分子、专业技术人员中培养、发展党员。

90年代初期，根据《中国共产党发展党员工作细则》（试行），湖北成套局进一步建立和完善了发展党员工作制度，印发了《关于严格按照规定的程序做好发展党员工作的通知》，强调要在坚持党员标准、落实党员条件的基础上，严格执行发展党员的程序，认真履行发展党员的手续。同时强调要进一步做好推荐优秀团员作党的发展对象工作，加强对入党积极分子的培养和教育，注意吸收入党积极分子参加党课学习、参加讨论发展党员的支部大会、参加新党员的入党宣誓仪式等有教育意义的党的活动。

进入21世纪，湖北成套局认真贯彻落实中央、湖北省委党建带团建工作会议精神，深入推进局党建带团建工作，并制定了《关于认真做好推荐优秀团员作党的发展对象的意见》。2001—2006年，从团员中发展党员推优率达100%，且多数为业务一线的骨干分子，35岁左右的青年干部占较大比例。

1979—2006年，湖北成套局共发展党员26名，其中在业务一线中发展党员8名。

第二节　工会工作

湖北成套局工会在局党组、机关党委和湖北省直机关工会的领导下，按照重在建设、贵在坚持、注重实效的原则，把围绕中心、服务大局作为基本任务，把为干部职工做实事办好事作为维权工作的根本职责，工会工作在推进改革、加快发展、维护稳定中发挥了重要作用。

一、组织建设

1985年9月23日，湖北省直机关工会批准成立湖北省机械设备成套局机关工会。

1985年至2006年，经局党组研究提名，湖北省直机关工会批复同意，共选举产生了5任（届）工会主席。

夏实、吴格非、乔治先后担任工会主席，李义生、柳坚、闵洁担任工会副主席，沈菊芳、杨昌清、熊仕勇、胡新亮、李习涛、叶小莲、袁读耕、龚宝兰、张洪泽、史佳、王明绍、肖自力、叶芳岭、肖晗先后当选工会委员。

二、工会工作与活动

（一）思想政治学习

在思想政治方面，组织会员学习政治理论，宣传党的路线、方针、政策。1988年3月，工会组织会员参加省直机关工会组织的学习党的十三大报告《百题问答》竞赛活动，全局参加竞赛答题的共58人；1992年10月，为配合党组织抓好职工队伍的三项教育（马克思主义基本理论教育、党的基本路线和党的基本知识教育），组织开展了以"坚定社会主义信念"为主题的演讲比赛。在机关改革和建设中，积极协助党组织和行政领导做好思想政治工作，化解矛盾，理顺情绪，交心谈心，调动职工积极因素。同时，引导、支持职工学文化、学技术、学管理、学法律，并为职工学习提供方便条件。

（二）参与民主管理

1986—1988年，连续三年在全局开展提合理化建议活动，其中 10 多项建议被局党组采纳落实，涉及重大项目开发、设备资源组织、处室职责分工、业务基础建设、队伍素质提升、职工生活福利、行政后勤管理等各个方面。进入 90 年代后，参与讨论审议了机关目标责任制实施方案、经营承包办法、职工住宅分配方案、医疗制度改革实施意见、人事制度改革方案等关系职工切身利益的重要问题，使这些制度的建立或方案的实施有广泛的群众基础，同时也使局党组的决策最终得到广大干部职工的支持和理解。

（三）开展文体活动

结合机关特点，坚持经常性、群众性、小型多样与重大节日活动相结合，开展丰富多彩的文化体育活动，营造机关文化氛围，满足干部职工日益增长的文化需求。

80 年代末期，由于缺乏基础文化体育设施，工会组织干部职工因陋就简、因地制宜地开展活动。如每年组织 1～2 次乒乓球比赛。随着成套局经济效益的提高，对文化体育设施的投入也逐步加大。90 年代初，将办公楼六楼简易会议室改造装修成多功能会议室（活动室），添置了舞台音响、灯光和相关设备。随后又建立了职工之家和老干部活动室，内设台球室、麻将室、乒乓球室、图书室等。还在机关大院内安装了系列健身器材，从根本上改善了职工文化体育活动条件。

从 1990 年开始，每年都坚持举办春节联欢会、冬季长跑运动会，组织开展乒乓球、篮球、台球、象棋、拔河比赛及书画、摄影比赛，重大节日举行革命歌曲大合唱、卡拉 OK 比赛和自编自演文艺活动。1996 年，全面实施全民健身计划，举行了全民健身计划启动仪式，倡导干部职工积极学习第七套广播体操。此外，还积极组织干部职工参与省直机关工委、省直机关工会组织的系列大型文体活动。如毛泽东 100 周年诞辰纪念活动（1994）、纪念世界反法西斯战争暨中国人民抗日战争胜利 50 周年大合唱比赛活动（1996）、香港回归卡拉 OK 大赛（1997）、迎"十五大庆回归"系列活动（1998）、迎接澳门回归大型文艺汇演活动（1999）等。

进入 21 世纪，随着干部职工对文化需求的不断增长，湖北成套局组织职工学习健美操、迪斯科、交谊舞，全局参加学习的人数占职工总数的 86%。2001—2006 年组织交谊舞会 3 次，同时还参加了 2005 年 10 月由湖北省直机关体育协会组织的"省直机关体育舞蹈友谊赛"，荣获巾帼组团体舞一等奖。

（四）职工福利

局工会坚持在政策允许范围内，千方百计为职工办实事办好事。从 1985 年开始，逢年过节，工会均与行政部门紧密配合，组织人员对因病住院职工和困难职工进行慰问，将慰问金或补助金送到干部职工家里，送到病床前。进入 90 年代以后，进一步加强和改进了这项工作。仅 2000 年至 2006 年，工会就慰问住院职工 60 余人（次）。期间，协助行政部门建立了干部定期健康体检制度，组织先进工作者去香港、澳门、青岛、桂林等地休养，还协助解决了部分职工的子女入学、就医、就业难等问题。

三、女职工工作

湖北成套局高度重视女职工工作，要求工会围绕全局中心任务，针对女职工的特点，开展形式多样的活动，充分发挥女职工在两个文明建设中的积极作用。为更好地加强女职工队伍建设，2003 年 12 月 9 日，湖北省直属机关妇女工作委员会以鄂直妇组〔2003〕第 13 号文批复，同意成立湖北成套局机关妇女委员会，第一届妇女委员会由闵洁、徐英侠、汪红三人组成，闵洁任主任。

（一）抓好计划生育工作

1985—2006 年，局系统连续 21 年没有出现生二胎，晚婚晚育率、独生子女率均达 100%。期间，湖北成套局多次被武昌区水果湖街道办事处评为计划生育达标先进单位，闵洁多次被评为计划生育先进工作者。

（二）开展"岗位建功"活动

1986—1988 年，湖北成套局连续三年开展优质服务活动，其中有 6 名女干部被评为"优质服务积极分子"。1990—2006 年，每年都有一批女性被评为局先进工作者，还有一批女干部通过竞争上岗走上正副处长领导岗位。1997—2006 年 10 年间，有 3 名女干部被湖北省直机关工会评为"职业女标兵"，有 2 名被评为"优秀女职工干部"。

（三）组织参与相关活动

如"姐妹献爱心"活动、向特困职工送温暖活动、女职工素质提升活动、演讲比赛活动、女职工健身风采大赛活动。通过参加这些活动，培养女职工自强、自立、自信、自爱的"四自"精神。此外，组织女职工学习《女职工劳动保护条例》《妇女权益保障法》等法律法规，增强女职工的法律保护意识，同时还邀请有关专家作相关健身保健知识讲座，并定期安排组织全局女职工进行身体检查，切实保护好女职工的特殊利益。

四、职工之家建设

湖北成套局工会积极组织广大职工学习党的路线、方针和政策，学习中国特色社会主义理论，学习《工会法》《工会章程》以及上级决议和文件，采取座谈会、研讨会、演讲会等多种形式开展对职工的宣传教育工作。按照全国总工会关于开展"职工之家"建设活动的决定，依照 1991 年 10 月省直机关工会印发的《湖北省直单位建设"职工之家"考核细则》，制定了《湖北省机械设备成套局工会开展建设"职工之家"活动实施方案》，并于 1992 年成立"职工之家"活动领导小组，局分管工会工作的领导任组长，工会主席任副组长。局党组高度重视建设"职工之家"工作，凡工会举办的大型活动，在经费、人员、时间上均给予充分保证，并支持工会独立自主地开展活动，使其在行使"参与监督、维护、监督"等职能中逐步发挥了应有的作用。1997 年至 2006 年 10 月间，湖北省成套局机关工会连年被评为"省直机关工会财务工作先进单位"。2001 年，省直机关工会经过现场检查、考核和评比，授予湖北成套局机关工会"合格职工之家"称号。

第三节　共青团工作

一、机构设置

1960 年 10 月，中共湖北省机电设备成套公司支部委员会根据公司团员、青年的实际人数（团员 12 人、青年 12 人），决定成立中国共产主义青年团湖北省机电设备成套公司第一届团支部委员会。

1965 年 9 月 8 日，中国共产主义青年团湖北省直机关委员会批复，同意萧东梅任湖北省机械设备成套局团支部书记，蔡永滨任组织委员兼军体委员，杨志任宣传委员。

1985 年 11 月 2 日，经共青团湖北省直属机关委员会批准，建立共青团湖北省机械设备成套局支部委员会，李习涛任团支部书记。

1987 年 8 月 28 日，共青团湖北省直属机关委员会以鄂直青组〔1987〕第 27 号文批复，同意成立共青团湖北省机械设备成套局支部委员会，支部委员会成员由钟建文、王群、万伟林三人组成，钟建文任团支部书记。

1993 年 2 月 27 日 经共青团湖北省省委省直机关工作委员会批准，同意共青团湖北省机械设备成套局机关支部委员会由何殚、闵洁、李劲三人组成。

2003 年 12 月 22 日，共青团湖北省直属机关委员会以鄂直青组〔2003〕第 3 号文批复，同意共青团湖北省机械设备成套局机关支部委员会由肖晗、吴东开、叶芳玲三人组成。肖晗任团支部书记。

二、主要工作

湖北成套局自建立共青团组织以来，在设备成套工作的建立、改革和发展的各个时期，根据机关党组织的部署安排，按照团章的要求，加强团的组织建设、思想建设和制度建设，认真履行工作职能，团结引领广大团员青年立足岗位平台，做好本职工作，努力为国家和湖北的经济社会发展贡献出自己的力量。

1959—1963 年，团支部动员广大青年团员积极参加全民整风、反右斗争和社会主义革命及总路线教育运动；坚持"兴无灭资"和国内外形势教育；根据机械工业厅党委和上级团组织的要求，进行了整团工作，并开展争当"五好"青年（学习好、工作好、思想好、身体好、组织纪律好）活动。1963 年 3 月，毛泽东题词"向雷锋同志学习"发表，团支部组织开展学雷锋活动。

中共十一届三中全会后，局机关党组织进一步加强了对机关团支部工作的领导，团支部本着服务于重点项目建设、服务于青年成长成才的宗旨，开展系列有益的活动。

1980 年，根据中共十一届三中全会以来的路线、方针、政策和共青团十届二中全会以及团省委六届二次扩大会议精神，紧紧围绕"四化"建设这个中心，把工作开展活跃起来，加强坚持四项基本原则教育，开展争当新长征突击手活动和适合青年特点的游泳比赛、象棋比赛等活动。

1982—1984 年，组织全局青年团员深入开展"五讲四美三热爱"活动，在活动中成立了学雷锋小组、义务理发服务组。在持续开展的"争当新长征突击手"和"五讲四美三热爱"活动中，有 5 名团员被局评为"先进个人"。1984年，根据省直团委的统一部署，开展"访前辈、寻史迹、送温暖"活动和向朱伯儒、张海迪学习活动。

1987 年，为纪念五四运动 68 周年，团支部组织 20 多名团员、青年参加省直团委在水果湖街和中南路口开展的"继传统、颂伟绩、建功业"活动日，进行咨询、修理、理发等服务活动，宣传湖北设备成套工作成就，解答游人咨询和提问。当年，还组织机关青年参加了省直团委开展的"为我省经济建设献计献策"征文比赛活动。

1989 年，组织团员青年参加省直团委举办的学习党的十三届四中全会精神知识竞赛；结合设备成套工作实际，进一步深化"创一流、做表率"活动;"六四"政治风波时期,团支部组织团员、青年认真学习《邓小平同志在接见首都戒严部队军以上干部时的讲话》,引导大家认清形势、统一思想,自觉抵制资产阶级自由化思想,在各自的岗位上努力学习、勤奋工作,发挥共青团的生力军作用。

1991年,为了对青年团员进行党的宗旨、性质、历史和光荣传统的教育,团支部按照省直团委的统一布置,开展了"忆传统,作贡献,做新时期合格共青团员"教育活动。当年,全局团员、青年到全省30多个县市承揽项目,到省内外20多家企业组织设备资源,为建设项目节省资金500余万元。同时还按照省直团委的布置,开展了"交一份特殊团费,救助灾区失学少年"活动,全局团员、青年均参加了这次活动,受到省直团委的肯定。

1994年,根据省直团委的统一部署,组织青年志愿者开展"学雷锋青年志愿者奉献日"活动,如安排青年干部上街打扫卫生,到社区为孤寡老人理发、洗衣服等。

1998年"五四"期间,以继承"'五四'传统、弘扬爱国主义精神"为主题,开展了爱国主义、集体主义和社会主义教育,引导青年、团员树立正确的人生观、价值观和世界观。

1999年,认真贯彻落实共青团中央《关于共青团员不准修炼"法轮大法"的通知》,引导全局团员深刻认识"法轮功"的政治本质和严重危害,在全体团员中开展了一次马克思主义唯物论和无神论的教育。

进入21世纪,团支部根据省直机关团委下发的《关于印发省直机关青年文明号考核细则的通知》和《关于在省直机关开展青年文明号创建工作的实施方案》,在局机关党委的领导下,开展了以思想政治建设、业务技能建设、工作作风建设、廉洁自律建设为主要内容的青年文明号创建工作,并对局系统青年干部职工进行了"高效团队素质提升培训"。

第四节　纪检监察工作

在改革开放和发展社会主义市场经济条件下,湖北成套局党组在上级党组织的领导下,充分发挥纪检监察组织的职能作用,按照教育是基础、制度是保证、监督是关键的要求,紧紧围绕局中心工作,加强党风廉政建设,为维护全局改革、发展和稳定提供了有力保证。

一、组织机构与人员

1984年,中央办公厅下发〔1984〕第33号文件,就纪检机关的组织建设工作作出明确规定。当年11月14日,中共机械工业部党组以〔1984〕机党干字第254号文通知部属各单位,就如何建立纪检机构或设立纪检委员的问题作出具体部署。据此，12月29日，湖北成套局党组以鄂成党字〔1984〕第17号文，任命张伦为专职纪律检查员（副处级）。

1986年6月，湖北成套局党组明确纪方耕为纪检负责人，1987年6月，湖北成套局党组以〔1987〕第6号文，明确纪方耕为专职纪检员，职级为副处级。

1993年9月，湖北成套局党组以鄂成党字〔1993〕第7号文，任命董培志为纪检监察员（副处级）。

2002年1月，湖北省人民政府印发湖北成套局机构编制方案，确定成立监察室，与机关党委合署办公。监察主任由董培志担任。

根据形势发展和工作需要，2002年10月，经湖北省委组织部、省纪委批复同意，设立中共湖北省机械设备成套局党组纪检组，董培志任纪检组组长。

2006年9月，湖北成套局党组以鄂成党〔2006〕第39号文，任命乐绍山为监察室主任。

纪检监察部门认真履行党章和行政监察法赋予的教育、监督、惩处、保护和协调等职能，当好党组的参谋助手，积极协助党组抓好本单位的反腐倡廉工作；紧紧围绕内部监督应当监督什么、怎么监督、如何监督好这三个问题进行探索实践，不断规范内部监督工作；积极参加教育培训，学习案件检查、案件审理和信访举办等专业知识，努力提高纪检监察干部自身的思想政治素质和业务技能，更好地服务、保障和促进设备成套、招标工作持续健康发展。

二、党风廉政建设责任制

1984年12月3日，湖北成套局根据中央整党决定的精神和本单位的实际情况，制定了《湖北省机械设备成套局一九八五年实现党风根本好转的初步规划》，明确提出建立抓党风的责任制。具体要求是：党组书记对全局党风负责，对党组班子的党风负责；党组成员对分管的部门及其主要领导的党风负责；处长（主任）对全处党风负责，对处级班子的党风负责；副处长对分管行业、组及其主要负责人的党风负责；机关支部书记对支委会班子的党风负责；支委、党小组长对自己所在处室党员的党风负责。定期半年逐级汇报检查一次抓党风情况，哪一级组织在维护党风党纪方面失职，就追究哪一级的责任。纪检干部要及时了解掌握全局党风状况，经常向党组和上级纪检部门反映抓党风中的情况和问题。党组决定的事责成纪检干部查办。1989年4月，省委召开全省廉政制度建设座谈会后，湖北成套局下发了《关于进一步落实党风责任制的通知》，要求处以上领导干部切实担负起领导责任，带头端正党风。

90年代初期，根据省委提出的"把党风廉政建设责任制与经济、业务工作目标管理结合起来，在全省推行党风廉政建设与经济、业务工作双目标管理责任制"的要求，湖北成套局适时修订和完善了党风廉政建设责任制。1998年党中央、国务院作出关于实行党风廉政建设责任制的规定后，湖北成套局结合本单位的实际，进一步建立健全了党风廉政建设的工作格局：一是党组统一领导，局成立了以党组主要负责人、分管党务的局领导，以及纪检监察、人事、财务、办公室等有关处室负责人组成的工作领导小组，为落实党风廉政建设责任制提供了组织保障；二是部门各负其责，将党风廉政建设的阶段性主要任务分解到处室，从上到下，一级抓一级，一级带一级；三是纪检监察部门充分发挥组织协调作用并负责具体的日常工作。

进入21世纪后，为保证党风廉政建设责任制的落实，湖北成套局又建立了一系列与落实党风廉政建设责任制相配套的管理办法和责任考核体系，并从 2001 年开始层层签订责任书，做到月检查、季通报、半年考查、年终考核。特别是成套局管理体制改革下放地方管理后，随着招标业务的跨越式发展，湖北成套局把实行党风廉政建设责任制与招标规范化管理有机结合起来，根据形势、任务条件的变化，不断强化内部监督制约机制，先后出台了一系列管理办法和工作规定，如在项目执行过程中推行首办负责制、服务承诺制、责任追究制和限时办结制，使党风廉政建设责任在形式和内容上渗透到业务工作的各个方面，落实到每个人的身上，有力地促进了党风廉政建设责任制的落实，为全局营造了有序和谐的发展环境。

三、反腐倡廉教育

1984 年，利用整党的有利时机，把提高党员素质、端正党风的教育贯穿整党的全过程。在学习整党文件阶段，通过重温党章、准则，通过摆党的现状，摆自己入党前后的精神状况的变化，摆新时期对共产党员的要求，大家进一步认识到陈云指出的"党风问题是关系执政党生死存亡的问题"的深刻含义，提高了端正党风的紧迫感和自觉性。在对照检查阶段，通过进行合格党员的标准教育，绝大多数干部职工都能自觉地对照党章、准则，检查自己在党风、党纪方面存在的问题。在集中整改阶段，组织党员一分为二地正确估量整党以来本局的党风状况，制定了 1985 年继续巩固和扩大整党成果，实现全局党风根本好转的规划，初步建立起领导带头、层层抓党风的责任制。在组织处理和党员登记阶段，又组织发动党员以党章、准则为准绳，总结个人，包括党性、党风、党纪的思想收获，大家一致表示要从自己做起，从点滴做起，做新时期的合格党员并争做优秀

党员。

当年，根据中纪委《公开信》精神和省委、省政府第 13 号、第 14 号文件的规定，部分干部主动清退了多占的住房，约 200 平方米。

1985 年，传达贯彻全国、全省端正党风工作经验交流会精神，原文传达了陈云、王鹤寿及关广富、沈因洛的讲话，并以处室支部为单位进行了讨论；根据部纪检组来函及省纪委第 55 号文的要求，对局党风状况，组织党员自上而下地进行了总结检查，在此基础上进一步修订了 1985 年实现局党风根本好转的规划；开展"四有"教育，采取上党课、专题学习、组织党员和职工收听观看解放军英模事迹报告及曲啸的报告等方法，提高职工的思想政治觉悟，抵制了"一切向钱看"等错误思想；学习贯彻中央关于纠正不正之风的一系列文件，党组对照检查并结合实际提出了《关于刹歪风的九条措施》，同时制定了《关于接受礼品的几项规定》，规定除了会议发给个人市价不超过 5 元的铱金笔、普通圆珠笔、笔记本等可不少上交，工作交往中确实难以谢绝而接受的礼品，原则上都要上交，如各种公文皮包、旅行包、计算器、钟表、床单、毛巾被、保温瓶、工艺品、农副产品、香烟等不论价格多少都要上交。上交的礼品一律交行政处，指定专人保管作好登记，并研究提出处理意见报局审定，物品处理结果年终向全局公布。

1986 年，中央机关端正党风大会召开以后，遵照省委的部署，先后召开党组会、党组扩大会和全体职工大会，认真组织学习了中央领导的重要讲话、批示，中纪委第七次会议精神和省委端正党风会议精神，以及机械工业部党组〔1986〕第 10 号文件，在学习文件、提高认识的基础上，发动全局职工，对照中央办公厅和国务院办公厅〔1985〕第 57 号文件中指出的六

股不正之风（购买小汽车、争相出国、公款旅游、请客送礼、谋取不正当收入、以权经商）及其他问题，联系单位实际，进行了自查自报自改。为端正党风，局党组还就有关问题作出如下规定：严禁请客送礼；业务接待和宴请严格按照机械工业部设备成套管理局规定的标准执行；不准以任何名义、任何方式向项目单位或生产厂索取或廉价购买物品；不为单位和个人谋求规定以外的生活待遇；领导干部和机关工作人员外出开会、工作或办其他事宜，不准绕道游山玩水。同时还规定要严格落实党风责任制，把管工作、管思想、管党风结合起来，并坚持从小事抓起，注意抓住苗头不放，把工作做在问题之前，做到防微杜渐。

1988年，组织党员认真学习中共中央书记处召开的党风建设座谈会纪要，正确认识分析党风现状，明确党风与社会风气的关系，党风与改革开放的关系，把社会风气同党风加以区别，搞好党风建设，维护党的纪律，继续执行《设备成套工作系统职业道德规范》，在业务活动中坚持不收礼品，对确实退不掉的馈赠礼品，按规定处理，自觉抵制行业不正之风。

当年，对副处以上干部进行了党性、党风、党纪为主要内容的专题培训。通过学习进一步明确抓党风的重要意义，使局处两级领导干部特别是"一把手"提高了落实党风建设责任制的自觉性，增强了责任意识；贯彻全国、全省信访工作会议精神，根据省纪委关于信访工作"达标"的要求，进一步规范了受理来信、接待来访的工作程序。

1990年，以发扬党的优良传统和作风为主线，在全局开展党规学习教育活动，重点组织党员干部学习中纪委、湖北省委制定的党纪九个规定，组织观看纪律教育录像片——《峡口触礁》。围绕"三重一大"（即对"凡属重大决策、重要人事任免、重大项目安排和大额度资金的使用，必须经过集体讨论做出决定"）制度执行情况进行专项自查，进一步规范了党组班子的决策行为。

1991年，组织党员干部学习《中共中央纪律检查委员会关于共产党在经济方面违法违纪党纪处分若干规定（试行）》；贯彻落实《全国设备成套系统职业道德规范》，在全局开展"四倡四比"活动，即倡导崇高的职业理想，比爱岗敬业精神；倡导主人翁工作态度，比服务质量和效率；倡导强烈的职业责任，比工作业绩和效益；倡导精湛的职业技术，比业务素质和能力；倡导高尚的职业道德，比遵纪守法。通过加强职业道德教育，使干部职工明确了自己的行为准则，自觉遵守职业道德规范。全年有12人（次）拒收"红包""回扣"和礼品，在当年开展的全省党风党纪大检查中，湖北成套局党风和廉政建设工作受到省计划口党风检查组的一致好评。

1992年，传达贯彻物资部监察工作会议精神，重点学习了柳随年部长在监察工作和司局级干部会议上的讲话，深入开展纠正行业不正之风工作；坚持以培树正确的世界观为基点，以增强党性观念为核心，以副处以上干部为重点，以提高遵纪守法意识为主要内容，分层次、抓重点、有步骤地开展党风党纪教育。同时，通过黑板报，适时宣传了一批党员干部在业务活动中拒收礼品，自觉抵制不正之风的先进事迹。

1993年，传达学习中共中央总书记江泽民在中纪委二次全会上关于反腐败问题的重要讲话，学习中纪委二次全会对各级党政机关县（处）级以上领导干部在廉洁自律方面重申的五条要求（简称老五条）。按照中央、省委和国内贸易部设备成套管理局党组有关要求，进一步修订完善了湖北成套局党风廉政建设责任制，明确局党组每半年听取一次全局党风状况的汇报，分析研究、检查党风和廉政方面的情况，及时部署，提出要求，督促落实；坚持每半年召开一次民主生活会，讲评党组成员的党风情况。

1994年是设备成套工作深化改革、全面发展的一年。根据中纪委、监察部、省纪委和国内贸易部党组的要求，本年度纪检监察工作的主要任务是继续把反腐败，加强党风廉政建设作为重点，把维护民主集中制、严格执行行政纪律放在首位。组织党员和干部职工认真学习并贯彻落实中纪委三次全会对领导干部廉洁自律作出与重申的五条要求（简称新五条）、国内贸易部关于机关干部廉政的八条规定、国内贸易部设备成套系统反腐倡廉的十三条规定。

根据上述规定，湖北成套局结合本单位实际情况，制定了《关于在经济活动中严禁损害国家和单位利益的暂行规定》，共十条。

1995年，根据中共十四届五中全会精神，着眼全面提高党员、干部的思想政治素质，认真开展有关党风廉政建设和廉洁自律文件、规定的学习和培训。并对近年来有关反腐倡廉制度的落实情况进行了检查。同时，局党组作出决定，此后要进一步加大内部监控力度。在监督环节上，突出关键岗位；在监督对象上，突出处以上党员领导干部；在监督机制上，注重发挥党员之间相互监督、党组织对党员监督、党外群众监督的多重功能。

1996年，采取多种形式对党员干部进行共产主义理想和信念教育，全心全意为人民服务宗旨教育，艰苦奋斗、勤俭节约优良传统教育，党规党纪教育；按照省纪委、省委组织部的部署和要求，认真召开专题民主生活会，对照中央和省委关于党员领导干部廉洁自律的规定和遵守政治纪律，以及选拔任免干部、住房、乘车、公款吃喝等问题，进行自查自纠。并结合实际进一步完善了相关管理制度。

1997年，为配合"三讲"教育，组织干部职工观看了电视录像片《警示录》《泰安大案》，话剧《大江奔流》，并以处室为单位组织讨论，进行对照和检查，不断夯实廉洁自律的思想基础。

1998年，把开展党纪政纪条规的学习教育作为加强党风廉政建设的基础工作来抓，组织党员深入学习《中国共产党领导干部廉洁从政准则（试行）》《中国共产党纪律处分条例（试行）》《中华人民共和国行政监察法》，并以支部为单位开展了"学党纪行政条规，做勤政廉政表率"的大讨论活动。还利用蒋在明、刘健生、李传鹏等党员领导干部违纪违法反面典型进行党性、党风、党纪教育，增强了党员干部特别是领导干部廉洁从政的自觉性和拒腐防变的能力。

1999年，贯彻落实党中央、国务院《关于实行党风廉政建设责任制的规定》和省委、省政府《关于实行党风廉政建设责任制的实施办法》，建立"一把手负总责，分管领导各负其责"的领导机制。同时，运用社会上正反两方面的典型案例对党员、干部进行反腐倡廉教育，重点解决党员、干部对廉政建设与发展成套招标事业相互制约、相互促进辩证关系的认识问题，提高对加强党风廉政建设重要性的认识，增强廉洁守法的自觉性。

2000年，在抓好面上的反腐倡廉教育的同时，重点抓好处以上党员领导干部廉洁自律工作，全面落实《廉政准则》，制定反对奢侈浪费行为若干规定和收入申报、礼品登记、重大事项报告三项制度，教育党员特别是党员领导干部正确把握和处理好权力与责任、职位与奉献、自律与他律、管好自身与管好部属和亲属的关系，真正做到自重、自省、自警、自励。

2001年，传达贯彻中纪委五次全会精神，结合开展"机关作风建设年"活动和2001年全省党风廉政建设宣传教育月活动，组织47名党员干部（占全局职工总数的65%）参观全省党风廉政建设和反腐败斗争成果展览；组织收看湖北电视台1台播出的19集电视连续剧《一代廉吏于成龙》；参加湖北日报"交通杯"反腐倡廉好新闻竞赛活动。

2002年，深入学习2001年9月召开的党的十五届六中全会通过的《关于加强和改进党的作风建设的决定》，对照《决定》中提出的"八个坚持、八个反对"的要求，结合在招投标领域发生的违法违纪案件，教育全局党员和干部职工消除三种不良心理。一是消除贪婪心理，树立廉洁意识；二是消除侥幸心理，树立自警意识；三是消除攀比心理，树立知足意识。除开展思想教育外，对发现的三起不良苗头，及时通过提醒谈话或诫勉谈话等形式开展了批评教育。同时，还组织干部职工观看警示电教片《痛悔》，并联系单位实际进行了座谈讨论。全省党风廉政建设宣传教育月领导小组办公室主办的《情况简报》（第21期）以较长篇幅对此作了报道。

2003年，围绕中纪委二次全会提出的党风廉政建设和反腐败工作在此后5年内实现的目标，结合学习胡锦涛视察西柏坡时关于牢记"两个务必"的讲话，学习毛泽东、邓小平、江泽民关于艰苦奋斗、居安思危、保持与人民群众血肉联系的论述，对全体党员干部开展理想信念、廉洁从业、党的作风和法纪教育，进一步增强了广大党员干部的党纪法规意识和自我约束力。结合本局的实际情况，重点完善了党风

廉政建设责任考核细则、领导干部重大事项报告制度、招标业务规范化管理办法、监督检查及责任追究制度等。

当年，纪检监察部门还对近年来涉及全局的重大决策、干部选拔任用、重大项目安排和大额资金使用等规定执行情况进行了监督检查；持续开展廉政文化活动，在办公楼公共场所建立廉政宣传牌和宣传橱窗，组织干部职工观看警示录像片，在全局营造以廉为荣、以贪为耻的文化氛围。

2004年，针对个别人违纪违法问题，引导干部职工举一反三，深入开展警示教育，出台了《关于进一步加强党风廉政建设和反腐败工作的决定》，建立了干部廉政档案和新任干部任前廉政谈话制度；按照省委要求，开展了"一把手"给机关干部讲廉政党课活动，省纪委《宣传与教育》（第20期）对湖北成套局作了宣传报道，并加了编后语；为从源头预防和治理腐败，与武昌区人民检察院签署了《共同开展预防职务犯罪工作会议纪要》，防患于未然；为全面推进省政府采购中心、省综合招投标中心的建设，对党员干部集中进行了党的政治纪律、组织纪律、财务纪律、人事纪律、保密纪律等教育，在全局上下大力营造"讲大局、讲团结、讲协作、讲奉献、讲廉政"的氛围。

2005年，组织干部职工学习中共中央关于《建立健全教育、制度、监督并重的惩治和预防腐败体系实施纲要》，以及中纪委、省委、省纪委有关反腐倡廉建设的文件、规定、通报等，并联合实际，制定了《关于廉洁自律"八不准"的规定》；认真开展"以案论纪、廉洁自律"为主题的宣传教育月活动，组织党员干部观看警示教育片《警钟》，使大家在观看中受到教育，在教育中警醒深思；还组织全体党员到红

色教育基地红安缅怀革命先烈，接受革命传统教育，引导大家树立正确的世界观、人生观、价值观。

2006年，坚持把构建长效机制作为新形势下抓好反腐倡廉的一项重要工作，围绕构建"统一开放、竞争有序、阳光透明、运作规范、高效廉洁"的省级招投标交易平台，进一步修订和完善了招标和政府采购管理制度，并网上公布，接受社会各界查询、监督。与此同时，开展了学习、遵守、贯彻、维护《党章》的主题教育活动，组织党员干部认真学习全省"廉洁从政、从我做起"活动宣传的六位先进代表的模范事迹，并以"对照先进找差距，学习先进从我做起、从现在做起"为主题进行讨论，用先进代表的模范事迹教育党员干部立足本职，爱岗敬业，增强依法招标意识和勤政廉政意识。突出警示教育，组织机关干部到洪山监狱参观

监舍、食堂、劳动车间，听取职务犯罪人员"现身说法"；结合本系统发生的以权谋私、贪污受贿案进行深入剖析，使大家从中吸取教训；继续运用好"三会一课"传统教育载体，注意在"三会一课"中增加廉政方面的内容，加大反腐倡廉教育的力度。此外，还突出了对关键岗位的工作人员的教育，有针对性地把党风廉政建设和反腐败工作融入到具体的业务之中，收到较好效果。

四、专项自查自纠

湖北成套局在推进党风廉政建设的过程中，根据不同时期的形势要求和不正之风的表现特征，按照上级党组织的部署安排，对照文件，开展专项自查自报自改，并将自查情况、整改措施和整改情况书面报告上级纪检监察部门。

表10-2　1985—2006年专项自查情况一览表

时间	文件依据、专项自查内容及重点	备注
1985年	根据中办发〔1985〕第57号和鄂办发〔1985〕第52号文件精神，清理了1984年以来党政干部在工资和机关集体福利以外获得不正当收入问题。经自查，在收入来源上，没有接受馈赠钱物、兼职取酬、接受贿赂、推销产品介绍费、购物回扣费等问题。	
1986年	根据中央办公厅、国务院办公厅〔1985〕第57号文件中提出的购买小汽车、争相出国、公款旅游、请客送礼、谋取不正当收入、以权经商等六股不正之风，进行自查自报自改，重点是厅局级领导班子成员。	
1987年	围绕纠正行业不正之风，开展了系统的职业道德专项教育活动。全年上交的礼品有被套、床罩、毛巾被、石英钟等共23件，折价612.9元，折价处理的有320.5元。	杨全正、费玉兰、杨永康等3人受到局党组表彰。
1991年	根据国家物资部有关要求，在全局开展了以反对工作之便谋私，倡廉肃贪为内容的专题教育及专项治理工作。	
1993年	为贯彻落实中央和省委关于反腐败斗争的工作部署，局党组决定利用一周时间，组织干部职工认真学习中纪委二次全会对领导干部提出的五条要求及有关廉政规定，集中开展了反腐败工作，并针对本局最容易产生腐败的部位和环节，进一步建立和完善了内部管理制度及廉政制度。	这次反腐败斗争开展自查的重点是处以上领导干部，一般干部主要是通过学习提高认识，增强法纪观念，不搞人人过关。

时间	文件依据、专项自查内容及重点	备注
1994 年	根据中纪委、中央组织部、监察部《关于党政机关县（处）级以上领导干部廉洁自律"五条规定"的实施意见》，开展了自查自纠。经自查，没有购买股票、领取兼职报酬、公费出国（境）旅游、索贿受贿、挥霍浪费、吃拿卡要和乱罚乱收乱支等问题。	在自查自纠活动中，全局90%以上干部职工参加了省直机关纪工委组织的"社会主义市场经济与反腐倡廉知识竞赛"活动。
1995 年	重点检查并清理了全局26名副处以上干部购买公有住房问题，经逐个登记核查，没有违反购房政策的情况；针对干部群众反映的较多的任用干部问题，为了防止个人说了算，建立了选拔干部监督制度，避免了在任用干部工作中的不正之风。	
1996 年	按照湖北省纪委、省委组织部的部署和要求，局党组召开专题民主生活会，对照中央和省委关于党员领导干部廉洁自律的规定和遵守政治纪律，以及选拔干部、住房、乘车、公款吃喝等问题，进行自查自纠，并针对存在的薄弱环节，制定了整改措施。	
1997 年	为进一步贯彻中央关于加强领导干部思想政治建设和党风廉政建设的精神，局党政召开领导干部民主生活会，对照中央、省委有关要求，重点检查了三项工作（清房，清理超标准购买、乘坐小汽车，制止公款吃喝玩乐）和三项制度（收入申报制度、礼品登记制度、国有企业业务招待费向职代会报告制度）的贯彻落实情况。	
1998 年	根据中共中央、国务院颁发的《关于党政机关厉行节约、制止奢侈浪费行为的若干规定》和中纪委、监察部"5·15"电视电话会议精神，对局机关接待费用、购买移动电话和小汽车等进行了专项清理，提出了防范措施。	
2001 年	根据鄂纪文〔2001〕第12号文通知要求，开展了领导干部廉洁自律专项清理工作。重点是对个人收受"红包"和私设"小金库"问题进行清理，其他五项〔公务用车超标准，领导干部改任非领导职务和离职、退（离）休后从业行为，处级以上领导干部配偶、子女从业行为，领导干部弄虚作假或违反规定公款获得学历、学位，领导干部出国访问中的违规违纪〕工作由局纪检监察室部门进行核实。	全局科级以上干部共59人（其中局级干部3人，正副处级干部26人，科级干部30人），每人都进行了登记、自查，没有发现收受礼金、有价证券问题。在岗的19名副处以上领导干部进行了登记、自查，没有发现以个人名义私设"小金库"问题。
2003 年	按照湖北省直纪工委印发的《关于省直机关清理用公款购买商业保险、清理处级以上领导干部违规购买企业职工股及抓好"五项督查工作"的实施意见的通知》要求，开展了专项自查工作。	
2004 年	根据国家各部委关于加强和改进招投标管理工作的系列文件精神，组织开展了以"依法、规范、廉洁"为主要内容的专项教育和自查自纠活动，重点解决了招标文件编制、招标信息发布、评标专家抽取等方面存在的一些亟待规范的问题。同时明确今后对重点项目的招标，原则上都应邀请公证机关或纪检监察部门参加，对招标实行全程监督，确保招标工作的公正性。	

续表

时间	文件依据、专项自查内容及重点	备注
2006 年	根据中央办公厅、国务院办公厅印发的《关于开展治理商业贿赂专项工作的意见》，结合局系统政府采购和招标工作的实际，集中开展了治理商业贿赂专项工作。	成立了局治理商业贿赂领导小组，有针对性地制定了治理方案，并在办公大楼二楼大厅设置举报信箱，鼓励内部人员和投标商、供应商、业主举报投诉。

五、行政效能监察

纪检监察部门围绕全局关注的热点、管理的难点、亟待解决的突出问题选题立项，重点开展了以下几个方面效能监察工作：

90 年代中期，配合相关处室积极催收外欠资金，并对有关情况及时调查核实，采取有效应对措施，为局追回欠款 400 余万元，避免了经济损失。

积极配合和参与国家和省有关部门开展的税收、财务、物价大检查、清理"小金库"及固定资产核查工作，并提出改进建议，配合有关处室进一步完善相关管理制度。

围绕局重大基建工程、改扩建项目和大宗物资、设备采购中的关键部门和重点环节，开展以"安全、规范、阳光"运作为内容的效能监察。通过参与，了解掌握了监察对象在廉洁自律、思想作风等方面的情况，对有些需要注意改进的问题，及时向有关处室和分管局领导交换意见，促进了问题的解决和工作的改进。

协助省纪委及有关行业主管部门，先后 30 多次参与重大招标项目、政府采购项目的现场监督。通过现场监督和调查研究，及时提出改进建议。同时听取行业主管部门、业主单位、投标人对成套局招标工作、服务态度和质量及廉洁自律等方面的建议和意见。

围绕"三重一大"集体决策制度执行情况开展了专项效能监察，协助党组严格决策程序，防范决策风险，促进决策科学化、民主化、规范化。

六、解决历史遗留问题和信访受理查处

（一）解决历史遗留问题

中共十一届三中全会以后，落实政策，平反冤假错案，解决历史遗留问题，是拨乱反正的一项重要任务。根据中央和省委的指示，对"文化大革命"以前的遗留问题进行了复查处理。如为 1958 年反右斗争中受到错误处理的丁才广，经过认真复查，实事求是地予以纠正，撤销原处分，政治上恢复名誉，职级上酌情安排。随后，又对 2 名原成套局职工的申诉案件进行了立案审查，其中 1 人改变原处理结论，恢复了党籍，1 人维持原处理结论不变。

1986 年，根据中央和省委的部署安排，组织专班进行了"三种人"（文化大革命中造反起家的人、帮派思想严重的人、打砸抢分子）的清理核查工作。经过全面、细致的内查外调，逐一甄别、核实，将 5 名核查对象在"文化大革命"期间的表现情况查证清楚，为党组织今后培养、使用干部提供了依据。同时还对 1975 年分配来成套局工作的大中专毕业生和单位调进的党员干部在"文化大革命"中表现情况进行了考察。

（二）受理群众来信来访

纪检监察部门认真做好群众来信来访工作，

图 10-1　湖北成套局来信来访接待处理程序图

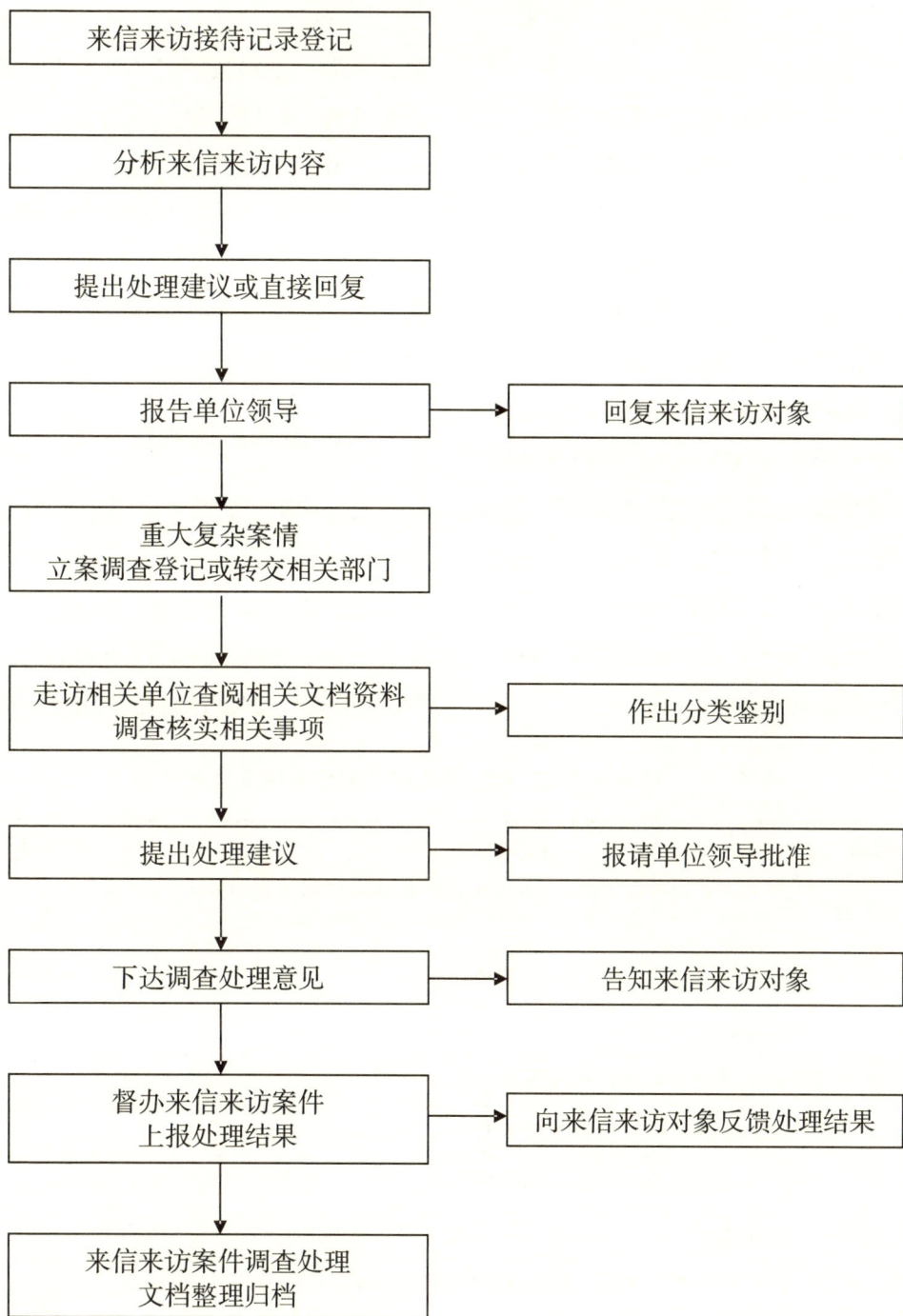

```
┌─────────────────────┐
│   来信来访接待记录登记   │
└─────────────────────┘
           │
           ▼
┌─────────────────────┐
│    分析来信来访内容     │
└─────────────────────┘
           │
           ▼
┌─────────────────────┐
│   提出处理建议或直接回复  │
└─────────────────────┘
           │
           ▼
┌─────────────────────┐        ┌─────────────────────┐
│      报告单位领导      │───────▶│     回复来信来访对象    │
└─────────────────────┘        └─────────────────────┘
           │
           ▼
┌─────────────────────┐
│      重大复杂案情      │
│  立案调查登记或转交相关部门 │
└─────────────────────┘
           │
           ▼
┌─────────────────────┐        ┌─────────────────────┐
│  走访相关单位查阅相关文档资料 │──────▶│      作出分类鉴别      │
│    调查核实相关事项     │        └─────────────────────┘
└─────────────────────┘
           │
           ▼
┌─────────────────────┐        ┌─────────────────────┐
│      提出处理建议      │───────▶│     报请单位领导批准    │
└─────────────────────┘        └─────────────────────┘
           │
           ▼
┌─────────────────────┐        ┌─────────────────────┐
│     下达调查处理意见    │───────▶│     告知来信来访对象    │
└─────────────────────┘        └─────────────────────┘
           │
           ▼
┌─────────────────────┐        ┌─────────────────────┐
│     督办来信来访案件    │───────▶│   向来信来访对象反馈处理结果 │
│      上报处理结果      │        └─────────────────────┘
└─────────────────────┘
           │
           ▼
┌─────────────────────┐
│    来信来访案件调查处理   │
│      文档整理归档      │
└─────────────────────┘
```

按照"分级负责、归口管理"工作原则，制定了收信、接访、登记、立案、查办、转办、催（督）办、结案、回复、归档等工作制度和相关文书及档案格式。在受理群众来信来访中，做到以事实为依据，以党的方针、政策为准绳，坚持区别情况、实事求是、认真处理的基本原则。对来信来访中反映的问题，具体分析，认真核实，秉公处理；对带有普遍性、启迪性、倾向性的问题，及时综合处理，为领导决策和指导工作提供参考；对与实际情况不符合的也予以澄清，使信访工作充分发挥党内外群众监督的作用。

1995—2006 年，湖北成套局多次接到投标人的举报投诉和质疑，对投标人的每一次来信来访，纪检监察部门对所反映的问题都逐一调查，并向反映问题的投标人作出明确答复。属于工作人员方式方法、服务态度、服务质量方面的问题，由领导谈话诫勉；属于违规违纪的问题，按相关规定作出处理。期间，多次配合省纪委、监察厅就有关投诉、举报问题进行了全面调查，澄清事实，未发现有违规违法招标情况。此外，还三次接到省政府办公厅批转的质疑信件，成套局及时调查核实，并向省政府上报了专题调查报告。招标工作严格按照《招标投标法》规定程序进行，无违规行为。通过受理群众来信来访，湖北成套局还对招标工作中暴露出的开评标场地不足、现场监管力量较弱等问题，进行了认真整改。

（三）违规违纪案件查处

始终坚持以事实为依据，以党规、政纪条规为准绳，严格按照"事实清楚、证据确凿、定性准确、处理恰当、手续完备"的 20 字要求，严肃查处违法违纪案件。

1980 年至 2006 年，湖北成套局纪检监察部门立案查处和配合司法机关查处的干部职工共 6 人。其中，受刑事处理 1 人，其他 5 人分别受到党纪、政纪处分。

七、廉洁自律规章制度

根据中央、省委、省政府和国家主管部门的有关规定及要求，湖北成套局始终突出制度建设在端正党风和反腐倡廉中的重要作用，先后建立了一套涉及教育、监督、预防、惩治等各项反腐倡廉制度，并随着形势的变化适时修订完善。

表 10-3　1984—2006 年党风廉政建设规章制度部分节选

文件印发时间	文件标题	发文字号
1984 年 12 月 3 日	《湖北省机械设备成套局一九八五年实现党风根本好转的初步规划》	
1985 年 3 月 25 日	《关于湖北省成套局党组十条约法》	鄂成党字〔1985〕第 12 号
1985 年 4 月 9 日	《关于刹歪风的九条措施》	
1985 年 6 月 28 日	《关于接受礼品的几项规定》	鄂成党字〔1985〕第 14 号
1986 年 12 月 13 日	《湖北省机械设备成套局党风自查报告制度》	
1987 年 6 月 28 日	《关于受理群众来信来访的规定》	
1988 年 9 月 15 日	《关于进一步加强党性党风党纪教育的实施意见》	
1989 年 6 月 1 日	《关于加强党内教育、监督和管理的意见》	
1990 年 8 月 3 日	《省成套局关于机关工作人员保持廉洁的补充规定》	
1991 年 4 月 5 日	《湖北省机械设备成套局职工职业道德规范》	
1991 年 9 月 12 日	《湖北省机械设备成套局党风和廉政建设责任制》	
1992 年 11 月 28 日	《关于加强和改善局机关党建工作的意见》	
1993 年 2 月 8 日	《党支部工作目标管理考核实施细则》	
1993 年 10 月 29 日	《湖北省机械设备成套局关于局党组成员保持廉洁的规定》	

文件印发时间	文件标题	发文字号
1994 年 7 月 1 日	《湖北省机械设备成套局关于在经济活动中严禁损害国家和单位利益的暂行规定》	
1994 年 7 月 1 日	《关于廉政建设有关制度规定》	
1994 年 8 月 10 日	《湖北省机械设备成套局党组关于加强班子思想作风建设的规定》	
1995 年 9 月 15 日	《湖北省成套局关于贯彻执行严禁党员、干部参与赌博的规定》	鄂成党字〔1995〕第 21 号
1996 年 7 月 5 日	《关于严格政治纪律保密纪律的几项规定》	
1997 年 11 月 20 日	《中共湖北省机械设备成套局党组关于党组成员行为规范的决定》	鄂成党字〔1997〕第 8 号
1998 年 5 月 30 日	《党组民主生活会制度》	
1999 年 9 月 20 日	《关于加强"三费"(电话费、小车费、招待费)管理的规定》	
2000 年 2 月 28 日	《湖北省机械设备成套局关于实行党风廉政建设责任制的实施办法》	
2001 年 4 月 16 日	《湖北省机械设备成套局关于反腐败抓源头工作实施方案》	
2001 年 11 月 8 日	《湖北省机械设备成套局党组成员党风廉政建设岗位职责(试行)》	鄂成党字〔2001〕第 19 号
2002 年 1 月 7 日	《关于我局职工在经济活动中严禁损害国家和单位利益的暂行规定》	鄂成党字〔2002〕第 2 号
2002 年 1 月 20 日	《关于省成套局县(处)级以上领导干部离职、退(离)休后从业行为违反规定处理办法》	鄂成党字〔2002〕第 7 号
2003 年 1 月 6 日	《湖北省机械设备成套局干部年度述职述廉考核制度》	
2004 年 2 月 20 日	《湖北省机械设备成套局关于实行党风廉政建设责任制的实施办法》	鄂成党字〔2004〕第 8 号
2004 年 7 月 26 日	《湖北省机械设备成套局党组关于进一步加强党风廉政建设和反腐败工作的决定》	鄂成党字〔2004〕第 26 号
2005 年 5 月 23 日	《中共湖北省机械设备成套局党组关于廉洁自律"八不准"的规定》	鄂成党字〔2005〕第 16 号
2006 年 3 月 30 日	《中共湖北省机械设备成套局党组重大决策重大事项议事实施细则(试行)》	鄂成党字〔2006〕第 12 号

第五节　普法教育工作

一、"一五"普法教育（1986—1990）

1985 年 12 月，中共中央、国务院批转了中宣部和司法部《关于向全体公民基本普及法律常识规划》（简称"一五"普法规划），并为此发出通知，要求各地各部门结合实际，组织实施全民普及法律常识规划，为实现社会风气、社会秩序、社会治安根本好转而努力。据此《规划》，根据省直机关工委的统一部署，湖北成套局于 1987 年 7 月上旬至 8 月上旬止，对全局应学职工 93 人（在册职工 106 人，其中下派干部 1 人，待办离退休手续的职工 7 人，病假 1 人，参加厅局级干部和辅导培训班等形式学习的 4 人）分五批进行了轮训。轮训班以自学为主，辅以面授、看电视录像等，在通读九法一例的基础上，重点精读《宪法》《刑法》《民法通则》和《经济合同法》。所有参学人员均参加了考试（省普法办命题），考试成绩在 85 分以上的 49 人，优秀率达 53%。

二、"二五"普法教育（1991—1995）

"二五"普法规划的主题是以宪法为核心，以专业法为重点。湖北成套局根据省"二五"普法规划的要求，结合本单位实际，要求在认真学习贯彻"八法二例"的基础上，重点学好专业法，如《经济合同法》《税法》《企业转换经营机制条例》等，熟悉和掌握与自己工作和成套工作改革发展密切相关的法律法规，做到学法、懂法、用法。本次普法于 1991 年开始准备，1992 年 8 月开始分批轮训，到 1993 年 7 月底结束。全局在职的 92 名干部、职工都参加了各种形式的普法学习并进行了书面考试，其中局级干部 3 人，处级干部 22 人，科级及以下干部 54 人，工人 13 人，参考率、合格率都达到 100%。在普法教育过程中，开始学会运用法律武器维护单位的合法权益，如 1992 年下半年，对拖欠设备垫付款计 20 余万元、长达近三年未还的 4 家企业，湖北成套局诉诸法律，经法院审理判决，全都胜诉，追回部分拖欠款，余下部分另签约分期偿还。

三、"三五"普法教育（1996—2000）

根据鄂发〔1996〕第 12 号文件精神，按照《省直机关第三个五年法制教育工作规划》要求，成立了局"三五"普法领导小组，制定了普法教育规划，订购普法教材 125 套，复制普法教育录像带 8 盘，培训普法宣讲员 3 名。1996 年 12 月正式启动，1998 年 5 月结束。普法教育内容为"八法一知识"。教材统一使用省司法厅主编的《三五普法干部课本》，参考国内贸易部编写的《全国流通系统"三五"普法教材》。结合设备成套工作实际需要，选学了《公司法》《国家赔偿法》《产品质量法》《票据法》《担保法》《商标法》《税收征收管理法》《反不正当竞争法》《行政处罚法》等。期间，根据国家立法进程，还适时学习了国家新颁布的法律法规。全局在职的81名干部职工（其中局级干部2人，处级干部24人，科级及以下干部49人，工人6人）均参加了考试，人均分数为94分。1998年7月14日，省直机关工委对湖北成套局的普法工作进行了检查验收，认为成套局"四五"普法工作达到了考核验收标准。

四、"四五"普法教育（2001—2005）

2002年初，按照《省直机关工委关于在省直机关开展法制宣传教育的第四个五年规划的通知》要求，湖北成套局制定了"四五"普法规划和年度实施计划。为使普法工作不走过场，局普法依法治理小组提出"四个结合"的目标要求，一是将单位的依法治理与招标、政府采购有机结合起来，既抓单位的依法招标，又按省政府赋予成套局的职责积极配合有关部门抓好行业的依法治理；二是依法治理与机关作风建设整顿相结合，围绕思想政治教育、党风廉政建设和职业道德教育，建立健全各项管理制度；三是依法治理与精神文明建设相结合，推动局及"两个中心"精神文明创建活动；四是依法治理与《招标投标》、《政府采购法》的学习宣传工作结合，不断扩大招标影响，拓展服务领域，提高工作人员的依法招标、依法采购的意识和政策水平。在抓好面上学习教育的同时，重点抓好副处以上领导干部的学习，学习内容为《宪法》《刑法》《招标投标法》《政府采购法》《建筑法》《合同法》《公务员法》等有关法律知识。此次普法教育，应考75人，实考74人（1人生病住院），合格率为100%。在"四五"普法教育期间，还组织局机关及"两个中心"近400人次分别参加国家有关部委组织的全国性"法律知识竞赛"，以及省法制办和湖北日报主办的"全省《中华人民共和国行政许可法》知识竞赛"，收到较好效果。2005年11月，参加省普法办公室在洪山广场举办的"湖北省普法二十周年成果展"，被通报表彰。

第六节　精神文明创建工作

湖北成套局文明创建工作始于80年代初期。1981年，湖北成套局积极响应全国总工会、共青团中央、全国妇联等九个单位联合发出的《关于开展文明礼貌月活动的倡议》，在全局范围内开展"五讲四美"（讲文明、讲礼貌、讲卫生、讲秩序、讲道德；心灵美、语言美、行为美、环境美）活动。1982年2月初，湖北成套局召开副科以上党员干部会议，传达贯彻中央〔1982〕第1、第2号文件和湖北省委三级干部会议精神，强调要抓好物质文明和精神文明建设；当年3月，根据中央和省委的决定，号召全局干部职工参加全国第一个"全民文明礼貌月"活动,并提出在设备成套工作中开展"五讲四美三热爱"(热爱祖国、热爱人民、热爱社会主义)活动的具体内容和要求。1983年,中宣部、共青团中央等24个单位联合发出通知,要求继续开展"五讲四美三热爱"活动,切实搞好第二个文明礼貌月。湖北成套局为此加强了"爱局、爱岗、献身设备成套事业"和"文明服务、优质服务"的宣传教育,并评选出一批"五讲四美活动"积极分子。1984年,省直机关工委下发通知,要求各单位深入开展第三个全民文明礼貌月活动,积极做好文明单位创建工作,湖北成套局结合整党,制定了《湖北省机械设备成套局"五讲四美三热爱"活动工作安排》;当年,省直机关工委表彰了一批省直"五讲四美三热爱"活动先进集体和先进个人,湖北成套局杨永康受到表彰。通过持续几年开展"五讲四美三热爱"活动,局机关的环境卫生面貌发生很大变化,处室之间的协作配合进一步加强,干部职工文明道德素质得到提升,对做好设备成套工作起到了促进作用。

80年代中、后期,根据《中共中央关于社会主义精神文明建设指导方针的决议》和省委、省政府《关于"七五"期间加强社会主义精神文明建设的若干意见》要求,湖北成套局提出精神文明工作要向设备成套工作改革与发展渗透,要向更好地为国家和地方重点项目服务渗透。如1989年下半年,局机关党总支、工会在全局范围内开展了以"服务、求实、进取、奉献"为主要内容的优质服务活动,全局干部职工积极参与,广大业务人员走出机关,服务上门,努力当好设计和建设单位的参谋,配合工程进度,深化现场服务,千方百计为用户排忧解难,确保了武汉制氮厂、光华水泥厂、军工5108厂、应城联碱厂等13个项目相继建成投产,为湖北经济社会发展注入新的生机和活力。

90年代初,根据机械设备成套管理局的要求,在干部职工中广泛开展了设备成套工作职业道德教育。1991年4月5日,局印发了《湖北省机械设备成套局职工职业道德规范》,在全局开展争创"工作业绩优良、服务质量优良"的"双优"活动和"维护成套信誉,树立成套形象"活动。同时,结合设备成套工作改革和内部经营机制改革,开展经常性的爱国主义、集体主义和社会主义教育,增强了干部职工的政治责任感和主人翁意识。90年代中期,为激发创建热情,以树立良好的局风局纪局貌,建立政治强、业务精、服务优、作风硬的成套干部队伍为目标,在全局开展了"比学习、比协作、比服务、比效益、比贡献"为主要内容的争先创优活动,促进局机关整体工作的推进。90年代后期,按照中央、省委和内贸部的有关精神及要求,制定了《湖北省机械设备成套局精神文明建设"九五"规划》。《规划》为全局"九五"期间加强社会主义精神文明建设,搞好文明单位创建明确了目标、指明了方向。《规划》要求紧紧把握"重在建设"的工作导向,坚持用中国特色社会主义理论武装干部职工,大力加强以为人民服务为核心的社会主义道德建设,在全局继续开展"做文明职工、当文明家庭、建文明处室、创文明单位"活动。

进入新世纪,湖北成套局深入贯彻"贵在坚持、重在建设"的指导方针,充分发挥党组织的战斗堡垒作用和群团组织的桥梁纽带作用,在干部职工中开展做一个好干部、好党员、好公民、好家长、好职工的"五好"活动,重点抓好领导班子、思想道德、机关作风和环境建设四项建设。同时将精神文明建设纳入年度目标责任制管理中,把文明创建工作与业务工作同部署,同检查,同考核。并于2004年制定了

《局系统2005年至2006年精神文明创建工作规划》，提出了"申报2005年至2006年度武昌区文明单位"的奋斗目标。为确保这一目标的实现，局采取系列措施强力推进：成立领导小组，建立目标责任制，加大资金投入；开展文明处室（部）、文明家庭、文明门栋创建活动，积极参加所在地的文明创建活动；与北环社区文明共建结对子，与水果湖街道办事处签订党建创建协议，参加"文明过马路"街头劝导实践活动，参与水果湖地区"文明市民、礼仪武汉"教育实践活动，参与水果湖文明示范建设"金点子"征集活动，并多次参加义务献血活动；成立"吴天祥活动小组"，确定"一对一"帮扶贫困失学儿童，还组织开展了丰富多彩的文体活动和扶贫济困送温暖活动。鉴于湖北成套局文明创建工作所取得的成绩，2007年4月，武昌区委、武昌区人民政府授予湖北成套局"2005—2006年度区级文明单位"荣誉称号。

第七节　参加社会公益活动

一、"送温暖献爱心"

多年来，湖北成套局响应省委、省政府的号召，按照省有关部门的部署要求，积极开展"送温暖献爱心"活动，多次为受灾地区、希望工程、特困职工、孤残老人等捐款捐物，以实际行动践行了社会主义大家庭的温暖，同时也彰显了机关干部、职工助人为乐的传统美德和奉献精神。详情见表10-4。

表10-4　湖北成套局捐款捐物情况统计表

时间	组织捐款捐物部门	帮扶对象及项目名称	单位捐款（元）、捐物品种和数量（件）	职工个人捐款（元）、捐物品种和数量（件）	备注
1989年6月		南漳县	调拨国家指令性汽车2辆		二汽系列车型"东风Q140"载货车
1991年7月		抗洪救灾		捐款1760元、粮票160斤、衣被370件	
1992年10月	希望工程湖北省助学基金会	希望工程助学金捐款（救助失学少年重返校园）	10000.00元	278.50元	
1993年4月	武昌区人民政府水果湖街社区服务中心	水果湖辖区特困职工及孤残老人		256.00元	

续表

时间	组织捐款捐物部门	帮扶对象及项目名称	单位捐款（元）、捐物品种和数量（件）	职工个人捐款（元）、捐物品种和数量（件）	备注
1994年6月	湖北省救灾救济协会	"双献"活动捐款		56.56元	"献温暖、献爱心"
1994年8月	湖北省救灾救济协会	救灾捐款		1528.00元	
1994年10月	湖北省民政厅农救处	救灾捐物		棉被3床、棉大衣1件、棉衣30件、羽绒服3件、毛衣57件、绒衣裤13件、皮衣2件、单夹衣裤258件、棉帽手套等小件90件，共计376件	
1995年1月	湖北省总工会	献爱心捐款		1159.00元	全局95人参加捐献
1995年7月	湖北省救灾救济协会	救灾捐款		1257.00元	
1996年1月	湖北省救灾救济协会	救灾捐款		1099.00元	
1997年10月	湖北省救灾救济协会	救灾捐物	棉被140床、棉衣149件		
1998年12月		对口支援监利县	棉鞋80双、折人民币1600.00元		接受捐赠单位为监利县救灾领导小组办公室
2000年8月		希望小学	3000.00元	2058.00元	
2001年1月	湖北省生产救灾领导小组	救灾捐物捐款		3240.00元、捐衣240件、棉被1床	
2002年		扶贫救济		7510.00元	
2005年1月	湖北省红十字会	为印度洋地区地震及海啸灾民捐款		5960.00元	

二、支援小康建设

90年代中期，根据湖北省委在五年内实现农村奔小康的要求，省委、省政府决定从1994年起，组织省直机关71个农村小康建设工作队，分赴全省十一个市、州、农场支援小康建设。湖北成套局、物价局定点组队扶持荆州区马山镇联山村。省物价局胡凤益担任队长，湖北成套局寇学东、李永厚先后担任副队长。

工作队按照省委、省政府的统一部署，在驻地党委、政府的领导下，严格履行"指导、帮助、督促、服务"的工作职责，真心实意为农民办实事：为解决特、贫困户的子女学费和春耕生产的急需化肥，工作队所在单位号召机关职工献爱心捐款7000多元，其中湖北成套局捐款3000元；协助联山村开发湖面养殖业，为解决放养甲鱼、鳜鱼、乌鳢（俗称财鱼）、螃蟹技术难点,邀请湖北省水产所专家到现场指导、讲授养殖技术,并为村组干部及养殖大户赠送《中华鳖养殖技术》等科普书籍。通过专家讲解和指导,甲鱼养殖户由原来的 131 户增加到 192 户,净增 61 户。仅此一项,1995 年全村人均纯收入就增加 80 元;为实现镇委、镇政府要求联山村产值过千万的奋斗目标,扶植该村上马了仿真木板厂、钙塑涂料厂、酱菜厂等。驻村工作队从新项目的考察论证——市场可行性分析——设备购置——厂长人选等系列重大问题都与镇委、镇政府的主要负责人一起参与决策,做到心中有数。同时,千方百计落实启动资金 3 万元(其中物价局 2 万元、成套局 1 万元),仿真木板厂、钙塑涂料厂于 1995 年 6 月建成投产,年新增产值 150 万元,利税 20 万元;争取湖北省计委拨付以工代赈资金 3 万元,帮助修通了马山镇至草埠湖 14 千米路段;为解决联山村供电线路老化、损坏严重,电费偏高和电度回收率偏低的问题,工作队经过多方协商,并获得湖北省农电局和荆州区农电总站的支持,投资 8 万元,对联山村低压线路进行了全面整改。通过把老化、损坏的线路进行更换,把电表重新校正和集中装箱,以及合理布线,电度回收率由整改前的 49% 提高到 1997 年的85%。并且实行由农电管理部门直接抄表收费到户的管理制度,电费由整改前 1 元多下降到1997 年的 0.6 至 0.7 元。经测算,农民一户一年可以节省电费开支达 100 多元。农民高兴的说:"省委工作队给我们办了一件大好事。"1998 年,工作队还争取省卫生厅的支持,为联山村医务室解决了价值 3 万余元的医疗器具及常用药品。

三、1998 年抗洪救灾

1998 年汛期,长江上游出现 8 次洪峰,并与中下游洪水遭遇,形成了自 1954 年以来的全流域性大洪水。在湖北省防汛期间,设备成套管理局高度关注湖北灾情并专门下发通知,要求湖北成套局积极参加地方政府组织的抗灾救灾工作。当年 7 月下旬,根据湖北省委、省政府统一安排,湖北成套局副局长詹建文率领抗洪救灾突击队到灾情严重的监利县上堤抗洪抢险(当时该县洪峰水位为38.31 米,超过历史测量最高水位 1.25 米)。8 月中旬为灾区组织提供急需钢材 200 多吨。局机关党委、工会组织机关干部、职工捐款29850 元,捐棉被 140 床(68 包)、棉衣 149件(13 包)。

在灾后重建过程中,湖北成套局还为湖北、江西、湖南灾区的恢复生产企业提供各类机电设备 134 台(套)、钢材 2946.9 吨,总金额达2035.5 万元。

四、参加新农村建设工作

从 2003 年起,按照省委省政府的统一部署和安排,湖北省人口计生委、湖北成套局、湖北省残联组队进驻崇阳县白霓村参加新农村建设工作。罗庆南、陈军等先后担任驻村工作队队长。

在驻村期间,工作队围绕"生产发展、生活富裕、乡风文明、村庄整洁、管理民主"的新农村建设要求,结合驻点实际,创造性地开展工作:在当地党委、政府的大力支持和密切配合下,结合村情民意制定了《白霓村1994 至 1996 年发展规划》,提出了"民主管理科学、民风积极向上、产业布局合理、基础设施加强、农民收入稳增"的总体目标,并层层分解年度目标任务,制定年度措施方案和落实的具体措施,确保三年规划的圆满完成;紧紧依托镇农民学校,定期开展种养殖科普知识学习，三年来，共开办科技培训班 6 期，培训村民 180 人（次）；强化造血功能，通过论证，把竹林、果树种植确定为该村发展经济的主导产业，帮助村里建立了雷竹、南竹、果木三大苗木基地，其中雷竹基地 200 亩，果木基地 280 亩；2004 年经规划、勘测，2005 年一期硬化刘家桥至白霓镇公路 2 千米，二期硬化谢家桥至刘家桥 2.8 千米及沿线通组公路，这条总长 4.8 千米，宽 3.5 米，厚 20 厘米的白谢公路全线贯通，结束了白霓村村民、学生雨天上街、上学校穿深腰胶鞋的历史；修建、维修了生产生活设施，对存在严重的人畜过往安全隐患的刘家桥安装了水泥护栏，修复了桥坝。另外还帮助村民打了五眼生活水井，五眼机井，铺设 600 米饮水管道；为

村小学修建了 1150 平方米的水泥操场，更换课桌椅 200 套。

截至 2006 年底，白霓村农业总产值达到 908 万元，农村经济总收入突破 2000 万元，农民人均纯收入达到 2200 元，比 3 年前增长 600 元，平均每年增长 200 元；81% 的村民住上了钢木结构的房屋，80% 的农户拥有了电视，25% 的农户安装了电话，109 个农户率先实现了小康。

鉴于驻点工作队的工作实绩，省委、省政府先后三次授予"省人口计生委、省成套局、省残联驻崇阳县白霓村新农村建设工作队"为"全省对口支援工作先进单位"称号，四名队员被省委、省政府评为先进个人，2006 年顺利通过省委、省政府的验收。

表 10-5　湖北成套局驻崇阳新农村建设工作队历年扶贫资金

年份	单位出资（万元）	省有关部门支持资金（万元）	资金联系人	县留款	合计	实际到村资金
2003	2 万元	省发改委 6 万元	刘　鸣	3 万元	8 万元	5 万元
2004	2 万元	省财政厅 3 万元	胡海滨		7 万元	7 万元
		省教育厅 2 万元	杨昌清 叶芳玲			
2005	2 万元	省财政厅 8 万元	胡海滨	3 万元	11 万元	8 万元
		咸宁扶贫办 1 万元	乔　治			
2006	5 万元					5 万元

五、无偿献血

无偿献血是人与人之间爱心交流，相互扶助的文明体现。多年来，湖北成套局根据《中华人民共和国献血法》《湖北省实施〈中华人民共和国献血法〉办法》和《武汉市献血条例》，采取多种形式宣传献血的意义，普及血液和献

血的科学知识，动员和组织机关干部踊跃参加辖区组织的无偿献血活动，用爱心承担社会责任。据不完全统计，2002 年至 2006 年，湖北成套局系统参加无偿献血的达 22 人（次），圆满完成了地方政府下达的无偿献血计划。2006 年，该局被武昌区人民政府水果湖街道办事处评为"公民无偿献血先进单位"。

11

第十一章

CAIWU KUAIJI GUANLI

财务会计管理

从 1959 年机构建立起,湖北成套局财务工作一直纳入行政事业单位管理范畴。不同时期执行全额预算管理、差额预算管理和收支两条线预算的管理制度。管理体制上经历了地方财政管理、部属财政管理。会计制度遵照国家财政部和有关部委不同时期颁发的财务会计制度以及相关的财经政策和法规执行事业会计方法。改革开放以后,随着成套部门从无偿服务转为有偿服务,成套工作从行政管理型转变为经营服务型,财务管理的重点逐步转移为成套收入、项目收入、项目成本、资产管理、专项基金等项会计核算,经历了"收付记账"向"借贷记账"方法的进化。

第一节 财务制度

60 年代中期，根据湖北省人民委员会机关事务管理局、省财政厅有关规定，湖北成套局制定了《公用经费开支标准及审批办法》。随后，又根据省财政厅有关规定，制定了单位现金管理、固定资产管理制度。

70 年代，该局制定了《湖北省机械设备成套局财务管理办法》，对交通、旅差、探亲、误餐补助、夜餐、电报、长途电话、物资采购等支出费用作了具体规定。

80 年代中期，根据国家基本建设和机械工业管理体制改革的精神，按照设备成套管理局《关加强财务管理的若干规定》（〔1985〕成财字第 42 号，湖北成套局制定了《财务管理办法》。该制度顺应了设备成套事业经费由全额预算管理改为差额预算管理、由限额拨款改为划拨资金拨款的变化；规定财务收支统一管理原则；确定物品购置、费用报销的审批权限；进一步加强内部经济核算，明确从 1985 年起，有经济收入的项目处、设备处、行政处（第三产业的经营）的经营收入，实行分户立账分别核算。核算范围：各项经营收入，经营的各项支出包括差旅费、电报、长途话费、邮政、会议费、招待费、车费、罚金等，都按实际的收入和支出核算；无收入的处室逐步实行核定指标的办法，招标主要包括差旅费、电报、长途电话、车费、办公费等；制定费用指标或定额，加强重点费用的管理；要求定期（每月一次）进行业务经营和经济活动分析。从此，湖北成套局逐步向独立核算、自负盈亏、具有法人地位的经济实体过渡，开始注重加强内部经济核算、提高经济效益、加强财务管理，不断健全财务制度。

进入 90 年代，1990 年结合贯彻《物资部直属机械设备成套事业会计制度》，建立了财会人员岗位责任制、制定了固定资产、流动资金、医疗费和会计档案管理办法。

1993 年，根据国家财政部的统一部署，全国会计核算工作同国际接轨，取消原会计核算体系和报表体系，采用新会计核算体系和报表体系。从当年 7 月 1 日起，湖北成套局按照统一规定的账册结构、凭证种类、报表格式、会计科目和记账方法组织会计核算。

1994 年，在国家相继进行财务制度和金融体制改革，修订、完善、并新出台有关财务和资金管理的法律法规后，湖北成套局严格执行国内贸易部财会司、监察部驻国内贸易部监察局、审计署驻国内贸易部审计局《关于严格执行财务制度、加强资金管理的通知》（内贸财企字〔1994〕第 135 号）文件的相关规定，将财务管理关键点放在杜绝挪用公款、上当受骗等问题的发生上，并对出纳人员、会计档案、银行印鉴、对账单、大额收支、现金管理、预算外资金的使用、借款管理等重要环节进行强化监管，防止国有资产流失。

1995 年后，各处室、经营单位及驻宜昌、十堰办事处的财务，统一归口局财务处管理，并接受纪检、监察、审计部门的监督与检查。当年局成立资金使用审核小组，制定了资金管理办法，实行资金统一筹措、统一调度、统一管理。同时修订了费用核算制度、稽核制度、流动资金核算制度、专项资金核算制度、往来结算制度、固定资产核算制度、出纳制度、设备材料核算制度、总账报表制度等，从管理层面进一步加强和改进了财务工作。

1996 年，根据《会计法》《会计人员工作规则》《成套事业单位会计制度》《企业财务通则》《企业会计准则》《商品流通企业财务制度、会计制度》的原则和规定，结合当时成套系统全面推进企业化管理和实行局长目标经营责任制的实际情况，制定了《湖北省机械设备成套局财务管理办法》（鄂成财字〔1996〕第 12 号）。该办法确定了局财务管理以全局资产一体化的财务会计关系为主体，执行量入为出的原则，以及实行财务会计一级管理、二级核算的管理核算体系；明确了财务会计的财务管理职责以及财务会计人员的行为规范，建立健全严格的审批、复核制度，对债权债务、资产资金、收入费用、票据管理等进行规范，并确定了内部审计的监督职能，制定了内部审计制度和工作流程。

2000 年，对 1996 年的财务管理办法进行了修订。该办法提高了固定资产的界定标准，扩充了流动资产的涵盖范围，引入债权概念并与流动资金一起作为流动资产管理，增加保值增值原则，提高了对项目资金周转速度的要求，增强对物资购销的资金周转的管理要求，调整短期贷款的期限要求和审批要求，明细局内借款期限和对应的利率，增加对预收账款的利息收入管理，调整了流动资金使用的审批权限规定；同时还对专用基金的定义、收入支出的管理进行了修正，使管理办法更加适合自身发展的要求。

2002 年，为对下属公司的财务管理进行规范指导，制定了《湖北省机械设备成套局下属公司财务管理制度》。该制度删减了属于事业单位专用的基金、财政拨款、上级拨款的专项管理，调整流动资金使用的审批权限，调整部分费用列支标准，使制度更有指导针对性，提升了所属公司的财务工作水平以及全局的财务管理水平。

第二节　组织及管理

一、会计机构设置情况

1959—1967 年，湖北成套局一直保留财务会计科的建制，配有专门的财会人员。1974 年成套局恢复一级厅局后，其财会工作由局办公室分管，配财会人员 2 名，分别担任会计和出纳工作。

1987 年设立财务处，全面负责单位的财务会计管理工作；1992 年成立审计室，与财务处合署办公。

随着设备成套工作的改革，湖北成套局1992—1993年先后成立了湖北省机电设备成套中心等七个局属公司（企业），这些企业建立之初均使用《成套事业会计制度》核算，1992年底财政部颁布了《企业会计准则》《企业财务通则》《企业会计制度》《企业财务制度》，从1993年7月1日起实施新的企业财务会计制度。当时使用的主要会计报表有资产负债表、利润及利润分配表、现金流量表等。

1996年以后，随着成套业务范围的扩大，会计核算的内容逐渐增多，财务管理任务也相应加大。财会人员由3人增加至5人，处内按一人多岗或多人共岗建立岗位责任，共设总账报表、出纳、费用核算、流动资金核算、设备、材料核算、固定资产核算等11个岗位职责。

二、会计工作达标活动

1987年初，国家财政部依照《会计法》关于管理会计工作的规定，结合全国会计工作的实际，提出了开展会计工作"抓基础、达标准、上等级"活动的要求，并对开展这一活动作出了具体部署和安排。1989年，物资部设备成套司决定从1990年起，在全系统开展会计工作达标升级活动，并印发了《会计工作达标考核标准汇编》《成套系统会计工作达标考核实施细则》。

1990年，湖北成套局被列为全国成套系统会计工作达标的首批试点单位。是年3月，局党组正式启动达标工作并成立会计工作达标升级领导小组和工作专班，同时制定达标升级工作实施方案，分为学习、自查、整改、模拟、巩固、提高和验收七个阶段；4月，全体会计人员参加部财务司、成套司主办的关于贯彻《物资部直属机械设备成套事业会计制度》的学习培训班；6月，按照该规定设置和使用新会计科目，对全年的会计凭证进行复核，对错误进行调整和更改，启用新的账簿；7月，开始对会计档案进行清理，将1974年以来的全部会计凭证重新进行装订、编目、立卷；9月，对照设备成套司《会计工作达标考核标准》《会计工作达标升级试行办法》和《成套系统会计工作达标考核实施细则》，逐条进行自查，按照差什么补什么的要求，对存在的问题逐项研究，逐项整改，逐项落实，自检评价93.5分，具备考核验收条件；10月，湖北成套局向部设备成套司提出考核验收申请。1992年9月14日，设备成套管理局派出以张荣芳为组长，安徽成套局张嘉同、河南成套局王丽君为成员的会计升级达标验收小组，对湖北成套局达标升级活动进行了全面评估和考核，确认湖北成套局会计工作达到达标考核验收标准。

通过开展会计工作达标活动，对提高会计核算工作水平，解决会计基础工作薄弱问题、严格财经纪律、提升会计人员素质等起到了重要的作用。

三、电算化工作

电子计算机技术在财务会计工作上的应用，是改革传统会计核算的工作方法，推动财务管理现代化的一项重要工作。1985年以前，在手工操作条件下，财务人员每月要加班加点赶制凭证、算账、记账、和编会计报表，既费时费工，又不能很好地满足管理的需求。

从1986年开始，湖北成套局首先将职工工资用计算机计算和打印。1987年财务的有关报表也开始采用计算机打印。随后，部分财务记账凭证的汇总工作也采用计算机汇总。1993年局配置一台财务专用计算机，开始运用成套管理局的会计核算软件对账务进行核算。

随着核算业务量的增加以及对财务数据准

确及时性要求的提高，湖北成套局加大对财务电算化硬件设备的投入。1996年，财务处各岗位人均配置一台计算机，会计软件升级为财政部确认的专业会计软件，有财务处理、报表处理、固定资产管理、工资发放、财务预算等9大功能模块。局机关和所属企业分为各自软件包进行核算，从此实现了全局的会计电算化管理。由于整个核算过程是电子计算机自动完成的，只要原始数据输入正确，其中间环节的结转计算、分类及账簿、报表的生成、打印等都准确无误，从而提高了工作质量。为使财务电算化管理工作再上一个台阶，2003年将财务软件更换为财政部认可的金算盘企业管理F6网络版软件，进一步提高了会计核算水平。电算化工作的不断推进，规范了局会计凭证制作、会计账簿登记、会计报表汇总，提高了会计核算的准确性以及账簿衔接的合理性。

四、专项活动

1993年，国务院清产核资领导小组颁发《国家行政事业单位财产清查登记工作方案》，根据设备成套管理局的统一部署，湖北成套局印发了财产清查文件（鄂成财〔1993〕第17号），成立财产清查领导小组，制定财产登记实施方案，经过宣传发动、清查登记造册和总结建制三个阶段，重点清查局债权债务、固定资产和库存物资的账实是否相符，通过清查摸清了局债权债务，完善了资产登记造册并建立了管理台账。当年设备成套管理局对湖北成套局财产清查登记工作进行了抽查。

1994年为贯彻落实国发明电〔1994〕第11号文、内贸部财字〔1994〕第119号文、设备成套管理局财〔1994〕第86号文和湖北省政电〔1994〕第122号文件精神，湖北成套局成立"消费基金"检查领导小组（鄂成财〔1994〕第

28号文），开展消费基金专项自查，并向国家和省有关部门呈送自查情况报告。

1995年按照设备成套管理局的部署和要求开展税收、财务、物价大检查，重点清查内容为：超越权限擅自减免税收、"两金"违纪；偷漏各项工商税收的违纪；偷漏所得税及截留、隐瞒、侵占应缴利润；不按规定支用各项财政资金；违反国家价格法规牟取非法收入；乱收费、乱罚款、截留、挪用、私分行政性收费和罚没收入；私设"小金库"等违规清查。在全面自查的基础上，向设备成套管理局和省有关部门报送了专项自查报告。

1997年进行厉行节约，制止奢侈浪费的专项整治。主要针对来客接待要求、招标会议标准、电话安装管理、外出考察及经费开支等内容。

1998年以后，每年都根据国家和省有关部门的统一部署，开展以税收、财务、物价为主要内容的专项自查自纠活动。

五、专项管理制度

（一）流动资金的管理

1985年局《关于财务管理的若干规定》中对流动资金的来源和使用流程进行规范，实行流动资金周转使用，周报制度。

1990年，根据物资部设备成套司〔1988〕物成财字第60号和〔1989〕物成财字第171号文件要求，湖北成套局制定了《流动资金管理暂行办法》（鄂成财字〔1990〕第8号），该《办法》对资金的来源、使用范围、管理程序、使用程序作出了具体规定：在资金计划上，每年由用款处室提报用款计划，财务处根据财源情况综合平衡，调剂筹措，并经一定会议或局领导批准，确定各处室年度用款额度；在资金使用上，凡列入局成套项目及由局垫付设备款的，经办处室必须深入研究用户的信用，并在签订

协议时将有关协议、合同副本和具有法律效益的担保书及用款具体计划送财务处，共同商定后经业务主管局长审批，财务处依据上述资料和文件进行资金筹措和款项的支付；凡建设单位要求通过湖北成套局进行结算的，应有一定额度的预付款，其协议内容应包括具体的付款进度，承付款进度与合同交货期必须吻合。生产企业要求通过该局预付和结算的，需方应有足够的预付款或具有法律效力的担保书方能办理；由湖北成套局统订的计划内汽车，设备处必须于两个月前提出下一季度的收款和用款计划，并送至财务处据以进行资金的筹措和平衡；由湖北成套局代订计划分配的钢材、导体以及设备等，原则上由供需双方直接结算，对已划拨和分配的部分，需通过局结算的，需方应有预付款，对于尚未划拨和分配的代储部分，由综合处提前两个月提出下一季度的用款计划，送财务处据以安排资金；委托局业务处代销的设备、材料及配件等，一律不垫付资金，严格按照双方签订的代销协议执行（协议书存财务处一份）；对计划外临时需要的资金，依据实际和可能，经财务处提出意见或方案，报局长审定方可安排。

1993年，局成立清欠领导小组，同时采取经济手段和法律手段相结合的办法，业务人员和财务人员联合清欠，谁经手，谁负责，一抓到底；在清欠工作中，把清欠任务与奖励挂钩，推动了清欠工作的开展，当年从宜都热度电厂、襄樊热电厂、宜昌农用车厂、天门啤酒厂等40多家企业收回外欠款960多万元。

1996年，制定《湖北省机械设备成套局财务管理办法》（鄂成财字〔1996〕第12号），主要是对事业周转金（流动资金）的使用审批权限、周转速度管理、资金安全管理进行了规定，对保管人与使用人的职责进行了界定。

（二）固定资产的管理

1985年制定的《关于财务管理的若干规定（试行）》中，界定了固定资产的入账原则（单价100元以上，使用期限1年以上）、专用资金的提取、资产报废的规定以及基本建设投资的核算管理等。

1986年制定《财产管理办法（试行）（固定资产）》，该办法对固定资产管理的范围、分类、管理要求、验收、发放、维修、报废、折旧、清查等环节进行了规范，加强了对财产的管理、使用及维护，及时掌握财产增减变化情况，做到账实相符。

1990年制定《湖北省成套局固定资产管理暂行规定》，该规定根据部成套司关于加强成套系统财务管理的要求，结合本局情况，调整了对固定资产界定条件（单位价值200元以上、使用年限在一年以上），并对固定资产的分类、构建资金来源、建账建卡、折旧、维修、转移、盘点以及相关的审批管理权限做了明确的规定。全局固定资产统一归口局办公室管理，财务部门配合办公室每年清查盘点一次，做到账目、账卡、账务相符。

1996年，在《湖北省机械设备成套局财务管理办法》（鄂成财字〔1996〕第12号）中，对固定资产（固定资金）的界定条件、购置与报废权限、维修清理、建卡要求以及折旧残值管理进行规范，提出使用人与保管人各自的责任以及账物一致的管理要求。

2000年《湖北省机械设备成套局财务管理办法》中调整了固定资产的界定条件（单位价值500元以上），增加了固定资产的计价规则，新增审批程序章节，对固定资产的购入维修报废事项、大额资金和大额费用的使用的审批程序进行规范。

2004年制定《湖北省机械设备成套局固定

资产管理办法》,《办法》较全面的梳理了局固定资产的管理要求,遵循所有权和使用权分离的原则,行政办根据各处室的实际需求分配固定资产,并与财务处分别建账、建卡和监管。明确了各管理机构及其职责,明确行政办是局机关固定资产的管理部门,财务处是局机关固定资产的价值、经费、预算列支和核算的管理部门。同时,该《办法》对局机关的固定资产范围扩大并细化,调整了对固定资产的界定条件(单位价值提高至 2000 元),建立固定资产的登记制度和损坏赔偿制度,规范固定资产购置、验收、保管、领用、检查、维护、处置管理以及对闲置固定资产的调剂管理。从当年起,全局固定资产折旧采用直线法分类计提,分类折旧年限为:1. 房屋、营业用房,30 年;2. 通讯设备,3 年、交通运输设备,13 年;3. 电子计算机、办公及文字处理设备,3 年;4. 电器设备、安全保卫设备,3 年;5. 其他,3—5 年。

(三)收入支出和专项基金的管理

1985 年,国家规定成套部门对基本建设项目、技术改造项目、设备零星服务、技术服务开始实行有偿服务,可按国家规定收取一定的成套业务费。湖北成套局根据该管理要求的变化,在 1985 年的财务管理办法中新增对相关收入的管理规定,对净收入分配提出了先提后用、量入为出的管理原则,对收入核算规则进行了规范。

1996 年的财务管理办法中,要求全局各单位的项目收入、招标收入、经营收入、利息收入和其他收入(营业外收入)统一纳入局收入核算,严禁账外循环,对收入核算范围、账户管理、收入记账要求进行了规范;针对各类费用(差旅费、邮电费、办公费、工资和工资性津贴、业务招待费、医疗费、仓储费)的开支范围、使用规定、报销审批要求进行了梳理;分别对本局和局属经营单位的利润分配和结算

方式进行规定,结余(利润)重点在严格执行国家财政政策规定的分配比例,如福利 20%、奖励 15%,65% 用作事业周转金;对专项基金的审批权限和开支范围予以规定,专用基金除按财政政策规定的用途外,可参与流动资金周转,专用基金开支一律由局长审批。

2000 年局财务管理办法对专用基金的定义进行了修正,分类对修购基金、职工福利基金、医疗基金的计提标准、适用范围、审批权限、使用规则进行了规范,提出了按规定计提、按指定用途开支的管理要求。对收入管理:全局收入统一核算、分户考核,增加对银行账户的管理规定,增加对业务收入分成、收入预留和结转的管理规定;对支出管理:调整部分费用报销审批权限,提出量入为出的管理原则,增加招标专家评审费的管理,增加费用率的考核要求,强化权责发生制在费用分摊中的应用。

(四)实施企业化财务管理

90 年代中期,湖北成套局根据《全民所有制工业企业法》《全民所有制工业企业转换经营机制条例》的相关原则,结合本局情况,把工作目标考核转变为经济责任制考核。考核规则为:(1)局属各处室、公司,依法自主经营,自负盈亏;(2)推行承包责任制,实行合同制管理,责、权、利相结合;(3)利润指标不低于承包目标的 30%,完不成承包目标,扣减单位负责人的工资、奖金,超额完成承包目标任务者予以奖励;(4)承包单位经营使用局的资金,30 万元以内(含 30 万元)不计利息,超过 30 万元(不含 30 万元)者,按银行当期息率计息;(5)企业化管理单位承包人,需缴纳 3000 元风险抵押金,其他参与承包人员,需缴纳 2000 元风险抵押金,承包期满结算。

1997—1998 年,湖北成套局按照国内贸易部设备成套管理局《关于成套系统进一步推进

企业化管理和实行局长目标经营责任制的意见》（局发成综字〔1997〕第 191 号）和《成套系统局长目标经营责任制试行办法》（局发成综字〔1998〕第 10 号）文件要求，进一步推进内部机制改革，实行企业化管理，明确局长权利义务，通过签订目标责任书、进行经营指标考核，充分调动全体职工的积极性，确保国有资产的安全、完整和增值。

2000 年，制定《湖北省机械设备成套局各处室目标管理办法的补充规定》，分别对招标和经营的总费用下达目标控制任务，分别对业务处室和行管处室明确考核要求以及奖惩措施。

2005 年，根据省有关部门的财务检查反馈情况和保持共产党员先进性教育活动分析评议阶段党员干部提出的意见及建议，按照"收入打稳、支出打紧、严格监督、规范运行"的原则，切实加强局机关和局属成套招标有限公司的财务管理，明确了现金借款额度、借款手续、费用报销等审批程序。同时进一步细化目标责任制，加强招标成本控制，确保局和"两个中心"的财务收支情况得到有效的监控。

（五）审计监督

1996 局财务管理办法中对审计监督职责进行规范，明确审计监督主要对财务会计的凭证、账簿进行审查，审核是否合规合法，主要方式是内审，分为定期检查和随时抽查。要求对查出的问题进行督促整改并写出审计报告。1995 年至 1999 年，审计室先后对机关招待所、物资供应站、宜昌办事处收支情况进行审计调查，并提交专题报告，提出 11 条审计建议。

第三节　会计核算

一、会计核算体系

1959—1984 年，湖北省机械设备成套局为全额拨款事业单位，其会计核算执行机械工业部《机械工业部设备成套单位会计制度》，记账方法为"收付记账法"。收方记上级拨款，付方记费用支出（工资、办公费、项目费用、职工医疗费及群团组织费用），整个会计核算体系较为简单，账簿结构也很简单，其会计平衡公式为：收入－支出＝结余。

1985—1989 年，全国成套系统由全额拨款改为差额拨款，遵照机械工业部设备成套管理局〔1985〕成财字第 54 号文、〔1985〕成财字第 143 号文，成套部门可收取 5‰—1％的项目服务费。据此该局对会计核算做出相应调整，在收入科目中增加项目成套收入、项目服务收入和其他收入（主要是项目的前期界入收入：咨询服务、图纸审查、项目论证等），在付方科目中增加项目分成支出（设备产区成套局（公司）联合成套项目收入分成）、由成套管理局成套中心安排的项目需上缴一定比例的收入分成支出。记账方法仍然续用"收付记账法"。

1990—1992 年，随着国家经济体制改革的不断深化和设备成套单位自身体制及业务的变化和发展,"收付记账法"越来越不能满足现行管理的要求。1990年,湖北成套局依据《物资部直属机械设备成套事业会计制度》(〔1990〕物财字第154号)的相关规定,变更了会计核算方式。在进行账户清查、整理账务以及会计档案整理后,按照权责发生制的核算原则,设置会计科目,采用"借贷记账法"进行资金收付,成本费用和效益的核算,以提供真实、准确、完整的会计资料;确定成本单位,实行预算内、外,统收统支,计算盈亏的核算办法,对账户、物资采用"永续盘存制",记账统一使用"借贷"记账法。

1993—1996年,由于物资部撤销,国家成立国内贸易部,从1993年1月起会计核算执行《国内贸易部直属机械设备成套事业会计制度》,该会计制度对原《物资部直属机械设备成套事业会计制度》作了部分修改,但其会计理论基础、记账方法没有变化。在当时国家财政部组织的这两部会计制度的修改和审定过程中,湖北成套局均派员参与。

1996年,财政部行文取消行业会计制度,各行业全部统一执行《企业财务通则》《企业会计准则》《企业财务制度》和《企业会计制度》。新的两则、两制体现了市场经济的基本经济原则,融汇了国际会计惯例,并与国际会计核算原则基本衔接。1997年5月,财政部又颁发了《事业单位会计制度》和《事业单位财务制度》,国内贸易部在青岛举办了新会计制度培训班,省财政厅也在武昌举办了新会计制度培训班,全体财会人员均参加了学习培训。通过培训,全局财会人员对新会计制度、会计核算的新要求及相关财务会计政策法规都能熟练掌握运用,提高了会计核算能力与水平。

1997年根据国内贸易部转发的财政部的文件《关于事业行政单位预算外资金会计核算问题有关规定的通知》,湖北成套局进一步加大了对预算外资金的会计核算管理,明确"预算外资金收入"总账科目用于核算各事业行政单位收到的从财政专户核拨的预算外资金以及部分经核准不上缴财政专户管理的预算外资金数额,并增设"应缴财政专户款""结余"科目。

二、推行二级核算

1993年开始,湖北成套局在全国成套系统率先推行二级核算管理,并得到物资部财务司、内贸部财务司、成套管理局财务处的肯定。

局财务处为一级核算单位,各项目处室、经营性公司、招待所、食堂均为二级核算单位。二级核算单位在财务处单设专户,建立完整的会计账簿,设专职会计人员,进行收、支及费用核算,各二级单位不设银行账户,现金往来及银行往来均由财务处统一核算,各二级单位的财务报表统一汇入局财务处总账报表。

二级核算单位执行局统一的财务管理制度和费用支出标准,实行任务指标考核,毛收入、费用总额(五费:工资费用、业务支出、通讯邮电费、办公费、差旅费)、净收入由局下达年度指标。

二级核算单位个人所得由三部分组成:1.工资福利收入(含各种合法的津补贴);2.完成计划后,计划内净收入提成;3.超计划部分加大提成比例的提成。

二级核算单位负责人在业务费核定的比例之内有开支费用权,但必须接受局财务处的审核。二级核算单位人员的奖惩与目标责任制相结合。

湖北成套招标公司会计核算与财务管理执行《企业会计制度与企业财务制度》,其报表有"资产负债表""损益表""现金流量表",会计科目执行《企业会计科目》。财务管理制度执行企业财务规则，并有针对性的强调资产管理及费用管理的责任及权限，在收入、分配方面有较为详细的规定。

三、基建财务

1980 年以前，湖北成套局基本建设资金的来源，主要有中央和地方预算安排，通过省财政转拨。1981 年后，其基本建设资金全部为自筹资金。在财务管理上，基建财务独立核算，执行国家财政部颁发的《基本建设财务制度》，会计审核采用建设部颁发的《建筑安装定额标准》，其核算形式采用科目汇总表和借贷记账法。

1998—1999 年与省发改委合建的职工住宅楼，其会计核算与财务管理由局财务处担任。会计核算执行财政部《企业会计制度》与《企业财务管理制度》。基建完成后，其会计凭证、会计账簿、会计报表和相关资料，按《会计档案管理办法》有关规定建立档案，移交局综合档案室统一保存。

第四节　公费医疗管理

湖北成套局自成立之初至 2006 年底，职工公费医疗支出一直遵照国家卫生部和湖北省卫生厅公费医疗管理办法实施。经费来源由两部分组成：一是湖北省卫生厅公医办（处）按人头划拨（人均 100 元/年）；二是单位按职工工资总额 14%计提福利（福利费三项开支：医疗支出、职工困难补助、单位福利事业支出）中开支一部分。

一、享受公费医疗的范围

凡本局在岗职工、合同工、离退休人员均可享受公费医疗。

二、享受公费医疗的标准

1988 年，湖北成套局以鄂成财字〔1988〕第 43 号文印发了《湖北省机械设备成套局公费医疗管理办法》，该《办法》规定，除离休干部及现任副局长以上干部的医疗费实报实销外，其余职工全年医疗费限额为 300 元，节余部分按节余额的 40%发给职工；全年未报医疗费者，按包干额的 40%发给个人。超过限额部分，按下列比例报销：

（一）职工工龄满 30 年以上的报 95%，满 20 年以上的报 90%，满 10 年以上的报 85%，10 年以下工龄报 80%。

（二）已办理统筹医疗的职工子女（18 周岁以下），医疗费按父母双方各负担 50%的原则，医疗费报销 50%。

（三）因公负伤、恶性肿瘤结核病、精神病、急性传染病患者的医疗费实报实销。

（四）职工因病住院（由医院决定的，自己要求的例外）期间的检查费、医疗费、住院费实报实销。

1996 年，为适应逐步向企业化管理过渡的要求，湖北成套局修订了医疗费管理办法，本次修订着重强调了医疗费包干使用及超包干费的报销比例。修订后的医疗费管理办法规定：

1. 在职和退休职工一律实行医疗费包干使用，年终按包干办法一次性结算；离休干部医疗费管理办法按省有关规定执行，如本人要求参加医疗费包干的，由本人提出申请，经局医疗小组同意后可以参加医疗费包干。

2. 包干基数30元/月，年工龄按2元/月计发，工龄按国家有关规定计算。

3. 实行医疗费包干的职工，包干费按月发放，年终结算，节余归己，超支部分按比例半年报销一次，报销比例为：（1）工龄在10年（含10年）内的报55%；（2）工龄在20年（含20年）内的报60%；（3）工龄在30年（含30年）内的报65%；（4）工龄在30年以上的报80%；（5）退休的报85%。

4. 在职职工当年个人承担的医疗费累计超过本人2个月的职级工资，退休职工当年个人承担的医疗费累计超过本人2个月的60%的基本退休金时，经处室及有关部门提出意见，局医疗费管理小组审核，可适当照顾。

从当年1月1日起，每年末公布一次职工、离退休职工及子女医疗费使用情况。

1997年，结合全局1996年医疗费实际支出情况和局医疗费开支承受能力，为进一步加强公费医疗管理，保障全局职工享受基本公费医疗，湖北成套局就公费医疗管理作如下补充规定：

第一，实行医疗费包干的职工，由原规定半年报销一次改为每季度报销一次，报销比例按原规定不变。

第二，一般离体人员年度医疗费标准为3200元，超过3200元的部分按90%报销；享受优诊待遇的离休人员，年度医疗费标准为8000元，超过8000元的部分，按90%的比例报销；离休人员医疗费自费部分达到本人一个半月基本离休费的，其医疗费据实报销，年度医疗费未超过额定标准的，按节约额的40%予以奖励。离休人员的医疗费持病历按月报销，即每月20—25日为医疗费报销时间。

三、公费医疗管理的相关规定

进入新世纪，根据湖北省卫生厅、湖北省财政厅鄂卫发〔2001〕第17号、鄂卫公〔2002〕第5号文件精神，湖北成套局先后于2002年、2006年两次修订公费医疗管理办法，修订内容涉及医疗费过程的管理及具体报销程序等。

（一）成立医疗费管理小组，小组成员由财务处、人事处、工会、办公室等相关部门人员共同组成，主要任务是负责全局医疗费的监督和管理，并定期对局医疗费使用情况进行检查和公布。

（二）实行定点医疗。根据多数职工意见，门诊定点医院为武汉大学中南医院、省人民医院、省口腔医院、省直门诊部。若因病确需在其他医院就诊者，应先经局医疗费管理小组同意并报局领导审批，再办理相关手续，否则医疗费自理。

（三）职工医疗实行病历手册和"双处方"制。凡需医疗的职工都需持病历手册就诊，手册内记录门诊病情诊断，药品及费用等，作为回单位报销凭据；双处方中一联取药，另一联作为报销的依据。

（四）严格执行《湖北省公费医疗药物目录名单》规定的药品报销范围，除"准"字号药外，保健滋补药品和进口药品，一律不得在公费医疗经费中报销。

（五）医疗费报销程序：一般职工由本处室领导审查签字，处级干部由分管局级导审批，离退休干部职工由局离退休管理部门负责人签字。

（六）公费医疗经费支付住院床位费的最高标准为：（1）优诊人员（包括优诊在职、优诊退休和优诊离休）和一般离休人员为30元/天、一般退休人员为15元/天；（2）ICU，CCU病房住院费、床位费按所在医院普通病房二人间床位费的三倍标准报销；（3）母婴同室的住院费按所在医院普通床位收费标准报销。温馨病房的住院床位费不得在公费医疗费中列支。

湖北成套局公费医疗经费不予支付的诊疗项目和医疗服务设施的范围包括：（1）挂号费、院外会诊费、病历工本费等；（2）出诊费、清理费、洗澡费、门诊煎药费、占名手术附加费、陪护费、特别护理费。（3）就诊交通费、急救车费（含110急救费用）、空调费、取暖费、电视费、电话费、婴儿保温箱费、微波炉费、食品箱费、电炉费、电冰箱费及损坏公物赔偿费。（4）膳食费（包括营养和药膳）、文娱活动费及其他特殊生活服务等。（5）各种美容、健美项目以及非功能性整容，矫形手术等。（6）各种健康体验费用及各种预防、保健性的诊疗项目。（7）用正电子发谢断层扫描装置（PET）、电子CT和眼科准分子激光治疗仪等大型医疗设备进行的检查治疗项目。（8）眼镜、义齿、义眼、义肢、助听器等康复训性器具。（9）各种自用的保健、按摩、检查和治疗器械，以及各类器官或组织移植的器官源或组织源。（10）近视眼矫形术。（11）气功疗法、音乐疗法、心理疗法、保健性的营养疗法、磁疗等辅助性治疗项目。（12）各种不育（孕）症、性功能障碍的诊疗项目。（13）各种科研性、临床验证性的诊疗项目。（14）由于打架、斗殴、酗酒、交通肇事、医疗事故以及各种违规行为造成伤病所发生的医疗费用。

湖北成套局公费医疗费支付部分费用的诊疗项目范围包括：（1）立体放射装置（x-刀、γ-刀）、射频治疗和高压氧治疗费用，个人支付25%，安装心脏起搏器、支架、导管、人工关节、人工晶体、人工喉、人工心瓣膜等个人支付20%。（2）经批准同意进行器官移植所需的医药费用，不包括器官源的费用），5%由患者承担。（3）体外震波碎石治疗的费用个人支付15%。（4）CT、ECT、核磁共振、色彩多普勒、心脏及血管造影x线机（含数字成形设备）等大型医疗设备检查费用，个人负担10%（离休人员负担5%）。

以上项目的单项目费比例不包含在本局制定的门诊或住院的自费比例中，应在进行上述检查或治疗后，先按上述规定比例单独自付，再执行单位制定的门诊或住院费用的自费标准。

本局及下属公司聘用人员，聘用期满一年（含一年）者，医疗参照本局职工待遇，其工龄按聘用之日起计算；本局及下属公司所用的临时工，不享受职工医疗待遇。

省政府采购中心，省综合招投标中心的医疗费管理参照上述规定执行。

12
第十二章

机关事务管理

机关事务管理涵盖文秘、机要、档案、房产、车辆、治安、物业管理及职工福利等多个方面，涉及面广，综合性、时效性、政策性强，且繁杂具体。在成套机构的建立、发展和改革的各个历史阶段，机关事务管理一直是设备成套部门日常工作的重要组成部分。湖北成套局认真执行国家和省有关规定，不断建立完善相关管理制度、工作程序和运行机制，从而保证了局机关健康、有序地运转，圆满完成了各个历史时期的设备成套工作任务。

>>>>

第一节　综合管理

一、文书管理

中华人民共和国成立以后，中共中央和政务院陆续发布了《关于纠正电报、报告、指示、决定等文字缺点的指示》《关于行政公文处理暂行办法》《保守国家机密暂行条例》等一系列文书管理工作的文件。1957年国务院秘书厅又提出了关于公文名称和体式问题的几点意见，把公文种类简化为7类：命令、令；指示；报告、请示；批复、批示；通知、通报；布告、通告；函。1959年湖北省人民委员会办公厅也印发了《关于公文格式和规定的通知》。湖北成套局自1959年成立后，一直遵循以上统一规定的文书管理工作的基本原则、行文规范、工作程序和具体方法。60年代至70年代，在机关发文的种类上，主要有指示、报告、请示、批复、通知、函等。在收文处理上，建立了从签收、登记、分类、批办、传阅到承办、归卷等工作程序。在文件制发上，规定以局名义发出的文件，由办公室负责起草和审核，呈送局主要负责人签发；局各部门的文件则由各部门负责起草，办公室审核，局主要负责人签发。所有以局名义上报下发的文件和局领导批准翻印的文件、材料均由局打字室统一登记打印。

80年代初期，国务院办公厅颁发了《国家行政机关公文处理暂行办法》（1981年2月27日）。为加强和改进机关文电处理和管理，1985年，湖北成套局根据这一暂行办法，结合局内部机构调整后的实际情况，对1976年制定的《湖北省机械设备成套局机关文电和管理的若干试行办法》进行了修改，对机关收文收电、阅文室管理、发文发电程序、文件打印、印章管理与使用、文件整理和归档、文件鉴定、监督与销毁、保密工作等作了具体规定，共35条。1987年2月18日，国务院办公厅发布《国家行政机关公文处理办法》，随后国家技术监督局又发布《国家机关公文格式》（1988年9月发布，1989年3月试行）。此后，湖北成套局的公文种类、公文体式等，均按新的规定执行。

90年代初期，国务院办公厅于1993年11月21日发布《国家行政机关公文处理办法》，1994年9月22日湖北省人民政府办公厅发布《湖北省国家行政机关公文处理实施细则》，当年10月25日，全国省市设备成套局办公室主任会议在江西召开，会议讨论通过了《设备成套系统公文处理暂行办法》。根据国家和省及设备成套管理局的有关规定及要求，湖北成套局在公文文种的选择、公文格式的遵守、行文关系的把握上进一步走向规范。

2000年国务院修订颁发《国家行政机关公文处理办法》，随后又发布GB/T9704—1999国家行政机关公文格式。从2001年开始，湖北成套局的公文用纸要求、公文用纸幅面及版面尺寸、公文中图文的颜色、排版规格与印制装订、公文中各要素标识规则、页码、公文中所附表格等，均按照国务院有关规定和国家标准公文格式执行。为保证文件用纸纸型的统一，公文用纸采用GB/T148中规定的国际标准A4型纸，其成品幅面尺寸为210×297mm，过去长期使用的16开型纸不再使用。

二、会务管理

湖北成套机构成立初期，没有制定专门的会议制度，对会议名称也没有统一称谓。当时公司工作中的重大事项或重要工作，一般都是由经理或副经理召集相关职能科室的科长参加讨论研究，并指定专人做好会议记录。1964年成套局改为一级厅（局）后，曾于1965年制定了局长办公会议制度。该会是以讨论研究专题性业务工作为主要内容的会议，会议一般先由有关处室汇报工作、陈述意见，然后开展讨论，最后由主持者综合意见，形成决议。具体会务工作由办公室负责。1974年成套局恢复厅（局）一级机构，当时决策性会议主要有党组会、局长办公会两类，期间也出现过局长碰头会等形式，碰头时间一般在周一上班后，时间半小时左右。

1978年以后，湖北成套局从设备成套工作改革的要求和实际需要出发，于1985年6月14日印发了《湖北省机械设备成套局会议制度》，分别对局党组会、局务会议、局长办公会议的议题范围、决策原则、会议纪律等作出具体规定。其中局务会议是新增加的作为局领导协调全局工作的重要行政会议，它侧重于全局性工作研究和安排，一般每月召开一次；局长办公会议是局长集体办公性质会议，它侧重于局部业务工作的研究和处理，会议时间一般一周召开一次。同时，还对局机关工作人员大会、处（室）务会议、处（室）大会的会议内容、

会议时间提出明确要求。1987年以后，针对当时建设项目进一步放开的实际情况，为有利于各业务处室之间互通信息，协调一致，集中全局力量加强重大项目的开拓，湖北成套局不定期召开重大项目调度会议，会议一般由分管业务的局领导召集和主持。

90年代中期，根据中共中央和省委有关文件要求，为进一步建立健全局党组的自我约束、自我调整机制，坚持每年召开党组民主生活会，其程序包括会前准备、会议进行、会后完善三个阶段，会议内容原则上按照上级党委确定的议题进行，具体会务工作由局机关党委负责。1997年结合开展"三讲"教育，重新制定了《湖北省机械设备成套局党组会议制度》，对会议的组成人员、会议讨论和决定的内容、会议的议事规则、会议的时间与会务工作等作出具体规定。

2000年全国设备成套系统改革下放以后，为适应新形势新任务的要求，湖北成套局内部会议管理得到进一步加强和改进。从2005年开始，凡局党组会、局长办公会议决定的重大事项或重要工作，一般都在会后一周内以会议纪要的形式印发，并明确相关职能处室负责督办和落实。此时期，随着成套招标业务的拓展，实行"区域分工为主"的项目开发制度，为保证项目开发有序竞争，同时加强内部监督与管理，湖北成套局建立综合协调机制，坚持每月召开一次业务调度会，就有关问题进行协调，及时理顺各业务部门间的关系，以适应竞争激烈的外部环境。

三、保密工作

1959年湖北设备成套机构组建后，公司坚持"党管保密"的原则，针对当时国家重点成套项目多、订货任务重的实际情况，制定了内

部文件材料管理制度。60年代中期，湖北成套局改为一级厅（局）后，组织印发了文书保密办法，规定办公室工作人员在收、发、送文件过程中必须严格执行登记、签收、归档制度。60年代末期，印发了《职工保密守则》，要求全体工作人员要自觉遵守保密纪律，做到不该说的不说，不该问的不问，不该看的不看。同时规定对重要文件资料不用时不能放在桌面上，做到人走文件入柜上锁、关门。70年代，结合当时形势需要，修订完善了文书保密、会议保密、通信保密、成套项目文件保密制度。结合军工项目的具体情况，依照有关规定，对其文件材料标明密级和保密期限，并在登记、签收、传递、使用、复制、摘录、引用、保存和销毁各个环节上建立了严格的管理制度。

1978年以后，设备成套工作逐步进入市场，针对部分职工头脑中存在的"成套工作无密可保"等模糊认识，采取以会代培等各种方式，对全局干部职工进行了保密知识专项培训。1985年，根据有关划分文件密级的规定，本着既便利工作又确保保密的原则，按照绝密件、机密件、秘密件三类范围，制定了《湖北省机械设备成套局关于划分密级件的暂行规定》。当年5月，又制定了《湖北省机械设备成套局机要、档案室保密安全规定》《湖北省机械设备成套局经济技术情报工作保密规定》。1988年9月《中华人民共和国保守国家秘密法》、1990年4月《中华人民共和国保守国家秘密法实施办法》公布后，湖北成套局按照保密工作制度化、规范化、标准化的要求，进一步建立完善了湖北成套局保密管理体系，明确了职能部门、责任部门及处以上领导和职工的保密职责。期间，对机要、保密室加强了安全防范措施，添置了必备的保密设备。

90年代初期，湖北成套局成立了保密工作领导小组，随后结合领导班子成员变动和分工调整的实际情况，作过三次充实和调整。1995年，湖北省保密委员会为理顺管理体制和工作关系，将省统计、物价、成套、储备局，省三峡办、计划管理干部学院的保密工作归口省计委管理，成立计划口保密工作协作组，协作组每年确定一个牵头单位，组织协作组单位开展保密工作自查、互查、互评活动。在保密宣传教育上，结合形势、任务和工作特点，重点抓了普及《保密法》宣传教育。"二五"普法期间，全局在职干部职工均参加了由湖北省保密局组织的保密法律知识书面考试，合格率达100%，全部取得了合格证书。"三五"普法期间，根据湖北省保密局、省计划口保密领导小组的部署和要求，把传达学习《中共中央关于加强新形势下保密工作的决定》（中发〔1997〕第16号文件）纳入普法重点学习内容，同时利用《中华人民共和国保守国家秘密法》颁布十周年这一契机，采取多种形式学习、贯彻和落实。1998年6月，组织全局干部职工参加了省保密局组织的保密知识竞赛，并组织观看保密录像等，旨在强化干部职工的保密责任意识。

从2001年开始，湖北成套局在保密教育和管理过程中，按照"积极防范、突出重点、严格管理"的工作原则，突出抓了对计算机网络的保密管理工作。此前，湖北成套局办公自动化程度较低，到2000年底，全局只有计算机单机四部，分别置于打字室、财务室和招标处，且四部单机均未与外部网络连接。为适应成套局下放地方后各项工作尤其是招标业务工作快速发展的需要，湖北成套局从2000年下半年开始着手组建单位局域网，当年12月建成投入使用。建设初期，局域网直接连接在省计委信息中心的宽带网上。由于没有相应的安全、保密手段，局联网单机开机后直接与国际互联网相连，信息容易泄露。当时曾接到客户反映，局联网单机上存储的信息均可被他人查阅。针对这一安全隐患，2002年投资7万余元进行整改，即实施内网（办公自动化系统）与外网（国际互联网）物理隔离。隔离卡采用深圳利普公司的903屏幕点击型隔离卡，外网硬盘主要用于互联网信息查询与信息交换，内网硬盘主要用于内部办公自动化、内部资料和保密信息的存储。2003年1月，制定了《湖北省机械设备成套局计算机管理暂行办法》，规定局机关所有计算机及相关设备、操作系统、应用软件系统由局机关计算机室实行统一管理，各处室不得随意上网，确因业务需要上因特网发布的公告或文件，需经分管局领导批准后，方可在机房上网。当年6月，还根据国家《招标投标法》有关规定，制定了《关于在招标活动中加强保密工作的暂行办法》，对评标专家保密、投标人保密、投标文件保密等做出了具体规定。

2005年，贯彻落实中办厅字〔2005〕第1号文件和鄂办文〔2005〕第59号文件精神，进一步加强和改进局保密要害部门、部位保密管理工作，并加大投入，将机要室、档案室存放文件的木柜全部按要求更换为铁柜，为局长室和各处室配备了文件碎纸机。同时加强对计算机台账管理，全局所有的密级和划定范围的非密级台式计算机、便携式计算机都进行了详细的登记和备案。

2006年初，湖北省委、省政府决定在省直机关开展目标管理工作。湖北成套局按照省委统一部署，把保密工作纳入全年工作总体目标管理体系，纳入目标责任制考核内容。当年6月，局系统建设的"湖北综合招投标及政府采购网"（www.hubeibidding.cn）和"综合招投标及办公自动化管理系统"（http://10.0.6.100/）正式开通运行。通过邀请有关保密技术专家，对该网站和OA办公系统的安全保密情况进行了风险评估和全面系统排查，以确保涉密信息系统安全保密。

四、档案管理

50年代，在集中统一管理原则的指导下，国家曾经制定和实施一些档案工作标准，如全国统一了档案室、档案馆工作规定和档案保管期限标准，实行分级集中的统一管理体制。1959年湖北成套机构组建后，正值中共中央发布《关于管理党、政档案工作的通知》（当年1月7日颁发），根据中央和省有关精神，在当时湖北成套公司办公室（后改为综合统计科）配备了专职档案员，负责公司的文书和档案管理。60年代中期，成套公司改为厅（局）级行政机构后，湖北成套局在办公室下设机要档案室，并配备专职机要档案员，负责文书、业务、基建档案的收集、整理和管理工作。

"文化大革命"时期，设备成套工作受到冲击，机关档案管理也受到较大影响，不少档案散失损毁。

1978年以后，根据全国档案工作会议精神和1983年4月中共中央办公厅、国务院办公厅印发的《机关档案工作条例》规定，进一步加强和改进机关机关档案工作，初步实现全局主要档案的集中管理。1987年9月《中华人民共和国档案法》、1990年11月《中华人民共和国档案法实施办法》颁发后，湖北成套局档案管理工作逐步走向规范。

（一）档案移交

1985年1月至3月，局组织专门力量，在湖北省档案馆指导下，对1959—1970年原湖北省机电设备成套公司、机电设备成套局移交湖北省档案馆的未装订档案进行了充实整理，对永久和长期保存的档案资料，按其内容分别编制了案卷目录。当年 11 月 3 日办理移交手续。湖北省档案馆现收藏 1959—1970 年档案 449 卷，其中永久的 313 卷，长期保存的 136 卷。

（二）文书档案

1979 年之前，湖北成套局文书档案的立卷归档主要遵循 1956 年 10 月中共中央办公厅制发的《关于文电统一管理办法》和 1957 年 2 月国务院批准的《国家机关文书立卷工作和档案工作暂行通则》，即实行文件、电报统一归档的办法。"文化大革命"中，这一制度被废除。1979 年全国档案工作会议后，中共中央办公厅于 1980 年 4 月发出通知，要求各级党政机关恢复实行文件、电报统一管理制度，并在 1983 年中共中央办公厅、国务院办公厅印发的《机关档案工作条例》中作了明文规定。这一时期，湖北成套局按照国家和省有关要求，于 1985 年 4 月印发了《湖北省机械设备成套局文书材料立卷归档范围及档案保管期限的规定》。文件和电报按其内容的联系，合并整理、立卷；保管期限以文件重要程度和保存价值，分类立卷，界定为永久、长期、短期三类。

1986—2000 年，湖北成套局按党群工作类、人事管理类、行政管理类、基本建设类、大宗设备类整理归档，共五个一级类别，保管期限分为永久、长期、短期三类。

据统计，1980—2000 年底，全局文书档案共计 205 卷，其中永久 84 卷，长期 121 卷。2001—2006 年文书档案共计 747 件，其中永久 241 件，长期 508 件，短期 26 件。

（三）会计档案

70 年代中期至 80 年代初期，大量会计档案既未整理也未鉴定，成包成捆地堆放起来，给安全保密和查找利用带来诸多不便。根据 1984 年 6 月财政部和国家档案局联合下发的《会计档案管理办法》和 1985 年 3 月国家颁布的《中华人民共和国会计法》，湖北成套局于 1986 年制定了会计档案管理办法，明确单位每年形成的会计档案，都应由财会主管人员按照归档的要求，负责整理立卷或装订成册。期间，局组织专门力量整理了过去积存的会计档案。从 90 年代初开始，财务部门一般都采取按年度或机构分类后，再分为会计凭证、会计账簿、会计报表三大类别来整理，并每 2—3 年向局档案室移交一段时期的会计档案。截至湖北成套局撤销，局档案室库藏 1980—2006 年会计档案 1200 卷（册）。

根据财政部和国家档案局有关规定，湖北成套局于 1990 年 4 月 15 日印发了《会计档案管理制度》，湖北成套局会计档案保管期限见表 12-1。

表 12-1　会计档案保管期限表

档案名称	保管期限	备注
会计凭证	十五年	包括凭证汇总表
日记账	十五年	
总账	十五年	
明细分类账	十五年	
现金出纳帐	二十五年	
银行存款账	二十五年	
固定资产明细账		固定资产报废清理后保管五年

续表

档案名称	保管期限	备注
年度决算报表	永久	
月、季度报表	五年	
会计移交清册	十五年	
会计档案保管清册	二十五年	
会计档案销毁清册	二十五年	

（四）招标业务档案

招标业务档案是在招标活动中形成、经过系统整理并归档保存的各种文件及图表材料。它不仅是技术资料，也是招标过程是否合法合规的原始证明材料，更是处理投诉、诉讼及其他相关调查取证的重要依据。它包括建设工程项目报建表、招标备案登记表、委托代理协议（含标底或拦标价编制委托合同）、招标公告（下载件）或投标邀请通知书、投标企业资格预审签到表、资格预审评审报告、资格预审合格通知书、招标文件及工程量清单、各投标单位书面提问、答疑纪要、标底或拦标价核准书、标底或拦标价、标书送达及开标会签到表、开标程序及开标评标纪律、各投标单位法人委托书、投标函及投标函附录（投标文件另附）、开标记录表、甲方评委委托书、专家评委抽选名单、评委签到表、各评委评分表、评委评分汇总表、评标报告、评标结果公示（下载件）、异议及投诉处理资料、招标投标情况书面报告、中标通知书。

随着招标范围的逐步拓展，相关业务资料的数量也迅速增长。为了适应招标事业的发展，集中统一管理招标业务档案，开发招标档案信息资源为社会各方面服务，湖北成套局于1998年在局办公室建立招标业务档案室，并指定一名高级专业技术人员，专门负责全局招标文件及技术资料的登记、编目、归档、上架工作。

2001年7月，局出台《招标业务档案管理办法》，规定各业务处室应在中标通知书发出后10个工作日内，将招标项目的资料送办公室归档。2006年6月，局修订出台《招标业务档案管理办法》，对归档文件材料要求、《招标资料汇编》编制标准、归档时间、归档份数、招标业务档案分类、保管期限、档案借阅等作了具体规定。

到2006年底，共有招标业务档案3700余卷（册），涵盖工程招标、国内货物及服务招标、国际招标、药品招标等。

（五）基建工程档案

基建工程档案一般包括工程设计档案、工程施工档案盒、工程竣工档案三部分。这些技术文件材料是建筑物、构筑物施工的真实记录和对其进行管理、维修、改造、扩建、恢复的依据。

湖北成套局从70年代中期开始，明确由基建专班负责基本建设档案的收集、整理和立卷工作，并及时向局档案室移交，档案室负责基建档案的保管与提供利用工作。此后，一直采用这一办法。后由于档案人员多次变动、档案库房多次搬迁，加之局后来办公楼、住宅楼因加层、改造、扩建及住房制度改革等，相关文件及图纸频繁借阅使用，以致部分建筑物的技术文件材料残缺不全，其中，办公大楼的图纸（包括后来加层改造部分）基本齐全；1999年竣工的新建八层住宅楼的归档文件材料及相关图纸完整，且归档的材料大都是原件（正本）；其他建筑物存有建筑平面图，但有的缺施工图、竣工图。

（六）档案达标

为提升局机关档案工作业务规范化建设水平，湖北成套局于2006年结合开展"自身建设年"活动，把机关档案管理争创"省一级"纳入全年工作目标责任制管理。按照《湖北省机关档案工作业务建设规范》和《湖北省机关档案工作目标管理考评办法和标准》的有关规定及要求，制定下发了《湖北省机械设备成套局机关档案管理争创"省一级"工作实施方案》，成立了档案工作目标管理领导小组、自查小组和鉴定小组，组建了工作专班。并多次邀请省档案局有关专家来局，对档案场所建设、档案归档整理、科怡档案应用软件的使用等进行现场指导、示范和演示。同时还到湖北省发改委、经委、农办、国防工办综合档案室观摩学习。

在此次档案管理争创"省一级"活动中，局投资3万余元，对"三室"即档案库房、阅文室、办公室进行了改造和维修，三室面积为75平方米，其中库房面积为30平方米，安装了档案密集架、防盗报警装置，配备了灭火器材和防磁柜、去湿机、空调等，使档案库房安全符合档案保管的"八防"（防火、防水、防潮、防霉、防虫、防光、防尘、防盗）要求。

为确保档案管理达到"省一级"标准，局购置了《档案管理科怡2000》档案应用软件，工作专班在省档案局专业人员的指导下，对局机关2000年以来形成的各类文件资料按新的整理方法，即文书档案采用"年度—组织机构"进行分类；会计档案采用"类别—年度"分类；基建档案按工程项目分类；照片、实物档案按年度以件为单位编号，对所有文件档案材料进

行了清理分类，对残破宗卷进行了裱糊，对有的案卷封面和脊背不规范的内容进行重新填写，并按文书、基建设备、声像、会计等档案和资料等顺序重新排列上架。

2006年11月27日，经湖北省档案局有关领导及专家现场考核验收，湖北成套局档案管理工作符合"省一级"标准，并授予成套局"机关档案工作目标管理省一级"证书。

2006年湖北成套局机构人员管理网络结构见图12-1。

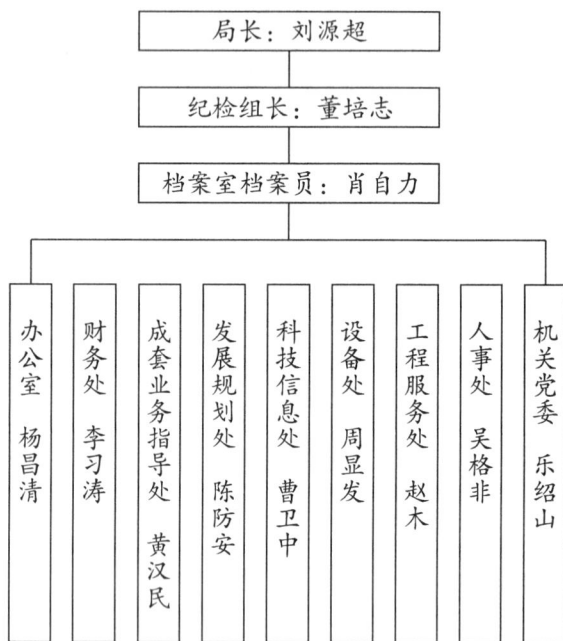

图12-1　2006年湖北成套局档案机构人员管理网络图

（七）档案利用

80年代中期，为编写《湖北设备成套工作发展史》，查阅并利用档案300余卷（次）。80年代末期，利用相关文书档案，为湖北省委组织部等部门统一编纂的《中国共产党湖北省组织史资料》（1920年秋—1987年11月），提供了湖北成套局1959—1987年组织建设史料和机构、人事变化情况。90年代中期至21世纪初期，湖北成套局通过查阅和利用大量设备成套业务档案及招标业务档案，向国家有关部委申

报并获得甲级设备成套、甲级工程咨询、甲级设备招标等多项业务资质。2005年为争取新的工作职能，局组织力量调研并编写了《全省招投标情况专项调查可行性研究报告》，次年4月，经湖北省人大预工委审议批准，湖北省财政厅为此项调查安排专项资金100万元。局藏招标业务档案、会计档案、文书档案为该项立项申报提供了不少有价值的资料。2000年至2006年湖北成套局档案利用情况见表12-2。

表12-2　湖北成套局2000—2006年档案利用情况表

年份	利用情况							
	文书档案		会计档案		招标业务档案		基建工程档案	
	人次	卷(件)次	人次	卷(件)次	人次	卷(件)次	人次	卷(件)次
2000	13	56	19	213	18	78		
2001	5	7	3	5	20	76	6	10
2002	8	10	2	7	23	87	1	1
2003	4	5	3	8	25	94	5	9
2004	4	6	3	9	36	113	2	3
2005	7	9	2	6	42	127	2	3
2006	11	43	3	59	49	141	＝	＝

五、政务信息

由于成套部门长期隶属国家部委管理，而其主要任务又是为国家和地方建设项目服务。为使省委、省政府领导及时了解成套局工作情况，更多地关注和支持设备成套工作，湖北成套局从80年代末期开始，一直坚持向省委、省政府和国家主管部门报送有关国家和地方重点成套项目的建设动态，尤其是设备配置方面的情况。如"八五"期间（1991—1995），湖北在产业布局上重点加强以汽车生产基地建设为主的机械工业、以石油化工磷化工为主的化学工业、以钢铁建设为主的冶金工业等大产业领域的建设，湖北成套局围绕当时省委、省政府领导关注的东风汽车公司扩建工程，黄麦岭、大峪口矿肥结合工程，华新水泥厂扩建工程，武汉天河机场等一批重点工程项目，向省委、省政府报送了20多条有关设备成套、设备招标方面的政务信息，其中有11条信息被省委、省政府和国家主管部门的相关信息刊物采用。

90年代中期，湖北成套局贯彻落实设备成套管理局印发的《关于加强设备成套系统政务信息及宣传工作的几点意见》，进一步建立健全了信息报送机制。在信息内容上，注重短、平、快的"小信息"与有情况、有分析的"大信息"相结合，加大调研成果的分量，努力挖掘具有一定深度和较高质量的综合性信息。这一时期，为适应设备成套工作深化改革的需要，还加强对兄弟省市区设备成套、招标工作信息的交流，把外省有价值的信息通过《湖北设备成套工作简报》及时向省委、省政府和省综合管理部门反映报送，同时也把湖北的做法交流出去，取长补短、互通情况，以增强信息的流通和共享效果。

"2000年全国成套系统信息工作会议暨中国招标投标网新闻发布会"于2000年6月在北京召开。会后，局领导确定专人负责信息工作。当年底，湖北成套局下放地方管理。2001年，为拓宽信息收集渠道，局以各业务处室为依托，建立健全了全局信息采集报送网络；2002年修改完善了《湖北省机械设备成套局政务信息采编和报送工作规则》，对政务信息工作标准、内容、责任及考评等方面做了具体的规定，对信息采编报发的时效、质量也做了明确的要求。这一时期，政务信息报送数量逐年增多，信息质量也有所提高。据不完全统计，2001年至2006年，湖北成套局共向国家经贸委和省委、省政府、省经贸委、省计委等上报政务信息30余条，其中国家经贸委采用1条，省委、省政府采用5条，省经贸委采用2条，省发改委采用1条。

六、提案办理

长期以来，成套局从未办理过人大代表建议或政协委员提案。2006年，湖北成套局在争取招投标管理职能的过程中，其部门地位和影响逐步扩大。当年3月，接到省政府办公厅、省政协办公厅交办的《关于政府在招标中应加强知识产权保护的建议》的政协委员第36号提案，作为承办牵头单位，局领导高度重视，明确专门处室负责这项工作。经办人员周显发、方龙瑶按照办理提案的程序和方案、原则和要求，主动与湖北省知识产权局沟通协商，多次与提案委员交流情况，虚心听取意见，在此基础上，依照国家和省现行招投标及知识产权方面的政策法规，形成了具体的办理意见（答复稿），随后及时答复提案委员，同时按规定程序分别上报省政府办公厅和省政协办公厅。

当年12月31日，省政协九届四十九次主席会议审议通过了关于表彰省政协九届四次会议以来优秀提案的决定，湖北成套局、湖北省知识产权局承办的第36号提案获2006年度优秀提案，该提案有关内容如下：

第36号　关于政府在招标中应加强知识产权保护的建议

提案者：省民建

承办单位：省成套局、省知识产权局

主要建议：招投标当事人应当重视和加强知识产权保护；在招投标过程中应当注意加强商业秘密的保密工作；招投标文件中应明确规定保护知识产权的法律约束条款；在签订的委托合同中应明确规定知识产权归属；在科研开发委托合同中，可采用归委托方所有、归委托方和受托方共同所有、归受托方所有三种知识归属方式；优先采购含有本国自主知识产权的货物、工程和服务。

办理情况：主办单位省成套局汇总了会办单位知识产权局的意见，对建议分别进行了答复。拟在规范性招标文件和投标文件中，增加类提案建议所表述的约束条款，并在规范性招标中增加知识产权的申请权、所有权、实施权和涉及知识产权的违约责任以及争议解决的途径等内容。

七、史志编修

1983年，根据机械设备成套管理局关于编纂中国设备成套史略的通知要求，湖北成套局成立由项钦长、何金文、张秀琴等人组成的写作专班，历时6个多月，完成了《湖北省机械设备成套工作史略》（1959—1982）的编纂工作，共二章、七节，约18000字。同年12月报送成套管理局。这是湖北成套局成立以来，第一次以史略形式记载湖北设备成套工作的发展历程。

1987年，省计委、省城乡建设厅主编，湖北人民出版社出版发行的《当代湖北基本建设》

一书，选用了《湖北省机械设备成套工作史略》部分史料，约1400字。

1989年《湖北年鉴》创刊。该刊是湖北省人民政府主管、湖北省地方志办公室主办，《湖北年鉴》编纂委员会编纂的大型综合性、资料性省情政刊。1989—2006年，湖北成套局共向《湖北年鉴》提供综合信息类文稿128条，约40000字，主要反映当年湖北设备成套与招标工作的发展进程和重大事件，着重记载设备成套与招标工作的新变化、新进展、新成效，为省委、省政府和社会各界了解和研究湖北成套与招标投标工作提供依据和参考。

八、设备成套宣传

（一）内部简报

1976—2006年间，湖北成套局为适应每个时期中心工作的需要，先后创办了多种内部简报，为宣传设备成套、扩大成套招标影响起到了积极作用。1976—2006年湖北成套局内部简报见表12-3。

表12-3　1976—2006年湖北成套局内部简报一览表

创刊时间	刊物名称	发送范围	备注
1976年	《成套反映》	设备成套主管部门、省有关部门及生产企业	不定期刊物，重点反映成套工作中存在的困难和问题
1979年	《产品动态》	各业务处室	刊载内容以机械产品知识为主，重点介绍产品的结构、性能、型号及命名方法，包括订货技术条件、注意事项等
1983年	《成套反映》更名为《湖北成套工作简报》	设备成套主管部门，省委、省政府及省直有关部门，各省市区成套局	综合性简报，原则上每月一期
1984年	《产品动态》更名为《机械产品动态》	省机械工业厅，机关各业务处室，并与部分省市成套局交流	每月一至二期，更名后首期刊登的内容为：1983年湖北机械设备优质产品名单
1985年	《经济信息择编》	省机械工业厅，省物资厅，局领导和机关各处室	
1994年	《信息择编》	局领导和机关各处室	重点围绕搞活成套、开拓经营选编信息
2000年	《湖北成套工作简报》更名为《湖北成套与招标》	设备成套主管部门，省委、省政府领导，省委、省政府办公厅，省综合管理部门	综合性简报，重点反映招标方面的动态
2006年	《湖北成套与招标》更名为《工作简报》	省委办公厅，省政府办公厅，省纪委监察厅，省直机关工委及省直相关部门	既反映业务工作方面的情况，也反映机关党建和精神文明建设方面的情况

（二）宣传画册与音像宣传

1985年，为适应设备成套工作改革的需要，进一步加大对外宣传力度，以更好地服务国家和地方重点建设项目，湖北成套局首次编印了《湖北省机械设备成套局简介》，该宣传册为彩色印刷，共12页。重点介绍了成套局历史沿革、职责任务、设备成套工作的优势和特点。

2002年，为适应成套招标业务快速发展的需要，湖北成套局编印了《湖北成套招标》宣传画册，共 26 页。内容包括成套招标的宗旨、原则、理念；成套局简介；成套局直属机构（湖北省成套招标有限公司、湖北省投资工程咨询中心、湖北省机电设备成套中心、湖北省工程设备监理中心）简介；组织构架；硬件设施；资质证书；招标流程；代表工程。该画册还附有湖北省委、省政府、省计委、省经贸委领导莅临成套局视察，以及出席成套招标项目开标仪式的照片。

2006 年，湖北成套局以湖北省成套招标有限公司名义编印《湖北招标》宣传画册。该画册突出"公正诚信，规范严谨，优质高效，务实创新"的工作理念，内容包括领导关怀、公司简介、组织构架、硬件设施、资质证书、主要业绩等，附有相关照片 60 余张。

在音像宣传方面，1992 年，湖北成套局与湖北电视台合作拍摄的《前进中的湖北设备成套工作》，首次以电视专题片的形式记录了湖北设备成套工作的发展历程，重点介绍了成套局在国家和地方经济建设中的地位和作用，时长8 分钟。该专题片在同年 11 月 1—4 日湖北成套局发起并主办的"中南六省区设备成套协作会议"上第一次播放，受到与会代表的好评。

2003 年，为加强业务宣传和成套招标形象宣传，湖北成套局与湖北省广播电视局、金维广播电视咨询服务中心、武汉市武昌区湖北省彩电中心再次拍摄成套招标宣传片，时长约 12 分钟，片名为《诚信铸造辉煌——湖北成套招标工作情况简介》，解说词见表 12-4。

表 12-4　电视专题片《诚信铸造辉煌——湖北成套招标工作情况简介》配音解说词

	时长	画面	配音解说词
1	25"	片头(三维动画表现)	随着我国社会主义市场经济体制的逐步建立，招标投标作为"阳光交易"的代名词，已经渗透到经济生活的各个领域，并在社会主义现代化建设和改革开放中发挥着积极的促进作用。
2	45"	省成套局办公楼外景、招标公司标牌、标徽字幕：一、湖北省成套招标有限公司概况	1992 年，湖北省成立设备招标办公室，与省机械设备成套局合署办公，开始在国家及省重点建设项目中推行设备招标制。2000 年 4 月，为了贯彻落实《中华人民共和国招标投标法》，适应经济建设快速发展的需要，经湖北省工商行政管理局批准，成立了具有法人资格、独立行使招标职能的专业招标机构——湖北省成套招标有限公司。
3	100"	证书、网站、网页界面硬、软件设施	公司具有国家有关部门颁发的《机电设备成套甲级资格证书》《建设工程设备招标甲级资格证书》《建设工程土建招标甲级资格证书》《工程咨询甲级资格证书》《技改项目设备招标甲级资格证书》《进口机电产品国际招标资格证书》《政府采购招标资格证书》和《药品招标代理机构资格证书》等资质。建立了"全国常用机电产品""国内外厂商""招标项目档案"等计算机数据库；开发建立了单位局域网，并建有硬件设施完备、功能齐全的开标大厅、电子评标室和会议室，营业场所 3300 平方米。公司高中级专业技术人员占职工总数的 76%，并拥有由省内外 1000 多名专家学者组成、涵盖 34 个专业的评审专家支持系统，能够在较短时间内组织、整合国家级专家力量，确保招标结果的科学性、准确性、公正性和权威性。
4	50"	省委、省政府领导参加招标活动和检查工作的资料、图片	湖北省委、省政府把招标工作作为规范市场秩序、优化湖北经济建设环境、从源头上预防和治理腐败的一件大事来抓。省委副书记、省纪委书记黄远志，省委副书记邓道坤，省委常委、常务副省长周坚卫，副省长任世茂等领导多次到公司检查指导工作。在省委、省政府的关怀和支持下，湖北省成套招标有限公司已成为全省资质最全、等级最高、技术力量最强、设施最完备、管理最规范、业绩最好的招标机构。

	时长	画面	配音解说词
5	150"	一组竣工项目的镜头;政府采购、药品招标的镜头及照片 字幕、模型演示	近几年来,公司先后为武钢、东汽、华新、武汉光谷、湖北双环、省政府办公大楼、湖北新闻出版文化城等460多个建设项目,组织实施国际国内招标960余次,涵盖冶金、机械、电力、交通、石油、化工、轻工、纺织、城建、电子等20多个行业,涉及工程、货物、服务三大领域,累计中标总额达46.5亿元,为省财政和建设单位节省资金6.98亿元,平均节资率达15%。 2002年,共为173个项目实施公开招标219次,中标金额15.44亿元,同比增长134%,为建设单位节省资金2.29亿元,节资率达15%;为44个项目组织机电产品国际招标59次,完成中标3350万美元,同比增长61%,节省外汇743.61万美元,节资率达18%;为12家省、部属医疗机构组织2次药品集中采购,总额达5.9亿元,减轻患者医药费负担1.19亿元,节资率达16.8%。不仅使湖北成套招标工作实现了跨越式发展,而且促进了一批国债项目的建设进度,引进了一批国内外先进技术装备,并在国际跨国公司和沿海发达地区面前展示了湖北的综合实力。华中科技大学PET项目经公司实施国际公开招标,不仅选用了国际一流的产品,节省投资78万美元,而且吸引美国通用公司再次投资300万美元与该校合作,受到国家教育部、卫生部和省政府的好评。
6	50"	法律、规章、制度文件文书	依据《中华人民共和国招标投标法》和《医疗机构药品集中招标采购暂行办法》等有关法律、法规,公司制定了《招标业务监督管理办法》《招标收费管理办法》《专家库管理办法》等规章制度,坚持把公开、公平、公正、诚实信用的招标原则贯穿于招投标交易活动的全过程,使招投标活动形成了法制化、制度化、程序化的管理模式。
7	415"	字幕:二、招标投标活动的主要流程 招标流程逐一演示	接受招标委托。由委托人提供有关项目的审批文件及资金落实情况,经公司综合办公室审核后,双方签订统一式的委托协议书,并留存复印件备查。 编制招标文件。委托协议生效后,公司对编制招标文件要进行统一分类编号,专业人员按照编号及标准文本和格式整理招标资料,规定招标文件必须明确评标标准和评标办法,其商务和技术条款,不得带有倾向性和歧视性,使相关投标人掌握评标依据,公平参与竞争。招标文件初稿完成后,必须交公司综合办公室审查,必要时也可组织专家审定。只有经过审查审定的招标文件,方可复印、发售、归档。 发布招标信息。采取公开招标方式的,必须在相关网站和媒体发布招标公告,注明招标人名称、地址、招标项目的性质、数量、实施地点、招标文件发售时间、地点、售价、投标截止时间及开标时间、地点等;采取邀请招标方式的,需向上级机关备案的必须上报备案,同时须向三个以上具有承担招标项目能力、资信良好的特定法人或组织发出投标邀请函。 发售招标文件。招标文件的发售时间距开标时间最短不得少于20天,严格按照湖北省设备招标办公室批准的《招标业务收费管理》收取费用,不得透露购买招标文件的投标人名称。违反规定的,由上级主管机关纪检部门严肃查处。 组织评标委员会。除国家有关部门有特殊规定的以外,所有招标项目的评标委员会组成专家,必须在纪检、公证人员或业主的监督下,在开标前从公司评审专家库系统中的相关专业项下,以滚动专家身份证号的方式随机抽取。评标委员会除药品集中招标按规定由17人至19人组成外,一般由5人以上单数组成。 投标人投标。投标人按照招标文件要求编制投标文件,对招标实质性的要

续表

	时长	画面	配音解说词
			求和条件作出响应，并在截止时间内、在纪检或公证人员到场的情况下送交投标文件。
			开标。开标活动按照事先审定的方案，在投标文件送达截止时进行。开标前，监标人、纪检、公证人员、业主和投标人要共同查验投标文件的密封情况，并由监标人当场宣布。投标文件的启封，开标一览表的唱读，都配有投影仪、录像或照相现场记录，由投标人、监标或公证人员在开标记录上签字确认。
			询标、评标。在评标委员会推举的一名评标主任委员主持下，评委会依据招标文件规定的评标标准和方法进行评标。如需要投标人对投标文件进行澄清时，可发出通知书询标，但投标人不得对投标文件实质性内容进行修改变更，询标记录必须由评委主任及投标人签字备查。公司参与评标的工作人员无权干预评委会评标、定标工作，也不允许有暗示的言行。评委会审定推荐出中标候选人后，工作人员按规定的统一格式填写评标报告，并由全体评委签字确认。
			定标。招标人按照评标委员会推荐中标候选人的排序确定中标人，除国际招标外，均应选定排名第一的中标候选人，如第一中标候选人因故不能作为中标人，则按排序下推。药品集中招标由评标委员会按得分多少评出候选品种，提交医院选用，经医院确定的候选品种，才被正式确定为中标品种。中标人确定后，按公司统一规定的格式填发中标通知书。
			处理投诉和质疑。投标人可以在网上或以书面形式对招标活动提出投诉和质疑，公司相关部门必须认真受理。如投标人对其解答不服，还可以提交公司的主管部门或政府有关部门仲裁。
			签约和资料归档。中标通知书发出后，公司及时安排招标人与投标人签约，并在十个工作日内将全部招标资料核准无误后整理归档，存入公司局域网。
8	20"	字幕：三、科学有效的监督管理体系	公司建立健全了科学有效的招投标监督管理体系，采取社会监督与内部监督相结合的办法，确保招标活动公平、公开、公正。
9	70"	现场公证、监督、举报信箱；签订责任书；培训工作人员	一是严格执行国务院有关部委的规定，积极争取政府部门的行政监督。在开展招标活动的各个环节，都邀请招标主管机关、纪检监察和公证等部门派员参加，进行现场监督及公证。二是增强招标运作的透明度，主动接受社会的群众监督。公司在招标网站设立了投诉栏目，在办公地点设立了举报信箱，通过媒体向社会公开举报电话，认真受理投标人及社会各界的举报、投诉和质疑。三是认真落实各项规章制度，切实加强内部管理监督。公司各部门年初与纪检监察部门签订《党风廉政建设责任书》，定期开展执法检查，年终严格检查考核，奖惩兑现。
10	55"	公司领导成员的工作镜头；采访招标业主、投标商	湖北省机械设备成套局、湖北省招标办公室是公司的主管部门，按照政企分开的原则，对公司招标活动的全过程进行监督管理，及时防范和纠正问题，避免行政干预、强制服务、违规操作和搞假招标等现象，从源头上遏制腐败问题在招投标活动中的滋生，从根本上保护招、投标双方的合法权益，真正做到组织严密、程序严谨、标准严格、纪律严明。受到国家和省有关部门、建设单位和投标商的一致好评。
11	40"		党的十六大确立了全面建设小康社会的宏伟蓝图。湖北省成套招标有限公司将按照省委关于"湖北经济、政治、文化的发展要力争走在中西部前列"要求，充分发挥招投标机制的作用，为加快湖北传统产业的升级、推进高新技术产业发展，保障重点项目建设，作出新的更大贡献。

(三)新闻宣传

自 80 年代中期以来,湖北成套局一直注重宣传设备成套和成套招标工作。中央和省有关报刊、杂志和广播电视等新闻媒体多次报道湖北成套招标情况见表 12-5。

表 12-5　中央和省有关报刊、杂志和广播电视等新闻媒体宣传报道湖北成套招标情况一览表

(1986—2003 年)

时间	报刊、杂志及广播电台名称	标题	备注
1986 年 12 月 10 日	湖北日报第一版	湖北成套局首次进行专用成套设备招标获得成功	
1986 年 12 月 10 日	湖北人民广播电台新闻频道	打破部门地区界限　我省首次为应城联碱厂所需专用设备实行招标竞争	
1990 年 11 月 30 日	中国物资报头版头条	中央与地方联手保重点　国家物资部对湖北省两项重点工程所需材料、设备实行联合供应总承包试点	两项重点工程系荆襄大峪口、大悟黄麦岭矿肥结合工程
1993 年 5 月 22 日	湖北日报	三峡工程陈家冲变电所设备在汉招标	
1993 年 5 月 22 日	宜昌日报	陈家冲变电所揭标平顶山开关厂夺魁	
1993 年 9 月 27 日	中国三峡工程报第一期	全心全意为三峡工程服务　三峡工程第一标招标成功	
1993 年 10 月 27 日	湖北日报	湖北成套局装备重点项目有新招　招标节省资金 670 余万元	
1994 年 12 月 6 日	中央电视台新闻联播	三峡工程陈家冲施工变电站一次性投入运行成功	
1995 年 2 月 7 日	中国商报头版头条	湖北机械设备成套局面向市场　设备招标规范化　后期服务标准化	
1995 年 3 月 2 日	中国物资报头版头条	深化成套改革　推进设备招标——湖北成套局坚持主渠道地位辟新路	此篇报道得到内贸部马毅民副部长的好评
1996 年 6 月 8 日	中国物资报	湖北一批重点项目建成投产	
1997 年 3 月 18 日	中国物资报第四版	湖北"成套"搞招标多方受益	
1998 年 5 月 22 日	湖北日报	省政府首次进行政府采购购 14 辆公务用车节省 51 万元	
1998 年 5 月 22 日	湖北电视台新闻频道	我省首次实施政府采购获得成功	
1998 年 6 月 7 日	人民日报	节约行政开支消除腐败现象　湖北推进政府采购制度	
2000 年 10 月 3 日	湖北日报	办好民心工程富民工程德政工程　我省提前实现"村村通"	
2001 年 2 月 8 日	中国商报第一版	湖北成套局把"标"做深做宽	
2003 年 4 月 23 日	中国新闻出版报第一版	出版文化城建设优质便捷堪称一流	该项目所需国内设备均由湖北成套局实施国内公开招标采购
2003 年 10 月 26 日	中国招标杂志	坚持理论学习　突出发展主题	

表 12-6　单位局域网硬件配置表

序号	设备名称	型号规格	单位	数量	单价（元）	金额（元）	备注
1	网络服务器	TBMNetfinity3000-81U PIII650/ 128M/ 2*9.1G SICI/ 支持 1 个 CPU/ 带 100M 服务器网卡/15 " 显示屏	台	1	23000	23000	双硬盘做成硬盘镜像以便灾难时恢复系统
2	处室工作站	联想同禧 100 6C/ 663/ 64M/ 10G/ D/S/F/14 " /手写板	台	14	6000	84000	多媒体、手写板
3	机房网管站	联想同禧 500 PIII/ 800/ 64M/ 20G/ D/S/F/ 15 " /手写板	台	1	8000	8000	管理网络、高速、大硬盘、手写板
4	处室工作站打印机	联想 Z32 COLOR A4 1200*1200 7 页/分 USB 及并行接口	台	14	900	12600	各处室用
5	激光打印机	HP LASERJET 6L A4 6 页/分	台	1	3200	3200	网络共享
6	机房扫描仪	联想 USB1200 A4 1200*600 USB 接口	台	1	750	750	局内公用
7	外置式光盘刻录机	HP—9200E 8X	台	1	3100	3100	网络各种数据备份
8	计算机不间断电源	山特 UPS IKVA 15 分钟 后备式	台	2	1200	2400	服务器及网管各一
9	工作站以太网卡	台湾 D—LINK DFE530 10/100M	台	15	180	2700	各工作站用
10	交换机	台湾 D—LINK 10/100M 16 口*RJ45	台	3	3000	9000	
11	网线	美国 LUCENT 超五类 非屏蔽	箱	7	600	4200	
12	配线架	美国 LUCENT 超五类 24 口	台	2	1400	2800	
13	模块	美国 LUCENT 超五类	个	43	80	3440	
14	单孔面板及盒底	美国 LUCENT 超五类	个	43	25	1075	
15	水晶接头		个	180	1.5	270	4 个/每点
16	跳线	3M（43 根）/5M(2 根)	根	45			
17	布线铺材	PVC 线槽（无毒、阻燃） 膨胀螺栓 墙钉				1500	
18	调制解调器	联想 射雕 56K 外置	台	1	560	560	加装于网络服务器
19	电信一线通	ISDN 手续 及终端	套	1	1700	1700	上网
20	机柜		台	1	1800	1800	
21	硬件费用总和					166095	

表 12-6　单位局域网软件配置表

序号	设备名称	型号规格	单位	数量	单价	金额（元）	备注
1	网络服务器操作系统	MS Windows NT Server 4.0 中文版	套	1	—	—	网络公司刻录提供
2		MS Service Pack Server 4.0 中文版	套	1	—	—	网络公司刻录提供
3		MS Windows NT 4.0 Option Pack 中文版	套	1	—	—	网络公司刻录提供
4	信息服务器	MS Internet Information Server 4.0 中文版	套	1	—	—	网络公司刻录提供
5	数据库管理服务器	MS SQL Server 7.0 中文版	套	1	—	—	网络公司刻录提供
6	数据管理平台	Lotus Domino/Notes 5.0 中文版	套	1	—	45000	购买或委托开发定制及订制数据库
7	办公自动化系统	东大阿尔派 Universal Office V3.5 中文版	套	1	—		
8	工作站操作系统	MS Windows 98 第二版（中文版）	套	1	—	—	网络公司刻录提供
9	办公用集成软件	MS Office 97 中文版	套	1	—	—	网络公司刻录提供
10	浏览器	MS Internet Explorer 5.0 中文版	套	1	—	—	网络公司刻录提供
11	电子邮件	MS Outlook Express5.0 中文版	套	1	—	—	网络公司刻录提供
12	杀毒及备份软件	Norton 群件（中文版）	套	1	—	—	网络公司刻录提供
13	专用杀毒软件	瑞星（中文版）	套	1	—	—	网络公司刻录提供
14	代理服务器	Wingate 3.0	套	1	—	—	网络公司刻录提供
15	网页制作工具	Front Page 98（中文版）	套	1	—	—	网络公司刻录提供
16	文件传输	Cute FTP	套	1	—	—	网络公司刻录提供
17	计算机管理	新电脑工具箱（WinZip/WinAnts 等）	套	1	—	—	网络公司刻录提供
18	软件费用总计					45000	

九、单位局域网建设

湖北成套局于2000年9月成立单位局域网筹建小组，当年底局域网正式建成投入使用，承办单位为武汉英华系统集成有限公司。

在网络功能上，单位局域网的建成实现了各终端用户之间的数据及信息的传输，即通过内部电子邮件在机关各处室间交换办公所需的各种文档、报表、图片等资料，并在局域网内部网页上发布单位公共信息；实现硬件、软件、数据资源的共享；快捷方便地实现办公流程自动化，满足日常办公、招标投标、业务、财务和人事管理的需求；局域网接入因特网实现了网络报送材料的需求。通过电信一线通及其终端设备，在代理服务器软件的支持下，局域网内各计算机均可在网络服务器的控制下，拨号接入互联网，通过对用户权限设置，满足局内不同处室上网的要求。局域网硬、软件配置见表12-6。

第二节 房产管理与经营

湖北成套局地处湖北省武汉市武昌区中北路28号，具体位置见图12-2。

图12-2 湖北成套局地理位置图

湖北成套局的房产管理工作先后由局办公室、行政处、综合处具体负责。房地产管理的主要工作是：负责新建楼房的前期准备及设计、施工、验收、工程结算等工作；负责房屋的产权、产籍管理，以及办公楼、职工住宅的调整、分配、维修和日常管理工作；负责单位的住房制度改革工作；负责水、电、暖气等公用设施的维修和管理，以及职工生活用电用水抄表收费工作；负责机关招待所、职工食堂经营及管理工作；负责局大院环境卫生、绿化及安全保卫工作；负责局办公、生活区域有关管理工作。

一、基本建设

湖北成套局历史上进行过三次基本建设。第一次基本建设是1964—1966年。1964年，湖北成套局改为厅（局）一级机构后，经国家计委、一机部成套总局批准，湖北成套局投资兴建五层工字楼住宅一栋，建房地址位于武昌傅家坡武珞路255号，建筑面积1899平方米。随后，又在原址与武汉市人民银行合建五层宿舍、营业厅一栋，建筑面积1047平方米，同时自建食堂、车库一栋（平房），建筑面积450平方米。上述项目于1964年初动工兴建，1966年底全部竣工，建筑总面积为3396平方米。湖北成套局傅家坡武珞路255号住宅平面布置见图12-3。

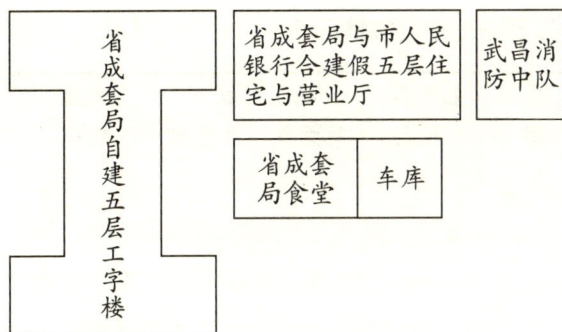

图 12-3 湖北成套局傅家坡武珞路 255 号住宅平面布置图

1968 年 9 月湖北成套局撤销后，该房产资源由湖北省革命委员会收回统一划拨。

第二次基本建设是 1972 年至 1975 年。1972 年 12 月，经湖北省革命委员会批准，将湖北成套局改为湖北省革命委员会物资局设备成套局，隶属湖北省物资局领导。当时经湖北省计委批准，湖北省物资局兴建职工住宅楼三栋，建筑面积为 4400 平方米，其中 2 室厅、2 室半厅一栋，3 室 1 厅一栋，4 室 2 厅一栋。该项目于 1974 年竣工交付使用。当时调配 3 室 1 厅的三套宿舍给成套局，同时分给成套局一栋四层住宅楼（1991 年湖北成套局将其加固加层为六层），即武昌水果湖北环路 15#、16#、17# 三个门栋，建筑面积为 3513.6 平方米。

第三次基本建设是 1976—1999 年，即湖北成套局现有办公及生活区域的建设。1975 年，根据国务院有关文件精神，湖北省革命委员会将成套局从湖北省物资局划出，恢复为省一级厅（局）。为适应湖北设备成套事业发展需要，经成套总局、湖北省计委批准同意，修建办公楼（含车库）一栋，食堂及锅炉房一栋，宿舍楼二栋（甲型五层住宅楼、乙型五层住宅楼）。该项目 1979 年竣工验收，1980 年投入使用。负责此次基建的专班由副局

长范景新、司友三，办公室副主任邵天心、朱克难，王春庭、李国俊、武满如、汪杏琴、盛道轩、寇学东等组成，寇学东作为甲方代表负责对外联络。

1987 年修建丙型住宅楼一栋。1998 年，为解决职工住房紧缺的实际困难，经湖北省计委、湖北省行管局批复同意，拆除食堂及锅炉房，与湖北省计委、湖北省投资公司合建丁型八层钢混结构住宅楼一栋，1999 年竣工。

为解决局宜昌办事处的办公及住宿用房，湖北成套局于 1992 年在宜昌市西陵得胜街 81 号购买 A 栋房产 314.42 平方米（湖北兴龙房地产开发有限公司开发销售）。第一层商业门面面积为 50.7 平方米，第二层办公室面积为 107.44 平方米，第二、第三层同面积、同结构住房两套，面积共计 156.14 平方米，其中按房改政策将第三层住房一套出售给本局职工，建筑面积为 72.46 平方米。现有房产 241.96 平方米，产权证：宜昌房权证西陵字第 0013006 号。

湖北成套局现有办公楼及职工住宅楼，其平面示意图见 12-4，详细情况见表 12-7。

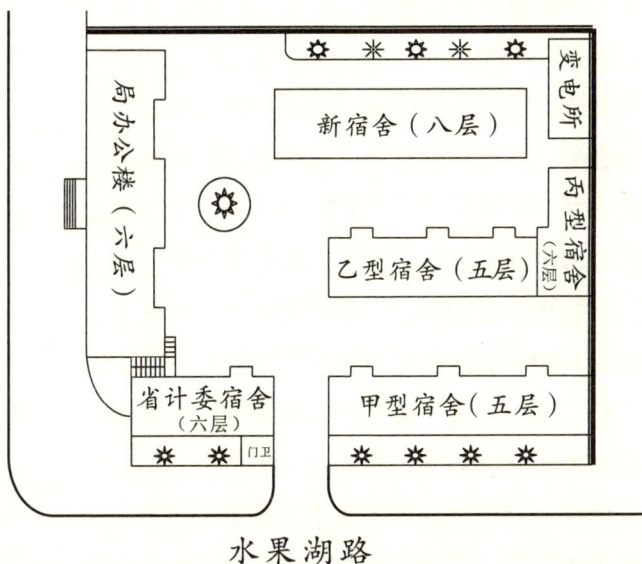

图 12-4 湖北成套局办公大楼及住宅楼平面示意图

表 12-7　湖北成套局现有办公楼及职工住宅楼情况表

项目名称	房产地址	批准部门	开、竣工时间	投资额（万元）	建筑面积		房屋结构
					总面积	总套数	
北环路六层住宅楼	武昌水果湖北环路	省计委	1973—1975	–	3513.6m²	–	砖混结构
办公大楼（含车库）	武昌中北路28号	成套总局、省计委	1976—1979	102	3452m²	–	钢混结构
甲型五层住宅楼	武昌水果湖路1号	省计委	1976—1979	–	3403.6m²	30	砖混结构
乙型住宅楼	武昌水果湖路1号	省计委	1976—1979	–	2853.18m²	30	砖混结构
丙型六层住宅楼	武昌水果湖路1号	省计委	–	–	1518.12m²	–	钢混结构
办公大楼转角门面	武昌中北路28号	武昌区规划局	1988	–	70m²	–	–
丁型八层住宅楼	武昌水果湖路1号	省计委	1998—1999	–	6398.48m²	40	钢混结构
原宜昌办房产	宜昌西陵区得胜街81号	–	1992年购买	–	241.96m²	3	钢混结构
备注	1.办公大楼及住宅楼总建筑面积为21208.98m²；2.办公大楼长54m，宽10.3m，高23.3m；3.局大院占地面积为8664m²，计13亩。						

二、住房分配

1980年以后，国家对成套部门的财政拨款逐年递减。进入90年代，干部职工的工资、医疗费等全部依靠自身创收解决，故职工住房欠账较多。虽然1985年以后逐步建造住房，并对原有住房进行改造扩建，但由于资金不足，建房数量、扩建规模有限。总体而言，绝大多数职工的住房都是70年代末、80年代中期建成的，房屋面积偏小，室内结构也不合理。

在住房分配上，1979年之前，干部职工的住房分配和调整主要由局领导层决定，后勤管理部门具体实施。80年代中期以后，随着职工宿舍的扩建、新建，凡本局干部职工，均可申请住房和调整住房。为保证分配基本合理，尽量做到公平、公正、公开，期间局多次成立住房分配领导小组，组长由一名副局长担任，小组成员由人事、机关党委、工会、业务、后勤管理部门的代表参加。分房小组在参照其他省直单位的基础上，结合本局实际，将申请住房职工按照困难户、无房户分类，以及工龄、职务、局龄长短排队，制定出分房综合打分办法，经分房小组研究，报局党组审议后公布分配名单，接受全局职工监督。组织实施工作由行政管理处室负责。

1986年至2000年，共分配调整住房130多户次。

三、房屋及公用设施修缮

1995年前，职工住房管理和公用设施维修带有很强的福利色彩。职工住房维修基本由公家负担，包括户内水电维修、门窗玻璃更换等均由公家负担，每年平均维修费都在5万元左右，且呈逐年增加态势。随着住房制度的改革，1996年，局出台了相关管理办法，对职工宿舍、集体宿舍的分配、管理、收费方法等作了明确规定，内容较为具体，共 16 条。2001 年，局又制定了更为具体的房产管理及公用设施维修管理办法。该办法规定：房屋自用部位和自用设备，包括水、电、气户表以内的管理和自用阳台，其维修费用全部由住户自己负担；住宅的共用部位，包括楼盖、屋顶、梁、柱、内外墙体和基础、外墙面、楼梯间、走廊通道等，以及住宅的共有设施设备，包括上下水管道、落水管、供电干线、共用照明、暖气干线、水泵房、消防设施等，由公家负责维修。

2001 年，结合职工住房调整和配合住户装修，对部分宿舍的上下水管及公用设施进行了更新和维修，处理了因房屋交接产生的遗留问题，缓解了新老住户之间的矛盾，使绝大多数搬迁职工从中受益。

为维护公共环境和秩序，保障住户的安全，2002 年根据国家有关法规政策，针对少数住户装修中存在的安全隐患，对住户室内装修作出明确规定：住户装修不得对房屋的内外承重墙、梁柱、板、阳台进行违章凿、拆、搭、建，也不得占用或损楼梯、通道、屋面、平台等公用设施及场地。

四、水电管理

（一）供电设施

1983 年以前，湖北成套局的办公用电和职工生活用电，接在武昌区中北路的供电线路上，变压器为 50KVA。由于当时电力供应紧张，实行限电供应，给干部职工正常办公和生活带来极大困难。后经成套局多方努力，省市有关部门领导出面协调，1985 年初成套局用电正式并入水果湖省直机关专用供电网，安装有 1 台 160KVA 变压器和 4 面低压配电柜，供院内 1 栋办公楼（部分为招待所）和 4 栋宿舍用电。进入 90 年代，随着办公和生活条件的逐步改善，用电负荷不断增加，供电矛盾十分突出，夏季电压很低，空调不能正常启动，线路经常跳闸。

1998 年 4 月，湖北成套局邀请湖北省水电暖供应中心技术部专业技术人员现场勘察，经测算：成套局办公楼用电负荷约 100KW（共有各种空调 56 台），宿舍楼用电负荷约 440KW（110 户，每户平均 4KW），计算负荷共计 540KW，需要系数取 0.6，同时系数取 0.8，功率因素取 0.9，总用电量应为 540 × 0.6 × 0.8 ÷ 0.9=258kVA，配电房应安装 315KVA 变压器，低压配电柜及部分出线也需要相应改造。估计费用为 42.25 万元，其中增容费 32.25 万元。

当年初，湖北成套局向省计委报送了《关于恳请解决省成套局所需电力增容资金的报告》。同年 12 月 3 日，省计委以鄂计资函〔1998〕第 341 号文下达成套局 1998 年基建投资计划 35 万元，专项用于低压配电改造。

1999 年，湖北省水电暖供应中心对成套局原有供电设施进行了改造，安装 315KVA 变压器 1 台（湖北二电机厂生产，1999 年 6 月出厂），低压开关柜 4 面（武昌电控设备厂生产，型号为：PGL2–04E；PGL1–27；PGL2–29；PGJ1–1）。同时对部分出线进行了更换，整个改造支出约 30 万元。

2004 年，为解决配电房通往办公大楼的电缆透水问题，将原 50 截面的电缆更换为 95 截面的电缆。2005 年，由于老干部活动室、二楼开标大厅、六楼办公室安装大功率空调，致使 ABC 三项用电不平衡，电缆负荷增大、发热，当年 7 月，由湖北省水电暖供应中心施工，另增设一条武汉电线厂生产的 70 截面的电缆，长度 170m，规格型号为 VV 3 × 70＋1 × 35。

（二）水电费收缴

80 年代至 90 年代，湖北成套局多次修订出台水电计量管理办法、水电费收缴制度，并定期对用户的计量装置进行校验（不合格的更换新的计量装置）；建立水电管理台账及月报制度；对个别私自拆动电表、水表结构的及时进行处罚。

为进一步加强局办公和职工宿舍的水电管理，2001年3月制定出台了《关于加强局职工宿舍水电卫生收费及管理的通知》，同年8月，又印发了《关于进一步加强局职工宿舍水电管理的补充规定》。与此同时，对全局生活区域供水供电系统进行了全面改造和维修，为甲、乙、丙型宿舍和北环路宿舍更换了供电线缆和120套电表空气开关，配备给每户（套）的电表和空气开关可通过的负载电流为40A，可以满足住户的用电需要。还更换了60多套水表和表前阀，安装了65盏感应路灯，解决了宿舍楼道和公共区域的夜间照明，同时也改善了夜间治安条件。

在水电费收缴方面，规定各住户应在每月25日前将本户水电表当月截止数抄录在门前登记表上，以便行政管理部门人员抄录。对未按规定抄录的，则预扣100千瓦时电、50吨水的费用作为当月消耗，多扣部分在每年年底结算。从2001年3月开始，行政管理处室每月通过局微机网络公示各住户当月水电消耗及收费情况，并公示未按规定抄录当月水电表截止数的住户（人员）名单。

五、住房制度改革

1988年2月，国务院印发《关于在全国城镇分期分批推行住房制度改革的实施方案》，1991年6月，国务院又发出《关于继续积极稳妥地进行城镇住房制度改革的通知》，1994年7月，国务院下发《关于深化城镇住房制度改革的决定》。住房制度改革的目的是改实物分配为货币化分配，逐步实现住房商品化、货币化、社会化。湖北成套局根据国务院文件精神，严格按照湖北省直机关住房制度改革办公室的具体部署，结合成套局住房的实际情况，积极稳妥地进行住房制度改革。

湖北成套局住房制度改革始于1992年，当年成立了由办公室、人事、纪检、工会、财务等部门负责人组成的局房改领导小组，日常组织落实工作由办公室负责，寇学东、徐英侠先后担任住房分配货币化具体操作员。

湖北成套局住房制度改革初期的做法是实行公房调租补贴，即依据有关规定将租房租金由角调到1～1.50元/平方米。由于成套局的租房是1992年前的旧房，故租金调到1.00/平方米元，同时给职工核发补贴。从1993年1月开始，局建立个人住房基金，实行公积金制度，按照"个人存储、单位资助、统一管理、专项使用"的住房公积金原则，由单位按职工个人工资额5%的比例缴纳，单位按等额补贴存入职工个人账户，归职工个人所有，主要用于建房、购房。职工离退休后连同本金、单位补贴一并发放给职工本人。

1993年以后，根据省政府和省直机关住房制度改革办公室的统一部署和安排，采用房改标准价向房改成本价过渡，进行公有住房出售。在个人志愿原则下，职工一户可购一处公有住房，享受房屋部分产权。对所购住房，属新建住房按本身造价、征地、拆迁补偿费计价，其他公用设施、建筑税不计；属1992年9月前建的住房按旧房计价，单元套间住房每平方米不低于120元，上、下可浮动15%（由房产权单位决定），一次付清房款可优惠，但不低于20%，各类住房价格均可按地段、结构、朝向、楼层等增减调节。在住房标准上，依据规定，按职务分为厅（局）级为130平方米/户；处级为100平方米/户；科以下为75平方米/户，独生子女为80平方米/户，超规定的面积按市场价计算，职工工龄从参加工作时开始到1992年9月为止，离退休职工按离退休办手续止；丧偶职工按职工生前工龄计算。

从1998年开始实行按房改成本价购买公用住房，同时取消按房改标准价出售公用住房，将房改标准价改为房改成本价，并在武汉市房产交易中心办理《房产所有证》《土地使用证》，职工享受住房所有权、处分权，随时可以进入房产市场交易。对已售给职工的标准价的住房，还按规定补足30%或40%差价房款。

2000年10月，省政府办公厅印发了《湖北省直单位进一步深化住房制度改革实行住房分配货币化实施方案》（鄂政办发〔2000〕第194号），该方案主要内容是：停止住房实物分配，不断完善住房公积金制度，建立职工住房补贴制，逐步实行住房分配货币化。

2003年，根据省政府办公厅鄂政办发〔2003〕第65号文《关于印发在汉湖北省直机关职工住房分配货币化实施意见的通知》和湖北省直机关住房制度改革办公室鄂直房改办〔2003〕第32号文件政策规定，湖北成套局建立了职工住房档案，按职级职工补贴分类，开展了各项基础工作，并将计算核定的住房补贴情况向全局公示九天，在此基础上报经湖北省直机关住房分配货币化领导小组审核批准，为全局在编在册的48名干部职工发放了住房补贴，共计补贴住房面积1524.0264平方米，补贴资金849526.02元，其中补贴离退休职工住房面积359.9164平方米，补贴资金236881.16元。

截至2004年底，全局共计出售住房124套，出售面积（室内面积）12025.67平方米，具体情况见表12-8。

表12-8　湖北成套局房改售房情况一览表

房改售房	甲型宿舍	乙型宿舍	丙型宿舍	丁型宿舍（新八层）	北环路宿舍	合计
套数	29	26	13	21	35	124
面积（m²）	3108.26	2402.14	940.01	2681.43	2893.83	12025.67
未房改套数	1	4	8	二	4	17
面积（m²）	137.94	380.12	395.63	二	244.21	1157.9

六、机关招待所

1984年，湖北成套局在甲型、乙型住宅楼腾出3套住房，作为机关内部接待所用。刚开始几年以接待散客为主，1986年以后以包房形式为主，年收入在10万元左右，这是最早的湖北成套局机关招待所的雏形。

进入90年代，为适应改革发展的需要，湖北成套局提出"在立足主业的前提下，充分利用局所处的地理位置优势，压缩办公用房，开办招待所"的经营思路。1991年，局投资10万多元，将办公楼南边1楼部分用房，2至5楼的文体活动室和会议室等，改造装修成客房。1992年，经武汉市武昌区特种行业管理部门批审核准，湖北成套局机关招待所正式挂牌成立并对外营业。林美成、李国俊、夏学良先后担任招待所所长。

1993年1月，湖北省物价局派员来局实地查看，同年2月6日，该局以鄂价函〔1993〕第6号文，对湖北成套局机关招待所客房的收费标准作出具体批复，招待所收费标准见附表。湖北省物价局同时明确附表所列收费标准为中准价，招待所可根据季节和客源情况向上浮动20%，下浮不限。湖北省成套局机关招待所客房收费标准见表12-9。

表 12-9　湖北省成套局机关招待所客房收费标准表

房间类型	客房面积（m²）	房间床位（张）	收费标准（元/间）	客房设施及用品
单人间	13	1	25	卫生间5平方米、抽水马桶、浴盆、冷热水、暖气、空调、沙发、写字台、镀铬折叠椅、彩电、闭路电视、席梦思床
双人间	13.5	2	38	卫生间3平方米、冷热水、淋浴、暖气、沙发、写字台、镀铬折叠椅、彩电、闭路电视、一米高低架棕床、空调
三人间	16	3	48	卫生间3.5平方米、冷热水、淋浴、暖气、沙发、写字台、镀铬折叠椅、彩电、闭路电视、一米高低架棕床、空调
四人间	18	4	30	公用卫生间、冷热水、淋浴、暖气、沙发、写字台、镀铬折叠椅、黑白闭路电视、一米高低架棕床
五人间	25	5	32.5	公用卫生间、冷热水、淋浴、暖气、沙发、写字台、镀铬折叠椅、黑白闭路电视、一米高低架棕床
三室一厅双人间	14	2	22	8平方米会客厅1间、4.5平方米卫生间、暖气、沙发、写字台、镀铬折叠椅、黑白闭路电视、一米高低架棕床
二室一厅三人间	14	3	30	8平方米会客厅1间、4.5平方米卫生间、暖气、沙发、写字台、镀铬折叠椅、公用浴室、彩电、闭路电视、高低架一米棕床

1997 年，湖北成套局对招待所 1995 年至 1996 年财务收支、经营效益、资产状况进行了审计核实：招待所固定资产总额为 195821.40 元，其中包括局占用固定资产 76594 元，累计折旧 53299.10 元，拥有固定资产净值 142522 元。

1998 年，局成立房产处，进一步加强和改进了招待所的管理和服务工作，到 2003 年 11 月 28 日停办为止，6 年间共计创收 996652 元。

从 1992 年正式成立到 2003 年停业 12 年间，湖北成套局招待所多次被武昌区特种行业管理办公室评为"安全旅店"。

七、临时商业门面

1993 年 3 月，经武汉市规划土地管理局武昌分局批准，湖北成套局在办公大楼前建商业门面 170 平方米，同年 4 月验放红线、灰线，年底建成投入使用。房屋结构为砖瓦结构。所建房屋地处城市规划红线以内，占用土地在成套局持有的武汉市房地产管理局 1988 年 6 月所发武房地昌字第 1255 号《武汉市国有土地使用权证》划定的范围内，建筑正规齐正。湖北省成套局办公楼商业门面见图 12-5。

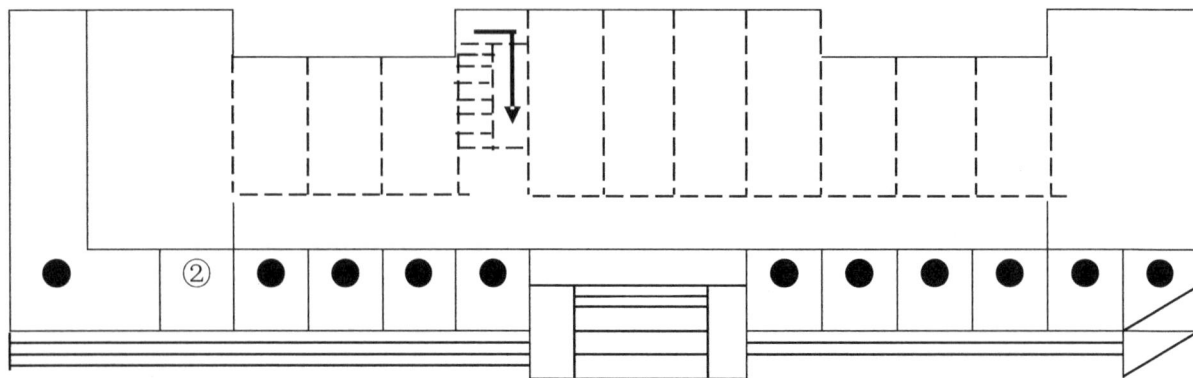

图 12-5　湖北省成套局办公楼商业门面示意图

2006 年初，湖北成套局拟建湖北省综合招投标中心开评标大楼。同年 8 月 7 日，武汉市城市规划管理局以武规函〔2006〕第 117 号函批复：同意湖北成套局办公楼改造加层，建筑高度控制在 50 米以内。因前期地质勘探需要，该商业门面随后全部撤除，并对各承租户进行了合理补偿。

临时商业门面建成 12 年来，每年收入保持在 40 万元左右，其收入在弥补成套局因事业经费拨款不足这方面起到了一定的补充作用。

第三节　职工生活与福利

一、职工食堂

1964 年之前，湖北成套局没有单独食堂，干部职工先后在湖北工业厅、建工厅食堂就餐。

1965 年开始自办食堂，食堂有炊事员 2 人，有标准餐厅，可容纳 60 余人同时用餐。厨房有较好的自然通风装置和排烟条件，食堂布局做到生进熟出，生熟分开，卫生条件良好。

70 年代末，局办公及生活区域建成后，1980 年局着手食堂开业前期工作，1981 年初正式营业。食堂负责人为夏学良，配备炊事员 2 人（其中 1 人获得高级厨师证书），以后又增加到 4 人，其中常年聘用临时工 2 人。

食堂设对内、对外 2 个餐厅，设立主食库、副食库，并设男女更衣室。食堂占地面积约 300 平方米；食堂配备有和面机、绞肉机、打蛋机、面包烘箱、冰柜等炊事设备。湖北成套局食堂平面布置见图 12-6。

食堂建立之初，湖北成套局对职工食堂提出了"面向业务、面向职工、热忱服务"的 12 字要求，并规定每天早餐花样 2 至 3 个品种，烙、蒸、煮、煎、炸、烤等经常变换，中、晚餐不少于 3 个品种。

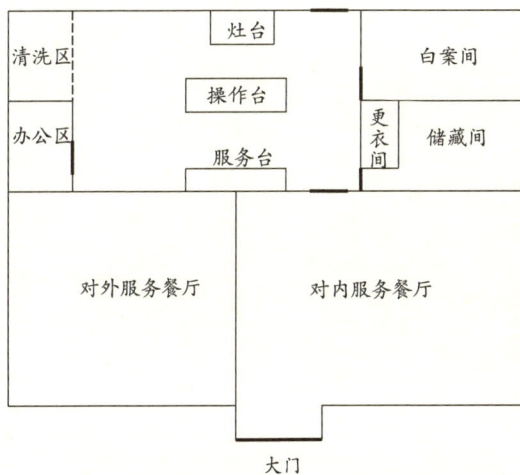

注：粗实线表示该处有门

图 12-6　湖北成套局食堂平面布置示意图

随着招待所的开办，进餐人员逐年增多，为进一步提高饭菜质量和服务质量，加强成本核算，保证质价相称，更好地为干部职工和外来客人服务。从 1985 年开始，食堂实行按月营业额承包经济责任制，承包范围包括：食堂临时工工资、炊管人员奖金、设备维修费、劳护用品费、电话费、小型炊餐具购置费、卫生用品费、办公用品费、房屋维修费、临时工暂住费等 12 项。

食堂自开办以来，一直坚持为患病的职工做有营养的病号饭。从1989年开始又代为职工中午蒸饭、加工主副食等，尽可能为大家谋福利，方便干部职工。

90年代中期，为深化机关后勤工作改革，1994年12月湖北成套局党组决定停办食堂，随后引进社会餐饮竞争机制，由外单位整体承包经营。

1998年，为建丁型八层住宅楼，食堂及锅炉房拆除。

食堂成立14年来，严把食品加工、销售等各个环节的卫生关，没有发生食物中毒等事故。

表12-10　1981—1994年湖北成套局机关食堂营业额及节余额情况统计表

年份	营业额(元)	节余额(元)
1981 年	5377.20	53.40
1982 年	7931.16	705.00
1983 年	8732.90	872.00
1984 年	14463.33	1446.00
1985 年	16996.86	1670.00
1986 年	24064.68	674.22
1987 年	40842.79	3557.83
1988 年	72583.14	7763.00
1989 年	85370.58	9887.53
1990 年	99311.66	10537.43
1991 年	115739.73	10029.40
1992 年	157176.82	15723.62
1993 年	205311.57	10924.68
1994 年	166463.85	32881.37
总计	1020366.27	106725.48

二、公共澡堂

为解决干部职工洗澡难问题，1986年在职工食堂旁进行了扩建改造，建成了局内公共澡堂，建筑面积（含锅炉房）约180平方米，安装两台0.3蒸吨生活锅炉及水处理设施，供澡堂、开水炉、食堂使用。1987年新建取暖系统，向招待所、办公大楼供暖。

局内公共澡堂地面铺设马赛克，墙壁贴瓷砖，配套建有更衣室、衣物存放柜，淋浴设施齐全。每年11月1日到次年4月1日为局内公共澡堂开放期，具体开放时间是每周六下午四点至七点。局内公共澡堂开放期间，由办公室明确专人管理。司炉人员持证上岗。

由于锅炉房位于生活区内，其燃烧排放的烟尘给周边环境造成一定影响，局内公共澡堂及锅炉房于1992年停用。

1998年，公共澡堂及锅炉房拆除。

三、冬春供暖

1992 年 4 月，经省政府办公厅有关领导同意，湖北省行管局将湖北成套局干部职工的冬春办公和生活取暖纳入省政府的供暖管网。由于成套局地处暖网末端，供暖效果可能较差，局领导经过权衡利弊，最终还是决定加入省政府供暖专网。同年 6 月，湖北省水电暖供应中心派员现场勘察，随后提出供暖方案。整个供暖工程的设计、施工均由湖北省水电暖供应中心负责。暖气管道设计是并联的，采用上等优质的镀锌管。由于成套局不属于省政府序列单位，湖北省水电暖供应中心收取供暖调试费 5 万元。整个供暖施工安装经费约 30 万元（含暖气片）。

在供暖收费上，根据 2003 年 4 月鄂政办函〔2003〕第 37 号文件规定，省直单位个人采暖用户由现行按套内使用面积收费改为按套内建筑面积（房改面积）收费，收费标准由过去 4 元/平方米提高到 5 元/平方米；省直单位集中供暖的办公用房按建筑面积 5 元/平方米的标准收取采暖费；对非省直单位用房按套内建筑面积 15 元/平方米成本价收取采暖费。据此，2004 年 1 月，湖北省水电暖供应中心核定湖北成套局冬春采暖面积及收费标准见表 12-11。

表 12-11　湖北成套局冬春采暖面积及收费标准情况表

楼别	核定面积（m²）	取暖标准
办公楼	2254.68	5 元/平方米年
甲型宿舍楼	2817.66	5 元/平方米年
乙型宿舍楼	2088.32	5 元/平方米年
丙型宿舍楼	1147.95	5 元/平方米年
丁型八层宿舍楼	5004.56	5 元/平方米年
北环路宿舍楼	2710.38	5 元/平方米年

四、煤气安装

1995 年武汉市管道煤气输送系统开始向水果湖地区延伸时，由湖北省计量局配合武汉市煤气公司负责该项工作。由于当时气源不足，供气户数有限制，只能先解决水果湖地区部分住宅居民用气。为了方便干部职工生活，减轻人工换气的劳动强度，湖北成套局多次与湖北省计量局和武汉市煤气公司联系，最终在第一批供气指标中调剂 120 户给成套局。当年 11 月，武汉市煤气公司所属施工队进场施工，1996 年 1 月底竣工验收并交付使用。共安装煤气表户 79 户，其中甲型宿舍 30 户，乙型宿舍 30 户，丙型宿舍 19 户，每户开户费用为 2200 元，整个管道煤气工程共计投资近 25 万元。

1997 年，根据湖北省机关事务管理局的统一规划，为北环路住宅楼安装管道煤气，煤气安装及管道费近 10 万元。

第四节　治安保卫与防火安全

70 年代中期,湖北成套局印发了机关保卫的五项规定,强调要做好保卫工作,尤其是节假日的值班保卫工作,严格防范办公室被盗、火灾、泄密等事件的发生。80 年代初期,局办公地点从洪山路搬迁中北路新址后,湖北成套局建立值班室,实行干部轮流值班制度,并要求值班人员填写《湖北省机械设备成套局值班日志》,夜间值班还应进行巡逻,以便发现问题及时处理。同时强化要害部位的管理,重点做好机要室、财务室、食堂、车库、油库、配电房的安全保卫工作。80 年代末期,落实湖北省人大常委会颁布的《湖北省机关、团体、企事业单位治安保卫工作条例》有关规定,不断加强和改进单位的治安保卫工作。期间,曾多次安排干部夜间轮流值班,看守停放在局大院的中转待发运的国家指令性汽车;并更换了过去传统的消防沙、消防水龙带、泡沫式灭火机等防火装置。

90 年代初期,认真贯彻中共中央、国务院 1991 年 2 月 23 日颁发的《关于加强社会治安综合治理的决定》和省委、省政府有关文件精神,于 1992 年底制定了《湖北省机械设备成套局治安保卫工作管理办法》(试行)。为适应当时社会治安形势的要求,建立局治保队,各处室明确一名同志为治保队队员,治保队队长由兼职保卫干部乔治担任。治保队对保证单位内部治安安全、稳定发挥了一定作用。

进入 21 世纪,湖北成套局深入贯彻中共中央《关于进一步加强社会治安综合治理的意见》,落实新修订的《湖北省机关、团体、企事业单位治安保卫工作条例》有关规定,按照"管好自己的人,看好自己的门,办好自己的事"的要求,不断强化"人防、物防、技防"措施,切实承担起减少违法犯罪、维护治安和社会稳定的整体责任。2003 年初,在公安机关的指导和社区的协助下,湖北成套局和物业公司按要求建立了治保消防机制,并于当年 3 月 12 日在局大院举办了《消防法》学习宣传活动,对用电、煤气使用,易燃易爆物的处理以及如何使用消防器材、如何自救等问题进行了讲解、演练和现场模拟培训。

2006 年,为贯彻落实省委、省政府关于做好处置突发事件工作的有关文件及指示精神,湖北成套局成立了处理突发事件协调领导小组(领导小组下设办公室),制定印发了《湖北省机械设备成套局系统处置突发事件工作预案》(鄂成办〔2006〕第 30 号),该预案内容包括:适用范围、组织领导及工作职责、突发事件处理原则、突发事件处理程序、各项措施落实、责任追究、善后工作和其他事项。湖北成套局突发事件处理程序见图 12-7。

2000—2006 年,湖北成套局多次被武昌公安分局评为单位内保先进单位。

```
┌─────────────────────────────┐
│        干部 24 小时值班         │
└──────────────┬──────────────┘
               │
               ▼
┌─────────────────────────────┐
│   值班人员第一时间报告协调小组办公室    │
│   协调小组办公室人员快速赶到现场      │
│   实施生命第一的自救和预处理        │
└──────────────┬──────────────┘
               │
               ▼
┌──────────────────┬──────────────────┐
│  协调小组办公室人员    │  需公共救助迅速报告相关   │
│  判断突发事件类型性质   │  部门并申请救助       │
├──────────────────┴──────────────────┤
│         报告局协调领导小组             │
└──────────────┬──────────────────────┘
               │
               ▼
┌─────────────────────────────┐
│   协调领导小组成员迅速赴现场指挥救助    │
│   在公共救助部门帮助下消除或控制突发事件  │
└──────────────┬──────────────┘
               │
               ▼
┌─────────────────────────────┐
│   视突发事件具体情况及时向领导和省政府处置突 │
│   发事件领导小组报告            │
└──────────────┬──────────────┘
               │
               ▼
┌─────────────────────────────┐
│        做好善后处理工作          │
└──────────────┬──────────────┘
               │
               ▼
┌─────────────────────────────┐
│  分析查找原因，认真总结经验教训，进行整改   │
│  和责任追究，提出工作改进建议        │
└─────────────────────────────┘
```

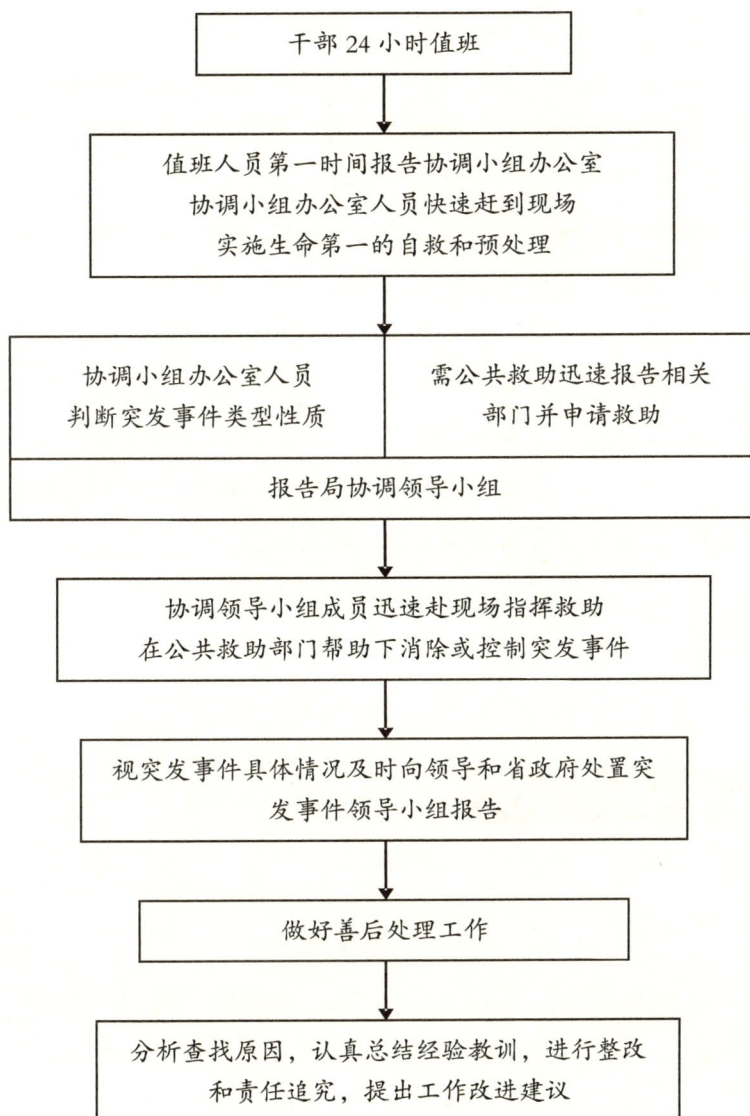

图 12-7　湖北成套局突发事件处理程序图

第五节　绿　化

自 1981 年全国五届人大四次会议作出《关于开展全民义务植树活动的决议》以后，湖北成套局每年都按照湖北省直属机关绿化委员会（简称省直绿委）的安排，开展义务植树活动。

1989 年以前，省直机关绿化地点不固定，当年冬，省直机关绿委与省绿委、洪山区协商，将武汉市东郊花山镇和九峰乡等十一座荒山划为省直机关义务植树基地，总面积为 3866 亩。根据省直绿委的划分，湖北成套局编入综合（计委）系统，绿化地点为洪山区九峰乡石门山。为加强管理，湖北成套局与综合（计委）系统签了责任状，并投入部分管理资金，以当地林场、村为依托实施共建管理的办法，即单位承包山头，当地实施管理。这样既有利于栽管结合，又使经常性的护林管理工作得到了落实。据统计，1995—2006 年 12 年间，全局累计出车 91 台（次），出勤 250 人（次），义务种植树木 7000 余株，树木的存活率、保存率均达到规定的标准。2000 年 2 月 22 日，省直绿委印发

了《关于表彰湖北省直属机关 1989—1999 年度植树绿化先进单位和先进工作（生产）者的决定》（鄂直绿字〔2000〕第 2 号），湖北成套局桂绍勇被授予"湖北省直属机关 1989—1999 年度造林绿化先进工作（生产）者"荣誉称号。

湖北成套局在完成基地绿化的同时，按照"点要精、线要荫、面要绿、立体垂直结合、消灭可绿旷地"的总体要求，抓好单位和宿舍区的绿化建设。通过多年的努力，局院落基本达到了"春有花、夏有荫、秋有景、冬有青"的绿化标准。

第六节　机动车辆管理

1964 年湖北成套局改为一级厅（局）后，当时只有 1 辆美式吉普车。1972 年设备成套机构重建，设立二级局，湖北省物资局调配日本

丰田小轿车 1 辆。1976 年恢复一级厅（局）后，随着业务工作不断发展，机动车辆随之增加，到 1985 年底，全局共有车辆 5 辆，见表 12-12。

表 12-12　湖北成套局购车配车情况表（截至 1985 年 12 月底）

序号	车名	国别、型号	牌号	购进时间	金额（元）
1	丰田	日本、工具车	17—06673	1980 年 9 月	22281.60
2	丰田	日本、轿车	17—03421	1975 年 12 月	29560.95
3	北京	中国、吉普	17—06330	1980 年 8 月	15969.00
4	伏尔加	苏联、轿车	17—13350	1984 年 12 月	30357.19
5	拉达	苏联、轿车	未上牌照	1985 年 11 月	24437.57

1986 年以后，为保障公务用车和离退休老同志用车的实际需要，又陆续报经省直机关小汽车定编办公室批准，增加车辆编制，并对部分车辆进行报废和更新。截至 2006 年底，局系

统共有各类机动车辆 12 辆（不含省政府采购中心），其中商务车和旅行面包车各 1 辆、别克轿车 5 辆、本田轿车 1 辆、红旗轿车 1 辆、桑塔纳轿车 3 辆。

70年代至80年代，车辆和司机都由办公室负责直接管理。90年代中期，湖北成套局于1994年在办公室成立汽车队，严学东、胡新亮、于德发先后担任车队队长。

车队工作职责是：根据局制定的车辆管理办法，按照"先急后缓、先长途后短途、先市外后市内、先接待后自用"派遣原则，合理、科学地调度车辆，保证各项工作正常需要；贯彻执行城市和公路交通管理规则，加强对驾驶员安全行车和职业道德教育，确保车辆安全行驶；按单车建立台账，做好行驶里程、油耗、车辆维护、保养、运行等情况记载工作，并定期检查、分析、讲评、考核；负责各类车辆附带资料、备件和各车加油卡的保管，按交管部门规定按时完成年检及驾驶员的年审工作；负责车辆维修、审核报销，参与车辆报废、更新和购置等工作。

车队管理：从1985年开始，实行按"用车申请单"派遣，即各种车辆外出执行任务，必须按派车单规定的时间、路线行驶。1994年车队成立后，仍沿用用车申请单派遣这一做法，驾驶员每次出车完毕，按规定填写当日行车记录（包括起止地址、起止公里数、实际公里数），交队长签字备查。1998年，随着全局目标责任制的推行和内部机制改革的深化，局实行"省成套局车辆使用券"。2002年为简化手续，方便管理，局取消"车辆使用券"，用车继续实行用车申请单。车队在每月末将当月用车申请单汇总交财务处核算。2005年，为保障业务用车，试行将部分车辆下放业务处室管理，车队只负责局领导、管理处室和两个中心的用车。2006年，为进一步加强局系统车辆和驾驶人员管理，理顺用车单位和驾驶人员劳资关系，按照"用工明确、管理归口、使用顺捷"的原则，湖北成套局决定将局机关与成套招标有限公司的用车分开，车辆具体划分如下：

1. 局机关用车5辆：即W1261（广州本田）、W1262（别克君威）、W2947（别克君威）、W2185（别克商务车）、W2186（别克君威），车辆调度和管理均由局机关车队负责。

2. 湖北省成套招标有限公司用车7辆：即W3269（别克君威）、W3257（别克君威）、W3257（别克君威）、EN913（桑塔纳3000）、U3770（红旗）、U5800（桑塔纳2000）、UI782（桑塔纳2000）、U3787（沈阳金杯面包车），车辆调度和管理均由公司车队负责。

局系统如有重大集体活动或因特殊情况需要用车，由局办公室统一安排调度。公司如有急需使用局机关车辆，办公室优先安排调度。

当年，湖北成套局还对已聘用的9名驾驶员的思想、工作、作风等表现情况进行了考核测评，采取自愿报名、双向选择的办法，重新履行聘用手续，并签订聘用合同。

车辆驾驶员管理：1994年车队成立后，多次修订完善《湖北省机械设备成套局车队驾驶员管理试行办法》，同时坚持每月一次安全活动日制度。在日常管理上，要求驾驶员必须做到：严格遵守国家、省和武汉市有关交通安全管理的各项规则，服从交管人员的指挥；奉行"安全第一、服务至上"的宗旨，遵守局各项管理制度，严格按规定的时间、线路行驶，圆满完成出车任务；严禁出私车，严禁酒后开车或开疲劳车，严禁将汽车交给他人驾驶；按要求填写当日行车记录，车辆完成行驶公里数应与用车申请单汇总数相一致。

车辆维修保养：制定车辆维修保养管理制度，要求驾驶员必须熟悉所驾驶车辆的技术性能，能排除一般故障，勤擦洗、勤保养，保持车辆的清洁（包括车内、车外和引擎的清洁）；出车前，要例行检查，确保车辆的转向、制动、灯光、喇叭、雨刷器、轮胎等安全部件性能良好；新车必须按规定的公里数进行走合保养；车辆行驶15000千米应进行二级保养（以紧固和润滑为主）；车辆行驶50000千米，应进行三级保养（总成解体，清除隐患为主），并执行二级保养。

车辆维修由车队填写车辆维修申请单，报办公室领导和分管局长审批后，送定点厂家修理。

第七节　物业管理

随着招标业务的快速发展，开标评标任务十分繁重，为了更好地服务招投标主体各方，维护局正常的办公和生活秩序。2003年湖北成套局引进物业管理，与武汉富丽达物业管理有限责任公司签订了物业服务合同，合同内容包括甲乙双方的权利及义务、保洁服务作业规程和标准以及服务费用等。

物业服务范围包括：1. 办公楼公用部分、局领导办公室、开标室、评标室、会议室、1到6楼公共走廊及卫生间、大院日常保洁和周期性保洁；2. 办公楼和局大院的值班保卫服务；3. 绿化养护。

经双方协商，服务周期以12个月为一个周期。

13

第十三章

人 物

本志人物由人物传略和人物表两个层次构成。据不完全统计，1959至2006年47年间，在湖北成套岗位上工作过的约210余人次。他们恪尽职守、不辞辛劳、殚精竭力，全心全意为国家和省重点项目建设服务，将自己的青春年华和聪明才智献给了湖北设备成套和招标事业。

>>>>

第一节　人物传略

刘　学

刘学，男，汉族，河北省无极县人，1915 年 12 月出生，1936 年 10 月加入中国共产党。

1937 年"七七"事变后，在地下党秘密组织武装中，遇到了缺少武器的困难。刘学作为无极县基干队班长，担起了制造长矛大刀及枪炮任务，他研制成功的榆木头土炮，为杀伤敌人发挥了一定作用。

1938 年，党组织派他到北方分局党校深造，翌年任无极县 4 区宣传委员。同年 8 月，莱芜县正式成立，他担任工区区委书记。在 1940 年 8 月的百团大战和反击敌人的大扫荡中，他率领民兵武装埋地雷、设路障、毁公路、砸电杆、拆电线，经过敌修我毁，反复周旋 40 多天，破坏了敌人的交通及通讯联络，有力地配合了前方抗战。

1941 年初，刘学调任县委敌工部长和城工部长。面对敌人的"三光"政策和残酷环境，他和县委一班人，昼伏夜出，经常出没在沟壑纵横、碉堡林立的敌占区，分化瓦解敌人，并对死心塌地为日寇卖力的汉奸骨干进行坚决的镇压。是年冬，敌人悬赏 300 块大洋为代价通缉刘学，企图铲除他们的心腹大患，但是在群众的看守下，刘学得以保护。

1947 年，刘学担任藁城县委书记。他带领全县人民医治战争创伤，恢复家园，整顿党的组织，健全民主政权，开展土地改革运动，为藁城县的革命建设和经济建设付出了大量的心血。

新中国成立后，刘学历任安徽徽州专区公安处长、地委副书记、冶金部哈尔滨有色金属公司一公司经理、武汉钢铁公司副总工程师、焦化厂党委书记、公司副经理等职。1958 年毛主席视察武钢时，他受到了毛主席的亲切接见，并陪同毛主席视察武钢。

1964 年，刘学调到湖北省直部门工作，先后担任湖北省机电设备成套局局长、湖北省革命委员会物资局副局长、湖北省革命委员会机械设备成套局临时党委书记、局长。"文化大革命"中受到错误批判。在主持湖北成套局工作期间，他团结班子成员，带领全局干部职工认真贯彻落实党和国家关于设备成套工作的方针政策，为国家和湖北的重点建设项目组织设备成套和技术服务，保障了一批重点项目按期建成投产，发挥投资效益。1975 年湖北设备成套工作全面恢复后，他积极争取国家主管部门、省领导和省市有关部门的支持，及时启动了局办公楼和宿舍楼基地建设，并于 1980 年建成投入使用，为干部职工创造了良好的工作和生活条件，为湖北设备成套事业长远发展奠定了坚实的基础。

1979 年 12 月因病逝世。

刘贺先

刘贺先，男，汉族，河北省滦南县青坨营镇高狗庄人，1921年3月出生，1944年1月加入中国共产党。

1942年开始在本村任农会主席，抗联主任，进行抗日活动；1944年元月加入中国共产党，在本县五区历任区长、区委书记；1947年代理县长兼公安局长；1949年3月南下，同年11月任广西南宁地区永淳县县委副书记、县长，后调任武鸣、龙州、钦州专属公安处处长、地委委员；1954年7月调武汉冶金建设总公司任保卫处处长、武钢公安处处长、武钢焦化厂党委书记。

1964年任湖北省机电设备成套局副局长。1975年任湖北省革命委员会机械设备成套局临时党委副书记、副局长。"文化大革命"中受到错误批判。在成套局工作期间，他一直分管业务工作，根据国家不同时期的设备成套工作方针，主持制定了一系列湖北设备成套的管理制度。1975年湖北成套局恢复一级厅局后，由原来专门组织国家项目的设备成套，发展到组织以省内资源为主的地方项目的设备成套。为提高地方项目的设备成套工作水平，1796年，他主持起草了《湖北省地方项目设备成套工作管理办法》。同时，他还经常带领项目、产品主管人员，深入到项目单位实地调研，向国家和省有关部门提出了不少有价值、有份量的意见和建议，其中有的建议引起国家机械设备成套总局和省领导的关注和重视。为湖北设备成套事业的发展作出了贡献。

1978年8月因病逝世。

司友三

司友三，男，汉族，1925年12月生于山东淄博。1945年8月参加八路军，同年11月加入中国共产党。

革命战争年代，司友三先后在东北热辽军区22旅4团9连、东北独立3师、东北11纵队33师担任班长、排长、政治指导员、青年科长、区队长、团政治处主任。1946年在赤峰四道沟阻击战中，他身负重伤，坚持不下火线，受到战区部队通令嘉奖；1947年在辽沈宁义县北票战役中，因作战英勇立功受奖；1948年在辽沈战役中，他右脑和左眼部被敌人子弹击中，身受重伤不离战场，被战友强行抬下阵地，因医疗条件有限，当时右脑部的弹片未能取出，直至1993年去世时，右脑部还残留着战争年代留下的弹片。

新中国成立后，司友三积极参加军队的革命化、现代化、正规化建设。1952年在广州军区第一速成中学学习，1958年在长沙军事政治学校学习。

1964年12月，司友三从部队转业到湖北经济战线工作，先后担任湖北省财贸政治部办公室副主任，湖北省应城化工厂副指挥长，湖北省革命委员会机械设备成套局副局长、临时党委委员、湖北省机械设备成套局党组成员、副局长、顾问。在湖北成套局工作期间，他坚持学习，政治立场坚定；爱岗敬业，任劳任怨；团结同志，关心下属；长期分管行政后勤工作，对自己要求严格，生活朴素，始终保持了革命军人的优良传统和本色。

1985年3月离休；1993年6月因病逝世。

王文春

王文春,1931 年 11 月出生,辽宁凌源人。1948 年 6 月参加革命工作,1956 年 12 月加入中国共产党。

1948 年 6 月至 1950 年 12 月,在安东省财政厅制鞋厂、辽宁省本溪县生产管理处兴华铁工厂工作,工人。1951 年至 1959 年 8 月,在辽宁龙井发电厂、开山造纸厂工作,工人、班长、计划员。1959 年 9 月至 1962 年 7 月,在北京轻工业学院化机系学习,调干生。1962 年 8 月毕业后回开山造纸厂工作,历任技术员、车间党支部书记。

1967 年 7 月至 1986 年 8 月,历任湖北化纤厂设备科长、副厂长、党委书记。在任该厂党委书记期间,正值国家大力发展以合成纤维为主体的各类纤维抽丝工业。1982 年,湖北扩建粘胶长丝分厂,建设规模为年产粘胶长丝 2000 吨,投资 8300 万元。其间,他带领班子成员紧紧团结和依靠全厂干部职工,充分调动大家的积极性和创造性,克服各种困难,加快工程建设进度,并充分利用已有的能源动力设备、工艺技术力量和交通运输条件,确保了该项目 1985 年 9 月按期建成投产,从而缓和了湖北粘胶长丝数量、品种的需求矛盾。

1986 年 9 月至 1992 年 3 月,任湖北成套局党组书记、局长。这一时期,他认真贯彻全国设备成套工作会议精神,积极探索湖北设备成套工作的改革,把"加强服务"作为业务工作的指导思想,着力抓好"二汽"、"武钢"双四百、荆襄磷矿等一批国家重点项目的设备成套和技术服务工作,同时积极争取省委、省政府和省综合管理部门的支持,开展设备招标试点,并为湖北省设备招标办公室的成立做了大量工作,使湖北成套局成为全国成套系统较早开展设备招标工作的省局之一。

1992 年 3 月离休,2003 年 3 月因病逝世。

第二节 人物表

人物表主要收录曾担任湖北省人大委员和政协常委,以及受到国家部委、国家级行业协会、湖北省委省政府、湖北省直机关工委和湖北成套局党组表彰的先进个人。

因相关文档资料缺失,部分先进人物未能收录。

一、人大委员和政协常委

姓 名	姓别	民族	出生年月	称谓、届别及职务
徐振华	男	汉	1935 年 11 月	湖北省第八届人大常委会代表工作委员会委员
王佑民	男	汉	1945 年 1 月	政协湖北省第九届委员会常委、经济委员会副主任

二、先进人物

（一）获得国家部委表彰人员

表彰时间	姓名	荣誉称号	表彰机关
1995 年 6 月 14 日	詹建文	1995 年度全国设备成套系统有突出贡献的中青年科学、技术、管理专家称号	国内贸易部
2003 年 3 月 3 日	甄建桥	2001~2002 年度工商领域企业固定资产投资项目招标先进个人	国家经贸委

（二）获得省级表彰人员

表彰时间	姓名	荣誉称号	表彰机关
1988 年 7 月	王佑民	优秀下派干部	中共湖北省委
1993 年 3 月	冠学东	优秀工作队员	湖北省农村小康建设工作队领导小组
1994 年 3 月	徐英侠(女)	优秀工作队员	湖北省农村小康建设工作队领导小组
1996 年至 1998 年	李永厚	连续 3 次被评为优秀工作队员	湖北省农村小康建设工作队领导小组
2004 年至 2006 年	罗南庆	连续 3 次被评为优秀工作队员	湖北省农村小康建设工作队领导小组
2004 年至 2006 年	罗 微(女)	连续 3 次被评为优秀工作队员	湖北省农村小康建设工作队领导小组

（三）获得国家级行业协会表彰人员

表彰时间	姓名	荣誉称号	表彰机关
2003 年 11 月	黄仲坚	先进个人	中国机械设备成套工程协会
2003 年 11 月	李卜清	先进个人	中国机械设备成套工程协会
2003 年 11 月	杨昌清	先进个人	中国机械设备成套工程协会

（四）获得中共湖北省直机关工委表彰人员

表彰时间	姓名	荣誉称号	表彰机关
1994 年 4 月	罗南庆	优秀共产党员	中共湖北省直机关工作委员会
1996 年 6 月	汪存林	优秀共产党员	中共湖北省直机关工作委员会
2000 年 6 月	陈娣秀(女)	模范党务工作者	中共湖北省直机关工作委员会
2006 年 6 月	黄礼义	优秀共产党员	中共湖北省直机关工作委员会
2006 年 6 月	杨昌清	优秀共产党员	中共湖北省直机关工作委员会

（五）获得湖北成套局机关党总支表彰人员

表彰时间	姓名	荣誉称号	表彰机关
1988 年 6 月	扈懋绩	优秀共产党员	湖北成套局机关党总支
1988 年 6 月	高焕琴(女)	优秀共产党员	湖北成套局机关党总支
1988 年 6 月	丁才广	优秀共产党员	湖北成套局机关党总支
1988 年 6 月	黄仲坚	优秀共产党员	湖北成套局机关党总支

续表

表彰时间	姓名	荣誉称号	表彰机关
1988 年 6 月	张大华	优秀共产党员	湖北成套局机关党总支
1988 年 6 月	李卜清	优秀共产党员	湖北成套局机关党总支
1988 年 6 月	张维齐	优秀共产党员	湖北成套局机关党总支
1991 年	费玉兰(女)	优秀共产党员	湖北成套局机关党总支
1991 年	熊仕勇	优秀共产党员	湖北成套局机关党总支
1991 年	詹建文	优秀共产党员	湖北成套局机关党总支
1991 年	何源远	优秀共产党员	湖北成套局机关党总支
1991 年	姜铁山	优秀共产党员	湖北成套局机关党总支
1991 年	纪方耕	优秀共产党员	湖北成套局机关党总支
1991 年	夏学良	优秀共产党员	湖北成套局机关党总支

（六）获得湖北成套局党组表彰人员

表彰时间	姓名	荣誉称号	表彰机关
1992 年	熊仕勇	先进工作者	湖北成套局党组
1992 年	陈昌泽	先进工作者	湖北成套局党组
1992 年	寇学东	先进工作者	湖北成套局党组
1992 年	黄汉民	先进工作者	湖北成套局党组
1992 年	夏学良	先进工作者	湖北成套局党组
1992 年	夏福生	先进工作者	湖北成套局党组
1992 年	王明绍	先进工作者	湖北成套局党组
1992 年	柳 坚(女)	先进工作者	湖北成套局党组
1992 年	李国俊	先进工作者	湖北成套局党组
1992 年	史 佳	先进工作者	湖北成套局党组
1992 年	黄安新	先进工作者	湖北成套局党组
1992 年	余继宏	先进工作者	湖北成套局党组
1992 年	严学东	先进工作者	湖北成套局党组
1992 年	胡新亮	先进工作者	湖北成套局党组
1992 年	陈钢红(女)	先进工作者	湖北成套局党组
1992 年	江明枝(女)	突出贡献人员	湖北成套局党组
1992 年	林宝清	突出贡献人员	湖北成套局党组
1992 年	扈懋绩	突出贡献人员	湖北成套局党组
1992 年	何源远	突出贡献人员	湖北成套局党组

表彰时间	姓名	荣誉称号	表彰机关
1992 年	沈以忠	突出贡献人员	湖北成套局党组
1992 年	陈防安	突出贡献人员	湖北成套局党组
1998 年 3 月	杨永康	1997 年度局先进工作者	湖北成套局党组
1998 年 3 月	周显发	1997 年度局先进工作者	湖北成套局党组
1998 年 3 月	刘征南	1997 年度局先进工作者	湖北成套局党组
1998 年 3 月	寇 怡(女)	1997 年度局先进工作者	湖北成套局党组
1998 年 3 月	于德发	1997 年度局先进工作者	湖北成套局党组
1999 年 2 月	姜铁山	1998 年度局先进工作者	湖北成套局党组
1999 年 2 月	黄汉民	1998 年度局先进工作者	湖北成套局党组
1999 年 2 月	李永厚	1998 年度局先进工作者	湖北成套局党组
1999 年 2 月	李义生	1998 年度局先进工作者	湖北成套局党组
1999 年 2 月	胡关荣	1998 年度局先进工作者	湖北成套局党组
1999 年 2 月	夏学良	1998 年度局先进工作者	湖北成套局党组
1999 年 2 月	叶晓莲(女)	1998 年度局先进工作者	湖北成套局党组
1999 年 2 月	余继宏	1998 年度局先进工作者	湖北成套局党组
1999 年 2 月	肖自力(女)	1998 年度局先进工作者	湖北成套局党组
1999 年 2 月	于德发	1998 年度局先进工作者	湖北成套局党组
1999 年 2 月	张 萍(女)	1998 年度局先进工作者	湖北成套局党组
1999 年 2 月	曹智建	1998 年度局先进工作者	湖北成套局党组
2000 年 2 月	刘征南	1999 年度局先进工作者	湖北成套局党组
2000 年 2 月	张大华	1999 年度局先进工作者	湖北成套局党组
2000 年 2 月	张维齐	1999 年度局先进工作者	湖北成套局党组
2000 年 2 月	乔 治	1999 年度局先进工作者	湖北成套局党组
2000 年 2 月	夏学良	1999 年度局先进工作者	湖北成套局党组
2000 年 2 月	万伟林(女)	1999 年度局先进工作者	湖北成套局党组
2000 年 2 月	严学东	1999 年度局先进工作者	湖北成套局党组
2000 年 2 月	姜铁山	突出贡献人员	湖北成套局党组
2000 年 2 月	张维齐	突出贡献人员	湖北成套局党组
2000 年 2 月	闵 洁(女)	突出贡献人员	湖北成套局党组
2000 年 2 月	黄礼义	突出贡献人员	湖北成套局党组
2001 年 1 月	郑远甫	2000 年度局先进工作者	湖北成套局党组
2001 年 1 月	黄汉民	2000 年度局先进工作者	湖北成套局党组

续表

表彰时间	姓名	荣誉称号	表彰机关
2001 年 1 月	张洪泽	2000 年度局先进工作者	湖北成套局党组
2001 年 1 月	张维齐	2000 年度局先进工作者	湖北成套局党组
2001 年 1 月	乔 治	2000 年度局先进工作者	湖北成套局党组
2001 年 1 月	王明绍	2000 年度局先进工作者	湖北成套局党组
2001 年 1 月	于德发	2000 年度局先进工作者	湖北成套局党组
2001 年 1 月	胡振忠	2000 年度局先进工作者	湖北成套局党组
2001 年 1 月	曹智建	2000 年度局先进工作者	湖北成套局党组
2001 年 1 月	万伟林(女)	2000 年度局先进工作者	湖北成套局党组
2001 年 1 月	方 文(女)	2000 年度局先进工作者	湖北成套局党组
2001 年 1 月	陈防安	优秀工作者	湖北成套局党组
2001 年 1 月	肖 晗	优秀工作者	湖北成套局党组
2001 年 1 月	黄汉民	优秀工作者	湖北成套局党组
2001 年 1 月	万伟林(女)	优秀工作者	湖北成套局党组
2001 年 1 月	于德发	优秀工作者	湖北成套局党组
2001 年 1 月	乔 治	优秀工作者	湖北成套局党组
2001 年 1 月	杨昌清	优秀工作者	湖北成套局党组
2001 年 1 月	张 萍(女)	优秀工作者	湖北成套局党组
2001 年 1 月	张大华	优秀工作者	湖北成套局党组
2001 年 1 月	刘征南	优秀工作者	湖北成套局党组
2001 年 1 月	闵 洁(女)	优秀工作者	湖北成套局党组
2001 年 1 月	桂绍勇	优秀工作者	湖北成套局党组
2001 年 1 月	鞠 川	优秀工作者	湖北成套局党组
2002 年 2 月	陈防安	2001 年度局优秀工作者	湖北成套局党组
2002 年 2 月	肖 晗	2001 年度局先进工作者	湖北成套局党组
2002 年 2 月	黄汉民	2001 年度局先进工作者	湖北成套局党组
2002 年 2 月	万伟林(女)	2001 年度局先进工作者	湖北成套局党组
2002 年 2 月	于德发	2001 年度局先进工作者	湖北成套局党组
2002 年 2 月	乔 治	2001 年度局先进工作者	湖北成套局党组
2002 年 2 月	杨昌清	2001 年度局先进工作者	湖北成套局党组
2002 年 2 月	张 萍(女)	2001 年度局先进工作者	湖北成套局党组
2002 年 2 月	张大华	2001 年度局先进工作者	湖北成套局党组
2002 年 2 月	刘征南	2001 年度局先进工作者	湖北成套局党组

续表

表彰时间	姓名	荣誉称号	表彰机关
2002 年 2 月	闵 洁(女)	2001 年度局先进工作者	湖北成套局党组
2002 年 2 月	桂绍勇	2001 年度局先进工作者	湖北成套局党组
2002 年 2 月	鞠 川	2001 年度局先进工作者	湖北成套局党组
2003 年 1 月	吴格非	2002 年度局先进工作者	湖北成套局党组
2003 年 1 月	黄汉民	2002 年度局先进工作者	湖北成套局党组
2003 年 1 月	闵 洁(女)	2002 年度局先进工作者	湖北成套局党组
2003 年 1 月	罗 微(女)	2002 年度局先进工作者	湖北成套局党组
2003 年 1 月	张 萍(女)	2002 年度局先进工作者	湖北成套局党组
2003 年 1 月	肖 晗	2002 年度局先进工作者	湖北成套局党组
2003 年 1 月	陈钢红(女)	2002 年度局先进工作者	湖北成套局党组
2003 年 1 月	于德发	2002 年度局先进工作者	湖北成套局党组
2003 年 1 月	王 刚	2002 年度局先进工作者	湖北成套局党组
2003 年 1 月	定明乾	2002 年度局先进工作者	湖北成套局党组
2003 年 1 月	章 轩	2002 年度局先进工作者	湖北成套局党组
2005 年 1 月	陈防安	2004 年度优秀个人	湖北成套局党组
2005 年 1 月	张洪泽	2004 年度优秀个人	湖北成套局党组
2005 年 1 月	吴东升	2004 年度优秀个人	湖北成套局党组
2005 年 1 月	项 前	2004 年度优秀个人	湖北成套局党组
2005 年 1 月	胡振忠	2004 年度优秀个人	湖北成套局党组
2005 年 1 月	罗 微(女)	2004 年度优秀个人	湖北成套局党组
2005 年 1 月	徐英侠(女)	2004 年度优秀个人	湖北成套局党组
2005 年 1 月	邱浩宇	2004 年度优秀个人	湖北成套局党组
2005 年 1 月	黄礼义	2004 年度优秀个人	湖北成套局党组
2005 年 1 月	朱 浩	2004 年度优秀个人	湖北成套局党组
2005 年 1 月	李启发	2004 年度优秀个人	湖北成套局党组
2006 年 1 月	李卜清	先进个人	湖北成套局党组
2006 年 1 月	胡海滨	先进个人	湖北成套局党组
2006 年 1 月	杨昌清	先进个人	湖北成套局党组
2006 年 1 月	吴格非	先进个人	湖北成套局党组
2006 年 1 月	张洪泽	先进个人	湖北成套局党组
2006 年 1 月	陈防安	先进个人	湖北成套局党组
2006 年 1 月	黄汉民	先进个人	湖北成套局党组

续表

表彰时间	姓名	荣誉称号	表彰机关
2006 年 1 月	乐绍山	先进个人	湖北成套局党组
2006 年 1 月	朱 红(女)	先进个人	湖北成套局党组
2006 年 1 月	闵 洁(女)	先进个人	湖北成套局党组
2006 年 1 月	徐 进	先进个人	湖北成套局党组
2006 年 1 月	桂绍勇	先进个人	湖北成套局党组
2006 年 1 月	于德发	先进个人	湖北成套局党组
2006 年 1 月	周 勇	先进个人	湖北成套局党组
2006 年 1 月	陈钢红(女)	先进个人	湖北成套局党组
2006 年 1 月	李启发	先进个人	湖北成套局党组
2006 年 1 月	刘志学	先进个人	湖北成套局党组
2006 年 1 月	曹智建	先进个人	湖北成套局党组
2006 年 1 月	黎 明	先进个人	湖北成套局党组
2006 年 1 月	项 前	先进个人	湖北成套局党组
2006 年 1 月	鞠 川	先进个人	湖北成套局党组
2006 年 1 月	肖 超	先进个人	湖北成套局党组
2006 年 1 月	陈晓红(女)	先进个人	湖北成套局党组
2006 年 1 月	黄 涛	先进个人	湖北成套局党组
2006 年 1 月	胡颖煊(女)	先进个人	湖北成套局党组
2006 年 1 月	金 鹏	先进个人	湖北成套局党组
2006 年 1 月	王 南(女)	先进个人	湖北成套局党组
2006 年 1 月	邱浩宇	先进个人	湖北成套局党组
2006 年 1 月	薛 飞	先进个人	湖北成套局党组
2006 年 1 月	王 峰	先进个人	湖北成套局党组
2006 年 1 月	汪 红(女)	先进个人	湖北成套局党组
2006 年 1 月	晏明辉	先进个人	湖北成套局党组
2006 年 1 月	张 珺	先进个人	湖北成套局党组
2006 年 1 月	吴咏琴(女)	先进个人	湖北成套局党组
2006 年 1 月	章 轩	先进个人	湖北成套局党组
2006 年 1 月	余 寅	先进个人	湖北成套局党组

2003 年 10 月，省政府决定组建湖北省政府采购中心和湖北省综合招投标中心。2004 年 3 月 15 日，"两个中心"在湖北成套局挂牌成立。"两个中心"的成立，标志着湖北省级政府采购和招投标工作进一步走向规范，同时也为湖北设备成套工作转型发展提供了重大机遇。

>>>>

一、湖北省政府采购中心

2003 年 10 月，按照《政府采购法》有关规定，省政府印发《关于组建省政府采购中心、省综合招投标中心的通知》（鄂政发〔2003〕第 39 号），决定由省政府办公厅负责组建湖北省政府采购中心。2004 年 3 月，省政府采购中心正式挂牌成立，机构定位为直属省政府的副厅级事业单位，省财政全额拨款编制 32 人。人员编制从原省成套局、省财政厅、省机关事务管理局等单位划转。考虑到利用原成套局现有办公场所和人员编制，不新增财政负担，省政府规定省政府采购中心主任参加成套局党组，采购中心党群和后勤由原成套局党组统一安排。成立之初，采购中心设有综合处、采购一处、采购二处 3 个处；综合处主要负责政府采购计划分办、政府采购评审专家抽取、日常事务性工作；采购一处主要负责货物类政府采购项目的实施工作；采购二处主要负责工程及服务类政府采购项目的实施工作。

成立以来的 3 年里，省政府采购中心以"三个代表"重要思想和党的"十六"大精神为指导，深入贯彻《政府采购法》，围绕"抓规范、抓规模、抓队伍"的工作思路，圆满完成了各项政府集中采购任务。政府采购规模和节资率两项指标，由最初 2004 年的 2.3 亿元，节约政府采购资金 2370.5 万元，节支率 10.1%；到 2005 年 8.53 亿元，节约政府采购资金 1.64 亿元，节支率 19.2%；再到 2006 年的 11.2 亿元，节约政府采购资金 2.1 亿元，节支率 18%，逐年递增。政府采购范围不断扩大，由计算机、汽车、办公设备等通用项目，逐步扩展到农村中小学远程教育、电子政务、医疗器械、安全设备、建筑工程等重点领域。

二、湖北省综合招投标中心

（一）沿革

2003 年 10 月 3 日，省政府印发《关于组建省政府采购中心、省综合招投标中心的意见》（鄂政办发〔2003〕第 39 号），决定组建省综合招投标中心，挂靠湖北成套局。

2004 年 1 月 6 日,省编委以鄂编发〔2004〕第 1 号文核定中心为省财政全额拨款事业编制 20 名。内部机构设置综合部、信息咨询部,所需人员从湖北成套局现有在编人员中调配。

2004 年 5 月 17 日,省委组织部印发《关于省政府采购中心、省综合招投标中心干部管理有关问题的通知》(鄂组干函〔2004〕第 109 号),规定省综合招投标中心的干部按省直副厅级事业单位的干部管理体制进行管理。中心设主任 1 名(副厅级)、专职副主任 1 名(正处级)、正处级领导干部数 2 名、副处级领导职数 2 名。主任列入省委管理的干部职务,副主任列入省委委托省委组织部管理的干部职务。内设机构的正副处级干部由湖北成套局党组管理、任免,其中,正处级干部任免由湖北成套局党组按鄂组发〔1996〕第 29 号文件规定,报省委组织部任前备案,经同意后再办理任免手续。

(二)职能

中心是省级货物及服务类招投标的场所,其主要职责是为招投标主体各方和窗口单位提供信息网络服务、技术咨询服务、场所服务和其他相关服务。同时负责对进场交易的招投标相关文件等档案材料的收集、整理、立卷和统一管理,并按规定提供档案查询服务。

(三)主要工作

2004 年 3 月 15 日中心正式挂牌成立,并于 5 月中旬开始在内部试运行,将湖北省成套招标有限公司的货物和服务类招标项目纳入中心交易,年交易额约 10 亿元。

2005 年 11 月 9 日,省政府印发《关于进一步规范省级招投标工作的通知》(鄂政发〔2005〕第 41 号),明确规定凡属国家和省投资的水利、交通、能源、城市建设工程项目,达规模标准的都要进入中心招投标。

2006 年 3 月 1 日中心正式对外运行。9 月 22 日,省政府决定全省医疗机构药品集中招标采购工作由省综合招投标中心具体承担,其他中心不再经办。当年进入中心交易项目 400 个,交易金额 103 亿元,节约资金 6.50 亿元,节资率为 6.31%。

附 录

本志收录了1959—2006年涉及设备成套和
设备招标工作的部分重要文献和资料，按不同
内容归类，以时间顺序列示，供查阅使用。

中共中央文件

中央批转第一机械工业部党组关于成立机电设备成套公司的报告

各省、市、自治区党委；中央各部；国家机关各部、委党组：

第一机械工业部党组 1959 年 1 月 2 日关于成立机电设备成套公司的报告阅悉。中央同意报告中所提成套公司的性质、任务、职权、领导关系等的规定，同意报告中所提各成套公司经理的名单。请即遵照执行。成套公司应立即成立并开始工作。副经理名单责成经委党组商同有关各部决定后通知执行。

中央

1959 年 1 月 2 日

中央：

中央指示我们：第一机械工业部，必须立即着手加强设备的配套工作，重要设备都要逐步作到成套地供给用户，一般的设备和零件配套，也要有着落，第一机械工业部应当尽督促检查之责，以便使新建企业能尽快迅速投入生产，发挥作用。我部党组立即进行了讨论，认为设备配套工作，是当前机械工业的重要任务，必须全力作好这一工作。设备配套工作，除必须从基本建设上、计划安排上、产品分配上、生产组织上等方面保证成套外，还须设立设备成套公司，专门负责设备成套的组织工作。为此，建议在我部设立机电设备成套总公司，在上海、哈尔滨、天津、西安、重庆、汉口、广西、广州等地，设立机电设备成套公司，另在机械工业较多的地区，如太原和沈阳设立分公司，各省、市、自治区可以根据各自需要，设立设备配套的专职机构。至于设立成套公司，或是在机械厅（局）中设立专门处（科）组织，由各省、市、自治区根据具体情况自行确定，报第一机械工业部备案。

各级成套公司的主要任务如下：

一、根据设备成套范围，编制年度和季度的设备配套计划。

二、根据中央安排计划，成套公司有权与生产工厂签订生产合同，与使用单位签订供货合同，负责组织和供给成套设备。

三、检查配套设备安排生产的情况，并督

促交货。

四、按照成套目录（另发），如期、如质、如量地供应成套设备。并按期向省、市主管生产部门、建设部门、计划部门、大协作区办公厅及第一机械工业部提出报告。

五、了解成套目录以外的设备供应情况，及时向建设部门及机械生产部门反映情况。

六、成套公司目前暂时先担负起电站及冶金设备的配套工作，以后应当按季度逐步扩大。但大协作区也可根据其能力，给以适当的临时任务。

成套公司是中央和各大协作区为解决成套设备共同领导的组织。各成套公司除受当地省、市党委领导外，同时、受大协作区与第一机械工业部双重领导，成套公司经理应当经常向大协作区和有关省、市、自治区负责同志汇报工作，遇有困难的时候，由第一机械工业部及大协作区共同协商解决。

成套公司是事业机构，为维持成套公司的开支，它可以提取一定的手续费，但以不超过设备费用的千分之三为宜，由设备的使用部门支付。成套公司具体工作章程将另行拟订报请中央批准再行通知。

成套公司总经理建议由陈易同志（第一机械工业部生产调度局局长）兼任，张凤阳同志任副经理。并请冶金、水利电力两部各派一同志任副经理，以便利于相互监督、共同工作。

各成套公司、分公司经理，我们建议配备如下：（经理副经理人员如地方认为不合适的时候，可以调整）

上海成套公司经理　周保生

哈尔滨成套公司经理　王景荣

沈阳分公司经理　任翼举

天津成套公司经理　白晶新

太原分公司经理　李先钰

西安成套公司经理　蔡增荣

重庆成套公司副经理　陈志远

汉口成套公司副经理　冉法耕

广州成套公司经理　黄枫

成套公司的机构应当力求精简，人员不宜太多。所需干部主要由第一机械工业部在上述地区的销售办事处抽调。同时，为了熟悉冶金和电业方面的业务，便于进行工作，建议从各地的冶金、电业和机械部门也抽调相应的干部，参加成套公司的工作。并请各地从冶金、电站部门各抽调一名公司副经理。各省、市、自治区的成套机构的干部，由自己配备。

为了迅速开展设备配套工作，上述七个成套公司及两个分公司，应当一律于1959年1月10日前组成就绪，并正式开始工作。

成套公司组成后，应当立即进行下列工作：

一、检查1958年冶金设备和电站设备成套情况，并且将不成套的部分，订出措施，促进成套。

二、根据1959年1季度的生产计划，检查主机及配套产品的生产安排情况。

三、立即与生产工厂及使用部门，分别签订合同，将供需关系，固定起来。

四、为配套所需设备，如有未安排的情况，应当立即提请有关部门补充安排。

上述各项工作的进行情况，应当一律于1959年1月底向大协作区和第一机械工业部提出报告。

以上报告，请审查指示。如同意，请即批转各大协作区、各省、市、自治区和中央有关部门。

第一机械工业部党组

1959年1月2日

中共中央文件

中发〔1959〕第 67 号

中央同意第一机械工业部党组《关于加强设备成套工作的报告》

各省、市、自治区党委；国务院各部、委党组：

中央同意一机械工业部党组关于加强设备成套工作的报告，特转发你们，请即遵照执行。

设备成套是一件复杂工作，它已经成为目前我国新建企业能否迅速投入生产的一个决定性的环节。各级党委、各国家机关有关党组都应当切实抓这一工作。

现在我们初步想到的一个企业设备成套的四种内容和四种办法，已各有专门机构负责，并

且指定了总负责人：生产安排成套由第一机械工业部统一安排。至于设备成套的管理工作，则由国家建设委员会统一管理。但将来还可能出现某些设备供应不成套的情况，遇到此种情况时，责成第一机械工业部统一安排，各部有关机械工厂和各地方有关机械工厂，应当接受任务。

附：关于加强设备成套工作的报告

1959 年 1 月 20 日

关于加强设备成套工作的报告

中　央：

设备成套工作，已成为目前新建扩建企业能否迅速投入生产的主要环节，根据中央一再指示，机械工业部门必须立即着手加强这方面的工作。重要的设备都要作到成套地供给新建和扩建企业，以便能够迅速地投入生产，发挥投资效用。一套设备是由许多主机和辅机组成的。这许多主机和辅机，要在许多不同的工厂生产。因此，必须从基本建设规划上、生产计划安排上、生产组织上、产品分配和成套管理上做到合理安排，并且采取各种有力措施，才能保证设备成套。现在将我们的意见报告如下，

妥否，请示。

一、设备成套范围和工作分工

工厂设备大体上可以分为两大类：（一）生产作业线上的设备，是工厂的主设备，（二）起配合生产作用的设备，是工厂的辅助设备。例如冶金工厂的炼铁、炼钢、轧钢等各种设备，即为主要设备。工厂附设的动力站、变电所、修理车间以及工厂本身的交通运输等各种设备，即为辅助设备。成套设备供应的范围，包括这两类设备在内。为了保证新建扩建工厂能够迅速地投入生产，不但要成套地供应上述两类设备；而且还要配齐工厂所需要的各种设备，一

直到一个螺丝钉。这是机械工业生产部门的重要任务，也是基本建设部门的重要任务。

一个工厂所需要的全套设备，是各种各样的，是很复杂的。根据过去几年来的经验，组织设备配套工作，采取统一安排，分工负责，一个单位拿总的办法，是比较适当的。具体地说，一个工厂所需要的设备可以采取四种办法供应：

（一）生产作业线上所需要的各种设备，是工厂设备的主体，包括主要设备，辅助设备和非标准设备。这些辅助设备随着主要设备的特性不同，而有各种不同的特殊要求，必须由机械制造部门配成一套，成套的交给建设单位。这种配套工作，应当由第一机械工业部组织成套公司承担。

（二）工厂设备中除生产作业线的成套设备外，还有各种各样的辅助设备，如水泵、空气压缩机、电动机等。这些设备过去是按照国家物资分配制度申请的，今后仍然应当依此办理。具体办法是：各省、市、自治区所属建设单位向各省、市、自治区机械销售部门申请；各省、市、自治区不能制造的，由各省、市、自治区建设单位汇总向第一机械工业部申请；中央各部直属企业由各部汇总向第一机械工业部申请。

（三）每个工作除标准设备外，还需要有各种非标准设备（包括主要生产线的非标准设备），这些设备一般结构简单，品种较多，每一种需要数量很少，过去多数是由建设部门自己制造，今后仍然应当由建设部门自己制造。建设部门不能制造，而过去又是机械制造部门制造的，则仍然应当由机械制造部门承担。

（四）每个新建厂都需要从市场上采购一些零星设备，如简单的仪表开关等，这些设备过去是由建设单位向商业部门订货或者直接在市场上采购，仍然应当继续维持这种办法。以上这种分工负责的办法是适合我国当前的实际情况的，它既保证工厂设备的成套，又可以使基本建设部门按照工厂的具体情况灵活掌握，不致造成浪费。

为了更好地全面组织设备配套工作，各级的设备成套工作，还需要有一个拿总的部门。我们认为，这个问题在基层应当是工厂建设单位，它的任务是：

（一）根据工厂设计提出设备清单；（二）分别组织订货；（三）催交设备订货、检查设备质量、组织运输等。基本建设单位和机械生产部门在国家基本建设委员会和各省、市、自治区建设委员会领导下进行工作，遇有困难的时候直接向建委请示。如设备供应不足，则请求建委排队。

二、必须立即成立设备成套组织——成套公司

生产作业线上的设备配套是工厂成套的中心环节，是成套工作中最困难、最复杂的部分。为了加强这一工作，第一机械工业部和各大协作区，应当共同成立若干个成套公司，各省、市、自治区也应当设置专门机构。为此我部已经报告中央批准设立机电设备成套总公司，由我部生产调度局局长陈易同志兼任总公司经理；另外在上海、哈尔滨、天津、西安、重庆、汉口和广州等地设立机电设备成套公司；在太原、沈阳设立分公司。各省、市、自治区可以根据各自的需要，设立设备成套公司，或者在机械工业厅（局）中设立专门处（科）。

各级成套公司的主要任务是：

（一）根据设备配套范围，编制年度和季度的设备配套计划。

（二）根据中央安排的计划，成套公司有权与生产工厂签合同，与使用单位签订合同，负责供应成套设备。

（三）检查配套设备安排生产的情况，并督促交货。

（四）按照成套目录如期、如质、如量的供应成套设备。并按期向省、市、自治区主管生产部门、建设部门、计划部门、大协作区办公厅及第一机械工业部提出报告。

（五）了解成套目录以外的设备供应情况，及时向建设部门及机械生产部门反映情况。

（六）成套公司暂时先担负电站及冶金设备的配套工作，以后应当按具体情况逐步扩大。但目前大协作区也可以根据其能力给以适当临时任务。

成套公司是中央和各大协作区为解决成套设备共同领导的组织，各成套公司除受当地省、市、自治区党委领导外，同时受大协作区和第一机械工业部双层领导。成套公司经理应当经常向大协作区和各有关省、市、自治区负责同志汇报工作。遇有困难的时候，由第一机械工业部和大协作区共同协商解决。

成套公司的主要干部名单已经中央批准下达。一般干部可从第一机械工业部在各地的销售机构中抽调一部分解决。各省、市、自治区的成套机构的干部由自己配备。

三、当前设备配套工作中必须解决的几个关键问题

（一）在安排基本建设项目的时候，必须考虑主机、辅机和配件之间的比例关系，照顾到机械工业内部各种产品之间的比例关系。有纲有目，既要突出重点，也要全面安排。从已经安排的一九五九年的基本建设项目来看，生产辅机和配件的工厂少了一些。建议在确定一九五九年的基本建设项目的时候进行适当的调整，以求得生产能力之间的相对平衡。

（二）在生产计划的安排和原材料的分配上，既要照顾主机的生产，又要照顾辅机、配件的生产。今年第一季度原材料的分配多照顾一些主机是必要的，在年度计划中，应予以适当的调整。同时在材料生产上是应当尽量适应机械工业产品的成套性，逐步改变材料品种之间的不平衡状况。

（三）在材料供应和生产计划的安排上，必须照顾建设部门自己制造的非标准设备的材料的需要，必须照顾商业部门为了供应市场的零星设备所需（包括配套所需和修配所需）的材料和生产计划的安排。在这一方面的材料供应和生产计划的安排，应当给以应有的重视。

（四）要把已经转业的生产配件和辅机的工厂进行一次排队，有些还应当同时兼做配件和辅机，有些应当归队，以增强配件、辅机的生产能力，满足配套的需要。近一、二年来，由于工农业高速度发展，有一部分专门生产配件、辅机的工厂，担负了生产主机的任务，减少或者停止了配件、辅机的生产。这样做法是我们提倡过的，也是工业发展中的好现象。但是在配件、辅机工厂没有相应发展的情况下，就会造成机器与配件，主机与辅机之间的脱节现象，目前这种脱节现象是很严重了，应当迅速加以改变，为此我们建议：

（1）凡原来生产配件现在又增加生产新产品的工厂，如北京汽车附件厂，应当继续维持不变，两种产品同时生产，并且尽量增加配件的生产。

（2）几年来，已经由附件厂改为生产主机的工厂，它的专业方向可以不再变动。但这类工厂掌握有生产配件的技术，建议在各省、市、自治区领导下，从中抽调一部分人员，另行建立新的配件厂。

（3）现有的专业配件工厂，如果增加任务时，只能增加配件产品的任务，不能增加其他方面的任务。

（4）原来的专业配件工厂已经转业，目前

又没有适当的工厂可以接它的任务，同时这种配件又非常紧张的情况下，应当坚决归队，重新生产老产品。对此我们另有报告，并提出该类工厂的名单。

（5）原来没有或者很少生产配件的工厂的省市，在那里应当新建这类工厂。

（五）要固定协作关系。为保证配套产品有比较固定的来源，生产主机、辅机及配件的工厂之间，要有固定的协作关系。协作产品应当尽量在一个省、市、自治区或一个大协作区内组织生产，特殊的则在全国范围内协作。为此，各生产主机的工厂，可以根据配套需要，提出辅机配件的协作生产单位，经过上级批准后，正式固定起来。如协作产品在一个省、市、自治区范围内的，即由省、市、自治区计委或机械工业厅（局）批准；如在大协作区范围内的，即由大协作区批准；如在全国范围内的，即由国家计划委员会或第一机械工业部批准。这种生产协作关系既经批准之后，均不得单方面改变。如果一方因为需要而必须改变协作关系时，则应当事先通知对方，准备有计划的变动。

（六）为了充分发挥机械工业的现有能力，促进各省、市、自治区机械工业的发展，增加各省、市、自治区的配套能力，我们想根据各省市、自治区工业基础的不同，实行生产划线，线以上的产品，由中央和大协作区统一安排生产；线以下的产品，由各省、市、自治区就地组织生产。并逐渐缩小线以上产品范围，扩大线以下产品范围。划线的原则为：（1）根据各省、市、自治区工业基础的不同划不同的线；（2）划线基本上根据各省、市、自治区的现有生产能力，但稍加一点勉强。如中央同意，我们即着手拟订一个产品生产划线方案，发给各大协作区、各省、市、自治区征求意见。

（七）各地制造各种配套设备（包括商业部门供应市场的零星设备）的工厂，不论是属于中央的或者地方的，都应当受各省、市、自治区机械厅（局）的统一领导。在全国范围内，则由一机部统一规划机械工业方面的配套制造工作。但是产品配套是一个极其复杂的工作，在各大协作区尚未形成机械工业体系的情况下，必须第一机械工业部与各大协作区共同努力才能完成这一任务。

1959 年 1 月 8 日

国 务 院 文 件

国发〔1974〕第 91 号

国务院批转国家建委、一机部关于加强基本建设项目设备成套工作的意见

各省、市、自治区革命委员会，国务院各部委，总后勤部：

国务院基本同意国家建委、一机部《关于加强基本建设项目设备成套工作的意见》，现转发给你们试行。随着国际、国内大好形势的发展，基本建设任务日益繁重，对基本建设项目需要的

设备，成套地安排制造，成套地组织供应，是保证基本建设项目按计划建成投产的重要环节，是多快好省地进行社会主义建设的一项重要措施。对改进设备订货，促进机械工业发展，具有重要作用。各地区和有关部门要认真总结经验，进一步加强对设备成套工作的领导，按照精兵简政的原则，建立、健全有关部门和省、市、自治区的设备成套工作机构，尽快地把工作开展起来。

1974 年 9 月 27 日

关于加强基本建设项目设备成套工作的意见

几年来，每年都有一批基本建设项目建成投入生产，冶金、煤炭、电力、石油等工业新增生产能力都有较大增长。工业布局进一步改善。当前的主要问题是基本建设战线过长，不少项目建设多年不能及时投产，发挥投资效果。这主要是我们对毛主席关于集中力量打歼灭战的方针领会不深，贯彻执行不力，没有组织好设备成套供应和调剂调度工作。

建设一个现代化的企业，所需要的设备品种繁多，配套复杂。按照现行物资管理体制，要把统配、部管设备和下放机械产品配齐成套，需要做大量的组织工作，需要有强有力的设备成套工作机构。根据多年来的经验，对重点基本建设项目需要的设备，采取成套预安排的办法，成套地安排制造，成套地组织供应，是保证国家重点基本建设项目按期建成投产的重要环节，也有利于机械工业的发展。

根据伟大领袖毛主席"备战、备荒、为人民"，"深挖洞、广积粮、不称霸"的战略思想，贯彻执行鼓足干劲，力争上游，多快好省地建设社会主义的总路线和以"农业为基础、工业为主导"的发展国民经济总方针，坚持独立自主、自力更生、艰苦奋斗、勤俭建国，充分发挥中央和地方两个积极性，加快我国社会主义的建设步伐，对进一步搞好基本建设项目设备成套工作提出如下意见：

（一）国家计划内的基本建设项目，应按照集中精力打歼灭战的原则，组织设备成套生产，成套供应。

（二）基本建设项目设备成套工作，要实行统一计划，分级管理。对国民经济和国防建设关系重大、技术装备复杂的项目，由国家统一组织设备成套供应；其他基本建设项目，按隶属关系，分别由各地区、各部门统筹安排，组织设备成套。实行物资地区平衡的试点地区，按试点办法由地区统一组织设备成套。工业基础薄弱的地区，也可以由国家组织工业基础好的省、市支援成套设备。

国家统一组织设备成套的项目（以下简称国家成套项目），应根据国家长远和年度计划的要求，采取上下结合、综合平衡的办法，由国家计委、国家建委会同一机部商有关部门、地区确定。各有关部门和地区要紧密配合，大力协同，从各方面创造条件，保证国家成套项目尽快建成投产。

国家成套项目需要的设备，首先要核对利用本地区、本部门的库存。按照就地就近组织设备生产和成套供应的原则，先由项目所在地区计划部门和设备成套机构提出在本省、市、自治区安排设备制造的建议；本地区或本部门不能制造和供应不足的设备，由国家组织安排解决。已建立协作区的地区，先由协作区组织设备成套，协作区解决不了的设备，再由全国组织协作。经过综合平衡，统一纳入国家生产、分配计划。

地方组织设备成套的基本建设项目，在国家和地方可能分配给基本建设的设备资源内，由本地区组织设备成套。本地区不能解决的少量关键设备，由设备成套总局帮助安排。

（三）适当扩大设备成套供应范围。为了保证基本建设项目按期建成投产，形成完整的生产能力，除适宜于建设现场自制和向市场采购的设备外，国家成套项目按照设计需要的统配、部管设备（包括各部管理的设备），本部门、本地区不能制造的特殊复杂的非标准设备，原则上应纳入设备成套供应范围。少量的、少数地区难以解决的下放、二类机械产品，也应组织帮助安排。

（四）组织基本建设项目的设备成套，必须有经过审查批准的扩大初步设计的设备清单，扩大初步设计尚未批准的建设项目不安排设备。设计要尽量采用成熟的工艺和标准定型设备，反对贪大求洋。

国家成套项目的设计要求力求稳定，设备安排制造后，一般不要变动。确实需要修改设计的，凡涉及建设规模、建设内容、工艺流程的重大改变，需经国家计委、国家建委审定；属于设计考虑不周，需要增减或调整少量设备的，由原设计单位证明，主管部门审查后，申请补充安排。

（五）国家成套项目需要的设备实行成套预安排。重要的新建项目，建设周期长的、有定型设计的重型设备，可按照国家确定的长远规划和建设进度，进行成套设备长期预安排，尽可能做到一次安排，分期交货；正在建设的项目，应根据需要和建设条件进行排队，分期、分批地进行设备成套预安排，争取在几年内将建设多年的项目建成投产。在进行设备成套预安排时，要注意综合平衡，要留有余地。

（六）加强设备调剂调度工作。成套项目安排的设备，各级设备成套机构要根据实际建设进度和设备制造情况组织供应，加强管理，和有关部门、地区积极做好设备调剂调度工作。要防止货到地头死，造成积压浪费。

（七）要建立、健全设备成套工作机构。在党的一元化领导下，加强思想建设和组织建设，按照精兵简政的原则，结合生产，建立、健全有关部门和省、市、自治区的设备成套工作机构，逐步形成一个强有力的设备成套工作网。

设备成套总局，由国家建委、一机部共同领导。总局要根据国家确定的设备成套项目，组织设备成套机构参加设计审查，组织设备分交，安排设备制造，办理设备订货，做好调剂调度等各项设备成套工作。

地方设备成套机构，负责在本地区建设的国家成套项目和地方成套项目的设备成套；负责本地区外供成套项目的设备供应工作。

国务院有关部门可根据工作需要，成立设备成套工作机构，与设备成套总局共同做好国家成套项目的设备成套工作。

设备成套总局对地方和各部门的设备成套机构，应建立业务指导关系。各级设备成套机构在进行工作时，应与有关部门和地方商量办事。

各级设备成套机构对成套项目的设备成套工作，必须有始有终，负责到底，直到项目建成投产。

（八）各级设备成套机构的经费，由事业费开支。开展成套工作所需的资金，应根据实际情况适当解决。

国家基本建设委员会
第一机械工业部
1974 年 6 月 24 日

国 务 院 文 件

国发〔1979〕第 54 号

国务院批转国家建委《关于成立国家机械设备成套总局的请示报告》

各省、市、自治区革委会，国务院部委、各直属机构，总后勤部、铁道兵、国防科委：

国务院同意国家建委《关于成立国家机械设备成套总局的请示报告》。国家机械设备成套总局直属国务院，由国家建委代管。国家计委、国家经委、一机部也要加强对设备成套工作的领导。

随着国家基本建设的大规模展开，设备成套工作任务将更加繁重。组织好国家重点项目所需设备的成套生产、供应，对加快我国的现代化建设十分重要。机械设备生产、分配各有关部门，要紧密配合，通办协作，对国家重点项目需要的设备，成套安排生产，成套组织供应。

国家机械设备成套总局要在认真总结经验的基础上，按照经济管理方法，制定设备成套工作条例，经国家计委、国家经委、国家建委审定后颁发实行。

附：国家基本建设委员会关于成立国家机械设备成套总局的请示报告

1979 年 2 月 23 日

国家基本建设委员会关于成立国家机械设备成套总局的请示报告

国务院：

近二十年来，机械设备成套工作对保证国家重点建设项目的建成投产，起了重要作用。从今年开始，全党工作的着重点转移到社会主义现代化建设上来，国家重点项目建设将大规模展开，机械工业要进行专业化改组，组织设备成套的任务将更加繁重，成套设备的制造、供应也会有新的变化。这样，目前的成套工作体制和办法，不能适应新形势发展的需要。根据国务院领导同志最近的指示精神，拟把原国家建委、一机部领导的机械设备成套总局改为国家机械设备成套总局。受国家计委、国家经委、国家建委和一机部领导，由国家建委代管。

总局是组织国家重点基本建设项目设备成套的专职机构。它的任务是，在国家统一计划下，根据国家确定的成套项目，按照设计对所需设备组织设备分交，并按以需定产的原则，组织有关生产主管部门进行设备成套预安排，成套生产和供应；协同生产主管部门，在单机成套的基础上，积极发展机组成套、系统成套、车间成套，发展新产品，增产短线、缺门产品，不断提高设备的成套水平和技术水平；对于国外引进的成套项目，总局要派人参与谈判，做好国内设备配套的衔接工作；对国家成套项目安排的设备，统一组织调剂、调度。

总局的机构设置要力求精干。各省、市、区的设备成套局（公司），受总局和地方双重领导，以总局为主。要建立全国设备成套工作网，对于重点建设单位和重点生产地区，要派专人了解设备生产、发运、保管、安装情况，及时协助解决问题。

国务院各有关工业部门，要有专用机构或指定专人，除抓好本部门的成套项目的设备成套工作外，还要负责国家成套项目所需设备的生产安排。

总局在管理上要切实照经济规律办事，要积极创造条件，向企业性的总公司过渡。要逐步实行合同制。总局作为总供方，根据国家计划和建设项目的设计，同建设单位主管部门签订项目协议书，根据协议书，由总局所属机构与建设单位和设备制造企业签订成套设备供应合同。一九七九年选一些重点项目进行试点，一九八〇年在一百二十个国家重点项目中推广，一九八一年争取在全部成套项目中实行。

为进一步做好设备成套工作，需请国家拨给总局一定数量的外汇、机动资金或贷款，用于国内一时不能制造的设备的进口和组织成套设备生产过程中的临时急需。

以上报告当否，请批示。

1979 年 1 月 15 日

国家基本建设委员会
国家计划委员会 文件
国家经济委员会

建发成字〔1979〕第 408 号

关于颁发《国家基本建设成套项目设备成套工作暂行条例》的通知

各省、市、自治区革委会，国务院各部、委、总局，中国科学院，国防科委，国防工办，总后，铁道兵，中国人民建设银行：

根据国务院〔1979〕第 54 号文件精神，为了加强设备成套工作，国家机械设备成套总局拟定了《国家基本建设成套项目设备成套工作暂行条例》，现予颁发，请各地区。各有关部门贯彻执行。

1979 年 8 月 17 日

国家基本建设成套项目设备成套工作暂行条例

第一章　总　则

第一条　根据国务院国发〔1979〕第 54 号文件批转国家建委《关于成立国家机械设备成套总局的请示报告》的精神，为加强国家基本建设成套项目设备成套工作，适应社会主义现代化建设的需要，特制定本条例。

第二条　设备成套工作必须认真贯彻集中力量打歼灭战的方针，按照客观规律办事，坚持基本建设程序。各有关部门紧密配合，共同做好设备成套工作。

第三条　国家机械设备成套总局（以下简称成套总局）及其所属机构是负责国家基本建设成套项目设备成套工作的专职机构。在国家统一计划下，负责组织国家成套项目所需设备的成套生产和供应。

第四条　设备生产主管部门对国家成套项目需要的设备，要贯彻以需定产的原则，成套地安排生产，按时、按质、按量保证供应。要积极发展机组成套和生产线成套，发展新产品，增产短线产品，不断提高成套水平和技术水平。

第五条　国务院各有关部门要设专门机构或指定专人抓好部门成套项目的设备成套工作，特别是要认真做好基本建设前期工作，及早抓好设计，提高设计质量，为组织设备成套生产和供应创造条件；同时还要安排好国家成套项目所需本部门生产的设备。

第二章　国家成套项目的确定

第六条　国家基本建设计划中，需要成套设备的建设项目（包括国外引进需要国内配套和重大革新改造的项目），原则上均可列为国家成套项目，由国家计委、国家经委、国家建委根据各部门、各地方要求、结合长远计划分批审查确定；新建项目在计划（或设计）任务书批准时，或审查初步设计前确定。

国家成套项目一经确定，不再中断，直至设备成套供完或成套总局和项目主管部门协议不再列成套项目时为止。

第七条　国家成套项目确定后，成套总局应与项目主管部门签订协议，明确相互要求和责任。设备供完后要按项目做出总结，送国家计委、国家经委、国家建委、抄国家物资总局。

第三章　设备成套范围

第八条　扩大成套设备供应范围，逐步做到，凡国家成套项目设计需要的设备，除现场自制和市场采购外，统配、二类及各部分配的机电设备原则上都纳入成套供应范围。

专用设备、凡本部门生产、分配的，由本部门自行安排；外单位生产分配的，原则上由成套部门组织供应。

非标准设备，按项目隶属关系由主管部门或地区安排解决。确实难以解决的特殊非标准设备，由成套部门协助安排。

根据上述原则，结合当前机械工业的生产水平和分配机制，制定国家成套项目设备供应目录，经国家建委审定后实行。

第四章　设备分交

第九条　国家成套项目在初步设计（三段设计为技术设计）经批准后，即可进行设备分交，施工设计完成后进行补充分交。设备分交应作为经常工作，可以单个进行，也可以成批进行。设备分交主要是划分供应渠道（包括利用库存设备），审定由成套部门供应的设备和按建设计划需要提供的时间，编制设备分交清册。

第十条　国家成套项目的设备分交，由成套部门会同建设项目主管部门共同组织办理，并酌情邀请有关项目设计单位、设备生产主管部门、建设银行等参加。其中少数国防军工和跨省、市、区项目的设备分交，由成套总局会同建设项目主管部门共同组织办理；其余直属、直供成套项目商建设主管部门，由成套总局或责成地方成套局和建设项目主管部门共同组织办理。地方成套项目，由地方成套局与地方主管部门组织办理，其结果分别报成套总局和中央主管部门。

第十一条　根据国家确定的成套项目，成套部门会同建议项目主管部门和设备生产主管部门组织项目设计单位和设备制造单位做好大型设备、机组、生产线和新产品的技术交底和衔接工作，及时交换有关技术资料，为长远予安排做好准备。

设计单位在进行项目设计时要积极采用现有库存设备，建设项目主管部门要及时将库存设备情况，尤其是大型、专用设备的库存情况，提交设计单位。

在审查项目设计时应有成套部门参加，建设项目主管部门应事先提供有关设计文件和技术资料。对国外引进国内配套的成套项目，成套部门应参加国内外设备分交的谈判。成套部门应经常了解项目设计和筹建过程中的有关情况，为组织设备成套做好准备。

第五章　编制成套设备供应计划和安排生产

第十二条　国家成套项目每年安排的设备，由成套总局与有关分配部门参照历年成套设备实际订货数占国家计划设备总资源的大体水平，结合当年的实际情况确定一个总量（各类具体品种、根据成套项目需要安排），在这个范围内，成套总局根据国家批准的成套项目计划负责安排好当年需要的设备。确有困难时，可报国家计委、国家经委、国家建委研究，或增拨指标，或调整建设计划。

第十三条　国家成套项目设备的供应计划，每年分批编制。各部门、各地区按隶属关系，根据年度建设计划（或计划草案）和设备分交清册，提出成套项目年度设备需要，由成套总局汇总，编制国家成套项目设备供应计划建议，商各有关设备生产、分配主管部门后，报送国家计委、国家经委、国家建委审定。不符合基本建设程序的项目，不得纳入供应计划。

第一批成套项目设备供应计划主要安排下一年度建成投产和收尾项目，并力争在计划年度开始前半年编制。

第十四条　根据国家批准的成套项目设备供应计划，各设备生产主管部门，要按照以需定产的原则成套安排生产，并纳入生产计划。成套总局根据生产主管部门安排的生产计划，通知各地成套局组织订货。

第十五条　国家成套项目所需生产周期长的大型、专用设备和需要试制的新产品，根据国家规定的建设进度和设备生产周期实行长远预安排，分年交货。

第十六条　经过设备分交，属于成套部门供应的设备，国内一时确实不能制造而影响项目建设的，由国家规定一定数量的外汇指标，由成套总局审查后组织进口。

第十七条　成套总局根据社会主义计划经济与市场经济相结合的原则，加强服务工作。对成套项目所需供应目录以外的设备，应采用灵活多样的方法协助解决。同时，国家根据实际需要拨给必要的材料，由成套总局组织来料加工，并拨给必要的资金。

第六章　成套设备的调剂制度

第十八条　国家成套项目设备的调剂制度，由成套部门统一组织进行。各部门、各地区可在本行业、本地区国家成套项目间进行调剂调度。设备交货前调度手续通过成套部门办理，交货后可直接办理，办理后告知成套部门。属于生产调度问题，由生产部门办理，成套部门协助。

第十九条　成套部门要密切联系，充分发挥成套网的作用，按照成套项目建设进度，抓好设备的交货和调剂调度工作。成套部门要了解项目建设进度、设备的到货、保管、安装情况和设备生产、发运等情况，及时向有关部门反映并协助解决问题。对重点成套项目和重点设备生产地区要派驻在员。各生产企业、各建设单位要定期分别向成套部门和生产、建设主管部门报送设备交货、到货报表。成套总局要定期编制成套设备生产交货、到货情况简报。

第七章　关于经济合同

第二十条　国家成套项目安排的设备，供需双方要严格执行合同。违反合同者按照合同规定承担经济责任。

第二十一条　随着国家经济体制的改革，逐步试行负有经济责任的合同制，成套部门作为总供方与建设单位签订设备供应合同；作为总需方与生产单位签订设备订货合同。

第八章　关于地方成套项目

第二十二条　在省、市、区的统筹安排下，各地成套局根据地方资源条件负责地方项目的设备成套工作。

第二十三条　成套总局应组织各地方成套局互通有无，相互支援，协助解决地区不能生产的少量设备。

第九章　附　则

第二十四条　设备成套工作的各项具体管理办法，由成套总局根据本条例另订。

国家基本建设委员会
国家机械设备成套总局 文件

建发成字〔1979〕第 409 号

成干联字〔1979〕第 64 号

关于各省、市、区机械设备成套部门管理体制若干问题的意见

各省、市、区革委、计委、建委、经委、物资局、财政局、机械设备成套局（公司）：

为了加强对机械设备成套工作的统一管理，以适应社会主义现代化建设的需要，国务院国发

〔1979〕第 54 号文件规定，各地成套部门受国家机械设备成套总局和地方双重领导，以国家机械设备成套总局为主。根据这一精神，对各地成套部门的机构设备、人员编制、干部管理、经常费用和基本建设投资等项工作，提出如下意见：

一、关于机构设置。省、市、区的机械设备成套部门，原则上统称为××省、市、区机械设备成套局。各省、市、区机械设备成套局一般归口省建委，如果有的省、市、区认为，结合本地区情况，归口其他综合部门合适时，可商告国家建委和国家机械设备成套总局。

上海市机械设备成套公司机构性质，组织形式、隶属关系等问题，考虑到现实情况，由总局商上海市决定。

二、关于人员编制。省、市、区机械设备成套局的人员编制，由国家机械设备成套总局根据国家批准全国设备成套系统的总编制，统一掌握审批。各地成套局，应根据精兵简政昀原则，向总局报批机构设置和人员编制方案。

三、关于干部的管理。省、市、区机械设备成套局局级干部的调动和任免，由总局征求地方党委及归口主管部门的意见后办理。

四、关于经费和基建投资。从一九七九年度起，各地成套局的经常费用，在办理经费指标划转手续以后，由总局从国家拨给的事业费中核拨。各地成套局要及时地向总局编报财务予决算（一九七九年预算免报）。基建投资，从一九八〇年度起由总局统一安排。

以上意见，请予支持办理。

1979 年 8 月 17 日

国家计划委员会
国家经济委员会
财　政　部　文件
中国人民建设银行
机　械　工　业　部

机成联字〔1984〕第 1 号

关于印发《按合理工期组织建设的大中型项目
成套设备承包责任制试行办法》的通知

国务院有关部、委、局，中国科学院，国防科工委，总后勤部，各省、市、自治区计委、建委、经委、财政局、建设银行、机械设备成套局（公司）：

为了贯彻党中央和国务院关于"集中财力、物力，保证重点建设"的方针，确保国家重点建设项目的设备成套供应，机械工业部根据国家计委、国家经委、劳动人事部和中国人民建设银行联合颁发的《基本建设项目包干经济责任制试行办法》精神，拟定了《按合理工期组织建设的大中型项目成套设备承包责任制试行办法》，经一九八三年七月全国基本建设工作会议讨论修改，现印发给你们，请研究试行。

机械工业部对国家按合理工期组织建设的项目所需成套设备负责按建设项目设计要求和工程建设计划，按质、按量、按时进行承包，并开展技术服务工作，有利于保证国家重点建设，提高投资效益和设备成套工作水平，是现行体制条件下，设备成套工作的一项改革。请国务院有关部门和各省、市、自治区配合支持。凡实行成套设备承包的重点建设项目所需的设备，希各有关生产、分配部门按照成套安排生产、成套组织供应的原则保证供应，并纳入指令性计划。铁道、交通部门对重点项目需要的成套设备，要采取有力措施，优先安排好运输。

实行成套设备承包，成套部门因增加了差旅等费用开支，可向委托单位收取少量的管理费。其费率，按本办法的规定执行。有关管理费的使用等问题，仍按一九八〇年十二月二十五日财政部等四个单位联合通知的财企字〔1980〕第681号文执行。

试行中有何问题和意见，请及时告机械工业部设备成套管理局，以便总结经验，不断完善。

附件：《按合理工期组织建设的大中型项目成套设备承包责任制试行办法》

1984年3月15日

按合理工期组织建设的大中型项目成套设备承包责任制试行办法

第一章 总 则

第一条 为了贯彻落实中央和国务院关于"集中财力、物力，保证重点建设"的方针，确保国家重点建设项目的设备成套供应，根据国家计委、国家经委、劳动人事部和中国人民建设银行联合颁发的《基本建设项目包干经济责任制试行办法》精神，特制定本办法。

第二条 国家年度计划中按合理工期组织建设的大中型项目和长期计划中确定的重点建设项目，均可实行成套设备承包。凡由我部负责承包的项目，按建设项目设计要求和工程建设计划，保质、保量、按期提供成套设备和开展成套技术服务工作，为确保建设项目按计划建成投产，形成生产能力创造条件。

第三条 实行成套设备承包，应由委托单位和我部成套部门共同协商，根据本办法的规定，签订成套设备承包协议（合同），明确规定承包的内容和各自的责任，作为双方进行工作的依据。

第四条 在实行成套设备承包过程中，签约双方必须遵守《中华人民共和国经济合同法》和《工矿产品购销合同条例》，尊重对方的权益，履行各自的职责，共同完成国家重点建设项目任务。

第二章 承包的范围、内容和形式

第五条 凡是国家按合理工期组织建设的大中型项目经批准的设计文件中提出的机械设备，包括标准通用设备、专用设备、复杂的非标准设备，以及需要进口配套的设备等均可列入成套设备承包的范围。具体承包范围，由签约双方协商确定。

第六条　实行成套设备承包，一般可按照双方商定的机械设备承包范围，保质、保量、按期成套供应。有条件的，也可按项目或机组、生产线、工艺系统采用按设备费用承包的办法，即根据双方共同核定的设备费用进行承包。此外，还可根据委托单位的要求，承包机组、车间系统成套和大型、专用设备的设计，单项工程设计；承包设备安装调试，以及组织培训技术工人等。

第七条　进行成套设备承包，可根据建设项目的不同情况采取以下几种形式：我部单独承包；我部与其他部门，包括项目主管部门、其他设备制造部门等联合承包。

第三章　承包的作法

第八条　凡实行成套设备承包的项目，我部成套部门与委托单位可先按照国家批准的设计任务书或中长期计划签订承包协议。成套部门根据协议的有关条款，开展成套设备供应的前期准备工作。

已具备签订合同条件（见本办法第九条）的项目，可直接签订承包合同。

第九条　承包项目具备下列基本条件后，即可签订承包合同，办理设备分交：

1. 具有批准的初步设计和总概算。

2. 已经批准列入固定资产投资计划，建设资金落实。

3. 工程建设条件基本落实，建设进度已经确定。

第十条　承包合同签订后，凡承包项目所需的成套设备，其中属机械工业部归口生产的，由我部按照择优和经济合理的原则，成套安排

生产、成套组织供应，并列为重点，纳入机械工业生产计划，作为指令性任务下达生产企业；其他各部归口生产的机械设备，由我部成套部门负责汇总，提请各有关主管部门择优安排生产，保证供应。

第十一条　承包项目所需成套设备，可根据工程进度的需要，分期分批组织安排或专项安排。对有条件的项目可进行长远预安排。为了提高成套设备的经济效益和供应水平，可按生产工艺要求，组织机组、生产线或工艺系统成套。

第四章　签约双方的责任

第十二条　设备承包合同签订后，一般不得变动。如必须变更时，应由签约双方协商办理，由此而造成的经济损失，由提出方承担。由于不可抗力的原因而必须变更时，应及时向对方通报理由，在取得有关主管机关证明以后，允许变更，并可根据情况部分或全部免予承担经济责任。

第十三条　在承包过程中，承包单位主要承担下列责任：

1. 在承包项目建设前期，参与做好前期工作，并对需要试制的新产品和制造周期大型、关键设备，负责提前组织好技术衔接和预安排。

2. 根据国家确定的工程建设进度，按照签约双方商定的设备交货期，对承包的设备，择优安排生产，组织成套供应。

3. 成套设备成套过程中，在技术力量、原材料、能源、配套等方面，都要予以优先保证。对重大设备和关键机组产品，要逐台掌握综合生产进度，进行重点调度。

4. 保证成套设备质量，督促生产企业严格执行质量标准和检验制度。对重大、关键设备，要找组织监制，做到不合格产品不出厂。

5. 在成套设备进入安装、调试阶段时，根据委托单位的要求，负责组织有关人员进入现

场做好技术服务，协助用户进行安装、调试，解决设备的技术质量问题和备品配件供应等问题。

6. 由于成套设备未按合同规定的质量、数量、时间提供，而影响承包项目工程进度，按"经济合同法"和"工矿产品购销合同条例"的规定，或承包协议（合同）中的有关条款承担经济责任。

第十四条　在承包过程中，委托单位主要承担下列责任：

1. 负责做好建设项目的前期工作，及早向我部成套部门提供需要试制的新产品和制造周期长的大型、关键设备以及机组、生产线成套设备的产品设计任务书、技术条件等有关技术资料，通知成套部门参与有关前期工作和设计审查。

2. 按照承包协议（合同）的规定，及时向我部成套部门提供设计文件、技术资料、工程进度计划。

3. 根据工程建设进度的需要和生产周期的可能提出合理的设备要求交货期。设备订货后，不得随意变更或中途要求退货。

4. 对已交付的成套设备，应在规定期内及时付款组织验收。对成套设备未按规定时间验收或因保管不善造成设备缺损而引起的质量问题，委托单位应自行负责。

第五章　财务结算

第十五条　承包项目设备货款的结算，可由建设单位与生产厂直接办理；也可由建设单位委托成套部门与生产厂结算。具体结算方式，由签约双方协商确定。包设备费的项目，一律由成套部门与生产厂结算。

第十六条　由于实行成套设备承包，成套部门将增支有关履行承包合同的各项直接费用，以及承担一定的经济责任，按国家规定，成套部门应向委托单位收取少量的管理费。其费率，本着"多服务、少收费、方便用户"的原则，由双方在承包设备总价值的千分之三到千分之五的范围内，按不同地区、不同项目情况协商议定。成套部门所收取的管理费，建设单位应从设计概算的"管理费"和"运杂费"中支付，不另增加概算费用。

按机组、系统组织成套，承担设计、安装调试、培训技术工人等任务，其收费标准按国家有关规定办理。

第六章　承包合同的检查

第十七条　成套设备承包合同签订后，签约双方应严格执行合同规定的义务。对执行中出现的问题双方应及时协商解决。如发生合同纠纷，经协商不能解决时，任何一方均可向国家规定的合同管理机关申请调解或仲裁。

第十八条　承包任务完成后，签约双方要共同按项目进行总结，结束有关承包事宜。

第七章　附　则

第十九条　本办法的实施细则，由我部机械设备成套局另行制定。

第二十条　本办法自下达之日起试行。试行中遇到问题，可随时向我部反映，由我部进行解释或作必要的修改与补充。

第二十一条　国家计划内的其他基本建设项目和技术改造项目，需要委托由我部组织机械设备承包的，也可参照本办法精神办理。

机械工业部

1984 年 3 月 15 日

机械工业部文件

机成字〔1984〕第 2 号

关于印发《机械工业部设备成套管理局开展设备成套技术服务试行办法》的通知

国务院有关部、委、局，中国科学院，国防科工委，总后勤部，各省、市、自治区计委、建委、机械设备成套局(公司)，各有关设计院、所：

　　为了改进设备成套工作，提高成套工作水平，适应四化建设的需要，最近，我部设备成套管理局在总结近年来开展成套技术服务工作的经验和征求部分中央有关部门、设计单位和建设单位意见的基础上，制定了《开展设备成套技术服务试行办法》，现印发给你们，从即日起试行。

　　根据国家计委、国家经委、财政部、中国人民建设银行、机械工业部联合颁发的关于《按合理工期组织建设的大中型项目成套设备承包责任制试行办法》的规定，成套部门参与项目建设前期工作，可以及时向项目、设计单位提供机械设备的生产技术经济情况和资料；同时，也可以向设备制造部门反馈需要信息，使工艺设计和设备制造密切结合。为此，在进行项目可行性研究、方案设计和初步设计审查时，请项目主管部门、设计单位通知成套部门参加，为他们创造工作条件。

　　开展设备成套技术服务工作，是设备成套工作的一个新课题，技术性较强，涉及面较广，请各有关单位予以配合、支持，共同做好这项工作。

　　附件：《开展设备成套技术服务试行办法》

1984 年 3 月 15 日

开展设备成套技术服务试行办法

一、总　则

　　（一）为了适应四化建设的需要，进一步加强和深化设备成套工作，根据机械工业要全心全意为用户服务的指导思想和设备成套部门要开展设备成套技术服务的指示精神，特制定本办法。

　　（二）为确保按质、按量、按时向建设单位提供成套设备，促进建设项目尽快建成投产，发挥投资效益，成套部门要在组织设备成套供应的基础上扩大服务领域，把技术服务工作贯穿于项目建设的全过程。

（三）根据项目主管部门、设计单位、建设单位等对成套设备质量、数量、品种、时间、技术和价格的各项要求，成套部门要及时向机械制造部门反馈技术经济信息，促进机械工业的发展和技术进步。

（四）凡是国家固定资产投资计划内，列入成套供应设备的基本建设和技术改造项目，经项目主管部门和建设单位委托，成套部门均应进行设备成套技术服务工作。目前，可先在已实行成套设备承包的国家重点建设项目和其他大中型项目中试行。

二、设备成套技术服务的主要内容和做法

（一）在项目建设前期

1. 项目可行性研究阶段

（1）在参加建设项目可行性研究阶段技术经济论证时，向项目主管部门、设计单位提供有关主要机械产品的生产技术经济情况，供项目主管部门、设计单位确定和选择工艺方案，选用大型、专用、关键设备，以及考虑从国外引进设备等时的参考。

（2）在了解建设项目有关的技术政策、主要生产工艺和所需技术装备情况的基础上，向机械制造部门提供信息，使机械制造部门及早考虑大型、专用、关键设备的科研、设计和技术引进等工作，以适应项目建设的需要。

2. 项目设计阶段

（1）积极主动地与建设单位、设计部门联系、配合，提供机械产品样本、技术资料、价格、重大关键设备技术参数、质量、使用情况以及有关机械产品生产供应信息（新产品、节能产品、产品更新换代等情况）。

（2）为使提供的成套设备更加适应项目工艺的要求，对大型、专用设备、新产品、机组

（系统）成套设备，要及时组织工艺设计与产品设计的技术衔接，在具备条件时，即进行设备的生产预安排或研制工作。

（3）了解项目设计的意图、生产工艺以及建设项目设备需要情况，提出设备选型和选厂的建议；向机械制造部门提供信息。

（二）在成套设备安排生产和制造过程中（中期）

1. 在建设项目设备分交时，向建设单位提供或复核设备订货的技术条件和规范，以及名牌优质产品的使用性能、主要技术参数、制造厂家，帮助建设单位按施工进度编制设备需要计划，为成套安排生产、成套组织供应做好准备。

2. 对复杂非标准设备和有特殊要求的通用设备，以及机组（系统）成套设备等，会同项目主管部门组织设计单位、建设单位向机械制造部门或生产企业进行技术交底和衔接工作。

3. 成套设备在安排生产中，如一时无法落实，要根据择优的原则，及时向建设单位和设计单位提出设备改型、改厂、代用的建议，妥善处理订货中的有关技术遗留问题。

4. 对重大、关键设备，根据合同的规定和建设单位的要求，派人赴生产厂进行监造、验收，会同生产主管部门协调和处理生产制造中的有关问题。

（三）在成套设备供应到现场后（后期）

1. 项目建成投产前

（1）配合建设单位或安装单位处理设备在接运、保管、检验过程中发现的质量和缺损件等有关问题。对大型、专用、关键设备，根据需要，参与开箱验收。

（2）在成套设备进入安装、调试阶段，组织有关制造单位提供必要的技术资料。并根据需要，组织生产企业派人到现场进行技术服务，指导、协助安装、调试和解决安装、调试中存

在的各种技术质量问题。

（3）在大型、关键设备单机试车或空载、有载联动试车时参与各项技术指标的考核，组织处理因生产制造原因而出现的技术质量问题。

（4）根据用户要求，组织制造单位代培设备操作、维修人员，提供必要的设备操作技术资料和规范。工程完工后，参加竣工验收，处理在验收中发现有关设备问题。

2. 项目建成投产后

（1）项目投产后的一、二年内，要主动进行回访，了解成套设备在投入生产后的运转、使用情况，解决出现的问题，并为机械制造部门反馈信息，以进一步改进产品设计和制造工艺，提高产品的技术水平。对大型、关键设备应督促制造厂回访，听取用户意见，解决有关问题，协助建设单位处理积压的设备。

（2）了解、掌握成套项目设备补缺的要求，设备易磨、易损件的使用寿命和备品配件的供应情况，向机械制造部门反馈信息，并根据可能尽力帮助解决。

以上设备成套技术服务主要内容和做法，各省、市、自治区成套局（公司）、部专业成套公司可根据项目的不同情况、要求和自身的能力确定或补充。

三、分工

（一）中央各部直属、直供项目的设备成套技术服务工作，原则上，由机械工业部专业成套公司牵头，组织有关省、市、自治区成套局（公司）参加；也可以委托项目所在地成套局

（公司）负责进行，机械工业部专业成套公司进行配合。

（二）地方项目的设备成套技术服务工作，原则上均由项目所在地成套局（公司）负责进行，机械工业部专业成套公司积极支持配合并负责解决有关问题。

四、要求

（一）开展设备成套技术服务工作，要加强服务思想，提高为建设项目服务的认识和自觉性。各省、市、自治区成套局（公司）、机械工业部专业成套公司要指定一位领导专门分管此项工作，并采取有力措施，不断深化成套工作的内容，开拓成套工作的新领域。

（二）对开展设备成套技术服务的项目，成套部门要有专人负责，拟定具体的服务内容和做法，制定岗位责任制，明确职责，提高服务质量，确保设备成套技术服务任务的完成。

（三）在开展设备成套技术服务时，成套部门要积极主动地与项目主管部门、设计、建设、安装等单位加强联系，了解情况，掌握信息，解决问题。对工作中遇到的重大疑难问题，要及时向上级单位反映并定期报送有关开展设备成套技术服务的书面报告和统计报表。成套管理局要负责协调，解决有关问题。

（四）设备成套技术服务工作是设备成套工作的一个新课题，技术性较强，涉及面较广，有关单位要紧密配合，互相支持，共同创造条件，做好工作，并注意认真总结经验，不断完善。

机械工业部设备成套管理局

1984 年 3 月 15 日

国家计划委员会
城乡建设环境保护部 文件
中国人民建设银行
机械工业部

机成联字〔1984〕第 252 号

关于印发《机械工业部成套设备承包暂行条例》的通知

国务院有关部、委、局，中国科学院，国防科工委，总后勤部，各省、自治区、直辖市计委、建委、经委、城乡建设环境保护厅、建设银行、机械设备成套局（公司）：

为了贯彻国务院关于建筑业、基本建设和机械工业管理体制改革的精神，进一步改革设备成套工作，更好地为国民经济建设服务，现将经一九八四年六月份全国建筑业和基本建设管理体制改革座谈会讨论修改后的《机械工业部成套设备承包暂行条例》印发给你们试行。原今年三月份国家计委、国家经委、机械工业部等五个单位联合颁发的机成联字〔1984〕第 1 号"关于印发《按合理工期组织建设的大中型项目成套设备承包责任制试行办法》的通知"即停止执行。

试行中，有何问题和意见，请随时告机械工业部设备成套管理局，以便总结，逐步加以完善。具体实施细则，由机械工业部设备成套管理局另行制定。

附件:《机械工业部成套设备承包暂行条例》

1984 年 10 月 20 日

机械工业部成套设备承包暂行条例

第一章 总 则

第一条 为贯彻国务院关于建筑业、基本建设和机械工业管理体制改革的精神，进一步改革设备成套工作，更好地为国民经济建设服务，特制订本条例。

第二条 机械工业部各类设备成套公司（包括各地成套公司，以下统称设备成套公司）是具有法人地位的经济实体，实行独立核算、自负盈亏。

第三条　设备成套公司的任务主要是：承包国家重点建设项目及计划内的其他建设和技术改造项目所需成套设备的供应和技术咨询服务。

第四条　设备成套公司要实行多种形式的承包责任制，负责按建设项目的设计要求和工程建设计划，保质、保量、按时供应成套设备，并开展成套技术服务，为确保建设项目按计划建成投产，提高投资效益创造条件。

第二章　承包的范围、内容和形式

第五条　凡建设项目需要的机械设备，包括大型、专用设备，一般通用设备和非标准设备等均可承包。具体承包范围，由承发包双方协商确定、实行设备招标的项目，按标书规定承包。

第六条　设备成套公司根据发包单位的要求，采取以下几种承包形式：

1. 委托承包。设备成套公司根据发包单位按设计委托的成套设备清单进行承包供应，并收取一定的成套业务费。其费率，实行独立核算。自负盈亏的设备成套公司收取设备总价的百分之一（个别国家核拨事业费的设备成套公司收取设备总价的千分之五）。少数要求供应时间急、供应难度较大的设备，或按机组、系统、生产线组织设备成套的，以及需要进行技术咨询、开展现场服务的，可适当增加费率，具体由承发包双方商定。

2. 按设备费包干。根据发包单位提出的设备清单及双方核定的设备预算总价，由设备成套公司承包供应。

3. 招标投标。发包单位对需要的成套设备进行招标，设备成套公司参加投标，按照中标结果承包供应。

第七条　设备成套公司除承包设备外，还可根据发包单位的要求，扩大承包范围：承包机组、系统、生产线成套设备及单项工程的工艺设计；承包设备的安装调试；培训设备维修、操作技术工人；提供项目在建成验收前需要补充的备品配件等。其收费标准，按有关规定执行或由双方商定。

第八条　设备成套公司可根据建设项目的不同情况，联合科研、设计单位、制造厂家和设备安装单位等，从工艺、产品设计到现场设备安装调试，实行总承包。

第三章　承包设备的供应

第九条　承包设备的供应，应贯彻择优选购和经济合理的原则，打破地区、部门的界限，直接与各有关生产（公司）按需订购，成套地组织供应。

第十条　凡委托承包的建设项目列入五年计划以后，即可签订设备承包协议，对制造周期长的大型、专用关键设备，提前进行好安排。设计文件批准的，签订正式承包供应合同。

第十一条　设备成套公司对承包的设备，根据不同情况，可直接与生产联营公司、生产企业签订供货合同；也可以采取招标投标、组织承包的办法、择优供货；直接组织供应确有困难的产品，可商有关生产部门安排生产供应。对国家大中型基本建设及限上技术改造项目需要的重要机电设备，按规定分别提请生产和分配主管部门纳入指令性生产计划和分配计划。

第十二条　按机组、系统、生产线组织设备成套的，设备成套公司要与有关专业生产公司或总成厂签订分包合同。

第十三条　承包的设备如因技术水平达不到要求或数量、交货期国内暂时满足不了的，由设备成套公司采取多种措施（包括组织进口）解决，以满足工程建设的需要。

第四章 设备成套公司的责、权、利

第十四条 设备成套公司要遵守国家法律，执行国家计划，履行经济合同。设备成套公司承包的设备如因自身的原因未按承包合同规定的质量、数量、时间供应，而影响项目工程建设进度，设备成套公司要承担经济责任。

第十五条 设备成套公司对承包项目要根据承包合同的规定，组织开展成套技术服务。对国家重点建设项目，应根据需要，指定项目负责人，并派驻现场服务组或驻厂员。

第十六条 设备成套公司在当地建设银行开立账户。为开展设备承包业务所需的资金，可向建设银行申请设备储备贷款。

设备成套公司可以根据项目建设条件和设备预安排周期，向发包单位预收部分承包设备费用。

第十七条 设备成套公司的成套业务费收入和包干节余，作为公司的自有资金。

设备成套公司有独立的经营自主权，在国家政策允许的范围内可以自行支配公司的自有资金。

第十八条 设备成套公司职工的奖金要同公司经营的好坏、质量服务的高低、贡献大小直接挂钩够，多劳多得，奖勤罚懒，调动职工的积极性。

设备成套公司对于完成任务好的分包单位，可给予适当的奖励，奖金从结余资金中开支。

第五章 附则

第十九条 本条例自颁布之日起试行

1984 年 11 月 20 日

机械工业部文件

机成字〔1986〕第 41 号

印发《关于加强重点成套项目现场服务工作暂行规定》的通知

各省、自治区、直辖市及计划单列市机械（农机、仪表、汽车）厅、局（公司），各省、自治区、直辖市成套局（公司）、重庆市成套公司、各专业成套公司：

现将《关于加强重点成套项目现场服务工作暂行规定》印发给你们，希遵照执行。执行中有什么问题和意见，请告部成套管理局，以便今后修订、完善。

实践证明，开展建设项目现场服务工作是按时提供先进、适用的机械装备，促使建设项目按期建成投产、发挥投资效益的重要保证，也是提高机械产品质量、维护机械产品声誉的必要措施。成套部门和生产企业要认真按照《规定》，积极开展现场服务工作。机械工业各级主管部门都要积极支持现场服务组的工作，及时协调解决建设项目反映的各种问题。同时，也希望建设单位及其主管部门与现场服务组紧密配合，团结协作，大力支持现场服务组的工作，以便更好地为国家重点建设项目服务。

附件：关于加强重点成套项目现场服务工作暂行规定

1986 年 6 月 20 日

关于加强重点成套项目现场服务工作暂行规定

根据机械工业管理体制改革的要求，认真贯彻"机械工业要全心全意为用户服务"的指导思想，为加强对国家重点建设项目的现场服务工作，保证项目所需成套设备按质、按量、按时满足工程建设的需要，根据国务院发布的《工业产品质量责任条例》和机械工业部关于《开展设备成套技术服务试行办法》和《机械工业企业派驻国家重点工程工地技术服务总代表制度试行办法》等有关规定及近几年的贯彻情况，特制定本规定。

一、凡属国家重点任务成套项目（即大中型基本建设项目和限额以上技术改造项目，下同），特别是按合理工期组织建设的项目，都应认真做好现场服务工作。对于建设规模较大，工艺设备较复杂的项目，由机械工业部派驻现场服务组，深入建设现场进行服务。其他项目，可根据具体情况由承包单位派出驻在员或联络员等。现场服务工作的内容、形式、条件和具体要求，应在建设项目的设备承包协议中逐项明确。

二、现场服务组人员，一般由建设项目成套设备的承包单位选派；联合承包项目由联合各方商定。现场服务组设组长一人，副组长若干人，由承包单位商有关单位提名，报部审定。单项工程或机组、系统、生产线成套设备的分包单位，应负责各自承包部分的现场技术服务，并在现场服务组的统一组织协调下开展工作。

现场服务组一般在设备大量交货、开箱验收、安装之前进驻现场，到联动试车正常运转后撤离。

三、现场服务组的主要职责：

（一）组织机械工业有关生产企业到现场进行技术服务，处理有关设备方面的问题。

（二）了解、掌握工程建设进度和设备到货、安装进度，协助联系设备的交货、到货进度等工作。

（三）参与大型、专用、关键设备的开箱验收，配合建设单位或安装单位处理设备在接运、检验过程中发现的设备质量和缺损件等问题，并按《工业产品质量责任条例》明确产品质量责任。

（四）及时向机械工业部有关主管单位报告重大设备质量问题，以及项目现场不能解决的其他问题。当出现重大意见分歧，而施工单位或用户单方坚持处理时，应及时写出备忘录备查。

（五）参加工程的竣工验收，处理在工程验收中发现的有关设备问题。

（六）关心和了解生产企业派往现场的技术服务人员的工作情况和表现，建议有关部门或生产企业予以表扬和批评。

（七）做好现场服务工作日志，及时记录日常服务工作情况、现场发生的设备质量问题和处理结果，定期向部成套管理局和有关单位报送报表、汇报工作情况，做好现场服务工作总结。

四、机械工业生产企业应配合现场服务组做好以下工作：

（一）按照现场服务组的通知，及时派出技术人员到现场，并在现场服务组的统一组织下开展技术服务工作。

（二）对本厂供应的产品的技术、质量、数量、交货期、价格等全面负责。配套产品的技术质量等问题应由主机厂统一负责联系和处理。

（三）及时（一般在收到现场服务组函电后三天内）答复或解决现场服务组提出的有关设备的技术质量、缺损件等问题。

对现场服务组反映的交货期不适应建设进度的设备，应积极采取措施，尽力满足要求。

五、加强机械产品的质量信息反馈工作，按部《机械产品质量用户信息反馈暂行办法（试行）》的要求，现场服务组和承包单位，应定期向部成套管理局报送"国家重点任务成套项目产品质量问题汇总表"（见附表一），发现需及时处理的设备问题，应及时向供货生产企业等单位分送"国家重点任务成套项目产品质量问题反馈单"（见附表二）。同时应抓紧督促有关生产企业认真研究、及时处理。

六、对现场服务组人员的要求及检查、考核。

（一）现场服务组的人员，必须工作责任心强，熟悉业务，作风正派，办事公道，具有一定的组织和处理问题的能力。

（二）凡派有现场服务组的单位，必须对服务组工作人员的工作实行定期检查考核，项目完成后或工作告一段落时，进行总结评比。

（三）部成套管理局要加强对现场服务组的督促检查，不定期召开项目现场服务工作交流会和表彰会。总结经验，推动现场服务工作的深入开展，表彰优秀现场服务组和个人以及服务好的生产企业。

（四）现场服务组的考核要求：

1. 联系设备交到货进度，协调处理设备质量、缺损件等问题，做到及时、准确、合理公正。

2. 有牢固的为建设项目服务的思想和良好的工作作风，团结协作，勇于克服困难，能长期坚持现场工作，并作出一定成绩，得到建设单位的信任和好评。

3. 能按规定要求报送各种报表，及时反馈信息。

七、加强对现场服务工作的领导，积极支持现场服务组的工作。

（一）成套系统各级领导，必须加强对现场服务工作的领导，各地成套局（公司）和各专业成套公司应指定一名负责同志分管这项工作。要加强现场服务工作人员的思想政治工作，关心他们的学习、生活，及时研究处理现场服务工作中的有关问题。

（二）部成套管理局负责归口管理重点成套项目的现场服务工作，综合反映报导现场服务工作情况，及时商有关单位研究解决存在问题。

（三）机械工业各级管理部门要通力合作，积极支持现场服务组的工作，协助解决现场服务组反映的有关问题。各省、市、区成套局（公司）和各专业成套公司要发挥成套网的作用，共同搞好现场服务工作。

八、关于现场服务的费用及生活待遇问题

（一）为顺利开展现场服务工作，现场服务组人员在现场的住宿、办公、交通和通讯等条件可商建设单位免费提供，也可根据机成联字〔1984〕第252号文的规定，适当增收成套业务费来支付，具体办法由承包单位和建设单位协商，并在签订建设项目设备承包协议中予以明确。

（二）凡派有现场服务组人员的单位应注意帮助解决其后顾之忧，并作好家属工作，使其安心现场服务工作。现场服务组人员的生活待遇，可按出差标准执行，也可参照有关单位驻现场人员的生活补助标准予以补贴，具体办法由承包单位确定执行。

物 资 部
机械电子工业部文件

物成字〔1990〕第 29 号

印发《关于进一步开展项目前期技术服务工作的意见》的通知

各省、自治区、直辖市成套局（公司），机械电子工业部各专业成套公司：

近几年来，成套系统各单位根据原机械工业部机成字〔1984〕第 2 号文颁发的《开展设备成套技术服务试行办法》，对国家重点成套项目实行了前、中、后期全过程技术服务。各单位在进行后期现场技术服务中，做了大量工作，取得了较显著的成绩。但由于条件的限制，前期技术服务工作开展得不够普遍，已成为当前开展全过程技术服务工作的一个薄弱环节。一九八九年十一月，物资部设备成套司在杭州召开了由部分单位参加的前期服务工作研讨会，在总结前一段工作的基础上，草拟了《关于进一步开展项目前期技术服务工作的意见》，现印发给你们，请各单位结合各自的情况认真执行，并在实践中总结经验，不断提高。执行中有何问题请及时向物资部设备成套司反映，以便进一步深化、完善全过程技术服务，使设备成套工作在新形势下得到更快的发展和提高。

1990 年 2 月 10 日

关于进一步开展项目前期技术服务工作的意见

为贯彻治理整顿和深化改革的方针，进一步推动项目前期技术服务工作，完善全过程技术服务，根据近几年开展前期技术服务工作的经验，提出以下几点意见：

一、提高对开展前期技术服务工作重要性和必要性的认识。实践证明，开展前期技术服务工作是深化成套工作改革的需要，是实现由单纯供应成套向工程技术设备成套转型必不可少的实际步骤。开展前期技术服务工作，可以使设计的设备在选型、选厂、概算等方面更符合实际，有利于改进、完善设计，使建设项目的设计更加趋于合理；可以及早组织重大关键设备的技术衔接，促使使用单位的工艺要求与设计、制造更紧密地结合起来；可以及时掌握项目信息，便于承接项目任务，扩大成套知名度，提高成套信誉，锻炼成套工作队伍，提高业务素质，更好地为用户服务。

在开展前期技术服务工作时，要正确处理好三个关系：即开展前期技术服务工作和成套工作发展方向的关系；本单位的经济效益和社会效益的关系；本单位眼前利益和长远利益的关系。

二、开展前期技术服务工作，是实现成套项目执行前、中、后期全过程技术服务的重要环节，要改变目前项目年度计划确定后才开展项目成套工作，多数设备成套单位不搞主机（指专用工艺设备），只抓配套的被动局面，必须努力提前设备成套工作介入时间。在项目设计或可行性研究阶段，设备成套部门要配合设计或咨询部门，开展国内设备的技术、经济咨询活动，这样既可以发挥成套部门设备工作的优势，也满足了设计或咨询部门的工作需要，是对双方有利、有益的工作。不少成套局、公司的实践证明，只要态度诚恳，方法得当、工作确有成效，开展项目前期技术服务工作是可行的，也能得到有关方面的欢迎和肯定。

三、前期技术服务工作的主要内容，一般应包括以下几个方面：

1. 收集、了解项目立项和计划信息，确定专人跟踪，适时参与项目可行性研究或设计阶段的技术服务工作。

2. 组织力量收集国内外有关专业技术资料和国内机械产品生产技术经济资料，组织或聘请有关专家，参与可行性研究评估工作，对采用的主要工艺设备，提出技术、经济评估意见。

3. 了解项目设计意图和主要工艺设备及标准通用设备的技术要求，与设计人员商谈设备选型、选厂、概算及系统方案的合理性，提出改进、优化设计的技术、经济建议，并向机械制造部门反馈信息。

4. 根据设计需要，提供有关设备的技术、经济信息资料。

5. 及时组织重大关键设备和新产品的技术衔接及预安排（或招标）工作。

四、开展前期技术服务工作，应由浅入深，由点到面逐步推开。鉴于开展这项工作比较复杂，难度比较大，目前进行这项工作时，不搞一刀切，不要一个模式，一般可先配合设计部门，做好设计阶段的设备技术、经济咨询服务工作；有条件的单位可在项目可行性研究、评估阶段，参与主要工艺专用设备的技术、经济咨询服务工作。

五、各单位应根据实际情况，研究制定开展项目前期技术服务的工作规划，提出本单位开展这项工作的打算、做法和工作内容，从实际出发，选择有条件的项目进行不同形式的试点，积累经验，逐步推开。

六、加强专业技术培训，提高干部素质，是开展前期技术服务工作的关键。必须把加强人员培训，提高干部政治、业务、技术素质提高到各级领导的重要议事日程。除举办各种专业培训班，鼓励干部业余自学外，要特别注意在项目现场和实践工作中培养、锻炼人才。对技术干部的专业分工要相对稳定，以利于他们钻研学习专业知识，提高专业技术本领。应在实践工作中逐步培养、造就一批既懂项目生产工艺，又懂设备经济、技术知识的专门人才。

七、技术经济信息是开展前期技术服务工作的基础，必须大力加强技术经济信息资料工作。各单位要组织力量，通过各种形式、多种渠道，收集整理、交流产品目录、样本、说明书、价格、资源、质量及市场商情等情报信息，以及新产品、优质产品、淘汰产品、节能产品、更新替代产品等情报信息，充实、完善已建立的"常用机电产品信息数据库"，为开展前期技术服务工作创造必要的条件。

物资部设备成套司

物 资 部
国家计划委员会 文 件
机械电子工业部

物成字〔1992〕第 47 号

关于印发《机电设备成套单位资格审查暂行办法》的通知

各省、自治区、直辖市计委、建委、成套局（公司），国务院有关部门，中国科学院，总后勤部：

设备成套工作是以国家固定资产投资建设项目为对象，以成套开发、设计、制造、供应、服务为内容，按质、按量、按时提供成套设备和成套技术服务的一项综合性技术经济组织管理工作。近几年，随着经济体制改革的深化，设备成套事业发展较快，从事设备成套的机构和人员大大增加，但由于管理工作滞后，设备成套市场秩序混乱，影响了国家重点项目的顺利建设，损害了成套工作的信誉。为了加强对设备成套工作的管理，确保国家重点项目建设，提高设备成套工作水平，更好地将设备成套推向市场，根据中共中央、国务院关于进一步改革开放的精神，以及国家计委《关于在基本建设领域开展"质量、品种、效益年"活动的通知》（计建设〔1991〕第 55 号）的规定，商有关部门制定了《机电设备成套单位资格审查暂行办法》，现予以印发，请通知有关单位认真执行。

鉴于当前成套机构发展过多、过滥，为有利于开展工作，根据《暂行办法》，审批工作拟分批进行，近期首先对 1990 年以前已成立的成套单位进行资格审查。在审查期间，请各地区、各部门暂停成立新的成套机构，以保证审查工作的顺利进行。

1992 年 5 月 1 日

机电设备成套单位资格审查暂行办法

第一章 总 则

第一条 为提高机电设备成套工作水平，完善和发展社会主义的设备成套市场，保证国家重点项目建设，根据中央关于进一步深化改革的精神和国家计委关于在基本建设领域开展"质量、品种、效益年"活动的通知，特制定本办法。

第二条 机电设备成套工作是机电设备成

套单位受业主委托或投标中标，根据批准的建设项目计划、设计及工程进度，提供所需的成套设备及技术服务，保证项目按期建成投产，形成完整生产能力的一项技术经济组织工作。其主要内容包括：

一、根据业主的要求和委托，介入项目前期工作，了解工艺流程和设备需要情况，提供技术咨询服务，协同设计单位搞好设备选型和经济技术分析，会同有关部门组织技术衔接、新产品试制和大型设备预安排，落实成套设备订货并组织建设项目所需成套设备的招标工作。

二、按照建设项目设计所附设备清单，提供全部或部分机电设备（包括专用、通用和非标设备等）。

三、按照项目建设进度，负责已订货设备的催交调度，保证成套设备按质、按量、按时交付到现场。

四、负责现场服务，解决设备在安装、调试中有关的技术、质量问题，保证设备正常生产运行，并对用户进行不定期回访，协助解决遗留问题，及时向机械生产企业及其主管部门反馈有关信息。

第三条　凡从事国家、省计划内建设项目所需机电设备成套供应的单位，必须经过资格审查主管机关批准核发机电设备成套单位资格证书后，方可承担相应范围内的机电设备成套业务。

第四条　根据国务院国发〔1988〕第 27 号文的精神，国家管理机电设备成套单位资格审查工作，由物资部为主会同机电部进行。

第五条　机电设备成套单位资格审查是成套行业管理的一项重要内容，涉及面广，政策性强。物资部设备成套管理局和各省、自治区、直辖市设备成套管理部门必须按照国家政策和有关规定，严格审查，认真把关，切实做好这项工作。

第二章　核发证书的条件

第六条　机电设备成套单位领取资格证书，必须具备以下条件：

一、有国家规定具有审批权限的部门批准成立机构的文件。

二、有从事机电设备成套工作的专业人员及一定的职工所组成的实体。

三、有固定的工作场所，具备独立承担机电设备成套任务的能力。

四、有与所承担的机电设备成套任务相适应的流动资金。

五、有一定的自有资金，能够独立地承担经济责任。

第三章　资格证书等级

第七条　机电设备成套单位资格证书按照资历信誉、技术力量、技术水平、资金实力、管理水平以及承担建设项目的范围等六个方面的条件，分为甲、乙、丙三级。具体划分标准如下：

一、甲级证书单位

（一）资历信誉

1. 独立承担过两个以上国家重点建设项目机电设备成套任务的单位，或组建十五年以上一直从事设备成套工作的专职机构；

2. 所提供的建设项目设备在其投入运行后，能形成生产能力，其设备没有发生过较为严重质量问题而造成较大损失的；

3. 在本行业、部门、地区以及所承担的项目中享有较高的信誉。

（二）技术力量

1. 职工总数一般不得少于七十人，并具有数量相当、实践经验丰富的专业技术人员，其中专业人员不得少于职工总数的 70%；

2. 具有机械、电气、建筑、经济等方面的高级职称的专业技术和经济管理骨干八名以上；

3. 与设计部门、生产企业、施工单位有着较稳定的合作关系，并有一定的技术人员专门从事机电产品信息、技术开发、技术情报等工作。

（三）技术水平

1. 拥有比较全面的机电产品信息资料，能够独立地接受委托，在项目可行性研究或设计、审查阶段，进行经济技术论证、技术咨询，提出建议，并在设备成套供应中取得良好的效益；

2. 能够依据项目设计所附的设备清单，进行设备选型选厂，实行委托承包、目标承包、设备费包干或"交钥匙"式的工程技术设备成套总承包；

3. 能够独立对大型、专业、非标准成套设备组织招标、评标，组织或自行编写标书、制定标底等各项技术经济工作；

4. 具有与国外用户合作，承担国外建设项目设备成套的能力；

5. 能独立协调解决机电设备在安装调试中出现的各种重大疑难技术问题。

（四）资金实力

1. 有具体的经营场所和必要的技术设施；

2. 具有相应的自有资金和固定资产。

（五）管理水平

1. 有熟悉管理工作的专职人员和健全的管理机构；

2. 有完整的经营管理章程，项目管理、设备管理办法和财务管理制度以及经国家计委部门核准的收费标准；

3. 有专职的招标管理机构和人员，已形成稳定的招标、评标工作程序与规章制度；

4. 有能够保证设备质量的可靠措施和服务办法。

（六）承担设备成套的建设项目范围

1. 国家计划内大中型基本建设项目和国家限额以上技术改造项目；

2. 省、自治区、直辖市的重点基本建设项目和技术改造项目；

3. 涉外建设项目；

4. 其他各类基建、技改项目的设备成套供应。

二、乙级证书单位

（一）资历信誉

1. 曾经独立承担过两个以上大中型基建项目及限上技改项目机电设备成套任务；

2. 所提供的建设项目设备在其投入运行后，能形成生产能力，没有发生过重大质量问题；

3. 在本行业、部门、地区以及所承担的项目中享有良好的信誉。

（二）技术力量

1. 职工总数一般不少于四十人，并具有数量相当、经验丰富的专业技术人员，其中专业技术人员不得少于职工总数的60%；

2. 具有机械、电气、建筑、经济等方面的高级职称的技术和经济管理骨干五名以上；

3. 与设计部、生产企业、施工单位有着较稳定的合作关系，并有一定的技术人员专门从事机电产品信息技术开发、技术情报等工作。

（三）技术水平

1. 能够独立地接受委托，在项目可行性研究或设计、审查阶段进行经济技术论证、技术咨询；

2. 能够依据项目设计所附设备清单，进行选型选厂，实行委托承包目标承包、设备费包干或中小型"交钥匙"式的工程技术设备成套总承包；

3. 有组织成套设备招标投标的能力；

4. 具有与国外用户合作进行设备成套或单独承担国外建设项目设备成套的能力；

5. 能够独立协调解决机电设备在安装调试中的各类疑难技术问题。

（四）资金实力

1. 有具体的经营场所和必要的技术设施；

2. 具有相应的自有资金和固定资产。

（五）管理水平

1. 有熟悉管理工作的专职人员和健全的管理机构；

2. 有完整的经营管理章程，项目、设备管理办法，财务管理制度以及经国家计委核准的收费标准；

3. 有专职的招标管理机构和人员以及有一定的管理能力；

4、有能够保证设备质量的措施和服务办法。

（六）承担设备成套的建设项目范围

1. 本地区或本行业内的国家计划内基本建设和技改项目；

2. 省、自治区、直辖市计划内基本建设项目和技术改造项目；

3. 小型涉外项目；

4. 其它各类设备总金额在一千万元以上的项目设备成套供应。

三、丙级证书单位

（一）资历信誉

1. 独立承担过两个以上限下建设项目的机电设备成套任务；

2. 所提供的建设项目设备在其投入运行后能形成生产能力。

（二）技术力量

1. 职工总数不少于二十五人，其中具有技术职称的专业人员不得少于职工总数的40%；

2. 与设计单位、生产企业、施工单位有密切的联系，并有从事技术开发、技术情报的工作人员。

（三）技术水平

1. 能够独立接受委托，组织小型建设项目和技改项目所需的成套设备；

2. 能够独立承担小型项目的工程技术设备总承包；

3. 能够协调解决设备在安装调试中出现的一般技术质量问题。

（四）资金实力

1. 有具体的经营场所和必要的技术设施；

2. 拥有相应的自有资金和固定资产。

（五）管理水平

1. 有较熟悉管理工作的专职人员和健全的管理机构；

2. 有经营管理章程，项目、设备管理办法和财务管理制度及经国家有关部门核准的收费标准；

3. 有一定的设备成套服务措施。

（六）承担设备成套的建设项目范围

1. 本地区计划内小型基本建设和技术改造项目；

2. 县级计划内基本建设和技术改造项目的成套设备承包。

第四章　证书的核发和管理、监督

第八条　申请领取证书的单位，必须先填写申请表，按隶属关系，报上级主管机关签署意见后，报送物资部设备成套管理局或各省、自治区、直辖市的设备成套管理部门。

第九条　根据统一标准、分级管理的原则，凡领取甲级、乙级证书的单位，由物资部设备成套管理局分期分批进行审查，核定等级，经物资部商机电部后批准颁发证书；凡领取丙级证书的单位，由物资部设备成套管理局直接审核批准颁发证书或委托各省、自治区、直辖市设备成套管理部门商机械厅（局）进行审查，核定等级，颁发证书，并报物资部设备成套管理局备案。

第十条　领取甲级证书的单位，可在全国范围内承担证书规定范围内的设备成套任务，各地区、各部门不需再进行审查登记；

领取乙级证书的单位，原则上只能承担本省区或本行业内的设备成套任务。如要跨地区、跨行业承担业务，可与项目所在省市区或项目所属行业有资格的成套单位联合承包。如自己独立承包，必须经任务所在地设备成套管理部门专案审查批准。

第十一条　机电设备成套单位资格证书，由物资部统一印制、统一编号，任何地区和部门不得翻印或自行印制，亦不得复印，如需加制副本，可向原批准机关申报。

第十二条　实行资格证书级别升降制度，每两年随工商注册年检进行一次复核。如发现单位任务、性质变更或达不到所持证书的级别条件的，须按本规定的审批程序降低或注销其证书。如因条件变化要求提升证书等级的，须

按隶属关系由其主管部门进行审查，核转报有权签发证书的机关审批。

第十三条　未按本规定领取资格证书的单位，不得承揽建设项目的设备成套任务，建设单位也不得委托无资格证书的单位进行承包，如违反本规定，擅自承接设备成套任务，一经发现，即予撤销所承揽的设备成套任务，损失自负。物资部门亦停止分配指令性产品和合同订购产品指标以及撤销产品订购合同，并追究有关单位负责人的责任。

第十四条　已领取证书的单位，不得为无证单位或个人提供证书或图签。不得超越证书核定范围承担任务，违者视情节轻重追究行政责任直至吊销证书。

第十五条　本办法自一九九二年七月一日起实行。

第十六条　本办法由物资部负责解释。

1992 年 4 月 1 日

国内贸易部文件

内贸成字〔1995〕第 186 号

关于印发《建设工程设备招标投标管理试行办法》的通知

国务院各有关部门、各省、自治区、直辖市及计划单列市计委、经委（计经委）、建委（建设厅）、重点建设领导小组办公室、机械设备成套局（公司）、机械部直属专业公司、设备成套甲、乙级资质单位：

为了保护建设工程设备招标投标公平竞争，提高经济效益，维护招标投标人的合法权益，加强对招标投标工作的管理，根据形势发展的需要，我部对原物资部印发的《建设工程设备招标投标管理暂行办法》（物成字〔1991〕115号）进行了修订，现予以发布，请认真组织实施。在实施过程中，有何问题和意见请及时函我部设备成套管理局。

附件：建设工程设备招标投标管理试行办法

1995 年 11 月 27 日

建设工程设备招标投标管理试行办法

（1995 年 11 月 27 日国内贸易部发布）

第一章 总 则

第一条 为保护建设工程设备招标投标的公平竞争，提高经济效益，维护招标或投标人的合法权益，加强对招标、投标工作的管理，特制定本办法。

第二条 建设工程设备招标应当坚持公正、平等、合理的原则；投标应当靠先进的制造技术、可靠的产品质量、科学的经营管理和良好的服务及社会信誉参与竞争。

第三条 招标投标是法人之间的经济活动，受国家法律及政府法令的约束和保护，不受地区、部门的限制，任何部门和地方都不得保护落后，也不允许搞假招标。

第二章 招 标

第四条 设备招标采用的方式：

（一） 公开招标，即招标单位通过报刊发表招标公告。

（二） 邀请招标，即由招标单位向具备设备供应或制造能力的单位直接发出投标邀请书。受邀参加投标的单位不得少于 3 家。

第五条 承担设备招标的单位应当具备下列条件：

（一）法人资格。

（二）有组织建设工程设备供应工作的经验。

（三）对国家和地区大中型基建、技改项目的成套设备招标单位应当具有国家计委、内贸部、机械部机电设备成套单位资格审查认证的相应的甲、乙级资质。

（四）具有编制招标文件和标底的能力。

（五）具有对投标单位进行资格审查和组织评标的能力。

（六）建设工程项目单位自行组织招标的，应符合上述条件，如不具备上述条件应委托招标代理机构进行招标。

第六条 建设工程设备招标程序：

（一）建设工程向招标单位办理招标委托手续。

（二）招标单位编制招标文件。

（三）发出招标公告或邀请投标意向书。

（四）对投标单位进行资格审查。

（五）发放招标文件和有关技术资料，进行技术交底，解答投标单位提出的有关招标文件疑问。

（六）组成评标组织，制定评标原则、办法、程序。

（七）在规定的时间、地点接受投标。

（八）确定标底。

（九）开标，一般采用公开方式开标。

（十）评标、定标。

（十一）发出中标通知，设备需方和中标单位签订供货合同。

第七条 招标需要有招标文件。招标文件是投标和评标的主要依据，内容应当做到完整、准确，所提招标条件应当公平、合理，符合有关规定。招标文件主要由下列部分组成：

（一）招标书，包括招标单位名称、建设工程名称及简介、招标设备简要内容（设备主要参数、数量、要求交货期等）、投标截止日期和地点、开标日期和地点。

（二）投标须知，包括对招标文件的说明及对投标者和投标文件的基本要求，评标、定标的基本原则等内容。

（三）招标设备清单和技术要求及图纸。

（四）主要合同条款，应妆依据经济合同法的规定，包括价格及付款方式、交货条件、质量验收标准以及违约罚款等内容，条款要详细、严谨，防止事后发生纠纷。

（五）投标书格式、投标设备数量及价目表格式。

（六）其他需要说明的事项。

招标文件一经发出，不得随意修改或增加附加条件，如确需修改和补充，一般应当在投标截止日期前十天以信函或电报等书面方式通知到投标单位。

第八条　凡招标设备均不受设计单位选厂意见的限制。

第三章　投　标

第九条　凡实行独立核算、自负盈亏、持有营业执照的国内制造厂家、设备公司（集团）及设备成套（承包）公司，具备投标的基本条件，均可参加投标或联合投标，但与招标单位或设备需方有直接经济关系（财务隶属关系或股份关系）的单位及项目设计单位不能参加投标。

第十条　采用联合投标，必须明确一个总牵头单位承担全部责任，联合各方的责任和义务应当以协议形式加以确定，并在投标文件中予以说明。

第十一条　投标需要有投标文件。投标文件是评标的主要依据之一，应当符合招标文件的要求。其基本内容包括：

（一）投标书。

（二）投标设备数量及价目表。

（三）偏差说明书，即对招标文件某些要求有不同意见的说明。

（四）证明投标单位资格的有关文件。

（五）投标企业法人代表授权书。

（六）投标保证金（根据需要定）。

（七）招标文件要求的其他需要说明的事项。

第十二条　投标文件的有效期在招标文件中应明确规定，其期限应当能满足评标和定标要求。

第十三条　投标单位投标时，如招标文件有要求，应当在投标文件中向招标单位提交投标保证金，金额一般不超过投标设备金额的2%，招标工作结束后（最迟不得超过投标文件有效期限），招标单位应当将投标保证金及时退还给投标单位。

第十四条　投标单位对招标文件中某些内容不能接受时，应当在投标文件中申明。

第十五条　投标文件应当有投标单位法人代表或法人代表授权的代理人签字，并加盖单位公章，密封后递送招标单位。

第十六条　投标文件分正本和副本，投标时应当分别标明；当正本与副本内容有矛盾时，以正本为准。

第十七条　投标单位投标后，在招标文件规定的期限内，可以以补充文件修改或补充投标内容。补充文件作为投标文件的一部分，具有同等效力。

第十八条　投标单位如未在投标文件中说明，中标后不得将主要设备进行转包。

第十九条　投标单位不得串通作弊，哄抬标价。

第四章 开标、评标和定标

第二十条 开标一般采取公开方式，由招标单位主持，邀请设备需方和投标单位参加；招标申请公证的，应有公证部门参加。

开标时须当众检查投标文件的密封情况，当众宣读所有投标单位投标文件的主要内容（投标报价及交货期等），并做好开标记录。

开标应当在投标截止期后二十四小时内进行。

第二十一条 招标设备标底应当由招标单位会同设备需方及有关单位共同协商确定。

设备标底价格应当以招标当年现行价格为基础，生产周期长的设备应考虑价格变化因素。

第二十二条 招标单位在实施招标时，应当组织评标委员会（或评标小组），负责评标定标工作。评标委员会应当由专家、设备需方、招标单位以及有关部门的代表组成，与投标单位有直接经济关系（财务隶属关系或股份关系）的单位人员不参加评标委员会。

评标前，应当制定评标程序、方法、标准以及评标纪律。评标应当依据招标文件的规定以及投标文件所提供的内容评议并确定中标单位。在评标过程中，应当平等、公正地对待所有投标者，招标单位不得任意修改招标文件的内容或提出其他附加条件作为中标条件，不得以最低报价作为中标的唯一标准。

设备招标的评标工作一般不超过十天，大型项目设备承包的评标工作最多不超过三十天。

评标过程中，如有必要可请投标单位对其投标内容作澄清解释。澄清时不得对投标内容作实质性修改。澄清解释的内容必要时可做书面纪要，经投标单位受权代表签字后，作为投标文件的组成部分。

评标过程中有关评标情况不得向投标人或与招标工作无关的人员透露。凡招标申请公证的，评标过程应当在公证部门的监督下进行。

评标定标以后，招标单位应当尽快向中标单位发出中标通知，同时通知其他未中标单位。

第五章 合同的签订和执行

第二十三条 中标单位在接到中标通知后，应当在规定时间内由招标单位组织与设备需方签订经济合同。

第二十四条 招标文件和投标文件均为经济合同的组成部分，随合同一起有效。

第二十五条 投标单位中标后，如果撤回投标文件拒签合同，作违约论，应当向招标单位和设备需方赔偿经济损失，赔偿金额不超过中标金额的2%。可将投标单位的投标保证金作为违约赔偿金。

第二十六条 中标通知发出后，设备需方如拒签合同，应当向招标单位和中标单位赔偿经济损失，赔偿金额为中标金额的2%，由招标单位负责处理。

第二十七条 合同生效以后，双方都应当严格执行，不得随意调价或变更合同内容；如果发生纠纷，双方都应当按照《经济合同法》和国家有关规定解决。

第二十八条 合同生效以后，接受委托的招标单位可向中标单位收取少量服务费，金额参照物资部、国家物价局、财政部物调字〔1990〕第205号文件规定，一般不超过中标设备金额的1.5%。

第六章　管理和监督

第二十九条　建设工程设备招标的管理和监督由国内贸易部负责。

第三十条　招标投标过程中，有关各方发生争议或纠纷，可以通过协商来解决；如协商不能解决，可向国内贸易部或建设工程及生产企业的上级行政主管部门申请调解。

第三十一条　投标单位如果发现招标单位在招标过程中弄虚作假或营私舞弊行为，可向国内贸易部或建设项目及生产企业的上级行政主管部门提出调查要求，也可直接向人民法院提起诉讼。

第七章　附　则

第三十二条　本办法自发布之日起施行。1991年6月13日原物资部印发的《建设工程设备招标投标管理暂行办法》同时废止。

国内贸易部
机械工业部　文件

内贸成联字〔1996〕第53号

关于印发《建设工程设备招标机构资格管理试行办法》的通知

各省、自治区、直辖市及计划单列市计委、建委、经委、招标领导小组、成套局（公司）、机械厅（局），国务院有关部门、中国科学院、总后勤部、设备成套甲、乙级资质单位：

为了维护建设工程机电设备、成套设备招标的正常秩序，进一步推动招标工作，保护公平竞争，保证建设工程按时、按质建成投产，根据国内贸易部《建设工程设备招标投标管理试行办法》（内贸成字〔1995〕第186号）和原物资部国家计委机械电子工业部《机电设备成套单位资格审查暂行办法》（〔1992〕物成字第47号）的精神和要求，制定本办法，现予印发，请认真贯彻实施。在实施过程中，有何问题和意见请及时函告国内贸易部设备成套管理局。

附件：建设工程设备招标机构资格管理试行办法

1996年7月10日

建设工程设备招标机构资格管理试行办法

（1996年7月10日国内贸易部、国家计委、机械工业部、国家技术监督局制定）

第一章 总 则

第一条 为了维护建设工程设备招标的正常秩序，进一步推动招标工作，保护公平竞争，保证建设工程按时、按质建成投产，根据内贸部、国家计委、机械部联合发布的《机电设备成套单位资格审查暂行办法》和内贸部发布的《建设工程设备招标投标管理试行办法》的精神和要求，制定本办法。

第二条 建设工程设备招标机构是指具有法人资格，从事机电设备、成套设备招标代理业务的社会中介服务机构。

第三条 建设工程设备招标机构实行招标资格认证和招标资格等级制。

第四条 由内贸部、国家计委、机械部、国家技术监督局联合组建全国建设工程机电设备、成套设备招标机构资格管理办公室，负责建设工程设备招标机构资格和资格等级的认定工作。办公室设在国内贸易部设备成套管理局。由国内贸易部设备成套管理局会同国家计委重点建设司、机械工业部生产与信息统计司具体实施办理全国建设工程设备招标机构资格和资格等级认定工作。

第二章 建设工程设备招标机构的资格等级

第五条 建设工程设备招标机构的资格等级分为甲、乙级。

第六条 甲级建设工程设备招标机构资格应当具备下列条件：

（一）具有三年以上建设工程设备招标经历，三年累计招标金额在一亿元以上，承担过三个以上大型建设工程项目设备成套、设备招标业务，并取得良好的经济效益，得到建设项目投资法人的好评，有良好的社会信誉。

（二）有较强的组织招标工作的技术力量，包括：

1. 专业技术人员应占编制人员的70%；

2. 高级工程、经贸人员8人以上；

3. 具有能编制招标文件（中、英文）和标底的专业人员、外语翻译人员和手段；

4. 有现代化办公条件（计算机、通讯设置、信息网络等）和相应的硬软件管理人员。

（三）有严密完整的管理制度和章程。

第七条 甲级建设工程设备招标机构可以承担国际或者国内重大建设工程设备招标业务。

第八条 乙级建设工程设备招标机构资格应当具备下列条件：

（一）具有三年以上建设工程设备招标经历，三年累计招标金额在5000万元以上，承担过三个以上大中型建设工程项目设备招标业务，并取得较好的效益和建设项目投资法人的好评，有较好的社会信誉。

（二）有一定的组织招标工作的技术力量，包括：

1. 专业技术人员应占编制人员的50%；

2. 高级工程、经贸人员5人以上；

3. 具有能编制招标文件和标底的专业人员和手段；

4. 有较好的办公条件和通讯信息设置和管理人员。

（三）有完整的管理制度和章程。

第九条　乙级建设工程设备招标机构可以承担国内中型建设工程设备招标业务。

第三章　建设工程设备招标机构资格等级的认定

第十条　申请资格和资格等级的建设工程设备招标机构应向招标机构资格管理办公室提交资格和等级申请书、上级主管部门的推荐函件及有关文件。

第十一条　建设工程设备招标机构资格和等级申请书包括下列内容：

（一）机构的名称和地址通讯（电话、电报、传真号）。

（二）法人代表姓名、主要工作简历。

（三）机构组建时间和完成机电设备、成套设备招标业务的情况（招标项目名称、金额、资本、项目效益、用户评语等）。

（四）机构技术经济人员数，中、高级职称人员数比例及主要专业，计算机应用情况、信息库情况、编制招标文件和标底的能力。

（五）对投标单位进行资格审查和组织评标的能力。

（六）组织建设工程项目机电设备供应和设备成套的经验、业绩。

（七）申请资格等级。

第十二条　建设工程项目单位自行组织招标的，应当符合相应的资质条件，如不具备，应当委托有资格及相应等级的招标机构进行招标。

第十三条　已取得机电设备成套单位资格的机构经过复审，如具有相应的招标等级条件的，可取得相应的建设工程设备招标等级资格。

第十四条　资格和等级认定工作：

（一）甲级机构资格由招标机构资格管理办公室组织专家进行审核，经内贸部成套局、国家计委重点司、机械部生产司、国家技术监督局政法司审定批准后，由办公室认证和颁发证书。

（二）乙级机构资格由所在地区计委会同成套局、机械厅（局）负责认证，上报国内贸易部成套局、国家计委重点司、机械工业部生产司、国家技术监督局政法司备案，颁发证书。

第四章　建设工程设备招标机构资格变更和罚则

第十五条　国内贸易部、国家计委、机械工业部、国家技术监督局每一至三年对招标机构进行次复核，根据复核的情况进行等级调整，并颁发相应的证书。

第十六条　有下列行为之一的招标机构，国内贸易部会同国家计委、机械工业部、国家技术监督局分别予以警告或者收回证书取消代理资格的处罚：

（一）伪造、涂改、转让资格证书的；

（二）无资格证书和超越等级进行招标的；

（三）搞假招标给建设项目造成巨大经济损失的。

第五章　附　则

第十七条　本办法由国内贸易部负责解释。

第十八条　本办法将依据国家有关招投标管理规定适时进行调整。

第十九条　本办法自发布之日起施行。

二、历届全国设备成套局长工作会议情况简介

1959 年 3 月 2—7 日，一机部机电设备成套总公司在北京首次召开全国成套公司经理会议。总公司经理陈易传达了国家建委向中央的报告，杨铿副经理对公司章程草案及工作试行办法草案作了说明，部领导到会讲话。

会议主要内容：

1. 讨论公司章程及办事规则；

2. 研究并提出 1958—1959 年一季度轧钢机、电站、水压机设备补套和配套方案；

3. 了解交流各地公司成立及工作开展情况。

1960 年 9 月 12—15 日，国家建委和一机部在北京联合召开全国成套公司经理会议，参加会议的除各地成套公司经理外，还有各地建委主管设备工作的负责同志。

会议主要内容：

1. 研究如何加强设备成套工作的领导；

2. 进一步贯彻落实缩短基本建设战线保证重点，做好设备调剂；

3. 针对成套范围扩大，研究如何按项目组织设备成套。

1961 年 9 月 16—25 日，机械设备成套总局在北京召开全国成套局长会议。

会议主要内容：

1. 检查 1961 年重点成套项目的设备交货情况及问题；

2、从 1962 年开始，成套预订货项目和大中型项目所需设备将全部采取交由成套系统统一组织设备成套供应，研究相关办法及措施；

3. 如何进一步加强设备收购工作。

1962 年 5 月 12 日，一机部在北京召开全国成套局长会议。国家计委副主任程子华、范慕伟，一机部副部长周子健、汪道涵、沈鸿到会讲话。

会议主要内容：

1. 讨论今后设备成套工作的方针、任务；

2. 部署当前工作；

3. 研究设备成套机构的组织领导问题。

1963 年 7 月 6—22 日，机械设备成套总局在北京召开全国成套局长会议。局长杨铿作"设备成套机构任务和若干工作问题"的讲话，并传达了国家计委、一机部领导关于加强成套工作的指示精神。

会议主要内容：

1. 明确设备成套机构的职责和性质；

2. 分析设备成套工作的现状，安排今年主要任务；

3.研究如何改进设备成套的组织管理工作；

4. 进一步明确与生产企业和基本建设单位的关系；

5. 设备费问题；

6. 下半年的几项主要任务。

1964 年 1 月 8—28 日，机械设备成套总局在北京召开全国成套局长会议，参加会议的有全国 27 个省市区设备成套局长和有关业务技术干部共 90 人。会议期间，党和国家领导人毛泽东、刘少奇、邓小平、彭真、李富春、薄一波、罗瑞卿、杨尚昆等接见了全体会议代表。国务院副总理李富春、薄一波到会讲话。

会议主要内容：

1. 学习推广大庆石油会战的经验；

2. 介绍马钢车轮轮箍厂设备成套的经验和体会；

3. 交流各局（公司）在项目管理、产品管理、技术管理以及政治思想工作等方面的做法和经验；

4. 部署讨论 1964 年成套工作。

1965 年 3 月 25 日至 4 月 7 日，机械设备成套总局在北京召开全国成套局长会议，国家计委、一机部领导到会讲话，总局领导作工作报告。

会议主要内容：

1. 总结 1964 年工作；

2. 部署 1965 年工作；

3. 研究成套工作如何适应新形势的发展问题。

1965 年 12 月 14 日至 1966 年 1 月 3 日，机械设备成套总局在北京召开全国成套局长会议，杨铿局长作工作报告，国家计委、国家建委、一机部有关领导到会讲话。会议传达了全国计划会议、基本建设工作会议和一机部厅局长会议精神，部署了 1966 年的设备成套工作，讨论通过了《六年来设备成套工作的体会和今后意见》、

《专业设备成套供应公司章程（试行）》等文件。

1979 年 7 月 20—28 日，国家成套总局在北京召开全国成套局长会议。

会议主要内容：

1. 学习贯彻党的十一届三中全会和全国五届人大二次会议精神；

2. 讨论国民经济调整时期成套工作的任务和做法；

3. 讨论《机械设备成套工作条例》、《成套设备供应目录》；

4. 就成套系统领导关系和加强成套工作网的问题交换意见。

1980 年 11 月，国家成套总局在北京召开全国成套业务工作会议，传达学习国务院领导对成套承包问题的指示；传达国家计委、一机部领导对设备成套工作改革的意见和要求；交流经济合同试点经验和做法。

1983 年 7 月至 8 月初，全国基本建设会议在北京召开。会议主要内容是传达贯彻党的十二届二中全会精神，集中力量保重点建设。会议期间穿插召开了设备成套工作会议，会议就贯彻全国基建会议精神，加强成套技术服务工作进行了深入研讨。

1984 年 5 月 23 日至 28 日，机械设备成套管理局在丰台召开十个省、市（北京、河北、辽宁、上海、江苏、浙江、山东、湖北、广东、甘肃）成套局长、经理座谈会。会议主要讨论在基本建设实行投资包干和招标承包制的形势下，设备成套工作的改革问题，重点探讨了设备成套工作的改革方向，以及如何实行成套设备承包制等问题。机械工业部副部长赵明生到

会讲话，鼓励大家解放思想，搞好改革。

1984年6月25日至7月5日，机械设备成套管理局在北京召开全国成套（公司）、各专业成套公司局长、经理会。机械工业部副部长赵明生就成套工作如何改革问题发表了重要讲话。

会议主要内容：

1. 研究设备成套工作在新形势下如何进一步改革问题。会上提出了成套工作要向七个方面转变：①由按照设备清单代用户订货转向实行成套设备承包制；②由单台单件的供应成套转向按机组、系统组织技术成套；③由自上而下行政安排的单一的设备资源转向横向经营多渠道的设备资源；④由一家组织成套转向多家联合经营成套；⑤由行政办法转向经济办法、科学管理；⑥由单纯设备供应转向开展技术服务，对设备全面负责；⑦成套机构由事业费开支的行政单位逐步转为经济自立、自负盈亏的经济实体。

2. 讨论修改《机械工业部设备成套公司设备承包暂行条例》

1985年1月25日至2月5日，机械设备成套管理局召开全国成套局长（经理）会议。国家计委副主任王德瑛、机械工业部副部长赵明生到会讲话。

会议主要内容：

1. 回顾前一阶段成套系统的改革情况；

2. 各省、市、区成套局交流改革经验，研究进一步改革成套工作的意见和措施；

3. 讨论并原则通过了《关于改革设备成套工作若干问题的研究》及《公司通用章程》。

1987年12月21—25日，机械设备成套管理局召开各省、市、自治区成套局（公司）局长（经理）会议。

会议主要内容：研究1988年如何深化设备成套工作的改革，适应国家经济体制改革的新形势新任务的要求。

1988年4月1—9日，机械设备成套管理局在福州召开成套系统设备招标投标研讨会。会议由成套管理局顾向东总工程师主持。会议总结交流了近年来全国成套系统开展设备招标工作的成绩和经验，并就下一步工作提出了要求。

1989年3月底至4月初，机械设备成套管理局在北京召开物资部直属机械设备成套局（公司）局长（经理）工作会议。

会议主要内容：

1. 总结1988年工作，部署1989年工作；

2. 分析形势，统一思想，探讨设备成套工作发展方针；讨论研究当前成套工作如何发挥成套网的作用，组织成套市场，强化本系统（集团）作用，以及组建设备成套集团（总公司）的方案和实施步骤；

3. 讨论研究如何加快成套机构向企业化过渡以及相应的政策问题；

4. 如何加强成套机构的内部管理，引进企业机制。

1990年9月3—6日，机械设备成套管理局在青岛召开全国成套局长工作会议。物资部马毅民副部长主持会议。山东省副省长李春亭、青岛市副市长秦家浩和省市有关部门负责人参加了会议。

会议主要内容：

1. 认真贯彻全国物资工作会议精神；

2. 研究设备成套工作的方针、政策，制定具体措施。

3. 局长顾向东代表成套管理局作题为《总结经验 明确方向 振奋精神 开拓前进》的工作报告。

1991 年 9 月 20—25 日，机械设备成套管理局在昆明召开全国成套局长工作会议。出席这次会议的有物资部副部长马毅民、云南省副省长李树基、昆明市副市长田毅，云南省计委、经委、建委、物资局和机械厅的领导，以及物资部、机电部有关司局、公司的领导和各省、自治区、市成套局的代表，共 120 人。中央电视台、人民日报、中国物资报、云南电视台记者应邀参加了会议。

会议主要内容：

1. 学习贯彻党的十三届七中全会、七届全国人大四次会议和全国物资工作会议及全国重点建设工作会议精神；

2. 总结 1990 年青岛会议以来全国成套工作取得的主要成绩和经验；

3. 讨论制定《全国成套系统"八五"发展计划纲要》，研究部署今后一个时期的主要工作任务。

1992 年 5 月，机械设备成套管理局在安徽黄山召开全国成套局加快改革座谈会。

1993 年 12 月 21—23 日，成套系统改革工作座谈会在上海召开。

会议主要内容：

1. 传达全国商品流通工作会议精神；

2. 交流各单位在深化内部机制改革、拓展成套业务、扩大经营网点和规模、完善下属机构管理等方面的做法和经验；

3. 研究探讨成套系统事业单位管理体制改革的问题及出路。

1994 年 4 月，机械设备成套管理局和国内贸易部财务司在浙江宁波召开华东地区成套局长座谈会，着重讨论成套系统由差额拨款向自收自支事业单位过度的紧迫性及实现过渡急需解决的问题。

1995 年 1 月 9—13 日，全国省市设备成套局长工作会议在武汉召开，湖北省委、省政府分管领导出席会议并讲话。

会议主要内容：

1. 传达 1994 年全国商品流通工作会议精神；

2. 总结 1994 年全国省市设备成套工作，部署 1995 年工作；

3. 表彰 1993—1994 年度全国省市设备成套系统先进单位；

4. 讨论并原则通过了关于加强人事管理、财务管理及法制建设等方面的几个文件。

1996 年 2 月 1—4 日，机械设备成套管理局在北京召开全国设备成套局长工作会议。

会议主要内容：

1. 传达 1995 年全国商品流通工作会议精神；

2. 总结 1995 年全国成套系统工作，部署 1996 年工作；

3. 表彰 1995 年度全国成套系统先进单位；

4. 研究、讨论全国设备成套系统"九五"计划（草案）。

1997 年 2 月 25 日，机械设备成套管理局召开全国设备成套局长工作会议。

会议主要内容：

1. 传达贯彻全国商品流通工作会议精神；

2. 总结 1996 年工作；

3. 表彰先进单位及先进工作者；

4. 交流经验，研究改革，安排部署 1997 年工作。

1998 年 2 月 16—18 日，全国省市设备成套局长工作会议在福建漳州召开。

会议主要内容：

1. 传达全国商品流通工作会议及全国物资工作座谈会精神；

2. 总结 1997 年设备成套系统工作，安排 1998 年工作；

3. 落实局长目标责任制，签订目标责任书；

4. 表彰全国成套系统先进单位。

1999 年 1 月，机械设备成套管理局在北京召开全国设备成套局长会议。局长赵杰代表成套管理局作工作报告。会议的主题是：研究改革形势，统一改革认识，加大改革力度，全面开拓成套事业的新局面。

2000 年 3 月 21—22 日，机械设备成套管理局在南京召开全国设备成套局长工作会议。

局长赵杰代表成套管理局作工作报告。

会议主要内容：

1. 学习贯彻党的十届四中全会和全国商品流通工作会议精神；

2. 总结 1999 年设备成套工作；

3. 表彰系统先进单位；

4. 安排部署 2000 年各项工作，明确今后一个时期改革发展的形势和目标，推动 2000 年的设备成套工作进入全新的发展时期；

2000 年 12 月 6—10 日，国家经贸委、国内贸易局、设备成套管理局在北京召开"设备成套局管理体制改革工作会议"，国家经贸委副主任张志刚出席会议并讲话。

会议主要内容：传达党中央、国务院关于全国设备成套局管理体制改革的精神，宣布全国设备成套系统整建制下放地方管理。

三、湖北省关于设备成套和设备招标工作的重要文献（选编）

湖北省地方成套项目管理试行办法

在党的十一大路线指引下，我国社会主义革命和建设已进入新的发展时期，国民经济高速度发展，实现四个现代化是刻不容缓的战斗任务。我省基本建设任务随着社会主义革命和建设的发展将日益繁重。为了适应这一新的发展形势，必须改进和加强基本建设项目的设备成套管理工作，保证基本建设项目多快好省地建成投产，加速社会主义建设。根据国务院国发〔1974〕第 91 号和国家计委、国家建委、一机部〔1976〕第 280 号文件精神，结合我省实际情况，对我省地方成套项目的管理，提出以下试行办法：

一、总　则

设备成套管理工作是多快好省建设社会主义的一项重要措施，它是基本建设工作的一个重要组成部分。设备成套，必须是在保重点、保投产建设项目的前提下，按计划建成投产的要求，做好成套工作。各有关部门要坚持党的基本路线，坚持社会主义方向，认真贯彻"鼓足干劲，力争上游，多快好省地建设社会主义"的总路线和"以农业为基础，工业为主导"的发展国民经济的总方针，在国家统一计划下，从确定项目到计划投产，要加强综合平衡，贯彻集中力量打歼灭战的计划，严格按照基本建设程序办事，按照"成套地安排制造，成套地组织供应"的原则，对成套项目所需设备进行组织生产，以提高省的设备成套水平，保证地方成套项目按计划建成投产。

二、设计工作

第一条　设计部门对建设项目的设计，要贯彻党在经济建设方面的路线、方针和政策，要按照批准的设计任务书精心地进行设计。设计要完善、稳定，在设备选型上要立足本省生产的产品。为了适应"五小"工业发展的需要，提高本省机械设备成套能力。要尽量采用标准设计，逐步实现设备通用化、系列化。从煤炭、小水电、小水泥、农电排灌项目开始，有计划、有重点地逐步实现设计标准化。

第二条　基本建设项目的扩初设计完成后，在组织设计审查时，凡需要设备成套的项目，应通知省成套局参加，以利做好设备安排工作。

第三条　需要成套设备的项目，设计审批后，主管部门应即向省成套局提供设计任务书和设计文件，包括设计批准文件、设计说明书、设计清单、工艺流程图及设备平面布置图等有

关资料各一份。

三、确定成套项目

第四条　列入成套项目需具备的条件是：有批准的计划任务书、扩初设计文件和所附设备清单，并列入省的基本建设年度计划。

第五条　各地市计委、各有关主管局在每年五、六月份，根据长远和年度计划，按照成套项目应具备的条件，提出本地区、本系统下一年度要求列入成套项目的建议。报省计委、建委并抄送省成套局。省成套局会同有关部门进行项目调查、弄清情况，并依据设计设备清单编制设备需要等资料，为综合平衡提供依据，同时提出准备列入成套项目的初步意见报省计委、建委审定。

第六条　省计委、建委于每年7月份左右，召集省机械局、物资局、成套局、建设银行等有关部门，从投资、材料、设备、施工力量等方面组织成套项目的综合平衡，按照集中力量打歼灭战的方针，确定下一年度的地方成套项目。成套项目必须在生产计划下达前确定，以便于设备成套安排生产。对成套条件暂时不成熟的项目，则积极创造条件待第二批选定。

四、组织设备分交

第七条　设备分交的主要任务是：按照基本建设计划确定的项目、建设内容、进度和投资，依据批准的设计及所附设备清单，审查设备的需要，明确供应渠道，在核对库存的基础上，编制总体和年度设备申请计划，作为成套安排生产的依据。

第八条　设备分交，在计委领导下，由成套局会同项目主管部门、建设单位、建设银行、设计部门共同办理。

建设单位要向成套局提供有关设计资料，

介绍建设情况，核对利用库存，编制设备清册和订货卡片，交齐订货图纸及有关资料。

项目主管部门要组织、督促建设单位和设计单位及时提供分交必须的资料，核对利用本系统库存，会同有关单位研究和处理设备的选用和代用问题。

设计部门要向成套局介绍有关建设单位的设计情况，处理设备的选型、代用及其订货技术条件等问题。

成套局负责设计和设备分交资料审查，具体组织设备分交工作，提出分交的要求和做法。

五、成套安排生产，成套组织供应

第九条　成套项目所需设备，经过设备分交，凡属成套设备供应目录范围内的产品，均应成套地安排生产，成套地组织供应。

省成套局根据设备分交审定的各项目设备申请量，编制全省项目年度设备申请计划报计委。计委组织机械制造部门将本省能生产和进行试制的产品研究确定后（包括非机械工业部门的生产由省物资局分配的机电产品），编制成套项目年度设备生产计划，由省计委和机械局联合专项下达，并抄物资分配部门纳入分配计划，由机械局组织生产厂与成套局签订供货合同。

成套项目所需的生产周期长、技术复杂的关键设备要实行长期予安排。

成套项目需要的非一机部系统生产的产品，不由省物资局分配的，由成套局提出需要，有关主管局将指标切给成套局，由成套局与生产厂直接订货。

本省不能生产的部分产品，由成套局报省物资局和机电公司，由省物资局和机电公司从国家调入资源中优先解决，物资部门应努力保证成套项目需要。

省内不能生产的，而国家调入资源中又无

法解决的，由成套局和物资局分别报请成套总局和物资局帮助解决；或根据情况，由省提供物资，组织协作，加工予以解决。

第十条　成套项目原则上应一次确定，如个别关键项目需要补充安排的所需设备，由省计委下达增产计划解决。

第十一条　生产成套项目设备所需的原材料（包括配套件的原材料），实行材料跟任务走的原则，由机械制造主管部门按定额编制材料申请计划，物资分配部门将材料分配指标专项下达到生产主管局，材料直接供应到厂。

第十二条　成套项目所需设备纳入计划后，供需双方及有关部门均应严格执行，认真履行合同。确实有需要修改设计的，凡涉及规模、建设内容、工艺流程的重大改变，需经原审批部门审定；属于设计考虑不周需增减调整少量设备的，应由设计单位证明，经项目主管部门和成套局审查同意后，在可能范围内予以安排。如原安排的设备，生产厂已投料生产，不能变更合同时，项目单位仍应执行合同，不得拒付贷款。

六、设备管理

第十三条　各地、市计委，各主管局要有人负责管理设备成套工作。成套局与有关主管局要经常深入建设单位，调查了解工程进度和设备到货、安排、使用、管理等情况，以及其他建设条件的安排落实情况，发现问题，及时反映，帮助解决，促使基本建设工程顺利进行。

第十四条　根据项目排队，按先重点，后一般，先投产，后续建的原则，组织好设备的调度工作。成套项目的多余、积压设备，不得自行处理，由成套局根据全省项目需要统一组织调剂调度。

第十五条 项目单位应按时向成套局报送订货、到货、建设进度有关表报资料，以便进行设备的催交或调度，使项目尽早安排。

七、附则

第十六条 地方成套项目设备供应目录附后，按此执行。

第十七条 本办法在试行中有什么经验、问题和未尽事宜，请随时反映，以便进一步修订、补充。

1977 年 12 月 14 日

湖北省机械设备成套局关于加强地市设备成套工作的试行办法

机械设备成套工作，为国家建设项目提供成套的技术装备，保证基本建设项目及时建成投产，形成完整的生产能力。发挥投资效果，起到了积极作用。随着国民经济的调整、改革和社会主义经济建设的发展，设备成套工作必须相应调整服务方向，扩大服务范围，面向地、市，为各经济部门的扩大再生产，提供所需成套设备，并优质、保量、按时，经济合理地安排、供应好，确保工程项目按计划完成。为此，对加强地、市成套工作特提出以下办法：

一、地、市设备成套工作的依据和范围

1. 国家计委、经委、建委共同颁发的《国家基本建设成套项目设备成套工作暂行条例》的规定，国家机械设备成套总局及其所属机构是负责国家基本建设成套项目设备成套工作的专职机构。在国家统一计划下，负责组织国家成套项目所需设备的成套生产和供应。在省市区的统筹安排下，各地成套局根据地方资源条件，负责地方项目的设备成套工作。

2. 根据省计委、建委、经委、建行签发的鄂计基字〔1981〕第 151 号文，关于加强对地方基本建设项目的设备统一管理的通知，和省计委鄂革计基字〔1979〕第 594 号通知召开的成套项目计划座谈会的精神，确定我省基建项目的设备，由成套局统一管理，负责对项目单位所需设备的审核和落实；在地、市计委内确定人员负责与省成套局共同开展地、市设备成套工作。

3. 在地、市所属项目中，凡列入计划内的基建项目、基建性的贷款项目、更改资金安排的基建项目（含基建性质的挖潜、更新、改造）所需机械设备，实行成套的安排生产、成套的组织供应。

二、地、市设备成套工作的任务

1. 主要职责是协助省成套局搞好本地市成套项目的管理。

2. 在计委统一领导下，从计划编制入手，了解本地市基本建设的设想与安排，进行成套项目的预测工作，提出下年度的成套项目计划。

3. 基本建设项目下达后，进一步与建设单位明确。项目所需设备原则上纳入成套生产、供应。并通知建设单位提供必要的文件和技术资料，为签订设备承包协议和进行设备分交作准备。参加成套项目设备承包协议的商谈和签订工作。

4. 协助省成套局了解建设项目的建设条件和建设的前期工作，主要内容是：计划任务书的编制和审批、厂址选择、协作配套关系（水、电、气、运及原材料等）、勘察设计、施工准备

等，地市也可与省成套局洽商后，接受设计委托，从设计组织设备成套工作。

5. 建设项目在建期间，了解项目的进度，配合省成套局调查研究，进行必要的总结，反映成套项目建设中及设备供应方面存在的问题，协助省成套局共同解决，努力促进项目按期建成投产。

6. 根据地、市工作发展和条件的可能，办理省成套局交办的其他事项。

三、工作的联系与分工

1. 地、市成套工作人员负责向省成套局及时反映：本地、市基本建设的设想与近期安排和计划；成套项目的确定情况；成套项目的建设进展与问题；建设单位对成套工作的意见和要求等。在日常业务联系上要上下互通信息，经常交流情况。

2. 省成套局根据工作情况，派人深入现场，会同地市对可能列入计划和列入成套的项目，共同协作建设单位做好建设的前期准备工作；对成套项目建设进度、设备供货情况、设备安装调试进行了解、分析研究问题，共同解决；对成套项目竣工后进行回访，征求意见，了解设备的运行情况等。

3. 对已确定的成套项目，地、市成套人员及时告知省成套局，共同与建设单位商洽，确定成套的内容与方式，共同与建设单位签订设备承包协议。

4. 凡列入成套项目的设备组织安排工作，以省成套局为主，进行资料整理，设备分类，订货技术条件的审定及编制设备分交资料，地市配合参加。所需设备在全国范围内，实行经济合理，择优安排，本地区能生产的产品。在征得建设单位同意后，原则上就近就地安排生产。

5. 地市计委同省成套局在成套工作中要密切联系与合作，遵守国家和省政府对基本建设和工业生产中的有关规定，执行共同商定的工作制度，不断提高成套水平，更好地为建设项目服务。

四、省成套局对地市业务工作实行业务指导

1. 向地市提供国家和省制定的有关设备成套工作的方针、政策、动态等方面的文件及资料。

2. 凡列入成套的建设项目，负责协助设备选型，提供设备技术资料及其他技术咨询服务。

3. 负责业务学习和必要的干部培训。

五、财务及经费

1. 按财政部等部门财企字〔1980〕第681号的联合通知精神，在负有经济责任合同制的成套项目中，收取千分之三到百分之一的手续费。

2. 地市成套业务活动经费主要取之于经济合同制成套项目的手续费收入。根据省财政局等部门鄂财企字〔1981〕第272号通知规定，按负有经济责任合同制安排的地市所属成套项目，对收取的费用，在偿付承担合同或协议规定的罚金，支付银行贷款利息之后，地市与省成套局实行收入分成，地市留百分之四十、省成套局留百分之六十（其中20%由省交成套总局）。

3. 手续费的使用范围按财政部等部门联合通知的规定执行。

六、本办法自文到之日起执行，根据业务工作的发展和要求，在实践中，我们要注意总结，不断修改、充实、完善。

1981年11月26日

湖北省计划委员会文件

鄂计工字〔1987〕第 1 号

关于我省重点建设项目所需机械设备纳入成套供应的通知

各地、市、州、县计委:

组织机械设备成套供应是我国基本建设的一条重要经验。经过二十多年的实践证明,它不仅能保质、保量、按时地为建设单位供应成套设备,而且有利于控制投资规模,按合理工期组织建设,尽快发挥投资效益。为进一步加强我省设备成套工作,更好地为重点建设服务,现将有关问题通知如下:

一、凡列入国家和省"七五"计划的重点建设项目,都应同时列入省的成套供应计划,所需设备分别纳入国家和省的指令性计划和指导性计划。

二、各地、市、州、县计委要按照基本建设程序,抓紧项目的设计、审查、资金、施工、材料等有关具体事宜的落实,做好成套供应的前期准备工作。

三、省机械设备成套局要按照国家基本建设管理体制改革的要求,会同各地、市、州、县计委,在成套工作中,开展多种形式的承包,及非标、专用设备的招标、投标工作。

四、纳入成套组织供应项目的设备,省机械设备成套局应按质、按量、按工期要求提供成套设备,并开展技术咨询及现场服务工作,以促进项目按时建成投产,发挥投资效益。

1987 年 1 月 2 日

湖北省计划委员会文件

鄂计基管字〔1994〕第 1115 号

关于印发《湖北省建设项目设备招标投标管理暂行办法》的通知

各地、市、州、计划单列市、神农架林区计委,省直各有关部门:

为了进一步加强基本建设管理,促使建设

项目缩短建设工期、保证建设质量、降低工程造价和提高投资效益,根据国家计委有关文件精神,结合我省实际,我们制定了《湖北省建设项目设备招标投标管理暂行办法》。该"办法"业经地、市、州计委、省直有关部门及部分设计、建设单位等多次讨论，现印发给你们，请遵照执行。

建设项目设备采购实行招标投标，是固定资产投资体制改革的重要内容，是充分发挥市场竞争机制，规范投资行为的需要，符合国际惯例，各地、各部门必须高度重视这项工作。关于建设项目设备的招标工作，省政府已批准

成立了"湖北省设备招标办公室"，具体负责全省建设项目的设备招标工作，挂靠省机械设备成套局，归口省计委管理。请各地、市、州计委认真抓好这项工作。

各地、各部门在执行中有什么问题和建议，请及时告诉我们。

附：湖北省建设项目设备招标投标管理暂行办法。

1994 年 11 月 17 日

湖北省建设项目设备招标投标管理暂行办法

第一章　总　则

第一条　建设项目设备采购实行招标投标，是基本建设管理体制改革的一项重要内容；是在社会主义市场经济条件下，充分发挥竞争机制的作用，缩短建设工期、保证工程质量、降低工程造价和提高投资效益的有效措施。根据国家计委计建设〔1991〕第 189 号文"关于加强国家重点建设项目及大型建设项目招标投标管理的通知"精神，结合我省实际，特制定本办法。

第二条　建设项目设备招标应严格遵循公开、公平、公正的原则，投标应靠先进的技术、可靠的质量、科学的管理、合理的报价和良好的信誉参与竞争，招投标工作应保证使所有合格的投标者机会均等。

第三条　招标投标是法人之间的经济活动，受国家法律、法规的约束和保护，不受地区、部门行业限制，任何地方和部门都不得保护落后，也不允许搞假招标。设备招标不受设计单位对设备选厂意见的限制。

第二章　招　标

第四条　招标范围

凡列入我省固定资产投资计划的建设项目，特别是省重点项目和大中型项目，其所需国内机电设备，均按本办法实行招标采购（少量不适宜招标采购的设备除外），地、市、州权限内批准的建设项目，亦应参照本办法执行。

第五条　招标条件

建设项目实行机电设备招标，必须具备以下条件：

（一）初步设计按项目审批权限业经批准，有完整的设备清单、设计图纸、概（预）算及其他有关资料。

（二）资金来源落实。

（三）非标设备应有完整的加工图纸、资料。

第六条　招标方式

建设项目设备招标工作一般委托设备招标的专职机构组织进行也可由建设单位自行组织。

建设单位自行组织招标的，必须具备以下条件：（1）具有法人资格；（2）具有与设备招

标工作相适应的专业技术、经济人员；（3）具备编制招标文件、核算标底的能力；（4）具有对投标单位进行资格审查和组织评标的能力。

自行招标，一般应请设备招标专职机构提供咨询服务。

第七条　招标类型

（一）竞争性招标（公开招标）　由招标单位通过报刊公开发表招标通告。

（二）有限竞争性招标（邀请招标）　由招标单位向具备设备供应或制造能力的单位直接发出邀请函，受邀投标的单位不得少于三家。

（三）协商议标　对少数专业性强、工期短的建设项目，可由招标单位直接指定投标单位，通过协商确定有关事宜。参加议标的投标单位应不少于两家。

协商议标，须经过项目单位或招标专职机构的主管部门批准。

第八条　招标程序

（一）建设项目单位（设备需方）向招标机构办理招标委托手续（自行组织招标者除外）。

（二）编制招标文件，核算标底。

（三）发出招标公告或投标邀请函。

（四）对投标单位进行资格审查。

（五）发放招标文件和有关技术资料（含图纸），进行技术交底，解答投标单位提出的有关招标文件的疑问。

（六）在规定的时间、地点接受招标文件。

（七）组成评标组织，制定评标原则、办法和程序。

（八）开标，一般采用公开开标。

（九）评标、定标。

（十）发出中标通知，由建设项目单位（设备需方）与中标单位签订供货合同。

第九条　招标文件

招标文件是投标和评标的主要依据，内容应完整、准确，所提招标文件应公平、合理，符合国家有关规定。

招标文件由以下几部分组成：

（一）招标书　包括招标单位名称、建设项目简介，招标设备简要内容（设备主要技术参数、数量、要求交货期等），投标截止日期和地点，开标日期和地点。

（二）投标须知　包括对招标文件的说明及对投标者和投标文件的基本要求，评标、定标的基本原则等内容。

（三）招标设备清单及技术要求和有关图纸。

（四）投标书格式、投标设备数量及价目表格式。

（五）主要合同条款　依据《中华人民共和国经济合同法》，包括价格及付款方式、交货条件、质量验收标准以及违约罚款等内容；明确供需双方应享受的权利和承担的义务；条款要详细、严谨，防止以后发生纠纷。

（六）其他需要说明的事项。

招标文件一经发出，不得随意修改或增加条件，如确需修改或补充，其修改、补充内容以书面形式通知所有的投标者，并应适当推迟投标截止日期。

第十条　标底

（一）标底是评标、定标的尺度和依据，由招标单位编制，委托招标机构代理的，由招标机构负责编制。

（二）设备标底价格以招标当年现行价格为基础，生产周期长的设备应考虑价格变化因素。

（三）开标前，标底要严加保密，对泄露者要追究责任。

第三章　投　标

第十一条　投标者的基本条件：

（一）符合招标文件规定的或经资格预审合

格的国内设备制造、供应单位（厂商），均可单独或联合参加投标；国内有生产许可证要求的，要有相关产品的生产许可证。

（二）如采用联合投标方式，必须明确一个总牵头单位承担全部责任，联合各方的责任和义务应以协议形式加以明确，并在投标时提供有关协议的影印件。

（三）为体现招标工作的公正、公平、公开之特点，凡与建设项目单位或招标机构有直接经济关系的（财务隶属关系或股份关系）的单位（厂商）不能参加投标。

第十二条　投标文件

投标文件是评标的主要依据之一，应符合招标文件的要求，基本内容包括：

（一）投标函。

（二）投标方资格、资信证明文件。

（三）投标项目（设备）方案及说明。

（四）招标文件中规定应提交的其他资料或投标方认为需加以说明的其他内容。

（五）投标保证金，其金额一般不超过设备总金额的2%，大型项目（设备）酌减。

所有投标文件应在投标截止日期之前，密封送达或邮寄到投标地点，过期不予办理。凡与招标规定不符，内容不全或以电讯形式发送的投标文件，均视为无效。

第十三条　投标单位在开标后要求撤销投标，须以书面形式提出理由，并交纳服务费，其费用为投标设备金额的1%。

第十四条　投标方如未在投标文件中说明，中标后不得将应供的设备进行转包。

第四章　开标、评标和定标

第十五条　开标

（一）开标应按招标通告或投标邀请函规定的时间、地点原则上以公开方式进行。开标大会由招标方主持，邀请有关专家、投标方代表、项目主管单位代表和公证人参加。

（二）开标时须当众检查投标文件的密封情况，确认无误后由工作人员拆封、验证投标资格、唱标、记录。

（三）开标应在投标截止日期后二十四小时内进行。

第十六条　评标

（一）招标单位负责组建评标委员会（以下简称评委会），评委会由建设项目单位代表、招标机构代表（如委托招标机构代理）、设计单位代表和有关方面专家组成。

（二）评委会负责评标工作。评委会要全面充分地审阅、研究投标文件，认真听取各方的意见，有权要求投标方代表对投标文件中不明确的部分进行解释，但投标方不能对投标内容作实质性修改，必要时，内容可作书面纪要，经投标方授权代表签字后，作为投标文件的组成部分。

评委会综合比较各投标设备性能、质量、价格、交货期和投标方的制造能力、资格、资信情况等因素，依据"公正、科学、严谨"的原则和招标文件的要求进行评标，评出中标单位优选方案。评标时，不能以最低报价作为中标的唯一标准。

（三）对不符合招标文件要求的投标文件，评委会有权决定其部分废标或全部废标。

（四）在评标过程中，有关评标情况应严格保密，不得向投标方及其他无关人员透露。

第十七条　定标

根据评委会提出的中标单位优选方案，由建设项目单位（设备需方）选定中标单位。建设项目单位（设备需方）不得任意否定评委会的意见。

第十八条　评标结束后十天内，招标方根

据评标结果，发出中标通知书，同时通知落标厂商，并退还其投标保证金。

第五章 中标合同的签订

第十九条 中标的设备，由建设项目单位（设备需方）和中标单位按中标通知书规定的时间、地点签订设备供货经济合同。

（一）经济合同应符合《中华人民共和国经济合同法》的规定。

（二）招标文件和中标单位的投标文件均为经济合同的组成部分，随合同一起生效。

第二十条 中标单位如不按规定的时间、地点与建设项目单位（设备需方）签订经济合同，按违约论，并处以中标设备金额2%的罚款。

第二十一条 建设项目单位（设备需方）如不按规定的时间、地点与中标方签订经济合同，按违约论，处以中标设备金额2%的罚款。

第六章 附则

第二十二条 湖北省设备招标办公室是经省人民政府批准的负责全省建设项目所需机电设备招标工作的专职机构；该办公室挂靠湖北省机械设备成套局，归口湖北省计委管理。

湖北省设备招标办公室接受建设项目单位的委托代理招标和投标咨询，负责组织设备招标工作的全过程，并按建设项目单位的意愿承担中标设备的催交、质量问题处理、直至设备投入正常运行为止的后期服务工作。

第二十三条 招标机构的招标服务取费标准，按国家规定执行。

第二十四条 对于省重点建设项目和大中型项目，招标单位在标书（招标文件）发出之前，必须将标书及有关资料报省计委核备；在评标结束后，招标单位要将中标单位的有关资料报省计委核备；对有问题的，可以要求复议；对严重违反招标投标规定的，要重新进行招标，并追究其责任。

第二十五条 招标投标过程中，凡属建设项目自行组织招标的，有关各方发生争执或纠纷，可以通过协商解决，协商不成，可向建设项目单位上级主管部门申请调解，凡属委托湖北省设备招标办公室组织招标的，由湖北省设备招标办公室负责处理有关各方面的争议或纠纷，并将处理结果报省计委备案。

第二十六条 投标单位如发现在招标过程中有弄虚作假或营私舞弊行为，可向建设项目的主管部门或省计委提出调查要求，也可直接上诉法院。

第二十七条 本试行办法委托省机械设备成套局负责解释。

第二十八条 本试行办法自颁布之日起执行。

湖北省人民政府文件

鄂政发〔2005〕第41号

省人民政府关于进一步规范省级招投标工作的通知

各市、州、县人民政府，省政府各部门：

为更好地适应社会主义市场经济发展的需要，进一步理顺和完善省级招标投标管理体制，规范招标投标工作，根据《中华人民共和国招标投标法》（以下简称《招标投标法》）、《国务院办公厅关于进一步规范招投标活动的若干意见》（国办发〔2004〕第56号）和《湖北省招标投标综合管理办法》（省政府令第219号）等有关法律法规及文件规定，现就有关问题通知如下：

一、加强省级招标投标工作的统一领导和管理

（一）成立省招投标管理委员会。根据当前省级招标投标工作的实际需要，省政府成立省招标投标工作管理委员会（以下简称"省管理委员会"），负责对省级招标投标工作的统一领导。省管理委员会主任由省政府常务副省长担任，省发改委、省教育厅、省司法厅、省财政厅、省监察厅、省国土资源厅、省建设厅、省交通厅、省水利厅、省商务厅、省卫生厅、省审计厅、省国资委、省工商局、省物价局、省成套局等部门负责同志为成员。将省设备招标办公室改为省管理委员会办公室，业务归口省发改委管理和指导。省发展改革委对招标投标

活动进行指导和协调，省建设、交通、水利等有关部门依法查处相关领域内的违法活动。

（二）明确省级招标范围。凡属国家和省投资的水利、交通、能源、城建等建设工程项目，达到规模标准的，都要进入省综合招投标中心进行公开招标投标。政府采购、产权交易、土地招拍挂、医疗器械和药品采购等，不单设操作平台，由行业主管部门和单位委托省综合招投标中心具体操作。

国家和省在各市州县的投资项目，经省管理委员会办公室同意后，可按属地原则实行招标投标。涉及国家机密或国家规定规模标准以下的项目，由项目主管单位按国家有关规定执行。

（三）完善专家评委管理。建立省级招标投标专家评委总库，各行业主管部门根据实际需要设立专家子库，与总库实行联网，由省管理委员会办公室统一管理。要建立健全专家评委管理制度，切实加强对评标专家资格认定以及培训、考核、评价和档案管理等工作，并根据工作需要和专家个人实际情况，及时进行调整和补充。要按照《招标投标法》的规定合理抽取专家，并严格执行回避制度，项目主管部门和行政监督部门的工作人员不得作为评委参与评标活动。严格执行评标纪律，对在评标工程中有违规舞弊行为的专家评委，要取消其评委

资格，并建议有关单位和部门追究其经济、行政和法律责任。省专家评委总库除满足本级招投标需要外，可向全省基层招投标推荐评委，解决基层评委类别不齐、人才短缺问题。

二、进一步规范省级招标投标工作的运行机制

（一）整合招标投标平台资源。省级招标投标活动主要依托省综合招投标中心进行。将省建设工程招投标交易管理中心并入省综合招投标中心，省直其他行业主管部门自行设立的招标投标平台予以撤销，从本《通知》下发之日起，不再承接招标投标业务。被撤销招标投标机构的人员，由各主管部门和各单位妥善安置。

（二）明确省综合招投标中心职责。省综合招投标中心要根据《省人民政府关于组建省政府采购中心、省综合招投标中心的通知》（鄂政发〔2003〕第 39 号）文件规定，为依法必须招标投标的项目提供下列服务：一是建立和完善招标投标信息发布制度，按照《招标公告发布暂行办法》（国家发展计划委员会令第四号）、财政部《政府采购信息公告管理办法》（19 号部长令）等有关规定，及时向社会公开发布招标信息。二是为招标报名、开标评标等活动提供场地服务，为交易各方办理有关手续提供配套服务，并确保开标评标活动过程保密、结果公正。三是为行业主管部门和相关机构派驻中心的窗口提供必要的办公场所和办公条件。四是建立和完善中心网络信息管理系统，为招标投标各方和窗口单位提供准确、高效的网络化、自动化服务。五是向社会提供有关企业资质、专业人员和项目相关信息的查询服务。六是负责进场交易的招标投标文件等档案材料的收集、整理、立卷和统一管理，并按规定提供档案查询服务。七是对招标投标活动中发现的违法违纪行为，及时向有关部门报告，并积极协助调查。八是对参与招标投标活动的企业和执业人员建立不良行为记录，协助有关部门依法依规向社会公开。九是严格按照有关部门核定的收费项目和标准收取服务费，并按照"收支两条线"规定及时缴入财政专户。十是加强队伍的职业道德建设，规范操作行为。

（三）培育中介代理机构。要充分利用当前对中介组织整顿规范的有利时机和条件，积极培育资质高、服务好的招标投标中介代理机构，不断壮大符合条件的中介代理队伍，提高市场竞争能力，降低中介代理成本，争取在较短时间内使各类中介代理机构从数量到质量都能基本满足省级招标投标工作的发展需要。中介代理机构必须与行政主管部门在管理、人员、经费等方面实行脱钩。要按照《招标投标法》和《行政许可法》的规定，加强对中介代理机构的资格审核和认定，建立准入制度，不允许项目中介代理从事招标投标的具体操作活动。

三、进一步强化对省级招标投标活动的监督

省招标投标工作管理委员会办公室对省级招标投标监督工作全面负责，重点对招标投标各个运行环节实行有效监督，定期开展专项检查，及时发现和纠正存在的问题，督促各项工作制度落到实处。

各行业主管部门要依照《国务院办公厅印发国务院有关部门实施招标投标活动行政监督的职责分工意见的通知》（国办发〔2003〕第 34 号）和《国务院办公厅进一步规范招投标活动的若干意见》（国办发〔2004〕第 56 号）文件的规定，认真履行行业管理职责，确保行业主管项目进入省综合招投标中心，并根据需要在省综合招投标中心设立窗口，切实加强对项目

主管招标投标过程事前、事中和事后的有效监督。

省监察厅要认真履行监督职能，加强对省级招标投标活动的执法监察，必要时在省综合招投标中心设立监察室，及时受理投诉和来访，查处违纪违规行为，并对各行业主管部门的招标投标行为实施廉政和效能监督。省财政厅要切实加强对省综合招投标中心财务的监管，确保"收支两条线"规定等财务制度的落实。省审计厅要把省综合招投标中心列入审计范围，加强对中心资金运行情况的审计。

湖北省人民政府

2005 年 11 月 9 日

四、湖北省成套局党组十条约法

1985 年 4 月 30 日，中共湖北省委书记关广富、副书记钱运录在湖北成套局上报的《湖北省成套局党组十条约法》上作出重要批示并给予充分肯定。同年 5 月 6 日，省委整党办公室派了三名同志到成套局进行了解。次日，《湖北整党通报》（第 23 期）将《湖北省成套局党组十条约法》向全省转发。

省委整党办公室调查附记

接到广富、运录同志的批示后，刘奇志同志即作出安排，由省委整党办公室派了三位同志到成套局进行了解。

我们派去的同志，首先同局党组成员王荣钧（党组书记、局长）、徐振华（副局长）等四同志进行了交谈。他们说，十条约法是在整党后期、局领导班子经过调整、局由事业单位开始向经济实体过渡、迈出了改革第一步的背景下，为巩固和发展整党成果而酝酿制订的。他们说，关广富、钱运录等省委领导同志的批示，对他们是个鼓励和鞭策，表示要用实际行动巩固和发展整党成果，用新的观念、作风、方法，努力开创成套工作的新局面。他们要求，这十条不要宣传，因为刚刚开始，还没有很好身体力行，十条也需要在实践中补充完善。

随后，我们的同志又与五位处科级党员干部进行了座谈。大家一致认为，十条约法虽然实行的时间只有一个多月，但已取得初步成效。一是局领导冲破了过去传统观念的束缚，改革创新的精神比较强；二是局领导比较注意发挥各处室的职能作用，把精力放在想全局、抓大事上，改变了过去多头指挥、越级管理的状况，一级抓一级的职责比较分明；三是领导作风有转变，能从自己做起，严以律己，十条约法就是由王荣钧同志自己起草的；四是会风文风由新的转变，注意开短会。对此，干部群众反映较好。大家说，干部群众对新班子抱有信心。

（1985 年 5 月 6 日）

湖北省成套局党组十条约法

（1985 年 3 月 25 日）

一、坚决贯彻十一届三中全会以来的路线、方针、政策和十二届三中全会《决定》的精神，解放思想，立志改革，打破各种传统观念的束缚，树立反映时代特点的新观念，如紧迫感、危机感，时间观念、效率观念、商品经济观念、价值观念、竞争观念、市场观念、效益观念、信息观念、反馈观念，积极探索各项工作的新章法。

二、把上级授予我们个人的职位和权力当成是责任，而不是名利，决不以权谋私，决不无原则地讨好和许愿，不把矛盾上交，不把困难下放。

三、坚持民主集中制原则，坚持议大事、管全局，重大问题由党组讨论决定；同时又不包揽行政事务，充分尊重行政领导人的职权，使之敢于负责，慎重决策，大胆拍板，错了就改。

四、充分发挥各职能部门的作用，充分依靠和信任他们，发挥他们的积极性、主动性、创造性。党组成员不超越职能部门答复具体问题，一般不越级指挥（但要越级检查），逐步养成依事找人，按正常渠道办事的习惯，使主要领导人能集中精力于重大问题。所有工作人员都应认真履行岗位职责，大胆答复和处理自己职责范围内的事情。领导要进行检查和督促。

五、珍惜时间，讲求效率。少开会，开短会，讲短话。行政负责人和业务部门职权范围内的问题，不得拿到会上讨论；情况不明、议案不成熟的问题，不拿到会上讨论。每次党组会的时间，一般不超过半天，群众性的大会（包括领导讲话、作报告）一般不超过两小时。

少发文，发短文。讲话、行文都要实实在在，克服套话、空话、大话，杜绝假话。领导干部要开动脑筋，多谋善断，雷厉风行，说干就干，不当"收发室""转运站"。

六、坚持原则，坚持讲真理，不讲面子，坚持扶正祛邪，严格按照上级政策规定办事。关心并抓紧解决同志们的正当利益，又不无原则地迁就照顾。要使老实人不吃亏，个人主义者占不到便宜。旗帜鲜明地保护和支持改革者，保护和支持积极进取的同志。

七、把发现人才、提拔人才、培养人才当做关键来抓。学习中央关于新时期的用人观点，破除陈规陋习，不搞求全责备，不避嫌，不记仇，唯才是举，大胆使用和提拔符合"四化"条件的开拓型干部。欢迎大家向党组推荐人才。为了做到人尽其才，扬长避短，能上能下，使干部得到更多锻炼，逐步实行人才的合理流动，充分调动各类干部的积极性。

八、党组成员要模范地遵守党纪国法，自觉抵制各种不正之风。定期召开生活会，开展批评与自我批评，维护一班人的团结。

九、党组成员要带头学习马克思列宁主义理论，党的方针政策，现代经营管理知识，现代科学技术知识和成套工作的业务知识。

十、欢迎大家对党组工作及时提出批评、建议，并对党组成员进行同志式的监督。

在全省第六次企业技术进步工作会议上的交流发言材料

做好设备成套工作　更好地为全省技术改造项目服务

湖北成套局副局长　傅积霖

（1989 年 6 月）

各位领导、同志们：

首先祝贺省第六次企业技术进步工作会议的召开。

经济建设依靠科技进步，是我国经济发展的一个重大战略。我省经济要在中部崛起，很大程度上取决于湖北这一老工业基地能否焕发青春。可以说，应用新技术来改造企业是一重要手段。长期以来湖北省机械设备成套局以基本建设项目为工作重点，没能为企业技术改造多作贡献。感谢省经贸委给了我们今天的机会。下面，我就设备成套业务汇报三个方面的情况，目的是互相沟通，以利加强合作。第一是简单介绍一下我局的基本情况；第二是汇报一下设备成套工作现状；第三是下一步工作的几点设想。

一

我局创建于 1959 年初，是为国家在我省的基本建设项目组织设备成套供应的专职机构。30 年来，领导体制从原国家成套总局先后并到机械部、机械委，也曾划归省机械工业厅、省物资局。1975 年恢复了一级厅局的建制。去年国家机关体制改革中，明确由物资部、机电部、湖北省人民政府共同领导，并明确省成套局的主要任务是：负责组织本地区基本建设和技术改造项目所需设备的成套供应及成套服务。这一新的机构体制，是国家确保重点建设的一项重要措施。其目的在于依托机械工业开发，生产先进的技术装备，依靠物资部门发展横向联合，广开机电设备资源渠道，满足设备成套的需要，更好地为建设项目服务。

我局的主要职能，概括几句话是：遵循建设程序，根据设计要求，按照工程进度，组织设备成套，提高投资质量，尽早发挥投资效果。具体地说，就是：在接受甲方委托以后，根据建设项目的类型，分别向国家和省申报指令性和合同订购的设备，并利用全国设备成套网络，从市场或企业组织不属于以上两类的设备资源，按照工程建设进度要求，努力做到保质、保量，按时为项目成套地提供设备。

30 年来，我局的服务面遍及省内冶金、煤炭、电力、石油、化工、轻工、纺织、城建、建材、水利、铁道、交通、电子、兵器、船舶、航空等行业和部门，为近千个建设项目组织了成套设备，其中有武钢、二汽、葛洲坝电厂等国家按合理工期组织建设的项目；有襄阳轴承厂、武汉汽车标准件厂等限上技改项目；有湖北化纤厂、西北口水库等国家大中型项目；有原国家机械委特批的宜昌柴油机厂、湖北汽车电机厂等机械工业小型技改项目；也有荆州地区新滩口泵站、应城联碱厂、老河口热电厂等地方项目以及国防军工等项目。这些项目的建成投产，对改变我省产业结构和工业布局产生了重大影响，也为我省长远的经济发展增添了后劲。值得指出的是：近年来，随着投资体制的改革，委托我局成套的，以内涵为主的技术改造项目所占的比重正在上升。1988年，其所需设备已占我局承担的全部成套项目设备总金额的45%左右。在省经委的支持下，我们愿意和各部门一道，为贯彻省委、省人民政府多次强调的依靠科技进步改造老企业作出应有的贡献。

二

国家总结设备成套工作20多年来的实践，肯定了其对重点建设所起的保证作用和联系产需双方的纽带作用。原国家建委1979年曾对没有能按计划建成投产的82个大中型项目和204个单项工程进行调查和分析，发现其中有四分之三是由于设备没成套造成的。据省有关部门统计，1973年至1977年，全省机械、纺织、化肥、电力工业等基本建设项目平均建成投产率为56.1%，同期列入成套的基本建设项目平均建成投产率为68.9%。鉴于省政府领导在听取我局工作汇报后，多次指示成套局要为湖北的建设项目多服务、服好务。在各级领导和部门的重视和支持下，去年我局为列入省成套计划

的18个地方项目组织机械设备订货4686万元，其中74%利用省内资源，和设计概算比，平均节约设备投资9%。

但随着计划体制改革的深入，指令性和国家合同订购的产品越来越少，国家对按合理工期组织建设和限上技改项目也不能百分之百的保证，更多的需要从市场或直接从企业去组织设备资源，增加了我们的工作难度，即使这样，设备成套工作仍受到众多建设单位的好评，因为它是经济建设的客观需要，而我局还有一些自身的特点：

一是，机电部下属有12个专业成套公司，全国29个省市有两部所属的成套局（公司），这是一个国家组建的，以各省市、专业与综合相结合的全国性成套网络，相对说，资源渠道较宽。这样，建设单位委托成套，只对一家，就可为其从全国范围组织机械设备，从而减轻为设备盲目奔跑的重负。比如武汉市中南商业大楼为购买2台自动扶梯，先后往返上海10次，花费差旅3800多元，没有订到货。后经我局转托上海成套公司，不仅按期供货，而且得到了指令性计划的优惠，节省设备费20多万元。

二是，我局具有行政的、经济的多种成套手段。凡属国家按合理工期组织建设和限上技改项目所需的设备，可以由我局向国家申报指令性计划和国家合同订购计划，由物资部、机电部按国家计划分配及安排生产，因此供货期相对的较有保证，投资也会有所下降。如武汉煤气工程的建设，我局建议两期工程一次申报，分期建设，从而争取列入了国家计划，其中，近900万元的设备享受了国家指令性计划和国家合同订购的优惠，仅两台20蒸吨工业锅炉，比用户直接订货节省12万元。但由于政策的改变，目前一般技改项目所需设备，行政手段日益削弱，多数得用经济办法从市场组织。实践

证明，只要我们共同努力，仍然有可能为项目节省投资，这是因为：1、一些省内外生产厂视我局为长期的固定用户，因此对成套需要的设备一般在价格上都有优惠，如武汉鼓风机厂、红旗电缆厂、湖北第二电机厂、上海四方锅炉厂、郑州电缆厂等。2、对某些专用、非标设备，我们采用招标、议标、询价、比价等方式择优安排。如我局以招标方式为应城市联碱厂组织化工专业设备，计算标底约160万元，参加投标的有9个厂家，报价相差近60万元，和工厂共同议标结果，比项目投资概算节省20万元以上。3、近年来我局以不同形式，广泛开展横向联合，通过串换等方法，有可能以低于市场价解决部分当前一些短线、紧缺的设备。4、机电部公布了11批淘汰产品、17批取代进口的设备。我局综合技术处专职从事样本、价格等信息的收集，因此可以协助建设单位合理选用技术先进的产品，组织产需见面，多方择优。

三是，我局是事业单位，以社会效益为前提，过去和现在对委托成套的基本建设和技术改造项目都承担有行政责任，受政府的监督。随着国家经济体制的改革，我们由无偿服务改为有偿服务，服务费率是由国家计委等四个部门规定的，相应对组织成套的设备在质量、数量、供货期等方面加重了经济责任。

四是，机电部视成套工作超出物资分配和销售的范围，是机电工业完整的再生产过程中的重要环节，因此强调系统成套服务，即从参与项目前期工作起，到设备选型、选厂、设计、开发、订货、催交直至派驻现场服务人员，协调合同纠纷，组织供后服务，反馈质量信息等。我局有一支多专业的技术队伍，正按这一要求努力。如我局曾建议武汉煤气工程将其所需的无油润滑空气压缩机的配套装置——空气干燥器，由原选用外部加热式，改为无热再生式，

这种无热再生式干燥器，技术先进，占地面积小，运行费用省，被设计单位采纳后，节省投资3.28万元，此外，机电部、物资部已委派我局和机电部专业成套公司组成驻二汽和武钢现场服务组，并要求对省的重点项目也要派驻，以使及时处理设备供应中以及安装调试后出现的各类问题。

五是，由于当前市场机制和经济法规还不够完善，价格、交货期等合同纠纷频繁。我局一般以兼顾供需双方的利益和要求为原则，多数纠纷能得到双方的谅解，圆满解决。不少建设单位反映，委托设备成套供应从某种意义上说可以帮助保持清正廉洁的工作作风。也有认为，还可促进供需双方管理工作的加强。

三

用新技术改造老企业，具有技术起点高，建设周期短等特点，我们还缺少经验，愿意和大家共同探讨。现提出以下工作设想：

1. 为保证技改项目按期建成投产，发挥投资效果，今后凡是由经委批准，纳入年度技改计划的项目，应作为成套工作的重点，纳入省成套项目计划，以保证投资的质量和效益。

2. 接受委托，参加项目可行性研究、设计审查等前期工作的咨询，协助设计部门做好设备的选型选厂，需要开发、试制的新产品和制造周期长的关键设备，尽早组织好工艺设计与设备设计的衔接，提前落实安排，使其有合理的超前期，确保工程建设的需要。今年春节后，我局曾为30万辆轿车零部件项目，去机电部、物资部专题汇报，请求支持，得到了两部主管司、局的赞同。今后，我们仍将主动加强向主管部门汇报我省建设需要，多方位沟通新产品及关键紧缺设备的资源渠道。

3. 随着投资体制的改革，国家强调全面

推行建设项目的招标投标制,成套工作也不例外。近年来,我局在几个项目中试行了招标工作,取得了较好的效果。为此,有关部门已责成我局组建湖北省机电设备招标公司,负责国内设备的招标。今后对有条件组织招标、投标的专用和通用设备,我们愿意和用户、设计院及项目主管部门一道共同引进竞争机制,择优订货。

4. 企业的技术改造最终效果,应体现我省产品在市场上竞争能力的增强。但机电产品因投入较多,除企业自身努力外,尚需要有一定的政策扶持。为此建议在择优选购、确保质量的前提下,对通用的机械设备实行省内专项安排生产,视同指令性,钢材等则随合同下达。这样做既可降低技术改造费用,又可促进地方机械工业的发展。

湖北银矿在全省冶金建设工作会议上的交流发言材料

设备成套对保证湖北银矿建设的几点体会

(1991 年 5 月)

湖北银矿位于鄂西北崇山峻岭中的竹山县茅塔镇银洞村,北与陕西省白河县毗邻,西北距襄渝铁路鲍峡站九十二千米,南距竹山城关六十四千米,均有公路相通。矿区地处偏僻山区,坡陡沟狭,常年气温变化无常,冬季严寒而漫长,夏季凉爽且多暴雨,年平均气温最高不超过 30℃,最低极温在零下 11.9℃,矿区北高南低,海拔高度在 993—1512 米之间。

湖北银矿是一个银金伴生的大型矿床,矿石总储量为×××万吨,银金属储量为××××吨,金金属储量为××吨,矿石平均品位银××克/吨,金××克/吨。修正概算总投资为5800 万元,建成投产后日处理矿石能力为 400吨,年产白银×吨,黄金×××公斤,产值2260 万元。湖北银矿建成后,将进入国家八大银矿的行列,在为国家提供一定数量的金银产品的同时,也能为郧阳地区,竹山县的脱贫致富作出一定的贡献,而且自身也有较好的经济效益。

湖北银矿自 1984 年 8 月开始筹建,1986年 12 月 1 日开工,1987 年 5 月 15 日主体工程正式开工,经过几年的建设,工程取得了一定的进展,于 1990 年 7 月 5 日浮选厂联动负荷试车成功,同年 12 月 8 日采选了一个系列试生产成功,目前已形成日处理矿石 200 吨的生产能力,部分投资提前发挥了效益,整个项目可望1991 年年底实现竣工投产的目标。

设备成套工作

今年 1 月 20 日郭树言省长在全省地市州县负责人会议上的讲话中指出:"在抓紧重点项目建设的过程中,要高度重视项目的设备成套工作,充分发挥设备成套部门在保证重点建设中的作用"。我矿通过实践,感到郭省长的指示很结合实际。

我矿设备是向中外合资的中国国际有色金属租赁有限公司租赁,按该公司规定,需由省级单位担保并组织采购,以确保专款专用。经省冶金总公司领导推荐,由我矿委请省机械设备成套局组织设备成套供应。1987 年 6 月与省成套局签订了《委托设备成套供货合同书》，将价值 400 多万元，324 台件及 160 余吨采、选设备全部由省成套局组织成套供应。经中国国际有色租赁有限公司同意，湖北省成套局开始组织设备供应，这些设备涉及 103 家生产企业，其中省内 33 家。

1. 省成套局接受我矿委托后，很注意我矿作为投资主体的作用和地位，局领导及有关人员多次到矿，通报有关设备信息并就设备选型、生产厂家的选择与我们共同交换意见，并提出很多合理的建议，设备价格、交货期等也进行了多方面的比较，并且对设计部门选用的已公布淘汰或限制使用的产品及时作了更正。为我矿以后设备正常运行提供了可靠的保障。

2. 机电产品进入市场后，出现了不同生产体系的竞争，省成套局利用其多年积累的经验，协助我矿把住了选厂和价格关，如我矿所需的圆锥破碎机，原订在国内某主导厂，价格为 18.3 万元，合同返回时，发现该厂却将任务转给另一合作厂，为保证设备质量和价格合理，省成套局建议改用南宁冶金矿山机械厂的产品，价格为 15.8 万元，事实证明，该产品运行良好，而且还因此节省投资 2.5 万元。粗略测算，通过省成套局订货，全部设备约节省 20 万元左右，占设备投资的 5%—7%。

3. 为了不误工程进度，该局急工程所急，想工程所想，及时组织力量，催交设备到矿，如 2 台 630KVA 的变压器，因订货资料提供较晚，省成套局利用和生产企业长期合作关系，几天之内，就由生产厂优先提供给我们，满足了工程安装的急需。

4. 由于设备的更新换代较快，设计修改是当前经常遇到的问题。按省成套局和我矿签订的合同书规定，订货合同的退、掉、变造成的经济损失由责任方承担。但在实际工作中，省成套局还是尽力维护了我们的利益，如两台沸腾锅炉，按设计原定由南方某锅炉厂供货，并付了 8 万元预付款。临交货前，设计院发现蒸汽量不够，省成套局告知该型号锅炉已有新品种。经我矿同意，省成套局通过生产厂所在地的省成套局的协助，经过多方努力，终于终止了原合同，并如数收回了预付款，为我矿挽回了损失。后又经省成套局推荐，改订在省内厂家满足了设计要求。

5. 一个不用讳言的事实，当前国产机电产品不少都存在不同程度的质量问题，不少还得通过行政手段协调解决。按省成套局的介绍，机电部非常重视设备成套工作的后期服务，这是商业流通渠道所不具备的工作特点。他们通过多次到矿了解设备安装中出现的属于生产厂家的问题，并及时通知有关厂家到矿开展售后服务，如辽源重型机器厂供我矿的四台球磨机有些质量问题，但更主要的是施工单位缺乏安装经验影响了工程进度，经省成套局及时请该厂技术人员一道到矿查明原因，配合调试，直到设备正常运行。

我们的体会

1. 省成套局是物资部、机电部设在我省的，为我省建设组织机电设备成套供应的专职部门，同时受省人民政府领导，和各专业部、各省市成套局及企业有广泛的联系和合作，对国产设备生产情况和价格变化掌握的信息较多，有利于我矿决策。400 多万元的设备，如果全部由我矿自己采购，必然需要具有相当素质的人力，而且还要花费大量的差旅费用。

2. 省成套局是服务性的事业单位，体制改革后变为低收费的有偿服务，为照顾边远地区，对我矿优惠仅收费 3 万元，不足国家计委规定的最低比例，即委托设备额的 1%，前后跨越 5 个年头，并且承担了货款结算，部分设备中转等额外工作，这是经营型的成套公司或部门所不能相比的。

3.这几年各种设备都在不同程度的涨了价，高者如变压器等涨价幅度在 100%以上，一般普遍在 30%—40%之间。我矿设备多在 1987 年前后订货，许多厂家都曾提出涨价或修改合同的要求。在省成套局的协调下，除少数设备增调了价格外，一般均按原订价格付款；同时，由于设计变更造成的改订、退货的部分设备，经省成套局的努力，也一一满足了需求，在涨价大潮和合同退掉变更过程中，我矿所订设备估算减少 80 万元左右的额外支出。

我矿经去年试车和试生产以来，绝大部分设备都到达了我矿的技术设计要求，这些都是

与省成套局的紧密配合分不开的。在省成套局的支持下，我矿的采选设备保证了工程需要，在即将开工的冶炼工程中，我矿还要继续委托省成套局进行设备成套供应。

通过试车和试生产，虽有少数设备暴露了新的质量问题，反映到成套局，该局已积极组织生产厂家派员到矿解决，最近辽源重型机器厂还再次到矿对 4 台球磨机进行回访。

设备成套工作由计划分配转向计划与市场并举，省成套局的工作同样需要有一个适应和完善期，因此不能要求完美无缺。由于双方采取相互谅解的态度，因此合作是有成效的。我们认为在当前机电产品市场发育尚未完善，渠道、体制没有理顺的情况下，委托省成套局组织机电设备成套供应，应该说是比较妥当的选择。尤其是我矿地处郧西山区，交通不便，人力不足，专业知识缺乏，更显得有利，因此冒昧提出，供参考，不当的请批评。

在全省重点建设会议上的书面交流材料

加强设备成套、设备招标工作 进一步提高重点建设项目的投资效益

湖北省机械设备成套局

（1996 年 6 月）

全省重点建设会议今天开幕了。首先，我代表省机械设备成套局、省设备招标办公室向大会表示热烈的祝贺，同时感谢省政府和省有关部门能给我局这样一个机会，向各位领导和同志们汇报一下"八五"期间我省设备成套、设备招标工作的情况，以便大家了解成套、招标，熟悉成套、招标，使"九五"期间湖北设备成套、设备招标工作在进一步提高我省重点项目投资效益方面发挥更大作用。

一

江泽民总书记指出："重点工程是一项系统工程"。这不仅对重点建设在经济发展全局中举足轻重地位作了肯定，同时也对各方面、各部门的配合协调和服务工作提出了很高的要求。对一项工程来说，设备是主体部分，是技术的载体，是能否达到预期工艺水平的前提条件，也是能否形成现实生产力的决定性因素。据国

家统计局统计，在重点建设项目投资中，设备一般占项目总投资的40%—60%，处于项目建设的中心环节和核心地位。因此，认真做好设备成套工作，为重点项目组织提供技术先进、经济适用的技术装备和成套技术服务，从而使投资收到最佳效益，是我国基本建设的一条重要经验，同时，也是设备成套部门义不容辞的责任和义务。

我局是国内贸易部和省政府双重领导，专门从事建设项目设备成套管理和组织供应的部门，是国家计委首批审定的甲级机电设备成套单位。从1959年成立至今，我局以确保国家和省重点项目建设为宗旨，为全省的冶金、机械、电力、水利、化工、轻工、纺织、建材及军工等14个行业的1100多个基建、技改项目组织提供了近80万台（件）的成套设备，总金额达60多亿元。同时，还组织省内50多家大中型企业，向省外的600多个重点项目提供了我省生产的机电产品4.3万台（件），总金额达10亿元。在武钢、二汽、葛洲坝工程、湖北化纤厂等国家和省重大项目建设中，都有我局提供的成套设备和技术服务，都留下了我局工程技术人员的智慧和汗水。

近几年来，随着国家深化改革方针的贯彻执行，设备成套和设备招标工作在保证重点项目设备投资效益方面的作用越来越受到省政府及有关经济综合管理部门的重视。省政府先后吸收我局为省重点建设领导小组和省支援三峡工程建设委员会成员单位，并将省级设备招标机构——湖北省设备招标办公室挂靠成套局，负责省内重点建设项目所需成套设备的招标工作。1994年11月，省计委以鄂计基管字〔1994〕第1115号文向全省印发《湖北省建设项目设备招标投标管理暂行办法》之后，又以鄂计基管字〔1995〕第1174号文向全省下发了《关于加强重点建设项目设备招标投标管理工作的通知》，这些文件不仅强调了设备招标对提高重点项目的投资效益，确保项目技术装备质量和水平，保证我省"九五"重点建设顺利实施的重要意义，而且还明确了加强重点项目设备招标的具体要求和程序。历届省委、省政府领导也非常重视重点项目的设备成套、设备招标工作，1995年12月，省政府领导在全省经济工作会议上指出："从明年起，省里对所有新开工项目一律推行招标、投标制，提高设备的投资效益，保证项目在技术、设备上的先进性"。所有这些，都为做好我省设备成套、设备招标工作创造了良好的条件。在省政府的领导下，在省计委、省经贸委和各有关厅、局的指导和支持下，我局努力发挥国家专职设备成套机构的主渠道作用，积极为省重点建设作贡献。"八五"期间，共为三峡工程，大峪口、大悟黄麦岭矿肥结合工程，东风汽车公司，武汉钢铁公司，田镇水泥厂，华新水泥厂等403个建设项目提供成套设备4.3万台（件），设备总价值近8亿元。根据建设单位提供的资料表明，经由成套局提供的成套设备，比项目预算节约设备费2500多万元。通过参与设备设计审查，提出合理化建议及协助建设单位处理设备质量问题，使项目单位避免经济损失200多万元。为我省重点建设和机械工业发展作出了一定的贡献。

二

作为一种先进的项目管理方式，设备成套工作是社会化大生产与专业化分工的必然产物。重点项目所需设备纳入成套组织供应的优越性在于，它把整个项目作为一个有机的整体来考虑，对所需设备组织成套开发、成套设计、成套制造、成套供应、成套服务，实行全过程管理，可以确保设备系统的最佳组合，以最合理的投资发挥最大的效能。

经过长期的成套工作实践特别是"八五"期间的业务改革，我局形成和具备了以下特点和优势：

（一）具有 37 年的设备成套经验，培养造就了一支骨干技术队伍。我局现有各类专业技术人员占职工总数的 84%，其中有高级职称的占在职专业技术人员的 17%，技术力量雄厚，专业门类齐全。同时加强了内部信息资料采录和交流，建立了覆盖全省 500 多家大中型企业的"湖北机电产品信息数据库"，并与"全国机电产品信息数据库"联网，可以及时掌握和提供最新的设备型号、价格数据等信息。

（二）开展项目前期的咨询服务，为设计部门提供设备信息，帮助项目单位进行设备审查，把好质量关。"八五"期间，我局为建设项目和设计部门提出工艺设计、设备选型选厂等改进意见 300 多条均被采纳，从而促进了设计优化。如大峪口矿肥结合工程所需的 44 台 16M3 的浮选机，原设计选用国外产品，根据我局分析和考察的情况，国内产品的技术水准和产品质量达到工艺要求，而价格只是国外同类产品的 1/4。我们的替代建议被项目主管部门、建设单位和设计部门采纳。后来这批设备通过国内招标采购，只花了 240 万元，为国家节省投资 600 多万元，现在产品运行良好。

（三）通过招标组织订货。"八五"期间，我局为武钢，二汽，三峡工程，荆襄大峪口、大悟黄麦岭矿肥结合工程等 20 多个重点工程组织设备招标 127 次，参加投标的有省内外 163 家企业，中标总金额为 23645.9 万元，与标底相比，节省投资 1987.7 万元，节约比率为 7.75%。其中为大峪口、大悟黄麦岭两矿就节省投资 811 万元，节约比率为 10.74%。同时，我们还扶持地方工业的发展，先后邀请 35 家省内生产企业参加投标，有 18 家省内生产企业中标，中标金额占招标总金额的 21.8%。特别是 1993 年 5 月，我局首次为三峡工程施工变电站所需的两台大型施工变压器实施了招标采购，一举获得成功，并由此揭开了三峡工程第一标。该变电站 1994 年 12 月 6 日一次性投入运行成功，比额定工期提前了 3 个月，并为 12 月 10 日的三峡工程正式开工典礼和以后的施工提供了电力供应保证。

（四）负责现场技术服务，包括设备催交、调度、验收、协助处理质量问题，直到设备运行正常，用户满意为止。项目建成后，实行回访制度，解决投产后设备运行中出现的质量问题，"八五"期间，我局受内贸部（原物资部）、机电部派遣，向武钢、二汽、三峡工程，荆襄大峪口、大悟黄麦岭矿肥结合工程等 5 个项目派驻了现场服务组，深入建设现场 1500 多人天，组织召开各类协调会 105 次，协助处理了 150 多起设备质量等问题。如 1991 年武钢现场服务组累计 41 次到工地办公，参与处理了球磨机等 20 多起关键设备的质量问题，在武钢引起较大反响，这座容积为 3200 立方米、计划年产铁 224 万吨的高炉于当年 10 月一次性试炉成功，经国家冶金部评审，认为该工程设备满足了工艺设计所规定的要求。

（五）拥有全国成套网的支持。全国除西藏外，各省、市、区都设有成套局，统一由国内贸易部领导，形成了覆盖全国的设备成套局网络，共同为重点项目服务。为了增强对重点项目服务的市场竞争实力，国内贸易部最近完善了各省市区成套局建立的设备生产、供应网络，组成了全国网络系统。在设备安排上互通信息，互通有无，共同享受价格优惠，保证质量，保证交货的优待。这就为各省市区成套局完成重点项目的设备成套任务，提供了更加有利的条件。

由于具有以上特点和优势，所以，凡经我局组织设备成套、设备招标的重点项目，都能够做到技术先进，质量可靠，匹配性强，节省投资，保证建设工期，较好地发挥了投资效益。当然，我们的工作也还存在不足之处，有待进一步改进和加强。为鼓励和表彰湖北设备成套工作在"八五"期间为重点工程服务所取得的实绩，原湖北省省长郭树言为我局题词：发挥成套设备优势，服务湖北经济建设；1995 年初国内贸易部召开的"全国省市设备成套局长工作会议"上，我局被授予"全国设备成套系统 1993 至 1994 年度先进单位"荣誉称号；中央和地方多家新闻单位先后报道了我局为重点建设组织设备成套，开展设备招标的情况。

三

"九五"时期是我省实现振兴崛起战略目标的关键时期。省人大八届四次会议通过的《湖北省"九五"计划和 2010 年的远景规划纲要》，规划了湖北今后发展的宏伟蓝图，也为我们湖北设备成套工作提供了广阔的发展空间和机遇。我们决心以这次会议为契机，继续认真贯彻执行国家和省有关重点建设的方针政策，在当前市场经济新形势下，进一步树立整体意识，增强全局观念，坚持"重点建设第一，投资效益至上"，切实抓好重点项目的设备成套、设备招标工作，在具体工作中，做到"五个优先"服务，即：技术咨询服务优先、设备组织供应优先、催交调度优先、质量问题处理优先、派驻现场服务组优先。并抓好"四个落实"，即：思想落实、组织落实、措施落实、工作落实。

同时我们衷心希望地方各级政府及社会各界对我们工作一如既往地给以支持和帮助，共同为提高我省"九五"重点建设项目的投资效益，促进我省的经济繁荣和发展作出贡献。

谢谢大家！

六、国家和省部分新闻媒体对湖北设备成套、设备招标和政府采购工作的报道

我省重点建设项目成套设备首次实行招标
应城市联碱厂专用设备正式开标

九日，在省机械设备成套局主持下，由法律公证人监督，应城市联碱厂专用设备正式开标。对省重点建设项目成套设备的供应，实行招标投标，这在我省还是第一次。

应城市联碱厂是我省（七五）初期重点工程之一。总设备投资 3581 万元，1988 年可建成投产。建设规模为年产纯碱和氯化铵各四万吨。投产后，可缓解我省玻璃、冶金、纺织、炼油、食品等工业部门对于紧缺的纯碱原料的需求。

建设项目成套设备的供应，由单纯靠行政安排转向招标投标，有利于打破部门、地区界限，发展横向经济联合，促进企业间开展竞争，从而提高成套设备的技术水平和组织水平，并节约建设项目投资。这次参加应城市联碱厂投标的鄂州市轻工机械厂、武昌造船厂等9个厂家，报价数相差50多万元。预计中标数额可比项目投资概算节省20万元以上。

《湖北日报》

1986 年 12 月 10 日

省成套局装备重点项目有新招　招标节省资金 670 余万元

省机械设备成套局竭诚为重点建设项目服务，采取招标投标的方式，为国家和我省重点项目提供了大量质优价廉的成套设备。

10 月 21 日，成套局副局长、省设备招标办公室主任王佑民说，自 1990 年以来，成套局先后为武钢、大峪口、黄麦岭矿肥结合工程、华新水泥厂、田镇水泥厂、鄂钢、湖北汽车改装厂、枣阳烟厂等 10 多个项目进行了 64 次招标，招标采购设备 9650 万元、1682 台套、753 吨设备，资金节约率为 7%，达 670 余万元。设备招标工作受到了项目单位、项目主管部门的肯定和欢迎。

今年以来，为了给三峡工程提供优良设备，成套局与中国长江三峡开发总公司一起，已进行了 3 次设备招标，均获得令人满意的效果。该局负责人表示，他们将进一步强化管理，提高素质，把招标工作做得更好，为我省经济发展、为三峡工程建设作出应有的贡献。

《湖北日报》

1993 年 10 月 27 日

全心全意为三峡工程服务　三峡工程第一标招标成功

——湖北省机械设备成套局·湖北省设备招标办公室

湖北省机械设备成套局创建于 1959 年，是承担国家和地方基本建设和技术改造项目设备成套供应及技术服务的专职机构，并经国家有关部委批准核发，具有甲级证书资格的机电设备成套单位。

30 多年来，湖北省机械设备成套局先后为葛洲坝工程、武钢、二汽、华新水泥厂、湖北化纤厂等 1148 个项目，提供各类设备价值 44.8 亿元。

为适应三峡工程建设的需要，1992 年 6 月经物资部批准，成立了全省第一个成套分支机构——湖北省机械设备成套局宜昌办事处。

湖北省机械设备成套局同国家专业成套公司、各省市区成套局和机械制造企业有着广泛的联系和合作，可以通过成套设备承包供应、招标、设备租赁和零星供应等方式，为三峡工程和相关项目服务。

湖北省设备招标办公室系经省人民政府批准成立的专业招标机构，主要负责组织全省工程项目国内设备招标工作，招标办公室挂靠湖北省机械设备成套局。

招标办公室拥有一支高中级工程师、经济师、会计师组成的专业管理人员，并建立了比较完整的机电产品数据库网络，同时设有 10 多个专业的知名专家、学者、教授组成的专家委员会，能够确保招标投标工作的科学性、公正性和权威性。

招标办公室自去年 9 月份成立以来，先后为武钢、大峪口矿肥结合工程、华新水泥厂、三峡工程陈家冲施工变电所的等 10 多个重点项目组织设备招标 35 次，中标金额为 5622 万元，节省资金 507 万元，受到了招标委托方及社会各界的好评。

《中国三峡工程报》
1993 年 9 月 27 日

湖北机械设备成套局面向市场

——设备招标规范化　后期服务标准化

随着国家物资、投资和基本建设管理体制的改革，在工程建设设备供应领域，传统方法已显不适应。湖北省机械设备成套局积极探索设备招标方式，去年设备招标金额占总项目经营总额 1.4 亿元的 46%，同时也确保在全国物流市场不景气的条件下，仍实现了实订设备金额同比增长 18.7%。

招标投标制，是对传统的设备成套供应方式进行的重大改革。湖北成套局的领导认识到，实行招标投标，符合国际惯例，是社会主义市场经济建设和发展的必然趋势；项目建设只有通过发挥市场竞争机制的作用，实行规范化的设备招标投标，公正合理地选择供货单位，才能实现质量好、费用省、供应快之目的；成套部门只有充分利用自己的原有优势，积极推进设备招标，把设备招标和成套管理有机地结合起来，才能求得生存和发展，为国家经济建设作出新的贡献。

基于招标已成为在成套市场日趋激烈的条件下承揽项目的一种有效手段，同时作为设备成套系统在新形势下求得生存和发展的一个重要途径。湖北成套局早动手，于 1992 年就争取到把湖北省设备招标办公室设在局内，积极推进，三年多来，共接受长江三峡开发总公司等 16 个重点建设项目的委托，招标 100 次，中标金额 1.7 亿元，与标底相比，为建设单位节省投资 1600 多万元，节约比率为 8.89%。

在开展设备招标中，湖北成套局严格坚持招标评标原则，严格审定投标企业资格，组织专家评委公正评选，由业主最终审定，并确保合同签订与评标结果的一致性。同时，认真按国家经贸委颁布的《招标指南》与国际惯例编好标书。在其 100 次招标中，没发生过一起因标书失误而引起招标失败及合同纠纷的情况。

湖北成套局还把定标作为招标全过程的一个重要环节，认真抓好招标后的合同管理，深化后期服务。如三峡工程中，平顶山高压开关的设备未能按期到货，影响安装。三峡开发总公司要求十天内运抵工地，湖北成套局立即与该厂厂长联系，并请河南机械工业厅协助催交，并派专人到工厂车间了解进度，并协助设备上车发运，接着跟到工地，直到交接完毕，此事深深感动了客户。

规范的招标，完善的后期服务及在实践中日益成熟的一支精干招标队伍，使湖北成套局的招标业务呈加速发展势头，去年的招标中标金额就比 1992 年增长了近一倍。

《中国商报》
1995 年 2 月 7 日

深化成套改革　推进设备招标

——湖北省机械设备成套局坚持主渠道地位开辟新路

湖北省机械设备成套局积极深化成套改革，推进设备招标，取得了显著成效。三年来，受长江三峡开发总公司、武汉钢铁公司等16个重点项目的委托，招标100次，招标设备2619台（套），中标金额16823万元，与标底相比，节省投资1634.98万元，节约比率为8.89%。

1991年，面对建设项目所需设备采购渠道由计划分配变为多渠道的市场竞争的形势，湖北省成套局领导认识到，组织成套设备的一些传统工作方法已不适应发展的需要，联系自身实际，选择了招标投标制的新路。他们认为，实行招标投标，符合国际惯例，是社会主义市场经济建立和发展的必然趋势；项目建设只有通过发挥市场竞争机制的作用，实行规范化的设备招标投标，公正合理地选择供货单位，才能实现质量好、费用省、供应快的目的；成套部门只有充分利用自己原有的力量和优势，积极推行设备招标，把设备和成套有机地结合起来，才能求得自己的生存和发展，为国家经济建设作出新的贡献。

在统一思想认识的基础上，这个局提出了"大胆开拓，发展招标，抓住机遇，真抓实干"的总体思路。经湖北省有关部门批准，于1992年成立了湖北省设备招标办公室，负责省内重点项目所需国内成套设备的招标工作。他们切实加强对招标工作的领导，争取地方各级政府部门的支持；大力宣传设备招标的优越性，扩大成套部门的影响，对中标的企业阐明在执行合同过程中应注意的问题，向未中标的企业提出改进意见，帮助他们总结经验；他们明确内部分工，使招标工作与项目工作密切结合；认真编好标书，严格坚持招标评标原则；认真抓好招标后的合同管理，深化售后服务。1993年5月，湖北省成套局首次为三峡工程施工变电站所需的两台大型变压器实施了招标采购，一举获得成功，并由此揭开了三峡工程设备采购第一标。

1994年，湖北省成套局为长江三峡开发总公司、武汉生物工程公司等8个重点项目组织招标31次，全年招标设备853台（套），中标金额6479万元，设备招标占全局项目经营总额的46.28%。

《中国物资报》

1995年3月2日

湖北"成套"搞招标多方受益

湖北省机械设备成套局的腰杆越来越硬了。时下，全局已有37年的设备成套经验，有庞大的业务网络。虽只区区百人，各类专业技术人员就占84%，高级职称者占17%。就靠这些，从 1986 年至 1996 年，该局仅接受二汽、武钢、三峡等 26 个重点建设和技改项目的委托招标总计便达 145 次，招标设备共 3785 台（套），中标金额 2.85 亿元。与标底相比，为建设项目单位节约投资 2790 万元，节约率达 8.9%。今年以来已接受委托设备招标 5 次，中标金额 789 万元。

设备招标　益在何方

招标采购充分体现了业主在设备采购上的自主权，真正做到货比多家，使设备投资取得了质量好、费用省、供应快的最佳效益，颇受业主欢迎。据国家统计局统计，在重点建设项目投资中，设备一般占 40%～60%，处于项目建设的中心环节和核心地位，其成本举足轻重。回顾"湖北成套"的 145 次招标实践，最高报价合计为 3.6391 亿元，最低报价合计为 2.6733 亿元，价差达 0.9652 亿元，平均差幅为 27%。仅大峪口矿肥结合工程的设备招标，与标底比，便节约投资 634 万元。

招标，减少了扯皮现象。"湖北成套"承办的 145 次招标，几乎无一例为此发生纠纷。决策的公开化，也使用户单位提高了设备采购的透明度，摆脱了各种关系网的束缚。

招标使投标方展开公平的竞争，必然优胜劣汰，活者生存。招标初始，一些投标企业认为这是"挑动工厂斗工厂"，随着招标实践的深入发展，这种误解被比质量、比技术、比价格、比售后服务、比信誉所取代。太原东方物流设备公司参加湖北二汽运输机械投标几投未中，该公司内部挖潜，调整产品售价后，终于中标。招标中落榜的企业，别无选择，只有通过提高自身劳动生产率，才能实现"明日辉煌"。

巧牵姻缘　良性发展

与一般招标公司不同的是，"湖北成套"对委托招标不仅负责编制标书，主持开标评标等常规业务，而且对中标合同的执行，直至设备投入正常运行为止，实行一条龙服务，对建设单位也不收取招标委托费用。此举赢得了广大建设单位的信赖。在前年召开的湖北二汽项目招标工作座谈会上，二汽下属各专业厂设备处均派员与会，愿与"湖北成套"合作。二汽还规定 100 万元以上的设备必须通过招标。

由于招标工作"公平、公正、公开"，"湖北成套"也赢得了投标企业的信赖，使成套部门与供需双方建立了血缘关系。

今年一季度，他们又先后承接了湖北二汽轻型车厂所需 129 台电焊机委托招标业务，并在与湖北省技术出口公司联合接受华新水泥股份有限公司五号窑工程所需高温风机的委托国际招标中，与日本、德国等实力强劲的投标方相抗衡，一举中标，中标金额 32 万美元。招标工作带动了全局设备成套供应等经营业务的开展，在去年毛收入 362 万元，比上年增长 20% 的基础上，今年一季度又实现了开门红。

《中国物资报》
1997 年 3 月 18 日

省政府首次进行政府采购购 14 辆　公务用车节省 51 万元

19 日，省内经销汽车的一汽武汉联合公司、省机械汽车贸易总公司等 6 家大公司，在武昌开标角逐省政府采购省直机关 14 辆公务用车的生意。

来自各有方面的 9 名评委，对 6 件《投标书》认真评选、比较，最终敲定结果，作为一级代理商的一家公司，以投标低价、承诺售后服务好、社会资信高等中标。

与会者现场算账：省政府采用市场竞标办法购买这批公务用车，一下子省下 51 万元。

整个竞标活动，经省公证处公证有效。

省财政厅副厅长王华新当场发感慨："真没想到，每辆车的单价竟有 3 万元左右的差价。政府采购，就是要货比三家，价比三家！"

省政府副秘书长胡运钊介绍，国内外的实践证明，实行"政府采购"制度，一般可节省 10%的资金，有利于硬化财政监督和防范分散采购中的各种腐败现象，提高财政资金的使用效益。省委、省政府领导同志积极倡导国际通行的这项改革，省政府决定首先对省直机关购买公务用车进行试点，改以往的资金分配、分散购买为公开集中竞买、实物分配。据悉，我省将用两年左右的时间，在全省普遍推广"政府采购"制度，促进财政支出管理的全面改革。

受省财政厅的委托，省设备招标办公室主持了这次开标评标活动。各地市州财政局有关负责人现场观摩取经。

《湖北日报》
1998 年 5 月 22 日

节约行政开支　消除腐败现象　湖北推进政府采购制度

"真没想到，一次采购 14 辆车竟节约 51 万元！"目前，湖北省政府首次运用市场招标方式购买公务车，显现出政府采购的优越性。

6 家汽车经销商不再像以前那样闭门谈生意，而是把竞标方案交给评委。经过 9 位评委的评议，一家经销商以标价低、售后服务好中标，平均每台车便宜 3 万多元。省政府副秘书长胡运钊告诉记者，湖北省政府决定首先对省直机关公务用车采取政府采购，除了节约资金外，还可以消除分散采购中的各种腐败现象。

政府采购是政府机关为满足日常所需，以公开招标的方式，从国内外市场统一采购，从而获得价廉质优的商品或劳务服务，它是许多国家普遍采用的规范政府行政开支的制度。此次购买公务车，拉开了湖北"政府采购"的序幕。省财政厅已制定方案，今年内将对省直机关车辆维修、购油、会议费、办公用品和接待等实行"政府采购"。湖北省政府决定用两年时间，在全省普遍推广政府采购制度。

《人民日报》
1998 年 6 月 7 日

湖北成套局把"标"做深做宽

2000 年是"九五"计划的最后一年。一年来，湖北成套局以深化改革为动力，以加强管理为重点，依托主业，下大力气开发项目资源，为该局可持续发展奠定了基础。据统计，湖北成套局全年收入578万元比上年增长39.6%,其中招标收入比上年增长49.5%,经营收入比上年增长33%。全局经济运行呈逐年上升态势。

去年,国家招标投标法正式实施。湖北成套局以此为契机,认真学习贯彻招标投标法,进一步规范招标投标行为,赢得了招标市场。该局不断扩充和完善专家支持系统,日前,所建专家库共设有27个常用专业,共聘请专家、学者731人,他们在2000年设备招标评标活动中发挥了重要作用,受到各方面的好评。在招标过程中,湖北成套局不断规范和完善招标程序,严格遵循"公正、公开、公平"原则,努力提高招标质量,取得良好社会信誉。全年共为湖北化纤集团有限公司、100亿公斤粮库湖北建设项目、宜昌地区813工程等51个建设项目组织招标116次,招标安排设备2093台、10678吨,中标金额5.94亿元,招标额比上年增长2.5倍,创历史最高水平;通过招标活动。湖北成套局为建设单位所建项目节约资金7906万元,节资率为13.45%。

在抓好设备成套、设备招标等传统主业同时,湖北成套局注意拓展招标范围。他们在湖北省经贸委、省药品监督管理局和省财政厅大力支持下,于2000年取得国际招标资质、药品招标资质、政府采购资质,为该局业务发展创造了有利条件。仅受湖北省政府采购办公室委托,2000年实施政府采购就达8次,中标金额2960万元,节省财政资金481万元,受到湖北省人民政府的好评。同时,湖北成套局还开展了设计方案招标、货物招标、服务招标、安装招标等,使招标业务进一步拓宽。

湖北成套局还注意转变营销思想,注意对市场信息与动态的研究,积极开展多种经营。据统计,该局全年销售各类机电设备230台(套)、钢材2851吨、汽车51辆,销售总额达3168万元,经营毛收入首次突破100万元,比上年增长33%。

该局还与中标国际招标公司合作并组成投标联合体,在华新水泥粉磨厂寻求国际代理招标一举中标,中标金额为283.7万美元。

湖北成套局利用自己丰厚的人才资源,注意发挥综合服务优势。并在大中建设项目建成后继续保持联系,对这些建设项目进行跟踪服务。由于招标项目后期服务工作做得好,全省全年已有11个建设项目按期建成投产,为湖北经济建设注入了新的活力。

《中国商报》

2001年2月8日

七、国家部委和省领导讲话（选编）

省人民政府领导在全国省市设备成套局长工作会议上的讲话

（1995 年 1 月 9 日）

同志们：

新年伊始，全国省市设备成套局长工作会议在武汉召开。这对促进我省今年的工作，尤其是加强湖北与各兄弟省市设备成套工作的交往与合作具有十分重要的意义。我代表湖北省委、省政府和全省人民，对各兄弟省市代表的到来表示热烈的欢迎！对国内贸易部多年来对湖北工作的重视、关心和支持，表示衷心的感谢！祝同志们在武汉生活愉快！借此机会，我就湖北的有关情况向大家作一简要汇报。

一、关于湖北的基本情况

湖北位于我国的腹心地带，临江通海，承东联西，南北交汇，属长江三角洲向内地辐射的交联部位，全省总面积 18.59 平方千米，人口 5653 万余人。

全省水能资源富集，有大小河流 1193 条，可开发的水力资源共 3310 万千瓦，居全国第四位；目前装机容量为 750 万千瓦，居全国首位。境内的葛洲坝水电站是目前国家最大的水力发电站，年发电能力达 140 亿度。我省另一大型水电工程，隔河岩水电站四台机组已全部建成发电。

矿产资源品种多、储量大。全省发现矿产 127 种，约占全国已发现种类的 4/5。其中磷矿石、金红石、硅灰石和泥灰石的储量居全国第一位；铁、铜、石膏等十多种矿产的储量居全国前六位。

经过 45 年的建设，特别是改革开放以来的发展，湖北的综合经济实力大为增强，已成为我国重要的农业、工业和科技教育基地。湖北的粮食、棉花、油料和水产品生产在全国占有重要地位，已具备年产粮食 450～500 亿斤、棉花 1000 万担左右、油料 2000 万担以上的生产能力，提供的商品大米数量居全国第一，是全国重要的粮、棉、油和水产品基地之一。全省拥有武汉钢铁公司、东风汽车集团、葛洲坝水利枢纽等大中型企业 702 家，初步形成了以冶金、电力、机械、纺织、化工、建材等为主体的工业体系，特别是以汽车、电工、农机、机床为主体，通用机械、仪器仪表、石油化工机械、矿山机械等 19 个行业为主的机械、冶金、电力和汽车工业在全国居重要地位。全省现在高等院校 65 所，科研机构近千个，各类科技人员 50 多万人，在校大专院校学生 14 万人，科技综合实力居全国前列。

随着改革开放的不断深入，加上浦东开发加快，三峡工程的上马，湖北已成为长江流域中外客商投资开发的热点地区。继省会武汉被批准为沿江对外开放城市之后，黄石、宜昌也被国家列为沿江对外开放城市。全省已有 69 个市县行政区划单位被列为对外开放地区，占全省市县总数的 87%，全省已与 120 多个国家和地区建立了对外贸易合作关系，已发展外资企业 4920 余家，开放开发呈现出日新月异的发展势头。

二、关于湖北的经济形势

改革开放十几年来，我省同兄弟省市一样，经济建设取得了重大进展，提前三年实现了国民生产总值在 1980 年基础上翻一番的目标，人民生活水平显著提高，全省已基本解决温饱问题，少数经济发达的地方已开始向小康过渡。

刚刚过去的一年，我省认真贯彻落实中央"抓住机遇、深化改革、扩大开放、促进发展、保持稳定"的方针，妥善处理好改革、发展和稳定的关系，加大改革、开放力度，加大发展、落实力度，全省政治经济形势很好。预计全省国内生产总值 1239 亿元，比上年增长 14%。农业取得了粮、棉、油全面丰收，乡镇企业、多种经营、个体私营经济突破性发展，农民人平纯收入增加幅度超过历史最好水平。工业生产摆脱了低速运转的困境，发展速度预计增长 28%。三峡工程、京九铁路等国家重点建设进展情况较好，投资结构得到改善。城乡市场繁荣活跃，对外开放进一步扩大，各项社会事业都有了较大发展，提前一年完成和超额完成了"八五"计划目标。我省的经济工作在比较困难的

情况下能取得这样的成绩，是党中央、国务院正确领导的结果，是全省人民团结奋斗的结果，同时，也离不开国内贸易部等国家有关部委局的大力支持，离不开全国各兄弟省市的友好协作。希望内贸部和兄弟省市的领导和同志们，今后对我省的工作能一如既往地给予支持和帮助。

今年，我们将要为"八五"计划画上一个圆满的句号，为"九五"计划谱写一曲雄壮的前奏。在这承前启后的一年里，更艰巨繁重、更光荣豪迈的任务摆在了我们面前。为了巩固和发展来之不易的大好形势，争取把 1995 年的工作做得更好，去年 12 月中旬，省委、省政府召开全省经济工作会议，对今年工作的指导思想、奋斗目标和政策措施，已作了全面部署。总的讲，我省将坚定不移地贯彻中央经济工作会议确定的各项方针政策，下最大决心抑制通货膨胀；坚定不移地从湖北实际出发，统一思想，协调行动，扎实地、创造性地工作，下最大气力提高湖北经济增长的质量和效益，保持湖北发展的良好势头，努力使全省工作能取得更好的成绩。

三、关于湖北的设备成套工作

我国多年来的建设和发展实践证明，设备成套供应是经济建设中一项十分重要的工作，是重点建设工程的一个核心环节。它对于保证工程质量，加快工程进度，提高投资效益具有很重要的作用。湖北省机械设备成套局成立 36 年来，在国内贸易部的直接领导下，在兄弟省市单位的鼎力帮助下，经过全局干部职工的努力工作，为我省冶金、机械、电力、水利等 12 个重点行业，1100 多个建设项目，提供了价值 50 多亿元的机电设备。这些项目多数是我省骨干企业，对我省的国民经济有着举足轻重的作用，发挥着巨大的经济效益。同时，

还组织了省内近 50 家大中型企业,为全国各地 2000 多个成套项目,供应了价值约 15 亿元的湖北机电产品,有力地促进了我国机械工业的发展和提高。特别是近几年来,省机械设备成套局积极推行成套设备招标制,先后为大峪口、黄麦岭矿肥结合工程,武钢、三峡工程等 16 个重点项目组织设备招标 100 余次,中标金额 16823 万元,与标底比,节省投资 1635 万元,节约比率为 8.9%。为国家和我省重点项目的建设作出了新的贡献。省委、省政府对我省的设备成套工作一直十分重视,对成套部门的成绩给予了充分肯定。特别是近年来,省成套局在为三峡工程的设备招标方面做了大量的、卓有成效的工作,受到了中国三峡开发总公司的好评。但是,我省的设备成套工作与国家的要求和市场经济发展的客观需要比,与兄弟省市比,还存在着不少差距,请与会领导和同志们多提宝贵意见,以促进我省设备成套工作的更好发展。

当前,我省面临的发展机遇和态势很好。三峡工程已正式对全世界宣布全面开工,东风汽车工业基地将进一步发展壮大,武钢 1000 万吨钢改造工程加快建设,荆门 40 万吨催化裂解工程筹备上马,以及全省 21 大系列工程建设的推进,"老工业基地振兴计划""轻纺工业振兴计划"的实施等,都需要大批质量优良、性能可靠的技术装备。这为湖北设备成套工作提供了新的机遇,也提出了新的挑战。我省一定要认真贯彻落实好这次全国省市设备成套局长工作会议精神,特别是省成套局要全面总结过去的工作,找出不足,认真学习、借鉴各兄弟省市好的做法和经验,在发展社会主义市场经济的新形势下,主动争取国家主管部门和兄弟省市的支持,继续发挥信息、技术和人才等方面的优势,突出确保重点建设的特色,强化成套技术服务,切实做好重点建设项目的设备成套工作。还要下大力气,配合有关部门,组织有关企业,积极参加三峡工程的投标。在保证建设项目按期、按质竣工投产,加快全省经济建设步伐等方面发挥新的更大的作用。

最后,祝这次大会取得圆满成功!祝全国设备成套工作再造辉煌!祝大家新年愉快,万事如意!

谢谢大家!

国家经济贸易委员会张志刚副主任在设备成套局
管理体制改革工作会议上的讲话(节选)

(2000 年 12 月 6 日)

同志们:

大家好!

根据 9 月 21 日中央政治局常委会议、9 月 20 日国务院总理办公会议通过的《国家经贸委委管国家局机构改革的汇报提纲》和《国家经贸委委管国家局机构改革方案》的精神,为适应社会主义市场经济的要求,促进设备成套工作的健康发展,中央和国务院决定对设备成套局的管理体制进行改革,将各省、自治区、直辖市机械设备成套局下放地方管理。

设备成套局的管理体制改革工作是这次国家经贸委委管国家局机构改革的一项重要内容。国家经贸委党组非常重视这项工作，改革方案经过了充分的调查研究，符合设备成套局的现状和发展需要，国务院有关部门对省市成套局也给予了很大的政策支持。本次会议标志着设备成套局的管理体制翻开了新的一页，是设备成套事业发展历史上的一次重要的机遇，也将促进设备成套工作为经济建设发挥更大的作用。

下面，我代表国家经贸委党组讲几点意见。

一、设备成套局为我国经济建设作出了很大的贡献，四十年功不可没

（一）为国家和地方的基本建设和技术改造项目提供了大量的设备和技术服务。

（二）为建设项目节约了大量资金。

（三）有效保障了工程质量。

（四）有效防止了项目建设领域的腐败现象。

（五）促进了技术进步，提高了设备质量。

（六）促进了机电设备的出口。

二、改革是设备成套事业更进一步发展的强大动力和必由之路

四十年来漫长的历史中，虽然设备成套局的隶属关系曾几经变动，但是，垂直领导、事企不分的管理体制一直没有改变。实践证明，这样的管理体制和状况已经严重制约了设备成套局的进一步发展，影响了设备成套局更好地为经济建设服务。我们在实事求是地肯定设备成套局成绩的同时，也要实事求是地提出对现有管理体制进行改革的必要性和重要性，所以，对现有管理体制进行改革已经是一项必要而紧迫的工作。

设备成套局从1978年以来，曾多次将管理体制改革工作提上日程，进行了多次的调查研究和酝酿，在内部管理方面进行了必要的改革

和尝试，这些都是管理体制改革的积极探索和深化，对设备成套局的各项工作起了推进作用。这次以改变现有垂直领导管理体制为思路的改革工作起始于1998年，国务院有关领导以及国家经贸委、国内贸易局、设备成套管理局非常重视，并为此进行了大量的调查研究和反复论证工作，有关原则和相关政策考虑了地方的利益和设备成套局的平稳改革。所以，这次改革是一次条件成熟的改革，目的是为了有利于为经济建设提供更好的服务。

在两年的酝酿过程中，设备成套管理局和国内贸易局曾考虑过整建制组建企业集团的可行性和实施方案。这一方案经过论证存在着不少弊端。首先，设备成套局的中介服务性质不适合采用全国性的企业集团的运行模式，省市成套局的服务对象主要是当地的基本建设和技术改造项目，组建全国性的集团势必进一步割裂省市成套局与地方经济建设的关系，与地方基建和技改管理部门关系的进一步松散，将使地方在项目建设设备成套任务的安排中，很难优先考虑到设备成套局的能力和水平，使省市成套局为地方服务的宗旨不能实现。其次，组建企业集团使许多实际问题更难解决，省市成套局及其分支机构遍布全国各地，地域分散，企业集团的管理体制势必造成管理方面鞭长莫及，管理力度大大削弱；另一方面，企业集团组建后，必须按照现代企业制度进行运作，市场经济大浪淘沙，肯定会有许多企业面临改组改造和关闭破产的问题，这些工作所涉及的人员分流安置、分离社会职能等工作，没有地方的支持是不可能做好的。

今年下半年以来，国家经贸委委管国家局机构改革工作全面展开，在这种情况下，设备成套局的管理体制改革工作，成为一项迫切的任务。为此，8月份国家经贸委党组讨论后明

确提出改变设备成套局现有的垂直管理的管理体制，实行地方管理的新体制。这一思路在 9 月份制定委管国家局机构改革方案时进一步被明确和细化，9 月 20 日国务院总理办公会议、9 月 21 日中央政治局常委会议通过方案，中央组织部据此正式下放了文件，通知各省进行领导班子和人员的移交。

在明确设备成套局实行地方管理、行业指导思路的过程中，国家经贸委向有关省市发函征求了意见，并与有关部门进行了多次磋商。从反馈的情况来看，绝大部分省市支持下放地方管理，当然个别困难省担心下放后失去财政的事业经费补贴，会增加生存和发展的难度，担心下放中进行企业化改制或其他改革不利于稳定和发展，当知道维持现有事业性质和经费不变并增加一块经费补贴后整建制下放时，这种担心也就没有了，绝大部分省市表示支持和欢迎。

我们认为，将省市成套局整建制下放地方，符合设备成套局目前的实际情况，有利于稳定和发展。具体有以下几大好处：

（一）下放有利于地方统筹安排和合理使用。省市成套局的设备成套工作是地方项目建设的重要组成部分，省市成套局纳入地方管理以后，有利于更好融入地方的经济建设体系，使地方有关部门在项目建设的规划中能充分考虑成套局的能力和实力，使其能力得到充分发挥。

（二）下放有利于省市成套局自身的发展。由于省市成套局原来属中央管理，进入市场经济以来，在地方开展业务工作中，经常遇到一些问题难以协调，所承担的项目数量减少，人员和技术力量的发挥处于不饱和状态，也严重影响了自身的生存和发展。下放以后，人、财、物属地方管理，容易协调有关的关系，开展业务方面会得到地方政府和政策的支持，从而解除省市成套局发展道路上的后顾之忧。

（三）有利于克服原体制的一些缺陷。设备成套局原有的体制一直是垂直的体制，省市成套局的领导班子需要中央管理部门党组会同地方组织部门进行考核，由中央部门党组任免，并由中央部门管理，这种体制使干部的交流使用以及人才的流动遇到相当的困难。设备成套管理局与省市成套局是一种行政的关系，由于缺少必然的联系，整体的合力和优势就很难发挥出来。这些问题都是体制的缺陷造成的，下放将会有利于克服这些缺陷。

基于以上的考虑，我们开始实施设备成套局的管理体制改革工作，保持设备成套局事业性质不变整建制下放地方，由系统管理、地方指导改为地方管理、行业指导。在省市成套局下放的过程中，国务院及有关部门充分考虑了地方的困难和设备成套局的实际，在政策上给予了省市成套局很大的支持。原有事业经费基数不变，统贷统还的设备储备贷款余额也正在争取全部予以核销，干部移交工作中央组织部已经发文明确，社会保障按国家事业单位改革的步伐走。设备成套管理局撤销后，整体划归国家经贸委统一管理，事业性质不变。所以，此次管理体制改革的有关政策是充分和足够的，没有加重反而减轻了地方的负担，目的是使设备成套局在改革当中能轻装上阵，立足于长远发展，实现平稳过渡。这些都体现了中央、国务院对地方、对设备成套局管理体制改革的关心和支持。

设备成套局的事业是一项大有可为、前景光明的事业。在市场经济发达国家，各个层次、各个方位的招标投标、监理、设备及工程总承包以及交钥匙工程乃至 BOT 等已经成为通行的惯例，并已成为相对成熟和稳定的产业。设备成套的管理体制可以改革，但设备成套的事业前途光明、前途远大，设备成套这支队伍还会继续壮大，设备成套事业还要进一步发展。管理体制的改革将为设备成套局今后的大有可为创造必要的前提和基础，国家经贸委还要对设备成套局进行行业管理，有国家经贸委、地方政府和有关方面的支持，我们对设备成套局系统进行管理体制改革后在市场经济中发展壮大满怀信心。所以，设备成套局完全有条件和能力为国民经济建设再作新的贡献。此次管理体制的改革是设备成套局历史上的一次重要的发展机遇，海阔凭鱼跃，天高任鸟飞，设备成套局应该把工作重点放在根据社会主义市场经济的要求，切实解放思想、转变观念上来，积极和及时地抓住这次机遇，再创辉煌，不辜负党中央、国务院以及地方政府对同志们的殷切期望。

三、需要强调的几个问题

（一）要搞好设备成套局的管理体制改革，必须转变观念，提高认识。

（二）从实际出发，制定进一步发展和改革的方案。

（三）坚决把有关下放的政策落到实处。

（四）加强协作，相互配合，切实把设备成套局管理体制改革工作做好。

（五）加强领导，做好周密的组织工作和细致的思想工作。

同志们，这次设备成套局管理体制改革是设备成套事业大发展的一个起点，体现了党中央和国务院对设备成套局的肯定、关怀和重视，希望设备成套局系统不辜负党中央和全国人民的厚望，在国家经贸委和地方政府的领导下，在各有关部门的大力支持下，落实好管理体制改革的各项具体工非。我相信，设备成套局下放地方管理后，在地方政府的支持下，一定会做出更大的成绩。

谢谢大家！

八、省人民委员会关于湖北省机电设备成套局改为厅（局）一级机构的通知

湖北省人民委员会文件

鄂编字〔1964〕第 96 号

省人民委员会关于省机电设备成套局改为厅（局）一级机构的通知

省机电设备成套局：

接国务院国编字第 758 号批复：批准湖北省机电设备成套局改为厅（局）一级机构。特

此通知。

1964 年 4 月 10 日

九、省机构编制委员会关于成立"湖北省设备招标办公室"的批复

湖北省机构编制委员会文件

鄂机编〔1992〕第 81 号

关于成立"湖北省设备招标办公室"的批复

省机械设备成套局：

　　你局鄂成办字〔1992〕第 44 号文收悉。为了进一步加强我省建设项目的设备招标工作，经研究，同意成立省设备招标办公室，负责省内重点项目所需国内成套设备的招标工作，挂靠省成套局，不另增加编制，所需经费由省成套局解决。设备招标工作归口省计委管理。

湖北省机构编制委员会
1992 年 9 月 15 日

十、湖北省机械设备成套局机构编制方案

湖北省人民政府办公厅文件

鄂政办发〔2001〕第 145 号

省人民政府办公厅关于印发湖北省机械设备成套局机构编制方案的通知

各市、州、县人民政府，省政府各部门：

　　《湖北省机械设备成套局机构编制方案》经

省机构编制委员会办公室审核，已经省人民政府批准，现予印发。

湖北省人民政府办公厅

2002 年 1 月 4 日

湖北省机械设备成套局机构编制方案

根据《湖北省机构编制委员会关于省委省政府直属事业单位机构改革的实施意见》(鄂编发〔2001〕第 2 号)，湖北省机械设备成套局机构编制方案确定如下：

一、主要职责

省机械设备成套局为省政府直属正厅级事业单位，业务归口省经贸委管理和指导，保留"湖北省设备招标办公室"牌子。其主要职责是：

(一)贯彻执行国家有关方针政策和法律法规，研究全省设备成套工作的现状和趋势；编制全省设备成套工作的发展规划。

(二)组织省内成套技术装备的开发应用及咨询；负责指导机电设备信息的开发应用；组织成套机电设备的进出口贸易。

(三)指导省内专业设备成套机构资质认定工作。

(四)受省政府和有关部门委托，承担重大项目所属成套设备的经济评估、技术咨询工作。

(五)认真贯彻国家有关招标投标的法律法规，研究招标投标中的重大问题，向省政府和有关部门提出政策性建议。

(六)承办上级交办的其他事项。

二、内设机构

根据上述主要职责，省机械设备成套局机关设 8 个处（室）和机关党委：

(一)办公室

组织、协调机关日常工作；负责有关文件的起草及局决定事项的交办、催办；负责制定并实施机关工作规则及办文办事制度；负责管理机关文秘、机要、档案、信息、宣传、文印工作；承担局领导交办的其他工作。

(二)财务处

贯彻执行国家有关财务会计、国有资产管理、审计等法规和制度，并组织落实；负责局机关、所属单位的经费和其他资金的管理；负责资金筹集和融通；负责国有资产保值增值；负责局属资产经营责任制度的落实及其考核工作。

(三)成套业务指导处

负责成套业务的综合管理；组织省内成套技术装备的开发和应用；组织指导成套设备的进出口贸易；承办局系统相关资质、证照的申报工作。

(四)发展规划处

贯彻执行国家有关方针政策和法律法规，研究全省设备成套工作的现状和趋势；编制全省设备成套工作的发展规划，研究招标投标工作的重大问题，及时向省政府和有关部门提出政策性建议。

(五)科技信息处

组织指导省内成套设备的经济评估、技术咨询工作；负责成套设备信息交流、发布和推广应用；负责成套招标信息网络的建设和管理。

(六)设备处

会同省计委、省经贸委、省外经贸厅等部门的业务处室，组织指导和监督局属直属单位的设备招标投标工作，负责对重大设备招标投标的文件进行审核和技术资料归档。

（七）工程服务处

承担省设备招标办公室的日常工作。负责对中标设备安装工程进行指导和监督，提供技术咨询和服务。

（八）人事处（挂离退休干部处牌子）

负责局机关和局直属单位队伍建设；组织拟定人力资源开发规划和人力资源管理制度；负责局机关和直属单位的机构编制、人事任免、劳动工资、保险福利、职称申报和教育培训工作。

（九）机关党委（挂监察室牌子）

负责局机关和直属单位的党群工作；配合各处室做好职工思想政治工作；负责机关作风建设和精神文明建设；承担有关纪检监察方面的工作。

三、人员编制和领导职数

省机械设备成套局机关全额拨款事业编制84名（含离退休干部服务人员编制）。其中：局长1名，副局长3名，纪检组长1名；初级领导职数25名（正处9名，副处16名）。

十一、湖北省招标投标工作管理委员会办公室机构编制方案

湖北省人民政府办公厅文件

鄂政办发〔2006〕第95号

省人民政府办公厅关于印发
湖北省招标投标工作管理委员会办公室
机构编制方案的通知

各市、州、县人民政府，省政府各部门：

《湖北省招标投标工作管理委员会办公室机构编制方案》已经省人民政府批准，现予

以印发。

湖北省人民政府办公厅

2006年10月18日

湖北省招标投标工作管理委员会办公室机构编制方案

根据《省人民政府关于进一步规范省级招标投标工作的通知》（鄂政办发〔2005〕第41号）精神，组建"湖北省招标投标工作管理委员会办公室"（以下简称省招投标管理办公室），同时撤销"湖北省机械设备成套局"。省招投标管理办公室是省招标投标工作管理委员会的日常办事机构（正厅级），同时又是省政府负责全省招投标市场的综合监督管理机构。

一、主要职责

（一）认真贯彻落实《中华人民共和国招标投标法》，结合湖北实际，会同有关部门研究拟订湖北省招标投标监管条例等地方性法规。

（二）按照《中华人民共和国招标投标法》和《湖北省招标投标综合管理办法》的有关规定，会同有关部门指导全省招投标活动，协调处理在招投标活动中出现的争议和矛盾。

（三）负责招投标市场的监督管理。加强对省级招投标活动的综合监管，通过指导省一级综合招投标平台建议，推动全省各级建立统一的招投标操作平台，维护招投标活动的公开、公平、公正。

（四）负责组织招投标执法专项检查，会同省政府有关部门严肃查处招投标过程中违纪违法行为。

（五）负责组织《中华人民共和国招标投标法》等法律法规的宣传活动，承担相关的教育培训工作。

（六）负责全省招投标业务的综合分析和统计，对招投标工作中重大问题进行调研，定期向省招标投标工作管理委员会报告工作情况并提出政策性建议。

（七）负责省政府和省招标投标工作管理委员会交办的其它事项。

二、内设机构

根据上述主要职责，省招投标办理办公室内设6个处和机关党委。

（一）综合处：组织、协调机关日常工作；负责办公室决定事项的交办、督办；负责文秘档案、会议组织和接待、行政后勤工作。

（二）法规处：负责研究草拟湖北省招标投标管理地方性法规和规章，承担《中华人民共和国招标投标法》等法律法规的宣传工作；负责对全省招投标情况统计分析，对招投标工作中重大问题进行调研并提出政策性建议。

（三）指导协调处：负责对全省招投标业务进行指导，受理省级项目在市、州、县（或市、州、县项目在省级）招投标事项，协调处理招投标过程中出现的争议和矛盾，负责省级专家评委总库和子库的监督管理；指导和监督综合招投标操作平台建设。

（四）监督检查处：负责对招投标活动的监督管理，组织招投标执法专项检查，受理投诉和质疑，会同有关部门查处招投标过程中违纪违法行为。

（五）人事教育处：负责机关人事和机构编制管理，承担相关的法制教育和培训工作。

（六）离退休干部工作处：负责承担离退休干部的服务工作。

（七）机关党委（挂"纪检监察室"牌子）：负责机关党务和纪检监察工作。

三、人员编制和领导职数

省招投标管理办公室全额拨款事业编制40名，其中主任1名、副主任3名、纪检组长1名，正处7名、副处7名。所需人员编制从撤销的省机械设备成套局机关划转。原省机械设备成套局主管的"省成套招标有限公司"与机关剥离后，在人、财、物等方面与机关脱钩。

四、省招投标管理办公室与省政府采购中心、省综合招投标中心的工作关系

省政府采购中心为省政府直属副厅级事业单位，其党群和后勤服务工作由省招投标管理办公室统一管理，主任参加省招投标管理办公室党组。省综合招投标中心暂挂靠省招投标管理办公室，主任由省招投标管理办公室副主任兼任。有关干部管理问题，仍按省委组织部《关于省政府采购中心、省综合招投标中心干部管理有关问题的通知》（鄂组干函〔2004〕第109号）执行。

后　记

2012 年 3 月，根据湖北省地方志编纂委员会的批复，湖北省公共资源交易监督管理局正式启动了《湖北省机械设备成套局志》（1959—2006）的编纂工作，由局机关综合处负责组织协调，并成立修志办公室承担具体编纂工作。为使本志达到入史资料全面、翔实的要求，我们本着对历史负责的态度，数次到湖北省档案馆查阅湖北成套机构的有关文档，摘抄资料卡片 15000 余张，复印文字资料 260 余份；通过信函、专访、录音等形式，先后采访原湖北成套局健在的老领导、老同志 80 余人次，整理口述资料 12 万余字，收集文字资料 6 万余字。同时，我们还依据内部资料提供的线索，向外部查阅和索取所需的文献、书籍、报刊、旧志、年鉴资料等 80 余部（册）。在广泛挖掘与收集资料的基础上，2014 年 9 月完成初稿，并打印送部分离退休老领导、老同志审阅、修改。此后，在长达一年多的时间里，我们对初稿反复推敲、斟酌，本着篇目形式服从内容需要的原则，四易篇目，五易志稿。期间，除直接听取离退休老领导、老同志的修改意见外，还征求了有关专家学者及曾经在成套局担任领导职务和工作过的王荣钧、吴庆亮等部分离退休老领导、老同志的意见，并根据他们的意见进行了补充、完善。2016 年 6 月 22 日，我们又请长期在湖北成套局工作、熟悉情况的徐振华、王佑民、詹建文、姜铁山、江明枝、寇学东、李卜清、熊仕勇、张维齐、乔治、郑远甫、黄汉民、蔡龙书，以及省方志办副处长卢申涛等 13 人，对书稿进行了评审，7 月初完成了全书编纂工作，最后由《湖北省机械设备成套局志》（1959—2006）编纂委员会审查定稿。

《湖北省机械设备成套局志》（1959—2006）具体写作分工为：大事记、概述、第一章由杨昌清撰写；第二章、第三章、第四章由李卜清撰写；第五章由杨昌清、熊仕勇、陈防安、何源远撰写；第六章由朱浩撰写；第七章、第八章、第九章、第十章由杨昌清、张喻、杜昱佳撰写；第十一章由郑远甫撰写；第十二章、第十三章由杨昌清、寇学东、杜昱佳撰写；专记由邱浩宇、黄礼义撰写；图片、附录资料收集、选编由杨昌清、张维齐、杜昱佳负责；绘图、制表由严平方、寇学东、陈昌泽、杨小舫承担；张维齐、姜铁山参与部分章节的撰写；离退休老领导傅积霖、郭一凡对评审稿进行了全面审校并提出了重要修改意见；

杨昌清、张维齐、杜昱佳负责全书总纂、合成和出版前的校核工作。

湖北省公共资源交易监督管理局党组对这次修志工作十分重视，成立修志办公室，配备编纂人员，保证必要的编纂条件。党组书记周松青、局长丁贵桥经常过问编纂情况，及时帮助解决编纂工作中的困难和问题，并多次指示要把这一件有意义的事情办好。同时还叮嘱要严格遵循志书的体例规范，严把志书质量关。党组副书记、副局长刘鸣，其他党组成员、副局长赵康林、石定雄、张鲁江、乐绍山、副巡视员刘项芳，都对编纂工作给予了关心、支持和帮助。机关各处室、公共资源交易中心各部门也竭力相助，提供力所能及的帮助。特别是很多老同志热情参与，在编纂后期为我们提供的历史照片100余幅，弥足珍贵，给志文提供了衬托和佐证，更加直观地反映了部门发展的历程。所有这些都是这次修志工作得以顺利完成的重要保证。

在志书编纂工作中，我们自始至终得到了湖北省地方志办公室领导和专家的大力协助和支持，省方志办副巡视员陈章华等人数次给我们解疑释难，并就本志框架构建、篇目设计、资料选用、内容取舍和记述方法等，给予具体指导，使编纂工作少走弯路。编纂工作还得到中国机电设备招标中心、中国机械设备成套工程协会、湖北省发展和改革委员会、湖北省财政厅、湖北省统计局、湖北省档案局、湖北省政府采购中心、湖北省公共资源交易中心、湖北省档案馆、湖北省图书馆、中国文史出版社等单位的积极配合和大力支持。在此，谨向关心和支持《湖北省机械设备成套局志》（1959—2006）的各位领导、各位专家、各界人士和有关单位及个人表示诚挚的谢意！

编修《湖北省机械设备成套局志》（1959—2006）是一项庞大的系统工程，其间的艰辛与苦涩，自不待言。由于湖北成套局历史悠久，有些时期的文档资料寻觅无着，我们虽不遗余力，多方采集、考证，但因时间紧、任务重、人手少，加之编者能力水平所限，本书难免有不尽如人意之处，粗疏、遗漏和剪裁不当也在所难免。敬请广大读者批评指正。

编　者

2016 年 9 月 26 日